中国文化遗产研究院

中央级公益性科研院所基本科研业务费专项成果丛书·2017年

文物保护科技专辑 V

——材料与检测

中国文化遗产研究院　编

文物出版社

中国文化遗产研究院《中央级公益性科研院所基本科研业务费专项成果丛书·2017年》编辑委员会

主　　任　柴晓明

委　　员　马清林　许　言　乔云飞　曹兵武

　　　　　孙　波　于　冰　李向东　赵　云

　　　　　李　黎　张晓彤　郑子良

本 辑 编 委　马清林　詹长法　王金华　陈　青

图书在版编目（CIP）数据

文物保护科技专辑. 5，材料与检测／中国文化遗产研究院编. —
北京：文物出版社，2017.12

（中央级公益性科研院所基本科研业务费专项成果丛书）

ISBN 978 – 7 · 5010 – 5490 – 9

Ⅰ.①文…　Ⅱ.①中…　Ⅲ.①文物保护 – 研究 – 中国
Ⅳ.①K87

中国版本图书馆 CIP 数据核字（2017）第 288424 号

文物保护科技专辑　Ⅴ
——材料与检测

编　　者　中国文化遗产研究院
封面设计　周小玮
责任印制　苏　林
责任编辑　吕　游　王　戈
出版发行　文物出版社
地　　址　北京市东直门内北小街 2 号楼
　　　　　邮政编码　100007
　　　　　http：／／www.wenwu.com
　　　　　E – mail：web@ wenwu.com

印　　刷　北京鹏润伟业印刷有限公司
经　　销　新华书店
开　　本　889×1194　1/16　　印张　30.75
版　　次　2017 年 12 月第 1 版第 1 次印刷
书　　号　ISBN 978 – 7 – 5010 – 5490 – 9
定　　价　298.00 元

序

在财政部和国家文物局的关心下，中国文化遗产研究院自2007年起，持续获得中央级公益性科研院所基本科研业务费专项资金支持，可根据重点工作和主要业务领域自主设置项目。2007年至2017年，总计获得基本科研业务费专项资金4226.5万元，先后设立了152个科研项目。这些项目涉及文物保护科技、文物保护工程与规划、人文社会科学等诸多学科领域，内容广泛，对本院基础建设和学科发展起到了重要的推动作用。在中央级公益性基本科研业务费专项资金的支持下，中国文化遗产研究院探索、建立了结合文物工作和文物保护实际需求开展科研工作的应用性科研模式，逐步形成了文化遗产价值认知、文物保护技术研发与应用、技术培训与推广有机结合的公益性科研体系。在文物政策与理论研究、中国世界文化遗产监测和申遗文本编制、大型古建筑结构监测、潮湿环境墓葬壁画保护、石质文物保护、南方潮湿环境贴金彩绘与岩画保护、海洋出水文物保护、遗址保护管理与展示等方向取得了一批开创性成果，培养了一批高素质的文化遗产研究、保护、修复、展示的青年学术带头人，形成了文化遗产研究、水下文化遗产保护、世界文化遗产保护与监测、大遗址保护展示、石质文物保护修复等专业化科研团队。

进入"十三五"以来，作为国家文化遗产保护领域具有较大影响力的重要专业力量，中国文化遗产研究院以积极探索实践符合国情的文物保护利用之路，努力践行传承中华优秀传统文化为己任，以强烈的新时代使命感，继续为社会提供优秀文物保护研究成果。2017年，根据国家文物局部署，按照财政部进一步完善中央财政科研项目资金管理等政策的有关要求，中国文化遗产研究院结合自身实际，修订颁布了《基本科研业务费项目管理办法（试行）》，重点按照以下原则促进我院科研工作。

一是坚持职责使命导向。作为公益性应用型科研机构，中国文化遗产研究院始终将文物保护科学研究作为立院之本，坚持把社会效益放在首位，积极发挥公益类业务、科研事业单位作用。为此，我们将中央级基本科研业务费集中于有效发挥文物工作政策与基础理论研究的智库作用、世界文化遗产保护、监测与研究的总平台作用、文物保护工程实施与研究示范作用、文物保护修复科学技术研究的引领作用和文化遗产教育培训的基地作用等方面上来。在全面提升文物保护利用和服务社会水平、全面推进文物事业科学发展的新形势下，积极面对诸多新的挑战，深刻领会创新驱动内涵，发挥综合优势、提升专业竞争力，不断开创科学发展的新局面。

二是坚持目标需求导向。以"实际需求导向，重点领域突破"为科研基本原则，抓住新的发展机遇，力争将中国文化遗产研究院打造成为在国内具有较强影响力，在国际代表中国文物研究、保护利用水平和特色的现代综合性科研机构。为此，我们将中央级基本科研业务费项目在两个方面突出发力：一方面深化国内、外合作交流，关注重点研究领域的国际文化遗产前沿的同时，分享中国文物保护理念、方法和技术的实践体验；另一方面促进学科建设与发展，联合开展代表学科发展方向，体现前瞻布局的相关学科领域的招生与培养工作，优化完善本院已基本形成的人文社会科学、自然科学、工程技术科学交叉融合的文化遗产研究、保护和应用体系，将各类学科知识转化为文物保护所需的智慧和创造力。

三是坚持实践问题导向。事业的科学持续发展，人才队伍建设是关键要素。面对艰巨的文物保护与利用任务，需要在人才总量、应用型高层次人才质量、专业结构布局、后备力量储备等方面需要开展顶层设计和总体谋划。为此，我们将中央级基本科研业务费集中于积极实施行业领军人才计划和青年学术带头人（科研骨干）培养计划，给予更大的科研决策权、经费支配权、合作单位选择权、以及人力与薪酬资源调配权；在岗位聘用、年度评优、承担国家级项目、申报科研奖励、国际学术交流与合作、人才培养和团队建设、成果出版等方面予以优先支持。

本专辑将我院已结项的基本科研业务费专项成果结集出版，既是对工作的阶段性总结，也想借此将我们的收获认识分享给大家。我们衷心感谢财政部、国家文物局的关心和支持，也衷心希望及时得到同行们的指正与批评。

2017 年 11 月

PREFACE

Chai Xiaoming

Chinese Academy of Cultural Heritage (CACH), under the concern of the Ministry of Finance (MoF) and State Administration of Cultural Heritage (SACH), has been receiving the earmarked fund support for central welfare scientific research institutes since 2007 and can independently initiate projects based on their key work and business fields. From 2007 to 2017, CACH has obtained the basic scientific research funds of 42. 265 million yuan and established 152 projects which cover the extensive fields of cultural relic conservation science and technology, cultural relic conservation projects and planning, cultural and social sciences and play an important role to boost CACH' s basic construction and academic development. With the earmarked fund support for central welfare scientific research institutes, CACH has explored and established an applied scientific research mode in consideration of the actual demands of cultural conservation work and cultural relic conservation, and gradually set up a welfare scientific research system that properly combines the cultural heritage value recognition, cultural relic conservation technical R&D and application, technical training and publicity. In the aspects of cultural relic policies and theoretical research, China world cultural heritage monitoring and compilation of world cultural heritage nomination script, monitoring of large – size ancient building structures, conservation of murals for tombs under moist environment, conservation of stone cultural heritage, gilded colorful painting and rock painting conservation in southern moist environment, conservation of ocean water heritage, and site conservation management and exhibition, CACH has obtained a series of pioneering achievements, nurtured a group of high quality young academic leaders in the research, conservation, restoration and exhibition of cultural heritage, and set up a professional scientific research team in terms of cultural heritage research, submerged cultural heritage conservation, world cultural heritage conservation and monitoring, Dayizhi conservation and exhibition and stone cultural relics conservation and restoration.

In the 13th Five – year Plan period, CACH, as an important professional force with greater influence in the national cultural heritage conservation field, has been actively exploring the cultural heritage conservation and utilization road suitable to China' s state situation, striving to pass on the brilliant tradition and culture of the Chinese nation and continuing offering outstanding cultural relic conservation achievements for the society with the strong sense of responsibility in the new era. In 2017, in accordance with the deployment of the SACH and the requirements of MoF' s policies on further improving the management of the funds for the scientific research projects supported with the central budget, CACH, taking its actual situation into consideration, revised and publicized the *Management Methods for Projects Supported by Basic Scientific Research and Business Funds* (trial) to boost its work with the focus on the principles as follows:

First, we will insist on the principle of sense of mission and responsibility. As a welfare institute for applied scientific research, CACH has regarded the scientific research on cultural relic conservation as the fundamental mission, insisted on the primary importance of social benefits, actively given full play of the role as a welfare professional scientific research institution. Therefore, we have applied the central basic scientific research and business funds in the aspects of effectively give play of the think tank role in cultural relic policy and basic theory research, the general platform role in world cultural heritage conservation, monitoring and research, the demonstration role for cultural relic conservation projects' implementation and research, the leading role in researches on cultural relic conservation science and technology, and the role as a cultural heritage education base. Under the new situation of improving cultural heritage's conservation, utilization and service to the society and boosting the scientific development of the cultural relic undertaking in an all – round mode, CACH will actively meet all new challenges, deeply understand the connotation of innovation – driving development, give play the comprehensive advantages, improve its professional competitiveness and constantly carve out the new situation for scientific development.

Second, we will insist on the direction of actual demands. With the basic scientific research principle of "with actual demands as the direction, making breakthroughs in key fields", CACH strives to build itself into a modern comprehensive scientific research institution that has relatively strong domestic influence and represents China's cultural heritage research, conservation and utilization levels and characteristics in the world. So, concerning the projects supported by central basic scientific research and business funds, we'll make special efforts in two aspects: on one hand, we'll deepen domestic and foreign cooperation and exchanges, focus on the cutting – edge practices of the concepts, methods and technologies of international cultural heritage field and the sharing of Chinese practices in the field; on the other hand, we'll promote discipline construction and development, jointly carry out the recruitment and cultivation of academic talent who represent the direction of academic direction and embody the foresighted layout of relevant disciplines, optimize and improve the cultural heritage research, conservation and application system basically built by CACH for the combination of humanitarian and social sciences, natural science, engineering and technological sciences, and the wisdom and creation necessary for transforming various knowledge into cultural relic conservation.

Third, we will insist on the direction of practices. Talent team development is a critical element for the scientific and sustainable development of business. In face of arduous cultural relic conservation and utilization tasks, top – level design and overall planning are necessary in the aspects of total volume of talent, design of discipline establishment and reserve force preparation etc. Therefore, we'll mainly spend the central basic scientific research funds on actively carrying out the Industrial Leading Talent Plan and the Young Academic Leader (scientific research cadres) Cultivation Plan, authorize them greater rights on scientific research decision, expenditure allocation, partner selection and remuneration resource dispatch, and give support priority to talent appointment, annual outstanding personnel, state – level projects, scientific research award application, international academic exchanges and cooperation, talent cultivation and team building, and publications etc.

The publication of the achievements of the completed projects supported by the basic scientific research and business funds is both a stage summary of the work and sharing of the knowledge we obtained. We extend our sincere gratitude to the concern and support of MoF and SACH. We also hope to receive the timely comments and corrections from our peers.

November, 2017

目录 | Contents

X 射线检测技术在古代佛像保护中的应用

中国文化遗产研究院文物保护工程所　宗 树　陈 青　胡 源

中国文化遗产研究院文物保护修复所　杨 淼

摘　要： 我国有大量的佛教造像，其中很多是古代艺术宝库中的珍品。这些古代佛像，从艺术形态的角度分析，以木胎和泥胎的佛像最为典型。这两种类型的佛像多采用雕塑与贴金彩绘相结合的工艺。现阶段我国大部分寺庙中保存的古代佛像多处于自然劣化、结构失稳的状态。本课题研究通过 X 射线无损检测技术针对承德安远庙、殊像寺和北京智化寺三处木胎、泥胎佛像的整体制作工艺、内部保存状况、病害程度进行了详细测试、剖析和研究。确定这些佛像胎体的制作材料、结构、工艺以及与保存状况及病害的关系，探索保护方法，为我国同类型的古代佛像研究、保护与修复提供可靠的经验和依据支持。利用 X 射线成像技术可以揭示出制作工艺以及保存中的内在问题，可以避免修复过程中的盲目性，为修复工作提供针对性的指导。

关键词： X 射线成像技术　古代佛像　工艺材料　结构　保存状况

Application of X – ray Detection Technology in Ancient Buddha Statues Protection

Zong Shu, Chen Qing, Hu Yuan, Yang Miao

Abstract： The full of variety of Buddha statues in China is the gem of the ancient arts treasury. As far as the analysis of the art forms is concerned, the wooden – cored and earth – bodied in the ancient Buddha statues is the most typical statue, which is the quintessence combination of China sculpture and technique of gild gold leaf with colored drawing. Nowadays, most of large numbered Buddha statues in temples in China are under the natural degradation and structural instability. The research topic is to getting the information, analysis and research of the whole making technique, the inside status as well as the extent of disease by the means of harmless X – ray detecting technique on the wooden – cored and earth – bodied statues in Anyuan Temple, Shuxiang Temple in Chengde and Zhihua Temple in Beijing. The research is not only revealing the relevance of the status maintenance and disease with the materials the structure as well as the technique of making core of the Buddha statues, but also making it possible to research protection and restoring the same typical ancient Buddha statues. The application of X – ray imaging technique helps us to reveal the making technique and inside problem, to avoid the blindness in the process of restoring and to give us the guidance of the restoring works.

Key words：X – ray imaging technique, ancient Buddha statues, process material, structure, status maintenance

1　概述

本课题针对承德安远庙普度殿二层两尊菩萨像整体、承德殊像寺山门哼哈二将的局部、北京智化寺梵王和金刚立像整体进行了前期调查研究和制作材料的分析检测，初步掌握了所拍摄佛像的制作材料。通过 X 光片的拍摄，以及 X 光片的数字化处理、拼接和解析对制作工艺有了初步了解，对内、外形貌及内部结构组成也有了较为明确的认识。

三处寺庙佛像的前期调查研究和 X 光片拍摄解析工作全部完成后，进行同材质佛像之间的各方面情况的比对和分析研究。

2　研究成果与应用前景

对承德安远庙、殊像寺和北京智化寺进行了前期现场调查研究，得到了前期调查成果和佛像制作材料的分析检测结果，以及三处寺庙四尊佛像整体及两尊佛像局部共 300 余幅 X 光片的拍摄。完成安远庙两尊佛像和智化寺两尊佛像整体 X 光片及殊像寺两尊佛像局部的拼接和解析，得到佛像结构分析图 7 张，对不可移动文物的调查及调查方法的改进有了质的提高。根据 X 光片的解析和研究对佛像制作工艺及内部病害有了初步了解，对内、外形貌及内部结构也有了较为明确的认识。将应用 X 光片成像分析得出的研究结果与日本同类型佛像的 X 光片的结构进行了分析对比。

本课题通过对承德安远庙、殊像寺和北京智化寺三处佛像的现场调查、病害分析研究以及 X 光片拍摄方法方面取得了一定的成果。经过后期解析和研究后，总结了 X 光片的拍摄经验和对同样材质佛像的内部结构的了解，以及将 X 光片显示的病害调查的结果运用到佛像修复中去，使这些宝贵遗产延年。

3　佛像制作材料与工艺调查的重要性与研究历史

3.1　佛像制作材料与工艺调查的重要性

在中国悠久的历史中出现很多佛造像，其中相当大一部分已经消亡。文物损毁的原因有很多，首先是自然的风化，再有害虫、霉菌、天灾、火灾、战争、偷盗等不可尽数，但依然有很多传世之品，把它们保存下去是一件非常重要的工作。最初还没有确立修复的方法，只能召集雕塑家、漆工和其他的专业工匠，一边对他们的技法进行归纳，一边确立修复的技法。再经过反复试验，逐渐地建立了修复技术体系，让佛像的修复走上正轨。

在修复佛像等文物时，首先需要进行调查，前面提到的本课题所研究的佛像从外部很难观察到其内部胎体的结构和工艺。因此，在确保文物安全且保证调查结果准确性的前提下，尽量使用无损检测，为此我们近几年开始采用 X 射线透视进行观察。这次课题组主要展示了拍摄的资料以及为了解佛像制作技法所拍摄的 X 光片，目的在于让大家看到从外观看不到的内部。

在调查过程中，首先要进行肉眼观察，这是非常重要的，在此之后，需要做无损检测来搞清内部结构。无损检测的主要目的是要搞清结构（材料的接缝处所在，钉子、镉子的位置，糟杤、裂隙等病害状况等），还要确认有无装藏。但现在的条件还不能达到对整体毫无遗漏地进行拍摄，而且由于便携式 X 射线仪器本身的规格问题，使得一些佛像较厚的部位无法打透。在拼接和详细地解析时，就会发现有的地方没有拍摄完全，或者画面不够清晰，这些不足都有赖于将来技术的进步。

在 20 世纪开始修复雕塑文物时，具有丰富经验的修复者的眼睛和手就是有力的武器，修复现场也没有使用观察用的仪器。我们也不能只顾着称赞当时的修复技术是多么棒，这是因为当时的修复记录丢失，我们无法辨别在一些文物上是否进行过修复，或者哪些是修复过的地方，哪些是文物原来的地方。然而即使有疑问，也不能破坏文物，更加不能打开来看内部，这就需要我们使用无损非接触的检测手段进行严格的调查，重新调查这些文物。在缺乏当时制作、资料和记录的今天，为了知道制作的秘密，我们进行了 X 光拍摄的、无损的内部调查。最终明白，这些作品在制作上没有一点点的偷工减料，工艺非常严谨，所以制作的精良是他们在长久的时间过后也没有产生非常严重问题的重要原因。

课题组的拍摄工作使我们能看到内部的工艺和结构，这些是从外边根本看不到。而我们又想让尽量多的人了解这些珍贵的信息，让大家知道从外面看起来富有魅力的这些雕像，其内部也同样充满了魅力，从而为保护修复工作提供了有力的证据。

3.2　研究历史

绘画在中国古代文化艺术领域中占有崇高的地位，雕塑则不尽相同。从事雕塑创作是重体力劳动，历史上除戴逵、戴颙等人之外，很少有高层次的文化人参与雕塑创作，也没有文化人为中国古代雕塑梳理、研究、著录。塑匠们自身的创作经历、经验也未记录下来。杨惠之[1] 未能传世的《塑诀》，推测应是归纳为口诀的具体实践经验，未上升为理论。尽管历代工匠不重视传统工艺资料的整理，但是还是产生了像《营造法式》（宋代）、《髹饰录》（明代）这样的划时代的工艺技术专著。中国从历史上不太重视雕塑制作等历史资料的整理，早期的修复工作也是匠人们按照制作工艺进行非常自由的修复。

针对古代佛像的科技保护研究也较晚，保护技术也比较单调。虽然 X 射线成像技术在 20 世纪后期已经运用到文物保护方面，但该技术目前也只是在体量比较小、材质比较单一、构造比较简单的文物上运用。日本东京艺术大学的长泽市郎教授及其团队前几年将 X 射线探伤技术运用到拍摄完整大体量佛像上，研究佛像的内部构造和制作工艺当属首创。

目前，国内将 X 射线探伤技术运用在佛像这种制作材料多样、制作工艺复杂的文物上非常少，其中承德普宁寺的善财龙女保护研究应用了 X 射线探伤技术，对佛像内部调查进行了初步的研究，重庆大足千手观音的内部结构稳定性研究中也运用了该技术，不过这些研究并没有将其与制作材料和工艺的研究联系起来。2012 年北京大学胡东波的著作《文物的 X 射线成像》出版。书中内容比较侧重于介绍 X 射线的理论和应用技术，并且在青铜器的铸造工艺和保存状况分析上做了非常细致的研究。该技术在本课题的研究对象——木胎、泥胎佛像的应用以及研究上面相对较少。

本研究课题运用 X 射线探伤技术对大体量古代木胎、泥胎佛像的整体制作工艺、保存状况、病害程度进行详细测试、剖析、研究与展示，并且分析制作材料、工艺与佛像保存现状、病害程度之间的关系，其中佛像内部的工艺结构与病害状况的分析为本课题的研究重点。这一研究将填补国内该领域的空白，相信 X 射线成像技术在未来同样材质的文物保护技术研究上得到普遍应用。

4　X 光片的拍摄和图像的后期处理

4.1　拍摄所用仪器设备

在 X 射线成像技术最初运用到文物方面的调查时，并没有便携式的 X 射线探伤仪器，所用仪器都非常庞大、笨重，都是安置在实验室里不能移动的。当时只能对可移动的小体量文物进行拍摄，将这些文物移动至具有 X 射线拍照仪器的房间中进行操作。而且当时拍摄的 X 光片都是医院用的传统胶片，拍摄后不能马上看到图像，需要将胶片冲洗后才能显影，对于现场工作无法及时做出调整，工作周期较长。

之后由于便携式 X 射线探伤仪器的出现和计算机的加入，以及图像软件处理技术的显著进步，可以将 X 射线探伤仪器以及相关其他设备带到工作现场操作，使得对大体量的不可移动文物的拍摄成为可能。特别是拍摄北京智化寺两尊通高 3.54m 的大型木雕彩绘佛像，课题组也没有拍摄过体量如此大的佛像的 X 射线成像的先例。便携式 X 射线拍照仪器及配套设备对于本次大体量的佛像的拍摄工作带来了很大的便利。

4.1.1　拍摄所用便携式 X 射线探伤仪

本课题中所使用的 X 射线探伤设备有两种型号：

① 日本 SOFTEX 公司的 K－200 型便携式 X 射线探伤仪（见表 1），该设备用于拍摄承德安远庙和北京智化寺的佛像（图 1）。

表 1　　　　　　日本 SOFTEX 公司 K－200 型便携式 X 射线探伤仪性能表

型号	K－200
最高电压	200kV
最低电压	60kV
电流	3mA
电源	220VAC \ 50Hz
拍摄距离	600mm
曝光时间	3min

图 1　K – 200 型便携式 X 射线探伤仪

② 中国丹东市红星仪器厂的 XXG – 3005 型便携式 X 射线探伤仪（见表 2），该设备用于拍摄承德殊像寺的佛像（图 2）。

表 2　　　　　　　　　红星仪器厂 XXG – 3005 型便携式 X 射线探伤仪性能表

型号	XXG – 3005
最高电压	300kV
最低电压	60kV
电流	5mA
电源	220VAC \ 50Hz
拍摄距离	600mm
曝光时间	5min

图 2　XXG – 3005 型便携式 X 射线探伤仪

4.1.2 拍摄所用电子胶片

为提高工作效率，此次采用了电子胶片得以迅速获取 X 光电子影像。该技术是将用电子胶片代替传统胶片，待 X 光拍摄后，运用专用电子扫描仪，将胶片进行扫描，即可马上在电脑中获得所拍摄部位的电子影像。

本课题中使用的电子胶片为感光成像 X 光电子软片，这种感光软片以感光度高、曝光宽容度大而著称，同时具有理论上可以反复拍摄上千次的优点。电子软胶片规格为 14in × 17in（36.56cm × 43.18cm）。课题组拍摄的数据图像经过简单的处理就得到了超过预期的鲜明的图像。在电脑上把数据图像拼接，得到一体化的全身图像，也能制作结构图，因此佛像内部构造的工作获得了有效的基础数据。

这种感光软片是一种柔软的、厚度为 0.6mm 的树脂薄片，表面涂有一种特殊的荧光体——以铕为催化剂的钡荧光卤化物。这种辉尽荧光体经 X 射线激活后会形成记忆，再用比荧光体的发光波长更长的光照射，就能因被照射的放射线量不同而发出不同强度的光。它存储的数据在摄影后几个小时之内会衰减到 70% 左右，但之后衰减程度很小，在几天之内都可以读出。我们利用专用扫描仪将胶片扫描，存储为数字图像。该胶片的特征在于它的对比度范围比普通的 X 射线胶片要大得多，前者是 1∶500，后者是 1∶5，所以拍摄一次，就能读出不同厚度的不同层次，并且摄影条件稍有偏差也不会出现很大的问题。另外还有一点，因为扫描得到的图像是数码数据，还可以通过图像处理改善画质。该胶片的感光度是工业用的 5~20 倍。

我们利用 X 射线透视摄影，目的是想知道物体内部的结构。如果物体内部构造物之间对 X 射线的吸收程度差异较大时，就需要用肉眼辨识这些微妙的差别。由于 X 射线本身具有高度的穿透力，使 X 射线胶片的感光度在实用时往往显得不够，为了改善感光度，课题组使用了增感屏。增感屏在接触 X 射线时能反光，配合使用上述能够对 X 射线感光的胶片将可以拍摄出效果更加明显的图像。

4.1.3 拍摄所用电子扫描仪和扫描分析成像软件

扫描仪器使用 14in × 17in 医用胶片的大型底片电子扫描仪，型号为美国 VMI 公司的 VMI5100S（美国产）。该仪器非常昂贵，而且体积庞大，重量也很大。如果要将全套装备运到拍摄现场，就需要专用车辆，我们租用了院里移动试验车负责运输这些沉重的拍摄设备。因为要拍摄的佛像体量较大，需要分部位拍摄上百张底片。由于胎体内部的厚度差异和复杂的结构，必须与上一个拍摄部位稍有重叠，不然就容易造成漏拍。为防止漏拍，我们必须当场出片，并尽量认真确认是否做到了上述重叠，因此现场需要系统中解读底片的电脑设备，整个过程非常缓慢。

基于以往的拍摄经验，我们利用专用电脑和扫描分析成像软件 VMISTARRVIEW 7.0（美国）进行扫描和成像（图 3），以及后期图像处理软件 Adobe Photoshop CS5（64bit）解读数据化后的 X 射线图像，提高了工作效率，努力做出了较为鲜明的全身图像。

课题组将现有的 X 射线底片数据化，将每一尊佛像的数据都录入光盘。展示给大家的 X 射线图像都是基于上述成果，尽可能地利用数据化，经过图像处理使之达到效果鲜明。

4.2 拍摄方法及经过

以下内容以在北京智化寺的拍摄工作为例，将拍摄过程做一个简单的描述。由于智化寺的两尊佛

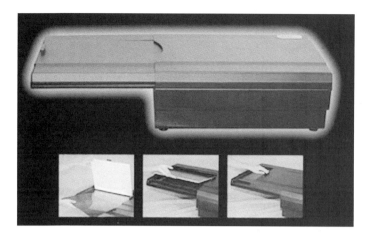

图3　电子扫描仪及专用电脑

像体量比较大，因此必须借助脚手架才能拍摄到佛像上半身的影像。经过前期数十张X光片的拍摄和图像的简单拼接，制定出了利用立体探方的方法将佛像分为纵向5列，横向14行的方格图的拍摄方案，每一格的可用尺寸为30cm×40cm（图4）。由于电子软胶片规格为36.56cm×43.18cm，这样就使得每张胶片大约横向有13.12cm的重叠，纵向有6.36cm的重叠，这样给拍摄出来的图像在拼接时留有比对和剪裁的余地。

在制定出拍摄方案后，拍摄工作为自下至上进行。放置X光片时，为了成像质量，在不对佛像造成危险的前提下尽量将片子紧挨佛像。在放置X光片的一面，利用脚手架四周的横杆将白色棉绳拴挂在上面，将棉绳固定在佛像脚手架二层最高处的横杆上，每一根棉绳横向固定好，在顶端做活扣方便上、下调节（图5）。由于横向无法固定棉绳，所以在纵向棉绳上标记好尺寸（图6）。然后使用大夹子将X光胶片固定在一块轻而结实的薄木板上，片子上边缘使用两个夹子，下边缘使用一个夹子。再将固定好的片子与薄板拴在棉绳上，在固定时要保证片子的稳定与水平。

在佛像的另外一边摆放X射线拍摄仪器，要使仪器镜头正对片子的中心点，这也需要准确的测量（图7）。而且在拍摄每张片子的时候，仪器和片子距离都要是固定的，不能时远时近（图8）。

每张片子拍摄时所用电压都是根据实际情况制定的。在前期资料和文献的学习中大致了解了此类佛像的结构，而且在正式拍摄前使用不同电压在不用位置拍摄了部分片子，根据这些片子的成像效果制定了不同位置的电压。比如在拍摄边缘时因为木材较厚需要使用较大电压，在拍摄佛像中间部位时，因为佛像为中空，所以使用相对低一些的电压。

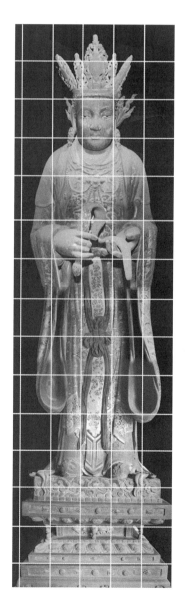

图4　梵王正面X光片
拍摄位置方格图

拍摄时最大的困难就是拍摄脚手架中间搭板位置和二层偏上位置的片子（图9）。中间搭板位置使佛像有一小部分的地方不能拍摄完全，在二层偏上的位置由于脚手架稍显不稳，而 X 射线拍摄仪器又非常沉重，使得在仪器移动位置的时候非常困难，拍摄工作非常缓慢（图10）。

在拍摄完成后，将片子取下放在电子扫描仪中进行扫描，得到可用的图像。在拍摄中我们使用了两张电子胶片，这样可以在第一张胶片拍摄完成后，由专人负责将片子取下送到临时办公室中扫描、存储。在扫描的过程中将第二张片子和 X 射线仪器摆放在下一个位置。这样减少了等待的时间，使得拍摄工作更有效率（图11）。

图5　测量纵向棉线间隔位置

图6　固定棉线位置

图 7　摆放 X 光片

图 8　摆放 X 射线探伤仪器

图 9　一层处摆放好位置的 X 光电子胶片和 X 射线探伤仪器

图 10　二层处摆放好位置的 X 光电子胶片和 X 射线拍摄仪器

图 11   扫描图像并编号、保存

总结三处寺庙的拍摄经验，在拍摄工作开始前，将 X 射线探伤仪开机，这时需要一位专业人员穿戴上铅衣和铅帽，用手持辐射剂量监测仪为其他工作人员选定一个安全区域。拍摄过程中摆放片子和移动 X 射线仪器都需要专人负责，在摆放完成后迅速移至安全区域，在 X 射线探伤仪拍摄片子的 1 分钟里，其他工作人员必须停留在该安全区域。负责每一张 X 光片拍摄时开机的工作人员要接受开机到进入安全区域这短时间的 X 射线辐射，因此这位工作人员必须一直穿戴铅衣和铅帽来抵御这短时间的辐射。X 光片的扫描仪和专用电脑需要放置在距离拍摄地点较远的地方，也需要有专人负责该项扫描和存储的工作，而拍摄的大多数时间只有 3 ~ 4 人。根据上述情况得出，有大量贴金佛像在拍摄过程中，表面金层会造成 X 射线的散射现象，使拍摄对象周围一定范围内都有可能受到辐射，所以在拍摄此类文物的时候要严格注意工作人员的防护，而一个效率较高的拍摄小组通常需要至少 6 人，分工见表 3。

表 3   拍摄过程分工表

总数（人）	人数	在拍摄过程中的分工
6	2	负责移动、摆放、固定 X 光电子胶片的位置
	2	负责移动、摆放、固定 X 射线探伤仪器的位置
	1	负责取下第一张 X 光电子胶片，将第二张胶片交到负责摆放的人手中，再将第一张胶片送到扫描的办公室
	1	负责扫描胶片，将图像编号、保存进电脑，将铅字编号粘在胶片袋上，将胶片装回胶片袋，交给负责传递的专人

4.3　X 射线图像的读取方法比较与判读

4.3.1　图像处理

在处理图像时，如果能够按照实际需要改变拍摄的 X 射线底片的对比度，我们就能更容易掌握内部结构。在摄影条件偶有偏差时，利用图像处理能够获得必要的信息，就能减轻摄影的工作量。

图像处理的难度在于将原图像数据化、数据化处理图像的硬件和软件。X 射线胶片的对比度范围很广，为在数据化时能获得更多的信息，我们需要能够读取面积较大的、对比度范围很广的装置。近年来因为 14in×17in 医用 X 射线电子胶片的数字化市场很大，市场上开始销售用于扫描 X 射线电子胶片的扫描仪。课题组在拍摄工作中使用的是 VMI5100S（美国产）电子胶片扫描仪。

进行图像处理，需要具有专业知识的人员和大型、高速的计算机。能够熟练使用专业的图像处理软件 Adobe Photoshop 系列软件是非常重要的，通过组合利用常用的几种处理手法，能从 X 射线胶片图像中获得更多信息。

4.3.2　对 X 射线摄影与图像处理的评价

在对承德安远庙和北京智化寺的四尊佛像进行 X 射线摄影过程中，感光成像软片的有效性十分显著。四尊佛像的胎体因为是木制的，所以用 X 射线胶片能够得到足够鲜明的图像。佛像和须弥座的结合部分构造非常复杂，木料又很厚，但仍能够比较鲜明地显示佛像的内部结构。木材的接口、钉子、镉子都拍得很清楚，为研究上述佛像获得了重要的信息。

在早先我们想得到 X 射线电子图像是把 X 射线底片放在透光玻璃台用数码相机翻拍，然后复制到电脑上，最后做成全身像。如果塑像体量很大，为了解读全部图像并组成一体，需要付出极大的精力和高速先进的电脑设备。由于能将 X 射线图像变成电子数据后得出 X 射线全身像，在显示器上自由地调整亮度、对比度、缩放大小，就能高效率地做出 1/2 大或接近等身大的鲜明的输出图像，X 射线图像就能变得更为鲜明和容易看清，这是一个很大的收获。上述工作也证明，利用图像处理软件进行简便的处理，就能有效地使图像变得鲜明，并完成图像的一体化。另外，由于配套使用扫描分析成像软件 VMISTARVIEW 7.0（美国），能够较快地扫描大量的 X 射线成像，让人切身体会到这是一种适合于在有限时间内完成工作的方法。

缺点在于，即使在现场经过扫描确认，在后期将所有图像拼接成完整佛像的时候，还是发现在当时的拍摄出现了几处带状的漏拍部位。这是因为佛像靠近光源的上、下两端会在胶片表面扩散，造成缺陷。虽然通过严谨地设定拍摄位置能解决这个问题，但在大量拍摄时，条件所限和经验不足还是没能察觉，这也是由现场的工作条件和工作时间等多方面因素造成的，但所幸的是并没有造成严重的缺漏。

4.3.3　对 X 光片的判读

X 光片的判读原则：X 光在穿透所拍摄的物体后，经胶片感光形成黑度不同的影像来反映拍摄物体的内部结构，材质密度和厚度等不同。根据所拍摄图像的黑度变化可判断，同等厚度下，密度越大，黑度越小；同等密度下，厚度越大，黑度越小。

4.3.3.1　木胎佛像内部中空结构的判读

由于内部中空，所拍摄图像中空部分在图像上的表现为其黑度大于周边，据此可以判读内部中空的范围和形态，如图 12。

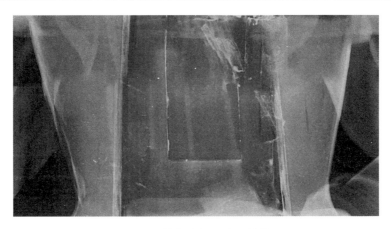

图 12　佛像内部的中空结构

4.3.3.2　木胎佛像内部不同密度物体的判读

由于金属密度大于木材和泥层的密度，在图像上的表现为其黑度小于周边，可据此判读佛像内部的铁钉、镉子等的位置、大小及形态。同时，纸质类在一定厚度下，采用较低电压时也可将其准确判断。由于在中空内部，其在图像上的表现为黑度大于空腔，据此可判读其位置、大小及形态，如图 13、14。

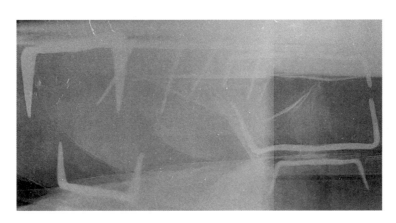

图 13　佛像内部的镉子、钉子

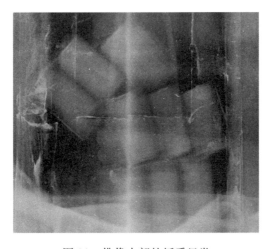

图 14　佛像内部的纸质经卷

4.3.3.3   木胎佛像内部榫卯结构的判读

木材榫卯结构处由于榫卯间存在接口部位，在图像上产生黑度变化，根据接口部位卯接配合情况可判读榫卯部位的位置、大小及形态，如图15。

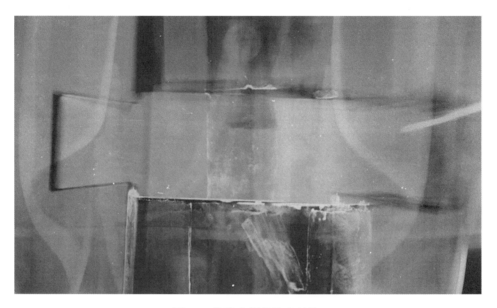

图15   佛像内部的榫卯结构

4.3.3.4   泥塑佛像内部木材、泥土、金属材质的判读

由于泥塑内部泥土、金属密度较大，在图像上表现的黑度低，木质黑度大，可据此判读出木材、泥土、金属的位置、大小及形态。同时，泥土内存在裂隙，裂隙处泥土部分已不存在，图像上表现出裂隙处在黑度上远大于周围，据此可判断出裂隙的位置、长短、方向及形态，如图16。

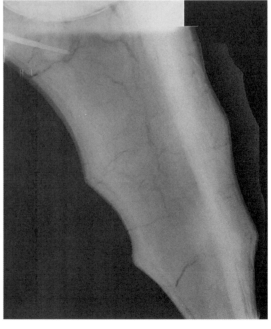

图16   佛像内部的木骨架、金属丝和泥层裂隙

5　承德安远庙佛像 X 光片拍摄与研究

5.1　安远庙佛像前期调查研究

5.1.1　安远庙简介

安远庙，又称"伊犁庙"，俗称"方亭子"，建于乾隆二十九年（1764 年），仿新疆伊犁河北岸的固尔扎庙规制修建，位于普宁寺和普乐寺之间的阜岗上，坐东朝西，中轴线径对西南方向的避暑山庄。在外八庙中，安远庙的建筑规模远比不上其他寺庙大，但它完全打破了汉式寺庙坐北朝南的"伽蓝七堂"传统布局，在风格上明显保留了原伊犁固尔扎庙的民族风格，并巧妙地融入了汉、藏民族的建筑精华，从而使整个庙宇从布局、外观和建筑上都别具一格，引人瞩目。

1949 年前后安远庙仅存普度殿、山门及附属小殿建筑，其余建筑皆塌毁。20 世纪 80 年代，国家拨款对寺庙进行修整，最独特的建筑普度殿以及山门、二道山门、配殿、门殿均已恢复清代原貌。

5.1.2　安远庙二层佛像简介

安远庙普度殿二层供三世佛和六大佛像。九尊佛像都为金漆木雕像，高度在 1.2m 左右，造型精美，雕刻细致。

本次选择拍摄 X 光片的对象为安远庙普度殿二层北侧的第一尊和第三尊佛像（图 17、18）。

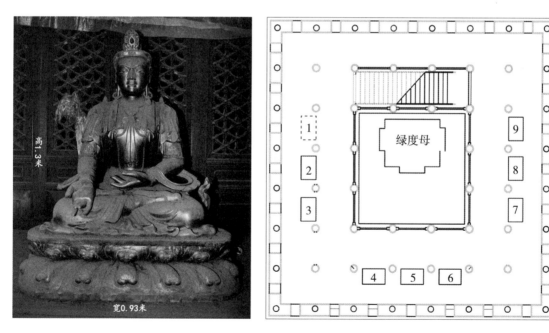

图 17　第一尊佛像及其位置示意图（见虚线框）

5.1.3　安远庙佛像保存价值及修缮记录

安远庙是厄鲁特蒙古达什达瓦部反击阿睦尔撒纳叛乱，举部内迁，维护民族团结的纪念标志；是清朝尊重达什达瓦部宗教信仰，为他们修建的精神圣地；是典型的汉、藏结合的佛教寺庙，反映了清乾隆时期蒙古民族的宗教信仰习惯的寺庙。主殿普度殿造型独特，在众多藏式建筑中别具特色。供奉

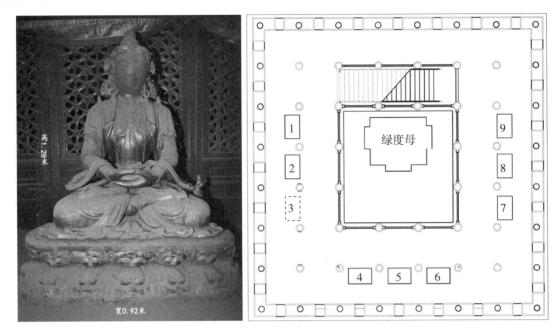

图 18　第三尊佛像及其位置图（见虚线框）

的佛像体现了皇帝对少数民族信仰的尊重。

　　从艺术和科学价值上，安远庙主体建筑是藏族寺庙的"都纲"（可以容纳几千僧人念经的殿堂）法式，佛像和陈设的造型、布局为藏传佛教的经典体现，但在制作工艺上却融合了大量汉族寺庙、佛像的艺术表现手法，是各民族文化交融的佳作。普度殿内金漆木雕像造型精美，陈设富丽堂皇，制作工艺精湛，是乾隆时期雕造艺术、工艺集大成之作。

　　从修缮记录中可以看出安远庙始建于乾隆二十九年（1764 年），但在三十年后，乾隆五十九年（1794 年）因普度殿落架大修，佛像被迁出，三月初八的记录证明佛像将安置回原位，即将完工。后期的记录中未见与佛像相关的信息。安远庙在 20 世纪 80 年代对建筑构件虽有修缮，但对于佛像也未见做过任何维护修复的记录。其他佛像未发现后期修复处理痕迹，所以应该是清乾隆年间制作的原物（见表 4）。

表 4　　　　　　　　　　　　　　　安远庙主要修缮记录

序号	维修年代	工程项目	维修建筑名称	工程内容
1	乾隆二十九年修建安远庙			兴建安远庙
2	乾隆五十九年	普度殿修缮	普度殿	三月初八普度殿三重檐方楼一座拆盖，将金檐柱木径寸加大，现在树立大木，二山门外拆换嘛呢杆四根，现今拆做。 普度殿上架画活并殿内楼上、下佛像源流将次第完竣，下架柱木做至垫光油，头停琉璃瓦片苋完。 山门值房及更换嘛呢杆俱已完竣

5.2　安远庙普度殿二层佛像的保存现状

5.2.1　保存现状

佛像保存在普度殿内一、二、三层，为清中期原物，制作工艺精湛，因为长期失于维护，佛像都有不同程度的损坏。

二层南、西、北三面供奉了九尊佛像，其中西面是三世佛，南北是六尊菩萨像。每尊佛像分三个部分组成，上面是佛身，坐在莲花宝座上，下面是一个长方形箱体的底座。九尊佛像大小基本相同，佛身高 0.93 ~ 1.02m，宽 0.78m，厚 0.52m。莲花座高 0.3m，宽 0.93m，厚 0.65m。底座长 2.25m，宽 1.07m，高 0.88m。佛身为木胎，麻布油灰地仗，表面金箔罩漆。莲座也是木胎，麻布油灰地仗，莲座表面除一尊佛像的是彩绘外，其余的都是金箔罩漆。底座为木胎，一麻五灰地仗，表面上红油漆。

第一尊佛像：

位于二层北面东边第一尊，为金箔罩漆木雕像。佛像右臂朝上贴有标签，记载此佛为无量寿佛，但现在已模糊不清。此佛像头部后面有破洞，属后期人为损坏。背面金漆层 70% 脱落，露出布灰地仗层。发髻顶部缺失、头冠缺失、冠披缺失、右飘带缺失、腿部木胎小面积缺失、结构松动（图 19）。

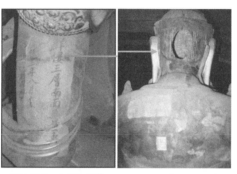

图 19　第一尊佛像病害情况

　　头部后面破损；背部大面积金漆层脱落，露出布灰地仗；佛像表面积尘严重；小面积表漆脱落露出金层；莲花座小面积表漆脱落；部分金层脱落露出底漆；底座破损严重，座面麻灰地仗完全脱落；其他面麻灰地仗也大面积脱落、剥离（图20）。

　　第一尊佛像具体缺失部位：头部后侧木胎，发髻顶装饰、头冠、左右两侧冠披各一、右侧飘带（图21）。

图 20　第一尊佛像背部及底座病害情况

图 21　第一尊佛像缺失部位

第三尊佛像：

位于二层北面西侧第一尊，为金箔罩漆木雕像。九尊佛像中损坏较为严重的一尊。主要问题是面部金漆层全部脱落，头冠全部缺失。后背上部有标签，字迹已看不清楚。

面部金漆层及头冠缺失，发髻顶部缺失，右飘带部分缺失，佛像表面积尘严重，正面金漆层部分空鼓、脱落、起翘，右臂结构松动，金漆层脱落（图22）。

头部后面破损；背部50%金漆层脱落，露出布灰地仗；莲花座部分表漆脱落；部分金漆层脱落露出底漆；底座破损严重，座面麻灰地仗完全脱落；其他地仗剥离、空鼓；表面漆皮脱落、起翘（图23）。

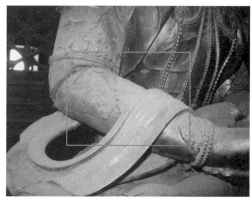

图22　第三尊佛像病害情况

图23　第三尊佛像的背部及底座病害情况

图 24 第三尊佛像缺失部位

第三尊佛像具体缺失部位：头部后侧木胎、发髻顶部装饰、头冠、右侧飘带（图 24）。

5.2.2 病害种类

通过对二层两尊佛像的调查，发现较为严重病害为缺失和金漆层的空鼓、剥离。缺失配件多为可以拆卸的装饰物。

缺失：原有胎体的一部分或配件损毁、丢失现象。

松动：胎体结构连接松开、晃动现象。

地仗层脱落：地仗层全部脱落，露出其下的木基体。

颜料层脱落：画层全部脱落，暴露出其下的地仗层。

空鼓：地仗层与木基体间附着力丧失，形成中空现象。

起翘：地仗层、颜料层在龟裂、裂隙的基础上，沿其边缘翘起、外卷。

裂缝：贯穿整个结构（木基体、地仗层、颜料层）的开裂形成缝隙。

积尘：灰尘在表面形成的沉积现象。

水渍：因水侵蚀在物体表面留下的痕迹。

龟裂：表层细小、均匀呈网状的开裂现象。

错误修复：人为改动或附加的造型、配件等改变文物原状的修复。

烟熏污染：烧火留下的油质或烟熏的痕迹。

5.2.3 病害成因分析

造成病害的主要原因：一是制作材料本身的自然老化；二是木构件的开裂、变形；三是保存环境对佛像的影响；四是人为的损害及长期疏于维护。

造成佛像病害的诱因中，最为严重的是随着清政府的瓦解，承德地区的皇家寺庙在无人顾及，无能力维护和管理的情况下，建筑本身的损毁、倒塌，直接影响了内部佛像的保存。环境的剧烈变化及人为的损坏，使佛像胎体松动，金漆层、地仗层脱落、开裂，大量配件丢失（图 25）。1949 年以后建

表面积尘污染

表面金漆层脱落、起翘、空鼓

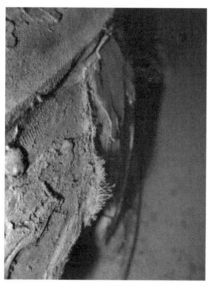

地仗层脱落、起翘

结构松动

图25　病害照片

筑才得以修缮，但佛像还是没有得到全面的保护修复，积尘严重，胎体、配件松动没得到及时加固，造成现在大量的缺失。

安远庙位于承德市东北处，武烈河东岸冈阜上，避暑山庄东北方向。全庙平面为长方形，面向西南。承德地处暖温带向寒温带过渡地带，属半温润半干旱大陆性季风型气候，四季分明，光照充足，昼夜温差大。全区地貌可分为坝上高原和山地两个类型。主要山脉有燕山和阴山山脉，还有兴安岭余脉和七老图山。境内河流有滦河、潮白河、蓟运河、辽河四条水系，其支流遍及千山万壑之中。地势由西北向东南阶梯下降，因此气候南北差异明显，气象要素呈立体分布，使气候具有多样性。主要气候特征为冬季寒冷少雪，春季干旱少雨，夏季温和多雷阵雨，秋季凉爽，昼夜温差大，霜害较重。

据承德市气象站统计，全年最大风速15～20m/s，年平均气温8.9℃，极端最高气温41.5℃，极端最低气温－29.5℃。年均无霜期160d。年雨量402.3mm～882.6mm，夏季6～8月雨量为241.5mm～

542.4mm，占年雨量的 56% ~ 75%。最大积雪深度为 43cm。除静风外，年最多风向为西南和西北。年平均风速为 1.4 ~ 4.3m/s。从承德市现有空气质量报告可以看出，承德市区环境质量从 2008 年开始有明显改善。年空气质量均达到国家 II 级标准，离宫景区的环境质量良好，60% 以上的天数空气质量都达到国家 I 级标准。首要污染物为可吸入颗粒物，其他污染物的（二氧化硫、二氧化氮和降尘）监测值较 2008 年前也都明显下降。酸雨发生率没有较好的改善，对古建筑的保护会有一定的不良影响。

针对佛像保存环境，我们在接手此项目时，就开始对普度殿内、外的温湿度开展了监测。通过 2012 年 2 月 27 日至 3 月 27 日一个月监测数据的分析，基本可以了解大殿内、外温湿度的变化情况，现在监测还在进行中。

佛像病害是制作材料与保存环境共同作用而发生老化变质的结果。保存环境对佛像的影响主要包括温湿度、光辐射、空气环境以及微生物等几个方面。

普度殿建筑修缮后，房屋渗水、漏风等得到治理，佛像的保存环境也得到了很大的改善。殿内一层、二层相对封闭，基本上没有光辐射的影响。通过对殿内、外环境监测数据的对比分析，普度殿内、外温湿度的变化趋势基本相同，殿内比殿外的变化幅度要小，变化速度也较缓慢。在监测的一个月内，殿外温度最低值出现在 3 月 9 日 -12.88℃，而殿内温度在连续两天低温天气后，3 月 11 日才达到最低 -7.85℃（图 26、27）。殿内一天内温度变化在 4℃ ~ 6℃，相对殿外温度 4℃ ~ 16℃ 的变化来说要稳定得多。殿内湿度的变化幅度与殿外相比也较缓和，一天湿度差殿内最高在 35% 间变化，殿外在 70% 间变化。3 月 16 日殿外湿度达到 100%，连续几天出现高湿，而殿内湿度虽有上升，但远不如殿外变化剧烈。殿内湿度最高值出现在 3 月 5 日为 79.6%，殿外湿度达到 97.9%。相比之下殿内温湿度变化比殿外要稳定（图 28、29）。3 月普度殿内一直在进行安防施工，所以殿门大开，人员流动频繁，殿内温湿度变化受殿外影响较大。近些年安远庙参观人数虽有所提高，但与其他寺庙相比少之又少，殿门经常关闭，温湿度变化应该比 3 月监测数据波动更加缓和，有利于佛像和陈设的保护。今天我们看到

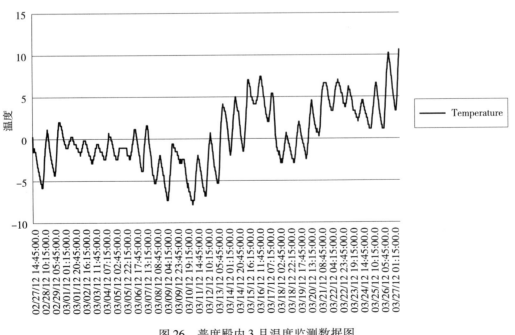

图 26   普度殿内 3 月温度监测数据图

的佛像病害主要原因还应是早期发生的病害一直没有得到科学的治理，致使黏结强度已经降低的金漆层、地仗层不断地开裂和损失。

其次，积尘与动物活动也是佛像产生病害的原因之一。灰尘污染物的化学成分十分复杂，其化学组成因地而异，一般而言灰尘的主要成分包括非金属氧化物、各种盐类、金属或金属氧化物微粒。部分灰尘有对二氧化硫、氮氧化物及气溶胶等活泼物质的吸附能力，进一步增加了灰尘的化学活性。基于它的特性，灰尘沉降在佛像表面而对金漆层形成物理损伤和化学腐蚀，灰尘的吸附性使其成为微生物病害的重要传播途径。积尘的危害是缓慢、长期的，也是显而易见的，灰尘的堆积及与老化的表面罩油相融合直接造成了罩油的脱落，甚至金层的脱落。厚重的积尘也给微生物、昆虫提供了养分和良

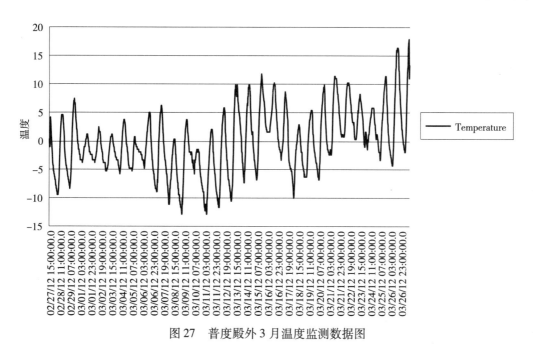

图 27　普度殿外 3 月温度监测数据图

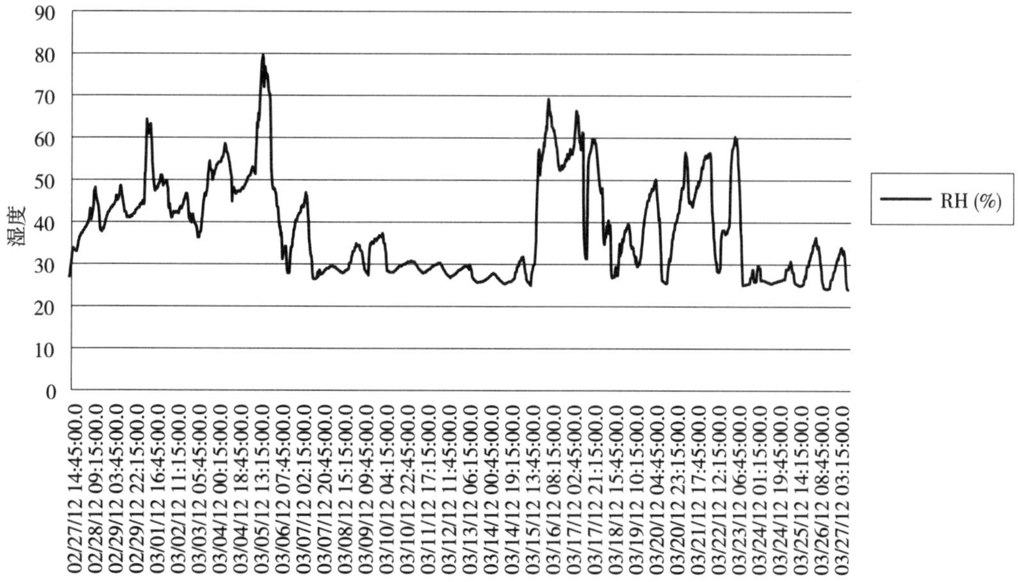

图 28　普度殿内 3 月湿度监测数据图

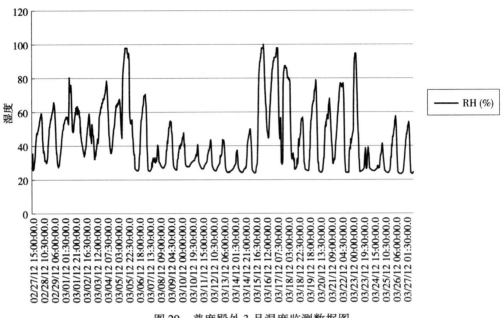

图 29　普度殿外 3 月湿度监测数据图

好的庇护所，空鼓、裂隙成为它们的家，加剧了金漆层和地仗层的脱落，对木胎的保护形成威胁。安远庙的佛像通过勘察未发现木胎有虫害，但可以清楚地看到大量蜘蛛网布满佛像全身。因此，提高佛像制作材料的黏结强度，保持适宜、稳定的温湿度，加强日常维护、管理，是科学有效的保护措施，也是减缓佛像劣化发展速度的必要方法。

5.3　安远庙普度殿二层佛像制作工艺、材料调查

安远庙佛像的制作工艺是典型的传统木胎佛像做法，虽称为金漆像，但在北方罩漆的漆实为漆与桐油混合物。地仗基本是一麻五灰或一布（麻布）五灰，木构件之间的接缝会用到两布六灰甚至更多。过去对于佛像最常见的保护处理方法是除去表层破损金漆层及地仗，砍净挠白重新制作地仗、贴金、罩漆，也就是常说的再塑金身，安远庙保存的佛像没有记载被修复过。其他佛像保存状况虽然残破，但却是难得被保存下来的清中期原物。通过分析检测，可以更清晰地了解清中期佛像的工艺和材料。我们在调查中不仅使用了现代科学分析检测设备，还听取了传统工艺老专家的意见。

5.3.1　分析取样

此次分析检测分别在普度殿二层第一尊和第三尊佛像上取木材样品 1 个，金漆层样品 1 个，颜料样品 2 个（见表 5）。样品采自脱落残片或已破损地方。分析目的是确定佛像使用木材的种类，及颜料的显色成分，工艺技法与层理结构等。

表 5　　　　　　　　　　　　　　二层佛像样品列表

序号	编号	取样位置	样品描述	样品照片编号
1	NO. 1F－1	第一尊佛头	木头	0181、0182
2	NO. 1F－2	第一尊佛头后侧	蓝色	0185
3	NO. 3F－1	第三尊佛头	发髻	0187、0188、0189
4	NO. 3F－2	第三尊佛手	贴金地仗	0191、0192

5.3.2　分析方法

利用实体显微镜、偏光显微镜、扫描电子显微镜、激光拉曼等仪器对样品进行了结构观察和成分分析。木材及纸张种类鉴定分别委托中科院木材所和珠海华伦造纸科技公司进行。通过调查和分析检测，基本查明了安远庙现存佛像的结构、材料和制作工艺，对今后的保护修复工作提供了科学依据。

因为采集样品量少，材料成分复杂，样品污染严重，给分析检测带来一定的困难。工作中使用多种分析仪器测试，以弥补样品量的不足和相互校验分析结果。

5.3.2.1　样品记录与观察

为了解颜料形貌、金漆层厚度和地仗层结构，用环氧树脂包埋法制作了剖面样品，利用实体显微镜（Nikon MZ – 10）、偏光显微镜（Nikon HFX – II）对样品表面、颜料颗粒和剖面进行观察、拍照。

5.3.2.2　扫描电子显微镜分析

切割小块样品，用环氧树脂包埋法，经磨制、抛光处理后，样品表面喷碳，然后用导电胶直接粘在样品台上观察。利用日本日立公司生产的 Hitachi S – 3600N 型扫描电子显微镜（SEM）观察其显微结构，同时利用能谱仪（EDS）对颜料层、地仗层中所含元素进行半定量分析。

5.3.2.3　红外光谱（FT – IR）分析

利用红外光谱仪对部分颜料样品进行了检测，采用反射方式测试。

仪器型号为 Nicolet 670，内反射晶体为锗晶体，入射角为 45 度。

5.3.2.4　激光拉曼光谱分析

利用美国 Thermo Nicolet 公司的 ALMEGA 显微共焦激光拉曼光谱仪对部分颜料量少的样品进行了成分分析。激光波长 780nm 时，能量为 50MW；激光波长 532nm 时，能量为 25MW。

5.3.3　分析结果

5.3.3.1　木材种类鉴定

所取样品中有 1 个木材样品，取自普度殿二层第一尊佛像头部残损部位，通过检测分析证明佛像使用木材种类为椴木。分析结果对修复补缺时材料的选择提供依据。

样品 No. 1F – 1 木材取自第一尊佛像头部后面破损处（图 30 ~ 32）。

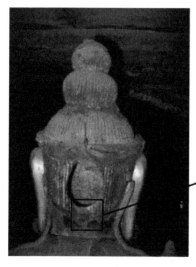

图 30　取样位置及样品 No. 1F – 1

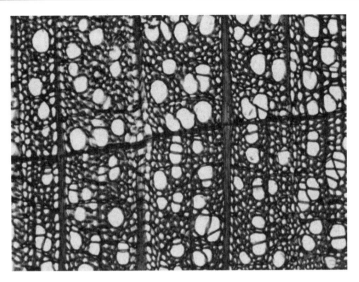

图31 样品 No.1F－1 椴木横切面

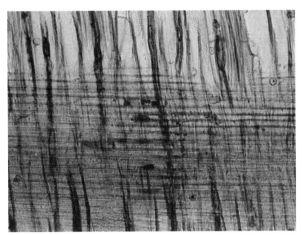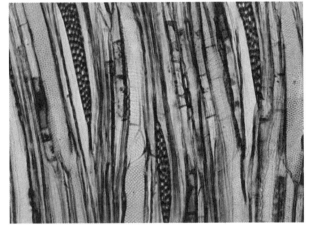

图32 径切面与弦切面

5.3.3.2 颜料成分鉴定

样品 No.1F－2 取自第一尊佛像发髻后侧的蓝色颜料，通过分析证明蓝色颜料中的蓝色显色成分为蓝铜矿 [$2CuCO_3 \cdot Cu(OH)_2$]（图33）。蓝色颜料中绿色颜料颗粒，通过分析证明绿色颜料中的显色成分为水胆矾 [$Cu_4SO_4(OH)_6$]，推测为蓝色颜料暴露空气中的腐蚀产物（图34）。

样品 No.3F－1 取自第三尊佛像脱落发髻上的蓝色颜料，通过分析证明蓝色颜料中的蓝色显色成分为蓝铜矿 [$2CuCO_3 \cdot Cu(OH)_2$]（图35）。蓝色颜料中绿色颜料颗粒，通过分析证明绿色颜料中的显色成分为水胆矾 [$Cu_4SO_4(OH)_6$]，推测为蓝色颜料暴露空气中的腐蚀产物（图36）。

5.3.3.3 佛像漆层结构调查结果

样品 No.3F－2 取自第三尊佛像的表面金漆层破损处。通过样品剖面观察，清晰地看到地仗层上涂三道加红色颜料的底漆，每层厚度从里向外为43um、42um、25um，然后是金箔层，金层上面是罩漆（油）层（图37、38）。

5.3.3.4 分析检测结果及佛像制作工艺讨论

通过对佛像的取样分析调查，基本搞清佛像使用的颜料及工艺。安远庙普度殿二层保存清代佛像

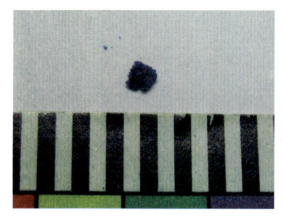
样品No.1F-2

蓝色颜色显微图片

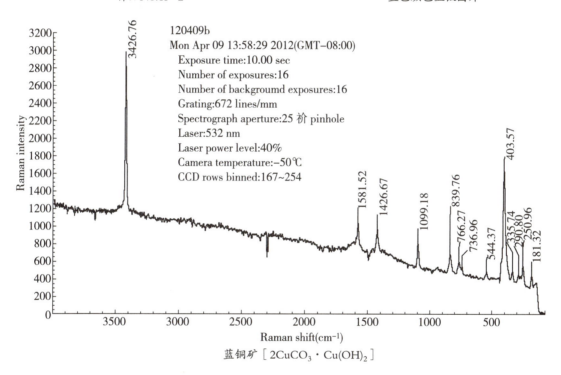

蓝铜矿 $\left[\, 2CuCO_3 \cdot Cu(OH)_2 \,\right]$

图 33　第一尊佛像蓝色颜料分析结果

使用的木材都为椴木。

二层佛像表面金漆层通过样品剖面观察，证明是在麻布油灰地仗上涂三层红色底漆，然后贴金箔。在金层表面罩漆，金箔分析证明使用了含金量约 90% 以上的库金。佛像头部发髻表面都涂有蓝色颜料，分析证明蓝色颜料使用了蓝铜矿，其中还含有腐蚀产物绿色的水胆矾。

佛像的制作工艺都使用了传统木作佛像工艺，在拼接雕好形状的木胎上做一布（麻布）五灰地仗，根据不同位置有做两布甚至三布七灰的地仗层，黏结材料使用传统材料油满。

佛像制作工艺与古建筑木构件彩画地仗相近，也就是在处理好的木基体上支浆→上捉缝灰→上通灰→贴麻布→上压布灰→上中灰→上细灰→磨细灰→上生桐油钻生，全部干透后上数道底漆，然后贴金罩漆。有些不重要的地方也会使用单披灰地仗（不使布的地仗），传统单披灰均指四道灰，即木基

绿色颜料显微图片

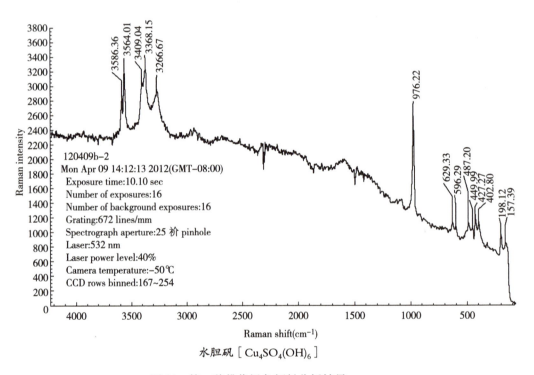

120409b-2
Mon Apr 09 14:12:13 2012(GMT−08:00)
Exposure time:10.10 sec
Number of exposures:16
Number of background exposures:16
Grating:672 lines/mm
Spectrograph aperture:25 衍 pinhole
Laser:532 nm
Laser power level:40%
Camera temperature:−50℃
CCD rows binned:167~254

水胆矾 $[Cu_4SO_4(OH)_6]$

图34　第一尊佛像绿色颜料分析结果

层表面上捉缝灰→通灰→中灰→细灰→磨灰→钻生桐油→上色（图39、40）。

　　通过调查发现佛像不同部位使用的麻布层数不同，如佛像的膝盖处地仗中使用了二层麻布，而后背部分使用了一层麻布。须弥座和其装饰配件的贴金、彩绘是做在单披灰上，地仗上没有使用任何的纤维材料。

　　通过现场观察、分析地仗样品的剖面、查阅资料和走访老艺人，我们慢慢了解了佛像的制作工序。一般认为佛像采用的是一麻五灰的工艺，一些容易破损的部位，比如手肘及膝盖采用了二麻六灰的工艺，即两层麻（或布）和六层灰的技术。从工艺的观察和样品剖面来看，普度殿内的佛像根据位置不

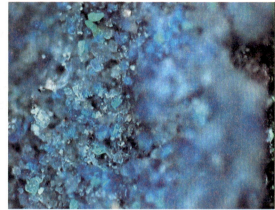

样品 No.4F—1B　　　　　　　　　　蓝色颜料显微图片

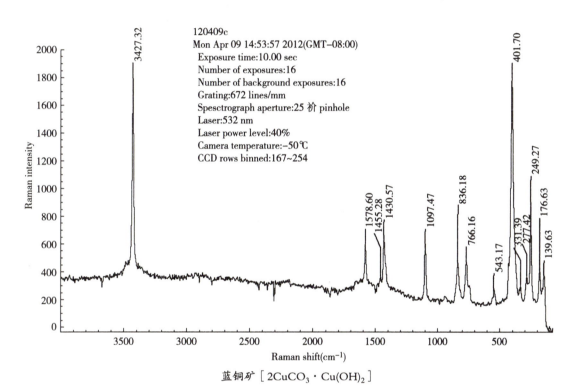

蓝铜矿〔2CuCO$_3$·Cu(OH)$_2$〕

图 35　第三尊佛像蓝色颜料分析结果

同，分别采用了一布五灰、二布六灰相结合的工艺。

从工艺操作工序上，基本要实施 11 个步骤进行制作：

第一步：制作木胎；

第二步：打磨后上第一道灰，捉缝灰，对木材表面的裂隙进行填充找平；

第三步：干燥后打磨上第二道灰，通灰，顾名思义是木材表面全面涂刷一层油灰，厚度 1～2mm；

第四步：干燥后使用净油满将麻布贴好，贴麻布的工艺可以使佛像木材保持不变形；

第五步：干燥后打磨上第三道压布灰；

第六步：干燥后打磨上第四道中灰；

第七步：干燥后打磨上第五道灰，也是最后一道灰，细灰。这时地仗厚度大约有 3～4mm；

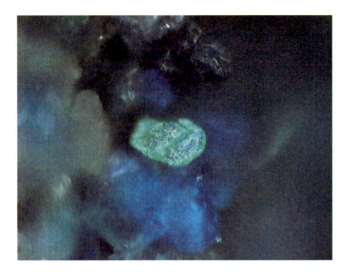

绿色颜料显微图片

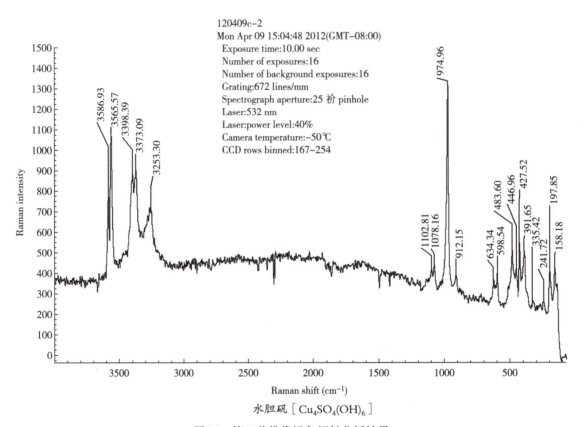

水胆矾 $[Cu_4SO_4(OH)_6]$

图36　第三尊佛像绿色颜料分析结果

第八步：干燥后打磨上生桐油钻生；

第九步：完全干燥后，髹涂1~3层深红色的底漆，为金箔衬色用，每一层干燥后都需打磨。红漆为朱砂加天然大漆；

第十步：涂上金胶油，在将干未干时贴金箔（金箔为含金量90%左右的库金金箔）；

第十一步：金箔上罩漆。

图 37　取样位置与样品 No. 3F – 2

罩漆 → 罩漆
↑
贴金箔 → 贴金箔
↑
金胶油 → 金胶油
↑
深红底漆 → 深红底漆
↑
细灰 → 细灰
↑
中灰 → 中灰
↑
粗灰 → 粗灰
↑
油满贴麻布 → 油满贴麻布
↑
通灰 → 通灰
↑
捉缝灰 → 捉缝灰
↑
木胎 → 木胎

图 39　佛像表层工艺结构图

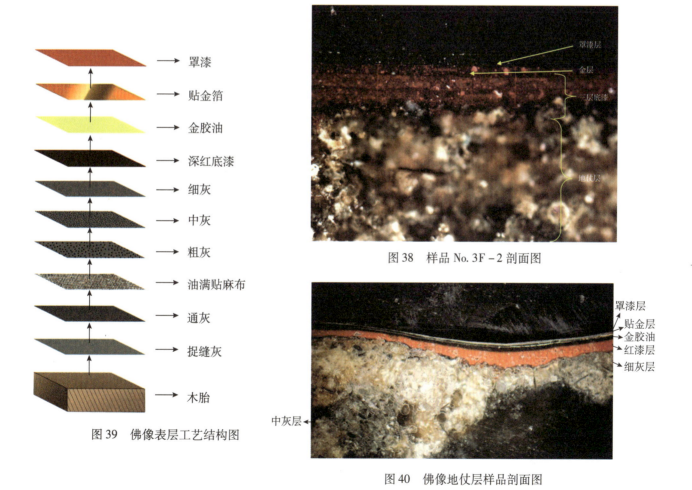

图 38　样品 No. 3F – 2 剖面图

图 40　佛像地仗层样品剖面图

5.4   安远庙普度殿二层佛像 X 光片拍照结果解析

5.4.1   现场拍摄过程（图 41~46）

图 41   用辐射剂量监测仪选定安全区域

图 42   安放好扫描储存设备

图 43   放置好 X 光片位置

图 44   将 X 光探伤仪摆置到相应位置

图 45   将拍摄完成的 X 光片进行现场扫描

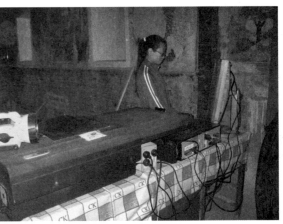

图 46   将扫描好的图像编号、保存

5.4.2　第一尊佛像 X 光片拍照结果解析

这尊佛像共拍摄 X 光片 18 张，挑选出来用于拼接成佛像整体 X 光片的片子为 10 张（图47）。所拍摄的 X 光片位置和所用具体电压见图48，功率单位为 kV（千伏），内部结构见图49。

图47　第一尊佛像、整体 X 光片

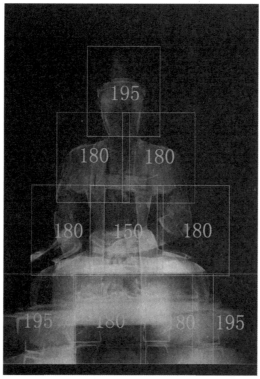

图例：—X光片拍照位置
　　　及所用电压

图48　第一尊佛像 X 光片拍摄位置图

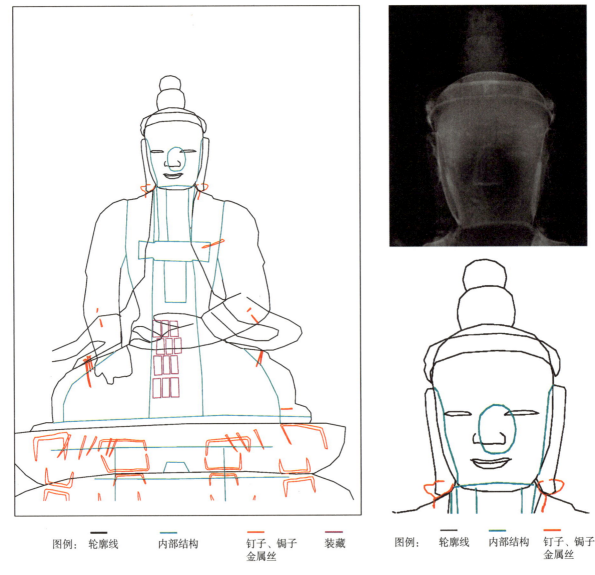

图例：　轮廓线　　　内部结构　　　钉子、铜子　　　装藏
　　　　　　　　　　　　　　　　　　金属丝

图例：　轮廓线　　　内部结构　　　钉子、铜子
　　　　　　　　　　　　　　　　　　金属丝

图49　第一尊佛像内部结构图　　　　　　　　图50　第一尊佛像头部 X 光片、结构图

　　这尊佛像经前面检测出所用木料为椴木。整体结构为榫卯拼接，头部为一整块材料，从表面也可看出头部后侧有一圆洞。从 X 光片显示可以看到木基体与麻布地仗之间的边缘。双眼处未看到有玉石或琉璃镶嵌为眼珠。发髻为另外的木材制成，因未看到有发髻与头部有嵌入结构，故推测发髻部分与头部之间为粘接。双耳也为另外的木材制成，粘接于头部左、右两侧，在耳环上发现细金属丝将耳环与耳坠相连，因此推测耳环和耳坠是用地仗材料以金属丝为骨架制成，而非木制（图50）。

　　躯干为箱体结构，内部为中空，是一个比较规则的长方形，从颈部一直延伸到佛像底部，从佛像的腰部一直到底部有装藏，根据 X 光片中显示的形状推测为卷轴状的经卷，共有十二卷。躯干是由佛像前胸板一块、左侧和右侧各一块材料以及后背板一块，共四块材料镶拼制作。左、右两块大料在佛像胸部的位置与躯干的主体部分连接，这个位置使用一块带燕尾榫的牵筋板（又称千斤板）与前胸板和后背板连接。左、右肩膀以及手臂部分是用另外的木材拼接的（图51、52）。

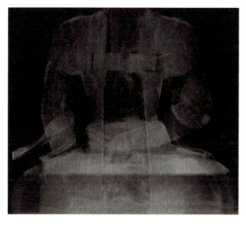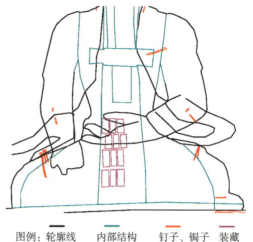

图例：轮廓线　　内部结构　　钉子、锔子　　装藏
　　　　　　　　　　　　　　　　金属丝

图 51　第一尊佛像身体部分 X 光片、结构图

双臂分别在肩膀、肘部有接缝，在左肩处有一根大钉
将大臂、躯干、牵筋板相连接。手部与小臂为一整根材料，
未发现接缝。双臂缠绕的飘带为另外的木料制成，左侧使
用 5 根细钉，右侧使用 6 根细钉分别在小臂和腿部固定飘
带。由于此尊佛像右侧腿部木料与躯干木料的连接处已经
断开，从外表可以明确看出，所以确定腿部由另外一块横
木制成。从 X 光片显示可以看到，腿部膝盖处木基体与麻
布地仗之间的边缘，因此可以大致推断膝盖处的麻布地仗
很厚，大约有 3cm 左右，为两布六灰地仗。

图 52　第一尊佛像右腿断裂处

在整个佛像的全身仅发现左肩一根铁钉，将左侧大
臂、躯干的木基体与榫卯处的牵筋板连接，这是整个佛像上唯一一根起到主体结构相连接作用的钉子。
其余结构连接处均为榫卯嵌入，并配合胶粘接，再未发现主体结构上的连接加固有其余铁钉。左、右
飘带上的 11 根细钉也仅仅是为了固定在双臂和双腿处，在主体结构上不起任何作用，不得不感叹当时
制作的精妙。

莲座与佛像之间没有任何固定，佛像是独立摆放在莲座之上的。莲座为上、下两个部分组成，下
半部分前、后各有一个榫头，上半部分在相应位置各有一个榫槽，这使得上、下连接起来，但也可以
分离。由于 X 光片拍摄时无法拍到莲座下半部分的完整结构，但根据上半部分的 X 光片和修复时拍摄
到的照片（图 53），仍然可以很清晰地看到整体结构。莲座上半部分的顶面是一块厚约 4cm 的薄木板，
薄木板之下是一个平放的圈状梯形结构，梯形的四个边各有一块材料拼接在一起，在四个连接处上、
下各有一个锔子将相邻的两块材料拼接上，共有 8 个锔子。而薄木板与梯形结构之间是由 8 根钉子固
定在一起的（图 54）。

莲座的下半部分结构与上半部分对称，只是个平放的圈状梯形结构，虽然 X 光片只拍出连接处的
6 个锔子，但推测最下部应该还有两个锔子，与上半部分结构相同，应该共有 8 个锔子。唯一不同的
是在顶面和底面没有薄木板，所以也没有钉子需要将其固定。

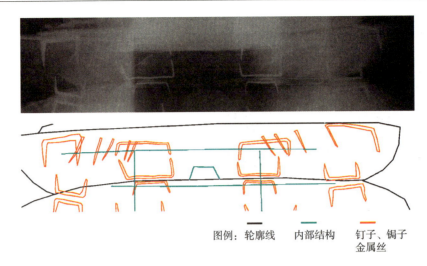

图例：轮廓线　　内部结构　　钉子、镉子金属丝

图53　第一尊佛像莲座部分 X 光片、结构图

图54　第一尊佛像莲座结构

5.4.3　第三尊佛像 X 光片拍照结果解析

这尊佛像共拍摄 X 光片20张，挑选出来用于拼接成佛像整体 X 光片的片子为9张（图55）。所拍摄的 X 光片位置和所用具体电压见图56，功率单位为 kV（千伏），其内部结构见图57。

这尊佛像的整体结构与第一尊基本相同，木料为椴木。整体结构为榫卯拼接，头部为一整块材料，从表面也可看出头部后侧有一圆洞。从 X 光片显示可以看到木基体与麻布地仗之间的边缘。双眼处未看到有玉石或琉璃镶嵌为眼珠。发髻为另外的木材制成，因未看到有发髻与头部有嵌入结构，故推测发髻部分与头部之间为粘接。双耳也为另外的木材制成，粘接于头部左、右两侧，在耳环上发现细金属丝将耳环与耳坠相连，因此推测耳环和耳坠是用地仗材料制成，而非木制（图58）。

佛像躯干是由前胸板一块材料、左侧和右侧各一块材料以及后背板一块材料，共四块材料镶拼制作。躯干主体部分为比较整齐的箱体结构，内部为中空，是一个比较规则的长方形，从颈部一直延伸到佛像底部。左、右两块大料分别在佛像胸部的位置与躯干的主体部分连接，这个位置使用一块带燕尾榫的牵筋板（又称千斤板）相互加固，从侧面 X 光片很清楚可以看到胸部的牵筋板，可以证明这是

图 55　第三尊佛像、整体 X 光片

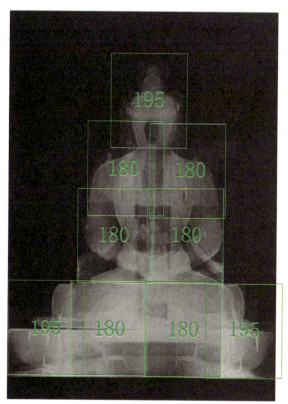

图例：▬ X光片拍照位置及所用电压

图 56　第三尊佛像 X 光片拍摄位置图

图例：　轮廓线　　内部结构　　钉子、铆子　　装藏
　　　　　　　　　　　　　　　金属丝

图 57　第三尊佛像内部结构图

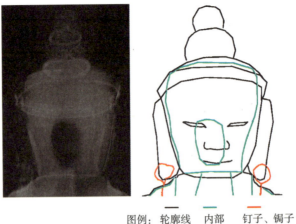

图例： 轮廓线　　内部　　　钉子、铜子
　　　　　　　　结构　　　金属丝

图 58　第三尊佛像头部 X 光片、结构图

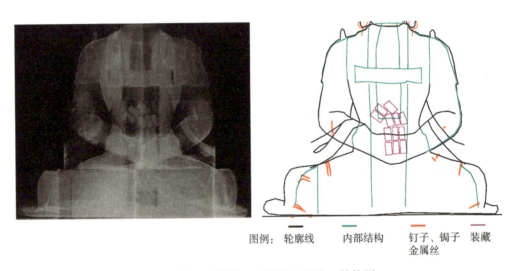

图例： 轮廓线　　　内部结构　　　钉子、铜子　装藏
　　　　　　　　　　　　　　　金属丝

图 59　第三尊佛像正面躯干 X 光片、结构图

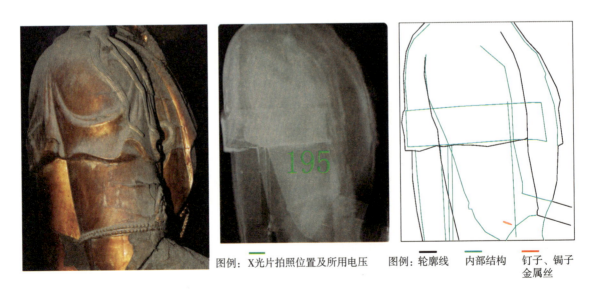

图例： X光片拍照位置及所用电压　　　图例： 轮廓线　　内部结构　　钉子、铜子
　　　　　　　　　　　　　　　　　　　　　　　　　　　　　　　　金属丝

图 60　第三尊佛像侧面躯干、X 光片、结构图

一块板而不是一根木条。左、右肩膀以及手臂部分是用另外的木材拼接的。从佛像的胸部下方一直到底部有装藏，根据 X 光片中显示的形状推测为卷轴状的经卷，共有十二卷（图 59、60）。

双臂分别在肩膀、肘部有接缝，从外表拍摄的照片可以清楚看出肘部连接处已经断开。手部与小臂连接处未发现接缝，应为一整根横木。双臂缠绕的飘带为另外的木料制成，左侧使用 5 根细钉，右侧使用 7 根细钉分别在小臂和腿部固定飘带。由于第一尊佛像右侧腿部木料与躯干木料的连接处已经断开，从外表可以明确看出，所以推测腿部也由另

图 61　第三尊佛像右臂断裂处

外一块木料制成（图 61）。根据 X 光片显示佛像右腿距离边缘大约 20cm 处有一明显垂直裂隙，但在左腿同样位置未发现同样裂隙，因此无法断定是制作时的两块木料断开连接，还是同一块木料在此处裂开。不管是上述何种情况，这都属于结构上出现问题。从 X 光片显示同样可以看到腿部膝盖处木基体与麻布地仗之间的边缘，因此可以大致推断膝盖处的麻布地仗很厚，大约有 3cm 左右，为两布六灰地仗。

在整个佛像全身在主体结构连接上没有发现任何铁钉，所有结构连接处均为榫卯嵌入，并配合胶粘接。左、右飘带上 12 根细钉也仅仅是为了固定在双臂和双腿处，在整体结构上不起任何作用。

莲座与佛像之间没有任何固定，佛像是独立摆放在莲座之上的，但是根据 X 光片显示佛像底部右侧与莲座接触地方有缝隙，这应该是莲座的表面不够平整，使得佛像微微向左侧倾斜，这是肉眼从外部不易观察到的。

莲座为上、下两个部分组成，下半部分前后各有一个榫头，上半部分在相应位置各有一个榫槽，这使得上、下连接起来，但也可以分离。由于 X 光片拍摄时无法拍到莲座下半部分的完整结构，但根据上半部分的 X 光片和修复时拍摄到的照片（图 62），仍然可以很清晰地看到整体结构。莲座上半部分的顶面是一块厚约 4cm 的薄木板，薄木板之下是一个平放的圈状梯形结构，梯形的四个边各有一块材料拼接在一起，在四个连接处上下各有一个锔子将相邻的两块材料拼接上，共有 8 个锔子。而薄木

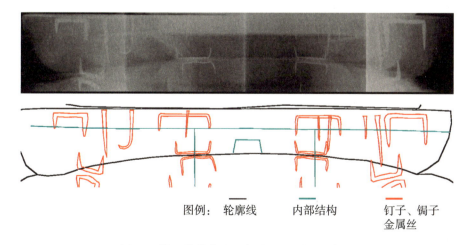

图例：　轮廓线　　　内部结构　　　钉子、锔子
　　　　　　　　　　　　　　　　　　金属丝

图 62　第三尊佛像莲座部分 X 光片、结构图

图63　第三尊佛像莲座结构

板与梯形结构之间是由 7 根钉子固定在一起的（图63）。

5.4.4　两尊佛像内部结构分析对比

5.4.4.1　头部

根据结构图可以发现，两尊佛像在结构上几乎完全相同，在此不做赘述。根据 X 光片显示，在拍摄两尊佛像头部的 X 光片时所用电压相同，都是 195kV，第三尊佛像头部后侧的圆洞明显比第一尊佛像清晰得多。这是因为第一尊佛像头部地仗层和表面金箔罩漆层几乎完好无缺，而第三尊佛像头部的表面金箔罩漆层已经完全脱落，地仗层也已经部分粉化脱落，所以第一尊佛像拍摄时金箔罩漆层将部分 X 光反射出去，吸收 X 光的能力明显比金箔罩漆层完全脱落的第三尊佛像差一些，而第三尊佛像能更好地吸收 X 光，因此两尊佛像头部 X 光片的差异比较明显（图64、65）。

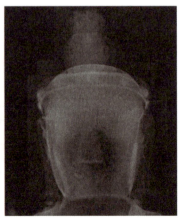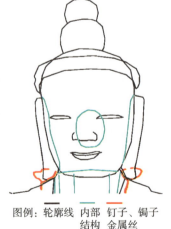

图例：轮廓线　内部　钉子、铆子
　　　　　　　结构　金属丝

图64　第一尊佛像头部及 X 光片、结构图

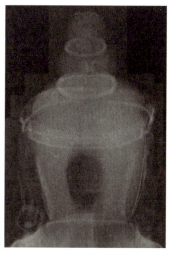

图例：轮廓线　　内部　　钉子、铜子
　　　　　　　　结构　　金属丝

图65　第三尊佛像头部及 X 光片、结构图

5.4.4.2　身体

两尊佛像躯干部分的结构也是基本相同的。第三尊佛像中空的箱体结构比第一尊佛像要整齐一些，上、下宽度基本一致，而第一尊佛像有点上窄下宽。两尊佛像在结构上最大的区别是，第一尊佛像的左侧有 1 根大钉将大臂、躯干的木基体与榫卯处的牵筋板连接，这是整个佛像上唯一一根起到主体结构相连接作用的钉子，而第三尊佛像在主体结构拼接上没有用任何钉子连接（图66～68）。

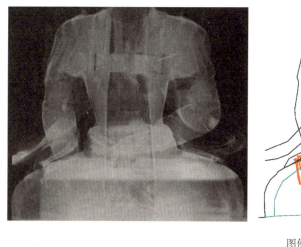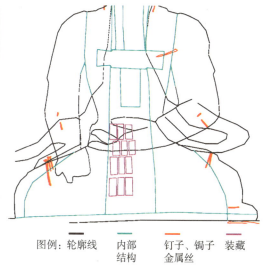

图例：轮廓线　　内部　　钉子、铜子　　装藏
　　　　　　　　结构　　金属丝

图66　第一尊佛像身体部分 X 光片、结构图

5.4.4.3　莲座

两尊佛像的莲座结构上完全相同，连铜子的位置都几乎相同，但是两尊佛像连接莲座上半部分薄木板与其下平放的圈状梯形结构的钉子位置不尽相同，说明钉钉子没有固定位置，应该是制作的匠人随意挑选的位置。第一尊佛像莲座钉子的钉入方向都是向外倾斜的，第三尊的基本上都是垂直的，这应该是两个不同的匠人制作的手法不一样（图69、70）。

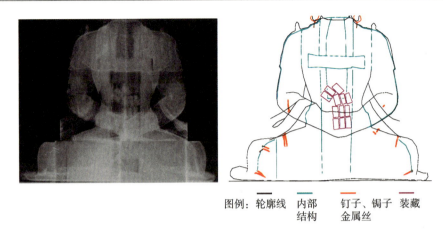

图例： 轮廓线　内部　　钉子、锔子　装藏
　　　　　　　结构　　金属丝

图 67　第三尊佛像正面身体 X 光片、结构图

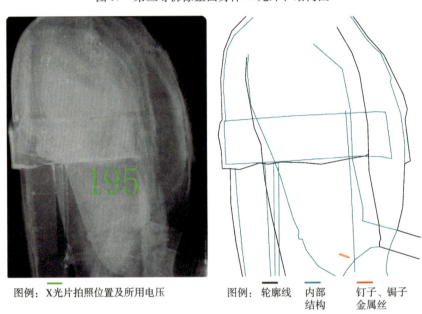

图例：X光片拍照位置及所用电压　　　　图例： 轮廓线　内部　　钉子、锔子
　　　　　　　　　　　　　　　　　　　　　　　　　结构　　金属丝

图 68　第三尊佛像侧面躯干 X 光片、结构图

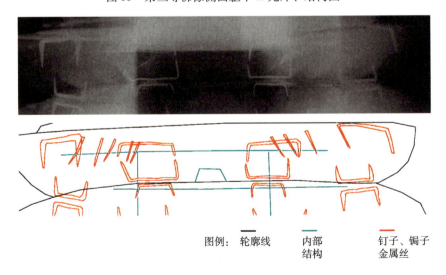

图例： 轮廓线　内部　　钉子、锔子
　　　　　　　结构　　金属丝

图 69　第一尊佛像莲座部分 X 光片、结构图

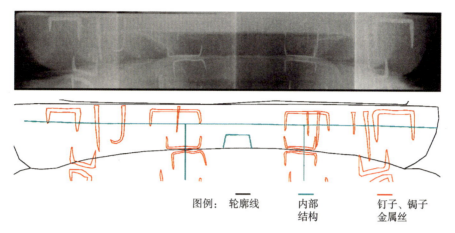

图例：　　轮廓线　　　　内部　　　　钉子、铆子
　　　　　　　　　　　　结构　　　　金属丝

图70　第三尊佛像莲座部分 X 光片、结构图

5.5　安远庙普度殿二层佛像的结构修复简述

第一尊佛像需要补配：头部后侧木胎，发髻顶装饰、头冠、左右两侧冠批各一、右侧飘带（图71）。

第三尊佛像需要补配：头部后侧木胎，发髻顶部装饰、头冠、右侧飘带（图72）。

根据肉眼和 X 射线成像观察的结果指导，第一尊佛像右侧腿部木料与躯干木料的连接处已经断开，第三尊佛像右侧大臂和小臂在肘部连接处已经断开。将佛像脱落松动的部位断裂处沿着接缝按照原工艺以榫卯的形式正确地接上，在接缝处使用鱼鳔胶粘接，使他们恢复到原位，做到完全严丝合缝，将缺失部分填充补齐，然后对复位后的缝隙处按原工艺进行修补。

对缺失部位以历史照片以及其他保存完好的同年代同造型同工艺的佛像实物作为参考，进行补配恢复其原貌。为确定补配构件的造型，我们走访承德地区的所有庙宇，调查了现存的清代佛像，依据调查结果绘制了补配构件的样图。根据佛像木胎的取样分析检测，佛像的木胎材质为椴木，补配时使用原木材，所有补配构件为手工雕刻，按照原工艺以榫卯的形式将补配构件安装上，之后使用鱼鳔胶粘接，再做一麻五灰地仗、漆层补齐、贴库金金箔、随色，以保持外观的一致（图73~76）。

图71　第一尊佛像需补配部分

图 72　第三尊佛像需补配部分

图 73　第一尊佛像正面修复前后对比

图 74　第一尊佛像右侧修复前后对比

图 75　第三尊佛像正面修复前后对比

图 76　第三尊佛像右侧修复前后对比

6　承德殊像寺山门佛像局部 X 光片拍摄与研究

6.1　殊像寺佛像前期调查研究

6.1.1　殊像寺简介

殊像寺（亦称文殊寺）是避暑山庄周围现存的八座皇家寺庙之一，于乾隆三十九年（1774 年）仿山西省五台山殊像寺建造。供奉的主神为文殊菩萨，该寺有"乾隆家庙"之称。殊像寺东西 115m，南北 200m，占地面积 27ha。采用庭园布局手法，大规模叠砌假山，散植松树，创造了自己的独特风格。殊像寺庙坐北朝南，面向避暑山庄的狮子沟。

现在的殊像寺由古建筑及遗址组成，在现存古建筑中分两类。一是拥有大量历史信息，近代有少量修复的建筑，如会乘殿和山门。二是现代修复较多或完全重建的历史建筑，如钟鼓楼、僧房、宝相阁。其他建筑都已经不存在，只剩房基址。

6.1.2　殊像寺山门及哼、哈二将简介

山门面南，面阔三间，进深一间，单檐歇山顶。山门殿内有彩色泥塑护法金刚像两尊，这两尊护法金刚体魄雄伟，面貌狰狞，头戴宝冠，手执金刚杵，俗称哼（东侧）、哈（西侧）二将。外八庙中只有殊像寺的这两尊金刚护法神是清代建庙时的原物，其他庙都是后来修复的。

哼、哈二将是俗称，实际为护法神金刚力士。据佛经记载，他是佛陀的 500 名金刚随从侍卫的首领。我国早期佛教的金刚力士像只有一尊，由于中国人有对称的习惯，到后来便又添了一尊。由于两尊塑像一个闭口一个张口，各汉语中发出哼哈两音的口型差不多，故此人们都称他们为哼、哈二将，而金刚力士的本名，反而被人们淡忘了。

两尊泥胎造像比例匀称，线条流畅，塑造水平十分高超，虽已经历了 200 多年的风风雨雨，今天看上去仍然栩栩如生。

6.2　殊像寺山门哼、哈二将的保存现状

6.2.1　哼将的保存现状

在山门内东边的哼将，塑像前倾，有两根现代木柱支撑，目前不清楚这两根木柱在多大的程度上支撑着塑像（图 77、78）。哼将高举右臂，手中很可能握有兵器，但兵器已无存。左臂持金刚杵，立于象征青草覆盖着的山石之上。塑像全身落满了厚厚的一层灰。背上有一个不明用途的大洞，可能原来是用作支持塑像的。

塑像的肢体部位的彩绘有裂隙，某些部位的彩绘已经完全脱落。最主要的脱落发生在手臂、肩膀与腿，服饰上也有很多小的脱落。上层地仗及其下棕色纤维层之间出现明显的分离（图 79~81）。

服饰的突出部位出现了裂缝和缺失，尤其是位于突出装饰及精致装饰部分的小面积缺失，例如飘带以及在金属丝骨架上构造的球形装饰（图 82）。

6.2.2　哈将的保存现状

在山门西边的哈将整体状况良好，立于台座之上，做出随时准备战斗的姿势。左手高举，挥舞武器。其背后有一用途不明的大洞，可能曾经用来锚固和支撑塑像（图 83、84）。

图 77　哼将

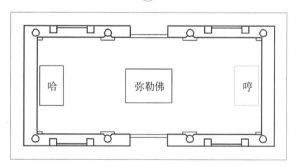

图 78　哼将位置图

除了积灰极其严重之外，哈将最明显的问题是右手残缺两根手指（食指与小指）。而无名指也几乎完全脱离手掌，仅通过内部的金属丝骨架连接（图 85）。

其他较小问题包括裂缝及基座局部上层地仗的缺失，在塑像衣饰的边缘，有多处的脱落。同样也包括突出的及精致装饰部分的小面积缺失，例如飘带以及在金属丝骨架上构造的球形装饰（图 86）。塑像肢体部分并未出现与哼将同样严重的残损。相反，肢体部分只可见细小的网状裂缝，总体上油饰地仗保存状态很好。

图 79　头部可见严重开裂及地仗层缺失

图 81　右腿可见严重裂缝及地仗层缺失

图 80　厚灰尘覆盖油饰表面可见较大裂缝

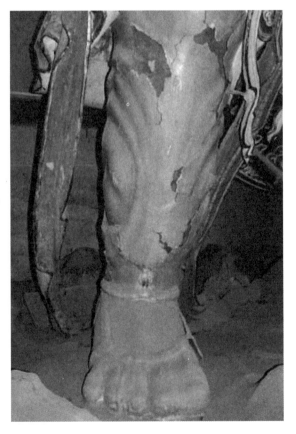

图 82　飘带及在金属线骨架上球形装饰缺失

图83　哈将

图85　右手食指和小指缺失及右手无名指断裂

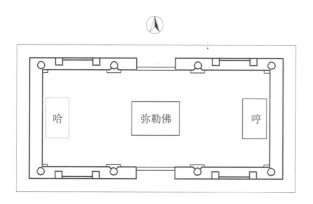

图84　哈将位置图

图86　厚灰尘覆盖油饰表面及小面积缺失

6.3　殊像寺山门哼、哈二将的制作工艺

哼将左腿上有较大面积的上层彩绘层缺失，露出其下的棕色纤维层（图87）。此外，左脚踝部有深层缺失直深入到内部木骨架内。

护法神哼、哈二将的塑像为木骨泥胎，以施有黏合剂的布料包裹并罩有很薄的地仗层作为彩绘的准备层，塑像外表施有彩绘。其他部件（如兵器）为木骨，仅带有极薄地仗层作为油饰的准备层，如服饰上精致装饰物等细节，则在金属丝骨架上施用地仗和纤维塑造成形（图88、89）。

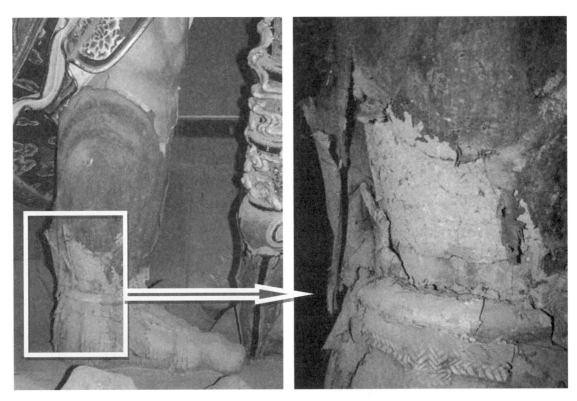

图87　彩绘层脱落后露出下面的纤维层和泥层

图88　木制兵器上有一层极薄的地仗和其上彩绘

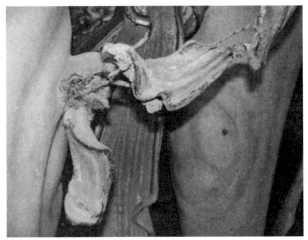

图89　服饰飘带用地仗材料在金属丝骨架上塑造

6.4 殊像寺山门哼、哈二将局部 X 光片拍照结果解析

6.4.1 拍摄现场

在承德殊像寺山门的哼、哈二将的 X 光片拍摄时，由于课题组租用的 300kV X 射线探伤仪的最高电压也无法有效穿透佛像泥层较厚的地方，因此只拍摄了哼将的金刚杵和左臂，哈将的右手，这些直径比较小的局部。在拍摄腿部等直径尺寸较大的部位，X 射线探伤仪的最高电压也无法穿透，没有能够得到这两尊造像的完整 X 光片，使得拍摄工作有些遗憾（图 90 ~ 93）。

图 90　哼将金刚杵的拍摄现场

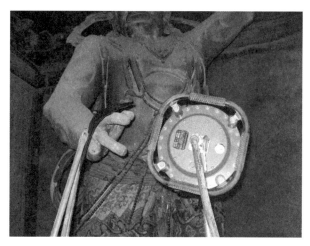

图 91　哼将左臂的拍摄现场　　　　　　　　图 92　哈将右手的拍摄现场

6.4.2 哼将金刚杵 X 光片拍照结果解析

哼将金刚杵共拍摄 X 光片 16 张，挑选出来用于拼接 X 光片的片子为 5 张。所拍摄的 X 光片位置和所用具体电压见图 94，功率单位为 kV（千伏）。

在本次调查中，内部结构基本完全呈现。金刚杵内部是一根完整的上、下尺寸一样的圆柱形木骨架，金刚杵最下部的三棱形状的尖端部分应该是另外的木材，每一棱上各有一根钉子固定在上方的圆柱形木骨架上，木材本身保存非常完好，没有开裂和糟朽的现象。

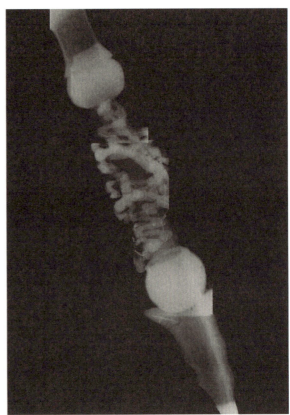

图 93　哼将金刚杵、X 光片

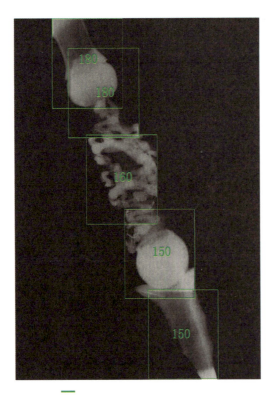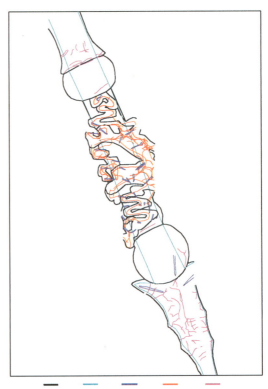

图例：X光片拍照位置及所用电压

图例：　轮廓线　木骨架　钉子　金属丝　泥质地仗裂隙

图 94　哼将金刚杵 X 光片拍摄位置图　　　　图 95　哼将金刚杵内部结构图

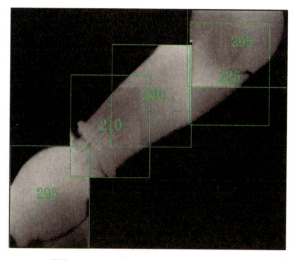 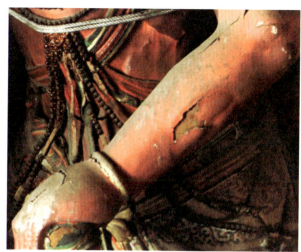

图例：━ X光片拍照位置及所用电压

图 96　哼将左臂 X 光片拍摄位置图　　　　　图 97　哼将左臂

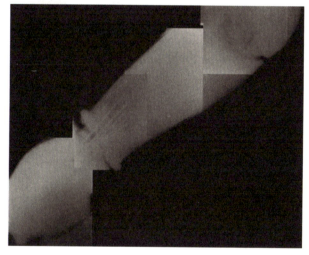 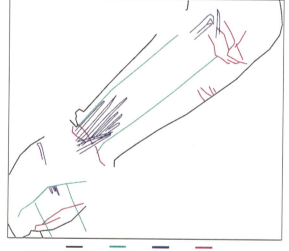

图例：━ 轮廓线　━ 木骨架　━ 钉子　━ 泥质地仗裂隙

图 98　哼将左臂 X 光片　　　　　　　　图 99　哼将左臂内部结构图

上、下两端的圆球为粗泥塑成，两个圆球之间的浮云装饰是由金属丝作基础，由大约几十根小钉子在各个角度固定在圆柱形木骨架上，在其上挂薄薄的糙泥。整个金刚杵在糙泥之上涂抹细泥塑形，在细泥之上用白粉打底，施以艳丽的颜色做彩绘（图95）。

通过 X 光片可以明显看到肉眼不易发现的内部泥质地仗上的裂隙，主要分布在金刚杵圆球底部和棱形尖端这些泥层稍厚的部分。

6.4.3　哼将左臂 X 光片拍照结果解析

哼将左臂共拍摄 X 光片 10 张，挑选出来用于拼接成 X 光片的片子为 5 张。所拍摄的 X 光片位置和所用具体电压见图96，功率单位为 kV（图97、98）。

从 X 光片可以看出，由于整个左臂并不是伸直的，因此整个左臂的木骨架由上臂、下臂、手部的木骨架分别组成。上臂和下臂的木骨架在肘部由大约 3~4 根钉子相连，下臂和手部的木骨架在腕部由大约 8 ～9 根钉子相连。另外，可以看到手部和下方的金刚杵木骨架大约至少由 3 根钉子相连。左侧下臂的木骨架为比较规则的圆柱形，上臂和手部的木骨架状况无法看清（图99）。

左臂的形状是在木骨架上用粗泥打底，细泥塑形，在细泥之上是白粉层和彩绘层。

左臂的泥层糟朽的比较严重，这种情况从外表看不出来，外表仅能看出一些地仗层的脱落和开裂，在手臂的肘部和下臂的中部泥层糟朽非常严重，手腕处、手部和下方金刚杵的木骨架衔接处的泥层开裂严重。

6.4.4　哈将右手 X 光片拍照结果解析

哈将右手共拍摄 X 光片 7 张，挑选出来用于拼接成 X 光片的片子为 3 张。所拍摄的 X 光片位置和所用具体电压见图 100，功率单位为 kV（图 101、102）。

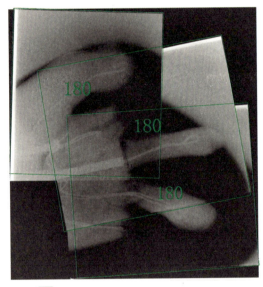

图例：▬ X光片拍照位置及所用电压数

图 100　哈将右手 X 光片拍摄位置图

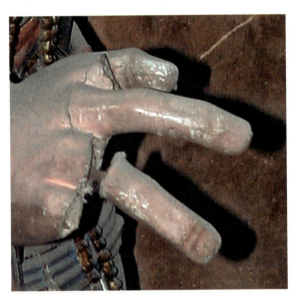

图 101　哈将右手

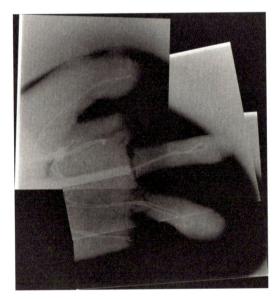

图 102　哈将右手 X 光片

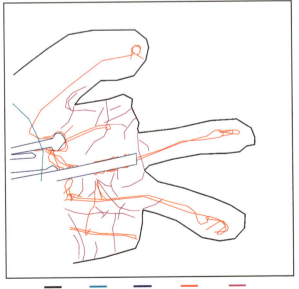

图例：　▬ 轮廓线　▬ 木骨架　▬ 钉子　▬ 金属丝　▬ 泥质地仗裂隙

图 103　哈将右手内部结构图

哈将的右手在拍摄时由于空间的限制，没有能够将右手完整的拍摄出来，拍摄出来的部分仅仅只有手指和手掌的上半部分。在所能拍摄到的部分，手掌的中间位置看到了木骨架的边缘，手掌的上半部分和手指处没有木骨架。在手掌上半部分只能看到有两根较粗的钉子固定在木骨架上，由于图没有拍全，推测应该还有同样的钉子固定在木骨架上。每一根手指分别有较粗的在指尖对折的金属丝作为骨架，这些金属丝都是捆绑在粗钉子上，在指尖还有较细的金属丝缠绕在粗金属丝上。由于右手的食指和小指已经脱落，所以这两根手指内部的金属丝由于没有外面泥层的保护，已经部分断裂（图 103）。

哈将的右手也是在骨架外用粗泥打底，再用细泥塑形，最后上白粉层和彩绘层。

哈将的右手外表能看到除了拇指保存完整，食指和小指已经完全缺失，中指和无名指从指根处已经断裂。尤其是中指，从 X 光片透视可以看到比外表观察到的断裂严重，虽然内部金属丝没有外露，但断裂处的泥层已经糟朽。无名指的状况更加严重，金属丝已经外露，指根处泥层已经完全断裂，目前仅依靠金属丝骨架将无名指与手掌连接，由于没有泥层的保护，金属丝现在已经开始生锈。这两根手指如果再不加以保护，也将很快脱落。另外，整个手掌从表面看到的地仗层保存尚好，但是 X 光片上显现的手部泥质都已经糟朽疏松开裂，整个手掌可以看到布满裂纹，这些都是肉眼从表面无法看到的。

7　北京智化寺佛像 X 光片拍摄与研究

7.1　智化寺佛像前期调查研究

7.1.1　智化寺简介

本次课题组选择拍摄的佛像为如来殿一层殿内供奉的如来佛左、右两侧分立的梵王、金刚（图 104）。

智化寺始建于明正统九年（1444 年），是明英宗时期司礼监大太监王振所建寺院。官宦王振受到当时皇帝的宠爱，皇帝下旨赐名为"智化禅寺"。从此"对寺院的保护也就成为对先帝的尊重"，后世一直对寺院加以呵护，这也是 300 年来香火不断的原因。整座寺院布局严谨、规模宏大，是北京保存最完整的明代木结构古建筑群。智化寺以精美的古建艺术、佛教艺术和古老的"京音乐"而享誉中外。1961 年经国务院批准列为首批全国重点文物保护单位。

智化寺现有四进院。一进院内有智化门、钟楼、鼓楼。二进院内有智化殿、藏殿和大智殿。在智化寺内最大最雄伟的建筑要数位于三进院的如来殿、万佛阁，此建筑分为上下两层（图 105）。在如来殿内供奉有三尊佛像，中间是如来佛，两边分立梵王、金刚。在楼上也供奉有三尊佛像，中间是毗卢遮那佛，两边分别是卢舍那佛和释迦牟尼佛，是大乘教理表示释迦牟尼佛的三种不同的"身"，即"法身、报身、应身"。佛像造型古朴典雅，制作工艺细腻，技巧纯熟，用色考究，是古代佛像中的精品，具有很高的艺术价值和历史价值。

7.1.2　佛像的现状调查及保存价值

中国的雕刻技术源远流长，不同时代的佛像都有它的时代特点。这次拍摄的佛像是明代的作品，

图104 智化寺全景（拍摄对象所在地点：如来殿一层）

在对内部结构的分析调查的同时，也是一次对明代雕刻技法的研究[2]。

梵王像和金刚像制作精美绝伦，其工艺水平都为中国木雕佛造像之最。两尊佛像表面工艺是传统彩绘工艺的集成和统一体现，工艺精湛，色彩丰富，绘制中使用了大量的金，造价极高。两尊造像为明代原物，造型完整，保持了良好的历史真实性，对古代造像制造工艺、传承、流派、材料等研究是不可多得的历史实物，也是不可多得的国宝级文物。

7.1.2.1 梵王和金刚像简介

梵王和金刚两尊立像制作于明正统九年（1444年），为如来殿一层如来佛左、右站立两位侍者，左面为梵天（又名大梵天），持拂尘；右面为金刚（又名帝释天），持宝杵。两造像均站立在木制须弥座上，身体前倾，通高3.54m，须弥座高0.82m，造像高2.72m。明清寺院中，释迦胁侍多是释迦牟尼的弟子迦叶、阿难或塑文殊、普贤二菩萨，而像智化寺梵天、金刚相对为侍的配置，在北京现存寺院中绝无仅有（图106）。此配置仅在南宋宗鉴《释门正统·塔庙志》中有见。由此可见，智化寺作为明前期的寺院，保留有南宋佛教文化的遗风，这对于研究寺院发展史具有非常重要的意义。

7.1.2.2 梵王和金刚像制作工艺

两尊佛像为木胎，裱布地仗，地仗上涂粉底，粉底层上是颜料层，层层制作非常紧密，工艺精湛。表面画层制作也是使用了多种工艺技法，有沥粉贴金、拨金五彩、渲染等（图107、108）。须弥座木结构，雕刻装彩，贴金。由于智化寺特殊的历史背景，其彩绘和雕塑艺术不仅表现出强烈的宗教色彩（如转轮藏）又带有浓重的世俗社会气息。二塑像的衣饰，用细腻工笔手法，红色做底，以金、青、黑等色描画，绘有龙、凤、狮子、麒麟、奔马、仙鹤、喜鹊等吉祥动物纹饰，也有莲花、牡丹、果枝、花盆、花瓶、什锦瓶插等吉祥植物、器物纹饰。每一个衣纹平面都是一个完整的画面，形成一幅独立的寓意吉祥的图案，上下错落，左右相间，比如梵天像上绘有"龙凤呈祥"、"喜鹊迎春"，金刚像上绘有"双凤戏牡丹"、"狮子滚绣球"等。

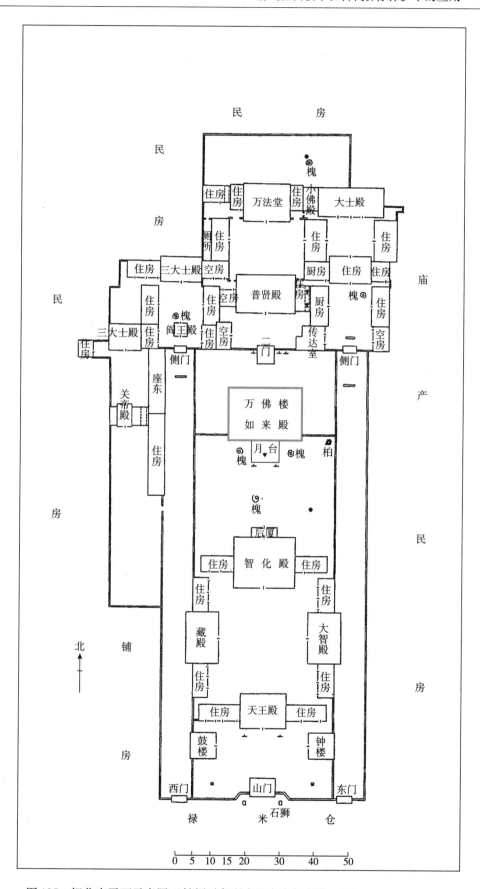

图 105　智化寺平面示意图（拍摄对象所在地点为如来殿一层）

图 106　梵王、金刚像位置图

图 107　拨金五彩

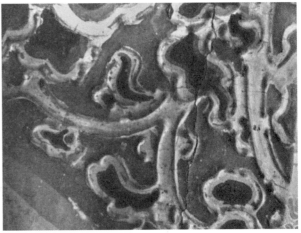

图 108　沥粉贴金彩绘

7.1.2.3　梵王和金刚像现状调查

2003~2004 年，由当时的中国文物研究所（现中国文化遗产研究院）指定保护修复方案，由北京市文物古建工程公司对智化寺的 11 尊佛像实施了修复工作，其中就包括了本次拍摄的梵王和金刚两座佛像。

梵王结构方面的修复工作如下：

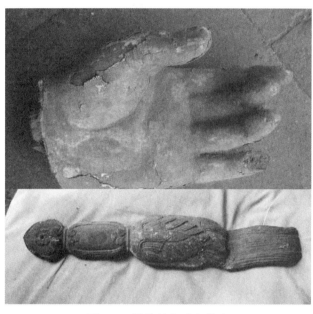

图 109　脱落的右手和拂尘

图 110　右手、拂尘归位补全

图 111　补配的头冠

图 112　补配的腰带及飘带

图 113　须弥座找平　　　　　　　　图 114　补配束腰支撑柱

① 补配头冠、右耳耳环、衣下摆飘带，后背腰带及饰物。将脱落的左手和拂尘重新安装回去，将拂尘缺失的地方补全（图 109～112）。将补配和补全的地方上色随旧。

② 将须弥座调整成水平。搭脚手架，把佛像用软布围好，外用海绵包好。16 人把佛像抬起，在基座砖上抹灰，晾干后，在须弥座不受力的情况下，添配好正面缺失的 3 根束腰支撑柱，调好水平，然后把佛像放回到须弥座上（图 113、114）。

金刚结构方面的修复工作与梵王大致相同，具体如下：

① 补配左耳耳环、衣下摆飘带，将补配和补全的地方上色随旧。

② 将须弥座调整成水平。搭脚手架，把佛像用软布围好，外用海绵包好。16 人把佛像抬起，在基座砖上抹灰，晾干后，在须弥座不受力的情况下，添配好正面缺失的 2 根束腰支撑柱，调好水平，然后把佛像放回到须弥座上。

2003～2004 年这次修复，解决了这两尊佛像的主要病害，经过 8 年的时间保存状况依然良好，现在的主要病害为灰尘的污染。

梵王和金刚两尊佛像表层精美的服饰图案，给人一种华丽脱俗的艺术美感。在上一次修复时做过除尘，但是不够彻底，8 年中又积累了较厚的灰尘，使这些精美佛像的艺术效果大打了折扣，佛像脸部已呈灰黑色，服饰纹样又已模糊，佛像全身被灰尘及以前烧香的烟碳所覆盖，很不美观（图 115）。

7.2　智化寺如来殿一层梵王、金刚二像 X 光片拍照结果解析

在对比这两尊造像的照片和 X 光片可以发现，X 光片上的造像明显比照片上的要宽，因为照片只有从上到下 4 张照片拼接而成，所以只有 4 个焦点。而 X 光片是由几十张 X 光片拼接成的，所以有几十个焦点，自然拍摄到的面积更大。

7.2.1　梵王像 X 光片拍照结果解析

梵王正面共拍摄 X 光片 93 张，挑选出来用于拼接成佛像整体 X 光片的片子为 62 张（图 116、117）。所拍摄的 X 光片位置和所用具体电压见图 118，功率单位为 kV（千伏）。

图 115　金刚像后背灰尘

　　梵王侧面共拍摄 X 光片 69 张，挑选出来用于拼接成佛像整体 X 光片的片子为 48 张（图 119、120）。所拍摄的 X 光片位置和所用具体电压见图 121，功率单位为 kV（千伏）。

　　根据正面和侧面两个角度的 X 光片图像显示，头部与颈部没有发现任何拼接的痕迹，所以推测为是一整块木材雕成的，内部中空，两侧木材的厚度大约 6cm。眼睛推测为玉石或者琉璃制成，嵌入眼眶。耳朵为另作后嵌入，耳饰为 2003 ~ 2004 年修复时另作后嵌入进耳垂处。头冠也是在当时修复时从头部两侧用金属钉固定在头部上的。发髻为另作，在头顶处从正面用榫舌插入的。整个头部和颈部为一个独立的整体平稳放入躯干的衣领处，没有发现其他连接方式（图 122、123）。

　　从正面和侧面拍摄的 X 射线透视图像显示出非常密实、笔直的木纹，让人赞叹整个木结构保存还是非常完好的。造像使用了很粗的木材，按照垂直木纹来截取木料。躯干主体部分为非常整齐的箱体结构，内部为中空，是一个非常规则的长方体，从颈部一直延伸到佛像底部，自左右肩膀及以下的长袖和衣摆部分是用另外的木材拼接的，可以看到双肩往下的部分是中空的。佛像整个身体部分正面的材料和背面的材料是完整的，没有拼接的痕迹，构成中间箱体结构的左侧和右侧的材料以及两侧从肩膀到长袖底部的材料，从侧面的 X 光片可以看出，两侧各有两到三块材料镶拼制作，每块材料之间为榫卯结构。正面和背面的材料厚度大约 8 ~ 9cm，侧面材料的厚度大约 15 ~ 17cm 厚。佛像两侧和背面的部分飘带为 2003 ~ 2004 年修复时补配，在片子中可看到修复时使用小钉子固定在佛像的两侧和背面（图 124、125）。

　　佛像主体的箱体结构的左、右两块大料分别在佛像胸部、腰部以及膝部的三个位置各使用一块带燕尾榫的牵筋板（又称千斤板）连接，牵筋板的厚度大约 6 ~ 8cm，深度（即牵筋板的宽度）也就是上述三个位置佛像内部正面至背面的距离。

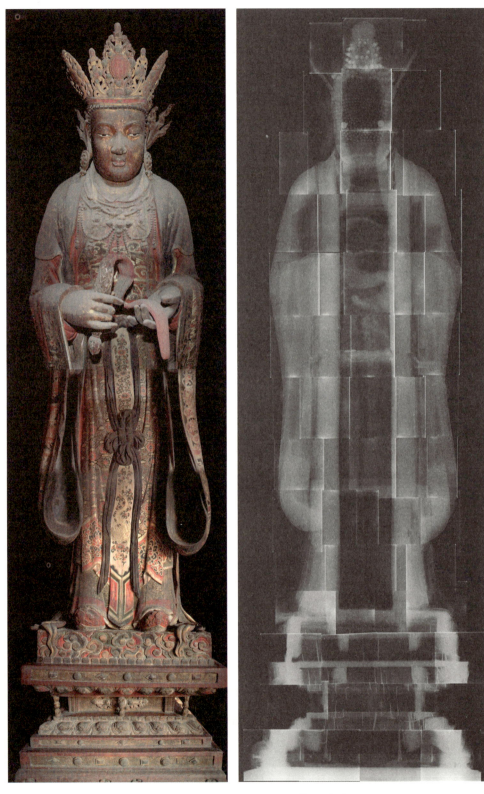

图 116　梵王像正面、正面整体 X 光片

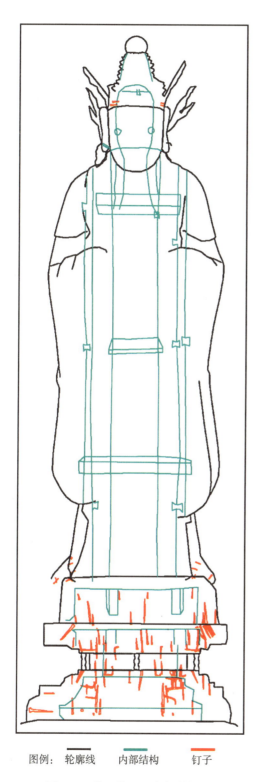

图例：　轮廓线　　内部结构　　钉子

图 117　梵王像正面内部结构图

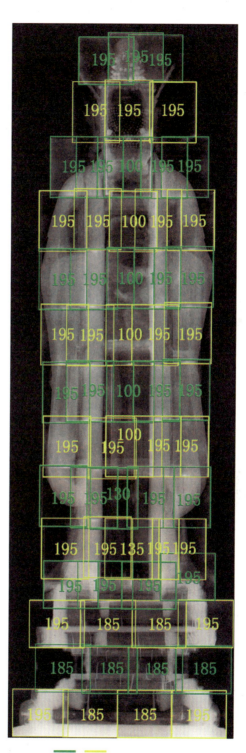

图例：X光片拍照位置及所用电压

图 118　梵王像正面 X 光片拍摄位置图

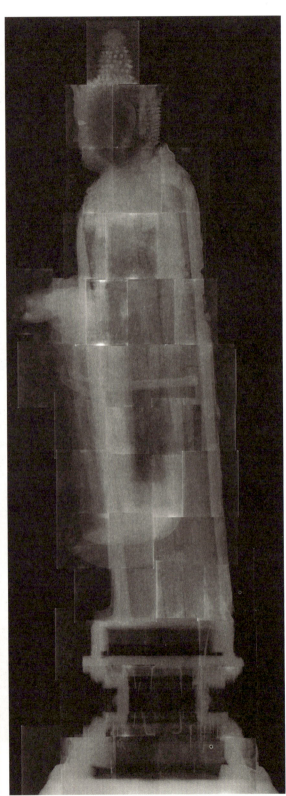

图 119　梵王像侧面、侧面整体 X 光片

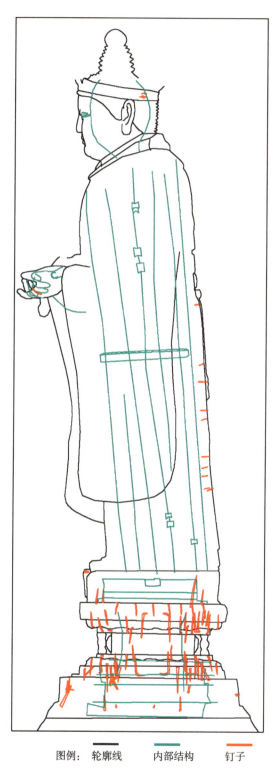

图例：轮廓线　　内部结构　　钉子

图 120　梵王像侧面内部结构图

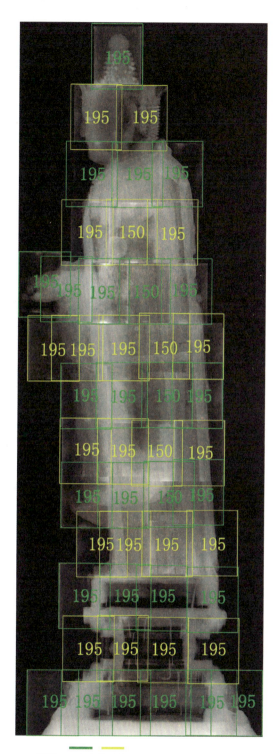

图例：X光片拍照位置及所用电压

图 121　梵王像侧面 X 光片拍摄位置图

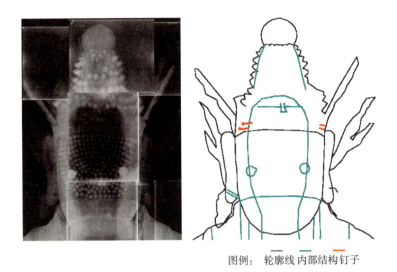

图例：　轮廓线 内部结构钉子

图 122　梵王像正面头部 X 光片、结构图

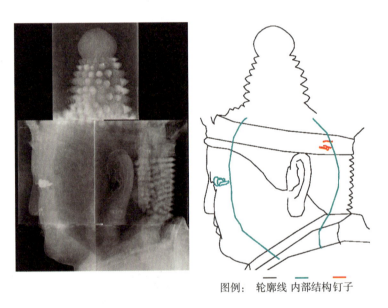

图例：　轮廓线 内部结构钉子

图 123　梵王像侧面头部 X 光片、结构图

　　材料的接缝处很多地方的缝隙有些偏大，成因大致可以推测为木材的干燥变形，木材干燥缩水的原因在于准备时间偏短，没有充分的时间使木材干燥。随时间的推移，木材发生了缩水。

　　须弥座粗略分为四层，每一层都为中空，水平木板厚度约为 5cm，垂直木板的厚度约为 10cm。在佛像双足下方把它和须弥座加固为一体。每一层之间分别使用锔子连接，具体数量在 X 光片上不能显示得非常清楚，粗略的估算为 60 余个。而佛像与须弥座间并未发现有锔子连接，从双足往下有两条与佛像正面方向垂直的木条插入固定在须弥座第一层（祥云），为佛像与须弥座之间做固定（图 126、127）。

　　整个佛像整体大结构为榫卯结构，在镶拼时没有任何金属物（钉子、锔子，飘带处除外）。

7.2.2　金刚像 X 光片拍照结果解析

　　由于拍摄各方面条件的限制，在拍摄金刚像的 X 光片时，课题组只拍摄了金刚像正面的片子，侧

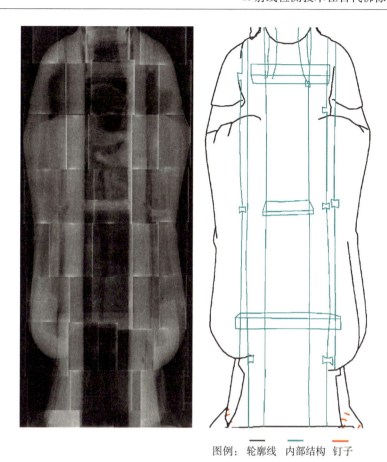

图例：轮廓线　内部结构　钉子

图 124　梵王像正面身体 X 光片、结构图

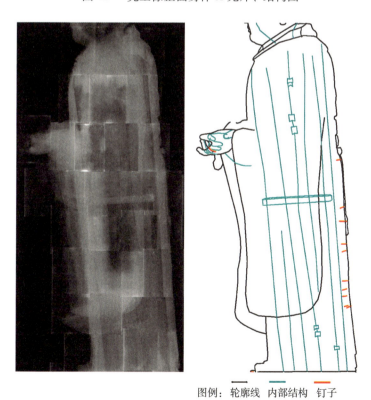

图例：轮廓线　内部结构　钉子

图 125　梵王像侧面身体 X 光片、结构图

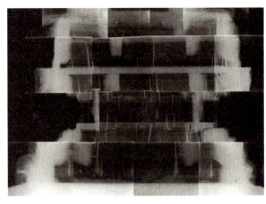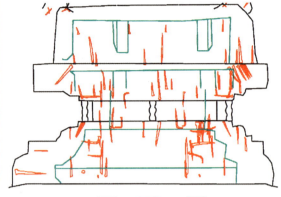

图例：轮廓线 内部结构 钉子

图 126　梵王像正面须弥座 X 光片、结构图

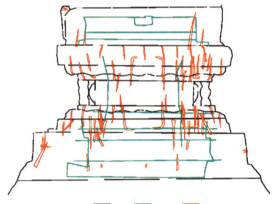

图例：轮廓线 内部结构 钉子

图 127　梵王像侧面须弥座 X 光片、结构图

面以及须弥座的 X 光片没有拍摄。

　　金刚正面共拍摄 X 光片 67 张，挑选出来用于拼接成佛像整体 X 光片的片子为 44 张（图 128、129）。所拍摄的 X 光片位置和所用具体电压见图 130，功率单位为 kV（千伏）。

　　根据 X 光片图像显示，金刚像头部与颈部没有发现任何拼接的痕迹，所以推测为一整块木材雕成的，内部中空，两侧木材的厚度大约 6cm。眼睛推测为玉石或者琉璃制成，嵌入眼眶。耳朵为另作后嵌入，耳饰亦同，后嵌入耳垂处。头冠与梵王的不同，没有发现有金属钉固定在头部上。发髻为另作，可以看到中间为空心，X 光片上未发现与头部是如何连接。整个头部和颈部为一个独立的整体平稳放入躯干的衣领处，没有发现其他连接方式（图 131）。

　　从 X 射线透视图像显示金刚像与梵王像身体部分的结构大致相同。身体的主体部分为比较整齐的箱体结构，内部为中空，是一个非常规则的长方体，从颈部一直延伸到佛像底部，自左右肩膀及以下的长袖和衣摆部分是用另外的木材拼接的，可以看到双肩往下的部分是中空的。佛像整个身体箱体部分正面的材料和背面的材料是完整的，没有拼接的痕迹，箱体部分两侧各有两部分拼接，每块材料之间为榫卯结构。正面和背面的材料厚度大约 8～9cm。与梵王像不同的是，金刚像右侧躯干上部有上、下两根大钉将中间箱体结构的材料与右侧上臂部位连接。佛像两侧的飘带为 2003～2004 年修复时补配，在片子中可看到使用小钉子固定在佛像的两侧（图 132）。

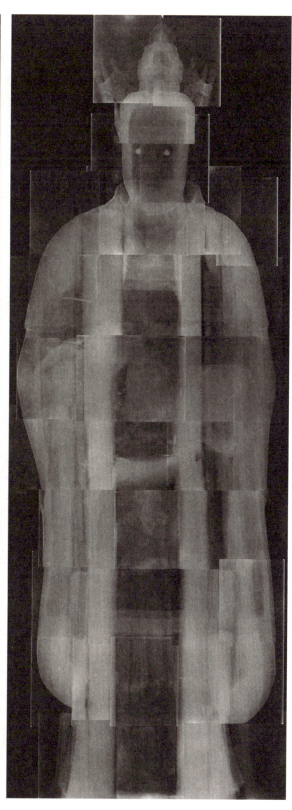

图 128　金刚像正面、正面整体 X 光片

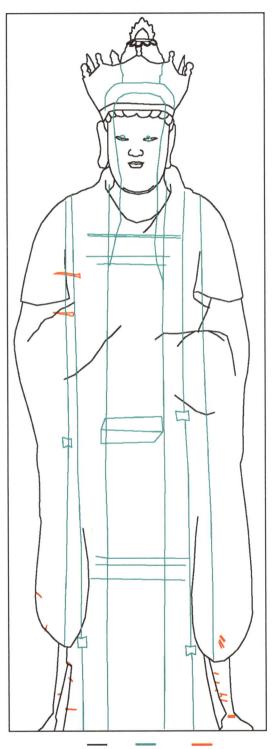

图例： 轮廓线 内部结构 钉子

图 129 金刚像正面内部结构图

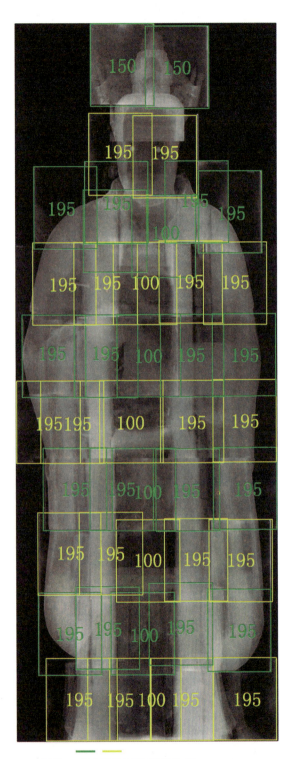

图例：X光片拍照位置及所用电压

图 130 金刚像正面 X 光片拍摄位置图

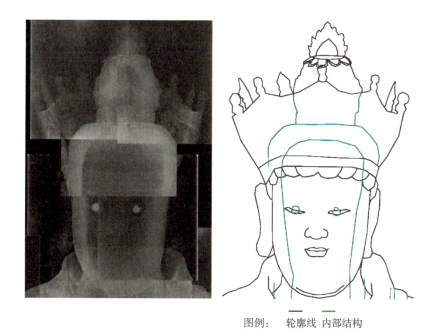

图例：   轮廓线 内部结构

图 131   金刚像正面头部 X 光片、结构图

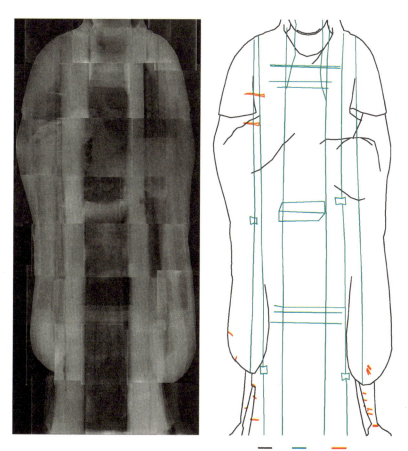

图例：   轮廓线 内部结构 钉子

图 132   金刚像正面身体 X 光片、结构图

佛像主体的箱体结构的左右两块大料分别在佛像胸部、腰部以及膝部的三个位置各使用一块带燕尾榫的牵筋板（又称千斤板）连接，牵筋板的厚度大约 6 ~ 8cm，深度（即牵筋板的宽度）也就是上述三个位置佛像内部正面至背面的距离。

7.2.3　梵王像与金刚像内部结构分析对比

7.2.3.1　头部

根据梵王像和金刚像 X 光片图像显示，这两尊佛像头部在内部结构上基本相同（具体分析见两尊佛像的 X 光片解析）。虽然两尊佛像在拍摄面部 X 光片时所用电压都为 195kV，但是梵王像已将面部全部打透，可以清晰地看到头部后面的螺髻，也可以看到肉髻与头顶之间的榫卯连接，不过正面的五官就无法看到了。金刚像却能够将面部的五官看清晰，但是头部后面的状况就没有打透，而发髻与头顶推测为榫卯连接，却无法看到。这说明金刚像头部的内部前、后木材的厚度应大于梵王像头部内部的木材厚度（图 133、134）。

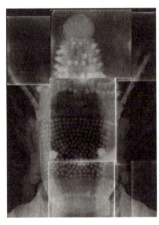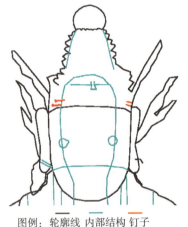

图例：轮廓线 内部结构 钉子

图 133　梵王像头部、X 光片、结构图

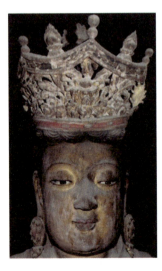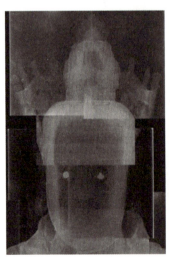

图例：　轮廓线 内部结构

图 134　金刚像头部、X 光片、结构图

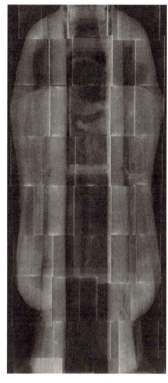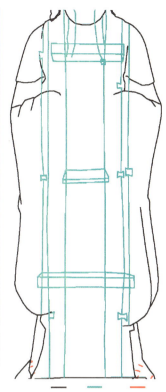

图例：　轮廓线　内部结构　钉子

图 135　梵王像身体、X 光片、结构图

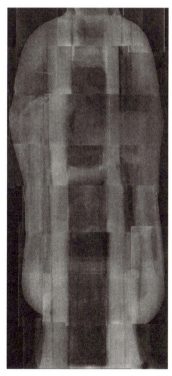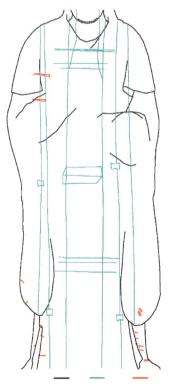

图例：　轮廓线　内部结构　钉子

图 136　金刚像身体、X 光片、结构图

7.2.3.2　身体

两尊佛像的身体部分的结构也是基本相同，梵王像全身的结构比金刚像要整齐一些，金刚像左侧身体结构略显松散。两尊佛像身体内部的榫卯结构左、右都不是对称的。两尊佛像在结构上最大的区别是金刚像右侧躯干上部有上、下两根大钉将中间箱体结构的材料与右侧上臂部位连接，这是金刚像上仅有的两根起到主体结构相连接作用的钉子，而梵王像在主体结构拼接上没有任何钉子连接（图135、136）。

8　中日同类型佛像内部结构和制作工艺的对比分析

8.1　木胎坐像的内部结构和制作工艺的对比分析

本节选取与承德安远庙佛像做对比分析的是东京艺术大学大学美术馆藏的五百罗汉中的一尊。这尊佛像原来藏于东京罗汉寺，制作年代为日本的江户时代（约1688～1710年），相当于中国清朝的康熙年间，与安远庙的佛像制作年代相近。

8.1.1　罗汉像 X 光片结果解析

像高83.3cm，由柏木嵌接制作，头部是前后两部分拼接而成，颈部是由榫舌插入躯干，上半身部分是用前面和背面的材料加上体侧的两部分构成的，双肩部位各接出一根材料，内部剜得很空，左、右各有1根铜子在肩部靠下处将双臂与躯干部分固定连接，在左、右小臂处各有约5根钉子起到同样的固定连接作用。腰部两侧和衣服边缘各接出一根材料，本像在腰部两侧和衣服边缘有补配。双腿是由另外一根横木构成，自底部剜空，双腿接触底座的一部分有补配的木板，约有48根钉子将这块底座的木板与双腿固定。现在的表面覆盖着后世补上的彩绘，肉身部分大漆贴金的下面能看见泥地黑漆，

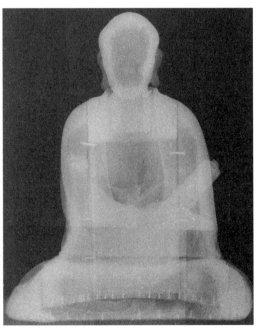

图137　罗汉像正面、正面整体 X 光片

图 138　安远庙佛像与罗汉像正面

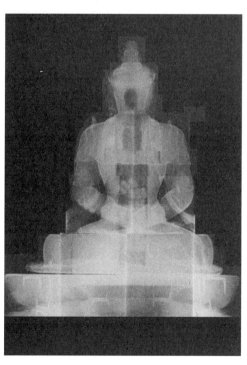
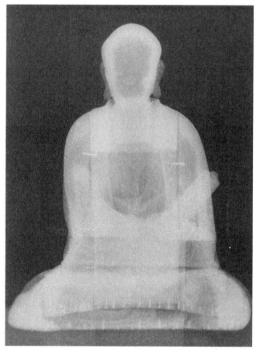

图 139　安远庙佛像与罗汉像正面整体 X 光片

这才是最初的底层。肉眼和 X 射线成像观察的结果显示：躯干部和盘膝部原为不同佛像的构件，硬被组装在了一起。实际上这不是补配，而是一开始就使用了别的罗汉像的部件，把不合适的地方用凿子敲掉，接缝合不拢的地方夹入泥一样的材料并塑造成型，很粗糙、勉强地组装成一尊像。从躯干的底部观察，就能看出佛像迄今为止没有被解体修复过。从 X 射线片上能看出用于加固的钉子、锔子显然已经锈蚀得很厉害（图 137）。

8.1.2 安远庙佛像与罗汉像内部结构分析对比

两尊佛像的大体结构有很多相同处：都是箱体结构，躯干部分都是前面和背面的材料加上体侧的两部分构成的，双臂为单独的材料在双肩部位接出（图138、139）。在结构上最大的区别是：

① 安远庙佛像全身无一根起到主体结构相连接作用的钉子或镐子。罗汉像左、右各有1根镐子在肩部靠下处将双臂与躯干部分固定连接，在左、右小臂处各有约5根钉子起到同样的固定连接作用。

② 安远庙佛像左、右两块大料在佛像胸部的位置与躯干的主体部分连接，这个位置使用一块带燕尾榫的牵筋板（又称千斤板）与前胸板和后背板连接。罗汉像全身无牵筋板做内部固定。

③ 安远庙佛像的腿部由另外一块完整的横木制成。罗汉像双腿是由另外一根横木构成，自底部剜空，双腿接触底座的部分有补配的木板，约有48根钉子将这块底座的木板与双腿固定。

④ 安远庙佛像内部有装藏，根据形状推测为卷轴状的经卷，共有十二卷。罗汉像内部未发现装藏，也可能为将不同佛像躯干部和盘膝部的构件硬被组装在一起时将装藏取走。

8.2 木胎立像的内部结构和制作工艺的对比分析

本节选取与智化寺梵王像做对比分析的是日本东京艺术大学大学美术馆藏的伎艺天立像。此立像作于日本明治二十六年（1893年），相当于中国的清末光绪十九年。与作于明代的梵王像晚了不少年，智化寺佛像始建于明正统九年（1444年）。之所以选择这尊立像做对比分析是因为该立像的形态与梵王像大致相同，尺寸也比较接近，智化寺梵王像通高3.54m，须弥座高0.82m，造像高2.72m。伎艺

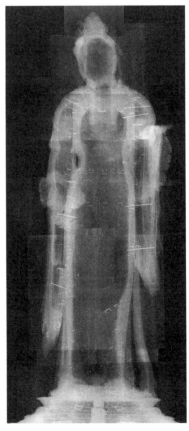

图140 伎艺天立像及其整体 X 光片

天立像高 2.42m。

8.2.1　伎艺天立像 X 光片结果解析

伎艺天立像为柏木拼接嵌接，外表施以彩绘。从正面拍摄的 X 射线透视图像显示出躯干的主要部分是截取自一根木材，自左右肩膀以下的部分是用别的木材拼接的（图 140）。此立像内部整体剜得很薄，因此重量得以减轻，但还是用钉子、锔子连结得很紧。黏结剂有可能是明胶，但也有可能是大漆，没有确凿的证据。

躯干为前左、前右、后左、后右四段木材互相拼接而成，四段木材在前面、后面的正中间拼合，同时在两侧中间拼合，使用了大量的钉子和锔子。这些钉子集中于上半身、肩部，这或许是制作技法导致的问题，通过 X 射线成像调查，发现肩头内部没有黏结在一起，是用榫卯连接，用洋钉加固，防止产生松动。两侧的手臂、衣袖和飘带为另外的材料拼接而成，同样使用了很多钉子和锔子固定在躯干上。

在足部周围、莲座内侧和翘起的花瓣之间有从几根底部旋入的螺丝钉。这也许是足部不够稳定，所以把它和莲座、基座加固为一体。所使用的柏木也比较薄，莲蓬是用 8 片以上的木材接合而成的（图 141、142）。

图 141　智化寺梵王像与伎艺天立像正面

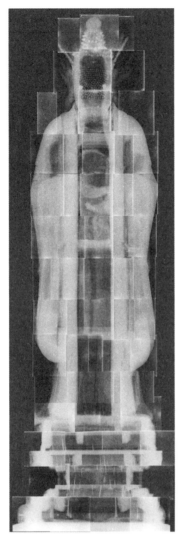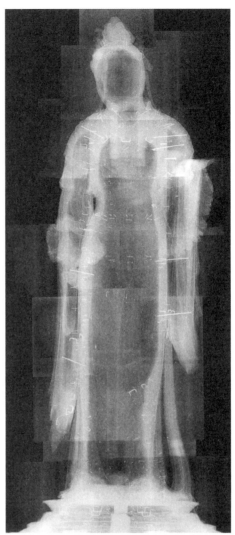

图 142　智化寺梵王像与伎艺天立像正面整体 X 光片

根据上述内部信息观察表面，就能看出工序为塑像木胎上贴布后刷底漆，后上白粉作为地仗层，再在其上作彩绘。

8.2.2　智化寺梵王像与伎艺天立像内部结构分析对比

两尊佛像的结构大体相似，都是箱体结构，双臂长袖为单独的材料，在双肩部位接出，但在结构上还是有一些区别的。

① 智化寺梵王像躯干主体内部为非常整齐的箱体结构，内部为中空，是一个非常规则的长方体，从颈部一直延伸到佛像底部。伎艺天立像内部的中空形状是跟随外形体态剜空的。

② 由于两尊造像的尺寸相差不多，根据 X 光片显示，智化寺梵王像木材的厚度远远大于伎艺天立像。智化寺梵王像整个身体部分正面和背面的材料是完整的，没有拼接的痕迹，构成中间箱体结构的左侧和右侧的以及两侧从肩膀到长袖底部的材料从侧面的 X 光片可以看出，两侧各有两到三块材料镶拼制作，每块材料之间为榫卯结构。伎艺天立像躯干为前左、前右、后左、后右四段木材互相拼接而成，四段木材在前面、后面的正中间拼合，同时在两侧中间拼合。

③ 智化寺梵王像造像全身无一根起到主体结构相连接作用的钉子或锔子，全部为榫卯结构。伎艺

天立像在拼接处使用了大量的钉子和锔子，肩头内部是用榫卯连接，用洋钉加固，防止产生松动。正面胸部中间的材料拼接处有一处榫卯连接。两侧的手臂、衣袖和飘带同样使用了很多钉子和锔子固定在躯干上。智化寺梵王像的底座和伎艺天立像的底座在拼接时都使用了很多钉子和锔子。

④ 智化寺梵王像主体的箱体结构的左、右两块大料分别在佛像胸部、腰部以及膝部的三个位置各使用一块带燕尾榫的牵筋板（又称千斤板）连接。伎艺天立像全身无牵筋板做内部固定。

9　结　论

9.1　木胎佛像制作材料与工艺调查总结

课题通过对文献的调研以及对承德安远庙、殊像寺和北京智化寺的佛像使用材料、工艺结构以及病害调查的探究，基本确定了这两处佛像的制作工艺及材料。从三处寺庙拍摄的这几尊佛像的 X 光片解析来看，明代的智化寺中的梵王像、金刚像和清代安远庙中佛像的制作方法有很多相似之处，可见至少明、清两代的佛像制作工艺是一脉相承的。

安远庙和智化寺的佛像的主体都采用木胎镶拼的方法：首先根据"行七、坐五、涅槃三"的比例选料，躯干部分都为箱体结构，将正面与背面各一块木料、左右侧面各两块或一块木料用牵筋板的燕尾榫镶拼而成，坐像的腿部为单一横木与躯干拼接。左、右两臂和手部为另外的材料与躯干拼接，接下来就可以打坯。打坯完成之后进而开始修整，接着进入包纱阶段。包纱是在木、泥、铜或铁的像胎上裱布敷灰，使用夏布将胎体缠上（佛像越大缠得层数越多）。缠布刮灰阶段是要缠得细致、严实，每个角落都要严严实实缠到位，不能有气泡。布缠好之后再在外面刮漆灰（分粗灰、中灰、细灰），再将形象、五官、手指、脚趾刻画仔细，待干透了就可打磨直至准备进入装金或彩绘阶段。木雕佛像的

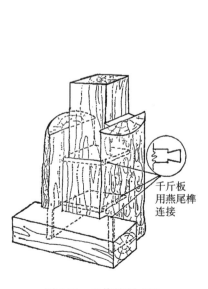

图 143　坐像镶拼方法

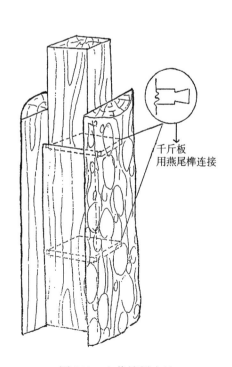

图 144　立像镶拼方法

镶拼尽量不用任何金属物，否则不但佛家信徒不能接受，自己在雕凿过程也会常常碰钉[3]。而底座往往是由钉子或铆子将数块木料连接而成的[4]（图143、144）。

在 X 光片中可以看到佛像外部显示不到的病害，在目前的两处木胎佛像中比较常见的病害就是木料在拼接的地方松开，木料由于收缩而产生的裂隙。目前，没有在拍摄的佛像身上发现木料的腐朽和钉子、铆子的锈蚀。

9.2　泥胎佛像制作材料与工艺调查总结

通过对殊像寺哼、哈二将局部的 X 光片的拍摄，我们初步掌握了泥塑造像的内部结构。两尊造像的结构基本相同，同为在木骨架上用粗泥打底，细泥塑形，在细泥之上是白粉层和彩绘层。而像手部前端和法器这些相对比较细小的部位，则是直接由金属丝作基础，在其上挂上薄薄的糙泥，再用细泥塑形，在细泥之上用白粉打底，施以艳丽的颜色做彩绘。

通过 X 光片可以明显看到这两尊造像所拍摄部位内部泥质地仗上的裂隙，有些地方都已经糟朽疏松开裂，这些都是肉眼从表面无法看到的。

9.3　结语与致谢

使用 X 射线透视成像技术所做的无损检测有的是为了调查研究，有的是为了保护修复，但最主要的是通过这种技术的观察和摄影，能给我们带来了更多的信息。

在没有出现电子 X 光胶片的时候，我们通常是将摄影得到的 $14in \times 17in$ 医用底片放在透光玻璃台上直接进行观察，只能原样观察拍摄出的原状，更加无法想象将拍摄出来的许多底片合成为一张，再处理成更易看清的状态后进行观察。在出现了电子胶片和可移动的胶片扫描成电脑可处理的图像之后，使得这项工作完全不同了，使用电脑中的专门用于图像处理的软件将图像处理后，之前很难看清的地方、重叠发黑的画面可经过后期处理显示出更多更清晰的信息，图像的整体质量大幅度提高。

即使如此，通过课题的拍摄工作我们明白，要是想得到更理想的图像还需要更多的经验和时间，要制作品质良好的图像最终还是要依赖人的力量。

通过课题的研究，我们能够从拍摄到的几尊佛像作为切入点看到雕塑作为重要的佛教艺术形式在明、清两个朝代的传承。同时，希望 X 射线透视成像技术如果能够成为未来我们保护修复前期调查的常规项目，成为修复工作的指针，则深感幸运。

最后向以下各位表示衷心的谢意。感谢课题组的陈青、胡源和杨森的辛苦工作，感谢承德安远庙、殊像寺和北京智化寺工作人员的理解配合，感谢北京众润捷机械有限责任公司葛鹏工程师的技术支持。本课题所得到的成果是所有相关人员合作努力的结果，也是所有有关单位同仁不吝赐教、通力协作的结果，再次深表感谢。

[1]   杨惠之,（唐）开元时雕塑家。生卒不详。先曾学画，和吴道子同师张僧繇笔法。后专攻雕塑，当时有"道子画，惠之塑，夺得僧繇神笔路"之说。他在南北各地寺院雕塑过许多塑像。他塑的倡优人留杯亭彩塑像，陈列于市中，人们从背面就能认出，可见雕塑技艺的高超。《五代名画补遗》："杨惠之不知何处人，与吴道子同师张僧繇笔迹，号为画友，巧艺并著。而道子声光独显，惠之遂都焚笔砚毅然发奋，专肆塑作，能夺僧繇画相，乃与道子争衡。时人语曰道子画，惠之塑，夺得僧繇神笔路。……且惠之塑抑合相术，故为古今绝技。惠之曾于京兆府塑倡优人留杯亭像，像成之日，惠之亦手装染之，遂于市会中面墙而置之，京兆人视其背，皆曰此留杯亭也"。惠之还著有《塑决》一书，惜已不存，被人们尊称为"雕圣".

[2]   杨志国. 智化寺明代佛像修复与保护. 中国文物保护技术协会第六次学术年会论文集, 2009, (6)：189 – 196.

[3]   王笃生. 谈大型佛像的制作. 浙江工艺美术, 2008, (2).

[4]   陈盖洪. 试论木雕佛像的镶拼技艺. 浙江工艺美术, 1996, (3)：39 – 41.

文物材质样品的激光拉曼光谱数据库建设[*]

中国文化遗产研究院   沈大娲   吴 娜   张亦弛   王志良

摘 要：文物样品及腐蚀产物的成分分析，可为文物保护提供科学依据。由于文物样品的特殊性，无损或微损方法是主要的发展方向。激光拉曼光谱仪近年来逐渐在文物样品分析领域得到应用。激光拉曼光谱仪所需样品量极少，也可进行原位检测。大部分材料都有特征拉曼吸收峰，可以通过将所测样品的拉曼谱图与数据库中标准谱图比对确定样品成分。但文物样品通常成分混杂，往往与标准谱库中的谱图有较大差别。目前尚缺少针对中国文物及考古样品的专门数据库。通过本课题的工作，建立了一个包括古代常用颜料、文物保护修复常用颜料、金属文物腐蚀产物、古代玉器等在内的 100 多个样品的拉曼光谱数据库，为今后文物样品分析鉴别提供便利，进一步为文物保护与修复提供依据。

关键词：拉曼光谱   拉曼数据库   文物   考古   文物保护

Development of Cultural relic Samples' Raman Database

Shen Dawa, Wu Na, Zhang Yichi, Wang Zhiliang

Abstract：Analysis of cultural relic samplers and corrosion products could provide scientific data for conservation. Because of the rarity of cultural relics, the non – destructive and quasi – nondestructive analysis methods are important. Laser Raman Spectrometer has been applied in art and archaeology in the past decades. Raman spectroscopy is very useful because of small amount of sample, in situ analysis, wide application, and accuracy. Composition of samples could be confirmed easily through comparing the spectrum of sample with standard spectra in the database. But, cultural relic samples are always mixture, resulting in the great difference between the spectrum of sample with standard spectrum. In addition, there is lack of the special database for Chinese cultural relics. All of these reasons result in the difficulty of Raman applica-

* 本项研究由中国文化遗产研究院中央级公益性科研院所基本科研业务费专项全额资助，课题编号 2014 – JBKY – 05。吴娜同志目前在中国国家博物馆工作。中国文化遗产研究院郭宏研究员、陈青副研究员为本数据库提供了部分样品，北京科技大学博士生万鑫为本数据库提供了部分谱图，在此一并表示感谢！

tion. In this research, a Raman database was set up including no less than 100 Raman spectra of common ancient pigments, morclen pigments used in conservation and restoration, corrosion products of metallic objects, gem and jade. The database could make it convenient for analysis of cultural relic samples, and provide further more scientific basis for conservation.

Key words: Raman spectrum, Raman database, cultural relics, archaeology, conservation

1　拉曼光谱的基本原理[1~5]

1.1　概述

一束单色光射入样品后，一部分光被透射，一部分光被吸收，还有一部分光被散射。散射光中的大部分波长与入射光相同，称为瑞利散射，还有一小部分由于样品中的分子振动和分子转动的作用波长发生偏移，这种波长发生偏移的散射，称为拉曼散射。拉曼散射光的光谱就是拉曼光谱，如图 1 所示。拉曼散射这一光的非弹性散射效应是拉曼印度物理学家拉曼（C. V. Raman）于 1928 年发现的，以此为基础发展起来的光谱学称为拉曼光谱学，属于分子振动和转动光谱范畴。

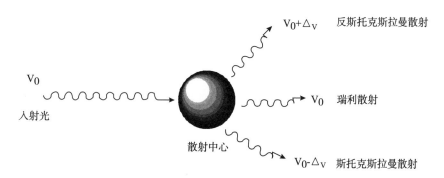

图 1　瑞利散射和拉曼散射

每个分子产生的拉曼光谱谱带的数目、位移、强度和形状均与分子的振动和转动直接相关。因此，拉曼光谱属于分子光谱，通过研究分子的拉曼光谱可以得到有关分子结构的信息。

拉曼效应一般有以下特点：

① 每一种物质均有自己的特征拉曼光谱；

② 每种物质的拉曼位移与入射光的频率无关。拉曼散射是瞬时的，入射光消失，拉曼散射在 10 ~ 12s 后消失；

③ 拉曼光谱的线宽一般较窄，并成对出现，位于瑞利线低频一侧的谱线称为斯托克斯线（Stokes）高频一侧的谱线称为反斯托克斯线（Anti‑Stokes）；

④ 拉曼位移可以从几个波数到 3800 个波数；

⑤ 一般的拉曼频率是分子内部振动或转动频率，有时与红外吸收光谱的频率部分重合，波数范围也相同；

⑥ 拉曼谱线的强度和偏振性质对于各条谱线不同；

⑦ 量子理论说明拉曼效应为光子与分子发生非弹性碰撞而产生；

⑧ 在拉曼散射产生的同时，还有强度比拉曼散射高几个数量级的瑞利散射发生；

⑨ 拉曼效应普遍存在于一切分子中，无论是气体、液体或固体。

从拉曼散射被发现后，拉曼光谱的应用历经起伏。在拉曼散射最初被发现的十余年间，共发表了 2000 篇研究论文，报道了 4000 种化合物的拉曼光谱，得到了大量的分子光谱数据，理论日趋完善，但拉曼散射强度弱、检测时间长、样品用量大等不利因素并未得到妥善解决。20 世纪 40 年代后期，随着红外光谱技术的兴起，拉曼光谱技术逐步走向衰退。直至 20 世纪 60 年代初期，激光技术被用于拉曼光谱仪的激发光源，技术的进步催生了现代拉曼光谱仪，拉曼光谱的应用又重新兴起，并在化学、生物学、矿物学、材料学等领域得到了广泛应用。

1.2 拉曼散射的量子理论

按照量子理论，频率为 ν_0 的单色光可以视为具有能量为 $h\nu_0$ 的光粒子，h 是普朗克常数。当光子作用于分子时，可能发生弹性和非弹性两种碰撞。早弹性碰撞过程中，光子与分子之间不发生能量交换，光子仅改变运动方向，而不改变频率。这种弹性散射过程对应于瑞利散射。在非弹性碰撞过程中，光子与分子之间发生能量交换，光子不仅改变运动方向，同时还将一部分能量传给分子，转变为分子的振动或转动能，或者光子从分子的振动或转动得到能量。在这两种过程中，光子的频率都发生变化。光子得到能量的过程对应于频率增加的反斯托克斯拉曼散射，光子失去能量的过程对应于频率减小的斯托克斯拉曼散射（图 2）。

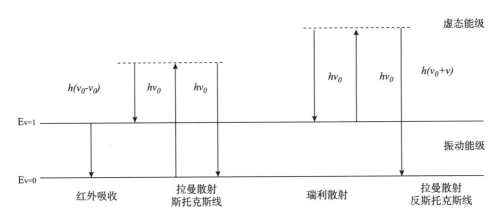

图 2 光子与分子之间的作用

1.3 拉曼光谱的强度

拉曼散射强度 I_R 可用下式表达：

$$I_R = \frac{2^4 \pi^3}{45 \times 3^2 c^4} \times \frac{h I_L N (\nu_0 - \nu)^4}{\mu \nu (1 - e^{-h\nu/KT})} [45 (\alpha'_a)^2 + 7 (\gamma'_a)^2]$$

c：光速

h：普朗克常数

I_L：激发光强

N：散射分子数

υ：分子振动频率（Hz）

υ_0：激发光频率（Hz）

μ：振动原子的折合质量

K：玻尔兹曼常数

T：绝对温度

α'_a：极化率张量的平均值不变量

γ'_a：极化率张量的有向性不变量

由该式可知，拉曼散射强度正比于被激发光照明的分子数，正比于入射光强度和$(\upsilon_0 - \upsilon)^4$。因此增强入射光强度或使用交感频率的入射光能够增强拉曼散射强度。

可以根据影响振动化学键偏振性和分子或化学键对称性的因素来估计相对拉曼强度。影响拉曼强度的因素有以下几项：极性化学键产生弱拉曼强度，强偶极矩使电子云限定在某个区域，使得光更难移动电子云；伸缩振动通常比弯曲振动有更强的散射；伸缩振动的拉曼强度随键级而增强；拉曼强度随键连接原子的原子序数增加而增强；对称振动比反对称振动有更强的拉曼散射；晶体材料比非结晶材料有更强更多的拉曼峰。

1.4　定性分析与定量分析

拉曼光谱是定性分析的有力工具，通常包含确定的、可以分辨的拉曼峰，所以原则上应用拉曼光谱分析可以区别不同的物质。但在实际实验过程中，通过拉曼光谱将一种物质从混合物中区分出来，还需要知道样品的其他信息，例如样品的来源和经历、是否是混合物、物理性质、形貌特征等。

定性分析可以用人工分析，也可以通过光谱数据库检索。拉曼光谱的人工解谱需要分析人员有丰富的经验和技巧，通过光谱数据库进行检索可以较快地得到分析结果。

应用拉曼光谱做定量分析的基础是测得的分析物拉曼峰强度与分析物浓度之间的关系。样品拉曼峰面积与浓度之间是线性关系。此外，样品的透明度等因素也会影响拉曼峰面积。因此，拉曼的定量分析在建立校正曲线时均需要内标进行标定，以修正样品自身特征对于拉曼峰的影响。

1.5　荧光的抑制与消除

在拉曼光谱测试过程中，往往会遇到荧光的干扰。由于拉曼散射极弱，而在极端情况下，荧光的强度可以比拉曼光强106倍之多。所以一旦样品或杂质产生荧光，拉曼光谱就会被荧光所湮灭，致使检测不到拉曼信号。通常荧光来自样品中的杂质，但有的样品本身也可以发生荧光。抑制或消除荧光的方法有以下几种：

样品纯化：通过去除样品中的杂质，可以消除杂质引起的荧光干扰。

增加激光强度和照射时间：在很多情况下，通过增加激光强度和照射时间可以消除荧光干扰，具体采用的激光功率和时间由样品的情况决定。

改变激发线的波长以避开荧光干扰：在记录拉曼光谱时，通过改变激光器，选择可以避开荧光干扰的激发波长。

2　拉曼光谱仪[2]

自拉曼效应在 1928 年被发现以后，30 年代拉曼光谱曾是研究分子结构的主要手段，此时的拉曼光谱仪是以汞弧灯为光源，物质产生的拉曼散射谱线极其微弱，因此应用受到限制，直至 60 年代激光光源的问世，以及光电讯号转换器件的发展才给拉曼光谱带来新的转机。70 年代中期，激光拉曼探针的出现，给微区分析注入活力。90 年代以来，英国 Renishaw 公司推出了拉曼探针共焦激光拉曼光谱仪，由于采用了陷波滤光片（notch filter）来过滤掉激发光，使杂散光得到抑制，因而不再需要采用双联单色器甚至三联单色器，而只需要采用单一单色器，使光源的效率大大提高，这样入射光的功率可以很低，灵敏度得到很大的提高。Dilor 公司推出了多测点在线工业用拉曼系统，采用的光纤可达200m，从而使拉曼光谱的应用范围更加广阔。

傅立叶变换拉曼光谱是 20 世纪 90 年代发展起来的新技术，采用该技术对信号进行收集，多次累加来提高信噪比，并用 1064nm 的近红外激光照射样品，大大减弱了荧光背景。FT – Raman 在化学、生物学和生物医学样品的非破坏性结构分析方面显示出了巨大的生命力。

激光共振拉曼光谱（RRS）产生激光频率与待测分子的某个电子吸收峰接近或重合时，这一分子的某个或几个特征拉曼谱带强度可达到正常拉曼谱带的 104～106 倍，并观察到正常拉曼效应中难以出现的、其强度可与基频相比拟的泛音及组合振动光谱。与正常拉曼光谱相比，共振拉曼光谱灵敏度高，可用于低浓度和微量样品检测，特别适用于生物大分子样品检测，可不加处理得到人体体液的拉曼谱图。用共振拉曼偏振测量技术，还可得到有关分子对称性的信息。RRS 在低浓度样品的检测和络合物结构表征中，发挥着重要作用。结合表面增强技术，灵敏度已达到单分子检测。

现在最常用的为激光共聚焦显微拉曼光谱仪。共焦显微拉曼光谱仪是 20 世纪 80～90 年代发展起来的技术。在光谱本质上，共焦显微拉曼光谱仪与普通的激光拉曼光谱仪没有区别，只是在光路中引进了共焦显微镜，从而消除来自样品的离焦区域的杂散光，形成空间滤波，保证了探测器到达的散光是激光采样焦点薄层微区的信号，可在电化学体系的电极表面行为和电极溶液截面等方面研究中，获得真实的分子水平信息。显微共焦拉曼光谱仪测量样品可以小到 1μm 的量级，尤其适用于宝石中细小包裹体的测量，使得可以准确了解包裹体的成分、结构、对称性。

激光拉曼光谱仪由激光照射系统、样品池、散射光收集与分光系统和信号处理系统组成，如图 3所示。

共聚焦是样品在显微镜的焦平面上，而样品的光谱信息被聚焦到 CCD 上，都是焦点，所以叫共聚焦。显微拉曼具有高空间分辨率、无损分析、几乎不用样品制备、所须样品量少、指纹性振动谱等优势。激光共聚焦显微拉曼光谱仪空间分辨率可达到微米级，光谱分辨率可达到两个波数。

拉曼光谱对样品的要求很少，固体、液体、气体、包裹体都可以测试，样品基本无须制备。

在进行测试中，最需要注意的是样品的荧光。用激光激发分子，不可避免产生荧光发射，特别是共振拉曼涉及在电子吸收带附近的激发，分子发射荧光的波长也往往与拉曼线波长相近，因此造成对拉曼检测的强烈干扰。

解决荧光干扰的办法有以下几种：

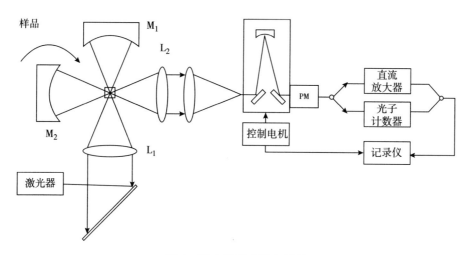

图 3　激光拉曼光谱仪结构

① 适当改变激发波长,使拉曼线与荧光线分离;

② 改变测试条件。改变测试点、物镜倍数、Filter、Hole 大小、测试时间等得到拉曼信号;

③ 对样品进行预处理。如果荧光来自样品以外的物质而不是样品本身,可以对样品进行预处理,减少荧光物质;

④ 添加适当的淬灭剂使荧光淬灭;

⑤ 将样品冷却,或用基质隔离减弱荧光;

⑥ 对生物样品进行光漂白;

⑦ 在实验技术上,还可以采用时间分辨技术,从测量时间上避开对发射荧光的接收。拉曼发射很快,约 10^{-14} s,荧光寿命则通常在 10^{-8} s ~ 10^{-12} s 范围内。在时间分辨拉曼测量中,通常可以采用锁模激光器产生的超短脉冲激发,使用具有电子快门的光子计数器处理,就可实现时间鉴别,把拉曼光谱信号从强荧光背景中提取出来。

3　拉曼光谱在文物考古领域的应用

3.1　概述

拉曼光谱包含非常丰富的信息。拉曼频率的确认,可以获得关于物质组成的信息。拉曼峰位的变化可以研究张力和应力。拉曼偏振用于研究晶体对称性和取向、拉曼峰宽能反映晶体的质量,拉曼峰强度反映物质总量。拉曼光谱的应用遍及物理、化学、生物、环境、材料、生命、地矿、刑侦、考古等领域[6~9]。

1979 年 P. Dhamelincourt 等发表在美国化学会期刊《Analytical Chemistry》上的一篇论文[10],首次提到了拉曼光谱在文物考古样品上的应用。1984 年,Bernard Guineau 在《Studies in Conservation》发表了一篇文章,研究了蓝铜矿和孔雀石的拉曼光谱,并通过拉曼光谱从 15 世纪画稿的残片中辨识了蓝铜矿[11]。早期的文献主要注重于仪器和方法的研究。1997 年,Ian M. Bell 等发表了关于天然及合成颜料拉曼光谱数据库的文章[12]，随后拉曼光谱在文物考古领域的应用越来越广泛，目前已经成为重要的研究手段。

在文物考古领域，通常通过拉曼光谱的频率，鉴定文物相关物质的物相组成。拉曼光谱应用非常广泛，大致可以分为金属文物腐蚀产物[13]、颜料成分鉴定[14~23]、矿物、宝石鉴定[24]、胶结材料[25]等方面。

国内采用拉曼光谱研究文物样品最早的文献见于1995年复旦大学杨植震先生等在《光散射学报》发表的《用拉曼光谱研究银器文物的缓蚀机理》一文[26]，之后每年有零星的文献发表[27]。

伴随着拉曼光谱仪技术的发展以及拉曼光谱仪在国内数量的增加，采用拉曼光谱仪研究文物考古样品、宝玉石鉴别的文章大量增加。

目前，国内拉曼光谱在文物考古领域的应用也涵盖了宝玉石成分研究及鉴定[27~29]、金属腐蚀产物分析[30~31]、陶瓷器结构研究[32]、颜料分析[33~37]、胶结材料分析[38~40]、材料老化研究[41]等各个方面。

3.2　国际范围内拉曼光谱在文物博物馆领域的应用现状

3.2.1　年代及地域特征

拉曼光谱在文物考古领域中应用的研究起步于20世纪80年代，虽然前期较为缓慢，个别年份有反复，但整体的发展趋势较为明显。进入2000年以来，增长较快，到2012年，年发文量突破100篇，达到106篇，2014年达到了133篇（图4）。

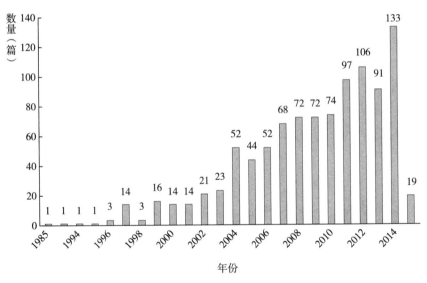

图4　文物考古领域拉曼光谱 SCI&SSCI 论文年代分布

截至目前，全球共有60余个国家开展了关于拉曼光谱在文物考古领域中的应用研究，前二十位的国家见图5。其中，意大利和法国的发文量最多，分别达到237篇和180篇。发文量前十位的国家分别是意大利、法国、西班牙、英国、美国、比利时、中国、希腊、葡萄牙和澳大利亚。上述十个国家在这一技术主题中的发文量占总量的104.9%。这个比例，说明发文量前十的国家之间有着较为广泛的合作。

分析发文量前五位国家近10年发文数量变化情况（图6），可以看到，虽然不同年份有波动，但意大利在文物考古领域拉曼光谱研究的发文量一直处于较为领先的地位。

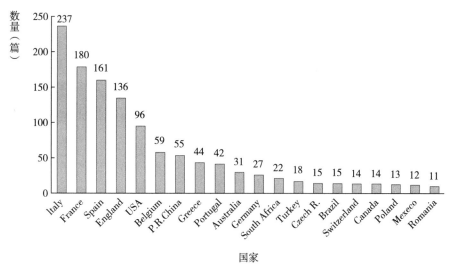

图5 文物考古领域拉曼光谱 SCI&SSCI 论文国家（地区）分布

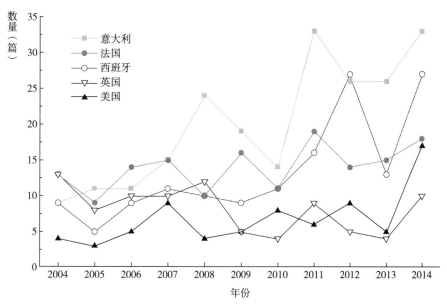

图6 文物考古领域拉曼光谱 SCI&SSCI 论文前5位国家（地区）
近10年论文发表的时间分布

3.2.2 期刊分布情况

从学术论文所发表的期刊来看，Web of Science 核心合集数据库收录的 992 篇文物考古领域拉曼光谱的文章共发表在 181 种国际期刊中。其中，高发文量的前十种期刊占到全部发文量的 56.3%。表 1 列出了前十种高发文量期刊及其在各自学科中的影响因子四分位区间。

表 1   国际高发文量期刊（TOP10）及其影响因子区间排名

期刊名称	论文篇数	期刊所属学科	期刊影响因子区间
Journal Of Raman Spectroscopy	271	Spectroscopy	Q2
Spectrochimica Acta Part A Molecular And Biomolecular Spectroscopy	61	Spectroscopy	Q2

续表 1

期刊名称	论文篇数	期刊所属学科	期刊影响因子区间
Journal Of Archaeological Science	48	Geosciences, Multidisciplinary	Q2
Analytical And Bioanalytical Chemistry	47	Biochemical Research Methods Chemistry, Analytical	Q2 Q1
Journal Of Cultural Heritage	23	Chemistry, Analytical Geosciences, Multidisciplinary Materials Science, Multidisciplinary Spectroscopy	Q3 Q3 Q3 Q3
Analytica Chimica Acta	23	Chemistry, Analytical	Q1
Vibrational Spectroscopy	22	Chemistry, Analytical Chemistry, Physical Spectroscopy	Q3 Q3 Q3
Archaeometry	22	Chemistry, Analytical Chemistry, Inorganic & Nuclear Geosciences, Multidisciplinary	Q3 Q3 Q3
Applied Physics A Materials Science Processing	22	Materials Science, Multidisciplinary Physics, Applied	Q2 Q2
Journal Of Molecular Structure	20	Chemistry, Physical	Q3

＊ 1. 影响因子的四分位区间是指将一个学科领域内所有期刊影响因子按高低顺序排列后，将所有期刊分成四等份，从而形成四个区间并分别标记为 Q1，Q2，Q3，Q4。

2. 属于多学科的期刊，分别列出了每个学科及其影响因子区间。

3.2.3　研究机构分布情况

全球发表的关于拉曼光谱在文物考古领域中的应用研究论文涉及的机构有约1000所（TOP20 见表2）。其中，发文量排名前十位的机构依次是英国布拉德福德大学（UNIV BRADFORD）、法国巴黎第六大学（UNIV PARIS 06）、法国国家科学研究中心（CNRS）、西班牙巴斯克地区大学（UNIV BASQUE COUNTRY）、比利时根特大学（UNIV GHENT）、意大利佛罗伦萨大学（UNIV FLORENCE）、法国萨克雷核研究中心（CEA SACLAY）、意大利国家研究委员会（CNR）、西班牙国家研究委员会（CSIC）、意大利帕尔马大学（UNIV PARMA）。

表 2　　　　　　　　　拉曼光谱在文物考古领域的应用研究机构（TOP 20）

排序	研究机构（中文名称）	论文量	国家（地区）
1	UNIV BRADFORD 布拉德福德大学	76	英国
2	UNIV PARIS 06 巴黎第六大学	68	法国
3	CNRS 国家科学研究中心	50	法国
4	UNIV BASQUE COUNTRY 巴斯克地区大学	33	西班牙
5	UNIV GHENT 根特大学	30	比利时
6	UNIV FLORENCE 佛罗伦萨大学	27	意大利
7	CEA SACLAY 萨克雷核研究中心	27	法国

续表 2

排序	研究机构（中文名称）	论文量	国家（地区）
8	CNR 国家研究委员会	26	意大利
9	CSIC 国家研究委员会	24	西班牙
10	UNIV PARMA 帕尔马大学	23	意大利
11	UNIV ROMA LA SAPIENZA 罗马大学	20	意大利
12	UNIV LISBON 里斯本大学	20	葡萄牙
13	UNIV BOLOGNA 博洛尼亚大学	20	意大利
14	UCL 伦敦大学学院	20	英国
15	UNIV PERUGIA 佩鲁贾大学	18	意大利
16	UNIV TURIN 都灵大学	17	意大利
17	UNIV PRETORIA 比勒陀利亚大学	17	南非
18	QUEENSLAND UNIV TECHNOL 昆士兰理工大学	16	澳大利亚
19	UNIV NOVA LISBOA 里斯本新大学	15	葡萄牙
20	MUSEUM NATL HIST NAT 国立自然历史博物馆	15	美国

　　从 SCI/SSCI 的论文看，在中国大陆地区，有七、八十家机构开展了拉曼光谱在文物考古领域中的应用研究，但是各研究机构在该领域的研究尚未大规模开展。多数机构的 SCI&SSCI 发文量均在 5 篇（含）以下，仅有中国科学院（14 篇）和中国科技大学（10 篇）两所机构的论文超过了 10 篇。其他还有西北大学、故宫博物院、陕西师范大学、中国文化遗产研究院、中国社会科学院、复旦大学、中国国家博物馆、西安交通大学、秦始皇帝陵博物院等单位的发文量达到 3 篇及以上。

3.2.4　合作关系

　　论文发文量排名前十位的国家之间合作情况如图 7。从图中可以看到，这些国家之间均开展了合

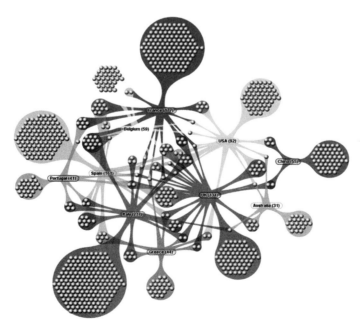

图 7　拉曼光谱在文物考古领域的应用研究 top10 国家的合作

作研究，例如发文排在第一位的意大利除与中国合作外，还与其他 8 个国家都有合作，与法国合作的
国家也有 7 个。

从国家之间合作数量看，西班牙和英国之间的合作最多，为 25 篇；其次是意大利和法国，为 15
篇；英国和美国，合作 13 篇。在中国的 55 篇论文中，有 2 篇是与英国合作的，有 4 篇与美国合作。

拉曼光谱在文物考古领域的应用研究前十位科研机构的合作情况如图 8 所示。

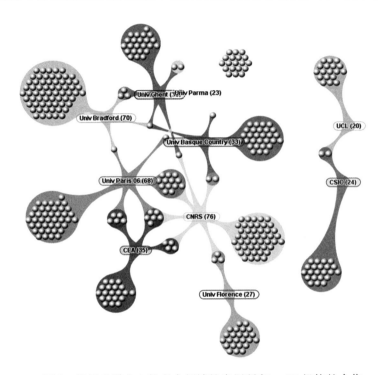

图 8　拉曼光谱在文物考古领域的应用研究 top10 机构的合作

3.2.5　被引频次分布

对全球发表的关于拉曼光谱在文物考古领域的应用研究论文的被引频次进行分析，以国家进行累
积加和，并计算其篇均被引频次。总被引次数和篇均被引率的高低说明研究的影响力大小，发表论文
数前十位国家的论文总被引次数和篇均被引次数见表 3。其中，国家总被引次数表示国家在该研究领
域的影响力，篇均被引次数表示发表论文的被关注的程度。

表 3　　　　拉曼光谱在文物考古领域的应用研究各国家（地区）被引频次分析表

序号	国家（地区）	论文量	总被引频次		篇均被引频次	
			频次	排序	频次	排序
1	意大利	237	2530	3	10.68	8
2	法国	180	3352	2	18.62	4
3	西班牙	161	1899	4	11.80	7
4	英国	136	3362	1	24.72	1
5	美国	96	1669	5	17.39	5

续表 3

序号	国家（地区）	论文量	总被引频次		篇均被引频次	
			频次	排序	频次	排序
6	比利时	59	1246	6	21.12	2
7	中国	55	253	10	4.60	10
8	希腊	44	821	7	18.66	3
9	葡萄牙	42	357	9	8.50	9
10	澳大利亚	31	385	8	12.42	6

　　同时，以论文被引频次总计、平均被引频次和发文量为数据源制作出国家被引频次分析图（图9），其中 X 轴表示被引频次总计，Y 轴表示篇均被引频次，气泡大小表示发文量。这里，X 轴和 Y 轴的坐标轴值分别取各轴的中间数，以使图形更加直观。

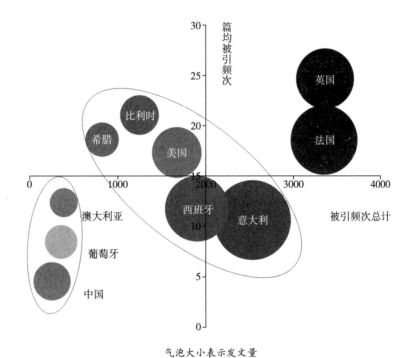

气泡大小表示发文量

图 9　拉曼光谱在文物考古领域的应用 SCI&SSCI 论文前十国家被引频次分析

　　从图 9 可以看出，上述十个国家较为明显地成三组分布，可以分为三个梯队。综合比较，英国和法国在该领域的研究实力相对较强，发文量、被引频次总计和篇均被引频次均较高，分布在坐标系的第一象限，可以视为第一梯队。其次，意大利、西班牙、美国、比利时和希腊的研究实力也较强，发文量及被引频次总计较多（意大利、西班牙），篇均被引频次均较高（美国、比利时和希腊），它们可以视为第二梯队。第三梯队则有澳大利亚、葡萄牙和中国，它们在该领域中发表论文的总量、总被引次数和篇均被引次数的排名均比较靠后，研究的整体影响力及被关注度都稍显不足。

3.3 拉曼光谱在中国文物博物馆领域的应用现状

3.3.1 年代分布情况

由图 10 可以看出，国内拉曼光谱在文物考古领域中应用的研究起步于 20 世纪 90 年代。发文趋势可以以 2006 年为界，之前均在 10 篇以下，之后均超过了 10 篇。2013 年和 2014 年均达到了 20 篇。整体上看，前期发展较为缓慢，个别年份有反复，但近年来的发展趋势较为明显。

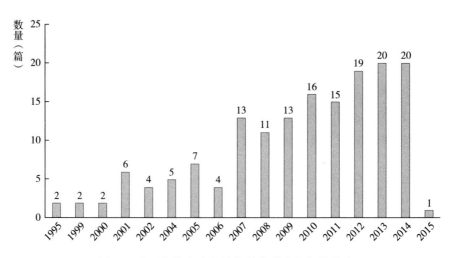

图 10　中国文物考古领域拉曼光谱论文年代分布

3.3.2 期刊分布情况

文物考古领域拉曼光谱的前十种高发文量期刊，见表 4。这十种期刊的发文量达到 101 篇，占到全部发文量的 63%。

表 4　　　　　　　　　　　国内高发文量期刊（TOP10）排名

期刊名称	论文篇数	主管/主办单位
文物保护与考古科学	26	上海市文物管理委员会/上海博物馆
光谱学与光谱分析	22	中国科学技术协会/中国光学学会
光散射学报	20	中国物理学会光散射专业委员会/四川省物理学会
文博	10	陕西省文物局/陕西省文物局
南方文物	5	江西省文化厅/江西省文物考古研究所江西省博物馆
岩矿测试	5	中国地质学会岩矿测试专业委员会
敦煌研究	4	敦煌研究院
分析测试学报	3	中国广州分析测试中心/中国分析测试协会
故宫博物院院刊	3	国家文化部/故宫博物院
中国文物科学研究	3	中国文物学会/中国文化遗产研究院

3.3.3 中国科研机构分布情况

表5为激光拉曼光谱在文物考古领域应用研究中国科研机构发表论文前十位统计表。发文量前三位的分别是：中国科学技术大学、中国科学院大学和秦始皇帝陵博物院。前十位中有6家大学，分别是：中国科学技术大学、中国科学院大学、复旦大学、西北大学、中山大学和陕西师范大学；中科院系统研究机构有3家，分别是中国科学技术大学、中国科学院大学和中国科学院上海光学精密机械研究所；有4家博物馆，分别是秦始皇帝陵博物院、中国国家博物馆、故宫博物院、首都博物馆；有3家文物保护研究机构，分别是陶质彩绘文物保护国家文物局重点科研基地、中国文化遗产研究院和安徽省文物考古研究所。

表5　　　　　　　　　　　　　中国科研机构发表论文前十位统计表

排序	机构	中文	外文	合计
1	中国科学技术大学	24	5	29
2	中国科学院大学（中国科学院研究生院）	20	5	25
3	秦始皇帝陵博物院（秦始皇兵马俑博物馆、陶质彩绘文物保护国家文物局重点科研基地）	21	2	23
4	中国科学院上海光学精密机械研究所	17	4	21
5	中国文化遗产研究院（中国文物研究所）	13	3	16
6	复旦大学	14	2	16
7	西北大学	12	2	14
8	中国国家博物馆	11	2	13
9	故宫博物院	8	3	11
10	中山大学	8	0	8
10	首都博物馆	8	0	8
10	陕西师范大学	4	4	8
10	安徽省文物考古研究所	7	1	8

此外，其他发表相关论文较多的研究机构见表6。

表 6   拉曼光谱在文物考古领域的应用研究机构（TOP 20）

排序	研究机构	论文量	所在省、市
1	云南省楚雄州博物馆	7	云南
2	昆明理工大学	6	云南
3	楚雄师范学院	5	云南
4	上海博物馆	5	上海
5	首都博物馆	5	北京
6	楚雄师范高等专科学校	4	云南
7	陕西省考古研究院	4	陕西
8	北京科技大学	4	北京

3.3.5   中国研究机构的合作关系

对中国科研机构发表的 55 篇 SCI/SSCI 论文的合作关系进行统计（图 11），可以看出，多数研究都是 2 个以上机构合作成果，合作研究模式是拉曼光谱在文物考古领域的应用研究的主要方式。其中技术研究实力较强的中国科学院和中国科技大学处于合作关系图的中心地位（图 12）。中国科学院系统内主要的研究单位有上海光学精密机械研究所、中国科学院大学、古脊椎与古人类研究所等。中国科学院合作对象既有高校（如复旦大学），还有国家级研究机构（如中国社会科学研究院、敦煌研究院、中国文化遗产研究院），以及省级的文化保护机构。其他较为重要的合作中心节点还有西北大学、陕西师范大学等（图 13）。

中国研究机构合作关系图中选取了发表论文数量前 10 位的研究机构，统计了这 13 个机构之间的论文合作数量。从统计结果看，合作关系较为密切的单位有中国科学技术大学与中国科学院大学，合作论文有 11 篇；中国科学院上海光学精密机械研究所和复旦大学，合作论文也有 11 篇。西北大学与秦始皇帝陵博物馆，合作论文有 8 篇（见表 7）。

除了科研机构与大学之间的合作外，激光拉曼光谱在文物考古领域应用研究的合作关系更多表现在科研机构或大学与文物收藏单位之间的合作研究，如中国科学技术大学就分别与湖北省文物考古研究所、湖北省文物考古研究所、蓬莱市登州博物馆、江苏盱眙县博物馆等有合作研究关系。而秦始皇帝陵博物院同时也是陶质彩绘文物保护国家文物局重点科研基地，集文物保护与科研于一身，重点研究了出土陶器彩绘颜料。中国文化遗产研究院除与国内的科研单位和文物保护单位合作外，还与国际上的瑞士苏黎世大学、维也纳艺术学院、美国洛杉矶加州大学、瑞士联邦高等理工大学等开展合作研究。

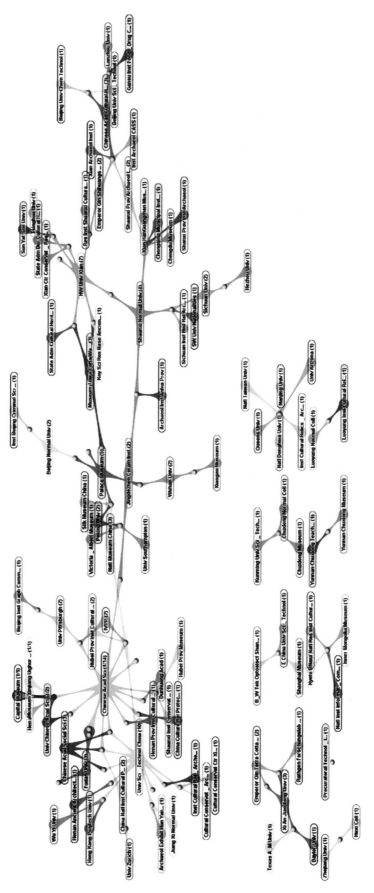

图 11　中国科研机构 SCI/SSCI 论文合作图

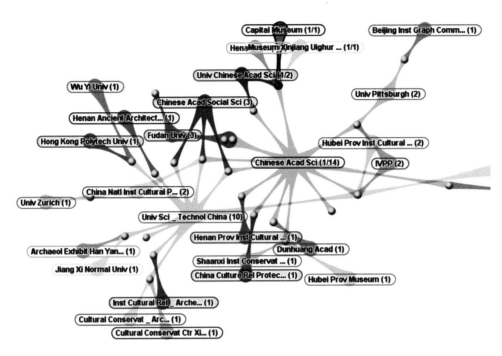

图 12　以中国科学院和中国科技大学为节点的 SCI/SSCI 论文合作关系图

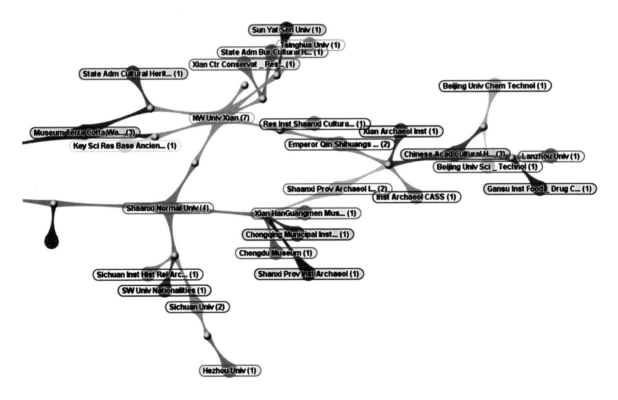

图 13　以西北大学和陕西师范大学为节点的 SCI/SSCI 论文合作关系图

表7　中国研究机构合作统计表

排序	机构	中国科学技术大学	中国科学院大学（中国科学院大学研究生院）	秦始皇帝陵博物院（秦始皇兵马俑博物馆，陶制彩绘文物国家文物局重点科研基地）	中国科学院上海光学精密机械研究所	中国文化遗产研究院（中国文物研究所）	复旦大学	西北大学	中国国家博物馆	故宫博物院	中山大学	首都博物馆	陕西师范大学	安徽省文物考古研究所
1	中国科学技术大学		11	0	0	0	0	0	1	0	2	0	0	4
2	中国科学院大学（中国科学院大学研究生院）	11		0	0	2	2	0	1	0	1	3	0	4
3	秦始皇帝陵博物院（秦始皇兵马俑博物馆，陶制彩绘文物国家文物局重点科研基地）	0	0		0	2	0	8	1	1	0	0	1	0
4	中国科学院上海光学精密机械研究所	0	0	0		0	11	0	0	0	0	0	0	1
5	中国文化遗产研究院（中国文物研究所）	0	2	2	0		0	0	1	0	0	0	0	0
6	复旦大学	0	2	0	11	0		0	1	0	0	0	0	3
7	西北大学	0	0	8	0	0	0		0	0	0	0	1	0
8	中国国家博物馆	1	1	1	0	1	0	0		4	0	0	0	0
9	故宫博物院	0	0	1	0	0	0	0	4		0	0	0	0
10	中山大学	2	1	0	0	0	0	0	0	0		0	0	0
10	首都博物馆	0	3	0	0	0	0	0	0	0	0		0	0
10	陕西师范大学	0	0	1	0	0	0	1	0	0	0	0		1
10	安徽省文物考古研究所	4	4	0	1	0	3	0	0	0	0	0	1	

4 拉曼光谱数据库

可免费在线检索的拉曼数据库主要由欧洲和美国的大学、研究机构建立。最早的文物考古样品方面的拉曼光谱在线数据库是英国伦敦大学学院的 Clark 教授建立的，包括各种壁画、油画颜料在内的拉曼光谱数据库，在伦敦大学化学系网站上（http：//www. chem. ucl. ac. uk/resources/raman/index. html #）开放使用。目前包含了 60 多种矿物颜料和有机颜料。

目前，最大的矿物在线数据库应当属美国亚利桑那大学地球科学系建立的 RRUFF 数据库。该数据库详细准确地记录了世界上自然矿物及人工合成矿物的化学性质、晶体结构、矿物光谱特征等基本参数。其最初目的是为 NASA 火星探测器上的拉曼仪器研发数据库，但已经逐渐成为矿物学界最权威的矿物结构数据库之一。目前，该数据库已向全世界免费开放，任何人都可以通过网络访问数据库网站 http：//rruff. info 查阅到矿物的相关参数。该数据库提供了大量矿物的标准拉曼光谱。目前，加州理工学院的拉曼数据库并入了 RRUFF 数据库，共有 3044 张谱图。

意大利帕尔玛大学物理与地球科学系振动光谱与光学实验室，建立了包含 200 多张谱图的矿物拉曼数据库（http：//www. fis. unipr. it/phevix/ramandb. php），在线免费使用。

西班牙巴斯克地区大学"艺术品材料数据库—振动光谱数据库（e - VISART）"项目建立了包含多个子数据库在内的数据库，其中包括了艺术品中无机材料考古材料的红外和拉曼光谱以及傅氏变换拉曼光谱数据库（http：//www. ehu. es/udps/database/index1. html）。西班牙巴利亚多利德大学固体材料、结晶学与矿物学系建立了矿物颜料拉曼数据库（http：//goya. fmc. cie. uva. es）。

法国结晶学与矿物学学会建立了矿物的拉曼光谱数据库（http：//wwwobs. univ - bpclermont. fr/sfmc/ramandb2/index. html）。法国里昂高等师范学校地理学系建立了名为 Handbook of Minerals Raman Spectra（ENS - Lyon）的拉曼数据库（http：//www. ens - lyon. fr/LST/Raman/）。

日本国家先进工业科学和技术研究所（AIST）是主要由日本政府支持的国家研究机构。该研究所建立了矿物和无机材料拉曼光谱数据库（RASMIN，Ceramics Inst. AIST），通过访问 http：//sdbs. db. aist. go. jp/sdbs/cgi - bin/direct_ frame_ top. cgi 可以免费在线检索。

红外拉曼用户协会（IRUG）最初创立于美国。1993 年由美国文物保护协会（AIC）提议创建，1994 年在费城艺术博物馆召开第一次会议。当时的名称是红外用户协会，目标是在文博领域的科学家之间交流红外光谱表征方法及谱图。随着文博领域拉曼的普遍应用，1999 年更名为红外拉曼用户协会。该协会 2009 年开始建设拉曼光谱数据库（http：//www. irug. org/search - spectral - database）。目前，每两年召开一次会议，交流文博领域红外和拉曼应用的经验。国内拉曼光谱数据库的建设远远落后于国外。文献报道的是在昆明理工大学张鹏翔教授带领下建立的拉曼光谱数据库[42,43]。目前尚没有可在线检索的数据。

5 文物样品拉曼光谱数据库的建设

5.1 样品采集

本研究所采集的样品包括由中国地质博物馆购买的矿物标本、北京天雅美术矿物颜料厂（以下简称天雅）购买的颜料以及各个课题项目中收集到的壁画、彩画颜料。矿物标本及颜料采集情况见表 8。

表8 矿物标本及颜料汇总表

序号	编号	名称	英文名称	化学式	晶系	样品来源
硫化物及其类似化合物（Sulfide and similar compounds）						
1	1－1	雌黄	Orpiment	As_2S_3	单斜晶系	
2	1－2	雄黄	Realgar	AsS	单斜晶系	
3	1－3	辰砂	Cinnabar	HgS	三方晶系	
4	1－4	黄铁矿	Pyrite	FeS_2	正交（斜方）晶系	
5	1－5	辉锑矿	Stibnite	Sb2S_3	正交（斜方）晶系	
6	1－6	闪锌矿	Sphalerite	ZnS	六方晶系	
7	1－7	朱砂	Cinnabar	HgS	三方晶系	天雅公司
8	1－8	雄黄	Realgar	AsS	单斜晶系	天雅公司
9	1－9	石黄	Orpiment	As2S_3	单斜晶系	天雅公司
10	1－10	辰砂	Cinnabar	HgS	三方晶系	中国地质博物馆
11	1－11	闪锌矿	Sphalerite	ZnS	六方晶系	中国地质博物馆
12	1－12	辉锑矿	Stibnite	Sb_2S_3	正交（斜方）晶系	中国地质博物馆
13	1－13	黄铁矿	Pyrite	FeS_2	正交（斜方）晶系	中国地质博物馆
14	1－14	辉钼矿	Molybdenite	MoS_2	六方或三方晶系	中国地质博物馆
15	1－15	雄黄	Realgar	AsS	单斜晶系	中国地质博物馆
16	1－16	黄铜矿	Chalcopyrite	$CuFeS_2$	四方晶系	中国地质博物馆
17	1－17	大红	Red	HgS	三方晶系	西藏大昭寺颜料
18	1－18	雄黄（印度）	Realgar	AsS	单斜晶系	西藏大昭寺颜料
19	1－19	雌黄	Orpiment	As_2S_3	单斜晶系	西藏大昭寺颜料
2. 卤族化合物（Halogen compounds）						
20	2－1	萤石	Fluorite	CaF_2	等轴晶系	中国地质博物馆
3. 氧化物和氢氧化物（Oxides and hydroxides）						
21	3－1	赤铁矿	Hematite	Fe_2O_3	三方晶系	
22	3－2	软锰矿	Pyrolusite	MnO_2	斜方晶系	
23	3－3	蓝刚玉	Blue Corundum	Al_2O_3	三方晶系	
24	3－4	白刚玉	Corundum	Al_2O_3	三方晶系	
25	3－5	南红玛瑙	South Onyx	SiO_2		
26	3－6	茶晶	Citrine	SiO_2	三方晶系	
27	3－7	尖晶石	Spinel	$(Mg, Fe, Zn, Mn)(Al, Cr, Fe)_2O_4$	等轴晶系	
28	3－8	赤古代朱	Hematite	Fe_2O_3	三方晶系	天雅公司

续表 8

序号	编号	名称	英文名称	化学式	晶系	样品来源
硫化物及其类似化合物（Sulfide and similar compounds）						
29	3 - 9	赭石	Ocher	Fe_2O_3，$FeOOH$	三方晶系	天雅公司
30	3 - 10	锡石	Cassiterite	SnO_2		中国地质博物馆
31	3 - 11	紫水晶	Amethyst	SiO_2		中国地质博物馆
32	3 - 12	水晶	Rock Crystal	SiO_2		中国地质博物馆
33	3 - 13	黑钨矿	Wolframite	$MnWO_4$		中国地质博物馆
34	3 - 14	芙蓉石	Ross Quartz	SiO_2		中国地质博物馆
35	3 - 15	玛瑙	Agate	SiO_2		中国地质博物馆
36	3 - 16	赤铁矿	Hematite	Fe_2O_3，$FeOOH$		中国地质博物馆
37	3 - 17	褐色样品	Litharge	PbO		大同关帝庙 6 号
38	3 - 18	暗茶色	Dark Brown	Fe_2O_3	三方晶系	西藏大昭寺颜料
39	3 - 19	土黄	Naturals	Pb_3O_4		西藏大昭寺颜料
40	3 - 20	aa - 2 绿色	Atacamite	$CuCl(OH)_3$		新疆克孜尔石窟
41	3 - 21	aa - 5 红色	Hematite	Fe_2O_3	三方晶系	新疆克孜尔石窟
42	3 - 22	kzr4 - 2 绿色	Atacamite	$CuCl(OH)_3$		新疆克孜尔石窟
43	3 - 23	kzr4 - 3 红色	Hematite	Fe_2O_3	三方晶系	新疆克孜尔石窟
44	3 - 24	铜钱锈蚀		Cu_2O		
4. 碳酸盐（Carbonate）						
45	4 - 1	蓝铜矿	Azurite	$Cu_3CO_{32}(OH)_2$	单斜晶系	
46	4 - 2	孔雀石	Malachite	$Cu_2(OH)_2CO_3$	单斜晶系	
47	4 - 3	菱锰矿	Rhodochrosite	$Mn[CO_3]$	三方晶系	
48	4 - 4	方解石	Calcite	$CaCO_3$	三方晶系	
49	4 - 5	石青	Azurite	$2CuCO_3 \cdot Cu(OH)_2$		天雅
50	4 - 6	石绿	Malachite Green	$CuCO_3(OH)_2$		天雅
51	4 - 7	黄白		$CuCO_3(OH)_2$	三方晶系	天雅
52	4 - 8	天然石青	Natural Azurite	$2CuCO_3 \cdot Cu(OH)_2$		天雅
53	4 - 9	特级石青	Extra Azurite	$2CuCO_3 \cdot Cu(OH)_3$		天雅

续表 8

序号	编号	名称	英文名称	化学式	晶系	样品来源
硫化物及其类似化合物（Sulfide and similar compounds）						
54	4-10	天然石绿	Natural Malachite Green	$CuCO_3 (OH)_2$		天雅
55	4-11	孔雀石	Malachite	$Cu_2 (OH)_2CO_3$		中国地质博物馆
56	4-12	冰洲石	Iceland Spar	$CaCO_3$		中国地质博物馆
57	4-13	大理石	Marble	$CaCO_3$		中国地质博物馆
58	4-14	蓝铜矿	Azurite	$2CuCO_3 \cdot Cu (OH)_3$		中国地质博物馆
59	4-15	普蓝	Prussian Blue	$2CuCO_3 \cdot Cu (OH)_4$		西藏大昭寺颜料
60	4-16	大绿	Big Green	$CuCO_3 (OH)_2$		西藏大昭寺颜料
61	4-17	白	White	$MgCO_3$		西藏大昭寺颜料
62	4-18	青底粉	Green Bottom Powder	$TiO_2 + 2CuCO_3$ $Cu (OH)_4$		西藏大昭寺颜料
63	4-19	褐色样品	Iron Carbonate	$FeCO_3$		大同关帝庙43号
64	4-20	铜钱锈蚀		$Cu_2 (OH)_2CO_3$		
5. 硫酸盐（Sulfate）						
65	5-1	天青石	Celestine	$SrSO_4$	正交晶系	
66	5-2	重晶石	Barite	$BaSO_4$	斜方晶系	
67	5-3	石膏	Plaster	$CaSO_4 \cdot 2H_2O$	单斜晶系	
68	5-4	石膏	Plaster	$CaSO_4 \cdot 2H_2O$	单斜晶系	中国地质博物馆
69	5-5	重晶石	Barite	$BaSO_4$	斜方晶系	中国地质博物馆
70	5-6	kzr104-1 白色	Anhydrite	$CaSO_4$		新疆克孜尔石窟
71	5-7	kzr4-5 白色	Anhydrite	$CaSO_4$		新疆克孜尔石窟
72	5-8	铜钱锈蚀		$Cu_4SO_4 (OH)_6 \cdot 2H_2O$		
73	5-9	铜钱锈蚀		$CuPbSO_4 (OH)_2$		
74	5-10	铜钱锈蚀		$PbSO_4$		
6. 硅酸盐（Portland）						
75	6-1	橄榄石	Peridot	$(Mg, Fe)_2 [SiO_4]$	斜方晶系	

序号	编号	名称	英文名称	化学式	晶系	样品来源
硫化物及其类似化合物（Sulfide and similar compounds）						
76	6－2	蓝晶石	Cyanite	$Al_2[SiO_4]O$	三斜晶系	
77	6－3	石榴石	Garnet	$X_3Y_2(SiO_4)_3$，X 的地方通常被二价的正离子（Ca，Mg，Fe）占据，而 Y 的地方被三价的正离子（Al，Fe，Cr）占据	等轴晶系	
78	6－4	符山石	Idocrase	$Ca10Mg_2Al_4(SiO_4)_5(Si_2O_7)_2(OH)_4$，可含有 Cu Fe 等元素	四方晶系	
79	6－5	绿柱石	Beryl	$Be_3Al_2(SiO_3)_6$	六方晶系	
80	6－6	锂辉石	Spodumene	$LiAl[Si_2O_6]$	单斜晶系	
81	6－7	硅灰石	Wollastonite	$Ca_3[Si_3O_9]$	三斜晶系	
82	6－8	钙铁辉石	Hedenbergite	$CaFe[Si_2O_6]$	单斜晶系	
83	6－9	蔷薇辉石	Rhodonite	$(Mn，Ca)[SiO_3]$	三斜晶系	
84	6－10	蛇纹石	Serpentine	$Mg_6[Si_4O_{10}](OH)_8$	单斜晶系	
85	6－11	葡萄石	Prehnite	$Ca_2Al(AlSi_3O_{10})(OH)_2$	斜方晶系	
86	6－12	黄玉	Topaz	$Al_2[SiO_2](F，OH)_2$	正交晶系	
87	6－13	滑石	Talc	$Mg_3Si_4O_{10}(OH)_2$	三斜晶系	
88	6－14	长石	Feldspar	$KAlSi_3O_8$、$NaAlSi_3O_8$ 和 $CaAl_2Si_2O_8$		

续表 8

序号	编号	名称	英文名称	化学式	晶系	样品来源
硫化物及其类似化合物（Sulfide and similar compounds）						
89	6 – 15	方钠石	Sodalite	$Na_4(Al_3Si_3O_{12})Cl$	等轴晶系	
90	6 – 16	天河石	Amazonite	$K[AlSi_3O_8]$	三斜晶系	
91	6 – 17	青金石	Ultramarine	$Na_3CaAl_3Si_3O_{12}S$	等轴晶系	
92	6 – 18	非洲碧玺	Africa Tourmaline	$Na(Li,Al)_3Al_6(BO_3)_3Si_6O_{18}(OH)_4$	三方晶系	
93	6 – 19	查罗石	Charro Stone	$K_5Ca_8Si_{18}O_{46}(OH)_3H_2O$	单斜晶系	
94	6 – 20	石英	Quartz	SiO_2	斜方晶系	
95	6 – 21	群青	Ultramarine	$(Na,Ca)(AlSiO_4)_6(SO_4,S,Cl)$	等轴晶系	天雅
96	6 – 22	电气石	Tourmaline	$NaFe_3Al_6B_3Si_6O_{27}(OH)_4$		中国地质博物馆
97	6 – 23	石榴石	Garnet	$Fe_3Al_2(SiO_4)_3$		中国地质博物馆
98	6 – 24	长石	Feldspar	$KAlSi_3O_8$		中国地质博物馆
99	6 – 25	蛇纹石	Serpentine	$Mg_6[Si_4O_{10}](OH)_{10}$		中国地质博物馆
100	6 – 26	云母	Mica	$KAl_2(AlSi_3O_{10})(OH)_{10}$		中国地质博物馆
101	6 – 27	滑石	Talc	$Mg_3Si_4O_{10}(OH)_2$		中国地质博物馆
102	6 – 28	aa – 4 蓝色	Ultramarine	$Na_3CaAl_3Si_3O_{12}S$		新疆克孜尔石窟
103	6 – 29	aa – 10 蓝色	Ultramarine	$Na_3CaAl_3Si_3O_{12}S$		新疆克孜尔石窟
104	6 – 30	kzr4 – 1 蓝色	Ultramarine	$Na_3CaAl_3Si_3O_{12}S$		新疆克孜尔石窟
105	6 – 31	和田透闪石青玉		$Ca_2Mg_5Si_8O_{22}(OH)_2$		

续表 8

序号	编号	名称	英文名称	化学式	晶系	样品来源
硫化物及其类似化合物（Sulfide and similar compounds）						
106	6 – 32	和田透闪石玉		$Ca_2 Mg_5 Si_8 O_{22}$（OH）$_2$		
107	6 – 33	和田阳起石碧玉		Ca_2（Mg，Fe）$_5$ $Si_8 O_{22}$（OH）$_2$		
108	6 – 34	和田阳起石墨玉		Ca_2（Mg，Fe）$_5$ $Si_8 O_{22}$（OH）$_2$		
109	6 – 35	青海透闪石玉		$Ca_2 Mg_5 Si_8 O_{22}$（OH）$_2$		
7. 磷酸盐、砷酸盐和钒酸盐（Phosphate，arsenate and vanadate）						
110	7 – 1	磷灰石	Apatite	Ca_5（PO4）$_3$（F，Cl，OH）	六方晶系	
8. 合成颜料（Organic pigments）						
111	8 – 1	深绿	Pigment Green 8			天雅
112	8 – 2	红色样品	Pigment Red 3	$C_{17} H_{13} N_3 O_3$		大同关帝庙 1 号
113	8 – 3	蓝色样品	Phthalocyanine Blue	$C_{32} H_3 Cl_{15} CuN_8$		大同关帝庙 3 号
114	8 – 4	红色样品	Dominion DCC – 2870			大同鼓楼 1 号
115	8 – 5	蓝色颜料	Indigo	$C_{16} H_{10} N_2 O_2$ 116		
116	8 – 6	黑色样品	Carbon	C		大同关帝庙 17 号
117	8 – 7	黄色样品		$PbCrO_4$		大同鼓楼 13 号
118	8 – 8	kzr104 – 5 黑色		C		新疆克孜尔石窟
119	8 – 9	白色颜料	Titanium Dioxide	TiO_2		

对于矿物颜料及矿物标本，根据矿物学的常用分类体系进行分类。矿物分类体系的级序一般为大类、类、亚类、组、亚族、种、亚种。本课题根据矿物的化学组成划分大类，主要包括硫化物及其类似化合物、卤素化合物、氧化物和氢氧化物、含氧盐（硫酸盐、碳酸盐、硝酸盐、硅酸盐等）[44]。

5.2　实验条件

本研究中拉曼光谱的采集在 Jobin Yvon 公司 Xplorer 显微共聚焦激光拉曼光谱仪上采集。激光器波长分别为 532nm、638nm 和 785nm。OLYMPUS BX – 41 显微镜，配有 10×，20×，50×长焦，100×镜头。样品直接测试，实验中视样品情况选择激光器波长，调整实验参数，以获得最为平滑的光谱。

显微照片采用日本 Nikon 公司 SMZ – 10 体视显微镜拍摄，配 Leica DFC295 型 CCD 采集数据。

　　将样品的名称、拉曼光谱、显微照片、化学式、性状描述、来源、测试条件等信息填入样品信息表。拉曼光谱、样品来源、测试条件等信息输入数据检索软件，形成数据库。

　　数据库中收集的拉曼光谱图及样品相关信息见彩版一～一二〇。

［1］　吴国祯. 拉曼谱学：峰强中的信息. 科学出版社，2014.

［2］　伍林，欧阳兆辉，曹淑超等. 拉曼光谱技术的应用及研究进展. 光散射学报. 2005，17（2）：180 - 186.

［3］　杨序纲，吴琪琳. 拉曼光谱的分析与应用. 国防工业出版社，2008.

［4］　朱自莹，顾仁敖，陆天虹. 拉曼光谱在化学中的应用. 东北大学出版社，1998.

［5］　徐培苍，李如壁，王永强等. 地学中的拉曼光谱. 陕西科学技术出版社，1996.

［6］　王吉有，王闵，刘玲，郝伟. 拉曼光谱在考古中的应用. 光散射学报. 2006，18（2）：130 - 133.

［7］　Howell G. M. Edwards, John M. Chalmers, Raman Spectroscopy in Archaeology and Art Histroy, RSC, Chambridge, 2005.

［8］　Peter Vandenabeele, Howell G. M. Edwards, Luc Moens, Decade of Raman Spectroscopy in Art and Archaeology, Chemical Reviews, 2007, Vol. 107, No. 3：675 - 685.

［9］　Gregory D. Smith, Robin J. H. Clark, Raman microscopy in archaeological science, Journal of Archaeological Science , 2004, 31：1137 - 1160.

［10］　P. Dhamelincourt , F. Wallart , M. Leclercq , A. T. Nguyen , D. O. Landon, Laser Raman molecular microprobe (MOLE), Anal. Chem. , 1979, 51（3）, pp 414A - 420A.

［11］　Bernard Guineau, Analyse non destructive des pigment par microsonde Raman laser exemples de l'azurite et la malachite, Studies in Conservation, 1984, 29（1）：35 - 41.

［12］　Ian M. Bell, Robin J. H. Clark, Peter J. Gibbs, Raman spectroscopic library of natural and synthetic pigments (P re - N 1850 AD), Spectrochimic Aacta Part A, 1997, 53（2）：159 - 2179.

［13］　V. Hayez, J. Guillaume, A. Hubin, H. Terryn, Micro - Raman spectroscopy for the study of corrosion products on copper alloys：setting up of a reference database and studying works of art, J. Raman Spectrosc. , 2004, 35：732 - 738.

［14］　Emilia B. Halaca, María Reinosoa, Marcelo Ludaa, Fernando Martee, Raman mapping analysis of pigments from Proas Iluminadas by Quinquela Martín, Journal of Cultural Heritage, 2012, 13：469 - 473.

［15］　Andreia M. Correia, Robin J. H. Clark, Maria I. M. Ribeiro, Maria L. T. S. Duarte, Pigment study by Raman microscopy of 23 paintings by the Portuguese artist Henrique Pousaõ（1859 - 1884）, J. Raman Spectrosc, 2007, 38：1390 - 1405.

[16] Tahlia L. Weis, Yanan Jiang and Edward R. Grant, Toward the comprehensive spectro chemical imaging of painted works of art: a new instrumental approach, J. Raman Spectrosc. , 2004, 35: 813 – 818.

[17] Howell G. M. Edwards, M. Teresa Domé nech – Carbó, Michael D. Hargreaves, Antonio Domé nech – Carbó, A Raman spectroscopic and combined analytical approach to the restoration of severely damaged frescoes: the Palomino project, J. Raman Spectrosc. , 2008, 39: 444 – 452.

[18] Sandrine Page`s – Camagna, Thomas Calligaro, Micro – PIXE and micro – Raman spectrometry applied to a polychrome wooden altarpiece from the 16th century, J. Raman Spectrosc. , 2004, 35: 633 – 639.

[19] Alicia Jurado – Ló pez, Ornela Demko, Robin J. H. Clark, David Jacobs, Analysis of the palette of a precious 16th century illuminated Turkish manuscript by Raman microscopy, J. Raman Spectrosc. , 2001, 32: 263 – 269.

[20] Peter Vandenabeele, Francis Verpoort, Luc Moens1avid Jacobs, Non – destructive analysis of paintings using Fourier transform Raman spectroscopy with fibre optics, J. Raman Spectrosc. , 2004, 35: 119 – 124.

[21] P. Vandenabeele, M. C. Christensen, L. Moens, Analysis of South – Asian Shaman paintings at the national museum of Denmark, J. Raman Spectrosc. , 2008.

[22] Richard R. Ernst, In situ Ramanmicroscopy applied to large Central Asian paintings, J. Raman Spectrosc. , 2010, 41: 275 – 287.

[23] Alberto De Santis, Elisabetta Mattei, Claudia Pelosi, Micro – Raman and stratigraphic studies of the paintings on the ‘Cembalo’ model musical instrument (A. D. 1650) and laser – induced degradation of the detected pigments, J. Raman Spectrosc. , 2007, 38: 1368 – 1378.

[24] Howell G. M. Edwards, Raman spectroscopy of inorganic materials in art and archaeology: spectroscopic analysis of historical mysteries Spectrosc. Prop. Inorg. Organomet. Compd. , 2009, 40: 16 – 48.

[25] Dalva L. A. de Faria, Howell G. M. Edwards, Marisa C. Afonso, Rachel H. Brody, José L. Morais, Raman spectroscopic analysis of a tembetá: a resin archaeological artefact in need of conservation, Spectrochimica Acta Part A, 2004, 60: 1505 – 1513.

[26] 沈政, 杨植震, 郑思定. 用拉曼光谱研究银器文物的缓蚀机理. 光散射学报, 1995, 7 (2, 3): 147.

[27] 熊飞, 周小芳, 祖恩东, 申南玉, 张鹏翔. 显微拉曼光谱对几种宝石矿物的无损鉴定. 云南地质, 2006, 25 (2): 227 – 234.

[28] 张蓓莉, 高岩, 奥岩. 翡翠及相关玉石饰品的矿物组成及含量激光拉曼光谱无损分析. 宝石和宝石学杂志, 2001, 3 (1): 22 – 26.

[29] 干福熹, 曹锦炎, 承焕生, 顾冬红, 芮国耀, 方向明, 董俊卿, 赵虹霞. 浙江余杭良渚遗址群出土玉器的无损分析研究. 中国科学: 技术科学, 2011, 41 (1): 1 – 15.

[30] 成小林. 共焦显微激光拉曼光谱在青铜锈蚀研究中的应用. 文物保护与修复纪实——第八届全国考古与文物保护 (化学) 学术会议论文集. 中国广东, 2004: 46 – 52.

[31] 崔亚量, 郑桂梅, 李建新等. 唐代铜佛像表面残片的拉曼光谱分析, 分析科学学报, 27 (4): 431 – 434.

[32] 杨钟堂, 李月琴, 王志海, 徐培苍. 古代耀州青瓷和黑瓷釉玻璃相的分子网络结构特征研究. 西北地质. 1996, 17 (2): 49 – 55.

[33] 王继英, 魏凌, 刘照军. 中国古代艺术品常用矿物颜料的拉曼光谱. 光散射学报, 2012, 24 (1): 86 – 91.

[34] 胡林顺, 曾庆光, 张国雄. 不同年代的纸颜料的拉曼光谱和荧光光谱分析. 光散射学报, 2010, 22 (1): 86 – 89.

[35] 左健, 许存义. 古壁画、陶彩颜料的拉曼光谱分析. 光散射学报, 11 (3): 215 – 219.

[36] 余玲珠, 秦颖, 冯敏, 毛振伟, 许存义, 黄凤春. 绿松石显微拉曼光谱及产地意义初步分析. 光谱学与光谱分析, 2008, 28 (9): 2107 – 2110.

[37] 李涛, 施继龙, 方晓阳, 王昌燧. 拉曼光谱、植硅体和淀粉粒分析在纸质文物研究中的应用. 北京印刷学院学报, 17 (6): 6 – 10.

[38] 黄建华, 杨璐, 余珊珊. 中国文物彩绘常用胶料的显微共聚焦拉曼光谱特征研究. 光谱学与光谱分析, 31 (3): 687 – 690.

[39] 杨璐, 王丽琴, 黄建华, 余珊珊, 李英亮. 文物胶料鱼鳔胶的红外光谱、拉曼光谱及氨基酸分析. 西北大学学报 (自然科学版), 2011, 41 (1): 63 – 66.

[40] 黄建华, 杨璐, 夏寅等. 古代文物表面常见天然有机物的显微共聚焦拉曼光谱研究. 文物保护与考古科学, 26 (3): 1 – 6.

[41] 罗曦芸, 叶菲, 吴来明, 袁胜伟等. 便携式拉曼光谱用于文物及文物保护材料光老化作用的快速评价光谱学与光谱分析, 30 (9): 2405 – 2 408.

[42] 董鹍, 王锭笙, 段云彪, 周小芳, 张鹏翔等. 拉曼光谱数据库及信息查询系统. 光散射学报. 2008, 20 (4): 359 – 362.

[43] 姚雪. 宝石拉曼数据库的建立. 硕士论文, 2008.

[44] 南京大学地质系岩矿教研室. 结晶学与矿物学. 地质出版社, 1978.

灰岩质石窟寺岩体渗水裂隙灌浆材料研究[*]

中国文化遗产研究院文物修复所　李　黎　邵明申　陈卫昌　刘建辉

摘　要：灰岩质石窟寺表层岩石风化和石窟岩体裂隙发育所导致的岩体开裂破碎及垮塌是石窟文物最直接、最严重的破坏方式，也是石窟寺保护工作的重点和难点。治理这一病害最有效的工程技术措施之一是岩体裂隙灌浆加固，但是对于渗水严重的裂隙灌浆加固的材料选择与工艺是目前石窟寺灌浆过程中遇到的难题。因此，本课题将我国灰岩质石窟寺表层岩体渗水区域裂隙的治理灌浆加固技术作为研究重点。在研究石窟寺表层岩体病害发育机理及现状的基础上，通过筛选实验选择出适宜灰岩质石窟寺岩体裂隙灌浆的加固材料，对灌浆加固材料结石体水稳定性及耐温度变化、湿度变化、冻融、风蚀等因素影响的实验研究，评价了灌浆加固材料的物理力学特性及耐环境变化的适应性，揭示了灌浆的加固材料与文物本体接触面物理化学作用过程，相关研究结果为解决灰岩质石窟寺表层裂隙加固与渗水治理的难题提供了解决思路。

关键词：灰岩质石窟寺　渗水裂隙　灌浆加固　评价及应用

Research on Cracks Grouting Materials and Its Assessment and Application on Conservation on Carbonate Caves

Li Li, Shao Mingshen, Chen Weichang, Liu Jianhui

Abstract：Caves created on carbonate rocks have been suffered badly from weathering diseases like cracks and surface corrosion during long term environment effect. Cracks directly threatened stability and long term conservation of caves. However, it has been proved that most grouting materials are not proper to restoring

* 本课题是在国家财政部课题"灰岩质石窟寺岩体渗水裂隙灌浆材料研究"的支持下形成的。从最初的研究思路，技术路线的确定，实验方案的设计以及最后实验的进行并且完成，受到文物保护领域各位前辈专家的指导，在此致以诚挚的感谢！研究团队从课题开展年至今，得到了中国工程院院士王思敬研究员、文研院王丹华研究员、黄克忠研究员、刘曙光研究员、马清林研究员、詹长法研究员、王金华研究员、郭宏研究员的悉心指导和宝贵建议。课题在实施过程中得到了兰州扎玛文物修复材料有限公司李志鹏、中国科学院地质与地球物理研究所李志清、李丽慧研究员的帮助。课题的顺利完成也离不诸多石窟寺管理单位的协调和支持，在此一并表示感谢！

water flowing cracks. Therefore, several Chinese traditional limes have been introduced and screened to conservation of carbonate caves. The lime mortars were evaluated based on laboratory tests results on grouting materials in aspect of basic physical properties and weather resistance abilities. The result turned out high early strength and high operability of grouting mortars According to physical and chemical effect between caves and grouting materials, it revealed that Chinese traditional lime mortars are compatible to carbonate cracks with little shrinkage and high porosity. The results are valuable for cracks grouting reinforcement ofcarbonate caves, providing a scientific basis for conservation of stone relics.

Key words: carbonate caves, cracks, grouting materials, evaluation and application

1 绪论

石窟寺保护急需有效的科学技术支持。目前，经济的快速发展和人们日益增长的精神文化需求，为石窟寺保护提供了前所未有的机遇。影响石窟寺长久保存的地质及自然环境因素为：内动力主要是地壳运动和地震作用，外动力有风、雨、温湿度变化、地下水和可溶盐的运移等。这些因素对石窟寺的作用机理极为复杂。因此，对石窟寺保护而言，面对机遇的同时存在着极大的挑战，既没有现成规范可依，也没有针对性大型保护工程项目为借鉴。同时，石窟寺的保护方法、施工工艺、材料选择和加固后的效果检测等方面还很不完善，存在许多亟待解决的问题。石窟寺保护是一项针对性极强的实践工作，受经济发展、保护意识、地域环境条件、石窟寺建造特征等诸多因素制约。我国石窟寺的岩体大都属于砂岩、砾岩，其次是灰岩。由于石质文物的岩体孔隙率、力学强度等物理力学性质千差万别。因此，用于石质文物的加固材料必须与石质文物岩体有相近的物理力学性质，这样才能有良好的兼容性。同时，加固材料必须具备良好的耐候性，如水、温湿度变化、冻融、风蚀、雨蚀等。目前，石窟寺灌浆加固中的防渗水与封堵难题仍未得到解决，关键问题是没有找到适宜的注浆加固材料和相适的工艺方法。

作为文化遗产重要类别之一，石窟寺文物在世界文化遗产资源宝库中占有非常重要的地位。按照岩石的性质可将石窟分为：砂—砾岩质、石灰岩质、岩浆岩质等。我国大多数石窟是开凿在砂—砾岩质与石灰岩质的岩体中，岩性为多孔矿物颗粒集合体。在各种自然营力作用下，易发生物理性质、化学组分、矿物组构、内部结构及力学性能的变化，同时受到人为的破坏，石窟损坏十分严重。因此，石窟寺的保护加固技术既是迫切的，又是一项长期、艰巨的科学实践。

中国著名的大型石窟群多处于强烈地震频繁活动区，大多存在着严重的崩塌或风化问题，因而我国石窟寺近40年的工作重点是抢险加固。如20世纪60年代莫高窟的抢险加固工程，有效地阻止了石窟大面积的崩塌，使易损的壁画不再暴露在日晒风蚀的露天，并为以后观众参观与研究保护创造了必要的条件。如今，随着大量新技术在文物保护领域的应用，我国石窟寺危岩体的治理技术有了长足的进步，但是对于石窟寺所面临的另外一种常见病害——水害的治理，许多理论体系和应用技术还很不完善，处于起步和发展阶段。我国在60多年的石窟寺水害治理相关研究中，对石窟寺水害形成作用机理进行了重点研究。

在石窟寺岩体渗水病害中，裂隙中水的存在，一方面水压力形成岩体失稳破坏的外在荷载。另一方面由于裂隙水的径流溶蚀作用，在石窟洞壁及石刻造像表面形成溶蚀覆盖堆积物，影响石刻造像价值的体现。此类型病害在灰岩地区的石窟寺渗水病害中最为典型，由于地质历史过程中岩体的地质成因、结构构造特征、渗水水源补给、渗水径流通道等诸多因素的复杂性，石窟寺渗水病害的治理至今仍是世界性的难题。

在岩体浅表层发育裂隙切割的石窟寺区，多年的石窟寺浅表层病害研究已经取得共识，即水岩相互作用是产生浅表层病害最主要的原因。导致此类病害发生的原因为大气降雨的渗流压力、渗流溶蚀、凝结水和雾水的表面溶蚀等。随着全球气候变暖、近现代对于社会经济发展的关注和强调，环境污染越来越严重，进而导致水质恶化，异常天气和北方雨水酸化现象不断发生。由于不同石窟寺的本体岩石类型差异，作为水岩相互作用产物的浅表层劣化病害的形成和演化是极其复杂的，因此目前开展此类病害相关的研究是极为重要的。

随着 21 世纪科学技术的发展，大型岩土工程中水害治理研究工作中裂隙灌浆、黏结加固材料的研发和应用得到了长足发展。水库坝基的防渗漏、帷幕灌浆水害治理技术等在岩土工程中发展相对较为成熟，由于石窟寺等石质文物自身的特殊性，两者关注病害问题的重点和范畴有区别。岩土工程中水害治理相关成熟的技术在石质文物保护领域不再适用或达不到要求，如灌浆材料特性（含盐量、可灌性等）、灌浆加固工艺方法、渗水病害治理效果标准等。

在过去的几十年中，国内、外文物保护领域专家学者对于石质文物保护材料中的灌浆材料也开展了一定的研究，既有无机材料，也有有机材料，也包括一些新型的保护材料。这些材料正处于探索过程中，其耐久性和副作用问题尚未得到明确的结论。材料的理论体系和应用技术还很不完善，且应用的保护工作多处于抢险状态，无法满足石质文物保护工作的需要。

本课题以我国目前使用的砂岩、灰岩质石窟寺灌浆材料及工艺方法为基础，通过进一步的室内实验及现场实验、筛选试验选择出适宜于灰岩质石窟寺岩体裂隙灌浆加固材料，以及相适应的灌浆加固工艺方法，解决灰岩质石窟寺表层微裂隙加固与渗水治理的难题。

2 课题目标完成情况评价

2.1 课题研究取得的成果

截止 2016 年 12 月，课题通过研究得到了较多有益成果，出版专著 1 部；获得发明专利授权 1 项，申请发明专利一项；撰写论文 9 篇，外审中 1 篇，其中 SCI 发表 1 篇，EI 论文发表 2 篇，国际论文会议 1 篇，核心期刊论文 3 篇；软件著作权登记 1 部。另外，拟准备在课题研究成果的基础上，继续提炼整理，通过发表科技论文和著作的形式，使课题成果进一步传播。

2.2 课题研究成果和论文发表情况（见表 1）

表 1　　　　　　　　　　　　课题取得的研究成果和论文发表情况

专著 1	李黎、赵林毅《中国古代石灰材料研究》，文物出版社，2015
专利 1	一种修复保护石质文物的水硬性蛎灰（发明专利）ZL 2014 1 0128504.1

续表1

专利2	便携式岩土体表面强度无损测试仪（发明专利）申请号：201610274209.6
论文1	Modification of Traditional Chinese Ginger Nut and Its Mechanical Behavior. Construction and building material（SCI），2017
论文2	改性硅酸盐石灰材料的力学性能试验研究，岩土力学（EI），2016
论文3	酸雨作用下碳酸盐岩类文物的溶蚀过程与机理，岩土工程学报（EI），2017
论文4	Tuff rocks diseases mechanism analysis and preservation in Chengde Mountain Resort. Ancient Underground Opening and Preservation（EI），2015
论文5	《承德避暑山庄砂岩文物的基本性质和风化机理》，《工程地质学报》（中文核心），2015
论文6	《中国古建筑中几种石灰类材料的物理力学特性研究》，《文物保护与考古科学》（中文核心），2014
论文7	《古代墓室壁画地仗层加固材料的室内研究》，《敦煌研究》（中文核心），2016
论文8	《基于仰韶水泥的砂岩石窟裂隙灌浆材料室内筛选研究》，《文物保护与考古科学》（中文核心），2016
论文9	《中国古代建筑中的蛎灰及其基本性质》，《中国文物科学研究》，2015
软件著作权	降温过程中 $Na_2SO_4 - NaCl - H_2O$ 混合溶液体系中相态组分的计算程序（Chem - V）登记号：2016SR193561，2016

3　课题研究背景

3.1　我国灰岩质石窟寺的保存价值

佛教石窟寺首见于印度，随着佛教的传入，中国也进行建造。中国最早凿建石窟寺的是今新疆地区，有可能始于东汉，十六国和南北朝时经由甘肃到达中原，形成高潮，唐宋时除在原有的某些石窟群中续有凿建外，又出现了一些新的窟群，元明以后凿窟之风才逐渐停息下来。现存石窟寺的分布范围西至新疆西部、甘肃、宁夏，北至辽宁，东至江苏、浙江、山东，南达云南、四川，其中最重要者为甘肃敦煌莫高窟、山西大同云冈石窟、河南洛阳龙门石窟和甘肃天水麦积山石窟等。此外，新疆拜城克孜尔石窟、甘肃永靖炳灵寺石窟、河南巩县石窟、河北南北响堂山石窟、山西太原天龙山石窟、四川大足石窟和云南剑川石窟等也是比较重要的几处。大足和四川的其他石窟也有唐宋时期的大型组群石刻浮雕。

在我国，石质文物种类繁多，分布广泛，三大岩中均有石窟寺的开凿和分布[1]。其中，开凿在砂岩中的石窟约占我国石窟总数的80%以上[2]，另外的石窟主要开凿在碳酸盐岩及少量岩浆岩上。就我国的碳酸盐岩类石窟而言，北方地区主要的代表为位于河南洛阳的龙门石窟、河北邯郸的南响堂石窟和北响堂石窟，南方地区的代表为位于江苏南京的南朝造像及南朝陵墓石刻、浙江杭州的飞来峰造像等。另外，诸如重庆奉节的瞿塘峡题刻、巫山题刻、江苏镇江的焦山石刻及广西桂林的海碑林等也均以碳酸盐岩为雕刻对象。

这些雕刻或开凿在碳酸盐岩上的石质文物，在长期自然环境下极易发生破坏，引发一系列病害如渗水、溶蚀、结壳、剥落等，对文物本体造成了极大的伤害。碳酸盐岩的风化是地壳岩石风化的重要内容之一。我国碳酸盐岩分布面积广泛，不仅在文物保护中是重要研究课题之一，而且在工程建设中遭遇的碳酸盐岩体稳定性问题突出，特别是在我国多雨地区，碳酸盐岩对水的响应极为敏感，而水岩相互作用又是一个非常复杂的物理化学过程，这对碳酸盐岩石质文物的保护带来了极大的困难。尽管我国在挽救这些珍贵的历史遗存方面已经投入了大量的资源，但仍有大量的石窟艺术品面目全非、肢体残缺。对这些珍贵文物的保护研究，对华夏文明的历史追溯，可以认识自己的历史和创造力量，揭示人类发展的客观规律，认识并促进当代和未来文明社会的发展轨迹。在举国上下、万众一心为实施振兴中华，实现中国梦的历史时期，具有划时代的意义。

3.2　灰岩质石窟寺科技保护研究成果及研究基础

中国石窟寺病害调查研究始于 20 世纪 60 年代，由文化部委托原北京地质学院（现中国地质大学）苏良赫和王大纯对云冈石窟、龙门石窟、敦煌莫高窟、大足石刻等石窟寺所开展的地质调查。20 世纪 80 年代，由国家文物研究所（现中国文化遗产研究院）黄克忠高级工程师和中国地质大学潘别桐教授组织领导了对云冈石窟、龙门石窟、大足石刻、麦积山石窟等以病害研究治理为目标研究，这奠定了中国石窟病害研究的基础。潘别桐、黄克忠主编的《文物保护与环境地质》论文集（1992 年）集中反映了 20 世纪 80 年代至 90 年代初这方面的成果和水平[3]。

20 世纪 90 年代，敦煌研究院除了对莫高窟的病害进行研究外，还广泛开展丝绸之路沿线特别是河西走廊广大区域石窟病害的调查治理工作[4~8]。李最雄编著的《丝绸之路古遗址保护》是这方面研究成果的代表[9]。原重庆建工学院开展了重庆大足石刻渗水病害调查和盐类析出物分析测试研究[10]。

21 世纪以来，在此领域开展了三项国家级的以石窟寺病害为目的的重大科技工程项目，即 2002 年开始的云冈石窟防水保护工程项目、2002 年由联合国教科文组织实施的龙门石窟和新疆库木吐喇石窟等丝绸之路石窟寺病害调查和分析的应用基础研究，以及科技部组织的"十一五"国家科技支撑计划项目《石质文物保护关键技术研究》。同时，中国文化遗产研究院与中国地质大学所开展的大足石刻病害调查治理项目，黄继忠所开展的云冈石窟砂岩可溶盐、盐类析出物与病害关系研究[11,12]，中国文化遗产研究院的李宏松在国家自然基金的资助下对石质文物的病害及相关机理进行了研究[13~15]，中国科学院地质与地球物理研究所的杨志法对龙游石窟开展了排水疏干后岩石风化现象的调查研究[16]。

中国 60 多年来对石窟寺石质文物病害的研究和积累，不仅为浅表层病害的类型、特征、分布及形成的地质环境、气候环境、本体岩石的矿物化学成分、岩石物理力学性质等提供了极为宝贵的信息资料。敦煌莫高窟、云冈石窟、大足石刻、龙门石窟等世界文化遗产都建立了气象、大气污染的观测系统，并且在病害形成机理的理论研究，现场和试验检测探测技术方法上都有许多创新。

① 中国文化遗产研究院与铁科院铁建所合作完成的微电极电阻率法表层风化层厚度探测；

② 敦煌研究院采用远红外摄像技术对石窟壁画空鼓的探测[17]；

③ 中国地质大学在云冈石窟和龙门石窟对凝结水测试技术的建立[18~21]；

④ 云冈石窟利用纤维滤纸对石窟内潮湿壁面盐分进行提取，解决了渗水点渗水中盐分化学成分测试的难题[22,23]；

⑤ 中国科学院地质与地球物理研究所针对病害点盐类矿物测试和研究，揭示了云冈石窟中分布最

广的三种膨胀性盐类矿物的胀缩作用是导致窟内石雕砂状片状破坏的重要原因，并研究了它们形成的机理。云冈石窟壁面空鼓现象的发生与石窟内环境由潮湿向干燥变化过程中，上述盐类在石雕表层硬壳内的聚集和体积膨胀有关[24]。

⑥ 中国科学院地质与地球物理研究所对国内多个露天石质文物和龙门石窟寺内风化岩样物质成分检测发现，不仅遭受酸雨作用的露天石质文物表面遗留了酸雨作用的产物——石膏，而且在龙门石窟莲花洞、皇甫公窟内石雕表面发现多处石膏沉积物。这为环境污染与石窟寺表层病害研究提供了有说服力的依据。

近年，敦煌研究院针对环境极其干燥、岩体非常松散的敦煌莫高窟和安西榆林窟等丝绸之路砂—砾岩质石窟的岩体裂隙注浆，研发出一种适宜的裂隙灌浆材料 PS – F（PS - 模数 3.7 ~ 3.8、浓度 8% ~12% 的硅酸钾，F - 粉煤灰），获得了较好的保护加固效果[25~29]。除此，引进的德国产的 Remmers 300 用于加固砂—砾岩、砖瓦、黏土类文物，如陕西西安大雁塔、重庆大足北山 136 窟的保护处理[30,31]。利用纳米材料及技术，研制的系列石质文物清洗及保护材料，对北京市世界文化遗产单位，包括故宫、天坛、颐和园以及福建的陈嘉庚墓等单位，进行了石质文物表面保护材料的系列试验。纳米材料具有特殊的优势，将会作为一种新型石质文物保护材料[32,33]。

但是，敦煌莫高窟、安西榆林窟、大足石刻及浙江龙游石窟的环境、岩体结构、力学强度大不相同。龙门石窟属灰岩质石窟寺，这两年使用硅酸盐质石灰材料在对岩体渗水灌浆封堵工程遇到了棘手问题，渗水仍旧难以治理，因此研究如何筛选适合这些灰岩质石窟岩体裂隙的注浆、修复粘接材料是本项目的重要任务之一。

作为一种岩体裂隙灌浆及表面修复的无机材料——中国传统水硬性石灰，早在中国 5000 年前的人类居住遗址中就被发现有所使用[34,35]。20 世纪 70 年代末，在中国甘肃秦安大地湾发现了一大批仰韶时期人类居住的遗址，其中一座被考古界誉称为是"原始宫殿"（编号 F - 901）的遗址，地面光洁平整，做工非常精细。初步研究发现，该遗址地面是以烧钙结核轻骨料为集料、烧料礓石粉料配以少量红黏土为胶凝材料混合制成的[36,37]。该地面经历了 5000 多年的漫长岁月，现在的抗压强度还和 100 号水泥砂浆地面强度相近。另外，在遗址现场附近还发现有钙结核以及料礓石的烧成窑址遗存，经过研究推测，料礓石的烧成温度约为 900℃。料礓石是一种第四纪黄土中沉积礓结石（当地称料礓石），主要由 60% ~80% 的 $CaCO_3$ 以及 10% ~20% 的黏土矿物构成。当料礓石在 900℃ 焙烧时，生成约 25.8% 的 β - 硅酸钙（β - $CaSiO_3$）、17.6% 铝硅酸钙（$Ca_2Al_2SiO_7$）以及约 33.9% 的生石灰（CaO）。β - 硅酸钙和铝硅酸钙是一种水硬性胶凝材料，氧化钙是一种气硬性胶凝材料。因此，由于 F - 901 地面建筑材料中已经应用了人工烧制的水硬性胶凝材料，故 F - 901 的主要建筑材料可称之为世界上最早的"水泥"[38]。从对甘肃秦安大地湾仰韶时期 F - 901 屋地面材料的科学认知得到启发，敦煌研究院对料礓石的改性已经做了大量的工作，为本项目的实施提供一定的科技支撑。

除料礓石外，在西藏还发现另外一种被广泛使用的硅酸盐建筑材料——阿嘎土。阿嘎土是一种含 70% ~93% $CaCO_3$、7% ~30% SiO_2 的硅质石灰石。中国文化遗产研究院和敦煌研究院合作，也对阿嘎土的改性做了大量的工作，也同样为本项目的实施提供一定的科技支撑。

另外，蛎灰在我国南方的古代建筑中有所使用[39]。在浙江的衢州古城中，使用蛎灰作为墙面砖体的粘接材料，经历 300 多年后，岩体风化掉落，而作为粘接料的蛎灰完好无损，强度仍旧保持，对这一类传统材料的科学认知都可为本项目的实施提供一定的科技支撑。

硅酸盐质石灰作为胶结材料，可以根据加固对象的材质、结构、强度及色泽等，选择骨料配比，适应加固对象的结构、形态、色泽及力学性能、膨胀系数等。因此，经过进一步的实验研究，硅酸盐质石灰可以广泛应用于砂—砾岩质、灰岩质开裂岩体的加固、修复。

中国著名的大型石窟群很多处于强烈地震频繁活动区，大多存在着严重的崩塌或风化问题，因而我国石窟寺近 40 年的工作重点是抢险加固。如今，随着大量新技术在文物保护领域的应用，我国石窟寺文物的治理技术有了长足的进步。现有的工作基础主要体现在如下一些方面。

（1）新技术的应用

新技术在文物保护中逐渐开始大量使用，并有一定工作基础。如龙门石窟采用超声波测定岩石表面风化厚度、空鼓范围和深度，还可以测定灌浆材料的渗入深度，评价岩石加固效果[40~42]；应用电阻率勘探方法测定岩体表面到 7cm 左右深介质的含水率，判断石雕渗水病害的来源[43]；采用地震测定石窟岩体裂隙深度，分析灌浆效果[44]；应用新型楠竹加筋复合锚杆加固吐鲁番的柏孜克里克千佛洞石窟，效果良好[45]；利用木质锚杆和 PS 灌浆技术加固小型土遗址和小型危岩体，可以有效地提高岩土体的稳定性[46]。

（2）中国传统无机材料—传统水硬性石灰的材料性能及改性的初步研究[47~54]

2008~2010 年中国文化遗产院与敦煌研究院合作对天然水硬石灰（料礓石和阿嘎土）进行了初步研究，详细地分析了物理力学性能、安定性、耐碱性、抗冻融、抗风蚀、初凝时间、终凝时间等一系列基本特性。同时，与欧洲已经成功应用于石质文物保护修复的水硬石灰 NHL2 及 NHL5 做了对比研究。结果显示，料礓石和阿嘎土与 NHL2 及 NHL5 一样，是一种性能优良的适用于石窟岩体裂隙灌浆及表面封护材料。试验结果还显示，这些传统的胶结材料通过控制烧制温度、改变骨料配比、水灰比等基本参数，获得不同力学强度、流动性、凝结特性和胶结特性，可以满足不同砂岩质石窟寺岩体的加固和修复。因此，料礓石和阿嘎土的改性研究和施工工艺研究具备一定的理论基础和技术基础。

因此，基于以上工作基础，系统开展灰岩质石窟寺岩体裂隙灌浆加固与修复材料关键技术研究工作已经具备工作条件与基础。

3.3　灰岩质石窟寺的主要病害

石灰岩简称灰岩，是以方解石为主要成分的碳酸盐，也含有白云石、碎屑矿物和黏土矿物。在微观结构上，石灰岩属非连续性的颗粒集合体，有巨大的表面积和潜在的吸附能力[55]。在石灰岩石窟寺中，发育最广泛和最严重的病害是溶蚀及溶蚀形成的裂隙，这对石窟寺石质文物的影响非常严重。溶蚀是指长期遭受雨水等因素的影响，石质文物表面可溶性物质逐渐流失，特别是碳酸盐岩岩类文物的表面形成坑窝状或沟槽状的溶蚀现象。根据溶蚀破坏后的表面形态，可分为均匀溶蚀和差异性溶蚀。均匀溶蚀是指溶蚀后石质文物表面的雕刻线区域平缓、图案区域消失。差异溶蚀则是指溶蚀后石质文物表面出现凹凸不平的现象，两者均破坏了文物表面原状。溶蚀作用对石质文物的破坏包括表面形态、物理性质、化学组成等方面，这也是文物保护工作最关注的地方。具体来讲，表面溶蚀后，文物的表面形态发生改变，孔隙变大、增多，表面结构变得疏松，岩石表面强度下降，吸水性增强[56]。文物材料的劣化是由文物本体和文物本体所处的自然环境双重因素共同决定的。石灰岩石窟寺主要由碳酸盐岩构成，因此，溶蚀病害便成为主要的破坏形式，而环境中水的存在是诱导产生溶蚀的必要条件。此外，酸雨、粉尘及生物等的存在会加速溶蚀病害的产生和发展，目前对于碳酸盐岩的溶蚀机理主要为定性研究且集中在溶蚀过程和影响因素两方面。

刘海燕[57]对泥灰岩的溶蚀过程进行了分析，发现在溶蚀过程碳酸钙的含量明显减少，数据显示，泥灰岩溶蚀后碳酸钙的含量由50%减少至30%，甚至更少。溶蚀过程实际上是盐在水或酸性溶液中的扩散过程，岩盐分子在溶解扩展形成的浓度差异导致岩盐分子始终在溶解与扩散中维持动态平衡。在无应力作用时，溶蚀只发生在岩石固体边界处，而在应力作用下，岩石发生变形，其固体表面产生裂隙。当岩盐与水溶液接触反应时，其作用不仅在其固体边界面上发生，也会在岩盐表面裂纹内部发生[58]。同时，应力引起的应变能使固—液面的化学势能差改变，加速溶解过程，从而影响溶蚀作用[59]。由于石灰岩石窟寺多露天分布，冻融作用、干湿循环导致文物表面往往处于应力集中区，裂隙发育、溶蚀病害成为主要的病害，且溶蚀的发育多沿裂隙节理方向，溶孔联通后呈串珠状分布。

露天石灰岩文物溶蚀病害的产生与水有着密不可分的联系，其次是温度变化、空气中二氧化碳、二氧化硫及氮氧混合物等酸性气体，以及粉尘、微生物等。石灰岩石质文物病害的发育与其所处的小环境条件密切相关，例如，温度循环变化导致文物表面及内部变形不协调，从而产生的差异性膨胀收缩，反复循环后就会产生裂隙[60]。裂隙的发生又进一步促进了溶蚀作用。黄继忠[61]通过讨论云冈石窟砂岩的快速风化过程得出，以水为主导的一系列复杂的水岩化学作用导致了岩石碳酸盐胶结物的溶解，碎屑长石水解。目前，关于不同类型酸对石质文物的溶蚀作用的研究较多，主要是通过室内模拟试验研究酸对岩石的溶蚀[62、63]。酸雨对露天石灰岩文物的影响较大，兼具物理冲刷作用和化学溶蚀作用，而化学溶蚀作用主要有氢离子控制，阴离子对腐蚀的影响不大，但是硫酸根离子与溶解出的钙离子易产生附着在文物表面的石膏。

酸雨对岩石侵蚀作用是地壳岩石风化的重要内容之一，也是涉及工程岩体强度[64、65]及稳定性[66]、文物古迹保护[67、68]和地质环境演化[69]等多项重要研究的课题。碳酸盐岩类文物是石质文物中重要的范畴之一，如著名的龙门石窟、飞来峰造像和瞿塘峡壁题刻等。在长期自然环境作用下，石灰岩中的碳酸盐成分在外界环境因素的影响下易于溶蚀产生风化甚至劣化，而酸性环境更加速了溶蚀的进程，这对碳酸盐岩石质文物的保存是不利的。近年来，随着全球气候变暖、异常天气和雨水酸化现象不断发生，酸雨对岩土质文物的腐蚀日趋严重，作为石窟寺、摩崖造像、岩画等众多岩土文物中广泛使用的碳酸盐岩，正承受着自然环境中酸性介质的破坏作用，如碳酸盐溶解沉淀产生的结垢[70]、溶蚀裂隙[71]和潮湿地区石灰岩石窟和石刻文物的黑色结壳[72、73]等。酸雨严重威胁着碳酸盐岩石质文物的保存。试验计算发现，酸雨对碳酸盐类石质文物的侵蚀速度已超过了过去数百年[74]，因此研究酸雨对碳酸盐岩的溶蚀效应对文物的保存及保护是非常必要的，也是工程地质问题基础性研究课题之一。

关于碳酸盐岩的溶蚀作用的机理和主要因素已经有了较多成果可供参考。通过大量的试验研究和模拟计算，对碳酸盐岩的酸雨破坏过程有了基本的认识：酸雨酸度越高，石灰岩的质量损失越大[75、76]，碳酸盐的溶解速率也越快[77]，石灰岩的损伤程度越大并且强度下降越大[78～80]。影响碳酸盐岩溶蚀的主要因素有两方面，一方面是碳酸盐岩的矿物成分[81]，其中，石灰岩纯度越高，岩溶越发育[82]，白云岩比石灰岩的岩溶发育更强烈[83]，此外，微生物也会对碳酸盐岩溶蚀过程造成影响[84]；

另一方面是碳酸盐岩的孔隙结构，其中，溶蚀裂隙主要起始于晶间结合面[85]，并沿石灰岩的节理裂隙发展[86]，但是石灰岩的孔隙特征对石灰岩侵蚀过程的影响并未得到重视。

石灰岩的矿物组成和孔隙结构以及酸雨特点是研究碳酸盐岩酸雨侵蚀过程的基础。国内外学者对碳酸盐岩在酸雨作用下的物理化学过程进行了一定的探索。蓝俊康[87]建立了酸雨 – $CaCO_3$ – CO_2 系统平衡模型，较好地阐明了石灰岩与酸雨的化学反应过程。于奭[88,89]通过观察微观溶蚀形态分析了酸雨对碳酸盐岩溶蚀能力，并认为酸雨酸度和降雨量是影响碳酸盐岩溶蚀速率的影响因素。Marvin[90]，Jamel Touir[91] 和 Bischoff[92] 等人对碳酸盐岩的溶蚀产物进行了分析，发现白云岩在酸雨溶蚀后产生白云砂和粉状产物。目前，对酸雨侵蚀石灰岩过程的研究多以微观结构、定性描述为主，量化的研究较少。

可溶性碳酸盐岩在我国的分布面积达 $3.44 \times 10^6 km^2$，占国土面积的 1/3 以上，不同地区的碳酸盐岩在结构上存在差异，溶蚀机理不可能完全相同。同时，我国近年来降水酸度不断增加，区域的降水化学组成也发生了巨大变化[93]，不同地区的降雨量、酸雨酸度不同，也可能造成不同的溶蚀效应。为了进一步探索碳酸盐岩在酸性环境下的溶蚀规律，对有必要对酸雨侵蚀石灰岩的过程进行定量描述，以及孔隙特征对酸雨侵蚀过程的影响进行研究。

另一种发育广泛的病害就是裂隙的切割，根据中国文物保护行业标准，石质文物发育的裂隙分为三大类（图 1）：一类是浅表性风化裂隙；一类是指深入石质文物内部的机械性裂隙；最后一类是石质文物本身存在的原生性构造裂隙。

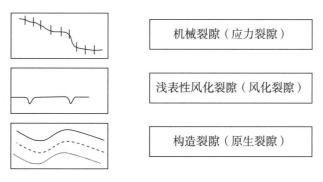

图 1　石质文物裂隙分类

① 机械裂隙（应力裂隙）：指因受外力扰动、受力不均、地基沉降、石材自身构造等引起的石质文物开裂现象，一般这类裂隙多深入石材内部，严重时会威胁到石刻的整体稳定性，裂隙交切、贯穿会导致石质文物整体断裂和局部脱落。

② 浅表性风化裂隙（风化裂隙）：指由于自然风化、溶蚀现象导致的沿石材纹理发育，除薄弱夹杂带附近呈条状态分布且较深外，一般比较细小，延伸进石刻内部较浅，多呈里小外大的 V 字形裂隙。

③ 构造裂隙（原生裂隙）：指石材自身带有的构造裂隙，其特点是裂隙闭合、裂隙面平整，呈多组出现。

通过本次课题对若干石灰岩石窟寺的现场调查及文献资料调研，发现石窟寺中主要发育的裂隙为层面裂隙和卸荷裂隙，且这两种裂隙不同于浅表性风化裂隙。浅表性风化裂隙一般延伸至石质文物内部较浅，裂隙张开度、宽度较小，主要发育小规模溶蚀及结壳现象，而层面裂隙和卸荷裂隙发育较深，是主要的渗水通道，裂隙渗水点周围发育明显的溶蚀现象，对文物本体造成的影响非常明显。同时，部分卸荷裂隙对石窟寺整体的稳定性有严重威胁。

3.4 渗水裂隙灌浆材料研究现状

在工程中，灌浆材料有很多种，且多具有自己的特性和适用范围，按照灌浆材料的形态一般可分为颗粒型和溶液型两种[94]。颗粒型材料是指包括水泥、黏土、沙子、石粉、矿渣及火山灰等在内的材料，最初用于坝基防渗处理。此类材料加水所成的溶液是悬浮型溶液，其缺点是只能用于较大裂隙的灌浆。溶液型材料是指由两种或多种化学材料配置成的化学灌浆材料，其种类繁多，目前已达上百种，但是在国内应用较多的主要是硅酸盐类、木质素类、丙烯酰胺类、聚氨酯类、环氧树脂类等。这些化学灌浆材料可以渗透较小的裂隙，且可以形成具有一定强度的胶凝体或固体，但是多数材料均有毒性，存在污染环境的隐患，且其耐久性还有较多尚未解决的问题。

就文物保护而言，目前已有较多的灌浆材料研发成果可以参考。在石质文物的保护材料中，既有无机材料，也有有机材料，也包括一些新型保护材料。

无机材料在20世纪就曾广泛使用，大多数无机加固材料是利用溶液中的盐分在石质文物孔隙及裂隙中凝结或与石材发生化学反应而填塞石材孔隙或裂隙以形成阻挡层或替代层[95]。国际上常用的无机灌浆材料主要有石灰水、氢氧化钡和碱土硅酸盐及氟硅酸盐等。石灰水和氢氧化钡的加固机理类似，即通过氢氧化钙或氢氧化钡与空气中二氧化碳发生反应而实现，生成的碳酸钙或碳酸钡结石体填充裂隙。英国的 Wells Cathedrals [96]及美国的康涅狄格州会议大厦[97]均使用过这种无机材料进行加固。碱土硅酸盐也层在欧洲使用过，但由于反应产物有害，给后续的保护工作带来困难，因此现在已被淘汰。水泥也曾被用于石质文物的灌浆材料，但是其收缩性太大导致灌浆效果太差。

与无机材料相比，有机材料具有较好的黏结性和柔韧性，因此具备良好的抗拉效果，但是其缺点是渗透性较差，这对渗水裂隙的灌浆加固是极为不利的，另一个缺点是耐老化性较差。目前，常用的有机材料主要有环氧树脂、丙烯酸树脂和有机硅材料及这些材料的改性材料。环氧树脂具有较高的抗化学溶剂腐蚀的能力，对岩石的黏合力高，也是我国目前使用较为广泛的加固材料，如我国的龙门石窟、云冈石窟和大足石刻等均采用环氧树脂加固。瑞士、美国及意大利等也都曾使用过这种材料作为裂隙的加固剂[98]。丙烯酸树脂具有良好的化学稳定性、耐热性和耐候性等特点，因此被广泛使用，但是这种材料的耐水性较差[99、100]。近年来，丙烯酸酯和甲基丙烯酸酯的共聚物十分流行[101、102]，被广泛应用于壁画和彩绘文物的保护中。有机硅材料具有较好的渗透性、憎水性和耐候性[103、104]。这类材料的类型很多，在欧洲被广泛使用，但是尚未作为裂隙灌浆材料使用过。同时，一些复合材料也被开发和研制，例如丙烯酸树脂或环氧树脂改进有机硅[105、106]，但是这些复合材料尚未大面积的用于裂隙的灌浆加固，多数研究和应用集中在石质文物的表面防风化上。

同时，随着文物保护的深入研究，一些新型保护材料也正在研发和应用中，例如有机氟聚合物[107]、纳米材料[108]及生物型材料[109]等。目前，这些材料正处于探索过程中，其耐久性和副作用问题尚未得到明确的结论，材料的理论体系和应用技术还很不完善，且保护工作多处于抢险状态，无法满足石质文物保护工作的要求。

4　灰岩石窟寺岩体渗水裂隙现场调查

我国灰岩质文物分布广泛（图2），多为石窟寺岩体雕刻、历代碑刻等，如洛阳龙门石窟、杭州飞来峰摩崖造像、南京栖霞山南朝造像和石刻等都是碳酸盐岩质文物。我国北方地区主要的碳酸盐岩石质文物包括河南洛阳龙门石窟、安阳灵泉寺石窟，河北邯郸北响堂石窟、南响堂石窟及浴水寺石窟，江苏南京南朝陵墓石刻，南京栖霞山南朝造像，镇江焦山石刻，徐州龟山汉墓等；南方地区主要的碳酸盐岩类石质文物包括浙江杭州的飞来峰造像，广西桂林海碑林，重庆奉节的瞿塘峡壁题刻和重庆巫山的楚蜀鸿沟题刻以及广西宁明花山岩画（见表2）。

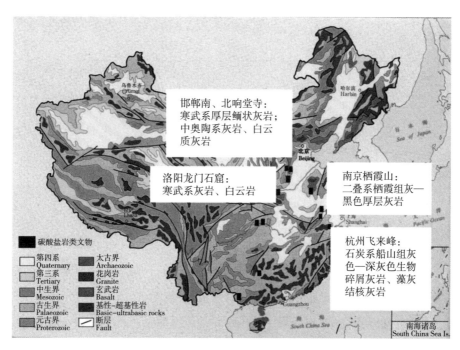

图2　我国主要碳酸盐岩类文物分布略图[110]

表2　　　　　　　　　　　　　中国主要碳酸盐岩类文物岩性一览表

编号	名称	地点	年代	岩性
1	龙门石窟	河南洛阳	北魏、唐宋明清	寒武系灰岩、白云岩
2	北响堂石窟	河北邯郸	北齐	寒武系厚层鲕状灰岩
3	南响堂石窟	河北邯郸	北齐	中奥陶系灰岩、白云质灰岩
4	灵泉寺石窟	河南安阳	东魏、北齐、隋唐、宋	奥陶系马家沟组灰岩—深灰色巨厚层、厚层结晶灰岩和白云质灰岩
5	飞来峰造像	浙江杭州	五代、宋、元、明	石炭系船山组灰色—深灰色生物碎屑灰岩、藻灰结核灰岩
6	栖霞山造像	江苏南京	南朝	二叠系栖霞组灰—黑色厚层灰岩

续表 2

编号	名称	地点	年代	岩性
7	南朝陵墓石刻	江苏南京	南朝	灰—灰黄色泥灰岩
8	焦山石刻	江苏镇江	六朝、唐、宋、元、明、清	三叠系上青龙组灰色薄层—中厚层灰岩
9	桂林碑林	广西桂林	宋、元、明、清	泥盆系东村组浅灰—灰白色亮晶粒屑（砂屑）灰岩
10	瞿塘峡壁题刻	重庆奉节	宋、明、清、民国	三叠系嘉陵江组灰—深灰色中厚层—厚层状白云质灰岩
11	楚蜀鸿沟石刻	重庆巫山	清	三叠系嘉陵江组灰—深灰色中厚层—厚层状白云质灰岩
12	花山岩画	广西宁明	春秋	石炭系黄龙组生物碎屑灰岩
13	龟山汉墓	江苏徐州	汉	奥陶系下统马家沟组紫灰色厚层灰岩、豹皮状灰岩夹白云质灰岩

本次研究选取河北邯郸响堂寺、洛阳龙门石窟为代表性灰岩质石窟寺进行研究。分别调查两地不同的岩性特征、病害类型及环境气候条件等。

4.1 裂隙现场调查

4.1.1 龙门石窟裂隙调查

龙门石窟主要开凿在中、上寒武系灰岩、白云岩形成的地层中。龙门石窟位于河南省西部、我国的历史文化名城十三朝古都洛阳市南 15km 处，是 50 年代国务院批准的国家级文物保护单位。2000 年被联合国教科文组织批准为世界文化遗产，龙门石窟与云冈石窟、敦煌莫高窟齐名，系我国三大艺术宝库之一。龙门石窟开始刻凿于北魏孝文帝太和十九年，历经东魏、西魏、北齐、北周以及隋唐，长达 400 余年。其中最著名的为奉先寺，寺中主像卢舍那佛高 17.4m，身披通肩袈裟，面容丰满，神态温文慈祥，是龙门石窟群中的亮点。

龙门石窟位于嵩山复背斜西段倾伏端，区内主要的构造形迹有燕山早期形成的北西向正断层、燕山晚期形成的北东向正断层及喜山期形成的北东东向断层。龙门石窟开挖在伊河两岸的灰岩中，灰岩厚度大，岩性单一。灰岩厚 168~563m，龙门石窟群附近还出露有太古宇登封群中深区域变质岩系，岩性为片麻岩、片岩、变粒岩。元古宇浅变质岩系，岩性为砂砾岩、砂质页岩、石英砂岩、铁质砂岩、钙质砂岩、冰碛岩等；古生界石炭系、二叠系煤系地层。中生界的三叠系及新生界第三系、第四系。

4.1.1.1 路洞石窟

路洞石窟及皇甫公窟的地层主要划分为 6 层，主要岩性为泥质条带灰岩和鲕粒灰岩。具体来讲，路洞石窟的岩性为徐庄组泥质条带灰岩和白云岩互层，皇甫公窟的岩性为张夏组泥晶鲕粒灰岩及细晶厚层灰岩，岩性展布特征见图 3。

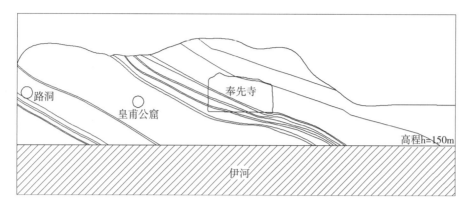

图3 龙门石窟西山地层分布立面图

路洞（1787窟）位于龙门石窟西山南部，是北魏晚期开凿的一个中型洞窟（图4、5）。岩体完整性较差，在中厚层灰岩体中发育有3组薄层状层面裂隙密集带。除层面裂隙外，还发育有贯穿洞窟的卸荷裂隙，石窟内可见较多渗水点，石窟的整体状况条件较差。

（1）渗水点情况

调查确认路洞共有渗水点17处，分别为西壁1处、窟顶7处、南壁3处、东壁1处、北壁5处。路洞西壁的渗漏点位于北侧下部。根据与石窟工作人员沟通，发现这个渗漏点渗漏持续时间长，通常超过一个月。渗漏开始时间较晚，一般在降雨20h以后才出现。

路洞窟顶的渗漏点分布情况为：两条卸荷裂隙上共4处渗水点，另有4处位于灰岩层面的裂隙上。卸荷裂隙上的3处渗漏点渗漏开始时间较晚，一般在降雨一天以后才开始出现，持续时间为一周左右，渗水量不大。另外4处渗漏点可称为常年渗水点，持续时间较长，多在6个月以上，渗水量较小。

图4 龙门石窟路洞造像

图5 路洞

路洞南壁的渗漏点分布情况为：卸荷裂隙共3处渗水点。与顶壁卸荷裂隙上的渗漏点相似，渗漏开始时间为降雨一天以后，持续时间一周以上，渗水量较顶壁的渗漏点大。

路洞东壁的渗漏点位于一条层面裂隙上，渗漏开始的时间较晚，渗水量很小，仅表现为小面积潮湿。以上4处壁面渗漏点（除顶壁的常年渗漏点外）的渗漏只有当雨量较大（超过10mm）时才会出现渗漏。

北壁的 5 处渗水点分别位于两条卸荷裂隙，靠近洞窟门的裂隙上有两处明显的渗水点，靠近洞窟内部的裂隙上有 1 处明显渗水点，出水量均较大，为路洞的主要渗漏水点。通过了解，这 3 个渗漏水点一般在降雨开始 1～2h 内即出现渗漏，渗漏面积大，降雨结束后 12h 内停止渗漏。卸荷裂隙上的两处渗漏水点一般在降雨开始 4～6h 内出现渗漏，开始时间稍晚于卸荷裂隙的渗水点，渗漏面积也超过卸荷裂隙上的渗漏水点，一般在降雨结束一天后停止渗漏。这 5 处渗漏点的特点是：① 漏水极易发生，降雨量为几毫米的小雨即可引起漏水；② 漏水出现较快，降雨开始几个小时后即出现漏水；③ 漏水结束较快，一般在降雨后一天内就会结束。通过以上渗漏水观察可知，路洞的渗漏水以渗水时间较短、渗水量不大的暂时性渗水为主，渗水点集中分布在两条贯穿洞窟的卸荷裂隙上。

（2）渗水原因分析

从路洞南壁、窟顶的渗水特点来分析，渗水的路径应该比较远或入渗通道不很畅通，渗水才会出现较强的滞后性，持续时间也较长。通过调查发现，在路洞上部偏南位置的 1850 窟（与路洞之间直线距离约 20m），地面无排水通道，降雨时形成大量积水。这些积水通过地面的裂隙下渗（1850 窟地面的裂隙与路洞石窟的裂隙为同一条裂隙），必然有一部分从路洞壁面出露。又因该窟位于路洞上部偏南位置处，距离路洞较远。根据路洞南壁和窟顶的渗漏水特点，可以推断，1850 窟的积水同路洞南壁和窟顶的渗漏水有非常重要的关系。

路洞东壁的渗漏点位于层面裂隙上，它的渗漏原因为雨水直接冲淋路洞外壁面，少量雨水沿外壁面发育的层面裂隙入渗洞窟所致。

从路洞北壁的渗水特点来看，渗水的路径应该较近，通道也十分畅通。降雨时观察发现，沿着贯穿路洞的两条卸荷裂隙与层面裂隙和构造裂隙的交汇部位形成了多处雨水的汇流区，在雨水向下流动的过程中，部分雨水通过裂隙渗入洞窟，造成了路洞北壁的暂时性渗水。另外，在路洞上侧偏北方向有一个小洞窟，洞窟编号为 1783，窟的顶壁均已崩塌，下雨时窟内会形成积水，且该窟地面的卸荷裂隙同路洞的卸荷裂隙为同一条裂隙，并且这个洞窟的高程高于路洞。因此，1783 窟的降雨积水，是造成路洞北壁卸荷裂隙渗漏水的重要因素。通过以上分析说明，路洞出现的暂时性渗水是大气降水，路洞立壁岩体发育的大量裂隙，特别是贯穿洞窟的两条卸荷裂隙，为雨水入渗提供了主要通道。

（3）裂隙调查

在构造运动及自然风化等营力作用下，路洞石窟发育有众多的裂隙，对裂隙的分布情况进行实测调查，共统计裂隙 17 条。通过现场裂隙调查发现，路洞石窟四个墙面共发育的 17 条裂隙中，主要的两条大裂隙为卸荷裂隙，贯穿洞窟，其中靠近洞口的一条编号为 A，靠近洞窟底部的一条编号为 B，两条裂隙间距约 1.0m，其他裂隙发育规模相对较小。路洞外立壁岩体地形为较陡的斜坡，倾角在 60°以上。洞窟岩体上发育有卸荷裂隙及层面裂隙共 12 条，两条大的卸荷裂隙的走向分别为 165°和 170°，倾角约为 60°～80°；层面裂隙倾向约为 0°～10°，倾角约为 25°～35°，均沿立壁岩体向南向山顶延伸。洞窟外部为一陡峭边坡，边坡倾向 149°，倾角 61°。由于风化作用及自重作用引起的两条卸荷裂隙较为发育，均切穿基层岩石，对洞窟的稳定性有较大的潜在威胁。图 6～13 为洞窟内部发育的渗水裂隙、生物病害及岩溶发育情况。

对洞窟的裂隙进行统计分析，图 14 是路洞石窟内裂隙极点密度图，图 15 是裂隙等密度图，图 16 是裂隙倾向玫瑰花图，图 17 是裂隙极点图，图 18 是裂隙走向直方图，图 19 是裂隙倾角直方图。

对路洞石窟裂隙调查的详细描述如下。

路洞南壁：

①J_{s1}位于与南壁的东端，卸荷裂隙，为一严重的渗水裂隙点，裂隙张开度为 20～100mm，裂隙下方张开度较大，但是裂隙较为平直，泥质和黏土充填，产状为 161°∠45°。裂隙贯穿整个洞窟，顶部可见灌浆修复痕迹。

图 6　路洞南壁渗水裂隙及岩溶

图 7　路洞顶部渗水裂隙及岩溶

图 8　路洞南壁J_{s1}渗水裂隙产生的苔藓

图 9　路洞南壁渗水造成的表面潮湿

图 10　路洞地面积水产生的生物苔藓

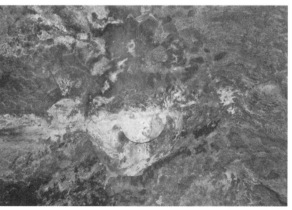

图 11　路洞顶部贯穿的卸荷裂隙

图12　路洞西墙底部渗水裂隙（卸荷裂隙）

图13　路洞北墙卸荷裂隙

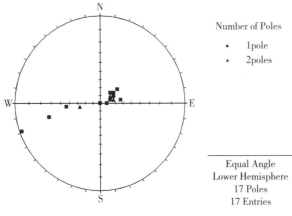

图14　路洞石窟裂隙极点密度图

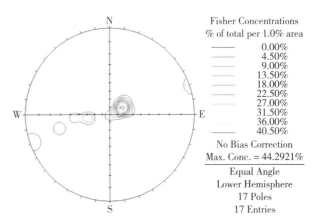

图15　路洞裂隙等密度图

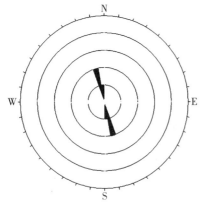

图16　裂隙倾向玫瑰花图

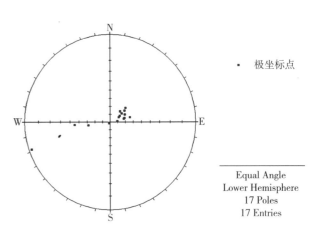

图17　路洞石窟裂隙极点图

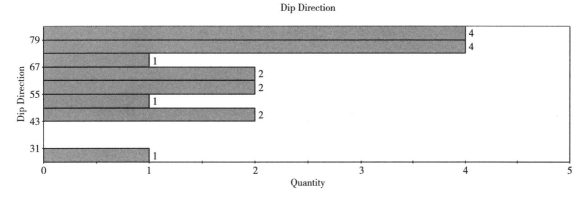

图 18　路洞裂隙走向直方图

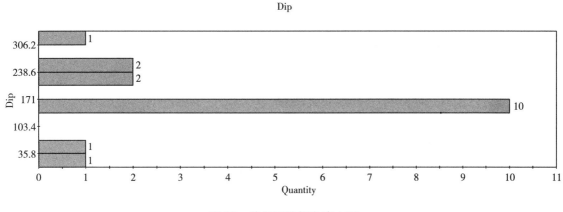

图 19　路洞裂隙倾角直方图

② J_{s2}位于与南壁的东端，卸荷裂隙，也是渗水裂隙，产状为161°∠71°，与裂隙J_{s1}在洞窟下方交汇，形成"人"字形状态。裂隙上部贯穿洞窟，张开度为20~100mm，下方张开度较大，该裂隙与裂隙J_{s1}将"人"字形下方的岩体切割严重。由于渗水作用，该区域青苔发育，裂隙中有泥土充填，顶部可见灌浆修复痕迹。

③ J_{s3}在南壁中部，卸荷裂隙，可见长度较小，宽度约为2mm，泥质填充，裂隙呈弧形，裂隙周边潮湿，但是裂隙中间较为干燥。裂隙产状为161°∠56°，与边坡倾角近似平行。

④ J_{s4}位于南壁中部，人为破坏造成的结构面，可见长度约为1m，宽度约为2mm，可见较少的泥质填充，裂隙干燥，未见渗水分布，裂隙产状为45°∠85°。

⑤ J_{s5}为卸荷裂隙，裂隙宽度为10~30mm，较为平直，上方可见长度约为5m，下方可见长度1.5m，可见泥质填充，裂隙中间和周边潮湿，部分区域可见滴水，可见灌浆修复痕迹。裂隙产状为158°∠65°，与边坡倾角近似平行。

⑥ J_{s6}为人为破坏痕迹，裂隙宽度约为10mm，长度约为0.3m，无充填，较为干燥，裂隙产状为153°∠78°。

⑦ J_{s7}位于南壁西侧，卸荷裂隙，裂隙宽度5~10mm，可见长度约为0.7m，可见泥质充填，但是裂隙无明显渗水点，较为干燥，在裂隙底部，由于积水严重，可见苔藓发育。裂隙产状为167°∠64°，与边坡倾角近似平行。

路洞西壁：

① J_{N1} 位于与西壁的南端，层面裂隙，贯穿整个西壁，是渗水裂隙，裂隙张开度为 5～10mm，泥质和黏土充填，产状为 2°∠25°。裂隙上部和下部也发育平行的微层面裂隙，展布在西壁石刻上。

② J_{N2} 是一卸荷裂隙，可见长度约为 2m，宽度 2～8mm，裂隙起伏度为弧形，裂隙干燥，未见明显的渗水情况。产状为 153°∠49°，与边坡倾角近似平行。

③ J_{N3} 位于西壁中部，卸荷裂隙，可见长度约为 1m，宽度约为 2～10mm，泥质填充，裂隙呈弧形，裂隙中间较为干燥，未见明显渗水情况。裂隙产状为 156°∠53°，与边坡倾角近似平行。

④ J_{N4} 位于西壁中部，构造裂隙，切穿岩石基层，与岩层走向近似垂直，可见长度约为 3m，宽度约为 1～5mm，可见较少的泥质填充，裂隙干燥，未见渗水分布，裂隙产状为 268°∠71°。

⑤ J_{N5} 位于西壁北部，构造裂隙，切穿岩石基层，与岩层走向近似垂直，与 J_{N4} 近似平行，为同组构造裂隙，可见长度约为 5m，宽度约为 20～80mm，可见泥质和黏土填充，裂隙潮湿，为一渗水裂隙，产状为 243°∠75°。

⑥ J_{N6} 位于西壁北段，构造裂隙，切穿岩石基层，与岩层走向近似垂直，与 J_{N4} 近似平行，为同组构造裂隙，可见长度约为 7m，宽度约为 20～80mm，可见泥质和黏土填充，裂隙潮湿，为一渗水裂隙，产状为 209°∠81°。

路洞北壁：

① J_{E1} 位于与北壁的西端，层面裂隙，裂隙张开度约为 10mm，可见少量泥质和黏土充填，裂隙干燥，未见明显渗水点，产状为 340°∠76°。

② J_{E2} 位于与北壁的西部，层面裂隙，裂隙张开度约为 20～80mm，呈弧形状，可见泥质和黏土填充，裂隙较潮湿，产状为 209°∠81°。

③ J_{E3} 位于与北壁的中部，卸荷裂隙，裂隙张开度约为 20～100mm，呈弧形状，可见泥质和黏土填充，裂隙周围潮湿，部分区域可见滴水，产状为 165°∠60°，与边坡倾角近似平行。

④ J_{E4} 位于与北壁的东端，近石窟洞口，卸荷裂隙，裂隙张开度约为 10～50mm，呈弧形状，可见泥质和黏土充填，裂隙周围潮湿，是一处渗水点，产状为 165°∠60°，与边坡倾角近似平行。

路洞石窟的岩层产状为 0°～10°∠26°，为单斜岩层，边坡倾角约为 60°，走向约为 150°。分析路洞石窟三面墙壁的裂隙可以发现，路洞石窟的裂隙主要以层面裂隙和卸荷裂隙为主。其中，层面裂隙与边坡倾角成反倾状态，因此渗水多沿层面裂隙展布；卸荷裂隙大部分切穿岩层，并与岩层近似垂直交汇。因此，卸荷裂隙上可见较多的渗水点，另外，根据倾角直方图，洞窟裂隙的倾角角度较大，利于渗水。计算三面洞窟的裂隙密度分别为 1.75 条/米，1.50 条/米和 1.00 条/米，可见裂隙较为发育。

4.1.1.2　皇甫公窟

龙门石窟寺的石窟，北魏，窟门入口刻有孝昌三年（527 年）皇甫公石窟寺造像碑。该窟位于龙门西山靠近南端之半山腰中，是火烧洞以南，北魏开凿的相当大的一个洞窟。窟内平面呈马蹄形，穹隆顶。在西壁高坛上，雕出一佛、二弟子、二立菩萨、二思惟菩萨。坛下两端各雕一狮子。在南北两壁各开一大龛，在壁门的南北两侧也各开一龛。在窟外崖面凿有屋形窟檐。门外两侧各有一身力士，窟外南侧还凿有一通碑。

（1）渗水点情况及渗水原因

皇甫公洞及路洞内发育有多处渗水点、渗水带，窟内可见大量的墨绿色苔藓，渗水的主渗透方向为 126°∠66° 和 315°∠20°，前者为卸荷裂隙方向，后者为层面裂隙方向。根据与现场工作人员了解，雨季沿裂隙面滴水、浸水，渗漏较严重，雨后多呈潮湿状，旱季渗漏较少。石窟高程均位于本区地下潜水位以上，因此，对石窟渗漏病害的影响主要是大气降水，地下水对渗水的影响不明显。洞窟内渗水情况见图 20～23。

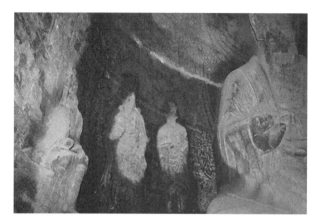

图 20　石窟正墙左侧上的渗水现象

图 21　切割洞窟造像的层面渗水裂隙

图 22　正墙上发育的渗水裂隙及生物苔藓

图 23　顶部发育的渗水裂隙及干湿分界面

（2）裂隙调查

通过现场裂隙调查，共统计裂隙 13 条。主要的裂隙为层面裂隙，也发育少量的卸荷裂隙。主要的层面裂隙位于西壁和北壁，张开度较小，其中北壁中部的石像被层面裂隙切割。该组层间软弱带与陡倾坡外的构造裂隙相交，构成了渗水的主要通道。另外，在西壁的顶部发育一条卸荷裂隙，裂隙为一明显的干湿分界线，渗水严重，裂隙延展并贯穿至洞口，洞口下覆岩体已脱落，上覆岩体的稳定性较差。层面裂隙的倾向约为 0°～10°，倾角 25°～35°，岩石边坡倾向 149°，倾角 61°，洞窟岩层倾向 0°～10°，倾角 25°～35°。

由于风化作用及自重作用引起的层面裂隙和构造卸荷裂隙较为发育，部分层面裂隙切穿造像，可见若干渗水点。卸荷裂隙与层面裂隙近似垂直相交，构成主要的渗水点（图24、25）。另外，卸荷裂隙部分展布至洞口，下部岩体脱落，对洞窟的稳定性有较大的潜在威胁（图26~31）。

对皇甫公窟的裂隙进行统计分析，图32是皇甫公窟内裂隙极点密度图，图33是裂隙等密度图，图34是裂隙倾向玫瑰花图，图35是裂隙极点图，图36是裂隙走向直方图，图37为裂隙倾角直方图。

图24　皇甫公窟顶部渗水点

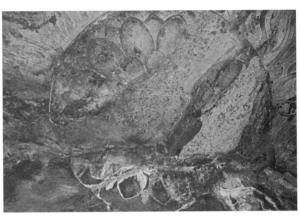

图25　皇甫公窟顶部渗水点

图26　贯穿至洞口的卸荷裂隙

图27　洞内卸荷裂隙与层面裂隙的交汇

图28　层面裂隙

图29　洞窟顶部的白色溶蚀物沉淀

 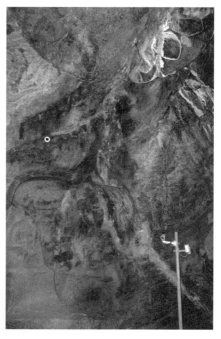

图30　南壁发育的卸荷裂隙（渗水裂隙）　图31　顶部发育的卸荷裂隙（渗水裂隙）

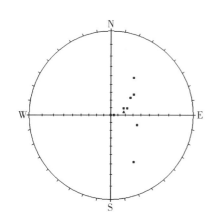

图32　皇甫公窟裂隙极点密度图

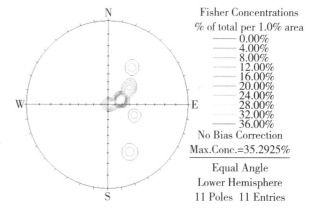

图33　皇甫公窟裂隙等密度图

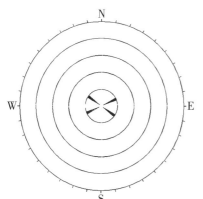
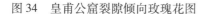

图34　皇甫公窟裂隙倾向玫瑰花图

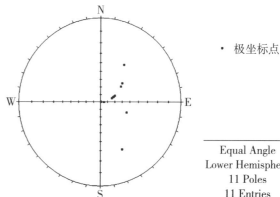

图35　皇甫公窟裂隙极点图

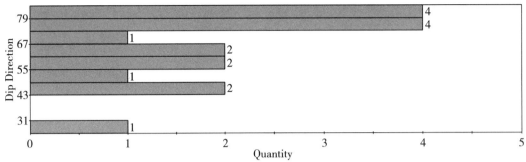

图36　皇甫公窟裂隙走向直方图

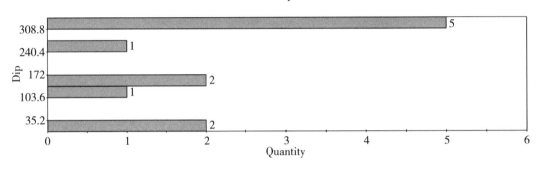

图37　皇甫公窟裂隙倾角直方图

对皇甫公窟裂隙调查的详细描述如下。

石窟南壁

① J_{s1} 位于与南壁的东端，卸荷裂隙，为一严重的渗水裂隙点，裂隙张开度大于100mm，可见钙质充填，裂隙较为平直，裂隙与岩石层面近似垂直交汇，产状为124°∠94°，稳定性较差。裂隙下方可见流水痕迹，墨绿色苔藓发育。

② J_{s2} 位于与南壁的东部，人工开凿裂隙，近似铅直展布，可见长度约为4.0m，张开度小于10mm，无充填，无明显的渗水现象，裂隙产状为325°∠87°。

③ J_{s3} 在南壁中部，层面裂隙，可见长度较小，约为2.0m，裂隙宽度约为2mm，无填充，裂隙呈弧形，裂隙周边潮湿，但是裂隙中间较为干燥。裂隙产状为244°∠71°。

④ J_{s4} 位于南壁西部，层面裂隙，可见长度较长，贯穿整个洞窟，宽度约为20mm，可见较少的钙质填充，裂隙周边潮湿，但未见渗水痕迹，裂隙产状为343°∠27°，与岩石层面近似平行展布。

石窟北壁

① J_{N1} 位于与西壁的南端，层面裂隙，闭合较好，但是贯穿整个西壁，是一处渗水裂隙，裂隙张开度为0~2mm，无充填，产状为321°∠27°。裂隙上部和下部也发育平行的微层面裂隙，展布在西壁石刻上。

② J_{N2} 是一层面裂隙，可见长度较长，与 J_{N1} 为同一组裂隙，宽度2~8mm，裂隙起伏度为弧形，裂隙干燥，未见明显的渗水情况。产状为340°∠32°，与岩石层面近似平行。

③ J_{N3} 位于西壁中部，层面裂隙，可见长度约为 1m，宽度约为 2～10mm，泥质填充，裂隙平直，裂隙中间较为干燥，未见明显渗水情况。裂隙产状为 341°∠33°，与岩石层面近似平行。

④ J_{N4} 位于西壁中部，层面裂隙，展布整个石窟西壁，与岩层走向近似平行，可见长度约为 4m，宽度约为 0～2mm，无填充，裂隙干燥，未见渗水分布，裂隙的产状与岩石层面近似平行。

⑤ J_{N5} 位于西壁中部，层面裂隙，在裂隙 J_{N4} 下方，展布整个石窟西壁，与岩层走向近似垂直，与 J_{N4} 同组层面裂隙，裂隙平直，干燥，未见渗水痕迹，可见较少的泥质和黏土填充，裂隙的产状与岩石层面近似平行。

石窟西壁：

① J_{W1} 位于与西壁的南端，层面裂隙，是一处层间软弱带，裂隙张开度约为 50mm，长度贯穿整个西壁，裂隙内可见蚀变风化产物充填，裂隙渗水严重，部分区域可见滴水，产状为 5°∠27°，与岩层产状近似平行。

② J_{W2} 位于与西壁的中部，层面裂隙，裂隙张开度约为 100mm，长度贯穿整个西壁，裂隙内可见蚀变风化产物充填，裂隙渗水严重，部分区域可见滴水，产状为 1°∠28°，与裂隙 J_{W1} 是同组裂隙，裂隙与岩层产状近似平行。

③ J_{W3} 位于与北壁的北部，卸荷裂隙，裂隙宽度约为 100mm，较为平直，渗水非常严重，部分区域可见滴水或流水，产状为 141°∠50°，与边坡倾角近似平行。裂隙上方干燥，下方潮湿，为一明显的干湿分界线。

皇甫公窟的岩层产状为 0°～10°∠26°，为单斜岩层，边坡倾角约为 60°，走向约为 144°。分析皇甫公窟三面墙壁的裂隙可以发现，路洞石窟的裂隙主要以层面裂隙为主，少量卸荷裂隙发育，其中，层面裂隙与边坡倾角成反倾状态，因此渗水多沿层面裂隙展布。卸荷裂隙切穿岩层，并与岩层近似垂直交汇，因此，卸荷裂隙上可见较多的渗水点。另外，根据倾角直方图，洞窟裂隙的倾角角度较大，也利于渗水。计算三面墙壁的裂隙密度为 1.08 条/米。

4.1.1.3　结论

通过对龙门石窟路洞石窟和皇甫公窟的裂隙调查，得到如下结论。

龙门石窟地质构造整体为一单斜构造，岩层倾向 340°～10°，倾角 20°～30°，岩层内无褶皱发育，主要构造形迹为断层和裂隙等。两洞窟内均发育渗水裂隙和层面构造裂隙，两者近似呈垂直相交。按照工程分类，裂隙主要为两类，一是层面裂隙，倾向 340°～10°，倾角 20°～30°；二是卸荷裂隙，倾向 120°～150°，倾角 50°～80°。按照文物保护行业标准分类，裂隙主要分为构造裂隙（层面裂隙）、机械裂隙（卸荷裂隙）和风化裂隙，其中以构造裂隙和机械裂隙为主，浅表性的风化裂隙发育较少。通过裂隙调查发现，洞窟内的裂隙大部分处于渗水状态，洞内可见较多渗水点。通过分析认为，洞窟的反倾单斜造成了大气降水沿着层面入渗到边坡内部，而发育的卸荷裂隙切断了层面裂隙，构成了主要的渗水裂隙和渗水点，洞内沿渗水裂隙及积水处可见大量生物苔藓及溶蚀现象。

4.1.2　响堂寺石窟裂隙调查

4.1.2.1　概况

南响堂石窟位于河北省南部，邯郸市西南方向，太行山东侧，附近为峰峰矿区，地处东经 114°3′～114°16′与北纬 36°20′～36°34′之间。公元前 550 年，高洋在邺都（今河北临漳西南邺镇、三台村以东一带）建立北齐政权，同时把高氏发祥地晋阳（今山西太原西南晋源镇）定为陪都。峰峰矿区成为北齐王朝往来两都的必经之道。北齐皇室信奉佛教，不惜物力开窟建寺，现称为响堂山石窟的南响堂石窟、北响堂石窟和水浴寺石窟的三处石窟就是这一时期开凿的，后又经隋、唐、宋、明续凿。

南响堂石窟寺位于临水镇纸坊村西北方向，鼓山南侧，滏阳河北岸，依山而凿，三面环山，共凿有北齐洞窟 7 个和唐代摩崖造像，始凿于北齐天统年间（565 年）。南响堂寺包括石窟区和佛寺区两部分，现存的佛寺建筑主要有天王殿、四方佛殿、大殿、东西配殿、后楼、砖塔、僧房等，山上建有靠山阁，现存建筑系明清时所建。石窟分为上、下两层排列，上层 5 座，下层 2 座，自上而下分别为华严洞、般若洞、空洞、阿弥陀洞、释迦洞、力士洞和千佛洞（图 38）。

1 窟，华严洞窟，位于下层南端，内刻《大方广佛华严经》，故称华严洞。为中心方柱塔庙窟，高 4.9m，宽 6.2m，深 6.35m。分为前廊和后室，前廊后壁为四柱三间，四柱头出小柱，承托斗栱，上托仿木结构窟檐。明间正中辟圆拱形窟门通向后室，后室正中设方柱，柱后壁与山体相连，下为低矮通道。

2 窟，般若洞，并列于华严洞北侧，前壁刻有《般若经》。为中心方柱塔庙窟，高 4.6m，宽 6.3m，深 6.5m。洞窟结构同华严洞，窟前壁外左、右侧存隋代道净撰写的《滏山石窟之碑》。此碑详细记载了南响堂石窟的开凿时间和经过。

3 窟，空洞，位于上层最南端，因后室被盗空而得名。窟平面呈方形，三壁三龛佛殿窟，分为前廊和后室，前廊宽 4.5m，后室宽 2.7m，深 2.5m，高 2.65m。前廊顶基本无存，后室顶浮雕山花蕉叶。

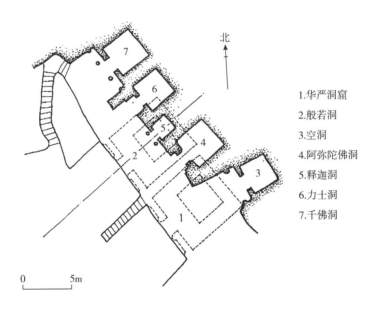

北

1. 华严洞窟
2. 般若洞
3. 空洞
4. 阿弥陀佛洞
5. 释迦洞
6. 力士洞
7. 千佛洞

0 ____ 5m

图 38　南响堂石窟平面图

4、5、6 窟分别为阿弥陀佛洞、释迦洞和力士洞。从立面看三个洞窟为同一组洞窟，原雕有一横贯三窟的仿木结构屋檐，现已崩塌，岩壁上留有瓦垄痕迹。

7 窟为千佛洞，位于上层北端，佛背光的四壁凿有千佛，是上层五个洞窟中保存最好的一个。窟分为前廊后室两部分，前廊为四柱三间，窟顶凿仿木构建筑的斗栱和屋顶，叠涩脊上有山花蕉叶和覆钵丘，上位宝瓶刹。外立面为典型的塔形窟，后室平面方形，为三壁三龛佛殿，洞宽 3.7m，深 3.5m，高 3.8m。

4.1.2.2　主要病害及原因

根据现场调查和资料调研分析，响堂山石窟主要存在的病害有以下几种。

① 危岩体：岩体因卸荷裂隙与构造裂隙和风化裂隙相互交切形成危岩体。危岩体自然状态下相对稳定，在雨水冲刷、地震及采石爆破等外力作用下，易发生倾倒和滑落的危险。

② 破碎体：洞窟石柱岩体节理、裂隙十分发育，岩体呈破裂状，受风化作用的影响，易出现剥落的危害。

③ 渗水病害：大气降雨为来源的裂隙渗水严重损害了石刻造像，雨季时，裂隙渗水还会造成窟内积水。

④ 粉尘污染：洞窟石刻造像，尤其暴露在外层的造像，大多被粉尘覆盖，难以观察到石窟本身面目。

病害形成的原因主要有以下几个方面。

① 地质构造运动：受地质构造的影响，石窟开凿后应力场发生变化，破坏了岩石边坡原有的稳定结构，构造裂隙因此进一步发育，并出现新的裂隙，如卸荷裂隙。构造裂隙与岩层产状近似平行，卸荷裂隙与边坡产状近似平行，与构造裂隙近似垂直相交，使洞窟外层极不稳定，严重者出现崩塌（图39）。

② 裂隙发育：裂隙的发育，使得原来稳定的岩体向危岩体、破碎体转化。同时，裂隙的发育引起的渗水现象严重，洞窟积水。雕刻被溶蚀，加速了石刻造像的风化速度。逢雨季，雨水由地面沿构造裂隙入渗，与卸荷裂隙交汇时，开始大面积渗入洞窟，在此过程中的溶蚀作用会将碳酸盐带出裂隙，滞留在窟壁，形成钟乳，覆盖石刻。

图39　卸荷裂隙造成危岩体　　　　　　　　图40　粉尘污染

图 41　渗水引发生物病害　　　　　图 42　卸荷裂隙造成的危岩体

③ 大气污染：石窟附近的耐火材料厂、陶瓷厂、水泥厂和煤矿等，比较明显的造成石窟及附近可见大面积粉尘积落，大气中的二氧化硫严重超标，由此引发的酸雨对石窟的危害极大（图 40）。同时，大气的污染加速了石刻、石雕表面岩体的风化，促进了裂隙的发育，与其他因素共同促进了石窟的破坏。

④ 煤矿的无序开采：峰峰煤矿的地下开采，造成了洞窟区内地下的地质状况发生改变，石窟区所在的岩体构造因采空区、地裂缝及不均匀沉降等现象发生，这对石窟的稳定性是一个严重的威胁。

⑤ 植被破坏：石窟上覆的山体杂石较多，覆盖较薄的第四纪土，山上树木无序生长，有损于石窟安全。另外，植被的生长，延长了水分在岩体中的赋存时间，根系腐烂也会对岩石产生溶蚀作用，加速了裂隙的发育，影响了石窟安全（图 41）。

⑥ 地震影响：石窟区所在地区地震活动频繁，自清代以来，发生于本地区的地震多达十几次。1830 年的磁县地震震级达 7.5 级，烈度达 10 度，这对石窟的稳定性是极大的隐患（图 42）。

⑦ 人类工程活动：石窟周边的采石场、煤矿、铁路震动等因素对石窟反复地施加冲击荷载，使岩体趋于松动。烧香纸、燃放烟花爆竹等活动也对石窟的小气候环境产生一定的污染和影响。

4.1.2.3　裂隙调查

由于北响堂石窟寺已被大面积喷射混凝土修复，难以观察到裂隙发育情况。因此，课题选取南响堂石窟的千佛洞进行了裂隙调查。

通过现场裂隙调查，共统计三面墙壁裂隙 28 条，主要的裂隙为层面构造裂隙和卸荷裂隙，也可见少量的浅表性风化裂隙。石窟整体保存状况较差，多被粉尘覆盖。其中，北墙发育代表性大层面构造，贯穿整个洞窟，中间可见疏松的钙质填充物，钙质填充物较软，手摸有潮湿感，填充物与下覆灰岩接触紧密，而与上覆灰岩接触较为疏松（图 43～46）。层面裂隙发育较多，分布密集，露天处可见明显的

图 43　北墙发育的层面构造裂隙和卸荷裂隙

图 44　石窟北墙造像发育的层面构造裂隙

图 45　层面构造裂隙与卸荷裂隙

图 46　石窟北墙造像发育的卸荷裂隙

喀斯特化现象。裂隙整体发育平直，层面构造裂隙与岩石产出呈明显的平行关系，卸荷裂隙近似垂直分布，与边坡倾角近似平行，起伏度大多平直，少数弯曲，卸荷裂隙靠近边坡外部发育较多，而内部较少（图47、48）。东壁上部发育一条明显的卸荷裂隙，造成上覆岩体稳定性较差，极易发生倾倒和脱落（图49）。

边坡产状：20°~24°∠252°；岩层产状：30°~40°∠45°；层面构造裂隙产状：30°~40°∠45°；卸荷裂隙产状：300°~10°∠70°~88°。

对南响堂寺千佛洞的裂隙进行统计分析，图50是路洞石窟内裂隙极点密度图，图51是裂隙等密

贯穿整个石窟的层面构造

造像发育的小层面构造

图47　南响堂寺层面构造

图48　卸荷裂隙与层面构造的相交

图49　东壁发育的卸荷裂隙

度图，图52是裂隙倾向玫瑰花图，图53是裂隙极点图，图54是裂隙倾角直方图，图55是裂隙倾向直方图。

　　对南响堂石窟寺千佛洞的裂隙调查详细描述如下。

　　石窟北壁

　　① J_{N1} 位于北壁的西端，层面构造裂隙，裂隙干燥，表面被粉尘覆盖，裂隙张开度大于 0.2mm，

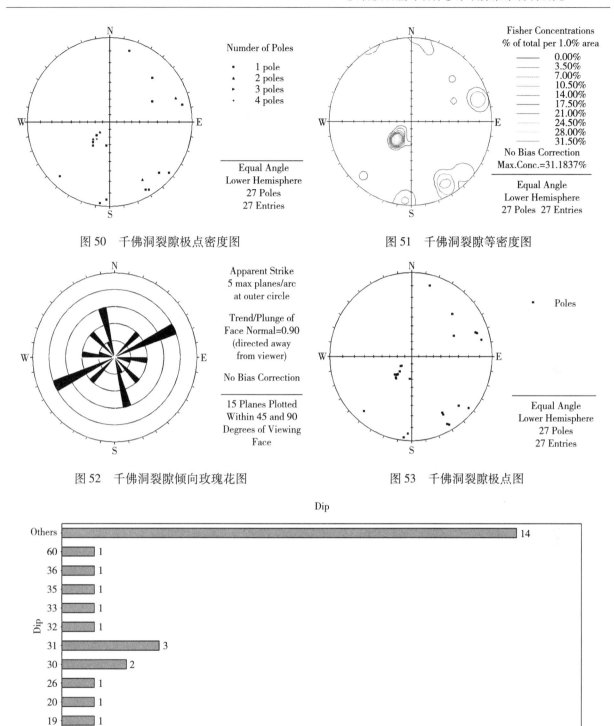

图 50 千佛洞裂隙极点密度图

图 51 千佛洞裂隙等密度图

图 52 千佛洞裂隙倾向玫瑰花图

图 53 千佛洞裂隙极点图

图 54 裂隙倾角直方图

可见钙质充填，裂隙较为平直，裂隙与岩石层面近似平行，产状为 $40°∠31°$，裂隙下方可见墨绿色苔藓发育。

②J_{N2} 位于北壁的东部，卸荷裂隙，近似铅直展布，可见长度约为 50cm，张开度小于 2mm，裂隙呈折线状，无充填，无明显的渗水现象，裂隙产状为 $257°∠83°$。

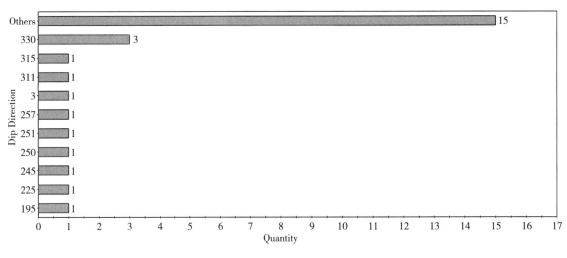

图 55　裂隙倾向直方图

③ J_{N3} 位于北壁中部，卸荷裂隙，可见长度较小，约为 25cm，裂隙宽度约为 0.2mm，无填充，裂隙平直，裂隙周边潮湿，但是裂隙中间较为干燥。裂隙产状为 330°∠77°。

④ J_{N4} 位于南壁中部，卸荷裂隙，可见长度较长，宽度约为 20mm，可见较少的钙质填充，裂隙周边干燥，未见渗水痕迹，裂隙产状为 330°∠75°，与岩石层面近似垂直展布。

⑤ J_{N5} 位于南壁中部，层面构造裂隙，可见长度较长，贯穿整个洞窟，宽度约为 40mm，可见大量的钙质填充，填充物较疏松、潮湿，裂隙周边干燥，未见渗水痕迹，裂隙产状为 48°∠19°，与岩石层面平行展布。

⑥ J_{N6} 位于南壁东部，卸荷裂隙，可见长度较短，宽度约为 5mm，可见较少的钙质填充，裂隙周边干燥，未见渗水痕迹，裂隙产状为 311°∠86°，与岩石层面近似垂直展布。

⑦ J_{N7} 位于南壁东部，卸荷裂隙，可见长度较长，宽度约为 3mm，可见较少的钙质填充，裂隙周边干燥，未见渗水痕迹，裂隙产状为 315°∠79°，与岩石层面近似垂直展布。

⑧ J_{N8} 位于南壁东端，为一层面构造裂隙，可见长度较长，约为 60mm，宽度约为 3mm，可见较少的钙质填充，裂隙周边干燥，未见渗水痕迹，裂隙发育平直，产状为 49°∠20°，与岩石层面近似平行展布，裂隙 J_{N7} 与 J_{N8} 之间可见人为修复痕迹。

石窟东壁

① J_{E1} 位于东壁的北端，卸荷裂隙，闭合程度较好，裂隙张开度约为 4mm，无充填，产状为 6°∠88°。裂隙上部和下部发育平行的微层面裂隙，展布在东壁石刻上。

② J_{E2} 是一卸荷裂隙，可见长度较长，宽度约为 3mm，无填充，裂隙起伏度为弧形，裂隙干燥，未见明显的渗水情况，产状为 4°∠85°，与岩石层面近似垂直展布。

③ J_{E3} 位于东壁北部，卸荷裂隙，可见长度约为 0.8m，宽度约为 5mm，无填充，裂隙平直，裂隙中间较为干燥，未见明显渗水情况。裂隙产状为 5°∠86°，与岩石层面近似垂直。裂隙 J_{E2} 与 J_{E3} 之间可见垂直下落的泥痕，宽度约为 5mm。

④ J_{E4} 位于东壁中部，层面裂隙，与岩层走向近似平行，可见长度约为 5mm，宽度约为 0~2mm，

无填充，裂隙干燥，未见渗水分布，裂隙的产状与岩石层面近似平行，产状为42°∠30°。

⑤J_{E5}位于东壁中部，构造裂隙，与岩层走向近似垂直，与层面构造裂隙垂直相交，裂隙平直、干燥，未见渗水痕迹，可见较少的泥质和黏土填充，裂隙的产状与岩石层面近似平行，产状为330°∠82°。

⑥J_{E6}位于东壁中部，构造裂隙，在裂隙J_{E5}南侧，与J_{N4}同组层面裂隙，裂隙平直，干燥，未见渗水痕迹，可见较少的泥质和黏土填充，裂隙的产状与岩石层面近似平行，产状为331°∠85°。

⑦J_{E7}位于东壁南部，层面裂隙，与岩层走向近似平行，可见长度约为4mm，宽度约为2~4mm，钙质填充，裂隙干燥，未见渗水分布，裂隙的产状与岩石层面近似平行，产状为41°∠32°。

⑧J_{E8}位于东壁中部，层面裂隙，与岩层走向近似平行，可见长度约为8mm，宽度约为2mm，钙质填充，裂隙干燥，未见渗水分布，裂隙的产状与岩石层面近似平行，产状为44°∠33°。

⑨J_{E9}位于东壁南部，层面裂隙，与岩层走向近似平行，可见长度约为3mm，宽度约为3mm，钙质填充，裂隙干燥，未见渗水分布，裂隙的产状与岩石层面近似平行，产状为39°∠30°。

⑩J_{E10}位于东壁南部，层面裂隙，与岩层走向近似平行，可见长度约为7mm，宽度约为2mm，钙质填充，裂隙干燥，未见渗水分布，裂隙的产状与岩石层面近似平行，产状为36°∠36°。

⑪J_{E11}位于东壁南端，层面裂隙，与岩层走向近似平行，可见长度约为6mm，宽度约为1mm，钙质填充，裂隙干燥，未见渗水分布，裂隙的产状与岩石层面近似平行，产状为38°∠35°。

石窟南壁

①J_{S1}位于南壁的西端，卸荷裂隙，裂隙干燥，表面被粉尘覆盖，裂隙张开度大于5mm，无充填，裂隙较为平直，与岩石层面近似垂直，产状为195°∠82°。

②J_{S2}位于南壁的西部，层面构造裂隙，可见长度约为3mm，张开度小于2mm，裂隙发育平直，可见钙质充填，无明显的渗水现象，裂隙产状为39°∠31°。

③J_{S3}位于南壁中部，卸荷裂隙，可见长度较大，约为20cm，裂隙宽度约为0.2mm，无填充，裂隙平直，裂隙中间较为干燥。裂隙产状为245°∠60°。

④J_{S4}位于南壁中部，层面构造裂隙，可见长度较小，宽度小于5mm，可见较少的钙质填充，裂隙周边干燥，未见渗水痕迹，裂隙产状为39°∠31°，与岩石层面近似平行展布。

⑤J_{S5}位于南壁中部，层面构造裂隙，可见长度较长，贯穿整个洞窟，宽度约为3mm，可见钙质填充，填充物较疏松、潮湿，裂隙周边干燥，未见渗水痕迹，裂隙产状为40°∠26°，与岩石层面平行展布。

⑥J_{S6}位于南壁东部，卸荷裂隙，可见长度较长，约为45cm，宽度约为3mm，可见较少的钙质填充，裂隙周边干燥，未见渗水痕迹，裂隙产状为225°∠71°，与岩石层面近似垂直展布。

⑦J_{S7}位于南壁东部，卸荷裂隙，可见长度较长，约为26cm，宽度约为2mm，无钙质填充，裂隙周边干燥，未见渗水痕迹，裂隙产状为250°∠80°，与岩石层面近似垂直展布。裂隙J_{S6}与J_{S7}之间可见人为修复痕迹。

⑧J_{S8}位于南壁东端，为卸荷裂隙，可见长度较长，约为20mm，宽度约为2mm，可见较少的钙质填充，裂隙周边干燥，未见渗水痕迹，裂隙发育平直，产状为251°∠81°，与岩石层面近似平行展布，与J_{S7}为同一组卸荷裂隙。

南响堂石窟的边坡产状：20°~24°∠252°；岩层产状30°~40°∠45°，为单斜岩层。分析千佛洞三面墙壁的裂隙可以发现，裂隙主要以层面构造裂隙和卸荷裂隙为主，也发育少量的浅表性风化裂隙。其中，层面构造裂隙与边坡倾角成反倾状态，卸荷裂隙切穿岩层，并与岩层近似垂直交汇。计算三面墙壁的裂隙密度为1.93条/m。

5 灰岩石窟寺岩性特征研究

5.1 岩石的矿物化学成分

5.1.1 洛阳龙门石窟灰岩的矿物化学成分

洛阳龙门石窟的灰岩均取自石窟寺和造像本地，材质均与文物本体类似，所处环境与文物本体的保存环境具有较强的一致性，取样范围均匀分布于文物本体的保存范围，试样具有很好的代表性。XRD测试用于分析岩石样品中的矿物成分，可溶盐含量等。XRF用于分析样品中的化学成分。对采取岩石样本进行XRD测试，结果表明（图56、57），研究区内岩体的岩石矿物成分基本一致，以方解石为主，约占岩样的63.8%~83.6%，白云石占16.4%~36.2%（见表3）。岩石属于含白云石灰岩。

表3　　　　　　　　龙门石窟灰岩样品XRD分析结果

编号	取样地点	方解石（%）	白云石（%）
L-1	石窟寺台阶废料	63.84	36.16
L-2	石窟寺台阶废料	83.58	16.42

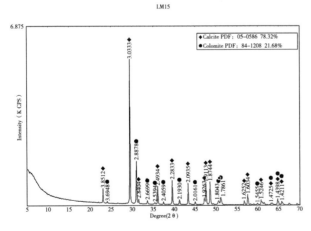

图56 龙门石窟台阶废料XRD测试结果

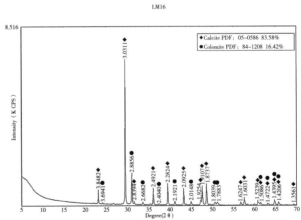

图57 龙门石窟台阶废料岩石XRD测试结果

对岩石样品进行了化学成分分析（见表4）。从化学分析结果来看，岩样的主要化学成分为CaO和MgO，二者之比介于7.41:1~12.88:1之间。矿物分析与化学成分分析基本对应，由结果可知，岩石主要由方解石组成。

表4					岩石样品 XRF 化学成分分析结果						单位:%		
试样编号	SiO₂	CaO	MgO	K₂O	Sa₂O	TFe₂O₃	Al₂O₃	TiO₂	P₂O₅	MSO	H₂O	烧失量	合计
L-1	2.04	48.46	4.93	0.15	0.05	0.37	0.4	0.035	0.041	0.017	0.06	43.10	99.65
L-2	0.88	50.62	3.93	0.1	0.011	0.47	0.28	0.022	0.009	0.014	0	43.48	99.82
L-3	1.34	47.72	6.44	0.28	0.013	0.22	0.33	0.027	0.02	0.022	0.02	43.52	99.95
L-4	0.68	49.22	5.32	0.11	0.011	0.52	0.4	0.03	0.007	0.016	0.02	43.58	99.90

另外，根据文献调研，龙门石窟寺灰岩样品中微生物含量较高，约占 20%，形成生物骨架结构，结构松散，微孔隙发育。孔隙由粒间孔、晶间孔、溶蚀孔和构造缝组成，孔隙度约为 15% ~ 45%，其中溶蚀孔占孔隙的 20% ~ 50%，大小不一，一般为 2 ~ 80μm，最大可达 300μm。溶孔中一般可见板状石膏聚集体。

5.1.2　响堂山石窟灰岩的矿物化学成分

石窟石雕岩性为晶质灰岩、泥晶灰岩及白云质灰岩，灰色、浅褐色、细粒及致密块状，并有色调不同的方解石细脉呈网状分布在石雕上。石雕岩石化学全分析结果见表5。

表5			石雕岩石化学全分析结果			单位:%	
样品编号	S-1	S-2	S-3	B-1	B-2	B-3	B-4
SiO₂	2.74	2.34	4	3.64	1.68	3.42	16.42
Al₂O₃	1.55	1.42	1.85	1.88	1.09	0.94	6.09
Fe	0.47	0.28	0.98	0.69	0.29	0.14	3.74
TiO₂	0.12	0.04	0.06	0.06	0.06	0.04	0.28
P₂O₅	0.05	0.05	0.03	0.15	0.1	0.08	0.05
CaO	51.17	52.53	52.81	53.53	47.21	50.73	39.05
MgO	1.14	0.83	3.22	2.32	7.47	2.78	1.28
K₂O	0.04	0.05	0.08	0.1	0.1	0.06	0.37
Sa₂O	0.37	0.15	0.58	0.67	0.31	0.39	2.16
SO₂	0.081	0.098	0.22	1.12	0.098	0.142	1.12
CO₂	42.049	41.8	35.42	33.61	41.162	40.948	26.7
H₂O⁺	0.04	0.06	0.56	1.68	0.42	0.02	2.7
合计	99.82	99.668	99.81	99.45	99.99	99.69	99.97

可见 w（CaO）47.21% ~ 53.53%，w（CO₂）为 33.610% ~ 42.049%，w（MgO）为 0.83% ~ 7.47%，w（SiO₂）为 1.68% ~ 4.00%，w（Al₂O₃）为 0.94% ~ 1.88%，具有白云质灰岩的特点。

5.2　基本物理力学性质

5.2.1　龙门石窟灰岩的物理力学性质

根据文献调研，龙门石窟出露的主要地层为寒武系中统张夏组灰岩和第四系。第四系覆盖层之下的地层为寒武系中统张夏组灰岩，其岩性特征为灰色—深灰色巨厚层夹薄层鲕状白云岩化灰岩。岩性完整致密，鲕粒含量60%～70%，粒径0.15～0.34mm，主要为多晶鲕、薄皮鲕，鲕心多被白云石交代，鲕粒间为亮晶方解石胶结，含生物碎屑（三叶虫）3%～5%，厚度84m。龙门石窟群围岩为灰岩，岩性单一，物理化学性质稳定，质地细腻、坚硬。干抗压强度850kg/cm²～2300kg/cm²，软化系数0.77～0.85。由此可见，灰岩致密坚硬，抗压强度高，抗风化能力强，为石窟开挖提供了基础条件，而附近煤系地层砂岩、砂质泥岩、石英砂岩的干抗压强度小于600kg/cm²，软化系数小于0.75，可见其岩质软弱，抗压强度低，易风化，具干缩湿胀特征，鉴于夹有坚硬岩类，力学强度具各向异性，工程建筑条件较差。

前寒武纪碳酸盐岩、易溶蚀。这类岩层溶蚀性好，比溶解度为0.36～1.08，比溶蚀度为0.32～1.37，在雨水及地下水的长期作用下，岩溶非常发育，形态主要有溶洞、溶蚀裂隙、溶沟、溶槽、石芽等。对龙门石窟取回的样品进行室内基本物理性质试验，测试结果如表6所示。

表6 龙门石窟灰岩基本物理性质表

干密度（g/cm³）	天然密度（g/cm³）	饱和密度（g/cm³）	孔隙率（%）	天然吸水率（%）	饱和吸水率（%）
2.728	2.730	2.740	0.438	0.073	0.44

岩石主要是厚层状灰岩，局部为厚层夹薄层状，或厚层与薄层为互层状。厚层状灰岩结晶较好，岩石比较致密。薄层状灰岩一般含泥质条带，呈灰白色，表面破碎，软化系数较低，易风化。其物理力学性质指标见表7。

表7 岩石样品的物理力学性质试验结果

岩性	干燥条件				饱和条件				软化系数
	单轴抗压强度（MPa）	弹性模量（GPa）	变形模量（GPa）	泊松比	单轴抗压强度（MPa）	弹性模量（GPa）	变形模量（GPa）	泊松比	
薄层灰岩	142.0	62.40	46.86	0.141	73.4	30.64	27.14	0.328	0.627
厚层灰岩	159.3	64.74	39.82	0.248	124.3	62.85	44.79	0.319	0.768

5.2.2　响堂山石窟灰岩的物理力学性质

对从南响堂和北响堂石窟寺取回的试样进行切割打磨，制成50mm×50mm×50mm的放样进行单轴抗压强度测试，试验分为两组，一组进行自然状态下的抗压测试，一组饱水处理后进行测试。测试结果见表8、9及图58、59。

表8 南响堂风化灰岩含水率统计

试样编号	饱水前质量（g）	饱水后质量（g）	含水率（%）
S1-12	332.000	372.060	12.066
S1-13	315.500	352.798	11.822

续表8

试样编号	饱水前质量（g）	饱水后质量（g）	含水率（%）
S1－14	323.000	361.914	12.048
S1－15	312.000	349.874	12.139
S1－16	319.000	356.255	11.679
S1－17	312.000	349.874	12.139
S2－11	317.000	354.880	11.950
S2－12	312.000	350.606	12.374
S2－13	316.000	354.615	12.220
平均值	317.611	355.875	12.048

表9　　　　　　　　　　　　　　响堂山石窟寺试样的单轴抗压强度结果

试样编号	自然状态（MPa）	试样编号	饱水状态（MPa）
S1－2	16.5	S2－11	8.5
S1－3	20.3	S2－13	7.3
S1－5	16.3	S1－12	10.5
S1－6	15.1	S1－13	12.5
S1－8	15.8	S1－14	11.5
S1－10	16.8	S1－17	12.9
平均值	16.8	平均值	10.5

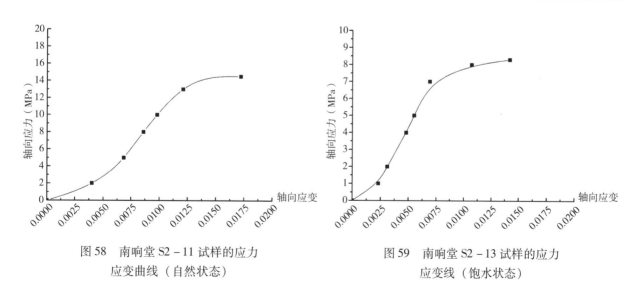

图58　南响堂S2－11试样的应力
应变曲线（自然状态）

图59　南响堂S2－13试样的应力
应变线（饱水状态）

根据试验结果，响堂山灰岩的力学强度很低，可见其风化程度较为严重，对试样饱水处理发现灰岩的饱和吸水率平均值为12.048%。由此可知，灰岩的孔隙率较大。单轴抗压强度结果显示，饱水后试样的强度下降了37.5%。由此推断，水对灰岩的侵蚀和破坏作用较为明显。

5.3 影响岩石劣化的环境因素

5.3.1 气象条件
5.3.1.1 龙门石窟

龙门石窟区属暖温带大陆性季风气候，冬季寒冷，少雨雪，春季干旱风大，夏季炎热多雨，秋季多晴。据洛阳气象站多年气象资料，多年平均降雨量约580mm，最大年降雨量1063.2mm，多集中在6、7、8、9四个月，占全年降水量64%，而12、1、2三个月降水量仅占全年降水量的5%，日最大降雨量为110.7mm（1964年7月29日）。

多年平均气温14.7℃，冬季1月最冷，平均气温0.4℃，夏季7月最热，平均气温27.4℃，平均温差27℃。历年极端最高气温44.2℃（1966年6月22日），极端最低气温–18.2℃（1969年1月20日），气温变幅达62.4℃。历年极端最高地面温度69℃（1968年7月6日），极端最低地面温度–25℃（1969年2月1日），地面极端温差达94.1℃。多年平均蒸发量1829.7mm，年最大蒸发量1988.6mm，最小蒸发量1296.7mm，多年平均相对湿度64.5%。最大冻土深度0.21m，年平均冻结历时73d。每年春夏秋季盛行南风，冬季盛行北风，最大风速19m/s。

在龙门石窟北边伊河下游采用橡皮坝拦筑人工湖，1991年修筑了第一级橡皮坝，2001年修筑了第二级橡皮坝，使河水水位抬升，常年库水位达到149m。橡皮坝的修建使龙门石窟区的小气候有一定的改变。

5.3.1.2 响堂山石窟

响堂山石窟区属暖温带大陆性季风气候，冬季寒冷，少雨雪，春季干旱风大，夏季炎热多雨，秋季多晴。气象条件与洛阳龙门石窟所处的环境基本相似。邯郸市属典型的暖温带半湿润大陆性季风气候，日照充足，雨热同期，干冷同季，随着四季的明显交替，依次呈现春季干旱少雨，夏季炎热多雨，秋季温和凉爽，冬季寒冷干燥。年平均气温14℃，最冷月份（1月）平均气温–2.5℃，极端最低气温–20℃，最热月份（7月）平均气温27℃，极端最高气温42.5℃，全年无霜期200d，年日照2557h。

5.3.1.3 飞来峰造像

飞来峰地处亚热带季风区，气候温和，雨量充沛，四季分明。冬夏季风交替显著，气温适中，日照较多，空气湿润。

多年日平均气温为16.4℃。一年中最低气温在1月，平均气温4.2℃，极端最低气温为–10.1℃。最高气温在7月，平均气温28.6℃，极端最高气温为42.1℃。多年平均降水量900mm～1600mm。最高月降水量514.9mm，最高日降水量141.6mm。全年各时期的降水比例为，春雨期（3、4月）占17%，梅雨期（5、6月）占27%，秋雨期（9月）占12%。多年平均降雨天数为130～170d，日降雨量为25mm～49.9mm的大雨天数平均每年为10.1d，日降雨量大于50mm的暴雨天数为平均2～3d/y，多发生在春雨和梅雨季节。区内降水日趋酸化，据雨水水样水质分析结果表明，降水的pH值偏酸性。根据1981～1988年降雨监测结果表明，杭州市降雨年日平均pH值已从原5.33下降至4.27，7年间降雨酸度提高了近10倍。冬季的降雨pH值最小，为3.37；春秋季次之，为3.44～3.50；夏季最大，为4.83。静风或弱风时pH平均值最小，在3.85～4.21之间。在偏北风条件下，酸雨率最高，达57%。

多年平均日照数 1800h/y~2000h/y，多年平均相对湿度 80%~82%，多年平均蒸发量 1200mm~1400mm。风向随季节变化，冬季盛行偏北风，夏季多为东南风，7~9月为台风期，平均风速为 2.6m/s，最大风速 28m/s。

5.3.2　空气质量

5.3.2.1　龙门石窟

根据洛阳市环保局检测结果，洛阳市的主要空气质量概况如下。

2011年洛阳市环境空气质量良好以上天气 156d，占监测总天数的 42.62%；轻微污染、轻度污染天气 194d，占监测总天数的 53.01%；中度污染、中度重污染天气 10d，占监测总天数的 2.73；重污染天气 6d，占监测总天数的 1.64%。一年四季中，按污染程度由重到轻依次排序为：冬季、春季、秋季、夏季。其中，冬、春季属于中度污染，秋、夏季属于轻微污染。在各污染因子中，空气中二氧化氮、降尘年均浓度值达到了国家环境空气质量二级标准或推荐标准，而二氧化硫、可吸入颗粒物、硫酸盐化速率年均浓度值超过了国家环境空气质量二级标准或推荐标准。二氧化硫、可吸入颗粒物日均浓度值超标率分别为 25.1%、5.22%，硫酸盐化速率月均浓度值超标率为 100%。在全年 60 个大气降水样品中，酸雨 9 个，酸雨发生率 15%。

5.3.2.2　响堂山石窟

根据邯郸市环保局检测结果，洛阳市的主要空气质量概况如下。

截止 2015 年 8 月，邯郸的 AQI（空气质量指数）为 293，属于重度污染，成为 161 个参与空气质量排名的城市中空气质量最差的城市。石窟内最明显的特点是粉尘，粉尘中 Al_2O_3，SO_2 及 H_2O 含量相对较高，而 CaO，CO_2 相对低于窟外粉尘。石窟粉尘主要物质组成是水泥尘、黏土尘、煤炭和烟粉尘，主要来源于窟区周边几十家中小型厂矿企业。石雕表面的汽水—粉尘—岩相互作用，是该文物表面破损的一个主要原因。

5.3.2.3　飞来峰造像

根据杭州市环保局检测结果，杭州市的主要空气质量概况如下。

根据 2014 年杭州全市环境空气质量检测结果，主要污染物为细颗粒物，市区环境空气中 SO_2 年平均浓度为 21μg/m³；SO_2、PM10、PM2.5 年均浓度分别为 50μg/m³、98μg/m³、64.6μg/m³，超标 0.25、0.40 和 0.86 倍，但同比下降 5.7%、6.7%、7.7%。降尘平均浓度为 5.67 吨/平方公里·月。全市废气中主要污染物排放总量如下：二氧化硫排放量为 8.10 万吨，氮氧化物排放量为 10.29 万吨。2014 年全市大部分地区处在重酸雨区，酸雨污染仍处于严重水平。降水 pH 值范围为 3.25~7.86，最低值出现在桐庐县。杭州市降水 pH 年均值为 4.65。

5.3.3　大气降雨

龙门石窟区和响堂山石窟属暖温带大陆性季风气候，冬季寒冷，少雨雪，春季干旱风大，夏季炎热多雨，秋季多晴。据河南气象站多年气象资料，多年平均降雨量约 580mm，最大年降雨量 1063.2mm，多集中在 6、7、8、9 四个月，占全年降水量 64%，而 12、1、2 三个月降水量仅占全年降水量的 5%，日最大降雨量为 110.7mm（1964 年 7 月 29 日）。

根据杭州气象局统计数据，杭州市年平均降水量在 1100mm~1600mm 之间，年雨日 130~160d。在环流和地形影响下，各地降水量和雨日多寡悬殊，其分布总趋势是自西南部向东北部递减，自河谷平原和新安江水库区向丘陵山地递增。市域西北部、中部、西南部山区，雨水丰沛，年平均降水量在1500mm以上，雨日大于160d，为多雨区。特别是天目山东、西两边的市岭和双石，昱岭东北部马山，白际山东侧的陈家村、樟村、千里岗的白马、西岭和建德大坑源等地，年平均降水量多达1800mm以上，雨日超过165d。临安、富阳以南沿江至寿昌盆地、梅城盆地及新安江水库区年平均降水量1350mm～1500mm，雨日145～155d。东北部平原地区年平均降水量在1400mm以下，雨日少于150d，为全市少雨区。萧山、余杭的滨海、水网平原，年平均降水量不足1200mm，雨日不到140d。

降水量的季节分配。杭州市全年有两个雨季和一个多雨时段。第一个雨季自5月初前后开始，6月底至7月上旬结束，俗称梅汛期，多由极锋（梅雨锋）北移，雨带在江南和长江中下游停滞而产生。该时段内，雨量集中，有大到暴雨出现，平均降水量350mm～550mm，约占年总量的25%～31%。多雨区主要分布在西南部至西北部山区，平均都在500mm以上。第二个雨季出现在8月底到9月底，因受台风或极锋南移影响所致，俗称台风秋雨期，平均降水量120mm～220mm约占年总量的8%～13%。多雨区主要分布在西北部山区和东北部平原。天目山东侧为台风暴雨的频发中心，平均在200mm以上。此外，3～4月为一多雨时段，称春雨期，平均降水量200mm～300mm，约占年总量的13%～23%。7、8月和10月至次年2月为两个相对干季。前一干季为盛夏伏旱期，即夏干期，全市受副热带高压控制，夏季风极盛，高温少雨，除西北部天目山区和中部昱岭山区平均降水量超过350mm外，大部分地区平均降水量为250mm～300mm，东北部平原沿钱塘江河谷到新安江水库区降水量最少，平均在250mm以下，后一干季为冬干期，因受蒙古南下的极地大陆干冷气团影响，连续五个月的平均降水量仅300mm～400mm，占年总量的20%～27%。

5.4　劣化机理

5.4.1　岩石本身组成和结构

根据5.1节中所述的岩石矿物化学成分及物理力学性能的测试结果，对灰岩的风化特性进行初步分析，认为：

（1）龙门石窟

灰岩成分以方解石为主，其他成分有白云石、石英和长石，个别样品中白云石含量较高，见石膏和少量黏土团块。粒状结构，颗粒由中粗粒方解石组成，胶结物由亮晶方解石组成。白云石颗粒为2～5μm。石窟区寒武系地层以灰岩、白云岩为主，岩石主要矿物成分方解石和白云石的含量在85%以上。高含量的碳酸盐为灰岩与空气中的酸性成分发生反应提供了物质基础，促使文物表面易受酸雨侵蚀。另外，样品中微生物含量较高，约占20%，形成生物骨架结构，结构松散，微孔隙发育。孔隙由粒间孔、晶间孔、溶蚀孔和构造缝组成，孔隙度约为15%～45%，其中溶蚀孔占孔隙的20%～50%，大小一般为2～80μm，最大可达300μm。溶孔中一般可见板状石膏聚集体。龙门石窟群围岩为灰岩，岩性单一，物理化学性质稳定，质地细腻、坚硬，干抗压强度850kg/cm²～2300kg/cm²，软化系数0.77～0.85。由此可见，灰岩致密坚硬，抗压强度高，抗风化能力强，为石窟开挖提供了基础条件，而附近煤系地层砂岩、砂质泥岩、石英砂岩的干抗压强度<600kg/cm²，软化系数<0.75，可见其岩质软弱，抗压强度低，易风化，具干缩湿胀特征，鉴于夹有坚硬岩类，工程建筑条件较差。

据实地的初步调查，灰岩属厚层状或巨厚层状，单层厚度一般大于1m，多数层面结合良好，组成岩层的颗粒较细、均质，因水平结构面（层面）发育而垂直结构面不发育的特征，决定了石窟区灰岩风化深度较浅，但灰岩中的岩溶与溶隙比较发育，石佛裸露，自然风化溶蚀对石佛有很大的破坏性。

除此之外，矿物分析发现在龙门岩溶堆积物中普遍含有石膏，在路洞洞顶的岩溶堆积物中石膏含量高达 35.56%。雨水中的硫酸根离子与岩体中的 $CaCO_3$ 作用形成石膏：

$$CaCO_3 + SO_4^{2-} + 2H^+ = CaSO_4 + CO_2 + H_2O \qquad (5-1)$$

在高温干旱期间石膏可脱水成硬石膏，体积缩小，常温常压下，硬石膏又可水化成石膏：

$$CaSO_4 \cdot 2H_2O = CaSO_4 + 2H_2O \qquad (5-2)$$

温度变化会影响 6-1 和 6-2 式的进行，不断循环会造成灰岩的体积膨胀和缩小，会影响灰岩的完整性和结构。

（2）响堂山石窟

石窟石雕岩性为晶质灰岩、泥晶灰岩及白云质灰岩，灰色、浅褐色，细粒及致密块状，并有色调不同的方解石细脉呈网状分布在石雕上。主要矿物方解石多呈粒状或浑圆状，光性表现为干涉色略有降低。在方解石大颗粒间充填着细小的石英、褐铁矿以及黏土矿物，有时可见纤维状石膏等。此外，还有许多水泥粉尘颗粒。

在孔隙中还生长着许多细小针柱状的晶体（图 60）。扫描电镜放大 5000 倍时，可见该矿物多呈细长斜方柱的晶簇状，晶体发育完好，其能谱主要成分为 Ca、Al。研究表明：该晶体是水泥颗粒水化反应的产物（水化铝酸钙）在有石膏和水参与情况下反应形成的物质，称为钙矾石。其反应式为：

$$3CaO \cdot Al_2O_3 \cdot 6H_2O + 3(CaSO_4 \cdot 2H_2O) + 19H_2O = 3CaO \cdot Al_2O_3 \cdot 3CaSO_4 \cdot 31H_2O \qquad (5-3)$$

图 60　样品中钙矾石晶体扫描电镜图像（5000×）

钙矾石是难溶水的针状晶体，它在形成时其体积可膨胀 1.5~2 倍，可在石雕表层孔隙中产生内应力，使其产生裂隙以至于最终导致破损。

除此之外，对样品进行饱水处理发现试样饱和吸水率高达 12%，可见响堂山灰岩的孔隙率较为发育，这为水的运移提供了通道，也为盐分循环和冻融作用提供了有利条件。

5.4.2 物理风化作用

物理因素指水、风、温度、灰尘等的影响。龙门石窟灰岩文物受物理风化作用的主要表现方式为：冻融作用、温差效应、晶胀作用及外观影响等。

① 温差效应。温度变化是引起岩石物理风化作用的最主要因素。由于温度的变化产生温差，促使岩石膨胀和收缩交替地进行，久之则引起岩石破裂。岩石是热的不良导体，导热性差，当它受太阳照射时，表层首先受热发生膨胀，而内部还未受热，仍然保持着原来的体积，这样，必然会在岩石的表层引起壳状脱离。在夜间，外层首先冷却收缩，而内部余热未散，仍保持着受热状态时的体积，这样表层便会发生径向开裂，形成裂缝。由于温度变化所引起的这种表里不协调的膨胀和收缩作用，昼夜不停地长期进行，逐步削弱岩石表层和内部之间的联结，使之逐渐松动，在重力或其他外力作用下产生表层剥落。龙门石窟区和响堂山石窟属暖温带大陆性季风气候，冬季寒冷，少雨雪，夏季炎热多雨，岩石表层干湿变化频繁，增加了岩石膨胀和收缩的频率，加快了岩石的开裂、剥落。

② 冻融作用。冻融是指在寒冷气候下，由于岩石中水冻结和融化等引起若干作用的总称，包括冻结和融化、蒸发和凝结、升华和凝华，即岩石中水的相变；岩石中水分、盐分土颗粒的迁移；岩石的冻胀和冻土融沉等。随着季节的交替，冻融作用会反复发生。在此过中，细小颗粒和矿物的微裂隙中的水膜的楔开压力也着发生变化，从而导致细小土粒和矿物的破坏，使颗粒变小，这种作用称为冷生水化风化。河南省多年日平均气温为 16.4℃。一年中最低气温在 1 月，平均气温 4.2℃，极端最低气温为 −10.1℃；最高气温在 7 月，平均气温 28.6℃，极端最高气温为 42.1℃。较大的温差促进了冻融过程，岩石中的原生裂隙在冻融过程中不断扩张，严重危害到文物本体的美观和完整性。

③ 可溶性盐的晶胀作用。由于毛细水的侵蚀作用，使石质文物近地面表层积聚大量的 $Na（K）SO_3$ 和 $Na（K）HSO_4$ 等可溶性盐，随降水和地下水沿石质文物结构中的毛细裂隙及风化裂隙通道渗透至一定高度，岩石表层中的水分一旦开始蒸发，可溶性盐类便结晶析出。晶胀作用可逐步加大裂隙，破坏岩石的原有结构。同时，聚集在岩石表层的盐类结晶，也会逐渐把原有孔隙堵塞，使水另辟通道，再沿岩石中的薄弱面渗出，进一步加大破坏范围。石刻基础部位在可溶盐的作用下，会慢慢酥碱粉化。

由于灰岩具有高孔隙率，有利于岩样吸收 Na_2SO_4 溶液。这些盐溶液富集在岩样开孔孔隙中，当外部空气干燥时，因其出口被盐类堵塞，孔隙内产生过饱和溶液，结晶析出 $Na_2SO_4 \cdot 10H_2O$ 晶体，体积膨胀产生巨大的膨胀压力，加速了矿物颗粒间连结的破坏和裂隙的扩张，促使岩样表面片状剥落，导致质量减少，乃至完全破坏。

同理，酸雨中的碳酸根离子也会以 Na_2CO_3 溶液的形式进入岩体内部，破坏其强度，造成材质劣化。

④ 灰尘、杂物的破坏。空气中的粉尘等漂浮物质易于黏附、沉积在粗糙的岩石表面，影响石质文物的观瞻性。同时，它们吸水后会产生活性，强化石质文物的化学风化作用。

5.4.3 化学风化作用

灰岩材质的文物发生化学风化，离不开水的参与，这里的水分主要来源于大气降水和地下毛细水。化学作用，包括溶解、水合、水解、氧化—还原、酸性侵蚀、化学沉淀、离子交换、硫酸盐还原、富集与超渗透。

水与 SO_2、SOx 等有害气体共同作用。洛阳市大气中二氧化硫、可吸入颗粒物日均浓度值超标率分别为 25.1%、5.22%。这些大量的 SO_2、SOx 等有害气体，与空气中的游离水或自由水结合形成酸雾，$2H^+ + CO_3^{2-} \rightarrow H_2O + CO_2 \uparrow$，生成易溶的 Ca^{2+} 的硫酸盐和硝酸盐，随雨水流失。石质文物长期暴露在这样开放的环境中，必然会受到酸雾酸雨的侵蚀，变得疏松，易风化。

5.4.4 生物风化作用

由于日常管理不健全，部分石刻造像表面，发育有霉菌、地衣、苔藓、寄生蕨等低等植物繁衍生存。裂隙或孔洞生存着昆虫，其生存过程中所分泌的有机酸对石灰岩具有腐蚀作用，遗骸附着在石质文物的表面与表层，掩盖了石刻的本来面目。

5.5 酸雨作用下石窟寺灰岩的劣化特征

酸雨对岩石侵蚀作用是地壳岩石风化的重要内容之一，也涉及工程岩体强度及稳定性、文物古迹保护和地质环境演化等多项重要研究课题。碳酸盐岩类文物是石质文物中重要的范畴之一，在长期自然环境作用下，石灰岩中的碳酸盐成分在外界环境因素的影响下易于溶蚀产生风化甚至劣化，而酸性环境更加速了溶蚀的进程，这对碳酸盐岩石质文物的保存是极为不利的。随着全球气候变暖、异常天气和雨水酸化现象不断发生，酸雨对岩土质文物的腐蚀日趋严重，作为石窟寺、摩崖造像、岩画等众多岩土文物中广泛使用的碳酸盐岩，正承受着自然环境中酸性介质的破坏作用，如碳酸盐溶解沉淀产生的结垢、溶蚀裂隙和潮湿地区石灰岩石窟和石刻文物的黑色结壳等。酸雨严重威胁着碳酸盐岩石质文物的保存。试验计算发现，酸雨对碳酸盐类石质文物的侵蚀速度已超过了过去数百年，因此研究酸雨对碳酸盐岩的溶蚀效应对文物的保存及保护是非常必要的，也是工程地质问题基础性研究课题之一。

5.5.1 试验样品

实验选取洛阳龙门石窟、邯郸南响堂山石窟及杭州飞来峰造像周边的新鲜石灰岩作为研究对象（图61），样品编号分别为 LM、XT 和 HZ。试样经切割打磨成 $50mm \times 50mm \times 50mm$ 的立方体试样，暴露面积为 $125cm^2$。通过偏光显微镜获得了试样微观形态（图62~64），通过 XRD 衍射分析得到了试样的矿物成分，如表10所示。通过室内试验确定了试样的基本物理力学性质如表11所示。

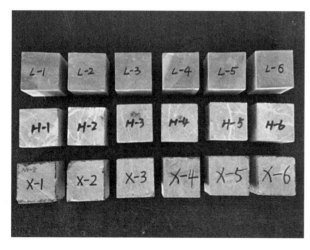

图61 试验样品及编号

Oo 代表鲕粒，Cal 代表方解石

图62a LM 样品在偏光显微镜下的照片

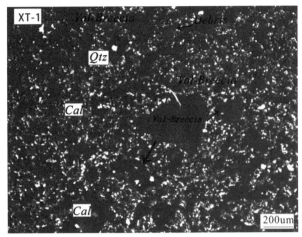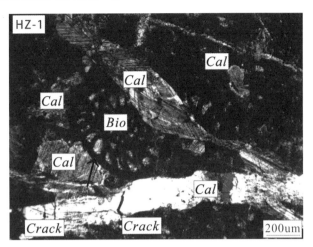

Qtz 代表石英，Cal 代表方解石

图 63　XT 样品在偏光显微镜下照片

Bio 代表生物碎屑，Cal 代表方解石

图 64　HZ 样品在偏光显微镜下的照片

表 10　　　　　　　　研究选取的三处不同地区石灰岩赋存环境概况及矿物成分

取样 地点	样品 编号	岩性 描述	X 衍射分析结果			
			方解石	白云石	黏土矿物	石英
龙门石窟	LM	中寒武统灰岩、上寒武统白云岩	90.49%	8.24%	0%	1.27%
飞来峰造像	HZ	寒武系鲕状灰岩、中奥陶系灰岩	98.03%	1.97%	0%	0%
响堂山石窟	XT	石炭系生物碎屑灰岩	88.03%	7.35%	4.62%	0%

表 11　　　　　　　　　　不同地区石灰岩样品的基本物理性质

取样 位置	样品 编号	颗粒密度 ρ_p （g·cm^{-3}）	块体密度 ρ_b （g·cm^{-3}）	干密度 ρ_d （g·cm^{-3}）	孔隙率 p （%）	自由吸水 率 ω_a（%）	饱和吸水 率 ω_s（%）	饱水系数 C_s
洛阳市 龙门石窟	LM	2.69	2.68	2.62	0.37	1.11	1.38	0.80
		2.70	2.69	2.66	0.37	0.82	0.96	0.85
		2.65	2.63	2.61	0.75	0.97	1.23	0.79
邯郸市 响堂山石窟	XT	2.57	2.02	2.50	21.40	4.51	4.62	0.98
		2.59	2.11	2.52	18.53	4.72	4.81	0.98
		2.59	2.09	2.53	19.30	4.66	4.70	0.99
杭州市 飞来峰造像	HZ	2.63	2.61	2.57	0.76	0.32	0.62	0.52
		2.66	2.64	2.59	0.75	0.44	0.71	0.62
		2.62	2.60	2.55	0.76	0.27	0.51	0.53

　　试验选取的三处石灰岩中碳酸盐含量均超过 90%，其中在响堂山石窟寺（XT）的样品中检测出了 4.62% 的黏土矿物，黏土矿物对水和酸性介质敏感，其成分及含量对石质文物的风化机理有重要影响。根据对试样的基本物理性质测试结果，三处石灰岩样品的密度均小于 2.70g/cm³，而未风

化的石灰岩的颗粒密度最高可达 $2.90g/cm^3$，由此可知三处石灰岩样品的致密程度较差。XT 样品的自由吸水率高达 4.70%，由此可推断石灰岩的开孔孔隙率较大，易于吸水。自然吸水率 ω_a 和饱和吸水率 ω_s 的比值即为饱水系数，反映岩石中大裂隙占总裂隙的体积百分数，也反映了岩石的抗冻融性能。三处石灰岩质文物样品的饱水系数均超过 0.50，其中 XT 样品的饱水系数可达 1，这也证明了石灰岩的孔隙结构发育。

5.5.2　试验方案设计

（1）模拟酸雨

根据调查，本次试验选取的石灰岩石质文物所处地的酸雨以硫酸型酸雨为主（见表 12）。另外，我国酸雨的硫酸根离子占总阴离子的 $70\% \sim 90\%$，且硫酸造成石灰岩的腐蚀损失是硝酸的 $13 \sim 17$ 倍。因此，本次试验选用硫酸稀释成的酸性溶液作为酸雨原液。根据试验样品所在地的酸雨酸度，酸雨酸度设置为 pH = 4.00，空白溶液为 pH = 6.20 蒸馏水（以硫酸稀释），这主要是考虑到无污染的雨水在大气中 CO_2 的作用略显酸性。

表 12　　　　　　　　　　　试验样品所处地的酸雨情况（近 $10 \sim 15$ 年）

位置	年降雨量（mm）	pH 值平均值	pH 值范围	电导率（us/cm）	SO_3^-（mg/L）	SO_4^{2-}（mg/L）	NH_4^+（mg/L）	Cl^-（mg/L）
洛阳	580	4.33	3.17 ~ 4.88	62.65	0.79	6.88	1.38	0.51
杭州	1000	4.65	3.94 ~ 5.05	59.54	0.71	6.42	1.12	0.73
邯郸	590	4.24	3.05 ~ 4.64	64.23	0.95	7.05	1.08	0.99

（2）试验设备

为了模拟酸雨侵蚀石灰岩的实际状况，我们设计并制作了循环实验装置，如图 65 所示。其中，淋浴槽的尺寸为 $500mm \times 400mm \times 300mm$，在整个实验过程中，酸溶液通过一个循环泵实现封闭式循环，持续淋溶样品。溶液的流速控制为 5L/min，每 12min 完成一次酸液的循环，以此计算，每个循环约等于 12mm 的年降雨量，50 个循环的总降雨量约为 600mm，介于试验样品所处地的年降雨量之间。根据年降雨量 1000mm 及降雨 pH 值 4.5，计算 H^+ 总量为 $6.33 \times 10^{-3}mol$，与本次试验中的 H^+ 总量 6.00 ×

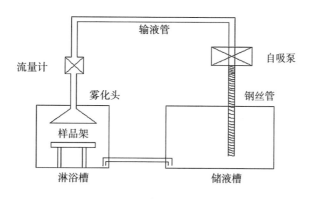

图 65　模拟酸雨对石灰岩淋蚀作用的装置示意图

10^{-3}mol 基本一致。

5.5.3　试验过程

为了区别酸雨的淋蚀作用和浸泡作用，试验设置酸雨淋蚀、酸雨浸泡、蒸馏水淋蚀和蒸馏水浸泡四组对比试验（见表13），浸泡时间和淋蚀时间相同。试验过程中，每隔5个循环测定溶液中 H^+ 浓度并计算 pH 值、溶液中 Ca^{2+} 浓度，测定样品的烘干质量。试验共进行50次循环，50个循环后，测试试样的表面硬度及孔隙特征。为了定量描述酸雨侵蚀石灰岩的过程，定义质量损失率为：

$$M_c(\%) = \frac{m_0 - m_c}{m_0} \times 100\% \qquad (5-4)$$

式中，m_0 为试样试验前的烘干质量，单位为 g，m_c 为试验后的烘干质量，单位为 g。

表 13　　　　　　　　　　　　试验方案

试验方案	模拟酸液 pH 值	酸液循环速度	模拟降雨的年降雨量	试验时间	样品数量
淋蚀组 1	4.00	5L/min	600mm	10h	3
浸泡组 1	4.00	–	–	10h	3
浸泡组 2	6.20	–	–	50 个循环	9
淋蚀组 2	6.20	5L/min	600mm	50 个循环	3

酸雨侵蚀石灰岩的过程中会不断消耗溶液中的 H^+，在一定程度上，H^+ 的消耗速率可体现酸雨溶蚀作用的快慢，因此，有必要对 H^+ 的浓度的变化进行监测。定义 H^+ 消耗速率为：

$$r = \frac{c_0 - c_i}{\triangle t} \qquad (5-5)$$

其中，c_0 为淋蚀前酸液中 H^+ 浓度，c_i 为淋蚀后酸液中 H^+ 浓度，单位为 mol/L；$\triangle t$ 单位为 h。

由 XRD 衍射结果可知，样品中的碳酸盐含量均超过 90%。酸雨对石灰岩的化学侵蚀的本质就是 H^+ 与碳酸盐的反应，因此，检测溶液中 Ca^{2+} 浓度的变化可以体现酸雨对石灰岩中碳酸盐成分的溶蚀程度。在试验过程中，每隔5个循环（60min）使用离子浓度计（精度为 0.01mg/L）测量溶液中 Ca^{2+} 的浓度变化。

酸雨对露天石质文物的影响直接体现在文物表面，尤其是干旱地区的石质文物，降雨强度有限，酸雨深入岩石内部的程度很低。因此，当酸雨强度较低时，酸雨的作用主要集中于表层岩石。使用里氏表面硬度计对试样试验前后的表面硬度进行测试，可以反映石灰岩表层的破坏情况，其特点是对测量对象的损伤非常小。另外，为了分析石灰岩孔隙特征对酸雨溶蚀石灰岩过程的影响，分别测量试样在试验前后的孔隙率及孔隙特征。

5.5.4　试验结果与分析

（1）质量损失率

试验过程中试样的质量损失率如图66~68所示，图69是试验结束后试样的最终质量损失率。所有试样随着试验的进行均会产生质量损失（除了 LM 样品在水浸泡组中变化不明显，这可能是由于试样的孔隙率较低造成的），其中酸雨淋蚀组的试样质量损失率最大，而水浸泡组试样的质量损失率最小。

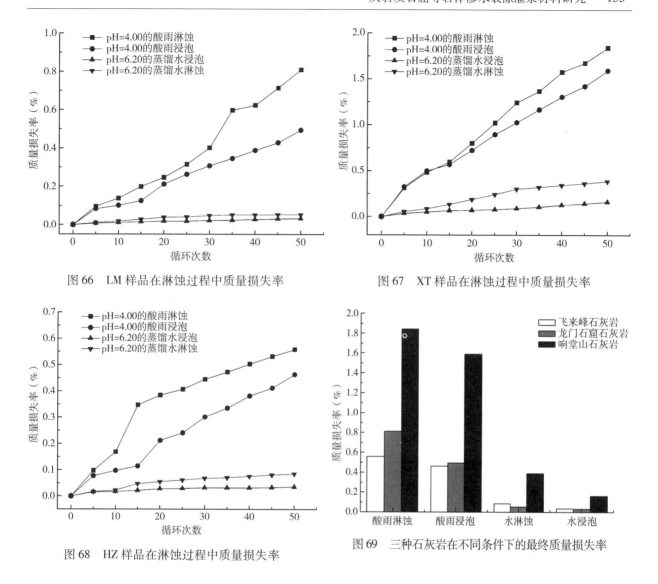

图 66　LM 样品在淋蚀过程中质量损失率

图 67　XT 样品在淋蚀过程中质量损失率

图 68　HZ 样品在淋蚀过程中质量损失率

图 69　三种石灰岩在不同条件下的最终质量损失率

在酸雨淋蚀组的试样中，LM、XT 和 HZ 试样的质量损失率平均值分别达到了 0.823%，1.821% 和 0.566%，而在酸雨浸泡组的试样中，三种试样的质量损失率平均值分别为 0.496%，1.591% 和 0.463%。在蒸馏水淋蚀组的试样中，LM、XT 和 HZ 试样的质量损失率分别达到了 0.053%，0.388% 和 0.085%，而在蒸馏水浸泡组的试样中，三种试样的质量损失分别为 0.033%，0.162% 和 0.035%，这说明淋蚀作用对试样的破坏强于浸泡作用。分析原因认为，酸雨淋蚀组中，酸雨溶解的方解石和白云石等碳酸盐会被迅速冲刷并脱离岩石表面，进入酸液中，加速了内部新鲜层面的溶蚀作用，而酸雨浸泡的试样，由于 H^+ 与碳酸盐发生作用，产生的硫酸盐会附着在岩石表面，可以一定程度上减缓酸液对内部的侵蚀。对龙门石窟风化岩样物质成分检测发现，表面遗留了酸雨作用的产物——石膏。

值得注意的是，在试验前 5 个循环至前 10 个循环内，酸雨淋蚀组和酸雨浸泡组中的试样质量损失率相差不大，10 个循环后，淋蚀作用造成的质量损失才明显高于浸泡作用引起的质量损失。分析原因认为，在前期，酸雨的淋蚀和浸泡作用仅发生在试样表面，酸液未能充分进入试样内部，两者引起的差异不明显。

（2）Ca²⁺子浓度变化

试验过程中每隔 5 个循环测定溶液中 Ca²⁺ 的浓度，结果如图 70~72 所示。在所有试验中，溶液中的 Ca²⁺ 浓度均随着循环的时间增加而增加。试验结束后，酸雨组的溶液中 Ca²⁺ 浓度范围为 $2.15mg \cdot L^{-1}$ ~ $8.92mg \cdot L^{-1}$，而蒸馏水组的溶液中钙离子浓度范围为 $0.05mg \cdot L^{-1}$ ~ $1.52mg \cdot L^{-1}$，可以明显看出石灰岩对酸雨和蒸馏水的响应不同。酸雨对 Ca²⁺ 的释放产生了较大的影响，明显地促进了 Ca²⁺ 的释放。

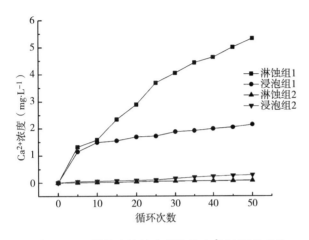

图 70　LM 样品在溶液中释放的 Ca²⁺ 浓度的变化

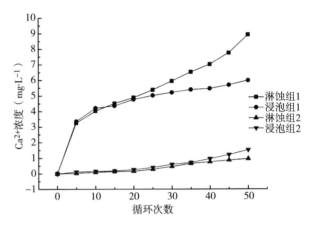

图 71　XT 样品在溶液中释放的 Ca²⁺ 浓度的变化

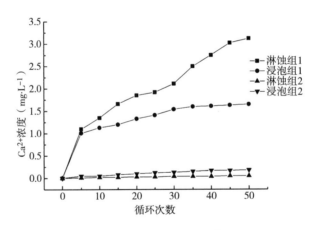

图 72　HZ 样品在溶液中释放的 Ca²⁺ 浓度的变化

对比酸雨淋蚀组和酸雨浸泡组可以发现，在循环初期，两种试验的 Ca²⁺ 浓度较为接近，而 5 个循环之后，酸雨淋蚀组中的 Ca²⁺ 浓度升高速度高于酸雨浸泡组。分析原因认为，第一，在循环初期，酸雨中 H⁺ 与石灰岩表面充分接触，此时淋蚀作用与浸泡作用差别不大。随着试验的进行，酸雨淋蚀作用下不断暴露新鲜面，酸液于石灰岩的反应更充分，而酸雨浸泡作用产生的石膏可以减缓酸雨对石灰岩内部的进一步侵蚀。第二，除 XT 试样外，另外两种石灰岩的自由吸水率均小于 2%，试样在浸泡过程中接触的酸雨量有限，酸雨溶液在试验过程中仅停留在试样表层，因此对碳酸盐的溶解作用较弱。

试验结束后，三种石灰岩的 Ca²⁺ 释放量大小顺序为 XT > LM > HZ。XT 试样的 Ca²⁺ 溶解量分别是 LM 试样和 HZ 试样的 1.68 倍和 2.86 倍。分析原因认为，XT 试样孔隙率高于 LM 和 HZ 试样，酸雨在初期就可以充分进入石灰岩内部发生反应，随着试验的进行，酸雨吸收量会在原来的基础上呈近似指数规律上升趋势。

（3）H^+消耗速率及 pH 值变化

分别统计三处石灰岩在酸雨淋蚀试验条件下的 pH 值的变化（图73）并计算 H^+ 的消耗速率（图74）。分析图73，在试验初期，酸液的 pH 值升高较快，而随着试验的进行，pH 升高的速度变慢，呈近似对数型的变化；分析图74，初期 H^+ 消耗速率也较高，随着试验的进行 H^+ 的消耗速率逐渐变缓，曲线呈明显的负幂相关特点。拟合 pH 值—时间的关系和 H^+ 消耗速率—时间的关系如表14所示。对比拟合参数的相关性可知，pH 值—时间关系的相关性低于和 H^+ 消耗速率—时间的关系，分析可能的原因认为，酸雨作用下，石灰岩中的 $CaCO_3$ 被溶解（$CaCO_3 + 2H^+ \rightarrow Ca^{2+} + CO_2 + H_2O$），相应地，溶液体系中呈弱酸性的 CO_2 含量会增加，因此，H^+ 的减少和 pH 值的升高并不存在严格的对等关系。

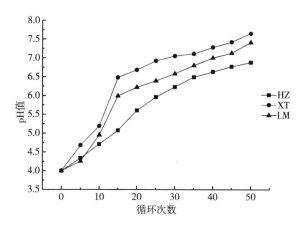

图73　pH = 4 的酸雨淋蚀过程中 pH 值的变化

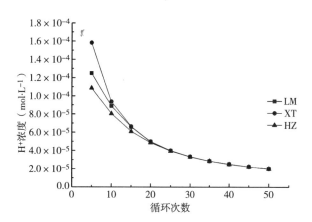

图74　pH = 4 的酸雨的淋蚀过程中 H^+ 消耗

表14　　　　　　　　pH 值变化及 H^+ 消耗速率随时间变化曲线的拟合及相关性

	H^+ 消耗速率—时间的关系		
	LM	XT	HZ
拟合关系	$Y = 0.0006X^{-0.833}$	$Y = 0.0007X^{-0.9115}$	$Y = 0.0004X^{-0.766}$
相关性系数 R^2	0.9818	0.9963	0.9858
拟合关系	$Y = 0.0006X^{-0.833}$	$Y = 0.0007X^{-0.9115}$	$Y = 0.0004X^{-0.766}$
相关性系数 R^2	0.9818	0.9963	0.9858

响堂山石窟灰岩的 pH 值升高最明显，升高量也最大，解释其原因认为，响堂山石窟灰岩不仅孔隙发育（孔隙率范围为18.41% ~ 21.52%），而且含有黏土矿物（4.62%）。孔隙为酸雨的作用提供了通道和空间，而黏土矿物加速了 H^+ 的消耗，因此 H^+ 消耗速率大，pH 值升高较快。

（4）表面硬度变化

使用里氏硬度计（D型）对试验前后的试样进行表面硬度检测，里氏硬度计的硬度值量程为490 ~ 830HLD，示值误差为 ± 12HLD，每个试样表面进行20次测试然后求平均值。酸雨淋蚀组和浸泡组试样的表面硬度变化如图75、76所示，蒸馏水浸泡和淋蚀试验的试样表面硬度变化微小，因此不做分析。在酸雨作用下，试样的表面强度均下降。酸雨淋蚀作用下的试样表面下降幅度小于酸雨浸泡组的试样，这是因为在酸雨浸泡试验中，酸雨与石灰岩表面作用产生的可溶性硫酸盐会附着在试样表面，造成表面疏松，而酸雨淋蚀作用下的石灰岩表面积累的硫酸盐会被剥离至溶液中，新鲜面的暴露使其表面硬度高于酸雨浸泡组试样。

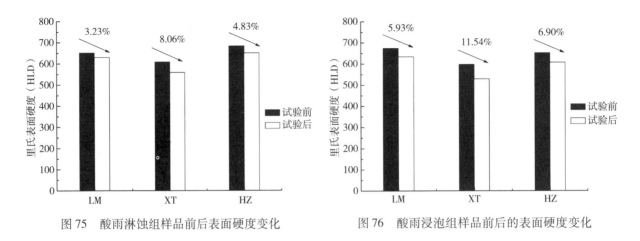

图 75　酸雨淋蚀组样品前后表面硬度变化　　　　图 76　酸雨浸泡组样品前后的表面硬度变化

三种样品中，XT 样品在酸雨浸泡和淋蚀作用下作用下表面强度分别下降了 11.54% 和 8.06%，均高于 LM 和 HZ 试样，说明 XT 样品对酸雨响应更敏感。分析原因认为，XT 样品中含有 4.62% 的黏土矿物，黏土矿物对水的敏感性较强。另外，XT 样品的孔隙发育，这也是酸雨作用更充分的原因之一。

（5）扫描电镜观测

试验前后分别对酸雨淋蚀试样的表层（0.5～1cm）进行扫描电镜观察并测量 EDS 能谱。试样的溶解—结晶特点如图 77 所示，对比试验前后的 SEM 图片可以发现，方解石晶体均被不同程度地溶解，

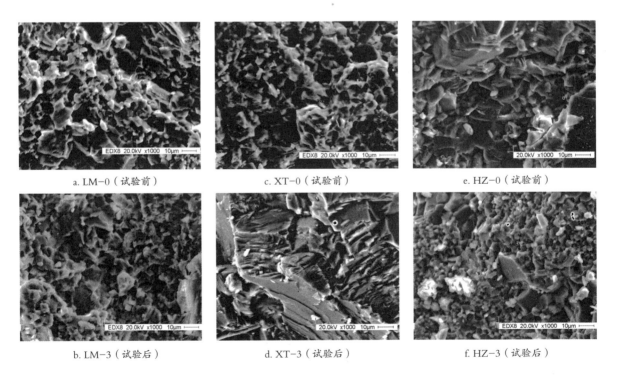

a. LM-0（试验前）　　　　c. XT-0（试验前）　　　　e. HZ-0（试验前）

b. LM-3（试验后）　　　　d. XT-3（试验后）　　　　f. HZ-3（试验后）

图 77　样品在酸雨淋蚀试验前后的扫描电镜图像

其中 XT 试样和 HZ 试样的变化较明显（图 77d、f），LM 试样的微观结构变化较小，但仍然可以观察到被磨圆的棱角（图 77b）。在 XT 试样和 HZ 试样中可在孔隙网格中观察到石膏晶体，大小约为 $5\mu m$，而在 LM 试样中观察到的石膏晶体尺寸约为 $1\mu m$，这些石膏晶体并未形成覆盖层，而是离散地分布。对比试验前后的微观图像可以发现，试样的表面形态和孔隙特征发生了变化，如 XT 试样新增的溶孔（图 77d），HZ 试样表面块体的溶蚀（图 77f）。

分析试样的主量元素 O，C 和 Ca 的变化（见表 15）。所有试样在试验结束后，C 的重量百分比和原子百分比均增加，而 Ca 的重量百分比和原子百分比减少，可能的解释为试样中的部分 Ca^{2+} 脱离试样进入溶液，而置换的石膏附着于试样并未进入溶液中。其中，XT 试样中的 Ca 的重量百分比下降最大，由试验前的 52.41% 下降至试验后的 41.80%，降幅 20.24%，C 的重量百分比由试验前的14.33% 升高至试验后的 16.93%，升幅 18.14%。HZ 试样中的 Ca 的重量百分比下降最小，由试验前的 50.73% 下降至试验后的 50.13%，降幅 1.18%，而 C 的重量百分比由试验前的 15.48% 上升至试验后的 16.93，升幅 9.37%，可能的解释为 HZ 试样在酸雨淋蚀作用中 Ca^{2+} 的流失较小或溶解的 Ca^{2+} 与 SO_4^{2-} 反应生成石膏晶体附着于试样内部。

表 15　　　　　　　　　　　　　　EDS 计算的主量元素变化

	试验样品	C		O		Ca	
		Wt（%）	At（%）	Wt（%）	At（%）	Wt（%）	At（%）
试验前	LM－0－1	14.37	26.26	32.54	44.65	53.09	29.08
	LM－0－2	11.86	23.11	28.91	42.29	59.24	34.60
	LM－0－3	15.61	28.80	29.64	40.82	54.93	30.38
	平均值	13.95	26.06	30.36	42.59	55.75	31.35
试验后	LM－3－1	19.14	31.44	38.81	47.86	42.05	20.70
	LM－3－2	12.16	23.38	30.02	43.32	57.82	33.30
	LM－3－3	15.07	26.64	35.57	47.21	49.37	26.16
	平均值	15.46	27.15	34.80	46.13	49.75	26.72
试验前	XM－0－1	13.32	24.69	32.50	45.21	54.18	30.09
	XM－0－2	13.47	25.28	30.69	43.25	55.61	31.28
	XM－0－3	16.19	28.38	34.24	45.07	47.45	24.93
	平均值	14.33	26.12	32.48	44.51	52.41	28.77
试验后	XM－3－1	11.62	22.81	27.76	40.90	58.98	34.69
	XM－3－2	18.47	29.34	38.04	45.39	28.73	13.68
	XM－3－3	20.69	33.80	34.02	41.72	37.69	18.58
	平均值	16.93	28.65	33.27	42.67	41.80	22.32
试验前	HZ－0－1	15.62	27.49	35.30	46.63	49.08	25.88
	HZ－0－2	14.87	27.00	32.29	44.04	52.31	28.47
	HZ－0－3	15.96	28.44	33.21	44.42	50.80	27.14
	平均值	15.48	27.64	33.60	45.03	50.73	27.16

试验样品		C		O		Ca	
		Wt（%）	At（%）	Wt（%）	At（%）	Wt（%）	At（%）
试验后	HZ-3-1	16.95	29.76	33.50	44.17	49.55	26.08
	HZ-3-2	15.85	28.61	31.78	43.06	52.36	28.32
	HZ-3-3	16.99	29.58	34.54	45.14	48.47	25.28
	平均值	16.60	29.32	33.27	44.12	50.13	26.56

（6）孔隙变化

试验前的 LM 和 HZ 试样的孔隙率范围在 0.5% ~ 1% 之间，而 XT 试样的孔隙率范围为 19% ~ 23%（见表 16）。图 78 是三种试样在不同试验条件下的孔隙尺寸分布情况，其中蒸馏水组的试样与试验前的试样孔隙特征差别不大，因此在本部分不做讨论。

表 16　　　　　　　　　　　　　　　　孔隙特征变化

试验样品	试验类型	孔隙率（%）	孔径分布（%）				
			<0.01μm	0.01 ~ 0.1μm	0.1 ~ 1μm	1 ~ 100μm	>100μm
LM	试验前	0.50	12.05	19.28	30.12	34.94	3.61
	淋蚀组 1	0.83	21.02	22.97	17.18	34.22	4.62
	浸泡组 1	0.64	9.38	32.29	20.83	33.33	4.17
	浸泡组 2	0.51	13.75	23.75	28.75	31.25	2.50
	淋蚀组 2	0.55	13.58	19.75	29.63	34.57	2.47
XT	试验前	19.74	18.84	11.59	18.84	42.03	8.69
	淋蚀组 1	22.57	5.43	5.43	13.04	68.48	7.61
	浸泡组 1	21.11	9.86	9.86	12.68	64.79	2.82
	浸泡组 2	19.70	6.02	10.84	20.48	59.04	3.61
	淋蚀组 2	19.78	18.31	11.27	18.31	42.25	9.86
HZ	试验前	0.76	9.68	21.51	21.51	44.09	3.23
	淋蚀组 1	0.98	14.12	18.82	18.82	44.71	3.53
	浸泡组 1	0.87	14.29	20.88	25.27	35.16	4.40
	浸泡组 2	0.82	10.43	16.52	20.00	49.57	3.48
	淋蚀组 2	0.86	9.68	21.51	22.58	43.01	3.23

LM 试样的孔隙尺寸集中分布 0.01 ~ 1μm（图 78a）。酸雨淋蚀和浸泡后试样的孔隙率均呈不同程度的增加，分别增加了 66% 和 28%。酸雨淋蚀组和浸泡组的试样中 0.01 ~ 0.1μm 左右的孔隙明显增加，而 0.1 ~ 1μm 的孔隙减少，不同之处在于酸雨浸泡组试样中小孔隙增加较多，而酸雨淋蚀

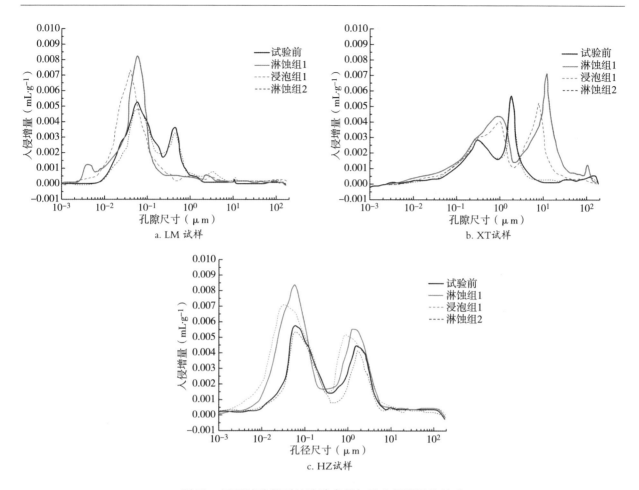

图 78　压汞试验得到的孔隙半径与汞入侵增量的关系

组试样中大孔隙增加较多，分析原因认为，酸雨淋蚀作用会带走试样附着的硫酸盐，而酸雨浸泡产生的部分硫酸盐会填充孔隙。XT 试样的孔隙尺寸分布在 $0.1 \sim 1 \mu m$ 之间和 $1 \sim 100 \mu m$ 之间（图 78b）。在酸雨淋蚀和浸泡试验后，试样的孔隙率均增加，其中 $1 \mu m$ 左右和 $10 \mu m$ 左右的孔隙增加显著，但是酸雨淋蚀作用引起的孔隙扩张更明显，分析可能的原因认为酸雨作用下，试样原有的孔隙被不同程度地扩大，而酸雨浸泡产生的硫酸盐未被冲刷带走。HZ 试样的孔隙特征呈双峰分布（图 78c），孔隙尺寸主要分布在 $0.1 \mu m$ 左右和 $1 \mu m$ 左右。试验前后试样的孔隙率及孔隙分布特征变化微小，小于 $0.01 \mu m$ 的孔隙增加。对于 $0.01 \sim 1 \mu m$ 的孔隙，在酸雨淋蚀作用下，试样的孔隙数量会稍有降低，而在酸雨浸泡作用下，试样的孔隙数量会升高，这可能是 HZ 试样的方解石结晶较好（图 77e），试样吸水性较差造成的。

5.5.5　讨论及结论

在本次试验设置的 4 组方案中，酸雨淋蚀作用对试样的破坏最强烈，其次是酸雨浸泡作用。具体表现为，酸雨淋蚀作用下试样最终的质量损失率、Ca^{2+} 流失量以及孔隙率升高量均大于酸雨浸泡组试样。在微观结构的改变方面，酸雨淋蚀作用下的孔隙扩张程度也大于酸雨浸泡作用（见表 17），在 pH 值为 6.20 的蒸馏水试验中，淋蚀和浸泡组的试样中也可发现类似的规律，不同之处是量级小于 pH 值为 4.00 的酸雨溶液。

表 17   不同试验方案下试样最终的质量损失，Ca^{2+} 浓度及孔隙率升高量

试验方案	质量损失率（%）			Ca^{2+} 浓度（$mg \cdot L^{-1}$）			孔隙率增幅（%）		
	LM	XT	HZ	LM	XT	HZ	LM	XT	HZ
淋蚀组 1	0.823	1.820	0.566	5.51	8.86	2.93	66.00	14.34	28.98
浸泡组 1	0.496	1.591	0.463	2.15	4.21	1.65	28.00	6.94	14.47
浸泡组 2	0.033	0.162	0.035	0.09	0.95	0.05	2.00	−0.20	7.90
淋蚀组 2	0.053	0.388	0.085	0.29	1.52	0.18	10.00	0.20	13.16

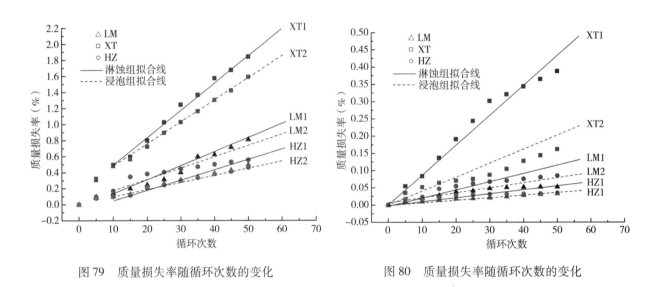

图 79   质量损失率随循环次数的变化   图 80   质量损失率随循环次数的变化

为了定量区别酸雨的淋蚀作用和浸泡作用，以试样的质量损失率为因变量，分析试样的质量损失与酸雨循环次数的关系（图 79、80）。前 10 次循环内，酸雨淋蚀组和浸泡组的试样质量损失率差别较小，考虑到前期酸雨作用的程度不充分，因此选取 10 次循环以后的数据作为分析对象。拟合试样质量损失率与循环次数的关系，线性参数如表 18 所示。在模拟酸雨和蒸馏水的两类试验中，淋蚀作用的强

表 18   拟合线性关系的参数统计

拟合线	方式	模拟酸雨（pH = 4.00）			蒸馏水（pH = 6.20）		
		k	b	R^2	k	b	R^2
LM1	淋蚀	0.0185	−0.1113	0.9779	0.0016	0.0122	0.9212
LM2	浸泡	0.0125	0.0254	0.9741	0.0011	0.0089	0.8985
XT1	淋蚀	0.0354	0.1152	0.9902	0.0081	0.0192	0.9737
XT2	浸泡	0.0286	0.1570	0.9980	0.0029	0.0128	0.9691
HZ1	淋蚀	0.0098	0.0038	0.9860	0.0006	0.0107	0.8025
HZ2	浸泡	0.0093	0.0064	0.9800	0.0006	0.0035	0.9768

度均高于浸泡作用，而且随着试验的进行，两者引起的差别有增大的趋势。因此，可以推断，酸雨的冲刷物理作用是石灰岩加速破坏的原因之一。

矿物组成酸雨特点是石灰岩溶蚀的化学基础。在酸雨破坏石灰岩的过程中主要的化学反应为碳酸盐的溶解。组成碳酸盐岩的矿物一般为方解石（$CaCO_3$）和白云石［$CaMg(CO_3)_2$］。碳酸盐岩矿物的溶解主要的化学反应包括石灰岩与稀硫酸的反应和水的反应，如下：

$$CaCO_3 + H_2SO_4 \rightarrow CaSO_4 + CO_2 + H_2O \tag{5-6}$$

$$CaMg(CO_3)_2 + 2H_2SO_4 \rightarrow CaSO_4 + MgSO_4 + 2CO_2 + 2H_2O \tag{5-7}$$

$$CaCO_3 \rightleftharpoons Ca^{2+} + CO_3^{2-}(K_1 = [Ca^{2+}]_{eq}[CO_3^{2-}]_{eq}) \tag{5-8}$$

$$CaMg(CO_3)_2 \rightleftharpoons Ca^{2+} + Mg^{2+} + 2CO_3^{2-}(K_2 = [Ca^{2+}]_{eq}[Mg^{2+}]_{eq}[CO_3^{2-}]2_{eq}) \tag{5-9}$$

在物理作用下，酸雨溶解的碳酸盐会被及时带走，在石灰岩表面，形成新的接触面继续与酸雨作用，加速了石灰岩内部的化学腐蚀。另外，在酸雨入渗过程中，石灰岩毛细孔中会产生毛细压力，加速了微孔隙和微裂纹的扩张。展开来讲，由 YaSg - Laplace 方程，$\Delta p = 2\gamma H$，即毛细应力是由液体表面张力系数 γ 和液面的平均曲率 H 决定的，而液面的平均曲率 H 与孔径 R 存在负相关关系。因此，微裂隙的孔径越小，毛细应力越大，这对酸雨入渗石灰岩内部并腐蚀提供了物理动力。在长期酸雨环境下，石灰岩与酸雨之间的物理、化学作用相互促进，加速石灰岩的破坏。

孔隙结构发育时，岩石的渗透性增强，密度降低，有利于酸雨进入岩石内部发生反应。LM 试样和 HZ 试样的孔隙率均小于 1%，而 XT 试样的孔隙率约为 20%，自由吸水率高达 4.7%，由此可推断 XT 石灰岩的开孔孔隙率较大，易于吸水，因此，酸雨对石灰岩破坏程度最大。

LM 试样的孔隙率虽然低于 HZ 试样，但是 LM 试样中大于 $1\mu m$ 的孔隙含量高于 HZ 试样，因此，在相同试验条件下，LM 试样中较大的孔隙可以提供酸雨流通的通道，使酸雨的作用更充分。所以，这也是 LM 试样的质量损失率、钙离子流失量高于 HZ 试样的原因之一。对于小孔隙及裂隙（ $<0.01\mu m$），酸雨溶蚀产生的石膏晶体会填充或附着在微孔隙中，而较大孔隙中，由于酸雨的流通，石膏晶体会被逐渐剥离试样表面。

所以，孔隙率和孔隙尺寸特征对酸雨侵蚀石灰岩的过程有强烈的影响。高孔隙率利于酸雨的流通，会加速石灰岩的破坏。孔隙率一定的情况下，孔隙尺寸越大，酸雨作用的时间和程度会越充分，也会促进石灰岩的破坏。

通过室内模拟试验研究了硫酸型酸雨对石灰岩的溶蚀过程，通过分析试验结果得到了如下结论。

酸雨的淋蚀作用会溶解石灰岩中的碳酸盐并剥离岩石表面，造成新鲜岩石继续与酸雨作用，加速了石灰岩的质量损失和 Ca^{2+} 的释放，同时试样的表面硬度和表层微观结构发生相应的改变。但是，部分酸雨—石灰岩产物会填充石灰岩内的微孔隙和微裂隙，可以有效减缓小孔隙尺寸的破坏。因此，孔隙特征对酸雨侵蚀石灰岩的过程有重要影响，孔隙率越高，酸雨越容易进入岩石内部并造成破坏，而孔隙率一定的情况下，孔隙尺寸越大，酸雨作用的时间和程度会越充分，会促进石灰岩的破坏。另外，三种石灰岩在相同的试验条件下，响堂山石窟灰岩的抗酸雨侵蚀能力最弱。

6 灌浆加固材料的研发

6.1 我国传统硅酸盐材料的基本特性

6.1.1 中国古代的几种石灰材料

料礓石是一种第四纪黄土中沉积礓结石（当地称料礓石），主要由 60%～80% 的碳酸钙（$CaCO_3$）以及 10%～20% 的黏土矿物构成。当料礓石在 900℃ 焙烧时，生成约 25.8% 的 β 型硅酸钙（β – Ca-SiO_3）、17.6% 的铝硅酸钙（$Ca_2Al_2SiO_7$）以及约 33.9% 的生石灰（CaO）。β 型硅酸钙和铝硅酸钙是一种水硬性胶凝材料，氧化钙一种气硬性胶凝材料。

阿嘎土是一种含 70%～93% $CaCO_3$、7%～30% SiO_2 的硅质石灰石。中国文化遗产研究院和敦煌研究院合作，也对阿嘎土的改性做了大量的工作。

另外，蛎灰在我国南方的古代建筑中有所使用。在浙江的衢州古城中，使用蛎灰作为墙面砖体的粘接材料，经历 300 多年后，岩体风化掉落，而作为粘接料的蛎灰完好无损，强度仍旧保持。对这一类传统材料的科学认知，都可为本项目的实施提供一定的科技支撑。

硅酸盐质石灰作为胶结材料，可以根据加固对象的材质、结构、强度及色泽等，选择骨料配比，适应加固对象的结构、形态、色泽及力学性能、膨胀系数等。因此，经过进一步的实验研究，硅酸盐质石灰可以广泛应用于砂—砾岩质、灰岩质开裂岩体的加固、修复。

6.1.2 中国古代的几种石灰材料的特性

为比较研究我国古代几种传统硅酸盐材料的特性，我们开展了室内试验，主要包括含水率、收缩率特征。

分别选 1000℃ 焙烧 2h 的烧料礓石（SL）、烧阿嘎土（SA）和水硬蛎灰（SG），制成 180 目粉状物；再分别选 180 目的欧洲 SHL2、180 目 SHL5 及 100 目的石英砂，其配比详见表 19。分别制成 70mm×70mm×70mm 和 40mm×40mm×160mm 两种类型试样进行物理力学性能试验。

表 19　　　　　　　　　　　　　试验材料及配比

编号	材料及配比
SL	石英砂、料礓石质量比 1:1，水灰比 0.33
SA	石英砂、阿嘎土质量比 1:1，水灰比 0.50
SG	石英砂、水硬蛎灰质量比 1:1，水灰比 0.50
SHL2	石英砂、SHL2 质量比 1:1，水灰比 0.42
SHL5	石英砂、SHL5 质量比 1:1，水灰比 0.35

测试不同龄期的结石体的含水率（图 81），测试结果表明，烧料礓石、烧阿嘎土、水硬性蛎灰和欧洲的水硬性石灰 SHL2、SHL5，其结石体都有很大的孔隙率，特别是水硬性蛎灰最为显著。这就使修复结石体具有很好的透水性和透气性，也就是使修复结石体与石质文物本体很好地兼容、耐久而不易产生剥离。

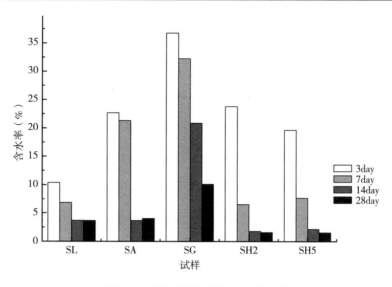

图 81　不同龄期结石体含水率变化

采用 40mm×40mm×160mm 试样，用电子千分尺对测样进行收缩性测试，收缩特性见表 20、图 82、83。

表 20　　　　　　　　　　　　　　　　龄期收缩率测试

编号		天数（d）										收缩率（%）
		0	3	6	9	12	15	18	21	24	28	
SL	龄期长度（mm）	122.90	122.90	122.89	122.83	122.82	122.80	122.79	122.78	122.75	122.76	0.11
SA		121.74	121.43	121.36	121.33	121.30	121.27	121.24	121.21	121.16	121.09	0.53
SG		123.48	123.46	123.44	123.44	123.44	123.43	123.43	123.43	123.43	123.43	0.04
SH2		121.15	120.96	120.92	120.91	120.89	120.89	120.89	120.88	120.87	120.85	0.24
SH5		122.32	122.24	122.26	122.26	122.24	122.25	122.24	122.24	122.22	122.21	0.09

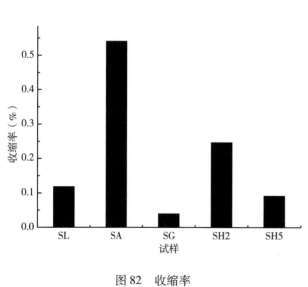

图 82　收缩率

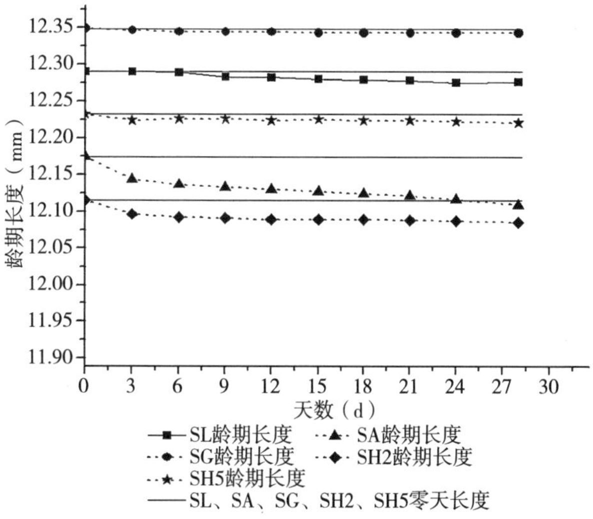

图 83　不同龄期结石体收缩特性

测试结果表明，经改性后的中国传统材料烧料礓石、烧阿嘎土、水硬性蛎灰和欧洲水硬性石灰SHL2、SHL5，其结石体的收缩变形性都非常小，相比之下，水硬性蛎灰、烧料礓石和SHL5结石体几乎无收缩。

由试验结果可知，中国传统材料烧料礓石、烧阿嘎土、水硬性蛎灰三种材料的收缩变形较小，结石体具有很好的透水性和透气性，也就是使修复结石体与石质文物本体很好地兼容、耐久而不易产生剥离。因此，这三种材料可以很好地契合石质文物裂隙加固的需求。

6.2　裂隙灌浆材料的室内试验筛选

裂隙注浆是石窟加固工程中非常重要的工程措施。岩体裂隙注浆的作用主要是防止雨水入渗。另外，岩体裂隙注浆对一些小的危岩体可以起到与基岩粘连，使整个岩体保持完整的作用。对于地处潮湿和多雨水地区的石窟，岩体裂隙注浆还有一个很重要的作用，就是防止岩体内的水向外渗漏，导致石质文物风化。

6.2.1　试样制备

为了研究我国三种传统石灰材料作为裂隙灌浆材料的可行性，进行了石灰材料结石体的室内试验。分别选取烧料礓石、烧阿嘎土和水硬蛎灰为主剂（图84），选取180目石英砂为添加剂，掺加偏高岭土并控制偏高岭土的掺加量控制孔隙率的大小。同时，浆液中掺加偏高岭土能明显提高浆液结石体的早期强度。偏高岭土具有很高的活性，可与水硬石灰中的氧化钙（CaO）作用，形成水泥的化学组分之一，铝硅酸钙（$Ca_2Al_2SiO_7$）。铝硅酸钙再经过水化形成水化铝硅酸钙，而明显地提高浆液结石体的龄期强度，特别是早期强度，这对堵渗水非常有利。

表21　　　　　　　　　　　　　　　　制样配比

编号	质量比	水灰比	制样规格
L	石英砂∶料礓石 = 1∶1	0.364	40mm × 40mm × 160mm
LP	石英砂∶料礓石∶偏高岭土 = 0.6∶1∶0.4	0.530	40mm × 40mm × 160mm
A	石英砂∶阿嘎土 = 1∶1	0.360	40mm × 40mm × 160mm
AP	石英砂∶阿嘎土∶偏高岭土 = 0.6∶1∶0.4	0.470	40mm × 40mm × 160mm
H	石英砂∶蛎灰 = 1∶1	0.850	40mm × 40mm × 160mm
HP	石英砂∶蛎灰∶偏高岭土 = 0.6∶1∶0.4	1.050	40mm × 40mm × 160mm

按照上表21的配比进行制样，脱模后的样品立即放入相对湿度为80%、温度为20℃±5℃的养护箱中养护（图85、86）。

6.2.2　试样收缩变形和弹性波速

在养护过程中对试样不同龄期的收缩率和弹性波速进行测试，测试结果见图87、88。

六种不同配比的材料均表现出如下性质：7d至14d龄期中波速增长较快，超过48d后，波速增长较缓慢。对比六种不同配比的材料可以发现：阿嘎土＋石英砂＋偏高岭土（AP）试样的波速明显高于

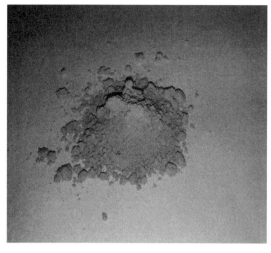

a. 烧阿嘎土

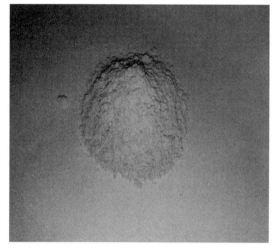

b. 烧料礓石

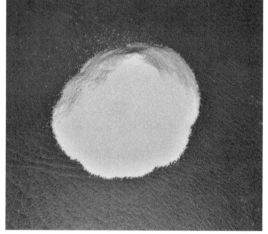

c. 水硬蛎灰

d. 石英砂

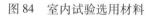

图 84　室内试验选用材料

图 85　制样

图 86　试样养护

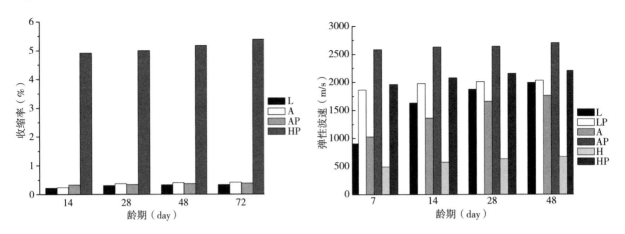

图 87　灌浆材料结石体不同龄期的收缩记录　　图 88　灌浆材料结石体不同龄期的波速变化

其他几种配比的材料，说明 AP 材料的密实度远高于其他几种材料，其孔隙特性也越差，说明其透水透气性可能较差；相反，砺灰 + 石英砂材料（H）的弹性波速明显小于其他几种材料，即说明该种材料的密实性不好，但可能具有较好的透水透气性。

6.2.3　膨胀剂的选择和用量筛选

石窟岩体裂隙注浆材料应该有尽可能小的收缩变形性，这样才可确保注浆的密实度和注浆质量，以免浆液结石体因变形收缩与裂隙两壁产生剥离，影响注浆质量。在筛选大足石刻岩体裂隙注浆材料时发现，当在烧料礓石水硬石灰中掺加偏高岭土后，虽然浆液结石体的龄期强度，特别是早期强度有明显提高，但收缩变形和孔隙率有增大的趋势，这样需要选适宜的膨胀剂，以防止浆液结石体因收缩变形增大而影响注浆质量。

参考大足石刻岩体裂隙注浆材料中选用的混凝土膨胀剂 AEA。AEA 膨胀剂的主要化学组分是铝酸钙（$CaO \cdot Al_2O_3$）熟料、明矾 $[KAl(SO_4)_2 \cdot 12H_2O]$ 和石膏（$CaSO_4$）的混合物。当 AEA 加入烧料礓石水硬石灰中后，高铝熟料中的 $CaO \cdot Al_2O_3$（简写 CA），首先与 $CaSO_4$ 及水硬石灰中的 $Ca(OH)_2$ 作用并水化生成可膨胀结晶体——水化硫酸钙（$3CaO \cdot Al_2O_3 \cdot 3CaSO_4 \cdot 32H_2O$），即钙矾石，使烧料礓石水硬石灰浆液结石体产生适度膨胀、浆液结石体的早期强度明显提高，同时能使浆液结石体的孔隙率明显下降。

以水硬石灰、偏高岭土、石英砂的配合比采用 1∶0.6∶0.4，然后掺加 4%、7%、10%、13% 的膨胀剂，选取 0.60 的水灰比测试浆液的流动度、凝结时间和结石体 28d 的收缩变形、孔隙率及龄期强度变化。测试结果见表 22～26、图 89～93。

表 22　　　　　　　　　　　　　　加入不同比例膨胀剂后流动度

填料	质量比	膨胀剂（%）	水灰比	流动度（mm）
料礓石、偏高岭土、石英砂	1∶0.6∶0.4	4	0.60	157.5
		7		192.5
		10		228.7
		13		245.0

表23 加入不同比例的膨胀剂后的凝结时间

填料	质量比	膨胀剂（%）	水灰比	凝结时间	
				初凝（min）	终凝（h）
料礓石、偏高岭土、石英砂		4		71	5.5
料礓石、偏高岭土、石英砂		7		86	6.0
料礓石、偏高岭土、石英砂	1∶0.6∶0.4	10	0.60	94	9.1
料礓石、偏高岭土、石英砂		13		105	9.8

表24 加入不同比例的膨胀剂后的收缩指标

填料	质量比	膨胀剂（%）	水灰比	收缩率（%）
料礓石、偏高岭土、石英砂	1∶0.6∶0.4	4	0.60	0.21
		7		0.19
		10		0.11
		13		0.16

表25 加入不同比例的膨胀剂后的孔隙率指标

填料	质量比	膨胀剂（%）	水灰比	孔隙率（%）
料礓石、偏高岭土、石英砂		4		35.00
料礓石、偏高岭土、石英砂		7		37.00
料礓石、偏高岭土、石英砂	1∶0.6∶0.4	10	0.60	38.60
料礓石、偏高岭土、石英砂		13		44.00

表26 加入不同比例的膨胀剂后的抗压、抗折指标 单位：MPa

填料及其他				3d		7d		14d		28d	
填料	膨胀剂（%）	水灰比	质量比	抗压强度	抗折强度	抗压强度	抗折强度	抗压强度	抗折强度	抗压强度	抗折强度
料礓石、偏高岭土、英砂	1#4	0.60	1∶0.6∶0.4	2.79	0.86	4.36	1.16	5.20	1.21	5.63	1.30
	2#7			3.72	0.94	6.70	1.65	10.55	2.02	11.03	2.12
	3#10			9.83	2.06	11.51	2.28	12.24	2.33	16.50	2.78
	4#13			9.98	2.15	11.68	2.31	12.59	2.45	16.79	2.89

6.2.4 最佳配比下灌浆材料的物理力学特征

6.2.4.1 浆液及试块制备

通过以上实验筛选出的主剂烧料礓石水硬石灰和添加剂偏高岭土的最佳配比，膨胀剂 AEA 的最佳掺加量及最佳水灰比，分别配制四种浆液，测其浆液流动度及初凝、终凝速度。同时，制备 40mm ×

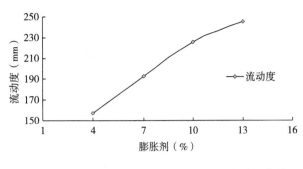

图89　加入不同比例的膨胀剂后的流动度关系曲线

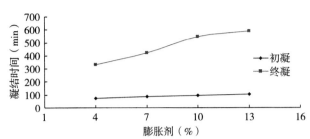

图90　加入不同比例的膨胀剂后的凝结时间关系曲线

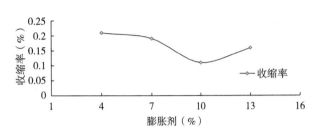

图91　加入不同比例的膨胀剂后的收缩关系曲线

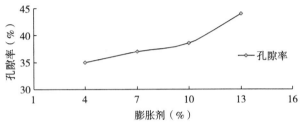

图92　加入不同比例的膨胀剂后的孔隙率关系曲线

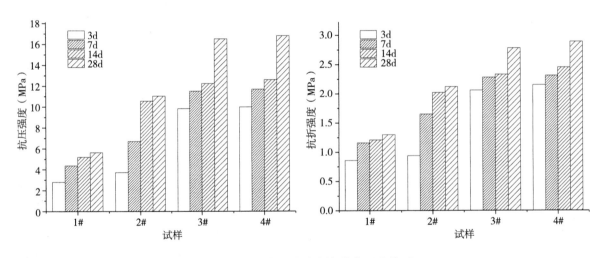

图93　不同比例的膨胀剂与龄期强度关系

40mm×160mm 和 70mm×70mm×70mm 两种规格的试块，进行物理力学和环境诸因素影响性实验（见表27）。

表27　　　　　　　　　　　　　　浆液及试块制备

试样编号	注浆材料	质量比	水灰比
1# – LPS	料礓石、偏高岭土、石英砂		0.60
2# – LPS	料礓石、偏高岭土、石英砂	1∶0.6∶0.4	0.50
3# – LPS + 10% AEA	料礓石、偏高岭石英砂、加 10% AEA		0.60
4# – LPS + 10% AEA	料礓石、偏高岭石英砂、加 10% AEA		0.50

6.2.4.2　流动度测试

采用 JC/T958 - 2005 型测试仪，结果见表 28。

表 28　　　　　　　　　　　　　　　浆液流动度

试样编号	注浆材料	质量比	水灰比	流动度（mm）
1# – LPS	料礓石、偏高岭土、石英砂		0.60	230
2# – LPS	料礓石、偏高岭土、石英砂	1：0.6：0.4	0.50	200
3# – LPS + 10% AEA	料礓石、偏高岭石英砂、加 10% AEA		0.60	228.7
4# – LPS + 10% AEA	料礓石、偏高岭石英砂、加 10% AEA		0.50	226.3

6.2.4.3　标准稠度及凝结时间的测定

采用 GB/T 1346 - 2001 标准，ISO9597 - 1898 型标准稠度及凝结时间测定仪，结果见表 29。

表 29　　　　　　　　　　　　　　浆液初凝和终凝速度

试样编号	水灰比	初凝时间（min）	终凝时间（h）
1# – LPS	0.60	58.00	10.80
2# – LPS	0.50	50.00	10.00
3# – LPS + 10% AEA	0.60	94.00	9.10
4# – LPS + 10% AEA4	0.50	48.00	7.20

6.2.4.4　结石体龄期强度试验

采用 40mm × 40mm × 160mm 试样、WDW - 200 型微机控制电子压力试验机，分别测试结石体 3d、7d、14d、28d 龄期的抗折、抗压强度，结果见表 30 和图 94、95。

表 30　　　　　　　　　　结石体龄期强度试验结果　　　　　　　　　单位：MPa

试样编号	水灰比	3d		7d		14d		28d	
		抗压强度	抗折强度	抗压强度	抗折强度	抗压强度	抗折强度	抗压强度	抗折强度
1# – LPS	0.6	1.55	0.32	4.72	1.09	6.36	1.31	6.64	1.67
2# – LPS	0.5	3.62	0.82	7.70	1.93	9.39	1.93	10.31	1.96
3# – LPS 10% AEA	0.6	9.83	2.06	11.51	2.28	12.24	2.33	16.50	2.78
4 – # – LPS 10% AEA	0.5	8.58	2.04	16.69	3.24	21.20	3.49	24.57	4.85

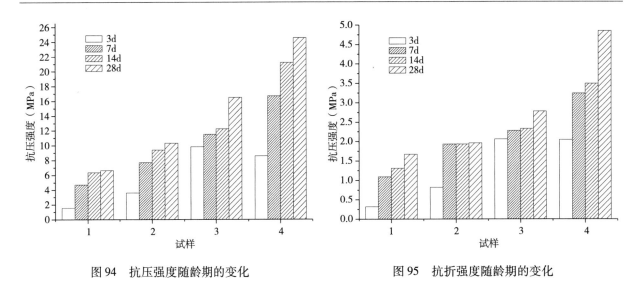

<table>
<tr><td>图 94　抗压强度随龄期的变化</td><td>图 95　抗折强度随龄期的变化</td></tr>
</table>

从以上试验测试可以得出如下结论：

①　当水灰比一定时，浆液的流动度随膨胀剂加入量的增加而变大。当膨胀剂的加入量为 4% 时，浆液的流动性较小。

②　加入不同比例的膨胀剂后，浆液的初凝与终凝时间均符合灌浆要求，与不加膨胀剂前比较浆液的初凝时间推迟，而终凝时间提前。

③　浆液结石体的收缩变形性因掺加膨胀剂而明显下降。当膨胀剂的掺入量为 10% 时，浆液结石体的收缩变形性下降特别明显。

④　当掺加 4%、7%、10% 的膨胀剂时，浆液结石体的孔隙率明显下降。当掺加 13% 的膨胀剂时，浆液结石体的孔隙率又明显增大。

⑤　浆液结石体的抗压、抗折强度随膨胀剂掺入量增大而明显增大，早期强度增大更明显。

综上所述，水硬石灰、偏高岭土、石英砂以最佳配合比混合后掺加不同比例的膨胀剂，以水灰比 0.60 制成浆液，其浆液结石体的各种性能都有明显改善。当膨胀剂的加入量为 10% 时，其浆液结石体的各种性能不但有明显改善，而且浆液结石体的收缩变形性非常小，几乎达到无收缩变形，孔隙率明显下降，其龄期强度，特别是早期强度明显提高。

6.3　裂隙灌浆材料的环境适应性研究

6.3.1　结石体的耐冻融试验

采用 40mm×40mm×160mm 试样，DW－FL90 型超低温冷冻储存箱，HBY－20 型恒温恒湿箱，先将 28d 龄期的结石体在 －30℃ 低温下冻 12h，然后在温度 25℃、相对湿度 90% 条件下融 12h，如此反复冻融 18 个循环后对试样进行抗折、抗压强度测试，每 6 个循环后观察并做描述。结果见表 31 和图 96、97。

6.3.2　结石体的温湿度试验

采用 ETH－1980－20－CP－AR 型恒温恒湿试验机。将 28d 龄期的 40mm×40mm×160mm 试样，105℃ 加热 12h，然后在温度 25℃、相对湿度 90% 的条件下放置 12h，如此反复循环 18 个周期后对试样进行抗折、抗压强度测试，结果见表 32 和图 98、99。

表31　　　　　　　　　　　　　　　结石体耐冻融试验结果　　　　　　　　　　　　单位：MPa

试样编号	1#-LPS（0.6）		2#-LPS（0.5）		3#-LPS（0.6）加10%AEA		4#-LPS（0.5）加10%AEA	
抗折压强度	抗压强度	抗折强度	抗压强度	抗折强度	抗压强度	抗折强度	抗压强度	抗折强度
循环前	9.03	1.46	15.59	3.11	18.01	3.65	26.96	3.92
循环后	7.81	1.16	10.83	1.64	13.00	2.55	19.57	3.10

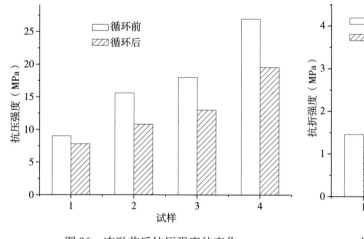

图96　冻融前后抗压强度的变化　　　　　　　　图97　冻融前后抗折强度的变化

表32　　　　　　　　　　　　　结石体温湿度变化影响试验结果　　　　　　　　单位：MPa

试样编号	1#-LPS（0.6）		2#-LPS（0.5）		3#-LPS（0.6）加10%AEA		4#-LPS（0.5）加10%AEA	
抗折压强度	抗压强度	抗折强度	抗压强度	抗折强度	抗压强度	抗折强度	抗压强度	抗折强度
循环前	9.03	1.46	15.59	3.11	18.01	3.65	26.96	3.92
循环后	9.92	0.34	20.85	2.22	14.12	0.41	15.69	1.00

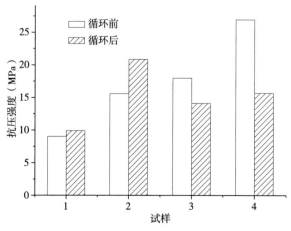
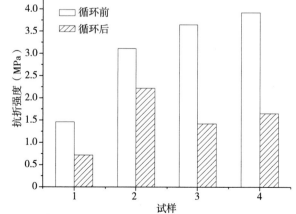

图98　温湿度循环前后抗压强度的变化　　　　图99　温湿度循环前后抗折强度的变化

6.3.3　结石体的安定性试验

将 28d 龄期的 40mm×40mm×160mm 试样，先在饱和 Na_2SO_4 溶液中浸泡 20h，取出后在 105℃ 烘 4h，如此反复循环 5 次，最后对试样进行抗折、抗压强度测试，结果见表 33 和图 100、101。

表 33　　　　　　　　　　　　　　结石体安定性试验结果　　　　　　　　　　　　　单位：MPa

试样编号	1# – LPS（0.6）		2# – LPS（0.5）		3# – LPS（0.6）加 10% AEA		4# – LPS（0.5）加 10% AEA	
抗折压强度	抗压强度	抗折强度	抗压强度	抗折强度	抗压强度	抗折强度	抗压强度	抗折强度
循环前	9.03	1.46	15.59	3.11	18.01	3.65	26.96	3.92
循环后	8.90	1.93	17.63	1.94	21.33	3.38	31.17	5.83

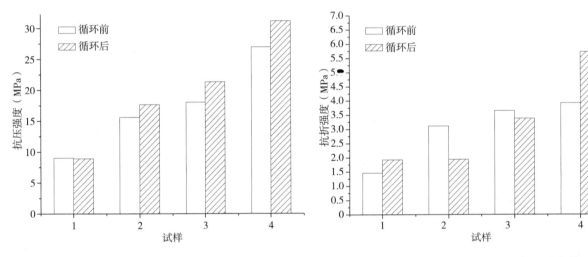

图 100　结石体安定性试验的抗压强度变化　　　　　图 101　结石体安定性试验的抗折强度变化

6.3.4　结石体的耐碱性试验

将 28d 龄期的 40mm×40mm×160mm 试样，先在 2% NaOH 溶液中浸泡 12h，取出后在 105℃ 烘 4h，最后对试样进行抗折、抗压强度测试，结果见表 34 和图 102、103。

表 34　　　　　　　　　　　　　　结石体耐碱性试验结果　　　　　　　　　　　　　单位：MPa

试样编号	1# – LPS（0.6）		2# – LPS（0.5）		3# – LPS（0.6）加 10% AEA		4# – LPS（0.5）加 10% AEA	
抗折压强度	抗压强度	抗折强度	抗压强度	抗折强度	抗压强度	抗折强度	抗压强度	抗折强度
循环前	9.03	1.46	15.59	3.11	18.01	3.65	26.96	3.92
循环后	10.45	0.68	16.11	1.56	17.73	3.01	27.13	3.08

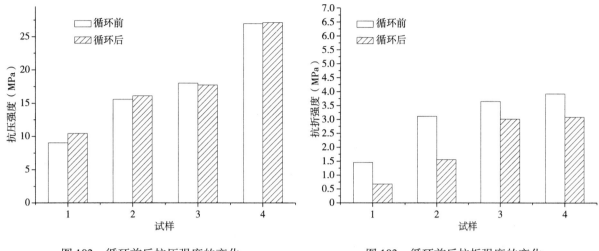

图 102　循环前后抗压强度的变化　　　　　图 103　循环前后抗折强度的变化

6.3.5　结石体的水稳定性试验

将 28d 龄期的 40mm×40mm×160mm 湿试样，在室温水中浸泡 24h，取出后立即进行湿试块的抗折、抗压强度测试。结果见表 35 和图 104、105。

表 35　　　　　　　　　　　　湿试块结石体水稳定性试验结果　　　　　　　　　单位：MPa

试样编号	1#－LPS（0.6）		2#－LPS（0.5）		3#－LPS（0.6）加 10% AEA		4#－LPS（0.5）加 10% AEA	
抗折压强度	抗压强度	抗折强度	抗压强度	抗折强度	抗压强度	抗折强度	抗压强度	抗折强度
循环前	9.03	1.46	15.59	3.11	18.01	3.65	26.96	3.92
循环后	9.25	1.15	13.09	2.16	15.18	2.22	22.51	3.43

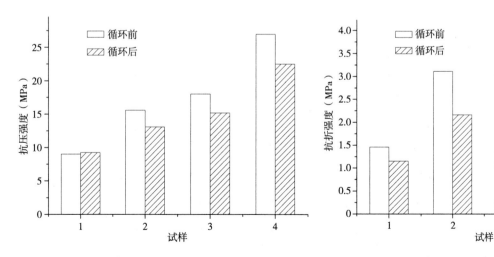

图 104　结石体经水浸泡后抗压强度的变化　　　　　图 105　结石体经水浸泡后抗折强度的变化

将 28d 龄期的 40mm×40mm×160mm 自然风干试块，在室温水中浸泡 24h，取出后在室内自然风干，然后进行抗折、抗压强度测试。结果见表 36 和图 106、107。

表 36 　　　　　　　　　　　　　自然风干结石体水稳定性试验结果　　　　　　　　　　　单位：MPa

试样编号	1#-LPS（0.6）		2#-LPS（0.5）		3#-LPS（0.6）加 10% AEA		4#-LPS（0.5）加 10% AEA	
抗折压强度	抗压强度	抗折强度	抗压强度	抗折强度	抗压强度	抗折强度	抗压强度	抗折强度
循环前	9.03	1.46	15.59	3.11	18.01	3.65	26.96	3.92
循环后	8.97	0.86	15.04	1.66	17.29	3.02	26.81	3.81

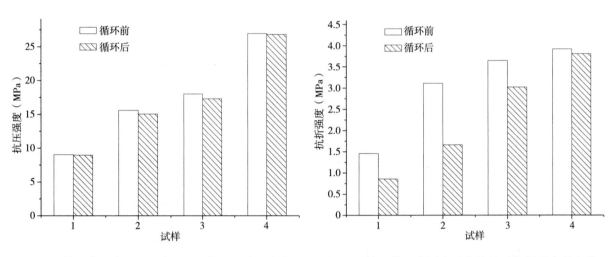

图 106　结石体经水浸泡后自然风干抗压强度的变化　　　　图 107　结石体经水浸泡后自然风干抗折强度的变化

6.3.6　固化温度对结石体强度的影响

将 40mm×40mm×160mm 试样，在室温下固化 3d 后分别在常温、50℃、100℃及 150℃条件下固化 8h 后测其强度。结果见表 37 和图 108、109。

表 37 　　　　　　　　　　　　　固化温度对结石体强度的影响　　　　　　　　　　　单位：MPa

试样编号	50℃		100℃		150℃	
	抗压强度	抗折强度	抗压强度	抗折强度	抗压强度	抗折强度
1#-LPS	6.67	1.80	12.53	1.30	14.23	0.85
2#-LPF	14.80	0.95	9.11	0.99	17.56	0.83
3#-LPS 加 10% AEA	17.00	3.03	16.68	4.26	10.95	1.59
4#-LPF 加 10% AEA	14.80	0.98	25.65	3.12	16.08	0.71

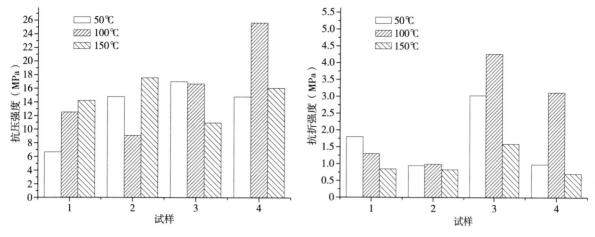

图 108　固化温度对结石体抗压强度的影响　　　图 109　固化温度对结石体抗折强度的影响

6.3.7　结石体不同龄期含水率变化及干密度和孔隙率

采用 40mm×40mm×160mm 试样、分别测试结石体 3d、7d、14d、28d 龄期的含水率变化及结石体的孔隙率，测试结果见表 38 和图 110。依据《GB T50123－1999 TUG 土工试验方法标准》进行实验，所用的试验仪器有 JA5003A 电子天平、DHG 恒温干燥箱、JDM－1 土壤相对密度仪、WH－1 土壤湿度密度仪等。

表 38　　　　　　　　　　　　　　结石体不同龄期含水率变化及干密度和孔隙率

试样编号	含水率（%）				干密度（g/cm³）	孔隙率
	3d	7d	14d	28d		
1#－LPS	20.06	9.68	7.44	4.11	1.26	45.09
2#－LPF	19.21	12.03	8.56	5.5	1.33	44.90
3#－LPS 加 10% AEA	21.09	11.58	7.23	4.63	1.22	41.72
4#－LPF 加 10% AEA	19.78	10.56	7.35	3.56	1.34	40.64

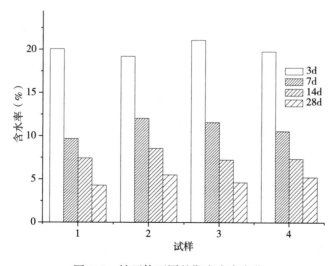

图 110　结石体不同龄期含水率变化

6.3.8　结石体的收缩变形性试验

采用 ZL00261525 砂浆膨胀收缩仪，测试结石体 28d 收缩率。收缩率见表 39、图 111；收缩记录见表 40、图 112。

表 39　　28d 收缩率

试样编号	1# – LPS	2# – LPF	3# – LPS 加 10% AEA	4# – LPF 加 10% AEA
28day 收缩率%	0.34	0.30	0.11	0.09

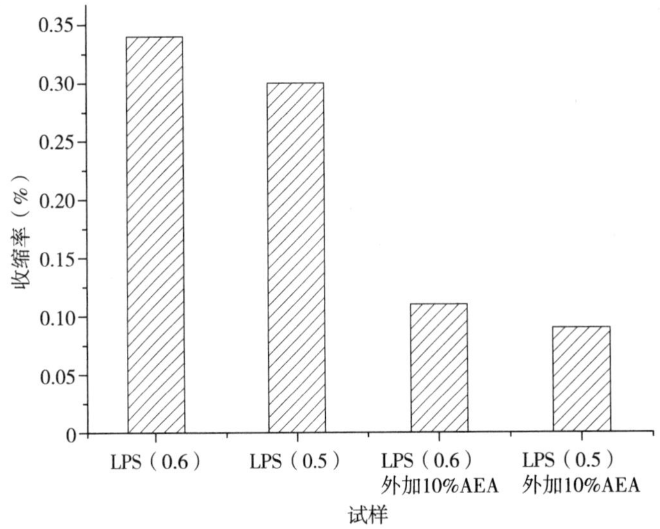

图 111　收缩率

表 40　　收缩记录

编号	天数（d）											收缩率（%）
		0	3	6	9	12	15	18	21	24	28	
1# – LPS	龄期长度 mm	121.30	121.09	120.99	120.97	120.96	120.92	120.90	120.90	120.89	120.89	0.34
2# – LPS		120.67	120.42	120.38	120.37	120.36	120.36	120.34	120.32	120.31	120.31	0.30
3# – LPS 10% AEA		121.35	121.25	121.25	121.24	121.24	121.23	121.23	121.23	121.23	121.23	0.11
4# – LPS 10% AEA		122.54	122.49	122.48	122.47	122.45	122.45	122.44	122.44	122.43	122.43	0.09

6.3.9　弹性波速与龄期的关系

采用 RSM 型岩土工程仪器，70mm × 70mm × 70mm 试样，测试其 1 ~ 30d 的弹性波速。

由图 113 可知，四种不同配比的试样在养护过程中弹性波速均呈增长的趋势，且在养护初期试样的弹性波速增长较快，说明在此过程中试样的碳化和水化速度较快。14d 后，试样的弹性波速上升速度变缓，说明试样的密实度和孔隙度接近稳定。四种试样中，水灰比为 0.6，外加 10% 膨胀剂的 LPS

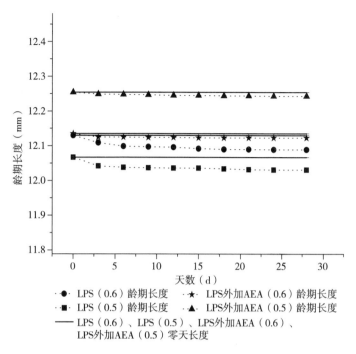

图 112　收缩变形记录

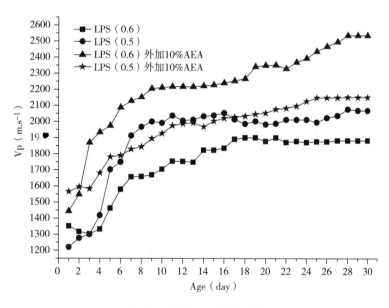

图 113　龄期—波速关系图

试样的弹性波速最高，而水灰比为 0.6，不添加膨胀剂的 LPS 试样弹性波速最低，说明膨胀剂有利于试样密实度的提高。水灰比为 0.6 的试样弹性波速低于水灰比为 0.5 的试样，说明水灰比对试样的碳化过程和水化过程存在影响。

6.4　小结

通过以上浆液和浆液结石体物理力学性质实验，得出如下结论。

① 1# – LPS、2# – LPS、3# – LPS 加 10% AEA 和 4# – LPS 加 10% AEA 浆液都有较好的流动度，3# –

LPS 加 10% AEA 浆液的流动度最好，四种浆液都有适宜的初凝和终凝速度。

② 1# - LPS、2# - LPS、3# - LPS 加 10% AEA 和 4# - LPS 加 10% AEA 浆液结石体都有较高的龄期强度，特别是较高的早期强度，这对岩体裂隙注浆堵水十分有利。

③ 四种浆液结石体试块经 18 次冻融循环后，力学强度都稍有下降。经温湿度 18 次循环变化后，1#、2#试块的抗压强度稍增，3#、4#微降，因为在高温条件下，不利于石灰、水泥材料的碳化和水化养护。经 5 个循环的安定性实验后，四种试块的抗压强度都有稍增。1#、4#试块的抗折强度稍增，2#、3# 试块的抗折强度微降。经耐碱性实验后，四种浆液结石体试块的抗压强度都稍增，抗折强度微降。

④ 经将试块在水中浸泡 24h 后，四种试块的抗压、抗折强度都微降。将四种试块分别在 50℃、100℃及 150℃条件下固化 8h 后，其强度有的微增，也有的微降，不过这种特性对岩体裂隙注浆关系不大。

⑤ 四种浆液结石体都有较大的孔隙率，但 3#和 4#浆液中加入 10% 的膨胀剂 AEA 后，孔隙率明显下降。四种浆液结石体都有小收缩变形性，特别是 3#和 4#浆液加入 10% 的膨胀剂 AEA 后，收缩率非常小，几乎达到无收缩变形状态。

⑥ 弹性波速测试结果表明，四种浆液结石体有基本相似的波速变化规律，四种浆液结石体都有较大的波速，并且随龄期的增加，波速呈增长趋势；1 ~ 7d 时，波速增长快，之后增长缓慢。3#和 4#浆液加入 10% 膨胀剂 AEA 后，浆液结石体波速大于未加膨胀剂 1#和 2#浆液结石体的波速。对比四种浆液结石体相应时段的龄期强度，其变化与波速变化趋势基本一致。

综合以上对浆液及浆液结石试块的物理力学性质实验结果，灰岩石窟岩体裂隙注浆可选如下配比的注浆材料。

烧料礓石水硬石灰：偏高岭土：石英砂 = 1：0.6：0.4，加入 10% 膨胀剂 AEA，最佳水灰比为 0.50 ~ 0.60 之间。

6.5　水性环氧树脂

6.5.1　基本特性及加固机理

环氧树脂与固化剂混合后，环氧树脂末端的环氧基团依靠环氧开环聚合或加成聚合，达到高相对分子质量化后形成一种具有柔性、黏性及耐化学腐蚀的长链网状结构，即固化后成为热固性树脂。环氧树脂具有优异的粘接性、耐磨性、耐化学腐蚀性、机械性、电绝缘性、收缩率低、易加工成型以及成本低廉，且在固化中无副产品产生等优点，在胶粘剂、密封胶、电子电气以及涂料中得到广泛的应用[111]。环氧树脂存在质脆，耐冲击性、耐开裂性、耐疲劳性差以及抗紫外线能力弱等缺点，故若将其应用于石质文物保护则需对其进行必要的改性。

目前，针对环氧树脂的改性研究已有较多成果可以参考，如橡胶弹性体改性、热塑性树脂改性、核壳聚合物改性、热致液晶聚合物改性、齐聚倍半硅氧烷结构改性、嵌段共聚物改性、超支化聚合物改性及其他改性技术[112 ~ 123]。

环氧树脂乳液具有优良的防水性和安定性，能较好地阻止水和盐类对石质文物的破坏，较适合作为石质文物保护材料，故常常用在建筑石材或石质文物的裂缝填充和疏松脆弱风化石质的加固剂中。

环氧树脂的水化主要有四种主要方法：机械法、化学改性法、相反转法和固化剂乳化法。国外自20世纪50年代就开始了环氧树脂的水性化研究，其中将环氧树脂制成乳液是最常用的研究途径。

目前水性环氧树脂的应用主要包括以下几个方面。

① 混凝土封闭底漆

水性环氧树脂涂料可在湿的或新浇注的混凝土表面施工，对混凝土表面有良好的附着力，可以封闭混凝土毛细管的水汽，并可防止泛碱，适合作为混凝土封闭底漆。在封闭底漆上面可施工溶剂型或水性环氧地坪涂料。

② 工业地坪涂料

工业地坪涂装方面是水性环氧树脂涂料的重要用途。水性环氧气味小，涂层表面易于清洗，特别适用于医院、食品厂、超市、乳品厂和化妆品厂等需要保持高度清洁的场所，如需二次装修，不影响重涂性，新老涂层仍保持良好的粘附性。

③ 木器漆

采用的水性环氧树脂涂料为双组分体系，涂膜固化后具有较高的硬度和良好的抗刮伤性，配成清漆可用于木质地板，替代目前市场上广泛使用的溶剂型聚氨酯水晶地板漆和聚酯家具漆，配成色漆可替代溶剂型环氧树脂和聚氨酯磁漆，用于厨房、家具和机械设备等。

④ 防腐涂料

水性环氧树脂防腐涂料现已商品化的有水性环氧铁红防锈漆、水性环氧磷酸锌防锈漆、水性环氧富锌底漆和水性环氧云母防锈漆，水性环氧防锈漆性能较市场上常见的苯丙、乙丙水乳型防锈漆和水性环氧酯防锈漆性能有很大提高，在国外是发展最快的水性涂料。经过较长时间的发展，水性环氧防腐蚀涂料已经应用到溶剂型环氧防腐蚀涂料所涉及的领域，国外甚至已将水性环氧防腐涂料列入重防腐涂料的范畴。

⑤ 防水材料和防渗堵漏材料

水性环氧树脂涂料与水泥、沙子配合使用可用作防水材料，环氧的交联网络和水泥的水合固化使得该防水材料具有良好的防渗堵漏效果。可用于屋顶地面的裂缝修补，数小时后就可不漏水。

⑥ 水泥砂浆修补材料

环氧乳液水泥砂浆修补材料是一种聚合物水泥砂浆，与水泥、沙子等多种材料有良好的配伍性和黏结性、自身机械强度高、耐久性好、施工方便，并具有可在潮湿和带水环境下黏结修补的优点。在大坝、水闸等水利工程和道路桥梁修补中应用较多，增强和防渗效果良好。

⑦ 胶粘剂

水性环氧树脂涂料的混合比要求不是特别严格，一般在环氧基与胺氢比例为 $0.7:1 \sim 1.3:1$ 范围内均可固化，不需严格计量混配。作为胶粘剂，水性环氧树脂可应用在新老混凝土的黏结、水泥预制品的修补和纸塑覆膜用胶粘剂等。

⑧ 玻璃纤维浸润剂

环氧树脂分子中的极性羟基和醚键对玻璃纤维表面有很强的黏附性，对玻璃纤维有良好的保护功能和集束性，并且环氧树脂作为成膜剂与其他组分配合，有利于浸润剂的稳定储存。国外水性环氧树脂乳液在玻纤浸润剂中的应用已比较成熟。

⑨ 铝箔用防腐底漆

铝箔在使用过程中容易遭受侵蚀，遇碱产生"白粉"或被氧化而锈蚀，不但缩短铝箔的使用寿命，还造成环境污染。空调亲水铝箔上的防腐涂层通常采用水性环氧涂料，采用烘烤方式，要求 $1 \sim 2\mu m$ 的防腐干膜涂层有良好附着力，且能够耐强碱。上海绿嘉的水性环氧涂料可比较成功地应用在这个领域。

⑩ 核设施用涂料

水性环氧树脂涂料以水作为分散介质，不含挥发性有机溶剂或含量很低，不燃，储存、运输和使用过程中的安全性很高，而且固化后形成的涂膜很容易去除放射性污染，水性环氧良好的复涂性可以方便核电站的多次装修。国外很多国家已批准水性环氧树脂涂料用于核电站内部。

水性环氧树脂通常是指环氧树脂以微粒、液滴或胶体形式分散于水相中所形成的乳液、水分散体或水溶液，三者之间的区别在于环氧树脂分散相的粒径不同。

水性环氧树脂是指环氧树脂以微粒或液滴的形式分散在以水为连续相的分散介质中而配得的稳定分散体系。由于环氧树脂是线型结构的热固性树脂，所以施工前必须加入水性环氧树脂固化剂。在室温环境下发生化学交联反应，环氧树脂固化后就改变了原来可溶可熔的性质而变成不溶的空间网状结构，显示出优异的性能。水性环氧树脂涂料具有溶剂型环氧树脂涂料的诸多优点：

一是适应能力强，具有极高的附着力。固化后的涂膜耐腐蚀性和耐化学药品性能优异，并且涂膜收缩小、硬度高、耐磨性好、电气绝缘性能优异等。

二是环保性能好。有机溶剂或挥发性有机化合物含量较低，不会造成空气污染，因而满足当前环境保护的要求。

三是真正水性化。以水作为分散介质，价格低廉、无气味、不燃，储存、运输和使用过程中的安全性也大为提高。

四是操作性佳。水性环氧树脂涂料的施工操作性能好，施工工具可用水直接清洗，可在室温和潮湿的环境中固化，有合理的固化时间，并保证有很高的交联密度。这是通常的水性丙烯酸涂料和水性聚氨酯涂料所无法比拟的。水性环氧树脂以其突出的性能优势，使制备得到的水性环氧树脂涂料同样具有优异的性能，从而在水性产品大家族里地位越来越重要，专家认为水性环氧树脂在环保化的今天，前景十分开阔。

与溶剂型材料相比，水性环氧树脂中的 VOC 含量低，气味较小，使用安全，且可以用水清洗[124]，这就为水性环氧树脂加固石质文物裂隙提供了优势。

水性环氧树脂，是指以环氧树脂为微颗粒、液滴或胶体的形式，分散在水为连续相的介质中，配制成稳定的分散体系[125]。由于环氧树脂本身不溶于水，其水化实际上是在环氧树脂的分子链中引入亲水性的分子链段，或者加入亲水性组分，使环氧树脂能够在水中溶解或分散的过程（图114）。

双酚型环氧树脂的结构通式如下：

可简写为：

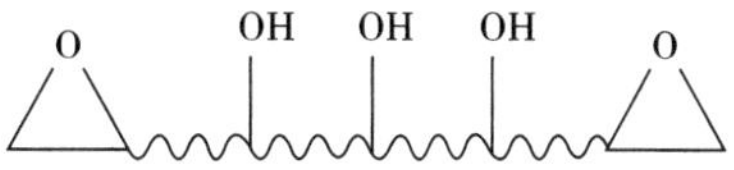

利用阴离子法对其水性化处理，采用自由基活性较强的 BPO 做引发剂，可以将丙烯酸单体接枝到环氧骨架上，其机理为自由基反应，环氧树脂的接枝过程可描述为：

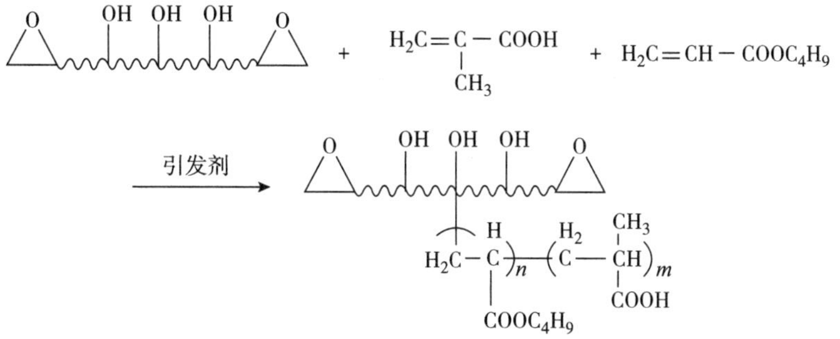

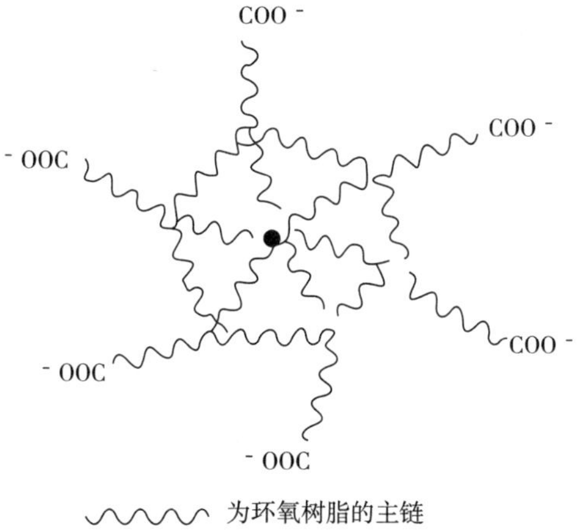

图 114　水性环氧树脂的粒子结构示意图

由于接枝点形成于环氧树脂主链上，环氧基团没有被破坏掉，因此又可以进行室温固化，固化剂可选用多乙烯多胺，反应可表示如下：

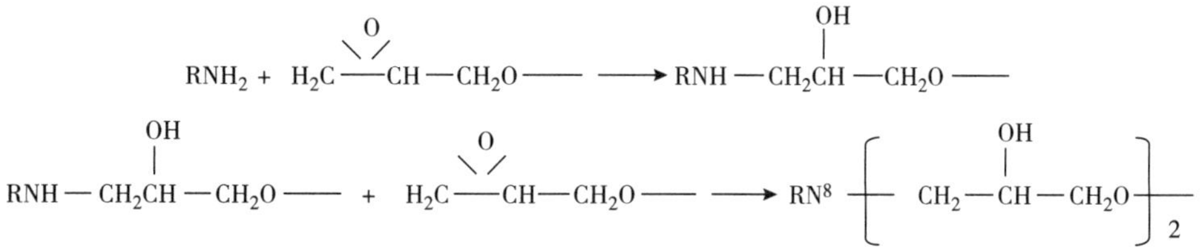

6.5.2　石质文物加固进展

环氧树脂乳液具有优良的防水性和安定性，较适合作为石质文物保护材料，故常常用在建筑石材或石质文物的裂缝填充和疏松脆弱风化石质的加固剂中。王镛先等[126]用丙烯酸、环氧树脂合成互穿聚合物网络乳液胶粘剂，讨论了将其用作摩崖石刻透水粘接保护材料。该材料具有高于岩石基体的强度，又有良好的透气性和渗水性，保持了岩石的"呼吸性"。栾晓霞等[127]通过添加硅酸盐对水性环氧树脂乳液进行改性，制备出了一种表面防护剂，以山西大同云冈石窟的砂岩为实验对象，测定了该表面防护剂的防水性、耐水性、接触角、耐紫外线、安定性和耐盐性等。结果表明该防护剂用于石质文物保护中效果良好。周继亮等[128]合成了一种室温固化柔韧性水性固化剂。此种固化剂与液体环氧树脂所形成的双组分室温固化涂膜，具有良好的柔韧性和耐冲击性。王永珍等[129]开发出一种含长疏水链的潜伏性环氧固化剂来改性环氧树脂，从而制备出适用于潮湿基面的环氧灌浆材料。结果表明改性环氧灌浆材料在干燥和潮湿的基面上都具有可操作时间长、剪切强度高和粘接强度高等特点。

环氧树脂成功地应用于石质文物保护中的例子很多，但很多科学家并不提倡使用。这是由于环氧树脂的抗紫外能力弱，随着时间的推移，石质表面会出现变黑或发黄的现象[130]。由于纳米材料具有很多优异的性能，受到了文物保护界的重视，故用纳米材料改性环氧树脂作为石质文物保护材料的研究越来越多。KHOEE 等[131]用纳米共聚物来改性双酚 A 环氧树脂，实验证明改性后的环氧树脂的黏附力明显强于未改性的环氧树脂，且当纳米材料含量为 20% 时，其黏附力最高。CARDIANO 等[132]制备了一种环氧—二氧化硅聚合物，并以多孔性、吸水性和动力接触角为衡量标准来评价其在石质文物中的应用效果。实验证明在应用于低孔隙度的岩石中，该材料可以有效阻止水渗透进入岩石里层。栾晓霞[133]等研制了一种用硅溶胶（10 ~ 20 nm）改性的环氧树脂乳液，测试其性能与未改性的环氧树脂乳液比较，发现改性后的保护剂除了能明显提高防水性和安定性外，还能提高渗透能力、紫外屏蔽性和重涂性。在硅溶胶与环氧树脂乳液质量比为 0.4 时，保护剂具有良好的紫外线屏蔽作用和较好的可见光透射性。该保护剂具有一定透水能力，能使已渗入石质文物的水分挥发出来，不再加速石质文物的破坏，吸水率由 3.39% 下降到 0.78%；具有较强的耐水性，在去离子水中浸泡 500 h 未发生起皮、脱落现象。该保护剂既能起到保护石质文物的作用，也能不改变文物的原貌，是一种综合性能良好的石质文物保护材料。

作为灌浆材料，水性环氧树脂应用于石质文物的保护已有较多成果可以参考。其中成功应用于龙门石窟渗水裂隙的水性环氧灌浆材料的基本特性如表 41、42 所示[134]。根据耐酸性和耐碱性试验效果，水性环氧树脂的抗酸性能较好，抗碱性能好（见表 43）。水性环氧树脂具有流动性好、弹性好、力学指标接近原岩、抗风化能力强、不泛盐等优点。同时，水性环氧树脂是低毒环保型材料，是龙门石窟防渗裂隙灌浆的首选材料[135]。

表 41　　　　　　　　　　　　水性环氧树脂的基本物理性质

水性环氧树脂组分	密度（g·cm⁻³）	黏度（MPa·s）
A 组分	1.15 ~ 1.25	300
B 组分	1.04 ~ 1.07	300

表 42　　　　　　　　　　　　水性环氧树脂的力学性能

材料	拉伸			弯曲			压缩	
	抗拉强度（MPa）	弹性模量（GPa）	断裂伸长率（%）	弯曲强度（MPa）	弹性模量（GPa）	挠度强度（MPa）	抗压强度（MPa）	弹性模量（GPa）
水性环氧树脂								
	8.96	0.255	4.97	15.35	0.335	13.43	67.29	0.247

表43　　　　　　　　　　　　水性环氧树脂抗酸碱能力

材料	拉伸			弯曲			压缩	
水性环氧树脂	抗拉强度（MPa）	弹性模量（GPa）	断裂伸长率（%）	弯曲强度（MPa）	弹性模量（GPa）	挠度强度（MPa）	抗压强度（MPa）	弹性模量（GPa）
	8.96	0.255	4.970	15.35	0.335	13.43	67.29	0.247
抗碱后	8.81	0.220	4.096	15.01	0.06	14.88	59.15	
抗酸后	7.73	0.217	5.405	10.11	0.18	8.75	23.79	

6.6　正硅酸乙酯

6.6.1　基本特性及加固原理

正硅酸乙酯又称硅酸乙酯，化学式 $Si(OC_2H_5)_4$，无色液体，熔点 $-77℃$，沸点 $168.5℃$，密度 $0.9346 g/cm^3$。对空气较稳定，微溶于水，在纯水中水解缓慢，在酸或碱的存在下能加速水解作用，与沸水作用得到没有电解质的硅酸溶胶。正硅酸乙酯与较高级醇或其酯类在催化剂作用下反应，可得较高级醇的正硅酸酯。其水解反应如下：

$$Si(OC_2H_5)_4 (sol) + 2H_2O (sol) \rightarrow SiO_2 (c) + 4C_2H_5OH (g)$$

在酸性环境下水解反应如下：

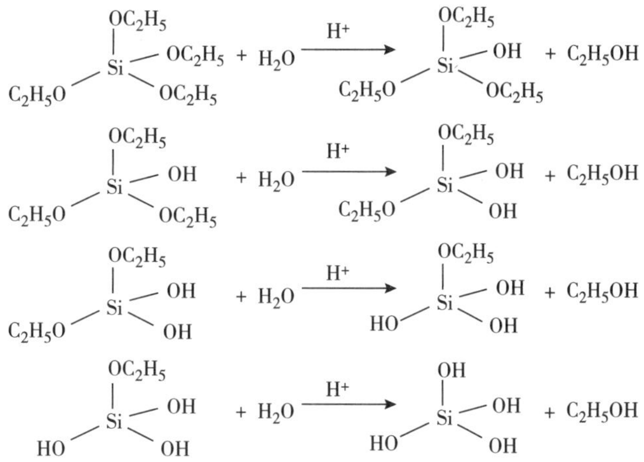

正硅酸乙酯可用于制造耐化学品涂料和耐热涂料，还可用于精密铸造，作为砂型的黏结剂，用硅酸乙酯蒸气处理的金属表面可防腐防水。硅酸乙酯可用来对金属表面渗硅，处理光学玻璃可提高透光度；完全水解后产生的极细氧化硅粉可用于制造荧光粉。硅酸乙酯是有机硅油的原料，还可用于制造耐热、耐化学品的涂料。在日本，90%的硅酸乙酯用作防腐蚀涂料（富锌漆）的基料。

正硅酸乙酯是无色透明液体，稍有气味，易燃，遇高热、明火，有引起燃烧的危险。遇水能逐渐水解放出刺激性气体。燃烧（分解）产物：一氧化碳、二氧化碳、氧化硅。基本性质如表44所示。

表 44 　　　　　正硅酸乙酯（TEOS）基本特性（北京益利精细化学品有限公司生产）

pH 值	密度	表面张力	固化率	黏度	挥发速率
/	$g \cdot cm^{-3}$	$mN \cdot m^{-1}$	%	$mPa \cdot s^{-1}$	$mg \cdot m^{-2}h^{-1}$
6~7	0.8242	27.65	2.26	0.84	78.53

正硅酸乙酯最主要的化学反应为水解反应。在酸性或者碱性催化剂的作用下水解成为二氧化硅溶胶，然后逐步聚合成为具有 Si‑O‑Si 主链的无机网状聚合物，这种聚合物与文物中的石质材料、沙土、地仗层以及颜料有着非常类似的性质，因而它们可以相互融合。同时，这种无机网状聚合物具有微观多孔结构，有良好的透气性。因此以它作为文物保护的材料，具有很多新型合成化学材料无法比拟的优越性。

硅酸乙酯类材料的分子量较低，渗透能力好，常用于文物保护领域。用正硅酸乙酯加固材料处理石质、土质文物时，硅氧烷链的一端通过羟基—烷氧基或羟基—羟基反应与无机物颗粒的表面相连，另一端与邻近的无机物颗粒相连，通过烷氧基的水解，相邻颗粒间以硅氧烷链联结在一起使脆弱、松散的石头或土得以加固和增强（图 115）。这种聚合物分子中的硅氧键链使其具有透水、透气性能，满足文物保护所必须具备的基本要求（即"呼吸性"），并且其老化的最终产物是性质稳定的二氧化硅，它是石材、土的主要成分，即使若干年加固材料老化失效后，可再次进行保护。

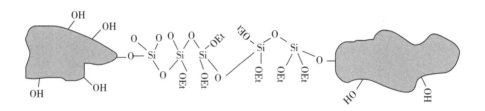

图 115　正硅酸乙酯加固石质文物颗粒示意图

但是，TEOS 在无催化剂时烷氧基的水解聚缩反应非常缓慢，因此将 TEOS 运用到文物加固领域，需要寻找合适的催化剂。目前，正硅酸乙酯的水解聚缩反应的催化剂有很多，如酸、碱、Pb、Zn、Sn 等。

6.6.2　石质文物加固进展

正硅酸乙酯及其衍生物产品已经在国内、外文物保护方面成功应用了许多年。主要用于石质文物的保护加固，少量用于泥塑文物的加固保护，目前也开发应用于潮湿环境壁画的加固。

硅酸乙酯属于有机硅类加固剂，有机硅聚合物的结构特性使其兼具无机材料特性和有机聚合物功能于一身，具有较好的耐高温性、电绝缘、化学稳定性和耐老化性能，且具有憎水防潮和优良的生理惰性。除了良好的拒水反应，它不损害或基本不损害建筑材料对空气和水蒸气的透过性，这也是它最大的优点。有机硅材料具有很低的表面张力，能降低材料的表面能，使其具备出色的憎水性，同时又不会封闭材料的透气微孔，具有透气呼吸功能，其防水层的寿命一般可达 10~15 年。国外很早就开始了有机硅用于文物保护方面的探索研究。早在 1861 年，德国著名化学家霍夫曼就提出，石英和酒精的聚合物可以应用到岩石增强保护中。1942 年，Stone 和 TePilitz 成功对土壤增强。1956 年硅酸乙酯被成功的应用到壁画保护中。1960～1970 年，硅酸乙酯研究成熟，进入大规模工业化生产，广泛应用到天然与人造矿物材料的增强保护中。20 世纪 70 年代的岩石增强材料主要为溶剂型，有效组分 70% 左右。在增强剂方面，20 世纪 80 年代的进展为不含溶剂的硅酸乙酯类，其以硅酸乙酯单体为主，有效组分在 99% 以上，含微量溶剂和催化剂。随着工业和民用的需求，开发了多种有机硅材料（有甲基硅醇盐、硅树脂、硅烷、有机硅乳液等等），此类材料在欧洲被广泛使用于各个领域。

目前，在德国、日本、美国已成功研制了数种有机硅材料并应用于文物保护领域，如德国的 WackerOH 和 Remmers 系列产品，美国的甲基四乙氧基硅烷、55－202、AWSvx 等。Snethlage 及他的同事对 WaekerOH 的应用特点及存在问题进行了分析。在陕西彬县大佛寺保护研究中使用了德国生产的硅酸乙酯二聚体加固剂。土遗址保护研究中，正硅酸乙酯和甲基三甲氧基硅烷都在美国和意大利得到了应用，也有将烷氧基硅烷和丙烯酸混合应用，加固效果受到混合应用工艺的影响。将 Etylsilicate40 与 ParaloidB72 混合来提高劣化岩石的强度以及使用硅乳胶做加固剂都有报道。多年的实验表明，正硅酸乙酯在干燥气候的应用受到限制，但在有一定含湿量的土遗址保护中有一定的优势。我国将有机硅材料用于文物保护起步较晚，始于 20 世纪 80 年代。80 年代初，故宫和化工部涂料研究所合作开发了有机硅防风化材料 SioR－17，在防水性、外观质感方面，通过实验室和现场试验，各项技术指标都达到或超过了曾应用在德国科隆大教堂的美国道康宁公司的防风化材料。1981 年化工部涂料所与故宫博物院共同研制的 SioR－31 有机硅彩画保护涂料，效果良好。我国 20 世纪 70 年代为了保护光学玻璃及其光学膜层而研制并取得成效的长链烷基烷氧基硅烷（其中十二烷基三甲氧基是一个代表），于 1987 年移置于文物保护领域，到现在已逐步扩展开来。针对西藏布达拉宫等三大寺庙的壁画起甲原因而专门研制的 ZB－SF 专用乳液，采用改性有机硅丙烯酸乳液作为修复材料，将起甲翘片的软化、黏合一次完成，不仅简化了工艺，同时达到黏合紧密、对壁画未造成任何新的不良影响的结果。在实际应用过程中取得了很好的加固效果，目前已经应用于少林寺等地的壁画修复。有研究表明，有机硅环氧树脂是理想的潮湿壁画加固材料，有机硅提高了环氧的耐水、耐候性，并且能保持画面的透气性。

7　裂隙灌浆试验

裂隙灌浆是灰岩质石窟寺岩体加固的主要工程措施，对于微张裂隙和闭合裂隙在灌浆材料的选择上有较高的要求。本次室内实验针对小于 3mm 宽的渗水微裂隙可灌性较差的问题，通过资料调查及筛选，以灌浆材料的浆液性质、浆液固化后的性质及耐候性等依据，拟选取水性环氧树脂、国产水硬性石灰改性材料及正硅酸乙酯（TEOS）为渗水微裂隙的灌浆材料。通过裂隙模拟、模拟裂隙灌浆、灰岩试样粘接及粘接后的试样耐环境诸因素进行对比实验，为灰岩质石窟寺岩体渗水裂隙灌浆提供安全可靠的资料。

7.1　裂隙模拟

本次实验模拟三种不同的单一裂隙进行实验。

第 1 种水平模拟裂隙。模型是将从响堂山石窟采来的岩石切割成长 250mm×80mm×30mm 的长方体，然后和 250mm×80mm×4mm 的一块玻璃拼在一起，两接触面间构成 1mm 的模拟裂隙，采用裂隙修补胶封闭缝隙，模型两侧预留出气孔，在模型中间钻孔注浆，在玻璃一侧观察浆液在水平裂隙中的流向、流量及注浆压力，如图116所示。

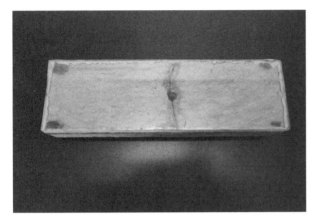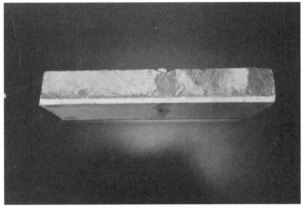

图116   水平模拟裂隙

第2种垂直横向裂隙。模型是将岩石切割成长250mm×80mm×30mm的长方体，然后和250mm×80mm×4mm的一块玻璃拼在一起，两接触面间构成1mm的模拟裂隙，采用裂隙修补胶封闭缝隙，模型一侧预留出气孔，在模型底部钻孔注浆，在玻璃一侧观察浆液在竖直横向裂隙中的起伏度、注浆压力及浆液的黏稠度，如图117所示。

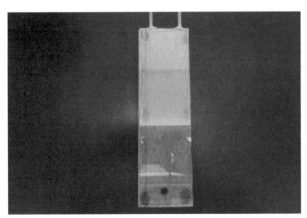

图117   竖直横向模拟裂隙

第3种垂直纵向裂隙。模型是将250mm×80mm×30mm的两块岩样拼在一起两接触面间构成1mm的模拟裂隙，裂隙两侧用玻璃粘贴，采用裂隙修补胶封闭缝隙，模型顶部留出气孔，在模型底部钻孔注浆，模型两侧观察浆液在竖直纵向裂隙中的起伏度、注浆压力及浆液的黏稠度，如图118所示。

为防止浆液外渗，灌浆前采用高压空气和肥皂水进行密闭性检查，注浆操作采用专用注浆器具，注浆压力控制在0.2MPa～0.3MPa左右。注浆过程中防止浆液外溢、配制好的浆液应在50min内用完、灌浆过程尽量采用低压力长时间的灌浆方法。灌浆结束后应保持裂隙模型2～3d不动、整个灌浆过程做好防护措施。

图 118　竖直纵向模拟裂隙

7.2　模拟裂隙灌浆实验

7.2.1　水性环氧灌浆实验

（1）浆液配制

将改性环氧树脂甲剂、乙剂按质量比 4:1 混合均匀后即可开始实验。

（2）灌浆过程

第 1 种水平模拟裂隙灌浆，浆液开始从中心钻孔垂直向上进入水平裂隙，最初浆液以圆形状态向四周扩散。当浆液的圆经受到裂隙两侧限制后浆液开始对称向裂隙两侧扩散，灌浆压力 0.2MPa，用时 86s，浆液填充整个模拟裂隙，浆液在室温下 6h 后完全固化，如图 119 所示。

第 2 种垂直横向裂隙灌浆。浆液开始从底部注浆孔流入下部裂隙以锥形扩散。当浆液水平面超过注浆孔后浆液水平悬浮上升，灌浆压力 0.2MPa 用时 92s，浆液填充整个模拟裂隙，浆液在室温下 6h 后完全固化，如图 120 所示。

第 3 种垂直纵向裂隙灌浆。浆液开始从背部注浆孔流入裂隙，在面状裂隙中浆液开始上流动速度较快，随着液面的上升浆液的流动速度有所减缓，注浆压力 0.2MPa，实验用时 217s，浆液填充整个裂隙，如图 121 所示。

a. 注浆前　　　　　　　　　　　　　　　　　　b. 注浆开始

c. 圆形扩散

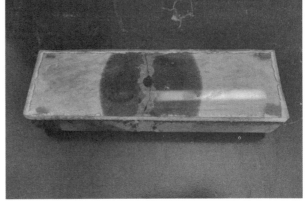

d. 对称两边扩散

e. 对称两边扩散

f. 灌浆结束

图 119 水平模拟裂隙灌浆

（3）灌浆效果及质量检查

灌浆结束后待浆液凝固 2~3d 撤除灌浆设备，通过 3 种模拟裂隙灌浆效果检查，看出水性环氧在凝固后和岩体表面结合无裂隙、无气泡、整个裂隙填充饱满，如图 122。

a. 注浆前

b. 注浆开始

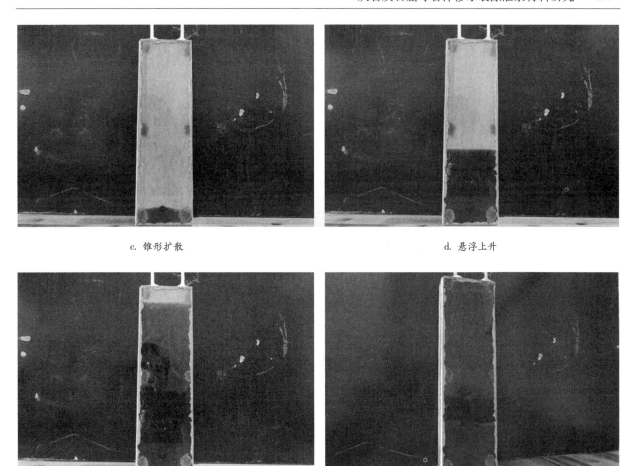

c. 锥形扩散　　　　　　　　　　　　　　　　d. 悬浮上升

e. 悬浮上升　　　　　　　　　　　　　　　　f. 灌浆结束

图 120　竖直横向模拟裂隙灌浆

7.2.2　国产水硬石灰改性材料灌浆实验

（1）浆液配制

将国产水硬石灰、优质偏高岭土及石英砂以质量比 1∶0.6∶0.4 混合均匀，然后以质量比 0.6 的水灰比配制浆液，即可开始实验。

a. 注浆前

b. 注浆开始

c. 两边充分渗入

d. 两边充分渗入

e. 灌浆结束

图 121　竖直纵向模拟裂隙灌浆

（2）灌浆过程

采用水硬石灰材料灌浆首先要向裂隙内注入适量的水。

第 1 种水平模拟裂隙灌浆。浆液开始从中心钻孔垂直向上进入水平裂隙。在浆液的推动下裂隙内的水开始向四周扩散，浆液随着水的扩散开始向四周以圆形扩散。当浆液的圆经受到裂隙两侧限制后

a. 水平模拟裂隙

b. 竖直横向模拟裂隙

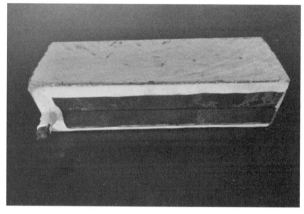

c. 竖直纵向模拟裂隙正面　　　　　　　　　　　　d. 竖直纵向模拟裂隙背面

图 122　模拟裂隙水性环氧灌浆效果图

浆液开始对称向裂隙两侧扩散，开始灌浆压力 0.25MPa，随着水分的减少灌浆压力逐渐增大到 0.28MPa。整个灌浆过程用时 103s，浆液填充整个模拟裂隙，浆液在室温下 11h 后达到终凝，如图 123 所示。

a. 注浆前　　　　　　　　　　　　　　　　　　b. 注入少量水

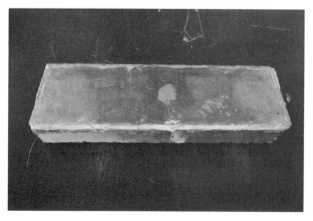

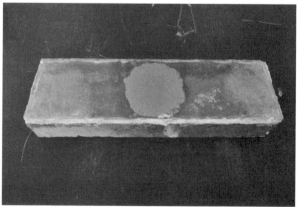

c. 注浆开始　　　　　　　　　　　　　　　　　d. 圆形扩散

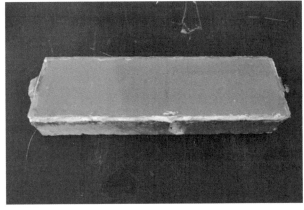

e. 对称两边扩散

f. 灌浆结束

图 123   水平模拟裂隙灌浆

　　第 2 种垂直横向裂隙灌浆。浆液开始从底部注浆孔流入下部裂隙随着浆液的灌入裂隙内的水开始上升，随着水的上升浆液近似锥形扩散。当浆液水平面超过注浆孔后浆液水平上升，开始灌浆压力 0.25MPa，随着水分的减少灌浆压力注浆增大到 0.28MPa。整个灌浆过程用时 107s，浆液填充整个模拟裂隙，浆液在室温下 11h 后达到终凝，如图 124 示。

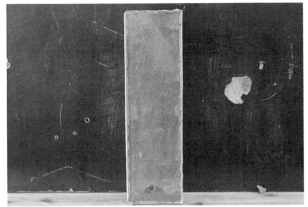

a. 注浆前

b. 注入少量水

c. 注浆开始

d. 浆液上升

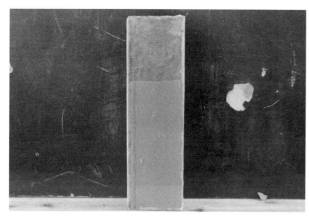

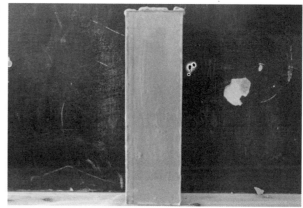

e. 浆液上升　　　　　　　　　　　　　　　　f. 灌浆结束

图 124　竖直横向模拟裂隙灌浆

　　第 3 种垂直纵向裂隙灌浆。浆液开始从背部注浆孔流入裂隙，随着浆液的流入裂隙内的水面开始上升，浆液在竖直横向裂隙上升，部分浆液流入两侧闭合裂隙内。随着液面的上升浆液的流动速度有所减缓，开始灌浆压力 0.25MPa，随水分的减少灌浆压力注浆增大到 0.30MPa。整个灌浆过程用时 243s，浆液填充整纵向裂隙，浆液在室温下 11h 后达到终凝，如图 125 所示。

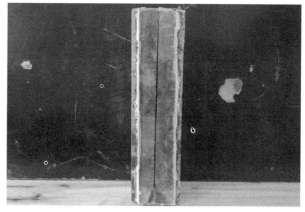

a. 注浆前　　　　　　　　　　　　　　　　b. 注入少量水

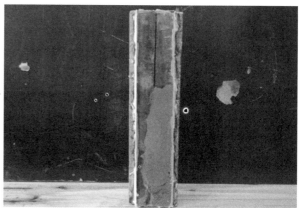

c. 注浆开始　　　　　　　　　　　　　　　　d. 浆液上升

e. 浆液上升　　　　　　　　　　　　　　　　f. 灌浆结束

图 125　竖直纵向模拟裂隙灌浆

（3）灌浆效果及质量检查

灌浆结束后待浆液凝固 2～3d 拆除灌浆设备，通过 3 种模拟裂隙灌浆效果检查，看出水硬石灰改性材料凝固后和岩体表面结合较好，凝固面有少量细小裂纹产生，如图 126。

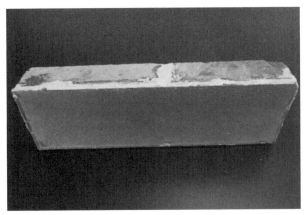

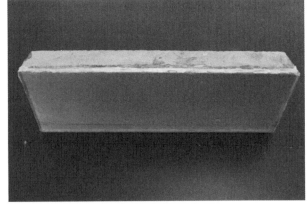

a. 水平模拟裂隙　　　　　　　　　　　　　　b. 竖直横向模拟裂隙

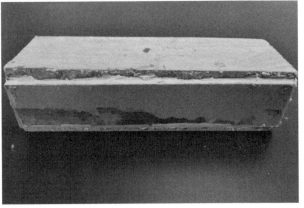

c. 竖直纵向模拟裂隙正面　　　　　　　　　　d. 竖直纵向模拟裂隙背面

图 126　模拟裂隙改性水硬石灰灌浆效果图

7.2.3　正硅酸乙酯（TEOS）灌浆实验

正硅酸乙酯的水解可在碱性条件下进行，也可在酸性条件下进行。本实验采用酸性条件水解的正硅酸乙酯作为自硬黏合剂。在搅拌下，将适量乙醇、正硅酸乙酯、水及适量盐酸充分混合后让其水解。冷却到室温，然后加入少量的氨水，即可开始实验。

水解后的正硅酸乙酯加入少量氨水后在 2～3min 内快速硬化，灌浆实验失败。

7.3　裂隙灌浆强度实验

（1）试样制备

强度实验以单轴拉伸法为主，试样是用响堂山石窟采来的岩样切成 50mm×50mm×40mm 方块，然后将任意两块岩样拼在一起中间预留 2～3mm 的空隙。预留空隙内分别用水性环氧树脂和水硬石灰改性材料以裂隙模拟灌浆实验中的配比配制灌浆，待浆液经完全凝固后，养护 60d，进行拉伸实验（图 127）。

a. 水性环氧树脂粘接样　　　　　　　　　　b. 水硬石灰改性材料粘接样

图 127　抗拉试样

（2）单轴拉伸实验

单轴拉伸实验在天水红山试验机有限公司生产的 WDW-200 型微机控制电子万能试验机上进行。将粘接好的试样打乱后编号，每 3 块为一组，其中一组不做任何实验处理，为空白对照组。其余几组分别进行耐老化实验，为实验组。然后进行抗拉实验，最后根据抗拉强度指标、断接形貌评价水性环氧树脂和水硬石灰改性材料作为响堂山石窟微张裂隙灌浆材料的适宜性。

① 空白试样的抗拉强度

分别将粘接好的一组试样在室温放置 60d 后进行抗拉强度实验，实验结果见表 45。试样的破坏状况见图 128。

表 45　　　　　　　　　　　　　　　空白试样的抗拉强度指标

粘接材料	水性环氧树脂			水硬石灰改性料		
试样编号	0-1	0-2	0-3	0-1	0-2	0-3
断裂状况	非粘接层	非粘接层	非粘接层	粘接层	粘接层	粘接层

粘接材料	水性环氧树脂			水硬石灰改性料		
拉断负荷/KN	4.371	8.665	6.784	0.303	0.285	0.298
抗拉强度/MPa	1.748	3.466	2.713	0.121	0.114	0.120
平均抗拉强度/MPa	2.642			0.118		

a. 水性环氧树脂粘接样

b. 水硬石灰改性料粘接样

图 128   空白试样的破坏状况

② 冻融试样的抗拉强度

将粘接好的一组试样在室温放置 38d，然后将该组试样在 -30℃低温下冻 12h，接着在温度 25℃、相对湿度 90%的条件下融 12h，如此反复冻融 18 个循环。每 6 个循环后观察对试体进行拍照并做外观描述。将冻融实验后的试样在室温放置 4d，最后对试样进行抗拉强度测试，实验结果见表 46，试样的断裂状况见图 129。

表 46   冻融试样的抗拉强度指标

粘接材料	水性环氧树脂			水硬石灰改性料		
试样编号	1-1	1-2	1-3	1-1	1-2	1-3
断裂状况	粘接层	粘接层	粘接层	粘接层	粘接层	粘接层
拉断负荷/KN	0.497	0.634	0.746	0.198	0.176	0.132
抗拉强度/MPa	0.199	0.253	0.298	0.079	0.070	0.053
平均抗拉强度/MPa	0.250			0.067		

③ 安定性试样的抗拉强度

将粘接好的一组试样在室温放置 51d，然后将该组试样在饱和 Na_2SO_4 溶液中浸泡 20h，取出后在 60℃烘 4h，如此反复循环 5 次。每 1 个循环后对试体进行观察拍照并做外观描述。将安定性实验后的试样在室温放置 4d，最后对试样进行抗拉强度测试，实验结果见表 47，试样的断裂状况见图 130。

a. 冻融实验后

b. 冻融实验后

c. 水性环氧树脂粘接样

d. 水硬石灰改性料粘接样

图 129　冻融试样的破坏状况

表 47　　　　　　　　　　　　　　　安定性试样的抗拉强度指标

粘接材料	水性环氧树脂			水硬石灰改性料		
试样编号	1 – 1	1 – 2	1 – 3	1 – 1	1 – 2	1 – 3
断裂状况	粘接层	粘接层	粘接层	粘接层	粘接层	粘接层
拉断负荷/KN	0.408	0.396	0.411	0.202	0.310	0.286
抗拉强度/MPa	0.163	0.158	0.164	0.081	0.124	0.114
平均抗拉强度/MPa	0.162			0.106		

④ 温湿度试样的抗拉强度

将粘接好的一组试样在室温放置 38d，然后将该组试样在恒温恒湿机内 60℃下加热 12h，然后在温度 25℃、相对湿度 90% 的条件下放置 12h，如此反复 18 个循环，每 6 个循环后观察对试体进行拍照并做外观描述。将实验后的试样在室温放置 4d，最后对试样进行抗拉强度测试，实验结果见表 48，试样的断裂状况见图 131。

a. 安定性实验后

b. 安定性实验后

c. 水性环氧树脂粘接样

d. 水硬石灰改性料粘接样

图 130　安定性试样的破坏状况

表 48　　　　　　　　　　　　温湿度实验后试样的抗拉强度指标

粘接材料	水性环氧树脂			水硬石灰改性料		
试样编号	1－1	1－2	1－3	1－1	1－2	1－3
断裂状况	粘接层	粘接层	粘接层	粘接层	粘接层	粘接层
拉断负荷/KN	0.489	0.445	0.358	0.183	0.393	0.126
抗拉强度/MPa	0.196	0.178	0.143	0.073	0.157	0.050
平均抗拉强度/MPa	0.172			0.093		

⑤ 耐碱性试样的抗拉强度

将粘接好的一组试样在室温放置 56d，然后将该组试样在 2% NaOH 溶液中浸泡 12h，取出后在 60℃烘 4h，如此循环 3 次，每 1 个循环后对试体进行观察拍照并做外观描述。将耐碱性实验后的试样在室温放置 4d，最后对试样进行抗拉强度测试，实验结果见表 49，试样的断裂状况见图 132。

a. 温湿度实验后

b. 温湿度实验后

c. 水性环氧树脂粘接样

d. 水硬石灰改性料粘接样

图 131　温湿度试样的破坏状况

表 49　　　　　　　　　　　　　　耐碱性实验后试样的抗拉强度指标

粘接材料	水性环氧树脂			水硬石灰改性料		
试样编号	1－1	1－2	1－3	1－1	1－2	1－3
断裂状况	粘接层	粘接层	粘接层	粘接层	粘接层	粘接层
拉断负荷/KN	1.402	1.238	1.282	0.402	0.220	0.086
抗拉强度/MPa	0.561	0.495	0.513	0.161	0.088	0.035
平均抗拉强度/MPa	0.523			0.090		

⑥ 强度实验数据汇总及强度关系曲线

将强度实验数据汇总后绘制强度关系曲线，实验数据汇总见表50，强度关系曲线见图133。

a. 耐碱性实验后

b. 耐碱性实验后

c. 水性环氧树脂粘接样

d. 水硬石灰改性料粘接样

图 132　耐碱性试样的破坏状况

表 50　　　　　　　　　　　　抗拉强度实验数据汇总表

实验条件	空白试样	冻融	安定性	温湿度	耐碱性
试样编号	1	2	3	4	5
水性环氧树脂黏结样抗拉强度（MPa）	2.642	0.25	0.162	0.172	0.523
水硬石灰改性料黏结样抗拉强度（MPa）	0.118	0.067	0.106	0.094	0.090

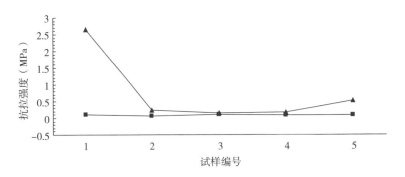

图 133　试样的抗拉强度关系曲线

7.4 结论

通过模拟裂隙灌浆实验可以看出，改性环氧树脂甲剂、乙剂按质量比 4∶1 混合后浆液的黏稠度较小，如水一般在较小的灌浆压力下能够充分渗入微张裂隙和闭合裂隙内部。水解后的正硅酸乙酯胶体强度较高但自硬速度太快。水硬石灰改性料灌浆实验中在较小的灌浆压力下浆液完全进入微张裂隙内部，但浆液不能完全进入闭合裂隙内部。

由裂隙灌浆强度实验可以看出，水性环氧在室温下与岩样的粘接强度高于岩样自身抗拉强度，通过岩石粘接试样的耐环境诸因素变化影响试验证明，用改性环氧树脂粘接的试样经冻融、安定性、温湿度变化及耐碱性介质等试验后，其粘接强度大幅度下降。做抗拉强度测试时，全部试样从粘接面断裂。原因是，环氧树脂是一种有机高分子粘接材料，而被粘接的灰岩是一种无机矿物质材料，两者的物理性质及力学性质相差甚大，也就是说两者之间不兼容，受环境诸因素变化的影响特别大。

水硬石灰改性料在室温下的粘接强度低于岩样自身抗拉强度，通过岩石粘接试样的耐环境诸因素变化影响实验证明，用水硬石灰改性料粘接的试样经冻融、安定性、温湿度变化及耐碱性介质等试验后，其粘接强度下降幅度不大。做抗拉强度测试时，虽然全部试样从粘接面断裂，从断接破坏面可以看出两粘接面均有水硬石灰改性料结石体残留，充分说明水硬石灰改性料结石体与岩石的物理性质及力学性质相差不大，也就是说两者之间比较兼容，受环境诸因素变化的影响不大。

以上仅是 60d 时间的实验，随着时间的推移，水硬石灰中的氧化钙在水和二氧化碳的作用下逐渐碳化生成碳酸钙，最终能达到与石窟灰岩体相近的强度。而且两相互兼容，接合牢固，有很好的加固保护效果。

通过对三种裂隙的模拟和试验室灌浆试验，对微裂隙的灌浆过程进行了可视化研究，对微裂隙灌浆浆液流动特征、注浆时间和注浆压力监测，较好地还原了微裂隙灌浆的内部特征。本次研究采用的两种灌浆材料性能差异较大，但均可作为微裂隙灌浆材料使用。其中，水性环氧树脂的流动性较高，在较小的灌浆压力下可充分渗入微裂隙和闭合裂隙内部，而改性料礓石材料的灌浆阻力较水性环氧树脂高，可渗入微张裂隙，但不能完全渗入闭合裂隙内部。因此，加固张开度小于 1mm 的微裂隙或闭合裂隙的石窟寺岩体时，可采用水性环氧树脂作为防渗堵漏的灌浆加固剂，而对于张开度大于 1mm 的微裂隙，可采用改性料礓石作为灌浆加固材料。黏结试验表明，两种材料均具有较高的抗拉强度，其中水性环氧树脂的抗拉强度高于石灰岩本身的抗拉强度。从拉断面特征可以发现，拉断破坏均为灌浆材料的破坏，而不是黏结界面处破坏，这表明材料的兼容性较高，适宜于作微裂隙为灌浆加固材料。试样经冻融、温湿度变化及碱侵蚀和盐侵蚀后的抗拉强度均下降，其中水性环氧树脂加固试样的强度下降明显，而改性料礓石材料的强度变化不大，且本次加固的试样仅养护了 60d，随着时间的推移，改性料礓石中的氧化钙在水和二氧化碳的作用下逐渐碳化生成碳酸钙，最终能达到与石窟灰岩体相近的强度。这表明有机加固材料相对于无机加固材料对环境的敏感性更高，在实际应用时，应根据石质文物微裂隙的实际状况针对性地选取灌浆加固材料。

更进一步地，在复杂的自然环境下，可考虑采用水性环氧树脂和改性料礓石等水硬性石灰材料结合的方法对微裂隙进行灌浆加固。以上研究可为相关石质文物微裂隙加固提供借鉴。

7.5 裂隙的现场加固试验

通过现场调查，发现响堂山石窟和龙门石窟的文物材质为石灰岩，裂隙发育的形式和机理类似，经过反复比较，选取南响堂寺和龙门石窟侧边的裂隙进行灌浆修复试验。根据对裂隙灌浆材料的研究结果，选取改性料礓石和改性阿嘎土为灌浆材料，以石英砂为骨料，进行浆液配置，灌浆材料的质量比和水灰比如表 52 所示。在南响堂寺共设计三处裂隙灌浆试验区，裂隙分别为层面构造裂隙和卸荷裂隙，其中石窟外层的卸荷裂隙 1 处，石窟中间卸荷裂隙 1 处，石窟上层的层面构造裂隙 1 处，具体试验区分布如图 134～137 所示。

1. 区为卸荷裂隙和层面构造裂隙；2. 区为层面构造裂隙；3. 区为卸荷裂隙

图 134　南响堂石窟寺裂隙灌浆试验区选择

图 135　南响堂寺试验区 1 区正面及侧面图

图 136　南响堂寺试验区 2 区　　　　　　　图 137　南响堂寺试验区 3 区

根据对水硬性石灰的研究结果，选取的裂隙灌浆材料及配比如下（见表51）：

表51 现场裂隙灌浆材料的配比

编号	质量比	水灰比
L	石英砂∶料礓石 = 1∶1	0.364
LP	石英砂∶料礓石∶偏高岭土 = 0.6∶1∶0.4	0.530
A	石英砂∶阿嘎土 = 1∶1	0.360
AP	石英砂∶阿嘎土∶偏高岭土 = 0.6∶1∶0.4	0.470

针对选定的裂隙灌浆试验区，首先进行裂隙内部的清洗，按照6.2中的配比进行裂隙浆液的配置，进行裂隙的勾缝加固，完成后，布设注浆孔，由下而上开始注浆，注浆完成后对加固区进行覆盖处理（图138～145）。裂隙灌浆加固完成一个月后，将加固区的覆盖去掉。180d后的加固效果对比如图146～148所示。

图138 裂隙积尘清理及清洗

图139 裂隙勾缝 图140 裂隙勾缝后润湿

图 141　布置灌浆孔

图 142　布置灌浆孔

图 143　裂隙注浆

图 144　裂隙注浆

图 145　裂隙灌浆完成后覆盖

图 146　试验区 1 区修复前及修复后对比

图 147　试验区 1 区修复前及修复后对比

7.6　裂隙灌浆材料的碳化速度

碳化和水化过程对水硬性石灰材料的性能影响显著。其中，二氧化碳浓度和相对湿度是影响碳化过程的重要因素，因此有必要对灌浆材料的碳化速度进行研究。课题选取改性料礓石、改性阿嘎土两种传统改性石灰材料为试验对象，进行研究。

实验室内制备的 6 种样品，分别为改性料礓石、改性阿嘎土、水硬蛎灰及添加了偏高岭土为膨胀

图 148　试验区 2 区修复前及修复后对比

剂、添加石英砂为骨料的样品，分别放置在实验室内和现场中分别碳化和水化。实验室养护条件为：温度为 20℃ ±5℃，相对湿度为 80%。现场放置的地点选取在杭州飞来峰造像，相对湿度较大，温度较高。

图 149、150 是 1000℃改性料礓石和改性阿嘎土及其水化、碳化产物的 X 射线衍射谱图。X 射线衍射分析结果显示，水化前，经 1000℃、3h 焙烧改性后的料礓石含有 39.20% CaO、26.70% β-CaSiO₃ 及 18.90% $Ca_2Al_2SiO_7$（图 149A）；在相对湿度 80% 的环境中进行水化实验，5d 后生成 32.6% $CaCO_3$、22.7% Ca（OH）₂ 及 21.6% $Ca_2Al_2SiO_7$·nH_2O（图 149B）；300d 后，试样表层生成 86.2% $CaCO_3$ 和 3.2% $Ca_2Al_2SiO_7$·nH_2O（图 149C），试样 2~3mm 深处生成 54.6% $CaCO_3$、2.1% Ca（OH）₂、22.6% β–CaSiO₃·nH_2O 和 13.2% $Ca_2Al_2SiO_7$·nH_2O。

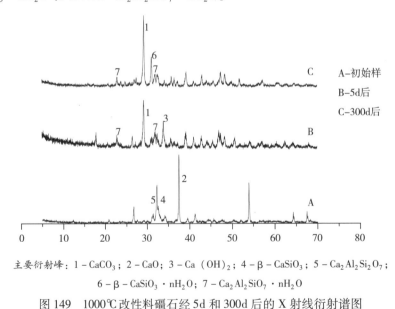

主要衍射峰：1–$CaCO_3$；2–CaO；3–Ca（OH）₂；4–β–CaSiO₃；5–$Ca_2Al_2Si_2O_7$；

6–β–CaSiO₃·nH_2O；7–$Ca_2Al_2SiO_7$·nH_2O

图 149　1000℃改性料礓石经 5d 和 300d 后的 X 射线衍射谱图

阿嘎土经 1000℃ 烧 3h 后，生成 42.50% CaO、29.40% β–CaSiO₃ 和 18.00% $Ca_2Al_2SiO_7$（图 150A）。在相对湿度 80% 的环境中进行水化实验，5d 后生成 47.6% $CaCO_3$、13.1% Ca（OH）₂ 和

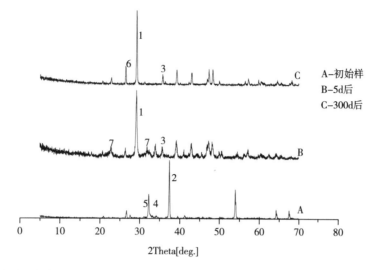

主要衍射峰：$1 - CaCO_3$；$2 - CaO$；$3 - Ca(OH)_2$；$4 - \beta - CaSiO_3$；$5 - Ca_2Al_2Si_2O_7$；

$6 - \beta - CaSiO_3 \cdot nH_2O$；$7 - Ca_2Al_2SiO_7 \cdot nH_2O$

图 150　1000℃改性阿嘎土及其在水化 5d 和 300d 后的 X 射线衍射谱图

16.7% $Ca_2Al_2SiO_7 \cdot nH_2O$（图 150B）；300d 后，试样表层生成 74.2% $CaCO_3$（图 150C），试样 $2 \sim$ 3mm 深处生成 48.4% $CaCO_3$、24.6% $Ca(OH)_2$ 和 5.3% $\beta - CaSiO_3 \cdot nH_2O$。

　　X 射线衍射半定量分析证明，经 1000℃焙烧 3h 后的改性料礓石和阿嘎土，在相对湿度 80% 的环境中，都有较快的水化及碳化速度。5d 后分别生成 32.6% 和 47.6% $CaCO_3$、22.7% 和 13.1% $Ca(OH)_2$ 及 21.6% 和 16.7% $Ca_2Al_2SiO_7 \cdot nH_2O$。300d 后，改性料礓石和阿嘎土试样碳化层厚度约 3mm，分别生成 86.2% 和 74.2% $CaCO_3$。在 3mm 深处分别生成了 54.6% 和 48.4% $CaCO_3$。相比较，改性料礓石的碳化速度要大于改性阿嘎土。

　　图 151～160 是 1000℃改性料礓石和改性阿嘎土原样及经 5d、300d 后样品表层和深层水化、碳化产物的扫描电镜（SEM）照片和 EDS 谱图。

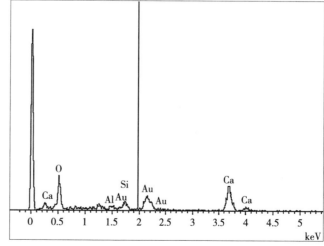

图 151　1000℃改性料礓石的 SEM 图片与 EDS 谱图

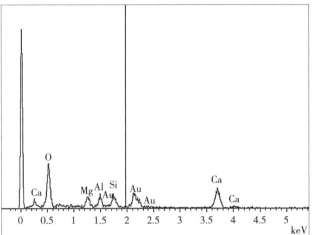

图 152　1000℃改性阿嘎土的 SEM 图片与 EDS 谱图

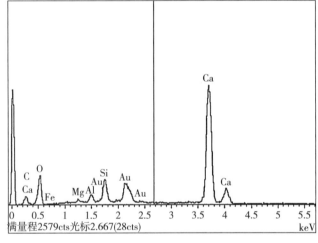

图 153　1000℃改性料礓石经水化和碳化 5d 后的 SEM 图片（表层）与 EDS 谱图（表层）

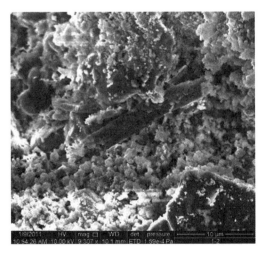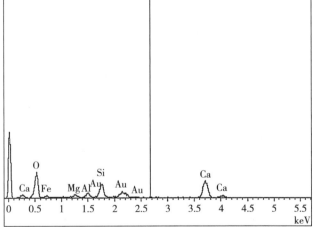

图 154　1000℃改性料礓石经水化和碳化 5d 后的 SEM 图片（深层）与 EDS 谱图（深层）

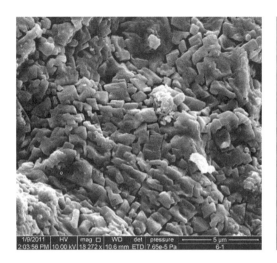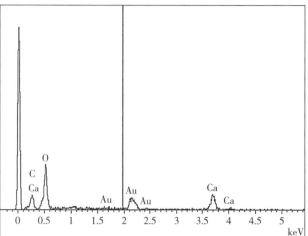

图 155　1000℃改性料礓石经水化和碳化 300d 后的 SEM 图片（表面）与 EDS 谱图（表层）

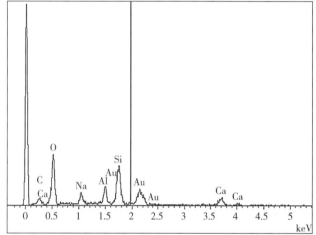

图 156　1000℃改性料礓石经水化和碳化 300d 后的 SEM 图片（深层）与 EDS 谱图（深层）

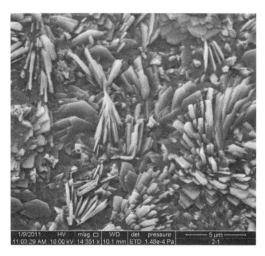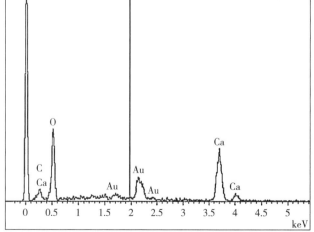

图 157　1000℃改性阿嘎土经水化和碳化 5d 后的 SEM 图片（表面）与 EDS 谱图（表层）

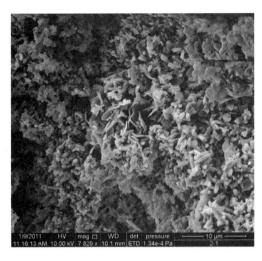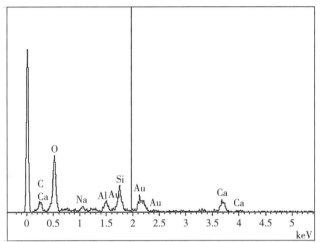

图 158　1000℃改性阿嘎土经水化和碳化 5d 后的 SEM 图片（深层）与 EDS 谱图（深层）

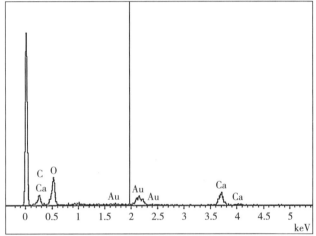

图 159　1000℃改性阿嘎土经水化和碳化 300d 后的 SEM 图片（表面）与 EDS 谱图（表层）

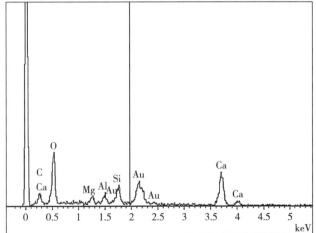

图 160　1000℃改性阿嘎土经水化和碳化 300d 后的 SEM 图片（深层）与 EDS 谱图（深层）

　　SEM－EDS 分析表明，料礓石和阿嘎土经 1000℃ 焙烧 3h 改性后，生成 CaO、β－CaSiO₃ 和 Ca₂Al₂SiO₇ 的细小结晶集合体（图 152、153）。水化 5d 后，改性料礓石试样表面形成少量的 CaCO₃ 重结晶体、β－CaSiO₃ 和 Ca₂Al₂SiO₇ 晶体的集合体；改性阿嘎土试样表面形成少量的 CaCO₃ 重结晶体（图 154、155）。改性料礓石试样深层形成少量的 β－CaSiO₃·nH₂O 和 Ca₂Al₂SiO₇·nH₂O 晶体包裹在大的石英颗粒上，改性阿嘎土试样深层形成少量的 CaCO₃ 重结晶体和 β－CaSiO₃·nH₂O 及 Ca₂Al₂SiO₇·nH₂O 晶体（图 156、157）。水化 300d 后，改性料礓石和改性阿嘎土试样表面都形成大量致密的 CaCO₃ 重结晶体（图 158、159）；改性料礓石和改性阿嘎土试样深层都形成少量的 CaCO₃ 重结晶体和大量的 β－CaSiO₃·nH₂O 及 Ca₂Al₂SiO₇·nH₂O 晶体（图 160）。同时，随着水化过程的进行，水化产物中生成的 Ca（OH）₂ 不断吸收 CO₂，也逐渐形成 CaCO₃。

　　将放置在杭州飞来峰造像现场的试样（图 161）经 300d 后取回（图 162）进行分析。通过 XRD 衍射技术，对灌浆材料结石体的矿物成分进行分析，如表 52 所示。对试样的断面进行观察，如图 163 所示。试样的 XRD 衍射曲线如图 164～169 所示。

图 161　杭州飞来峰造像放置试验样品（2015 年 4 月 28 日）

图 162　杭州飞来峰造像取回试验样品（2016 年 2 月 28 日）

表 52   试样矿物 X 射线衍射结果

编号	矿物种类和含量（%）							黏土矿物总量（%）
	石英	钾长石	斜长石	方解石	白云石	黄铁矿	石膏	
A－3	62.4	0.8	2.9	27	/	/	1.3	5.6
AP－3	40.1	2.3	3.3	14.9	3.2	16	1.6	18.6
H－2	30.0	/	/	10.0	/	/	/	
HP	11.1	/	/	84.6	/	/	/	5.0
L－3	62.9	1.3	2.5	27.1	/	/	1.6	4.6
LP－4	42.6	2.3	2.1	33	/	/	1.4	18.6
LSP	42.8	2.8	2	25.2	/	/	1.9	25.3

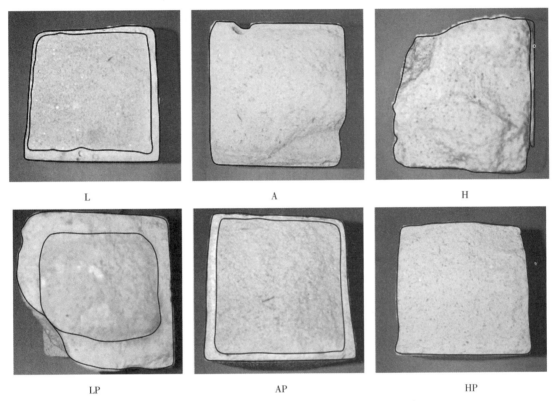

图 163   试验样品经过 300d 水化和碳化后的断面形态

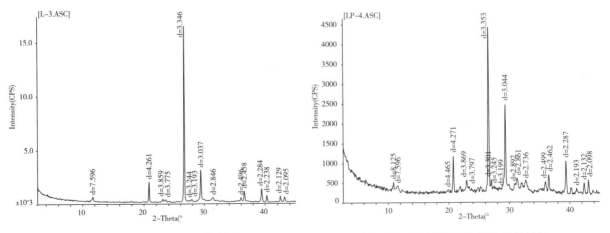

图 164   L 试样的 X 射线衍射结果   图 165   LP 试样的 X 射线衍射结果

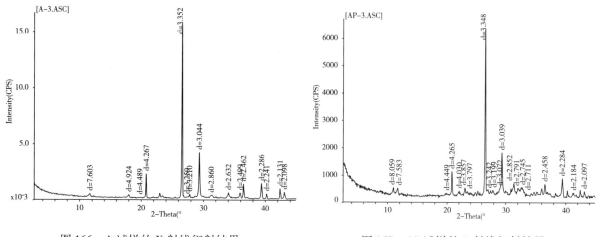

图 166　A 试样的 X 射线衍射结果　　　　图 167　AP 试样的 X 射线衍射结果

通过以上分析可知，经过 300d 水化和碳化后，经 1000℃、3h 焙烧改性后的料礓石、改性阿嘎土和水硬性蛎灰结石体中氧化钙含量下降，而氢氧化钙和碳酸钙的含量增高。同时，$Ca_2Al_2SiO_7 \cdot nH_2O$ 和 $\beta - CaSiO_3 \cdot nH_2O$ 含量升高。

X 射线衍射半定量分析证明，经 1000℃ 焙烧 3h 后的改性料礓石和阿嘎土，在相对湿度 80% 的环境中，都有较快的水化及碳化速度，5d 后分别生成约 30% 和 48% $CaCO_3$、13% $Ca(OH)_2$ 及 17% 的 $Ca_2Al_2Si_2O_7 \cdot nH_2O$。300d 后，改性料礓石和阿嘎土试样碳化层厚度约 1～3mm，相比较，改性料礓石的碳化速度要大于改性阿嘎土，这与室内放置的试样的结果是一致的。

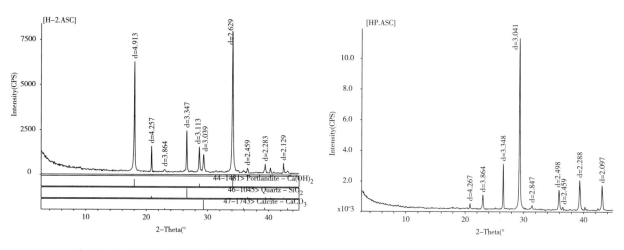

图 168　H 试样的 X 射线衍射结果　　　　图 169　HP 试样的 X 射线衍射结果

添加了偏高岭土的改性料礓石和改性阿嘎土试样在相同的环境条件下，碳化程度较均匀，未见明显的碳化层分层现象（图 165 中 LP 和 AP），说明偏高岭土不仅可以改善结石体的收缩率，也对碳化过程有有益影响。

值得注意的是，蛎灰试样（H）在相对湿度 80% 的条件下，碳化程度非常弱，碳化层厚度较薄，且试样强度非常低，但是添加了偏高岭土的试样（HP）在相同的条件下，碳化程度较大，可见的碳化层厚度可达 5mm。

7.7 小结

本章在对灌浆材料性能研究的基础上，设计了室内模拟裂隙灌浆试验，并获得了改性水性环氧树脂和水硬性石灰等灌浆材料的灌浆规律和现象。在此基础上，课题选取南响堂石窟寺和龙门石窟为现象裂隙灌浆试验区，对南响堂石窟寺进行了详细的裂隙灌浆试验，获得了较好的灌浆效果。通过对比实验室试样和现场试样的碳化速度和微观特征，对试样的碳化特征进行了试验和分析。经以上工作主要得到了如下有益结论。

① 通过模拟裂隙灌浆实验可以看出，改性环氧树脂黏稠度较小，如水一般在较小的灌浆压力下能够充分渗入微张裂隙和闭合裂隙内部。水解后的正硅酸乙酯胶体强度较高但自硬速度太快。水硬石灰改性料灌浆实验中在较小的灌浆压力下，浆液完全进入微张裂隙内部，但浆液不能完全进入闭合裂隙内部。

② 由裂隙灌浆强度实验可以看出，水性环氧在室温下与岩样的粘接强度高于岩样自身抗拉强度。通过岩石粘接试样的耐环境诸因素变化影响试验证明，用改性环氧树脂粘接的试样经冻融、安定性、温湿度变化及耐碱性介质等试验后，其粘接强度大幅度下降。做抗拉强度测试时，全部试样从粘接面断裂。原因是，环氧树脂是一种有机高分子粘接材料，而被粘接的灰岩是一种无机矿物质材料，两者的物理性质及力学性质相差甚大，也就是说两者之间不兼容，受环境诸因素变化的影响特别大。

③ 水硬石灰改性料在室温下的粘接强度低于岩样自身抗拉强度。通过岩石粘接试样的耐环境诸因素变化影响实验证明，用水硬石灰改性料粘接的试样经冻融、安定性、温湿度变化及耐碱性介质等试验后，其粘接强度下降幅度不大。做抗拉强度测试时，虽然全部试样从粘接面断裂，从断接破坏面可以看出两粘接面均有水硬石灰改性料结石体残留，充分说明水硬石灰改性料结石体与岩石的物理性质及力学性质相差不大，也就是说两者之间比较兼容，受环境诸因素变化的影响不大。

④ 通过实验可以得出以下结论，水性环氧树脂在响堂山石窟岩体裂隙加固中可用于小于1mm的闭合裂隙的防渗堵漏作用，但在施工过程必须注意水性环氧树脂对文物及环境的污染和防火措施。水解后的正硅酸乙酯自硬速度太快无法进行灌浆。对大于1mm的裂隙的灌浆水硬石灰改性料比较适宜。

⑤ 对选取的南响堂石窟裂隙进行了现场裂隙加固试验，加固过程和加固效果证明了课题选取的水硬石灰灌浆加固渗水裂隙的可行性。

⑥ 通过对灌浆材料结石体的碳化特征的研究，认为水硬性石灰改性料礓石和改性阿嘎土在添加了偏高岭土后，不仅可以控制试样的收缩率，且对试样的均匀碳化有较好的促进作用。水硬性蛎灰结石体试样在潮湿环境下碳化过程缓慢，添加了偏高岭土的试样碳化过程明显改善，形成5mm左右的碳化层。

8 结论与展望

8.1 结论

本课题将外国灰岩质石窟寺表层岩体渗水区域裂隙的治理灌浆加固技术作为研究重点，调查研究了石窟寺表层岩体病害发育现状并结合室内试验分析了石灰岩的劣化发育机理。在此基础上，通过筛选试验选择出适宜于灰岩质石窟寺岩体裂隙灌浆加固材料，以及相适应的灌浆加固工艺方法，为解决灰岩质石窟寺表层裂隙加固与渗水治理的难题提供了有益的帮助。

课题通过调研全国范围内灰岩质石窟寺，选取杭州飞来峰灵隐寺、洛阳龙门石窟和响堂山石窟寺三处灰岩质石窟寺进行病害调查，对病害影响因素进行了分析，并选取代表性的龙门石窟进行了裂隙调查和分析。结合石灰岩石窟的赋存环境和基本物理力学性质，室内试验模拟了酸雨作用下石灰岩的溶蚀过程，深化了石灰岩的溶蚀机理。在此基础上，通过室内筛选试验针对性地对裂隙灌浆材料进行了研发和筛选，确定了水硬性石灰加固较大石灰岩裂隙的优越性，并筛选出了主剂和添加剂的配比、质量比和水灰比，通过人工模拟裂隙研究了水性环氧树脂灌浆加固小裂隙的可行性和环境适应性。同时，课题选取邯郸响堂山石窟和杭州飞来峰造像为试验区进行了现场裂隙灌浆试验，取得了较好的效果。

通过以上工作，课题主要得出了如下结论。

① 我国灰岩质文物分布广泛，多为石窟寺岩体雕刻、历代碑刻等，如河南省洛阳市龙门石窟、杭州飞来峰摩崖造像、南京栖霞山南朝造像和石刻等都是碳酸盐岩质文物。我国北方地区主要的碳酸盐岩石质文物包括河南洛阳龙门石窟、安阳灵泉寺石窟、河北邯郸北响堂石窟和南响堂石窟、江苏南京南朝陵墓石刻、南京栖霞山南朝造像、镇江焦山石刻、徐州龟山汉墓等。南方地区主要的碳酸盐岩类石质文物包括浙江杭州的飞来峰造像、广西桂林海碑林、重庆奉节的瞿塘峡壁题刻和重庆巫山的楚蜀鸿沟题刻以及广西宁明山岩画。在长期自然环境作用下和人为破坏作用下，文物劣化形式复杂，主要表现为构造裂隙、风化裂隙、岩溶发育、危岩体发育以及渗水等，灰岩质石窟寺的整体保存现状较差。

② 通过对三处灰岩质石窟寺的病害调查发现，灰岩质石窟寺的劣化形态主要包括裂隙、溶蚀、缺损、危岩体及表层风化。其中，裂隙是石灰岩石窟寺发育最严重的病害之一。裂隙涵盖了机械裂隙、风化裂隙和构造裂隙三种类型，这对文物本体的保存是极为不利的。在此基础上，我们选取洛阳龙门石窟的路洞及皇甫公窟进行了详细的裂隙调查及分析，认为构造应力和风化作用是裂隙发育的直接动力，卸荷裂隙与层面裂隙的交汇是裂隙渗水的主要原因。

③ 测试了石灰岩的基本物理力学性质、岩矿成分，并调查了石灰岩石窟寺的赋存环境，认为灰岩自身矿物成分和结构，包括密度、孔隙率较大以及结构松散，微孔隙发育等是石灰岩易于劣化的重要原因。温度和水等外界环境的影响，包括水的冻融作用、盐的侵蚀作用以及温差引起的胀缩作用等会促进石灰岩的劣化。其中，酸雨对石灰岩的侵蚀尤为显著，因此我们设计并制作了模拟酸雨侵蚀石灰岩的装置，通过室内试验模拟了酸雨对石灰岩的侵蚀过程并分析了石灰岩在酸雨作用下的溶蚀机理。结合现场调查资料、室内试验数据及酸雨模拟试验结果认为，在酸雨酸度较高时，溶解作用在碳酸盐岩的溶蚀过程中起主导作用，而当酸雨酸度较低，雨水的冲刷是主要作用。冲刷作用会促进碳酸盐岩 Ca^{2+} 的释放，加速碳酸盐的溶解。通过讨论分析认为，矿物组成是碳酸盐岩在酸性水环境下劣化的物质基础，而石灰岩的吸水性和孔隙是酸雨侵蚀碳酸盐岩的必要条件。当碳酸盐岩的孔隙率和吸水性均较高时，碳酸盐岩更易被溶蚀；当碳酸盐岩致密时，尽管方解石含量较高，岩石仍不易被酸雨侵蚀。通过对比分析认为，试验选取的三处石灰岩石窟碳酸盐岩的耐酸雨侵蚀能力由强到弱为：飞来峰造像石灰岩＞龙门石窟石灰岩＞响堂山石窟石灰岩。

④ 裂隙灌浆材料的室内试验证明，料礓石、阿嘎土及水硬蛎灰为主要材料的水硬性石灰具有收缩率小、流动性强，与灰岩文物本体兼容性高且具有较高的早期强度等特点，适宜作为灰岩裂隙灌浆材料。通过室内研发了裂隙灌浆材料，对灌浆材料的基本物理性质进行了测试，并检测了其环境适应性，同时，开展了水性环氧树脂的模拟灌浆小裂隙的试验。选取位于河北邯郸的南响堂山石窟和浙江杭州的飞来峰造像的渗水裂隙为灌浆对象，分别采用改性料礓石、改性阿嘎土和水硬性蛎灰为灌浆材料，对大渗水裂隙（>3mm）进行了现场灌浆试验。试验表明，针对 3mm 宽以上的渗水裂隙，改性料礓石、改性阿嘎土和水硬性蛎灰的浆液具有较好的可灌性，灌浆材料具有流动性高、凝结时间短的特点；灌浆后，结石体具有孔隙率大、收缩性小以及与石灰岩本体良好兼容的特点。针对小渗水裂隙（<3mm）进行了室内灌浆试验，试验结果表明，改性后的水性环氧树脂加固小裂隙时灌浆效果好，可灌性高，可以起到良好的渗水堵漏作用，但是由于环氧树脂的热敏感程度较高，其环境适应性较差。同时，环氧树脂作为有机材料与无机碳酸盐岩的兼容性较差。因此，不适宜作为整体结构性灌浆加固材料。

8.2　展望

作为文化遗产重要类别之一，石窟寺文物在世界文化遗产资源宝库中占有非常重要的地位。我国大多数石窟是开凿在沙—砾岩质与石灰岩质的岩体中，岩性为多孔矿物颗粒集合体，易发生物理性质、化学组分、矿物组构、内部结构及力学性能的变化。同时受到人为的破坏，石窟损坏十分严重。除此之外，影响石窟寺长久保存的地质及自然环境因素较多，如地壳运动和地震作用产生的内动力，风、雨、温湿度变化、地下水和可溶盐的运移等产生的外部营力。这些因素对石窟寺的作用机理极为复杂，造成了石窟寺渗水裂隙成因不一，渗水状态不同，不可统一而论。因此，石窟寺的保护加固技术既是迫切的，又是一项长期、艰巨的科学实践。目前，灰岩质石窟寺表层病害机理、病害治理方法和技术、加固保护效果评价体系等方面的研究处于起步阶段，许多理论体系和应用技术还很不完善。保护工作多处于抢险状态，主要是针对某个具体石窟寺开展抢险保护加固工程，着眼于单个点上防风化材料的选择、针对具体危岩体加固技术方法等。在石窟裂隙加固、防渗水及加固措施，加固效果检测方面的系统研究还较少。因此，对于保护研究工作应是一个兼收并蓄的过程，需要运用多学科知识和借鉴其他类型文化遗产保护的研究成果进行综合研究。因此，对石窟寺保护而言，面对机遇的同时存在着极大的挑战，既没有现成规范可依，也没有针对性大型保护工程项目为借鉴，同时石窟寺的保护方法、施工工艺和加固后的效果检测等方面还很不完善，存在许多亟待解决的问题。

[1]　李宏松. 石质文物岩石材料劣化特征及评价方法［M］. 北京：文物出版社，2014.

[2]　黄克忠. 中国石窟寺保护的环境地质问题. 见：潘别桐，黄克忠. 文物保护与环境地质（第一版），武汉：中国地质大学出版社，1992：24.

[3]　潘别桐，黄克忠. 文物保护与环境地质，地质出版社，1992.

[4]　同［3］.

[5]　李最雄. 丝绸之路古遗址保护［M］. 北京：科学出版社，2008.

[6]　汪万福，张伟民，李云鹤. 敦煌莫高窟的风沙危害与防治研究［J］. 敦煌研究，2000，1：42 - 48.

[7]　李最雄，王旭东. 榆林窟东崖的岩体裂隙灌浆及其效果的人工监测［J］. 敦煌研究，1994，39（2）：173 - 184.

[8]　郭青林，王旭东，李最雄，等. 高密度电阻率法在敦煌莫高窟水汽调查中的初步应用［J］. 敦煌研究，2008，(6)：79 - 82.

[9]　同［3］.

[10]　王旭东. 中国西北干旱环境下石窟与土建筑遗址保护加固研究［D］. 兰州：兰州大学，2002.

[11]　张赞勋，付林森，江东云，等. 大足石刻风化物可溶盐形成及破坏作用机理［A］. 第五届全国工程地质大会文集［C］，1996.

[12]　黄继忠. 云冈石窟主要病害及治理［J］. 雁北师范学院学报，2003，5：57 - 59.

[13]　黄继忠. 云冈石窟砂岩表面凝结水形成机制［A］. 砖石类文物保护技术研讨会论文集［C］，2004.

[14]　李宏松. 两种不同环境控制下砂岩类文物岩石剥落特征及形成机制差异性的研究［J］. 文物保护与考古科学，2011，4：8 - 17.

[15]　李宏松. 文物岩石材料劣化形态分类研究及应用［J］. 文物保护与考古科学，2011（1）：01 - 06.

[16]　李宏松. 砂岩类文物岩石材料劣化空鼓病害特征及形成机理研究［J］. 文物保护与考古科学，2012，1：12 - 15.

[17]　杨志法，李丽慧，张路青. 关于龙游石窟4号洞4 - 2号岩柱长期抗剪强度反分析问题的讨论［J］. 工程地质学报，2005，01：62 - 67.

[18]　张艳杰，王旭东，郭青林，等. 红外热像技术在莫高窟第98窟壁画空鼓灌浆检测中的初步应用［J］. 敦煌研究，2016，6：82 - 87.

［19］ 方云，顾成权，严绍军，等．河南洛阳龙门石窟溶蚀病害机理的研究［J］．现代地质2003，17（4）：479 - 482.

［20］ 严绍军，方云，孙兵，等．渗水对龙门石窟的影响及治理分析［J］．现代地质，2008，29（3）：475 - 478.

［21］ 方云，黄玻，等．龙门石窟潜溪寺凝结水定量测试研究［J］．现代地质，2011，25（6）：1214 - 1218.

［22］ 方云，万力，等．凝结水病害形成机理和现场试验研究［A］．2008古遗址保护国际学术讨论会暨国际岩石力学学会区域研讨会论文集［C］，2008.

［23］ 张红梅，马国栋，速宝玉．大同云冈石窟文物渗水病害防治方案探讨［J］．水文地质与工程地质，2004，5：64 - 67.

［24］ 曹文炳，万力，曾亦健，等．云冈石窟洞窟内凝结水形成机制与防治研究［A］：2005年云冈国际学术研讨会论文集．保护卷［C］．2006，8：184 - 191.

［25］ 曲永新，黄克忠，徐晓岚，等．大同云冈石窟石雕表面和表层的粉状物及其在石雕风化中的作用研究［A］，全国第三次工程地质大会论文选集［C］．成都：成都科技大学出版社，1988.

［26］ 李最雄．应用PS—C加固风化砂岩石雕的研究［J］．敦煌研究．1985，2：156 - 168.

［27］ 王旭东，李最雄．安西榆林窟的岩土工程问题及防治对策［J］．敦煌研究．2000，1：123 - 131.

［28］ 杨涛，李最雄，谌文武．PS - F灌浆材料的物理力学性能［J］．敦煌研究．2005，4：40 - 50.

［29］ 李最雄，王旭东榆林窟东崖的岩体裂隙灌浆及其效果的人工地震检测［J］．敦煌研究．1994，2：156 - 170.

［30］ 李最雄，张鲁，王亨通．砂砾岩石窟岩体裂隙灌浆的进一步研究［J］．敦煌研究．1993，3：79 - 97.

［31］ Lewin S Z，王金华．用于石刻艺术保护的化学合成物的现状［J］．文物保护与考古科学，2001，2：58 - 64.

［32］ 王丽琴，党高潮，赵西晨．加固材料在石质文物保护中应用的研究进展［J］．材料科学与工程学报，2004，5：778 - 782.

［33］ 刘吉平，郝向阳．纳米科学与技术［M］．北京：科学出版社，2002.78.

［34］ 杜嘉鸿，翟秀静，陈兰云．纳米技术在文物保护中的应用探索［J］．探矿工程，2002，2：5 - 7.

［35］ 李最雄．我国古代建筑史上的奇迹：关于秦安大地湾仰韶文化房屋地面建筑材料及其工艺的研究［J］．考古，1985，8：741 - 747.

［36］ 李最雄．世界上最古老的混凝土［J］．考古，1988，8：751 - 756.

［37］ 李黎，赵林毅，王金华．我国古代建筑中两种传统硅酸盐材料的物理力学特性研究［J］．岩石力学与工程学报，2011，10：2120 - 2127.

［38］ 同［34］.

［39］ 赵林毅．应用于岩土质文物保护加固的两种传统材料的改性研究［D］．兰州：兰州大学，2012.

［40］ 杨志法，张中俭，周剑．基于风化剥落深度的衢州古城墙小西门岩石砌块和蛎灰勾缝条长期抗风化能力研究［J］．工程地质学报，2013，1：97 - 102.

［41］ 陈祥，孙进忠，祁小博．石质文物风化程度的超声波CT检测［J］．岩石力学与工程学报，2005，24（1）：4970 - 4976.

［42］ 钟世航．石雕风化深度的检测及石窟岩体裂缝深度探查［A］．2005年云冈国际学术研讨会论文集·保护卷［C］．北京：文物出版社，2006，234 - 238.

［43］ 同［41］.

［44］ 马涛，和玲，Simon S．超声波技术在大佛寺石窟石质保护中的应用［J］．文物保护与考古科学．1997，9（2）：33 - 39.

［45］ 同［42］.

［46］ 汪万福，赵林毅，杨涛，等．西藏古建筑空鼓病害壁画灌浆加固效果初步检测［J］．岩石力学与工程学报，2009，28（2）：3776 - 3781

［47］ 同［34］.

［48］ 同［35］.

［49］ 同［36］.

［50］ 同［37］.

［51］ 李最雄．交河故城保护加固技术研究［M］．北京：科学出版社，2008

［52］ 李最雄．世界上最古老的混凝土［J］．考古，1988，8：751 - 756.

［53］ 戴仕炳．德国多孔隙石质古迹化学增强保护新材料和新施工工艺［J］．文物保护与考古科学，2003，15（1）：61 - 63.

［54］ 徐则民，唐正光．石灰岩腐岩的基本特征及其形成机制［J］．地质评论，2007，3：421 - 427.

［55］ Nicholson D T. Pore properties as indicators of breakdown mechanisms in experimentally weathered limestones［J］. Earth Surface Processes and Landforms, 2001, 26（8）：819 - 838.

［56］ 刘成禹，李宏松．岩石溶蚀的表现特征及其对物理力学性质的影响［J］．地球与环境，2012，2：255 - 260.

［57］ 刘海燕，柴建峰，李增学，等．泥灰岩的微观结构及溶蚀过程分析［J］．辽宁工程技术大学学报（自然科学版）．2009，5：724 - 726.

［58］ 闫敏．小气候环境对乾陵石刻风化的影响研究［J］．文博，2011，4：82 - 85.

［59］　黄继中，袁道先，万力．等．水岩作用对云冈石窟石雕风化破坏的化学效应研究［J］．敦煌研究，2010，6：59－63.

［60］　魏兴琥，马婷婷，王杰，等．不同 pH 值水溶液对石灰岩溶蚀影响的模拟研究［J］．佛山科学技术学院学报（自然科学版），2013，2：17－23.

［61］　李丹，徐飞高，赵末名，等．不同类型酸对石灰岩的模拟腐蚀试验［J］．环境化学，2011，12：2069－2074

［62］　王子娟，刘新荣，傅晏，等．酸性环境干湿循环作用对泥质砂岩力学参数的劣化研究［J］．岩土工程学报，2016，38（6）：1152－1159.

［63］　李宁，朱运明，张平，等．酸性环境中钙质胶结砂岩的化学损伤模型［J］．岩土工程学报，2003，25（4）：395－399.

［64］　姚华彦，冯夏庭，等．化学侵蚀下硬脆性灰岩变形和强度特性的试验研究［J］．岩土力学，2009，30（2）：338－344.

［65］　边归国，马荣．大气环境污染对文物古迹的影响［J］．环境科学研究，1998，11（5）：22－25.

［66］　孙明虎，李鹏辉，等．酸雨对泰山古碑石刻侵蚀的模拟研究［J］．环境科学与技术，2010，33（10）：19－22.

［67］　于爽，何师意，等．酸雨对广西典型碳酸盐岩地区碳源效应研究［J］．地球与环境，2012，40（1）：44－49.

［68］　陈建平，杨超杰．龙门石窟莲花洞清除溶蚀物新获［J］．中原文物，2003，5：79－81.

［69］　方云，顾成权，严绍军，等．河南洛阳龙门石窟溶蚀病害机理的研究［J］．现代地质，2003，17（4）：479－482.

［70］　李宏松．石质文物岩石材料劣化特征及评价方法［M］．北京：文物出版社，2014：72－73.

［71］　Abi－Gerges A, Rochais F, Jurevicius J, et al. Compartmentation of cyclic nucleotide signaling in the heart：the role of A－kinase anchoring proteins. Circ Res 2006, 99：358－362.

［72］　张秉坚，尹海燕，铁景沪．石质文物表面防护中的问题和新材料［J］．文物保护与考古科学，2000，12，（2）：1－4.

［73］　蓝俊康．模拟酸雨对灰岩的侵蚀性研究［J］．桂林理工大学学报，1997，17（2）：164－168.

［74］　丁梧秀，冯夏庭．化学腐蚀下灰岩力学效应的试验研究［J］．岩石力学与工程学报．2004，23（21）：3571－3576.

［75］　同［67］．

［76］　丁梧秀，徐桃，王鸿毅，陈建平．水化学溶液及冻融耦合作用下灰岩力学特性试验研究［J］．岩石力学与工程学报．2015，5（34）：979－985.

［77］　同［65］．

［78］　同［66］．

［79］　高道德．黔南岩溶研究［M］．贵阳：贵州人民出版社，1986.

［80］　简文星，唐辉明，刘佑荣，等．平寨坝址左岸岩溶发育规律及其对建坝条件的影响［J］．工程地质学报，2004，12（4）：373－379.

［81］　何文秀．美姑河坪头水电站厂址区白云岩沙化成因及其对工程影响研究［D］．成都：成都理工大学，2008.

［82］　王涛，李强，王增银．碳酸盐岩微生物溶蚀作用特征及意义［J］．水文地质工程地质，2007，34（3）：6－9.

［83］　王第连，钱小鄂，唐民一，等．柳州白云岩微溶蚀特征［J］．贵州科学，1992，10（2）：8－16.

［84］　翁金桃．桂林岩溶与碳酸盐岩［M］．重庆：重庆出版社，1987.

［85］　于爽，严毅萍，等．酸雨对碳酸盐岩溶蚀速率影响的试验研究［J］．桂林理工大学学报，2011，31（4）：539－543.

［86］　翁金桃．桂林岩溶与碳酸盐［M］．重庆：重庆出版社，1987.

［87］　同［14］．

［88］　同［69］．

［89］　于爽，严毅萍，等．酸雨对碳酸盐岩溶蚀速率影响的试验研究［J］．桂林理工大学学报，2011，31（4）：539－543.

［90］　Marvin E Bauer, Thomas E Burk, Alan R Ek, et al. Satellite inventory of Minnesota forest resources［J］. Photogrammetric Engineering & Remote Sensing, 1994, 60（3）：287－298.

［91］　Jamel Touir, Mohamed Soussi, Habib Troudi. Polyphased dolomitization of a shoal－rimmed carbonate platform：Example from the middle Turonian Bireno dolomites of central Tunisia［J］. Cretaceous Research, 2009, 30（3）：785－804.

［92］　James L Bischoff, Roman Juliar, Wayne C Shanks, et al. Karstification without carbonic acid：bedrock dissolution by gypsum－driven dedolomitization.［J］. Geology, 1994, 22（11）：995－998.

［93］　赵鸣，吴广芬，李刚．污泥资源化利用的途径与分析［J］．环境科学与技术，2005，28（2）：92－93.

［94］　张景秀．坝基防渗与灌浆技术［M］．中国水利水电出版社，1992：15－220.

［95］　CoNtardi Vittoorio et al. On the conservation of architecture artistic handwork of 'Pietra di Finale'［J］. Journal of Cultural Heritage, 2000（1）：83－90.

［96］　Marsh, Peter. Breathing new life into statues of wells. New Scientist, 1977 76：754.

［97］　H. R. Nasse. New technology in porous stone conservation［J］. Conservation of Stone, 1992, 705.

［98］　Charles. M. Selwitz. The use of epoxy resins in field projects for stone stabilization. Mat Res noc Syrup Proc. 1992, 267：925.

［99］　大森英三．功能性丙烯酸树脂［M］．北京：化工出版社，1993：53－60.

［100］ 大森英三. 丙烯酸及其聚合物［M］. 北京：化工出版社，1986：32－41.

［101］ 杜作栋. 有机硅化学［M］. 北京：高等教育出版社，1990：146－150.

［102］ 晨光化工研究院有机硅编写组. 有机硅单体及聚合物［M］. 北京：高等教育出版社，1986：19－44.

［103］ 李汉周. JAS900 丙烯酸酯有机硅合成树脂与建筑涂料研究［J］. 化学建材. 1992（3）：103.

［104］ U. S. Patent. 4605446

［105］ Wheeler, G. N, Shearer, G. L. Toward a better understanding of B72 acrylic resin/methyl trim ethyl saline stone consolidant.

［106］ Mater nes noc Nymp r－roc. 1991, 185：209.

［107］ 和玲，梁国正，武予鹏. 有机氟聚物加固保护砂岩文物的可行性［J］. 材料导报，2003，17（2）：82－84.

［108］ 刘吉平，郝向阳. 纳米科学与技术［M］. 北京：科学出版社，2002：78.

［109］ 张秉坚，尹海燕，铁景沪. 石质文物表面防护中的问题和新材料［J］. 文物保护与考古科学，2000，12（2）：1－4.

［110］ 同［1］.

［111］ ZHEN D, LI Y F, YANG S, et al. Kinetics and thermal properties of epoxy resins based on biphenyl fluorine structure［J］. European Polymer Journal, 2009, 33（45）：1941－1948.

［112］ VALERIA D R, HELSON M, VERA L P, et al. Modification of epoxy resin: a comparison of different types of elastomer［J］. Polymer Testing, 2005, 7（24）：387－394.

［113］ JIANG J Q, LIU J C, ZHANG S W, et al. Progress in the research of toughening epoxy resin and mechanism［J］. Journal of Jiangnan University（Natural Science Edition）, 2009, 8（5）：625－630.

［114］ MCGARRY F J, WILLNER A M. Toughened of an epoxy resin by an elastomer second phase［R］. USA：MIT, 1968：68－80.

［115］ SUL TAN J, MCGARRY F J. Epoxy resins toughened by CTBN［J］. Polymer Engineering and Science, 1973, 13（1）：291－300.

［116］ 陈青，宫大军，魏伯荣，等. 端羧基丁腈橡胶改性环氧树脂的研究［J］. 绝缘材料，2011，2（9）：30－38.

［117］ 张俊生，陈庆民. 液体端氨基丁腈橡胶和环氧树脂制备的密封胶及性能［J］. 高分子材料科学与工程，2011，4（39）：136－138.

［118］ WEN C S, MA C C. Poly dimethyllisiloxane containing isocyanate group modified epoxy resin: curing, characterization and properties［J］. Lappl Polymer Science, 1999, 73（13）：2739－2745.

［119］ PAK S J, LYLE G D, MERCIER R, et al. Synthesis and characterization of novel toughened thermosets derived from pendent amines on the backbone of poly（arylene ether sulphone）s［J］. Polymer, 1993, 23（34）：885－895.

［120］ BUCKNALL C B, PARTRIDGE I K. Phase separation in epoxy resins containing polyene thersulfone［J］. Polymer, 1983, 11（24）：639－645.

［121］ BAUER R S. Toughened high performance epoxy resins, modificating with thermoplastic［J］. Fourth annual conference on crosslinked polymer, 1990, 27（2）：232－234.

［122］ BUCKNALL C B, GILBERT A H. Toughening tetra functional epoxy resins using polyetherimide［J］. Polymer, 1989, 10（30）：213－217.

［123］ LIU Y, DU M. Exarch progress in modification techniques, new methods and mechanism of toughening epoxy resins［J］. Chemistry and Adhesion, 2007, 29（3）：197－205.

［124］ 孙攀，史翎，张军营. 可溶性聚醚醚酮改性环氧树脂的研究［J］. 北京化工大学学报（自然科学版），2011，2（8）：36－41.

［125］ 马洪芳，赵文俊，于泉德. 环氧树脂水性化技术的研究［J］. 山东化工，2002，31（4）：10－11.

［126］ 施雪珍，陈铤. 相反转发制备水性环氧乳液［J］. 涂料工业，2002，7：18－20.

［127］ 王铺先，杨卫疆. 透水胶粘剂的合成与表征［J］. 精细化工，1996，13（6）：41－43.

［128］ 栾晓霞，许淳淳，王紫色，等. 改性水性环氧树脂乳液对石质文物的保护效果［J］. 腐蚀与防腐，2008，29（8）：451－453.

［129］ 周继亮，涂伟萍. 室温固化柔韧性水性环氧固化剂的合成与性能［J］. 高分子材料科学与工程，2006，22（1）：52－55.

［130］ 王永珍，张亚峰，邝健政，等. 潮湿基面用环氧灌浆材料的制备及性能研究［J］. 新型建筑材料，2011，5（1）：84－91.

［131］ KOTLIK P, JUSTA P, ZELINGER J. The application of epoxy resins for the consolidation of porous strong［J］. Studies in Conservation, 1983, 24（28）：75－79.

［132］ KHDEE S, HASSANI N. Adhesion strength improvement of epoxy resin reinforced with nano elastomeric copolymer［J］. Materials Science and Engineering A, 2010, 67（527）：6562－6567.

［133］ CARDIANO P, PONTERIO R C, SERGI S, et al. Epoxy－silica polymers as stone conservation materials［J］. Polymer, 2005, （46）：1857－1864.

［134］ 栾晓霞. 基于纳米材料改性的水性石质文物保护剂的研究［D］. 北京：北京化工大学，2008.

［135］ 方云，刘祥友，胡学军，等. 龙门石窟防渗灌浆试验研究［J］. 石窟寺研究，2010，0：221－243.

水硬性石灰在土遗址加固修复中应用研究

中国文化遗产研究院文物保护工程所　孙延忠

摘　要：土遗址是中华文明古国的实物例证，是古文化遗产中很重要的一部分，也是最难保存的一类文物遗址。历经上千年自然、人为等多种因素的影响，现存土遗址整体保存状况都不容乐观。土体开裂和坍塌残损是影响土遗址长期保存的两种最常见病害，直接关系到土遗址的整体稳定性和安全性。因此，开展土遗址土体坍塌、残损和开裂病害的保护加固修复材料的研究是土遗址保护的核心工作，其中关键技术就是改性土修复材料和灌浆材料性能的研究。

本课题选取粉土和粉质黏土不同土质的遗址土作为改性土试验研究材料。在实验室利用天然水硬性石灰对不同土质的遗址土进行改性，通过与传统灰土材料进行对比分析，研究水硬性石灰改性土（坍塌修复加固材料和开裂灌浆材料）的性能，评估其对土遗址土体坍塌和开裂等病害修复及灌浆加固的可行性，以解决土遗址土体坍塌残损及开裂修复加固和灌浆加固的材料问题。试验结果表明，水硬性石灰改性土修复材料和灌浆材料对土体坍塌修复加固、开裂及空鼓灌浆加固具有较好的效果，表明水硬性石灰改性土对治理土遗址土体坍塌、残损病害和开裂、空鼓病害具有可行性。

关键词：土遗址　水硬性石灰改性土　加固修复

Application and Research of Hydraulic Lime in Reinforcement and Restoration on Earthen Sites

Sun Yanzhong

Abstract：Earthen sites are witnesses of Chinese cultural civilization, they are not only important parts of ancient cultural heritage, but also the most difficult cultural heritage to be preserved. Present conditions of earthen sites face challenges owing to effects from nature and human beings through thousands of years. Soil cracks and collapses are the top two kinds of diseases commonly seen on earthen sites, which have direct effects on earthen sites by threatening their entire stability and safety. Therefore, conducting the research of reinforcement and restoration materials to deal with soil cracks and collapses becomes the core task of earthen sites conservation, in which the key technique lies in the research of the property of restoration material and grouting material, both of which are made from hydraulic lime modified soil.

As earthen sites′ soil of different textures, silt and silty clay were selected as the materials to be applied in the modified soil experimental research, and were modified by natural hydraulic lime in the laboratory. Through comparative analysis of the hydraulic lime modified soil with the traditional lime soil material, we aimed at researching the property of the hydraulic lime modified soil and evaluating its feasibility as the material for collapse reinforcement and crack grouting, which solves the material issues of restoration and grouting reinforcement caused by soil collapses and cracks on earthen sites. The experimental results showed that the modified soil material of restoration and grouting functioned well in reinforcing collapses and grouting cracks or detachments, which confirmed the feasibility of hydraulic lime modified soil in treating soil collapses, cracks and detachments on earthen sites.

Key words: earthen sites, hydraulic lime modified soil, reinforcement and restoration

1　前言

1.1　天然水硬性石灰

1.1.1　定义及分类

天然水硬性石灰（Natural Hydraulic Lime，缩写为 NHL），是采用不纯的含杂质的石灰石（含泥质含粉砂的石灰石）经过烧制（温度900℃～1100℃）、粉碎、消解而成，是一类有别于传统石灰材料与水泥材料的天然无机材料。与水泥不同的是，在消解过程中，不添加石膏等任何外来的材料[1]。水硬性石灰是不同于气硬性石灰的另一种石灰，水硬性石灰兼具有石灰与水泥的优点，低收缩、耐盐、适中的抗压和抗折强度、水溶盐含量低，是一种天然、无污染、耐老化的无机材料[2]。水硬性石灰与水泥都含有水硬性成分，因此都显示出水硬性能。

水硬性石灰分为天然水硬性石灰与人造水硬性石灰。天然水硬性石灰在生产过程中不添加任何的外来成分，而是靠石灰石中含有的天然的水硬元素制成水硬性石灰。地球上纯度很高的石灰岩相对是比较少的，大多数的石灰岩都混有黏土或是二氧化硅，石灰岩含有丰富的化学元素如铁、铝，特别是二氧化硅。在1000℃～1250℃的高温下，石灰岩中的钙和这些元素结合而生成钙质硅酸盐，同时也生成钙质铝酸盐或是钙质铁铝酸盐[3]。在和水接触后，它们成为不溶于水的水化物，使得石灰具有水硬的特征（图1）。

天然水硬性石灰成分主要由二钙硅石（$2CaO \cdot SiO_2$，简写成 C_2S）、熟石灰 $Ca(OH)_2$、部分没有烧透的石灰石 $CaCO_3$ 及少量黏土矿物、石英等组成[4]。

（1）德国赫斯勒（Hessler）公司天然水硬性石灰特征

德国赫斯勒 Hessler 公司（Hessler Kalkwerke）始创于1881年，约130年生产石灰的历史，是德国最大最悠久的天然水硬性石灰 NHL 生产厂家之一，德国石质文物研究所（IFS）报告采用的原材料以及在德国研究采用的原材料均源自该公司。

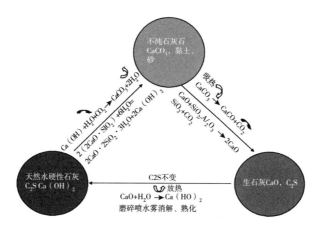

图1 天然水硬性石灰的原材料及生产流程

（2）法国圣·阿斯帝耳 St Astier

法国具有世界上最悠久的天然水硬性石灰。在法语中石灰"Chaux"是指水硬性石灰，而非中国理解的气硬性石灰。该厂具有百年的生产历史，仍然采用传统的煅烧工艺，即采用石灰石与高纯度焦炭混合煅烧，St Astier 也是欧洲规模最大的天然水硬性石灰生产企业。St Astier 公司生产的按 EN 459 – 1定义的三种天然水硬性石灰 NHL5、NHL3.5 和 NHL2。

水硬性石灰的硬化过程包括水硬过程与气硬过程，水硬过程为石灰中的水硬性成分硅酸二钙（C_2S）、硅酸三钙（C_3S）与水接触后发生水化反应生产水化硅酸钙，反应方程式如下：

$$2CaO \cdot SiO_2 + nH_2O = x\,CaO \cdot SiO_2 \cdot yH_2O + (2-x)\,Ca(OH)_2$$
$$3CaO \cdot SiO_2 + nH_2O = x\,CaO \cdot SiO_2 \cdot yH_2O + (3-x)\,Ca(OH)_2$$

在水硬反应之后，石灰同潮湿空气接触，使得石灰与生成的水化物吸收空气中的二氧化碳，再还原成碳酸钙或硅胶[5]，这个过程进行得比较缓慢，通常要维持几个月的时间。反应方程式如下：

$$Ca(OH)_2 + CO_2 = CaCO_3 + H_2O$$
$$x\,CaO \cdot SiO_2 \cdot yH_2O + CO_2 = xCaCO_3 + ySiO_2 \cdot H_2O$$

1.1.2 天然水硬性石灰在欧美研究现状及应用

目前，在欧洲、美洲、澳洲，几乎所有砖石历史建筑的修缮，均采用水硬性钙质凝结材料为基料的修复材料，或采用添加有活性水硬性组分的石灰配方优化的材料。从 20 世纪 70 年代开始，越来越多的自然科学研究证明，现代水泥材料与历史建筑存在不兼容性，物理化学上水泥与古代的材料存在排斥性。水泥的优点是硬化快，强度高。但是，在脆弱的古代建筑遗址保护中，高强度水泥结石与加固对象之间会产生应力集中现象，这正是水泥加固的缺点。

关于对水硬性石灰材料的研究，国外学者相关研究成果较多，并主要集中在材料的物质成分分析、物理力学性能和影响因素、碳化作用以及对材料进行改性提高等几个方面。在水硬性石灰材料的物质成分分析方面，初期人们主要借鉴水泥工业方面的一些测量方法，比如电子显微镜法[6]、Bogue 法[7]等。随着研究的不断深入，研究人员发现，上述这些测定方法对经过高温焙烧的水硬性石灰材料并不适用[8,9]，因此人们后来将 X 射线衍射法引入到该材料的物质成分定量测试中，并对该方法进行了一定的改进[10~13]。Pavia 等研究了天然水硬性石灰材料中团聚体的形状、粒径范围、方解石含量等对材料强度、孔隙率、吸水率、基质吸力、密度等所产生的影响[14]。Lanas 等研究了天然水硬性石灰材料的力学强度特性，指出团聚体特性和孔隙度是影响其力学强度的主要因素[15]。Addel 等研究了脱水作用对天然和人工制作的水硬性石灰材料的力学强度和微结构产生的影响，研究结果发现，脱水可以在一定程度上增加两种材料的抗压强度。如果将其作为灌浆材料，那么水硬性石灰材料的流动性也是值得考虑的重要方面[16]。Eriksson 等通过连续监测数天内灌浆材料的流动性能参数，指出环境和材料中水的温度是影响其流动性能的重要参数之一[17]。Femandez 等展开相关研究，得到相似的研究结果[18]。此外，影响材料性能的因素还包括诸如初始含水量、混合搅拌时间等因素[19,20]。

石灰材料的碳酸化作用一直是研究人员关注的焦点。碳酸化作用会增加材料的强度，但同时也会使材料产生变形，严重的甚至会产生裂缝[21]。当石灰材料固化后成为建筑的某一部分时，其耐久性同样也与碳酸化作用密切相关[22]。石灰材料的碳酸化过程受众多因素的影响，诸如空气温度、相对湿度、CO_2 浓度、材料物质成分等[23,24]。Shih 等研究发现，如果空气湿度超过 80%，$Ca(OH)_2$ 便不能与 CO_2 反应生成 $CaCO_3$[25]。碳酸化过程的产物通常是方解石或文石（$CaCO_3$），并且该过程一般持续时间很长，甚至能达到数个世纪[26,27]。随后研究人员又考虑在水硬性石灰材料中添加一些添加剂（比如添加粉煤灰材料、有机材料等），以期提高该材料的某些性能（诸如降低材料的失水收缩变形特性、提高力学强度以及耐碳化性能）[28]。Ana Bras 等研究了粉煤灰作为添加剂加入到水硬性石灰中，将混合物作为灌浆加固材料对其特性进行了研究，研究发现添加不同配比的粉煤灰，能显著改变水硬性石灰的参数，并且这一变化随着温度条件的变化而呈现显著不同[29]。另外，由于与水硬性石灰材料颗粒相比，粉煤灰颗粒粒径更小，这样两者混合能显著减小材料的孔隙度，从而在一定程度上提高混合材料的耐久性[30]。Ventoia 等向石灰材料中添加有机材料，研究发现，添加动物胶能显著提高石灰材料的强度，添加植物性多聚糖材料能增加石灰材料的耐碳化性，而添加动物性油脂则能减小石灰材料的孔隙度[31]。G. Merten 等对水硬性石灰与水泥中的水硬性成分的水化过程做了比较，研究结果表明水硬性石灰的水化过程缓慢，且强度的提高主要在后期[32]。Elizabeth Vintzileou 等通过对水硬性石灰加固后石质建筑的机械性能测试，得出了水硬性石灰加固后石材具有适中的抗压与抗折强度[33]。P. Maravelaki - Kalaitzaki、Vasco Fassina 等通过试验得出了水硬性石灰与传统石质建筑有很好的相容性，避免了石材因加入修复物质后相容性差而引起的加速破坏[34,35]。

天然水硬性石灰已经应用到很多世界著名的文物修复中。天然水硬性石灰加固的案例包括美国西部炼铁厂旧址、巴黎圣母院、比萨斜塔、世界文化遗产希腊达夫尼修道院。在对比利时勒芬的圣米歇尔教堂的修复时就用到了水硬性石灰，通过水硬性石灰的加固与修复，使圣米歇尔教堂得到了保护，取得了比较好的修复效果[36]。

美国从 2000 年开始尝试将石灰及天然水硬性石灰应用到大理石及石灰岩的文物保护中。典型案例为宾州州政府前的大理石雕刻裂缝的黏结加固以及宾夕法尼亚大学、Getty 研究所的研究。美国 AIC 采用石灰、天然水硬性石灰加固的大理石、石灰岩的建筑还包括 Mexican War Monument（2002~2004 年施工）等。美国宾大（2006 年）和美国盖蒂保护所研究项目（2004 年）均开展了天然水硬性石灰的研究。

1.1.3 天然水硬性石灰在日本的研究现状及应用

在日本与中国一样，古代使用的是气硬性石灰，消石灰中混入了黏结材料和纤维的石灰膏，或与黏土混合而制成的三合土。目前，日本已开始采用天然水硬性石灰部分替代气硬性石灰，应用于历史建筑修缮中，在新建的建筑中由于适宜的固化及环保性，天然水硬性石灰的需求也在增加。

2005～2007 年度日本制定了 NHL 启动计划的基本方针、开发战略、研究目标等中期项目计划（Natural Hydraulic Lime Start – up Project），提出以建筑材料的环保标准作为目标的理想。明确了 NHL 作为多功能黏结材料的特性，确立了 NHL 的耐久和环保性能[37]。

日本 NHL 委员会对此前几乎不被人们熟知的 NHL 进行知识推广与普及，服务对象为研究机关、进口企业、泥瓦匠店、建筑设计师等。将天然水硬性石灰（NHL）的应用研究开发作为核心工作内容，在文物、建筑领域普及 NHL 的同时，把石灰多种多样的利用方法的创新作为目的。原则上，主要推广 NHL 下列的优点：NHL 环境适合性和 NHL 的多种多样的功能特性和利用形态。日本 NHL 委员会主要工作内容包括 NHL 基本性能的研究及评价、NHL 的施工方法的开发及技术支持、NHL 的材料标准化。

1.1.4　天然水硬性石灰在中国的研究现状及应用

20 世纪 70 年代末，在中国甘肃秦安大地湾发现了被考古界誉称为"原始宫殿"的仰韶时期人类居住房址[38]，房址地面采用了烧钙结核轻骨料和烧料礓石胶凝材料，并以烧钙结核轻骨料为集料，烧料礓石制成的粉状物掺加少量红黏土为胶凝材料制作房屋地面，房址地面应用了人工烧制的水硬性胶凝材料，这完全可以称为世界上最早的"水泥"[39]。

2007 年，中国文化遗产研究院以花山岩画保护修复加固为例，开展了对欧洲水硬性石灰在灰岩体岩画的修复加固应用研究。2010 年开展了天然水硬性石灰在岩土文物与遗址加固修复中的应用研究，其研究成果已成功应用于花山岩画的保护修复中。陈庚龄、马清林采用水合烧料礓石无机胶凝材料进行壁画脱落地仗现场加固试验，使壁画得到了有效保护，证明水合烧料礓石无机胶凝材料及其复合配方是潮湿环境下壁画地仗保护加固的理想材料[40]。马清林等对烧料礓石的材质、胶凝机理以及胶凝后产物形貌进行了比较研究，确定了无机胶凝材料料礓石作为加固材料，为潮湿环境下壁画地仗加固提供了材料和方法[41]。周宵、胡源等配制出两种不同水硬性石灰砂浆，探讨了不同养护条件下砂浆力学性能，测定了黏结材料的黏结强度，其研究成果已成功应用于花山岩画开裂岩体的保护加固工程[42]。

李黎、赵林毅等研究了烧料礓石和烧阿嘎土两种水硬性石灰力学性能及环境因素影响试验，结果表明水硬性石灰收缩变形性小、孔隙率大、透水性及透气性良好的基本性能及较强的抗冻融、水稳定性、耐温湿度循环变化的影响及碱性介质侵蚀的能力。提出硅酸盐材料经过科学改性后，可应用于我国石质、土质文物的加固，对我国传统硅酸盐材料的推广具有重要意义[43]。赵林毅进行了应用于岩土质文物保护加固的两种传统材料的改性研究，研究结果表明两种传统材料经改性后，其化学、物理及力学性能都得到了提高，可以应用于土质和壁画文物的保护[44]。王金华、周宵等进行花山岩画与水硬性石灰应用研究，针对花山岩画病害特点及材料要求，提出水硬性石灰在花山岩画加固保护中的可行性[45]。李博、马清林等提出水化硅酸钙（CSH）与水化铝酸钙（CAH）具有纤维网状结构，它们的强度与结晶度成正比，可以有效地改善灰土材料的强度，并指出 CSH 与 CAH 是土体强度提高的最关键因素[46]。

1.2 灰土及研究现状

1.2.1 石灰的发展史

石灰是人类历史中应用较早的一类建筑材料。人类发现和利用胶凝材料，有着悠久的历史，从新石器时代的前陶器时代人们就开始使用胶凝材料，最早的胶凝材料就是泥浆，但泥浆基本不具备水稳定性[47]。公元初期，石灰—火山灰水硬性胶凝材料开始应用。

我国早在公元前 5000～2000 年的新石器时代的仰韶文化时期，就有人用"白灰面"涂抹山洞、地穴的地面和四壁，使其变得光滑和坚硬。"白灰面"因呈白色粉末状而得名，它由天然姜石磨细而成。姜石是一种二氧化硅较高的石灰石，常夹在黄土中的钙质结核。"白灰面"是至今被发现的中国古代最早的建筑胶凝材料[48~52]。

石灰煅烧技术的发明应用是在公元前 2400 年左右，在当时的美索不达米亚地区[53]。到了中世纪，人们开始对石灰岩进行大规模开采，并将开采的石灰岩进行煅烧，得到生石灰，然后将生石灰加水熟化得到熟石灰，应用于各类建筑物中[54]。

石灰的含义较为广泛，广义上讲，石灰包括了石灰石、生石灰和熟石灰。一般石灰仅指以碳酸钙为主的原料，经适当烧制，排出二氧化碳后所得的产品，其主要成分为氧化钙。通常将生石灰消化后的产物即熟石灰，包括在石灰的范畴。石灰等级是按国家及行业技术标准规范中有效钙加氧化镁含量、含水率、细度、外观等指标进行划分的。按级别分为Ⅰ、Ⅱ、Ⅲ个等级；按化学含量分为钙质、镁质、硅铝铁氧化物之和大于5%三种；按物理形状分为生石灰、消石灰两种。石灰按物理形状分为块状、粉状、糊状三种；按化学性质分为含氧化钙、含氢氧化钙和即含氧化钙又含氢氧化钙三种；按加工使用的过程分为生石灰、石灰粉、熟石灰、石灰膏等。石灰从应用上分为两类：气硬性石灰和水硬性石灰。气硬性石灰是目前应用最为广泛的建筑材料之一，由黏土含量较低（<8%），碳酸钙含量较高的石灰石烧制而成；水硬性石灰由黏土含量较高（>8%）的石灰石烧制而成[55,56]。

1.2.2 灰土的分类

灰土通常是指石灰和土按照一定比例掺和在一起，经过一系列的物理化学反应而形成的复合土[57]。根据石灰与土比例的不同，一般把灰土分为 1：9 灰土、2：8 灰土、3：7 灰土等。灰土所用石灰以钙石灰为佳，镁石灰对灰土的性能有较大的影响。

近年来，工程应用上灰土的概念又有所延伸，将石灰、粉煤灰和土拌和形成的复合土称为二灰土；将粉煤灰和土拌和形成复合土；将水泥和土拌和形成水泥复合土；将水泥和建筑垃圾拌和形成复合土称为渣土；将矿渣与土拌和形成矿渣土。广义上来讲，土中加入外加剂，经过物理化学反应，形成的改性复合土都属于灰土的范畴[58]。

1.2.3 灰土的应用

石灰改性土在中国已有几千年的历史。灰土的应用历史悠久，灰土古时称"土功"。土功的内容包含夯筑灰土、下地丁、刨槽三个方面[59]，而古时的土功又以夯筑为重点。最早的文字记载见《诗经·大雅·帛系》，讲述了古人以土筑屋的技术，距今已有 3000 年的历史。夯筑技术历经上千年的不断发展、创新和完善，最后演变为成熟的灰土施工技术。纵观中国古代建筑发展的历史，从夯筑技术的出现到演变为成熟的灰土技术，经历了一个漫长的历史过程[60]。

我国灰土主要用于处理地基，因其经济性等优点沿用至今，且其在工程中的应用已经较为成熟，尤其是在湿陷性黄土地区灰土的应用更为广泛，比如灰土垫层、灰土挤密桩、灰土井桩等[61]。在欧洲，古罗马人在中世纪修筑道路时，就采用把石灰添加到土中，以提高道路的质量。

1.2.4 灰土的研究现状

自60年代以来，国内科研工作者在灰土力学性能、加固机理、灰与土反应的微观机理和工程实践方面做了许多研究工作，主要研究成果如下：

杨志强对灰土的物理力学性质进行了广泛的讨论，并结合宏观性质对加固的微观机理作了研究，证实了在长期养护或高温养护下，石灰与土反应生成具有凝胶性质的产物——水化硅（铝）酸钙（CSH）微晶体。扫描电镜的微观结构研究发现了生成物的强度随时间增长的原因：CSH的产生和结晶使得土的微结构更加牢固[62]。任宇涛等通过室内试验得出了含水量对灰土强度的影响规律，以及在体积比为1：9、2：8和3：7的三种配比中，以2：8灰土的配比最接近最优配灰比，后期强度最大，三种配比灰土的强度和模量均有很强的时效性等[63]。刘有科提出了灰土中胶结物含量是影响灰土强度的主要因素，最佳配灰比与所用土料的土性有关，对于黏性土在体积比为1：9、2：8和3：7的三种配比中，2：8灰土的水稳定性最好，3：7灰土的水稳定性最差，并借鉴混凝土的研究方法提出了灰土的胶结杆脆断模型[64]。韩晓雷等通过室内外对比试验提出了比重法、钙镁离子含量分析法及最大干密度法等有关灰土的含灰量检测方法，对实际工程的应用起到了一定的促进作用[65]。王蓉等通过试验分析将力学损伤模型引入到水泥灰土中，并推导了水泥灰土的损伤本构模型和损伤演变方程[66,67]。曹黎娟等对灰土挤密桩复合地基的承载力进行了统计分析，运用推广的Bayes法，对复合地基原位静载荷试验结果进行更新，得到了复合地基承载力的概率分布等[68]。米海珍针对工程中的灰土垫层浸水问题，通过试验获得了2：8灰土的残余强度与围压、龄期等因素之间的关系，得到循环浸水对灰土的强度及应力—应变特性影响的一些规律[69]。董玉文通过室内试验研究，分析了不同含灰量时击实黄土、灰土的抗剪性和压缩性，分析了含灰量、含水量和龄期对灰土的击实性、抗剪性和压缩性的影响[70]。

灰土的理论研究方面仍远远落后于其工程应用，在实际应用中许多工程参数没有比较确切的理论依据，仍然依赖于工程经验。大多数文献都是对具体工程的研究，例如对某某工程中的灰土挤密桩的研究、对某某工程中灰土垫层的施工的相关研究等等。其研究还未提高到一定的理论高度，还不能提出更高层次的理论，从而普遍的解释灰土在各工程中的工程现象。虽然在灰土的加固机理、与土反应的微观机理、力学性质以及工程应用方面，岩土工作者已经做了大量的工作，但是这远远不能满足实际工程的需要。例如灰土残余强度在实际工程中其实是非常重要的，但是仍未有系统的理论对实际工程进行指导等等。

60年代，美国的公路交通部门对石灰与土之间的相互作用机理做了大量的研究，在灰土的物理力学性质方面取得了一些成绩，一些科研工作者也试图阐述土与石灰的混合物强度提高的微观机理，但由于土与石灰本身的复杂性和研究手段的限制，进展比较缓慢。60年代后，随着施工技术的大幅度提高，使得石灰的使用范围更加广泛。日本在用高含水量的黏土修筑堤坝、路基时，用黏土与生石灰交替填筑或将生石灰投放在高含水量的取土场的办法，使生石灰吸水以加快固结[71]。德国从20世纪40年代开始使用石灰添加到土中，提高其耐水性及抗冻性。

1.2.5 灰改性土机理及研究现状

黄新、周国钧通过实验初步探讨了水泥加固土的硬化机理，提出水泥加固土的强度主要来自于水泥水化产物的胶结作用，并提出了水泥加固土的硬化反应模式[72]。梁乃兴采用石灰加固土，并对加固后的土进行各方面性能测试，探究了灰土强度形成的原因，提出土是由许多颗粒（包括许多细颗粒）组成的分散体系，颗粒表面存在较大的吸附能，石灰加入土中后，会发生物理吸附作用，降低土粒表面的自由能，降低土粒的亲水能力，并对土粒聚结有利。土中的黏土胶体颗粒的离子层大都是一价的 K^+、Na^+ 等离子，石灰加入土中后，离解的 Ca^{2+}、Mg^{2+} 等离子可与 K^+、Na^+ 离子发生离子交换，交换的结果使得胶体吸附层减薄，ζ 电位降低，使得黏土胶体聚结，提高了土粒之间的联结强度和水稳性。另外，石灰自身发生的化学反应，如 $Ca(OH)_2$ 的碳酸化及 $Ca(OH)_2$ 的结晶等都对提高石灰土的强度有利[73]。张登良对石灰加固土的作用机制进行了研究，得出与梁乃兴相似的加固机制[74]。侯印华等对石灰加固土的机理进行探讨，对不同养护龄期的灰土试样进行 X 射线衍射分析、热失重分析、红外光谱分析、扫描电镜分析等，得出了各个养护阶段灰土试样中的物质变化情况，并归纳总结了石灰加固土的作用机制。概括如下：在养护初期灰土中的石灰与水反应生成了 $Ca(OH)_2$，$Ca(OH)_2$ 的结晶作用使得原本松散的堆积结构变得紧密，提高了土体的强度。随后 $Ca(OH)_2$ 吸收 CO_2 生成碳酸钙，发生了晶质转变，而碳酸钙的晶型结构能够很好地提高土体的强度，并起到胶结作用。在后期，灰土发生火山灰反应生成水硬性凝胶物质，灰土形成纤维晶体的网架结构与无定形的凝胶结构，土颗粒被蔓延的凝胶与缔结的纤维晶体所固定，灰土强度得到了大幅度的提高[75]。张汉俊将石灰加固土的作用机制解释为生石灰在与土混合后，遇到土中水分使生石灰发生化学变化，产生消化吸水、放热、膨胀、凝固等有利于提高灰土的整体性、结构强度和防渗能力等作用[76]。梅淑贞也对灰土材料的硬化机理进行了研究，大致可以归纳为三个要点：利用离子交换作用，减薄离子双电层，使土体稳定；碳化作用中 $Ca(OH)_2$ 吸收 CO_2 转变为碳酸钙，碳酸钙是良好的胶结材料，对土体起到很好的胶结作用，提高强度；$Ca(OH)_2$ 与土中酸性氧化物 SiO_2、Al_2O_3 等发生水化反应，生成胶凝物质，胶凝物质的不断产生，并逐渐形成结晶，很大程度提高了土体的强度[77,78]。

石灰和土拌和压实后，在土中水的作用下发生了非常复杂的物理化学反应。根据已有的理论，石灰与土混合后的反应作用主要有以下四种：

① 碳酸化作用：石灰是气硬性材料，灰土强度的产生，是石灰碳酸化过程的结果。因为灰土内外，石灰能与空气接触，使氢氧化钙与二氧化碳作用生成碳酸钙。碳化反应：

$$Ca(OH)_2 + nH_2O + CO_2 \rightarrow CaCO_3 + (n+1)H_2O$$

② 灰土离子化反应（离子交换）：根据土壤胶体化学的概念，土壤胶体颗粒一般是带负电的，具有吸附多种阳离子的能力，如吸附 Ca^{2+}、Mg^{2+}、K^+、Na^+、H^+、NH^+ 等，吸附的阳离子还能与土壤溶液里的阳离子发生交换（图2）。因此，当土壤中掺入石灰和水后，吸附于土中的低价阳离子，如 Na^+、K^+ 等，被石灰在水中电离出的二价钙离子（Ca^{2+}）所置换，使黏土颗粒外围结合水膜减薄，土粒间距离相应减小，分子引力增强，形成团粒结构。所以钙是好的聚沉剂，能促进土壤胶体凝结和水稳性的形成，但离子交换是可逆反应，不够稳定。这个作用主要发生在反应的早期，形成灰土的早期强度。

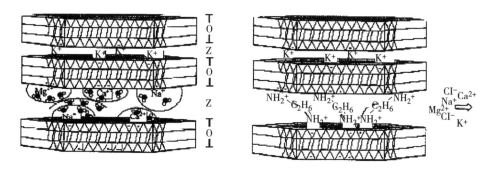

图 2　离子交换原理示意图

③ 灰土化学法—胶凝反应：黏土矿物中，含有较多的酸性结晶和胶态氧化物（即二氧化硅和三氧化二铝等）。这些氧化物中，有一部分具有活性，与碱性的熟石灰加水混合后，吸附于黏土表面的 Ca（OH）₂与这些活性物质一起，在常温的潮湿条件下，能缓慢地发生化合反应，开始形成不定成分的吸附系统，然后形成胶合的无定形水化硅酸钙，经过较长时间的作用，即变成结晶的生成物。如果在土中添加石灰，石灰则与溶出的 $Al_2O_3 \cdot nH_2O$ 和 $SiO_2 \cdot nH_2O$ 反应形成钙/铝硅酸盐。这种胶凝物质的不断产生，并逐渐形成结晶的水化作用过程，是灰土材料硬化反应的主要途径（图3）。

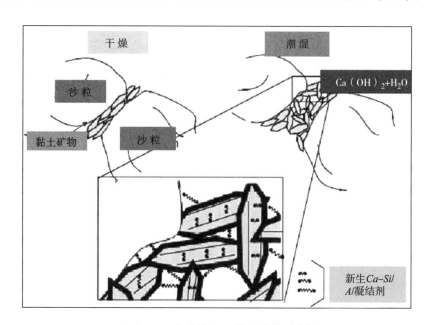

图 3　石灰改性土的微观结构示意图

灰土化学法化学反应式如下，

$$Al_2O_3 \cdot 2SiO_2 \cdot 2H_2O + nH_2O \rightarrow Al_2O_3 \cdot nH_2O + 2SiO_2 \cdot nH_2O + nH_2O$$

$\uparrow$　　　　　　　　　　　　　　$\uparrow$

（pH = > 13）　　　　　　（500 mg/kg ~ 1000 mg/kg）（德文 Dr. Kuhl 资料）

$$SiO_2 \cdot H_2O + Ca（OH）_2 + H_2O \rightarrow 3CaO \cdot 2SiO_2 \cdot 3H_2O$$

$$Al_2O_3 \cdot H_2O + Ca（OH）_2 + H_2O \rightarrow 3CaO \cdot 2Al_2O_3 \cdot 6H_2O$$

这种方法中灰和土的比例非常重要，当石灰含量较小时，水化反应不充分，生成颗粒之间的结晶联结少，因而强度较低；但石灰含量过高时，过多的石灰无法和土中的水反应而减低了颗粒之间的联结，也会降低强度。最佳灰土比要根据具体情况通过对比试验确定。

④ 水分子催化法

水分子催化法是利用一种催化剂，减少水分子的二极力矩，导致水分子的裂解，产生氢离子和氢氧根离子。由于黏土矿物表面的负离子吸引正离子，水合氢离子和氢氧根离子总会与正电荷的金属离子结合。随着水中正电荷的减小，负电荷会聚集起来，对吸附水层中的正电荷金属离子产生足够大的引力，打破静电势垒。这种反应产生时，金属离子向自由水中运移并随着水排出或蒸发掉。吸附水层减少，土壤颗粒失去了膨胀特性的根源，容易被压实和固结。但是，这项研究仅限于温湿的亚热带、热带气候条件道路地基的土改性，对暴露于冻融环境下的土尚无成功的工程实例，更没有科学的研究报告。

1.3 现代分析技术在石灰及水泥加固机理研究中的应用

研究土遗址加固剂与遗址土基质之间的作用机理，要从加入加固剂前后遗址土样的不同点或者发生的变化来寻求加固机理，应用于此研究领域常用的现代分析技术包括 XRD、SEM、TEM、XPS、TG、FTIR 等。

X 射线衍射分析（XRD）。通过对加固前后遗址土样品进行 XRD 分析，得到 XRD 谱图中衍射峰位置及强度的变化情况，可以推知物质晶体结构的变化情况，这种晶形结构的变化由材料本身的物理性质变化导致，分析晶体结构变化可分析遗址土体与加固剂的作用机理。Marco Merlini 等用 XRD 技术对硅酸三钙的水化过程进行了分析，通过分析硅酸三钙晶型结构的变化阐述了硅酸三钙的水化过程，说明 XRD 技术可以很好地应用于研究物相的变化过程[79]。

电子扫描电镜和透射电镜（SEM 与 TEM）。SEM 与 TEM 技术在加固剂加固机理的研究中所起的作用为通过用 SEM 与 TEM 对加固前后遗址土样品照相，得到不同倍率下样品形貌图，比对加固前后样品形貌的不同之处，分析实验所产生的变化，得到合理的解释即相应的加固机理。Paul Stutzman 用 SEM 对水泥的微观结构与水化过程进行了研究，阐述了水化过程作用机理，同时用 SEM 分析技术对水泥组成物相的整体与表面进行直接照相。通过 SEM 分析技术得到的物相的质量百分比与用 XRD 定量分析得到的结果有很好的一致性。晶粒较小细致的物相如石膏、铝酸三钙等比粗糙晶粒的硅酸二钙与硅酸三钙表现出更高的比表面，这些数据能很好地应用于建立水泥中物相性质与表观性能之间的关系[80]。I. G. Richardson 用 TEM 与 SEM 对水泥中的水硬相水化硅酸钙的形貌、组成、纳米结构进行了研究，得出了水化硅酸钙的一些基本特性。在较大水泥晶粒内部的水化硅酸钙呈现含有直径在 10nm 以下的孔的均一形貌，较大的矿渣晶粒内部的水化硅酸钙同样呈此形貌，但是其化学组成有很高含量的镁与铝。通过背散射分析技术发现，无论是水泥还是矿渣，水化产物保持小颗粒尺寸，在较致密的水化硅酸钙周围围绕着带有一些孔隙的较少水化硅酸钙。由此可见扫描电镜技术可以有效地应用于水泥的物相分析[81]。

X 射线光电子能谱（XPS）。XPS 是用来测定物质的元素组成以及元素含量的技术，在土遗址加固机理研究中，通过 XPS 测定加固前后遗址土样品中元素组成及其含量的变化情况，并用此来分析造成这种变化的原因，找到相应土遗址加固剂与土体的作用机制。陆采飞及李最雄等曾用

XPS 分析技术探讨 PS 加固土遗址的机理研究，通过比较土体加固前后元素及其含量的变化情况来说明加固机理[82]。

热分析（TG）。热分析技术是利用物质在热处理过程中所发生的热量或重量变化来判断试样的物相组成或了解试样的热变化特性的方法。在土遗址加固机理研究试验中，通过热分析测定加固前后遗址土样品的质量变化，得出加固过程发生的物质变化与相关反应，得到相应的加固机制。Siavash Ghabezloo 对水泥硬化过程的热性能进行了微观机制分析，得出水泥砂浆孔隙中流体的热膨胀系数比纯水的高得多，同时他们得出的微观机制可用于计算用实验难以评估出来的孔隙体积热膨胀系数[83]。何小芳、张亚爽等对热分析在水泥水化物分析中的应用研究进行了综述，根据热分析曲线中不同温度区间的重量变化鉴别水泥水化过程各阶段的水化产物[84]。

红外光谱分析（FTIR）。特定的物质在红外谱图中有着特定的振动吸收峰，这些特征峰可以作为鉴别物质的依据，利用红外谱图中某些特征峰位的变化，得到相应物质的变化过程。Mohammad Y. A. Molla 等用 XRD 与红外分析技术分析了波特兰水泥的固化过程，通过对水泥随固化时间的红外谱图中特征峰的分析，得出了由水硬性成分硅酸盐生成水化硅酸盐与氢氧化钙，水化硅酸盐、氢氧化钙再生成碳酸钙的过程[85]。

在土遗址加固机理研究试验中，可借鉴上述分析测试手段对加固前后遗址土样品的成分和结构的变化进行识别，得出加固前后物质的变化情况，分析加固过程中发生的反应和加固机制。

2　遗址土体开裂及坍塌病害

土遗址土体开裂、空鼓和坍塌、残损是常见的病害，严重影响土遗址整体稳定性。为了研究水硬性石灰改性土材料性能及对土体开裂、空鼓和坍塌、残损病害治理效果，本课题选取两种不同土质的遗址土进行水硬性石灰改性土材料性能的研究，其研究结果将为工程实施提供科学依据。

2.1　病害调查

选择了两处不同土质的遗址点粉土和粉质黏土作为水硬性石灰改性土材料性能研究。对两处不同土质遗址点的开裂和坍塌病害现状及特征进行调查。

遗址土体开裂较严重，且裂隙较宽，深度较深，随着裂隙的发展，土体在重力作用下局部逐步发生坍塌，坍塌造成墓坑结构不完整。

2.2　土质分析

对两处遗址的土进行 pH 值检测，遗址土质酸碱性检测结果表明，两处试验点遗址土 pH 值都在 7 以上，偏碱性，可以进行水硬性石灰的改性。

2.3　化学分析

对两处遗址土进行矿物成分分析，分析结果见表 1。

表1 土化学分析

编号	分析结果
粉质黏土	石英、碳酸钙、云母、斜绿泥石、长石、微斜长石、白云石高龄石、蒙脱石
粉土	石英、斜长石、碳酸钙、微斜（钾）长石、云母、绿泥石

两遗址土分析检测结果表明，粉质黏土土样中检测到蒙脱石等膨胀性矿物，胶结物主要为含钙质胶结物——碳酸钙。

2.4 病害原因分析及改性土材料的要求

（1）环境因素

① 干湿交替：土体受失水干燥和干湿交替，造成土体开裂和土体颗粒间黏结力降低而表层脱落。因此要求改性土材料具有较好的水稳定性和耐干湿交替能力强。

② 冻融：土体受冻融现象造成开裂、坍塌、剥落等。要求改性土材料耐冻融性好。

③ 综合：土体在温差、冻融和卸荷等自然因素影响下产生纵横交错的裂隙，裂隙逐渐发育，进一步延伸，导致土体开裂坍塌。要求改性土材料具有较好力学强度。

（2）土体因素

从遗址土土质检测结果看，土体黏粒含量低、含水率小、孔隙比大，土体较疏松，土粒之间的连接作用较弱，在环境因素下已开裂或风化。土体中胶结物如碳酸钙等含量低，存在连接作用薄弱部位，当受力时发生坍塌。要求改性土材料增加土粒间的胶结性，增加抗风化能力。

3 水硬性石灰改性土修复加固材料性能

针对土遗址土体坍塌、残缺等病害，通过遗址土中添加水硬性石灰进行改性，采用水硬性石灰改性土对遗址土体坍塌及残缺等病害进行修补或修复。

3.1 材料与条件

（1）材料

水硬性石灰（NHL2）、石灰（熟石灰）、水性环氧树脂（有机对比材料）。

本次选择的水硬性石灰为德国 Hesller 天然水硬性石灰 NHL2 符合欧洲标准 EN459 - 1/2010，材料组分见表2，材料性能见表3。

表2 Hesller 公司 NHL2 材料组分

成分（%）	测试结果
氧化钙 CaO	59.5
氧化镁 MgO	2.2
三氧化硫 SO_3	0.89

续表 2

成分（％）	测试结果
自由钙	25.6
二氧化碳 CO_2	0.7
自由水	0.7
烧失量（1000℃±25℃）	13.9
二氧化硅 SiO_2	14.3
三氧化二铁 Fe_2O_3	1.84
三氧化二铝 Al_2O_3	4.91
合计	97.54

表 3　　　　　　　　　　　　　　Hesller 公司 NHL2 材料性能

参数/成分	测试结果	欧标 459-1 指标
细度 0.09mm（％）	0.2	≤15.0
细 0.2mm（％）	0.0	≤5.0
容重（Kg/dm^2）	0.71	
需水量（g）	290	
扩散（mm）	186	≤188≥182
贯入量（mm）	24	≤50≥10
空气量（Vol％）	3.2	≤20.0
抗压强度（Mpa）	3.3	≤7.0≥2.0
初凝时间（min）	250	≥60
稳定性（mm）	0.3	≤2.0

（2）遗址土

选取两种不同土质的遗址土，粉质黏土和粉土。将土在室内风干，再将碾碎的土过 3mm 筛。

（3）土样养护条件

恒温恒湿箱（温度 25℃，湿度 80％）。

3.2　水硬性石灰含量的确定

3.2.1　灰含量

（1）灰含量确定依据

依据 1：传统灰土 3：7、2：8、1：9（体积比）。

依据 2：灰土改性机理，6％（黏粒含量在 15％以上）。

（2）水硬性石灰选择的配比

灰含量（重量比），6％，相当于灰土 1：9（体积比）。

10%，相当于灰土 2 ∶ 8（体积比）。

15%，相当于灰土 3 ∶ 7（体积比）。

（3）对比材料

选择传统石灰（熟石灰）作为对比材料。

3.2.2　制样依据

根据《土工试验方法标准》GB/T50123 – 1999，重塑样的制备方法进行标准土柱和环刀的制样。

3.3　检测指标

① 最佳含水率及最大干密度

② 收缩率

③ 吸水率

④ 水稳定性

⑤ 碳酸化程度

⑥ 抗压强度

⑦ 直剪强度

⑧ 冻融试验

⑨ 干湿交替试验

3.4　水硬性石灰改性土修复材料的性能

（1）灰土最佳含水量及最大干密度

击实试验测试图及测试数据见图 4。

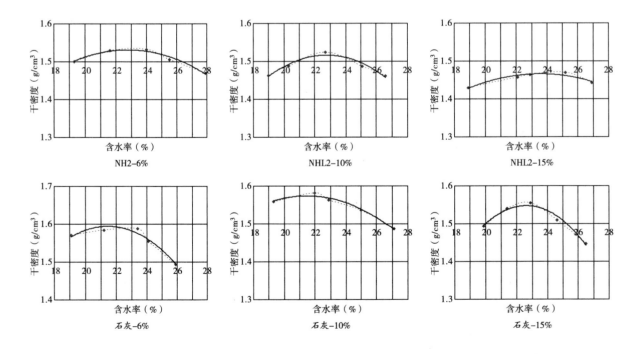

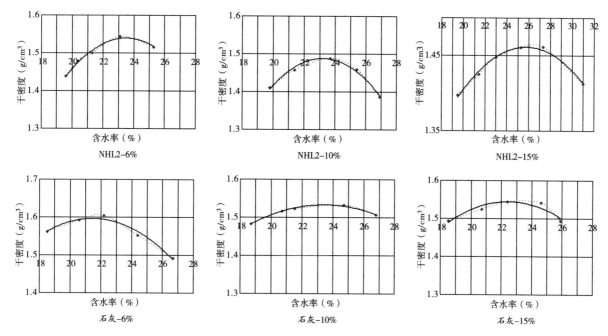

图4　改性土材料击实试验（最佳含水率和最大干密度）

通过击实试验确定不同灰含量改性土的最佳含水量和最大干密度，为实验室标准土样的制备及现场夯土试验的加水量提供依据。结果表明，随着灰含量的增加，加水量增加，而改性土的最大干密度降低。

（2）改性土颜色

改性土土样晾干后，观察外观颜色变化。

外观颜色上，石灰改性土颜色发白，而水硬性石灰改性土颜色变化不大。主要由于石灰颜色发白，水硬性石灰呈灰色，导致石灰改性土颜色发白，水硬性石灰改性土颜色变化较小。因此石灰改性土作为修复材料对遗址夯土的外观颜色将造成影响。

（3）收缩率

对养护60d的土柱样进行收缩率检测，对比分析纯土、水硬性石灰改性土、石灰改性土、水性环氧改性土的收缩率。

改性土材料收缩率检测结果表明：

① 粉质黏土及石灰改性土在养护过程出现土样开裂现象，而水硬性石灰改性土土样在养护过程无开裂出现。

② 改性土材料的收缩率明显小于纯土的收缩。收缩率随着改性土灰含量的增加而降低。水硬性石灰改性土材料收缩率最小，明显低于石灰改性土的收缩率。

③ 水性环氧改性土收缩率虽小于原土的收缩率，但大于水硬性石灰和石灰改性土的收缩率，水性环氧树脂改性土颜色变化大，且施工操作不便。

④ 粉土改性土的收缩率明显小于粉质黏土改性土的收缩率（图5）。

（4）水稳定性

对养护28、60和90d的水硬性石灰及石灰改性土环刀土样进行浸泡试验，测试改性土的耐崩解性

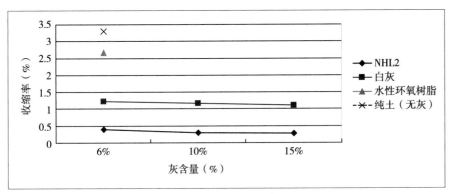

粉质黏土改性土收缩率

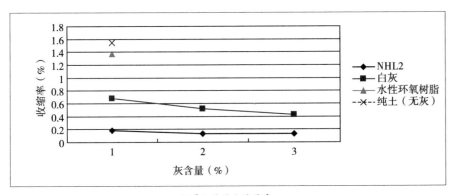

粉质土改性土收缩率

图 5　改性土收缩率分析

和水稳定性。

水稳定性测定结果表明：

① 纯土水稳定性最差，浸泡到水中马上崩塌。改性土的耐崩解性较好，表明改性土水稳定性较好。

② 养护 28d 的石灰改性土崩解速度较慢，最后也完全崩解。而水硬性石灰改性土耐崩解性较好，除水硬性石灰含量 6% 的改性土稍有掉渣现象外，其他保存较完整。

③ 养护 60d 的石灰改性土耐崩解性较好，边缘有掉渣现象，整体水稳定性较好。水硬性石灰改性土耐崩解性较好，灰含量 6% 的改性土边缘仍有掉渣现象。

④ 养护 90d 的改性土整体稳定性都较好。石灰改性土只有灰含量 6% 试块边缘崩解，其他改性土试块水稳定性较好。水硬性石灰改性土耐崩解性较好。

总之，改性土材料水稳定性好于纯土的水稳定性，水硬性石灰改性土的水稳定性好于石灰改性土的水稳定性。

（5）吸水率

对养护 60d 的水硬性石灰改性土土样进行吸水率测试，检测结果如图 6 所示。

随着水硬性石灰含量的提高，改性土材料的吸水率增加，主要由于灰含量增加，夯土密实度降低，导致孔隙率增加。

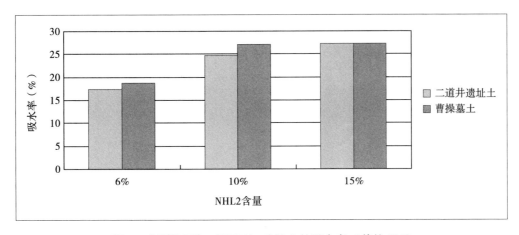

图6　水硬性石灰（NHL2）改性土的吸水率（养护60d）

（6）抗压强度

根据土工试验，土柱在恒温恒湿箱内（湿度80%，温度25℃）养护7d、28d、60d、90d、180d和270d后，进行抗压强度检测。土柱抗压趋势见图7、8所示。

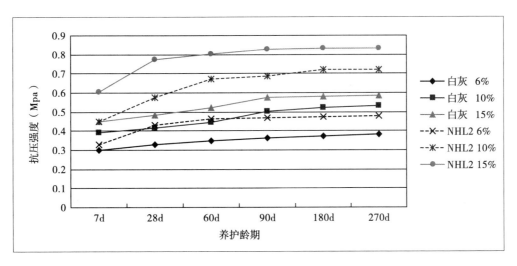

图7　粉土改性土抗压强度变化趋势图

改性土抗压强度测定结果表明：

① 改性土的抗压强度大于原状土的强度，且改性土材料的抗压强度随养护时间的延长而增加。

② 水硬性石灰的抗压强度明显大于石灰改性土的强度，尤其早期强度，且养护90d前，水硬性石灰改性土抗压强度增加较快，而石灰改性土抗压强度增加较慢。主要由于水硬性石灰含有水硬成分，对早期强度的提高有利。养护到90d后，改性土的抗压强度增加较缓慢。

③ 石灰改性土土柱抗压时呈外层壳破坏，而水硬性石灰改性土呈竖向碎裂，说明石灰因气硬反应导致土柱外层形成一层硬壳。

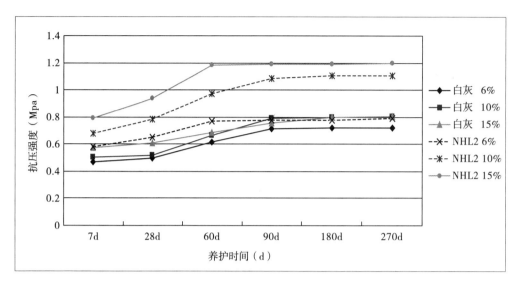

图 8　改性土抗压强度变化趋势图

（7）直剪强度

根据土工试验，环刀在恒温恒湿箱内（湿度80%，温度25℃）养护7d、28d、60d、90d、180d和270d后，进行直剪强度检测，检测数据见表4所示。

表4　　　　　　　　　　　　　　改性土样直剪强度测试表

土质	材料	含量（%）	检测指标	养护时间					
				7d	28d	60d	90d	180d	270d
粉土	原状土		黏聚力 c（Kpa）	55.3					
			内摩擦角（Φ）	48.6					
	石灰	6	黏聚力 c（Kpa）	66.9	88.2	117.3	137.0	135.5	136.3
			内摩擦角（Φ）	47.6	46.9	43.7	41.0	41.9	41.7
		10	黏聚力 c（Kpa）	93.7	112.9	133.6	160.0	162.8	162.6
			内摩擦角（Φ）	45.5	44.3	41.5	38.9	38.8	38.6
		15	黏聚力 c（Kpa）	99.2	121.3	151.5	171.5	175.4	174.3
			内摩擦角（Φ）	45.1	42.9	39.1	37.5	36.2	36.5
	NHL2	6	黏聚力 c（Kpa）	122.3	165.6	194.6	208.4	202.3	201.9
			内摩擦角（Φ）	42.0	38.5	34.6	33.2	33.7	33.8
		10	黏聚力 c（Kpa）	133.1	187.7	211.1	215.7	218.2	219.5
			内摩擦角（Φ）	41.4	35.5	32.8	32.6	32.2	32.4
		15	黏聚力 c（Kpa）	146.0	199.7	215.9	225.5	227.9	229.1
			内摩擦角（Φ）	40.4	34.2	32.7	31.3	31.1	31.2

续表4

土质	材料	含量（%）	检测指标	养护时间					
				7d	28d	60d	90d	180d	270d
粉质黏土	原状土		黏聚力 c（Kpa）	114.8					
			内摩擦角（Φ）	49.6					
	石灰	6	黏聚力 c（Kpa）	125.1	141.1	157.2	175.9	178.1	178.4
			内摩擦角（Φ）	48.2	46.5	44.4	42.7	42.1	41.5
		10	黏聚力 c（Kpa）	147.4	167.4	185.7	209.3	218.8	219.3
			内摩擦角（Φ）	46.1	44.0	41.0	38.7	35.3	35.2
		15	黏聚力 c（Kpa）	165.3	194.0	215.4	222.7	231.9	233.2
			内摩擦角（Φ）	44.1	39.5	36.7	33.5	30.7	30.1
	NHL2	6	黏聚力 c（Kpa）	156.5	201.4	224.5	236.8	238.8	237.9
			内摩擦角（Φ）	44.5	38.2	32.9	28.8	28.5	28.5
		10	黏聚力 c（Kpa）	173.3	241.1	276.9	312.9	324.3	325.6
			内摩擦角（Φ）	43.2	27.9	27.4	25.9	25.1	25.0
		15	黏聚力 c（Kpa）	196.6	256.1	298.5	332.5	336.5	341.5
			内摩擦角（Φ）	39.0	27.7	26.8	24.9	25.0	24.7

小结：

① 改性土随着灰含量的增加，土样的黏聚力增加。且养护时间延长，改性土材料黏聚力增加。养护时间到90d时，改性土的黏聚力增加缓慢。

② 水硬性石灰改性土的黏聚力大于灰土的黏聚力，尤其早期的黏聚力较大。

（8）碳酸化程度

对不同养护时间的水硬性石灰改性土样进行碳酸化深度的检测，检测数据见表5。

表5　　　　　　　水硬性石灰改性粉土不同养护时间碳酸化深度

碳化深度（mm）　　　灰含量	养护时间（d）			
	7	28	60	90
NHL2－6%	3～5	8.5～10	40	40
NHL2－10%	2.5～3	5.5～7.5	30～33	40
NHL2－15%	1.5～2	3.5～5.0	25～28	10～12

随着养护时间的延长，改性土样的碳化深度加深；养护60d时，水硬性石灰含量6%的改性土几乎完全碳化，养护90d时，灰含量10%的改性土已碳酸化。随着碳酸化深度的加深，土样的力学强度增强，这与土样的力学强度检测结果相似。

（9）冻融实验

对养护 90d 的改性土土柱进行冻融试验（-30℃冻 24h，溶解 48h，属于一个循环），冻融 20 循环，检测土样的耐冻性（见表6）。

表6 改性土土柱耐冻性重量变化

材料	含量（%）	重量减少（g）	外观变化
石灰	6	23.4	土柱破损较严重，6%土柱已严重变形，表面脱落严重，且有裂纹
	10	13.5	
	15	7.6	
NHL2（水硬性石灰）	6	11.2	土柱保存较完整，只有6%土柱顶部脱落较严重，且表面有小裂纹，10%和15%土柱保存较好，表面局部有脱落
	10	4.9	
	15	2.1	
NHL5（水硬性石灰）	6	14.5	土柱保存较完整，只有6%土柱顶部脱落较严重，且表面有小裂纹，10%和15%土柱保存较好，表面局部有脱落
	10	3.3	
	15	2.8	

经过 20 个冻融循环，石灰改性土土柱破坏严重，表层脱落及变形较重，而水硬性石灰改性土土柱只有 6% 含量会表层脱落严重，其他保存较完整，表层脱落较轻。表明水硬性石灰改性土比石灰改性土具有更好的耐冻性。

（10）干湿交替

对养护 90d 的改性土土柱进行干湿交替试验（水中浸泡 8h，40℃烘干 8h，属一个循环），干湿交替 50 循环后。

经过 50 个干湿交替循环，石灰改性土土柱开裂和脱落严重，而水硬性石灰改性粉质黏土土柱只有 6% 含量出现开裂现象，其他保存较完整。表明水硬性石灰改性土比石灰改性土具有更好耐干湿交替性。

3.5 小结

① 颜色变化：外观颜色上，水硬性石灰改性土颜色变化不大，而传统石灰改性土材料发白。因此，水硬性石灰改性土修复材料对遗址夯土外观颜色无影响，而石灰改性土作为修复材料对遗址夯土的外观颜色将造成影响。

② 收缩率：水硬性石灰改性土的收缩率明显低于石灰改性土的收缩率，收缩率随着改性土灰含量的增加而降低。改性土材料的收缩率明显小于纯土的收缩率，纯土和石灰改性土材料易开裂。

③ 水稳定性：水硬性石灰改性土的水稳定性好于石灰改性土的水稳定性，尤其早期的耐水稳定性好。改性土的水稳定性好于纯土。

④ 吸水率：随着水硬性石灰含量的提高，改性土材料的吸水率增加，主要由于灰含量增加，夯土密实度降低，导致孔隙率增加。

⑤ 抗压强度：水硬性石灰的抗压强度明显大于石灰改性土的强度，尤其早期强度。水硬性石灰改性土早期抗压强度增加较快，而石灰改性土抗压强度增加较慢。改性土的抗压强度大于原状土的强度，且强度随养护时间的延长而增加。

⑥ 直剪强度：水硬性石灰改性土的黏聚力大于石灰改性土的黏聚力，尤其早期的黏聚力较大；改性土的直剪强度大于原状土的强度，且强度随养护时间的延长而增加。

⑦ 冻融实验：经过 20 个冻融循环，水硬性石灰改性土土柱只有 6% 含量会表层脱落严重，其他保存较完整，表层脱落较轻，而石灰改性土土柱破坏较严重，表层脱落及变形较重。表明水硬性石灰改性土比石灰改性土具有更好耐冻性。

⑧ 干湿交替实验：经过 50 个干湿交替循环，水硬性石灰改性粉质黏土土柱只有 6% 含量出现开裂现象，其他保存较完整，而石灰改性土土柱开裂和脱落严重。表明水硬性石灰改性土比石灰改性土具有更好耐干湿交替性。

4　水硬性石灰改性土灌浆材料性能

4.1　材料与条件

（1）材料及灰含量

水硬性石灰（NHL2）、石灰（熟石灰）。根据灌浆材料的强度不需要太大，改性土灌浆料选择灰含量为 3%、5%、8%。

（2）遗址土

粉质黏土、粉土。

（3）助剂

减水剂：本试验采用的减水剂是一种通过喷雾干燥工艺制成的改性聚羧酸醚，其流动性极佳。其具体性能如表 7 所示。

表 7　　　　　　　　　　　　　减水剂基本性能

序号	项目	性能
（1）	堆密度	$30.0 \sim 60.0 \text{g}/100\text{cm}^3$
（2）	干燥损失	不超过 2.0%
（3）	pH	$6.5 \sim 8.5$（20℃20% 溶液）

消泡剂：本次试验采用的消泡剂为液态碳氢化合物、聚乙二醇和非活性二氧化硅的白色物（见表 8）。

表 8　　　　　　　　　　　　　消泡剂基本性能

序号	项目	性能
（1）	活性成分	约 65%
（2）	黏稠度	轻的，可任意流动的液体

序号	项目	性能
（3）	外观密度（在20℃以下）	约340g/L
（4）	水中溶解度	溶水物质，可于水中分散
（5）	pH值（1%在蒸馏水中）	约7.0

保水剂：纤维素醚（MC550）主要作用就是保水作用。保水剂是改善干混砂浆保水性能的关键外加剂，也是决定干混砂浆材料成本的关键外加剂之一。

（4）养护条件

恒温恒湿箱（温度20℃，湿度80%）。

4.2 检测指标

根据土体灌浆料特点、土体病害现状及现场施工要求，将灌浆料的检测指标分为关键性指标和一般性指标。关键性指标是灌浆材料筛选的首要指标。

① 关键性指标：流动度、收缩率。

② 一般性指标：泌水率、凝结时间、保水性、吸水率、抗折强度、抗压强度。

4.2.1 关键性指标

（1）流动度

灌浆材料的施工要素首先就是材料的流动性，是指在自重或外力作用下的流动性能，是灌浆料的主要指标之一。流动度小的不易于施工，流动度大的易于施工。流动度的测定参照标准GB/T2419－2005《水泥胶砂流动度测定方法》。

（2）收缩率

灌浆材料要满足材料的流动性，流动性大的灌浆料收缩性大，且达不到裂隙灌浆填充加固的目的。所以灌浆材料不但要有很好的流动性，而且有较小的收缩率。收缩率测定参考JGJ/T70－2009《建筑砂浆基本性能测试方法标准》收缩试验测定方法。

4.2.2 一般性指标

（1）泌水率

在新拌状态下的浆体，由于其组成的不均匀性，比重大的组分沉降，比重小的组分上升。对本试验灰浆料中，水是各组分中比重最小的组分，最易溢出，出现泌水现象。泌水现象的发生，可导致拌合物组成不均，力学性能和耐久性发生变化；另一方面在泌水的同时往往发生泌浆，从而导致起皮现象，不利于材料的性能。泌水率参照GB/T25182－2010进行测定。

（2）保水性

新拌浆体能够保持水分的能力称为保水性，指浆料各组分不易于分离的能力。新拌浆料在存放和施工过程中，均因保持水分不易快速流失，才能保证硬化浆液的密实度，从而保证硬化浆体的良好质量。参照JGJ/T70－2009《建筑砂浆基本性能测试方法标准》保水性试验。

（3）凝结时间

凝结时间是浆料从新拌状态到硬化状态转变过程所需的时间。凝结时间分为初凝和终凝时间。本实验主要测定浆料的初凝时间。参照 JGJ/T70 – 2009《建筑砂浆基本性能测试方法标准》凝结时间试验。

（4）吸水率

吸水率是表示硬化体在正常大气压下吸水程度的物理量。从侧面表明材料的孔隙特征和密实程度。参照 JGJ/T70 – 2009《建筑砂浆基本性能测试方法标准》吸水率试验。

（5）耐崩解性

耐崩解性是检测灌浆料硬化体的水稳定性。

（6）碳酸化深度

碳酸化是石灰基材料硬化过程，是其由塑性状态到硬化状态的转变过程，碳酸化程度的高低是其硬化能力高低的特征之一。

（7）抗折、抗压强度

抗折抗压强度为灌浆材料的基本性能。抗压强度表示灌浆材料在压力情况下的极限强度，抗折强度表示材料单位面积承受弯矩时的极限折断应力，又称抗弯强度、断裂模量。抗压与抗折强度比值表示了材料的脆性，比值越大，说明材料的脆性越大。

抗压强度测定参考了 JGJ/T70 – 2009《建筑砂浆基本性能测试方法标准》抗压强度性能试验测定方法。

（8）冻融试验

为了掌握改性土材料在北方地区自然环境下的耐久性能，试验研究了改性土试件的抗冻性能。试验方法参照《普通混凝土长期性能和耐久性能试验方法标准》（GB/T50082 – 2009）中的慢速冻融法，试件采用 70mm×70mm×70mm 的立方体试件。将改性土试件在设定条件下进行养护，养护 90d 后，将试件放置于冰箱中，进行慢速冻融试验。冻融试验的冷冻温度为 – 25℃，融化温度为 20℃，试验步骤如下：

① 将冰箱温度设定为冷冻温度为 – 25℃，将一组改性土试件放置于冰箱中；

② 试件在冰箱中的冷冻时间为 24h；

③ 冷冻之后，将试件从冰箱中取出，放置于温度 20℃ ±2℃的房间内溶解 24h；

④ 融化时间达到 24h 视为该次冻融循环结束，之后可以将试件放入冰箱内，开始下次冻融循环；

⑤ 每个冻融循环后观测试件表面是否有剥落现象，如有破坏则对试件进行称重，测定质量损失率。

4.3 水硬性石灰改性土灌浆材料的性能

4.3.1 灌浆料流动度的控制

流动度是灌浆料是否具有可灌性的关键性指标，由于土体开裂灌浆料不同于其他灌浆材料。因此，首先确定改性土灌浆料的流动度，即灌浆料的流动度达到多少才能在土体缝隙、空鼓中流动。

实验室通过模拟土体裂缝（以 5mm 为例），配制不同流动度的灌浆料进行灌浆试验，分析检测土体灌浆料合适的流动度,以作为土体灌浆料筛选的关键性指标。

针对直径 5mm 孔洞和 5mm 裂隙进行模拟灌浆试验,只有当灌浆材料流动度达到 170mm 以上对 5mm 的裂隙才具有可灌性。

根据模拟灌浆试验结果,本次确定灌浆材料的基本流动性:150mm 以下(基本没有流动性,标记为Ⅲ级)、150~180mm(大裂隙 5mm 以上可以进行施工标记为Ⅱ级)及 180mm 以上(满足小裂隙,5mm 以下施工要求标记为Ⅰ级),根据二道井遗址开裂现状,确定本次试验配方的流动性最好大于 170mm。

4.3.2 改性土灌浆料灰含量筛选

(1)流动度

筛选出不同灰含量灌浆料配比流动度检测数据见表 9 所示。

表 9　　　　　　　　　　　　　　筛选灌浆料配比的流动度

土质	水硬性石灰（NHL2）			石灰		
	3%	5%	8%	3%	5%	8%
粉土	22cm	22 cm	21 cm	21 cm	22 cm	21 cm
粉质黏土	22 cm	23 cm	22 cm	21 cm	23 cm	22 cm

所筛选出的不同配比的改性土灌浆料流动度都大于 17cm,满足现场灌浆需要,且土体是吸水材料,流动度大有利于浆液的流动。水硬性石灰中可溶成分顺水分渗入到裂隙两侧土体内,起到了加固作用,减少了灌浆料的收缩性和增加了黏结性。

根据土体裂隙宽度,筛选针对土体裂隙宽度所需改性土灌浆料的流动度。

(2)收缩率

改性土灌浆液硬化后养护 28d 后观察外观,并测定硬化体收缩率。

水硬性石灰改性土灌浆料硬化体的收缩率明显小于石灰改性土灌浆料的收缩率,且随着灰含量增加,收缩率降低。粉土改性土灌浆的收缩率小于粉质黏土的收缩率(图 9)。水硬性石灰 NHL5 改性土灌浆料硬化后试样多数断裂,可能与强度大有关。

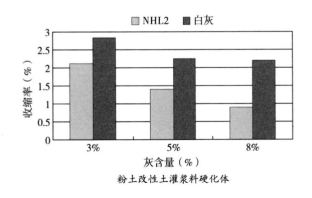

粉土改性土灌浆料硬化体

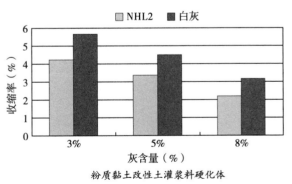

粉质黏土改性土灌浆料硬化体

图 9　改性土灌浆料硬化体收缩率

（3）改性土灌浆料力学性能

对养护28d的不同灰含量的改性土灌浆料硬化体进行抗折、抗压强度测试，测试数据见表10所示。

表 10　　　　　　　　　　改性土灌浆料硬化体抗折及抗压强度测定表

土	材料	含量	抗折强度（MPa）	抗压强度（MPa）	抗压/抗折比
粉质黏土	石灰	3%	0.76	2.156	2.84
		5%	0.92	2.689	2.92
		8%	0.89	2.569	2.89
	NHL2	3%	0.86	2.273	2.64
		5%	0.92	2.403	2.61
		8%	1.17	3.238	2.66
	NHL5	3%	0.43	2.464	5.73
		5%	0.74	3.297	4.46
粉土	石灰	3%	0.39	0.797	2.04
		5%	0.46	1.070	2.33
		8%	0.47	1.192	2.54
	NHL2	3%	0.62	1.106	1.78
		5%	0.73	1.412	1.56
		8%	0.79	1.303	1.65
	NHL5	3%	0.28	1.168	4.17
		5%	0.40	1.302	3.26
		8%	0.45	1.515	3.37

水硬性石灰改性土灌浆硬化体抗压抗折强度明显高于石灰改性土灌浆料的强度，且随着灰含量增加，抗压和抗折强度增加。水硬性石灰改性土灌浆料灰含量5%时抗压和抗折强度大，且抗压/抗折比比值最小，说明材料脆性小。

总之，根据水硬性石灰改性土灌浆料流动度、硬化体收缩率和力学强度综合性能分析，灰含量3%改性土灌浆料收缩大，耐水性差，强度低，而灰含量8%收缩率小，强度大，抗压/抗折比值大，脆性大，考虑土体灌浆料不需要太大的强度，因此选用灰含量5%的改性土灌浆料进行试验及性能检测。

4.3.3　筛选出灌浆料及硬化体的基本性能

（1）泌水率

对改性粉土灌浆料进行泌水率测定。

水硬性石灰和石灰改性土灌浆料没有泌水，而纯土灌浆料明显泌水。

（2）凝结时间

改性土灌浆料的凝结时间测定数据见表11所示。

表 11 改性土灌浆料的凝结时间

土质	材料	表干时间（h）	实干时间（d）
粉质黏土	石灰	36h	7d
	NHL2	24h	5d
	NHL5	24h	5d
粉土	石灰	48h	14d
	NHL2	48h	14d
	NHL5	48h	17d

改性土灌浆料的凝结时间较长，水硬性石灰改性土灌浆料的表干时间和实干时间短于石灰改性土灌浆料的表干时间和实干时间。水硬性石灰改性土灌浆料凝结时间短有利于现场灌浆加固用，减少空鼓土体加固支顶时间。

（3）保水性

改性土灌浆料的保水性测定数据见表 12 所示。

表 12 改性土的保水性变化情况

土质	材料	初始	2h 后	4h 后	6h 后
粉质黏土	石灰	230mm	230mm	230mm	215mm
	NHL2	210mm	185mm	170mm	155mm
	NHL5	240mm	185 mm	180mm	155mm
粉土	石灰	255mm	250mm	250mm	240mm
	NHL2	240mm	250mm	235mm	230mm
	NHL5	250mm	240mm	230mm	220mm

改性土灌浆材料的保水性较好。随着时间变化，改性土灌浆材料流动度的变化比较小，在 6h 后仍具有较高的流动度。石灰改性土灌浆料 6h 后仍保持较好的流动度，其流动度大于水硬性石灰改性土灌浆料，说明石灰改性土灌浆料的保水性好于水硬性石灰改性土灌浆料。主要由于水硬性石灰含水硬成分，凝结时间短，导致保水性差，但 4h 后仍能保持较高的流动度，足以满足现场施工。

（4）水稳定性（耐崩解性）

对养护 28、60、90d 的改性土灌浆料硬化体进行水稳定性（耐崩解性）测试。

养护 28d 后，改性土灌浆料硬化体硬化体浸泡到水中，石灰改性土灌浆料硬化体边缘开始崩解。水硬性石灰改性土灌浆料硬化体只有边缘掉渣现象，说明水硬性石灰改性土灌浆料硬化体耐水稳定性较好。养护 60d 后改性土灌浆料硬化体保存较完整，说明耐水稳定性较好。

（5）吸水率

对养护 90d 的改性土灌浆料硬化体进行吸水率测定。

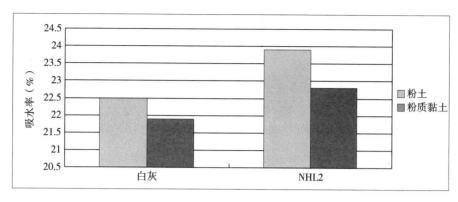

图10　改性土灌浆料硬化体吸水率

改性土灌浆料硬化体随灰含量增加吸水率降低，水硬性石灰改性土硬化体的吸水率低于石灰改性土灌浆料硬化体（图10）。

（6）碳酸化深度

对不同养护时间改性土灌浆料硬化体进行碳酸化深度的检测，检测数据见表13所示。

表13　　　　　　　　水硬性石灰改性土灌浆料不同养护时间碳酸化深度

| 碳化深度（mm）　　　　　　养护时间（d） | | |
灰含量	28	60	90
石灰－5%	6~8	20~22	30~32
NHL2－5%	10~12	25~27	35~37

随着养护时间的延长，改性土灌浆料硬化体试样的碳酸化深度加深，水硬性石灰改性土灌浆料的碳酸化速度较快。养护90d时，水硬性石灰改性土几乎完全碳酸化。

（7）抗压抗折强度

对不同养护时间的改性土灌浆料硬化体进行抗压抗折强度测试，测试数据见表14、15所示。

表14　　　　　　　　粉土改性土灌浆料硬化体抗压、抗折强度测试表

养护时间	材料	灰含量（%）	抗折强度（MPa）	抗压强度（MPa）	抗压/抗折比
28d	石灰	5	0.317	0.745	2.35
	水硬性石灰（NHL2）	5	0.655	1.138	1.74
60d	石灰	5	0.401	0.875	2.18
	水硬性石灰（NHL2）	5	0.715	1.231	1.72
90d	石灰	5	0.483	0.916	1.90
	水硬性石灰（NHL2）	5	0.778	1.347	1.73

续表14

养护时间	材料	灰含量（%）	抗折强度（MPa）	抗压强度（MPa）	抗压/抗折比
180d	石灰	5	0.486	0.921	1.89
	水硬性石灰（NHL2）	5	0.782	1.346	1.72

表15　　　　　　　　　　粉质黏土改性土灌浆料硬化体抗压、抗折强度测试表

养护时间	材料	灰含量（%）	抗折强度（MPa）	抗压强度（MPa）	抗压/抗折比
28d	石灰	5	0.813	2.788	3.43
	水硬性石灰（NHL2）	5	1.543	4.015	2.60
60d	石灰	5	1.277	3.548	2.78
	水硬性石灰（NHL2）	5	1.760	4.258	2.42
90d	石灰	5	1.282	3.558	2.76
	水硬性石灰（NHL2）	5	1.769	4.289	2.42
180d	石灰	5	1.285	3.568	2.78
	水硬性石灰（NHL2）	5	1.773	4.329	2.44

随着灰含量的增加，改性土灌浆料硬化体的抗折和抗压强度增加，水硬性石灰改性土灌浆料硬化体抗折和抗压强度大于石灰改性土灌浆料硬化体的强度。养护90d后，硬化体的强度增加缓慢。根据抗压/抗折比，水硬性石灰改性土灌浆料硬化体的比值都小于石灰的比值，说明水硬性改性土灌浆料硬化体的脆性较小。

（8）浸泡强度

对不同养护龄期的改性土灌浆料硬化体试样进行浸泡，浸泡后再进行抗折和抗压强度测试，评估硬化体在饱水状态下的性能。

改性土灌浆料硬化体试样浸泡后强度都下降，但仍保持较高的抗折和抗压强度。水硬性石灰改性土灌浆料硬化体的浸湿强度高于石灰改性土灌浆料硬化体的强度（见表16）。

表16　　　　　　　　　　改性土灌浆料硬化体湿强度

土质	养护时间	材料	抗折强度（MPa）	抗压强度（MPa）	抗压/抗折比
粉土	90d	石灰	0.209	0.395	1.89
		水硬性石灰（NHL2）	0.298	0.556	1.86
	180d	石灰	0.257	0.459	1.79
		水硬性石灰（NHL2）	0.366	0.648	1.77

续表 16

土质	养护时间	材料	抗折强度（MPa）	抗压强度（MPa）	抗压/抗折比
粉质黏土	90d	石灰	0.677	1.578	2.33
		水硬性石灰（NHL2）	0.876	1.886	2.15
	180d	石灰	0.675	1.658	2.46
		水硬性石灰（NHL2）	0.879	1.938	2.20

（9）冻融强度

对养护 90d 的灌浆料硬化体试样进行冻融试验（−25℃冻 24h，溶解 24h），观察试样的外观变化及强度变化，强度数据见表 17 所示。

表 17　　　　　　　　　　　改性土灌浆料硬化体冻融试验测定数据

土质	材料	抗压强度（MPa）			外观变化
		冻融前	冻融（20 循环）	冻融（40 循环）	
粉土	石灰	0.922	0.432	—	冻融 20 循环时，试块只有边缘出现掉渣现象，并出现小裂纹；冻融 40 循环时，试块完全碎裂
	水硬性石灰（NHL2）	1.368	0.967	0.421	冻融 20 循环时，试块变化不大；冻融 60 循环时，边缘开始掉渣，表面出现小的裂隙
土质	材料	抗压强度			外观变化
		冻融前	冻融（20 循环）	冻融（40 循环）	
粉质黏土	石灰	3.293	1.683	—	冻融 20 循环时，试样只有边缘出现掉渣现象；冻融 40 循环时，试块完全碎裂
	水硬性石灰（NHL2）	4.227	2.228	0.568	冻融 40 循环时，试样变化开始掉渣

冻融后，水硬性石灰改性土灌浆料保存较完整，且仍具有较高的抗压强度，而石灰改性土灌浆料硬化体表面开裂，有的碎裂。表明水硬性石灰改性土灌浆料耐冻性好。

4.4　小结

① 收缩率：水硬性石灰改性土灌浆料收缩率明显小于石灰改性土灌浆料的收缩率，且随着灰含量增加，收缩率降低。

② 泌水率：改性土灌浆料都没有泌水，而没有添加灰的纯土灌浆料泌水严重。

③ 凝结时间：水硬性石灰灌浆料的凝结时间小于石灰改性土灌浆料的凝结时间，凝结时间短有利于空鼓土体的灌浆加固，减少支顶时间。主要由于水硬性石灰含水硬成分，凝结时间短，导致保水性差，但4h后仍能保持较高的流动度，足以满足现场施工。

④ 保水性：改性土灌浆材料的保水性很好，在6h后仍具有较高的流动度。石灰改性土灌浆料的保水性好于水硬性石灰改性土灌浆料，导致石灰改性土灌浆料凝结时间长。

⑤ 耐崩解性：养护28d后，水硬性石灰改性土灌浆料硬化体的耐崩解性好于石灰改性土灌浆料硬化体，说明水硬性石灰改性土灌浆料早期硬化体耐水稳定性较好。

⑥ 吸水率：改性土灌浆料硬化体随灰含量增加吸水率降低，水硬性石灰改性土硬化体的吸水率低于石灰改性土灌浆料硬化体。

⑦ 碳酸化深度：随着养护时间的延长，改性土灌浆料硬化体碳酸化深度加深，水硬性石灰改性土灌浆料的碳酸化速度较快；养护90d时，水硬性石灰改性土几乎完全碳酸化。

⑧ 抗压抗折强度：水硬性石灰改性土灌浆料硬化体抗折和抗压强度都大于石灰改性土灌浆料硬化体的强度，养护90d后，改性土灌浆料硬化体的强度增加缓慢；根据抗压/抗折比，水硬性石灰改性土灌浆料硬化体的比值都小于石灰的比值，说明水硬性改性土灌浆料硬化体的脆性较小。

⑨ 浸泡强度：改性土灌浆料硬化体试样浸泡后强度都下降，但仍保持较高的抗折和抗压强度。水硬性石灰改性土灌浆料硬化体的浸湿强度高于石灰改性土灌浆料硬化体的强度。

⑩ 冻融强度：冻融后，水硬性石灰改性土灌浆料保存较完整，且仍具有较高的抗压强度，而石灰改性土灌浆料硬化体表面开裂，有的碎裂。表明水硬性石灰改性土灌浆料硬化体耐冻性好。

5 水硬性石灰改性土材料加固机制初步研究

5.1 水硬性石灰固化机制的研究

5.1.1 水硬性石灰浆液的固化机制

制备水灰比为0.3的水硬性石灰浆液，将浆液均匀涂覆在塑料圆板上，以模拟与外界环境充分接触的养护条件；制备水灰比为0.3，直径为2cm、高为4cm的圆柱状水硬性石灰灌浆料试样，模拟与外界接触不够充分的养护条件。将两种样品放入恒温恒湿箱（20℃、70%）中养护，养护不同时间后取样进行X射线衍射分析（XRD）、红外光谱分析（FTIR）、热失重与表面形貌分析（SEM）。

（1）化学成分（XRD）

对不同养护条件和不同养护龄期的水硬性石灰浆液样品进行XRD分析，分析图谱见图11。

水硬性石灰浆液在充分接触与非充分接触两种不同养护条件下，不同养护时间后样品X射线衍射图谱分析结果如下：

① 水硬性石灰浆液与外界充分接触时，谱图中4号峰（C_2S）强度随着养护时间的增长而减小，

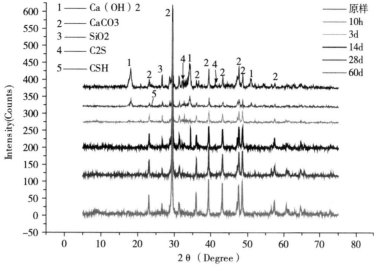

水硬性石灰浆液与外界接触充分条件下 XRD 谱图

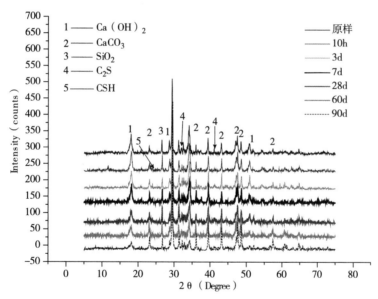

水硬性石灰浆液与外界接触不充分条件下 XRD 谱图

图 11　水硬性石灰养护不同时间 XRD 图

是由于其发生水化反应生成了水化硅酸钙（谱图中 5 号峰）。到养护龄期 28d 时，4 号峰（C_2S）的强度已经非常小，之后的养护龄期，4 号峰变弱，说明在本实验条件下，前 28d 的养护龄期已经使得 C_2S 水化完毕。谱图中 1 号峰（$Ca(OH)_2$）到 3d 养护龄期时其强度减小明显，后续养护龄期该峰强度基本不变，说明水硬性石灰浆液与外界充分接触时在 3d 的养护龄期内碳酸化反应速度很快。

　　② 水硬性石灰浆液与外界不接触充分时，随着养护龄期的增加，谱图中 4 号峰（硅酸二钙）减小，而在养护 90d 龄期时仍有一定的衍射峰出现，说明接触不充分条件下水硬性石灰试样水化速度较慢。2 号峰（氢氧化钙）在养护前 10h 内增强，说明试样中硅酸二钙逐渐发生水化反应生成了水化硅酸钙与氢氧化钙，而养护 10h 后强度降低，这是由于其发生的碳酸作用大于水化作用的结果；到养护

90d 龄期时仍有一定的强度，说明 90d 内试样的碳化速度是较慢的。养护 90d 后，谱图中不存在氢氧化钙的衍射峰而主要存在碳酸钙的衍射峰。

（2）红外光谱

水硬性石灰浆液在充分接触与非充分接触两种不同养护条件下，对不同养护时间后样品进行红外光谱分析，红外光谱分析结果见图 12、13。

水硬性石灰浆液不同养护条件及不同养护时间红外谱图分析结果如下：

① 水硬性石灰浆液与外界充分接触时，养护 10h 后，5 号峰（水化硅酸钙，CSH）出现，表明水硬性石灰中硅酸二钙（C_2S）水化后生成了水化硅酸钙。到 14d 已不能看到 4 号峰（C_2S）明显的特征峰。28d 时其特征缝消失，说明在本实验条件下，前 28d 的养护龄期已经使得硅酸二钙（C_2S）水化完毕。1 号峰 [Ca（OH）$_2$] 在 3d 养护龄期时峰减小明显，与 XRD 分析结果一致。5 号峰（CSH）强度

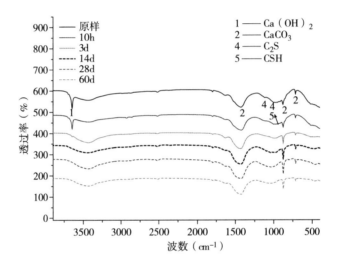

水硬性石灰浆液与外界接触不充分条件下红外谱图

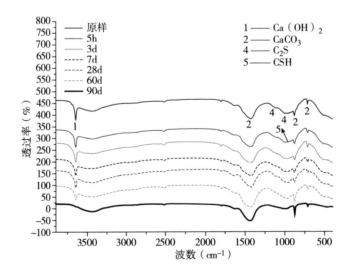

水硬性石灰浆液与外界接触充分时红外谱图

图 12　水硬性石灰浆液养护不同时间红外谱图

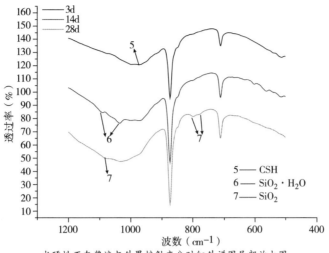

水硬性石灰浆液与外界接触充分时红外谱图局部放大图

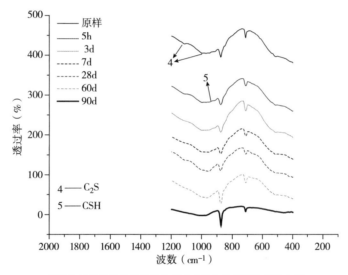

水硬性石灰浆液与外界接触不充分时红外谱图局部放大图

图 13　红外谱图局部放大图

呈现逐渐减小的趋势，与养护 3d 时相比，14d 时谱图中出现了 6 号（硅胶）的峰，它们的峰位置为 1095.7cm^{-1}、1036.0 cm^{-1}，这是由于水化硅酸钙（CSH）发生碳酸化反应生成的。28d 时 6 号（硅胶）的峰消失，而出现 1080.5 cm^{-1}、797.5cm^{-1}、781.0 cm^{-1}7 号（石英）的红外特征峰，这是由于养护 14d 时生成的硅胶为无定形态，随着碳化的进行，SiO$_4$四面体的聚合程度逐渐提高，Si－O 键的振动频率发生了改变，在红外谱图中表现为峰位置的变化。

②水硬性石灰浆液与外界接触不充分时，4 号峰（C$_2$S）在试样的养护期间（90d），随着养护龄期的增加，硅酸二钙（C$_2$S）的峰强度逐渐减小，但减小趋势较慢，60d 养护龄期后仍可见其明显特征峰，其水化速度较慢。5 号峰（水化硅酸钙，CSH）峰强度随养护龄期的增加呈先增强后减小的趋势，原因为硅酸二钙发生水化反应生成水化硅酸钙，而减小的原因为水化硅酸钙发生碳化作用。1 号峰（氢氧化钙）的峰强度随养护龄期的增加而逐渐减小最终消失，说明氢氧化钙逐渐发生碳化作用转

变为碳酸钙。对比氢氧化钙与水化硅酸钙的峰强度变化情况可以得出，氢氧化钙的碳化作用远强于水化硅酸钙的碳化作用。

（3）热重分析

对水硬性石灰浆液与外界接触不充分条件下养护不同时间的样品做热重测试。热失重测试曲线见图14。

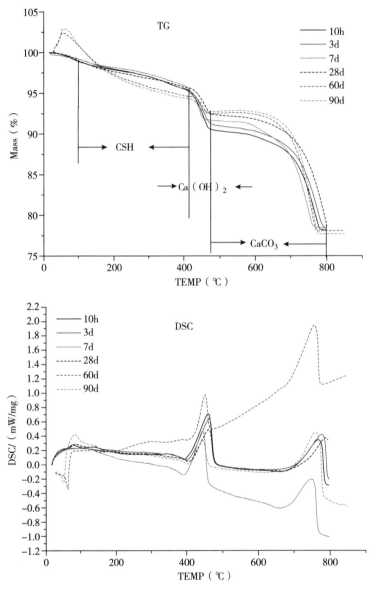

图 14　不同养护龄期试样的热失重曲线

水硬性石灰浆液养护不同时间热失重分析结果如下：各养护龄期的试样在受热时均存在几个相同的失重过程，分别为100℃以下、100℃～400℃、400℃～570℃、570℃～800℃的失重过程，根据 Elke Knapen 研究成果[86]，上述几个失重过程分别对应于吸附水的失去过程、水化硅酸钙的脱水过程、氢氧化钙的脱水过程、碳酸钙的脱水过程。相应地，在各个失重过程中存在相应的吸热峰，对应发生失重速率最大时的温度（见表18）。

表18   各养护龄期试样几个失重阶段的失重量（%）

养护龄期 失重区间	10h	3d	7d	28d	60d	90d
0℃~100℃	1.07	0.79	0.8	0.99	1.45	1.89
100℃~400℃	3.36	3.62	3.21	3.22	6.32	6.52
400℃~570℃	5.57	5.03	4.6	3.73	2.13	1.61
570℃~800℃	11.83	12.15	12.99	13.41	14.49	15.14

从图和表可见，随着养护龄期的增加（90d内），100℃~400℃区间的失重量在28d内基本不变，在60d~90d明显增加，说明水化硅酸钙的增量主要在60d后。在400℃~570℃失重区间，随着养护龄期的增加失重量呈减小的趋势，此时既存在水化反应生成氢氧化钙的反应，又存在氢氧化钙被碳化为碳酸钙的反应，说明试样在10h~90d的养护龄期内氢氧化钙的碳化作用大于水化作用而使得其含量减小。而570℃~800℃失重区间的碳酸钙的失重量不断增加，说明有生成碳酸钙的反应发生，其中既包括氢氧化钙的碳化反应也包括水化硅酸钙的碳化反应，而前者的碳化作用占主要地位。

（4）显微结构

对水硬性石灰浆液与外界接触不充分条件下养护不同时间的样品进行SEM观察，结果见图15。

图15 水硬性石灰试样养护不同时间SEM图

对养护不同时间的水硬性石灰浆液样品进行SEM观察结果如下：

① 养护 10h 后，发生了硅酸二钙的水化反应，生成了呈针棒状的水化硅酸钙，生成的水化产物成团簇交叉聚集。

② 养护 3d 后，可以看到大量的针棒状的水化硅酸钙，说明随着养护时间的增长，水化产物在增加。

③ 养护 28d 龄期时，水化硅酸钙出现被碳酸化的迹象，被碳化部位水化硅酸钙尺寸减小。

④ 90d 时则出现了碳酸化较为明显的部位，其形貌和尺寸发生变化，可以清晰地看到生成的碳酸钙晶体。

⑤ pH 值变化。

对各养护龄期的水硬性石灰水化试样做 pH 值分析，得到的数据如表 19 所示。

表 19   不同养护龄期试样 pH 值

养护龄期	10h	3d	7d	28d	60d	90d
pH 值	12.77	12.44	12.23	11.72	10.53	9.68

通过分析表中 pH 值变化情况可知，随着养护龄期的增加，试样的 pH 值减小，这是由于试样中氢氧化钙不断被碳酸化而使其含量减小导致试样的 pH 值减小。

5.1.2   水灰比对水硬性石灰水化过程的影响

水硬性石灰水化过程，水的含量会直接影响水硬性石灰的水化过程，所以本实验中主要针对水灰比对水硬性石灰水化过程的影响进行实验。制备水灰比为 0.3、0.5、0.7 的试样，将试样均匀地薄涂在塑料圆盘上，置于养护箱（温度 25℃、湿度 80%）中养护不同时间后取样测试。

（1）水灰比对水硬性石灰水化速率的影响

对三种水灰比及不同养护时间的水硬性石灰灌浆料样品进行 X 射线衍射图分析，分析图谱如图 16。

从 X 射线衍射谱图分析看出：

① 各水灰比试样均出现水化硅酸钙的衍射峰，而硅酸二钙的衍射峰有所减小，说明试样加入水后硅酸二钙发生水化反应生成了水化硅酸钙。

② 参照水泥的水化反应速度[87]计算方式，利用物相的衍射强度与多个主峰峰强和各峰半高宽乘积之和成正比，根据水化硅酸钙的三个主峰，计算养护 1h 与 10h 龄期试样得到水化硅酸钙的衍射数据如表 20 所示。从表可见，水灰比 0.3 试样中水化硅酸钙衍射强度最大，水灰比 0.7 试样中水化硅酸钙衍射强度略大于水灰比 0.5 试样，说明水灰比影响水化反应速度，水灰比为 0.3 时水化反应速率最快。从随着养护龄期增加，三种水灰比试样中的水化硅酸钙衍射强度都增大的现象可见，水化硅酸钙在 10h 的养护龄期内持续增加，但在养护 1h 内，三种水灰比试样中水化硅酸钙的衍射强度增加最快，而在后续的 9h 的养护龄期内增加缓慢，说明在本实验中水硬性石灰水化反应在前 1h 养护龄期反应速度最快。

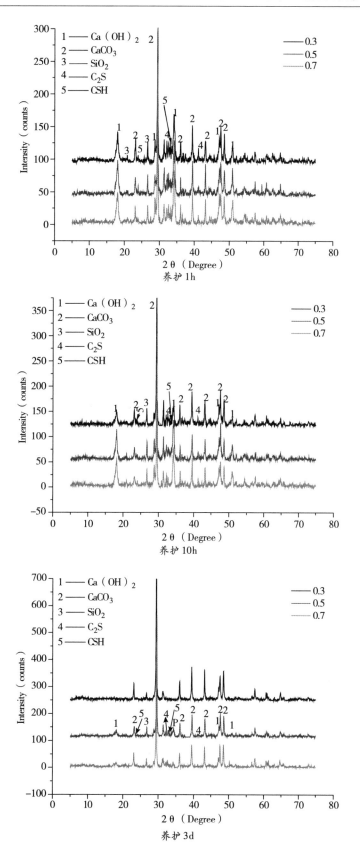

图 16　三种水灰比试样养护不同时间 XRD 谱图

表20　　　　　　　　三种水灰比试样 1h 与 10h 养护龄期 XRD 谱图中水化硅酸钙衍射强度数值

物相	水灰比			养护龄期（h）
	0.3	0.5	0.7	
CSH	1.532	1.532	1.532	0
CSH	9.037	4.691	5.893	1
CSH	11.203	5.785	6.927	10

三种水灰比的水硬性石灰灌浆料养护不同时间进行热失重分析，分析图谱如图17。

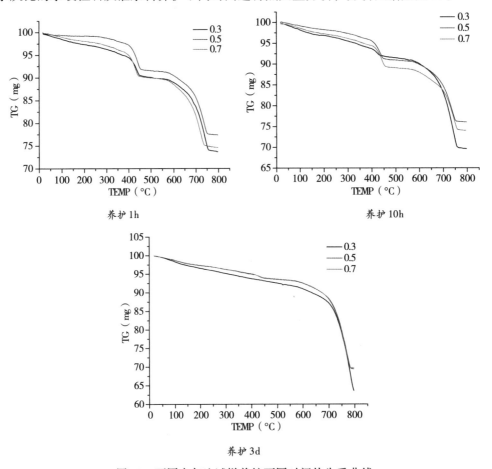

图17　不同水灰比试样养护不同时间热失重曲线

从热失重曲线分析看出：

① 从不同水灰比（0.3、0.5、0.7）试样养护不同时间（1h、10h、3d）的热失重曲线看出，各试样的热失重曲线都包含几个失重过程（低于100℃、100℃～400℃、400℃～570℃、570℃～800℃），分别对应于物质吸附水失去过程、水化硅酸钙脱水过程、Ca（OH）$_2$脱水过程、CaCO$_3$分解失重过程。

② 通过分析热重曲线，得到了三种水灰比试样三个养护龄期的水化硅酸钙吸附水、Ca（OH）$_2$与CaCO$_3$含量数据如表21。由表中数据可知，对于各养护龄期的试样，水灰比0.3的试样中水化硅酸钙含量最多，其次为水灰比0.7的试样，水灰比0.5的试样中其含量最低，与XRD分析结果一致。对于同一水灰比的试样，随着养护龄期的增加水化硅酸钙的含量增加，并且在1h养护龄期内水化硅酸钙含

量的增加量比后续的两个养护龄期大，说明水化反应在前 1h 养护龄期内速度最快。在 3d 的养护龄期内，水灰比 0.3 试样中氢氧化钙含量在各养护阶段降低幅度均最大，水灰比 0.7 降幅最小；试样中的碳酸钙含量均增加，水灰比 0.3 试样含量最多，水灰比 0.7 试样最少（图 17）。

表 21　　　　　　　　　　三种水灰比试样不同养护龄期主要物质含量变化情况

水灰比	Ca（OH）$_2$（%）	CaCO$_3$（%）	水化硅酸钙吸附水（%）	养护龄期
0.3	21.62	35.95	3.57	1h
	12.99	48.18	4.15	10h
	0	63.89	4.32	3d
0.5	26.68	31.18	1.70	1h
	22.53	32.89	3.16	10h
	9.00	53.82	3.48	3d
0.7	25.82	32.86	3.25	1h
	25.08	33.11	3.89	10h
	7.98	53.30	3.98	3d

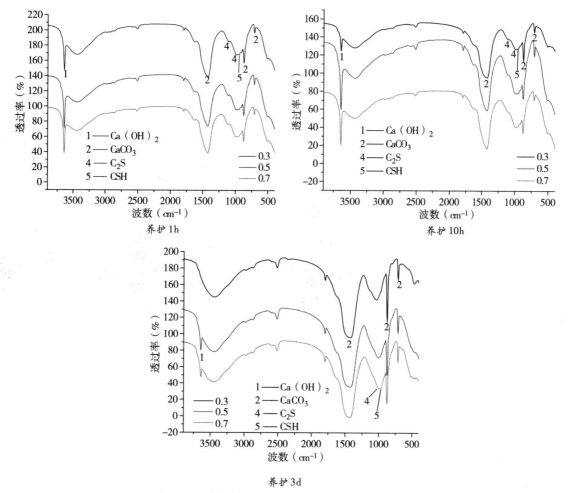

图 18　不同水灰比试样养护不同时间红外谱图

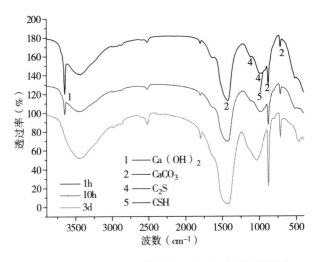

图 19　水灰比 0.3 试样养护不同时间的红外谱图

（2）水灰比对水硬性石灰灌浆料碳化速度的影响

三种水灰比的水硬性石灰灌浆料养护不同时间进行红外光谱分析，分析图谱如图 18～20。

随着养护龄期的增加，4 号峰（C_2S）降低，即硅酸二钙的含量较低，说明水化反应在 3d 的养护龄期内，随着养护龄期增加水化反应继续进行。相对于水灰比 0.5 与 0.7 的试样，水灰比 0.3 试样的氢氧化钙（$3643cm^{-1}$）特征峰随着养护龄期的增加，降低的幅度较大，说明水灰比 0.3 时试样的氢氧化钙由于生成和消耗反应后残留得比较少。

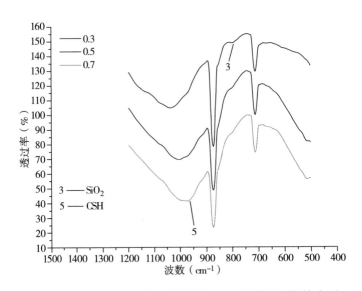

图 20　三种水灰比试样 3d 养护龄期的红外谱图局部放大图

对于水硬性石灰浆液中水化硅酸钙的碳化速度，从三种水灰比试样 3d 养护龄期的红外谱图可以看出，水灰比 0.3 试样中水化硅酸钙的红外吸收峰变得不明显，出现了硅胶（$790 cm^{-1}$）左右的吸收峰，这是水化硅酸钙发生碳化反应得到的二氧化硅的吸收峰。水灰比 0.5 试样中水化硅酸钙吸收峰减弱，无硅胶（$790 cm^{-1}$）峰出现。而水灰比 0.7 试样中水化硅酸钙的红外吸收峰仍较为明显，且无硅胶（$790 cm^{-1}$）峰，说明水硬性石灰浆液中生成物水化硅酸钙的碳化速度随着水灰比的增加而减小。

（3）水灰比对水硬性石灰水化产物形貌的影响

制备的水灰比0.3、0.5、0.7试样1h、10h、3d养护龄期的扫描电镜图片见图21。

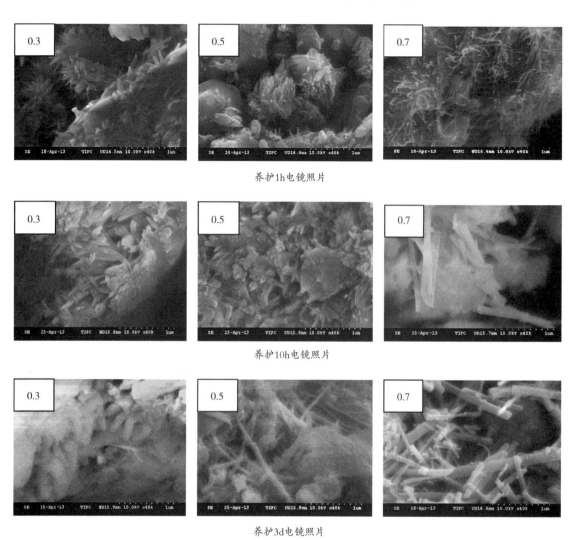

养护1h电镜照片

养护10h电镜照片

养护3d电镜照片

图21　不同水灰比试样养护不同时间电镜照片

从三种水灰比试样的扫描电镜图片看出：

① 养护1h时，水灰比0.3的试样中生成的水化硅酸钙呈花瓣状。水灰比0.5的试样中生成的水化硅酸钙呈团簇状或者花瓣状，但相对于水灰比0.3的试样，水灰比0.5试样中水化硅酸钙较为细小且有增长的迹象。水灰比0.7的试样中生成的水化硅酸钙呈丝状，相比于水灰比0.3、0.5的试样更为细小、密集。

② 养护10h时，水灰比0.3、0.5的试样产物水化硅酸钙的形貌仍然呈花瓣状，但相比于1h养护龄期时的形貌有长大变粗的迹象，说明水化反应逐渐进行使水化硅酸钙长大。水灰比0.7的试样变化较大，由细小紧密排列的丝状变为较粗的棒状结构，也说明了水化硅酸钙的一个长大过程。

③ 养护3d时，由于水灰比0.3、0.5试样受碳化作用较显著，其水化硅酸钙形貌发生较大变化，可能由碳化作用引起。水灰比0.7试样受碳化作用较小，其形貌较10h养护龄期未发生变化，只是变

得更为粗大，说明水化硅酸钙的进一步长大。

（4）小结

① 水灰比影响水硬性石灰初期水化反应，水灰比不同导致水硬性石灰试样初期水化速度不同。在 3 d 的养护龄期内，三种水灰比试样中水化硅酸钙含量持续增加，水灰比 0.3 的试样含量最高，并且在养护 1 h 内，三种水灰比试样中水化硅酸钙的衍射强度增加最快，水化反应速度最大。同时，在 3 d 的养护龄期内，水灰比 0.3 试样中氢氧化钙含量在各养护阶段降低幅度均最大，水灰比 0.7 降幅最小。试样中的碳酸钙含量均增加，水灰比 0.3 试样含量最多，水灰比 0.7 试样最少。

② 水灰比对水硬性石灰灌浆料中氢氧化钙与水化硅酸钙的碳化速度有影响，随着水灰比的增加，水硬性石灰灌浆料中氢 氧化钙与水化硅酸钙的碳化速度均呈降低的趋势。

③ 水灰比影响水硬性石灰水化过程产物水化硅酸钙的形貌，不同水灰比时水化硅酸钙的形貌有所不同，并且水化硅酸钙随着养护龄期的增加其形貌不断发生变化。

5.1.3　水硬性石灰灌浆料碳酸化作用及对水化作用的影响

本部分实验选择水灰比为 0.3 圆柱状试样为研究对象，对试样未碳化部分与碳化部分取样进行 FT-IR、SEM 测试。

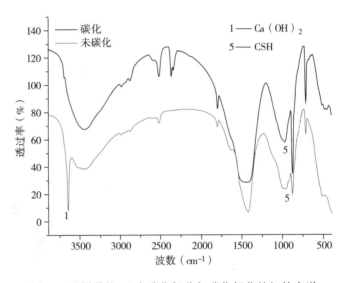

图 22　试样养护 7 d 未碳化部分与碳化部分的红外光谱

从红外谱图 22 看出，试样碳化部分不存在氢氧化钙的红外吸收峰，而依然存在水化硅酸钙的吸收峰。

图 23 为试样养护 7 d 未碳化与碳化部分的扫描电镜图片，该对比图片显示在未碳化部分与碳化部分均有水化硅酸钙，在碳化部分图片中可以看到比较明显的碳酸钙的结晶形态（小颗粒状物），说明水硬性石灰灌浆料中氢氧化钙的碳化速度大于水化硅酸钙的碳化速度。

小结：水硬性石灰灌浆料中氢氧化钙的碳化速度大于水化硅酸钙的碳化速度。

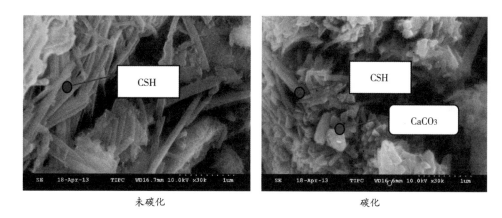

图 23   试样养护 7d 未碳化与碳化部分的 SEM 图

5.2   水硬性石灰改性土加固机制研究

为了阐明水硬性石灰改性土材料的加固机制，采用水硬性石灰对粉质黏土进行加固试验研究。本次试验制备了含灰量 15% 的水硬性石灰土柱与环刀进行改性土加固机制的研究。

5.2.1   化学成分分析

为了说明水硬性石灰改性粉质黏土物质变化，对不同养护龄期的试样进行 X 射线衍射分析（XRD）测试分析，得到如下结果（图 24）：

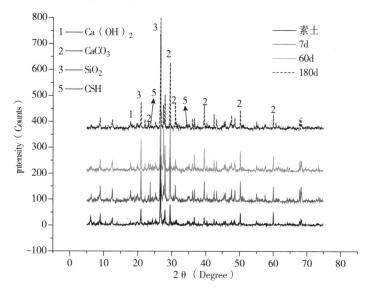

图 24   原土样与各龄期水硬性石灰改性土试样 XRD 谱图

表 22   不同养护龄期试样中 $CaCO_3$ 的衍射强度

物相	试样名称			
	素土	7d	60d	180d
$CaCO_3$	23.542	28.435	30.32	40.42

通过对水硬性石灰改性土试样 XRD 图谱与未加固的原土样（粉质黏土）XRD 谱图进行对比分析得到：

① 谱图中的大部分衍射峰未发生变化，这些峰为土壤中常见的矿物组成，由于它们比较稳定，经加固后未发生反应。

② 水硬性石灰改性土样四个养护龄期内均出现了水化硅酸钙（CSH）的衍射峰（有些峰不明显，未标），说明试样养护过程中产生水化硅酸钙。

③ 参照水泥的水化反应速度计算方式得出，利用物相的衍射强度与多个主峰峰强和各峰半高宽乘积之和成正比，计算各养护龄期碳酸钙衍射强度如表 22 所示。随着养护龄期增加，2 号峰（$CaCO_3$）强度逐渐增大，这是由于水硬性石灰灌浆料中氢氧化钙与水化硅酸钙被碳化成碳酸钙，使碳酸钙含量增加。

④ 试样中 1 号峰 [$Ca(OH)_2$]、5 号峰（CSH）在 180d 时仍有一定的衍射强度，说明试样中氢氧化钙与水化硅酸钙的碳化反应是缓慢的，这是导致试样中碳酸钙含量持续增加的原因。

5.2.2　红外光谱分析

对不同养护时间的水硬性石灰改性土试样进行红外光谱（FTIR）测试，测试结果见图 25。

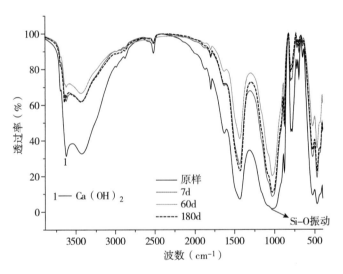

图 25　不同养护龄期的灰土试样红外谱图

从水硬性石灰改性土红外谱图中可以看出：

① 不同养护时间的土样谱图基本一致，因改性土中加入水硬性石灰量少，土样中主要矿物成分未发生变化，导致含量少的水硬性石灰中的矿物成分特征峰被覆盖，以至于不能被检测出来。

② 随着养护龄期的增长，因氢氧化钙被碳化导致 1 号 [$Ca(OH)_2$] 的特征峰有所减少。

③ 谱图中一个较为明显的变化是在 $1000cm^{-1}$ 左右峰位处，由纯土土样较为宽化的峰变为改性土样较尖锐的峰。这是由于原土样中物质的结晶度较差，而土中加入水硬性石灰后，随着养护龄期的增加，土样中硅酸二钙发生水化反应与水化硅酸钙发生碳化反应，使得试样中的硅酸盐聚合度增加，表现在红外图谱中为宽化峰变为尖锐峰。

5.2.3　形貌观察

对养护不同时间的水硬性石灰改性土试样做扫描电镜分析（SEM），扫描电镜图片如图 26。

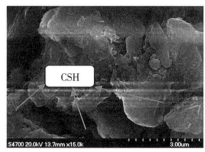
灰土养护 3d 扫描电镜图片

灰土养护 7d 扫描电镜图片

灰土养护 60d 扫描电镜图片

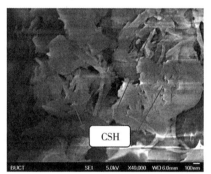
灰土养护 180d 扫描电镜图片

图 26　灰土养护不同时间电镜显微照片

水硬性石灰改性土扫描电镜观察结果如下：

① 试样养护 3d，在土粒表面有非常少量的成棒状的物质，它们分散的较稀疏，这是由水硬性石灰发生水化反应生成的水化硅酸钙。但由于养护龄期短，其数量较少。

② 试样养护 7d，在土粒表面及土粒内部已经生成较多的针棒状的水化硅酸钙，它们扦插生长于土层中，这可以从土块的边缘伸长出来的棒状物质看出，而这种扦插在土粒中的棒状的水化硅酸钙可以起到连接土粒的作用。

③ 试样养护 60d，水硬性石灰水化产物水化硅酸钙仍存在，它们贯穿于土粒之间并相互交错分布着，起到连接土粒的作用。

④ 试样养护 180d，试样中依然存在水化硅酸钙，它们依然呈团簇状聚集，将它们周围的土粒连接，起到连接土粒的作用。

5.2.4　热失重分析

对不同养护时间的水硬性石灰改性土试样进行热（TG）测试，测试结果见图 27。

由于土体成分复杂，在较低温度（一般小于 600℃）时，其中的某些组分将发生分解而产生失重，而水硬性石灰水化产生的水化硅酸钙、氢氧化钙等失重过程也发生在 600℃ 以下，影响了水化硅酸钙与氢氧化钙的定量。由于土样来源一致，把改性土土样在不同养护龄期由于土样自身的热失重视为一致，以排除它们对水化硅酸钙与氢氧化钙的定量的影响。水化硅酸钙（CSH）与碳酸钙（$CaCO_3$）的失重区间标于上图，分别对应于 100℃ ~ 400℃，500℃ ~ 800℃。利用 NETZSCH Proteus Thermal Analysis 软件分析得到了各养护龄期试样中主要的胶结物质水化硅酸钙与碳酸钙的含量变化如表 23。

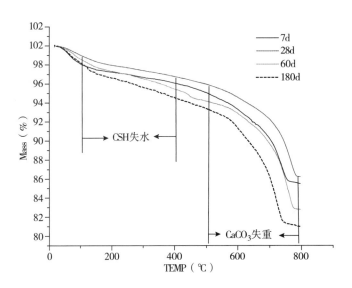

图27　不同养护时间的水硬性石灰改性土热分析曲线

表23　　　　　　　　不同养护龄期灰土试样中水化硅酸钙失水与碳酸钙失重百分量

成分	7d	28d	60d	180d
水化硅酸钙失水	2.06%	2.27%	3.18%	3.68%
碳酸钙失重	8.46%	8.89%	10.68%	11.33%

从水硬性石灰改性土热失重谱图及测试表可以看出：

① 随着养护龄期的增加，改性土试样中水化硅酸钙与碳酸钙的含量均呈增加的趋势，这是由于水硬性石灰不断发生水化反应。与水硬性石灰自身固化时呈现相同的规律，但明显小于水硬性石灰浆液养护7d、28d、60d固化生成的水化硅酸钙和碳酸钙的量比，因此土粒的存在影响了水化反应和碳酸化反应的进程。

② 在改性土试样中，水化反应进行得比较缓慢，在发生水化反应的同时，水化反应生成的水化硅酸钙与氢氧化钙发生碳化作用生成碳酸钙，这个反应也是逐渐进行的。

③ 水化硅酸钙与碳酸钙同时存在并相互作用构成了灰土试样的加固体系，使土体的强度不断增加。当试样养护到一定时期后，水化反应基本反应完全，此时试样的强度增长的幅度显著减慢，这与前述力学强度的变化规律是相对应的。从15%灰土试样180d与270d的抗压强度数据（180d：1.193MPa，270d：1.195MPa）可知，当试样养护到一定时期后，水化反应基本反应完全，此时试样的强度增长的幅度显著减慢。

5.3　土体粒径对加固效果的影响

以粉质黏土为例，研究土体粒径尺寸对水硬性石灰改性土加固效果的影响。筛选出三种不同粒径大小（2mm、0.2mm、0.074mm）的土粒，依次命名为大粒径、中粒径、小粒径。按含灰量10%加入水硬性石灰，并加入24%的水制备试样，制成的标准土柱试样（高8cm，内经3.91cm）和环刀试样

（高2cm，内经6.18cm）。养护龄期分别设为7d、28d、90d（温度25℃，湿度70%），养护后的进行抗压强度和渗透性测试，并对各养护龄期的试样取样测试微观形貌、含量分析、孔径分布等。

5.3.1 物理性能测试

（1）抗压强度

对各粒径土养护后进行抗压强度测定，测定结果见表24。

表24 各粒径土试样不同养护龄期的抗压强度 单位：MPa

土粒	7d	28d
小粒径土样	0.7385	0.9785
中粒径土样	1.0635	1.13
大粒径土样	0.905	1.05

从抗压强度数据可见，各粒径土加固试样随着养护的进行，抗压强度增大，由于试样养护过程中生成水化硅酸钙与碳酸钙，二者起到填充孔隙，连接土粒的作用。从强度大小看，中粒径土加固试样强度最大，大粒径土加固试样前28d养护龄期的强度高于小粒径土加固试样。由此可见并不是粒径越小，加固效果越好。

（2）渗透性

采用土体渗透率测试标准LY T 1218-1999对各养护龄期的试样进行渗透性测试，实验中记录从试样中滴出第一滴水的时间，以及相同时间内从试样中滴出水的体积。

表25 不同粒径土加固式样渗第一滴水的时间 单位：s

土粒	7d	28d	90d
小粒径	1860	32400	45000
中粒径	360	7680	10450
大粒径	240	1260	3500

渗第一滴水的时间反映出了各土样渗水的难易程度。由表25和图28中可以看出，各粒径土试样均随着养护龄期的增加，渗第一滴水的时间增加，说明各土样渗水难易程度发生变化。原因为随着试样养护的进行。在前期试样中生成了水化硅酸钙，它能加强土粒之间的连接，填充孔隙，在后期试样中主要生成碳酸钙堵塞孔隙使其变得致密，使试样的孔隙变小所致。

（3）压汞实验

为了从微观上反映出各粒径土试样随着养护龄期的增加内部孔隙的发展变化情况，对不同养护龄期各粒径土试样进行压汞测试分析。

图29为各试样不同龄期的总进汞量曲线，反映的是试样中总孔隙的多少。从图29中曲线可以看出，对于各粒径土试样，随着养护龄期的增加试样的总进汞量减小，说明总孔隙在减少。原因为试样在养护过程中水硬性石灰发生水化反应生成水化硅酸钙，它能很好地连接土粒，减小孔隙度。养护后期由于试样发生碳化反应，其碳酸钙含量增加，填充、堵塞孔隙，使孔隙变得更小。

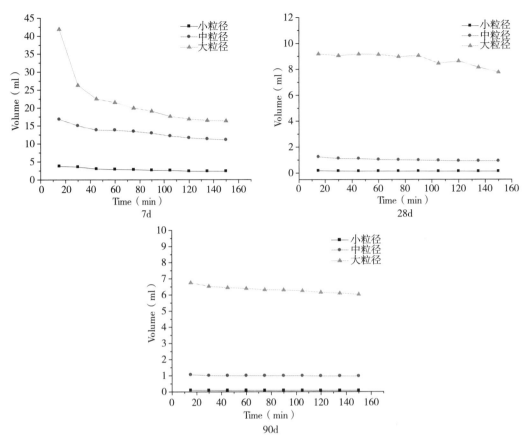

图 28　不同粒径土各养护龄期渗水量与时间关系曲线

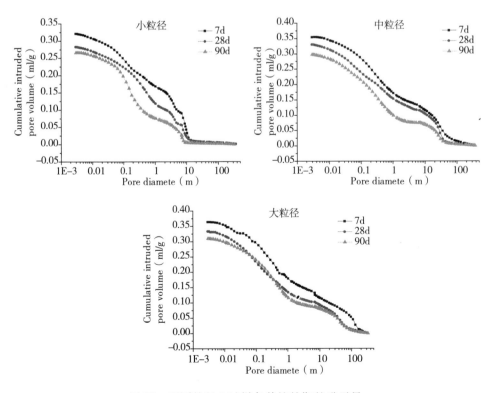

图 29　不同粒径土试样各养护龄期的进汞量

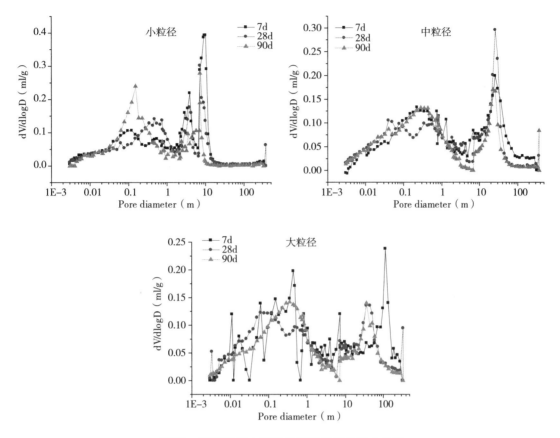

图30 不同粒径土试样各养护龄期的微分曲线

图31 不同粒径土试样养护不同时间 SEM 图

图 30 为各试样不同龄期的孔径分布曲线（进汞量微分曲线），反映的是试样孔隙的大小及分布。从图 30 可见，养护 7d 时小粒径与中粒径试样的孔隙分布相对于大孔径试样较为均匀。对于大粒径试样，养护 7d 时的孔径分布较为分散，随养护时间增加其孔径分布趋于稳定。

5.3.2　形貌观察

为了更加明确试样中起到加固作用的物质及其与土颗粒之间的相互作用，对特定养护龄期的试样进行微观形貌分析，切取各试样的中心部位，将其切成小正方形并且不破坏试块截面原貌，观察试块截面情况。

从 SEM 图 31 可见，不同粒径试样 7d、28d 均出现了成棒状或丝状的水化硅酸钙，说明随着养护龄期的增加其数量增加，并能看出增长的趋势。它们有的穿插在土粒之间，填充土颗粒间的孔隙，有的则将各土粒连接在一起，使小颗粒变为大颗粒。而试样 90d 时未见明显的水化硅酸钙，而增加了大量的小颗粒碳酸钙，原因为试样发生的明显碳化作用使水化硅酸钙被碳化为碳酸钙。结合各粒径试样在不同龄期的强度数据，养护初期试样中水化硅酸钙对土的加固作用起主导作用。

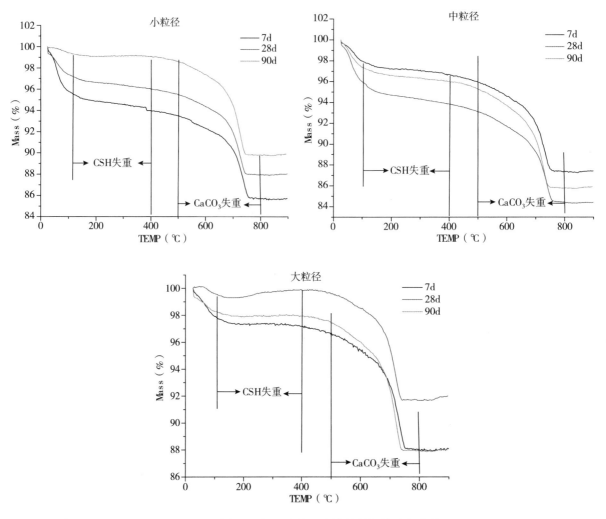

图 32　不同粒径土加固试样三个养护龄期热分析曲线

5.3.3 热失重分析

对不同各养护龄期的不同粒径土加固试样进行热失重测试，得出养护过程中各粒径试样中相关物质含量变化情况。

各粒径土试样不同龄期的热重曲线大致相同，都包含几个相同的失重过程。图32为各试样典型的热重曲线图。在此只讨论试样中水化硅酸钙与碳酸钙含量的变化情况，通过软件分析得出了各试样中水化硅酸钙与碳酸钙含量的数据见表26所示。

表26　　　　　　　　各粒径土试样不同养护龄期 CSH 和 $CaCO_3$ 失重百分比

粒径	$CaCO_3$（%）	水化硅酸钙吸附水（%）	养护龄期（d）
小粒径	6.98	1.24	7
	6.82	1.65	28
	8.05	0.12	90
中粒径	7.92	1.32	7
	7.2	1.84	28
	8.6	0.17	90
大粒径	7.67	1.20	7
	7.77	有问题	28
	8.5	0.08	90

对于同种粒径土的试样，随着养护龄期增加，CSH 的百分含量呈先增大后减小的规律，到28d 时其含量最大。$CaCO_3$的百分含量基本呈现先减小后增大的规律，是由于在28d 养护龄期时产生大量的水化硅酸钙，使得碳酸钙在其中相对的比例减小，水化硅酸钙的生成提高了试样的强度。而在90d 时，水化硅酸钙被碳化，使得碳酸钙含量增加，可见水化硅酸钙与碳酸钙的综合作用起到很好的加固效果，其中水化硅酸钙的加固起更重要的作用。

5.4 小结

5.4.1 水硬性石灰固化机制

① 水硬性石灰浆液与外界接触充分及接触不充分两种条件下各不同养护龄期试样测试结果表明，与外界接触充分时，硅酸二钙的水化反应和氢氧化钙碳化反应快。电镜观察表明养护早期生成了大量针棒状的水化硅酸钙，后期水化硅酸钙出现被碳酸化现象，形貌和尺寸发生变化，生成了碳酸钙晶体。

② 水灰比影响水硬性石灰浆液早期水化反应和碳酸化反应速度，试验表明水灰比0.3 的浆液水化硅酸钙含量最高，水化产物中氢氧化钙与水化硅酸钙的碳酸化速度均随着水灰比的增加而减小。水灰比影响水化硅酸钙的形貌，早期水化硅酸钙的形貌呈花瓣状或团簇状，随着水灰比增加，水化硅酸钙变得更细更长。水硬性石灰灌浆料中氢氧化钙的碳化速度大于水化硅酸钙的碳化速度。

5.4.2 水硬性石灰改性土固化机制

① 水硬性石灰改性土水硬成分水化生成水化硅酸钙连接土粒，减小了土体的孔隙，使得土体强度增

大，氢氧化钙碳化生成碳酸钙加强土体颗粒间的连接，填充堵塞土体中的孔隙，使土体变得致密。水硬性石灰改性土体系，水化硅酸钙与碳酸钙构成的体系起到的加固效果最好，早期水化硅酸钙的加固作用要大于碳酸钙。因此，水硬性石灰改性土材料早期强度提高幅度较大，碳酸化后强度提高缓慢。

② 土粒的大小影响水硬性石灰改性土材料的性能，结果表明改性中粒径（0.2mm）土力学性能较好，总孔隙减少，孔隙分布较为均匀。大粒径试样，初始的孔径分布较为分散，随养护时间增加其孔径趋于稳定。

6　结论

6.1　水硬性石灰改性土修复材料性能

① 水硬性石灰改性土修复材料外观颜色变化小、收缩率小、不开裂、水稳定性好、抗压和直剪强度大，且力学强度增加快，而传统石灰改性土材料颜色发白、收缩率大、易开裂、水稳定性差，早期强度低等。

② 水硬性石灰改性土修复材料耐冻融性好和干湿交替能力强。传统石灰耐冻性和干湿交替能力差。

对比分析两种改性土材料的性能，水硬性石灰改性土材料性能优于传统石灰改性土材料的性能。

6.2　水硬性石灰改性土灌浆材料性能

① 筛选出水硬性改性土灌浆料的配方、配比和水灰比。水硬性石灰含量5%的改性土灌浆料抗压、抗折强度最大，且抗压/抗折比值最小，说明材料的脆性小。

② 筛选出的水硬性石灰改性土灌浆料流动性好、无泌水、保水性好、凝结时间短，其硬化体收缩率小、水稳定性好、抗压抗折强度高，且比值低，性能优于传统石灰改性土灌浆材料的性能。

③ 水硬性石灰改性土灌浆料硬化浸泡强度高，且耐冻性能好。

总之，通过水硬性石灰改性土材料与传统石灰改性土材料性能对比分析，水硬性石灰改性土材料性能优于传统灰土，其性能指标适合土遗址土体坍塌、残损修复加固和土体开裂、空鼓灌浆加固的要求。

6.3　水硬性石灰改性土固化机制初步研究

① 水硬性石灰固化机制：早期水化反应生成水化硅酸钙，呈针棒状，后期被碳酸化，形貌和尺寸发生变化，生成了碳酸钙晶体。水灰比影响早期水化反应和碳酸化反应速度和水化硅酸钙的形貌，随着水灰比增加，水化硅酸钙变得更细更长，水灰比0.3的浆液水化硅酸钙含量最高。水硬性石灰灌浆料中氢氧化钙的碳化速度大于水化硅酸钙的碳化速度。

② 水硬性石灰改性土固化机制：水硬性石灰与水反应生成水化硅酸钙，生成的水化硅酸钙与氢氧化钙碳酸化生成的碳酸钙连接土粒，使得土体强度增大。改性土在90d的养护龄期内，前期强度提高幅度高于后期强度的提高幅度。早期水化硅酸钙的加固作用要大于碳酸钙的作用。土粒的大小影响水硬性石灰改性土材料的性能。

[1]　G. Struebel, K. Kraus, O. Kuhl&T. Dettering. Hydraulische Kalke fuer die Denkmalpflege. Ifs Bericht Nr. 1, 1998.

[2]　Knoefel, D&Schubert, P：Handbuch Moertel und Ergaenzungsstoffe in der Denkmalpflege. Verlag Ernst&Sohn, Berlin, 1993.

[3]　彭反三. 天然水硬性［J］. 石灰, 2009（3）：44 - 48.

[4]　戴仕炳, 王金华, 等. 天然水硬性石灰的历史及其在文物和历史建筑保护中的应用研究［C］. 中国石灰工业技术交流与合作大会, 2009：45 - 51.

[5]　郭斌, 王国宾, 等. 水化硅酸钙的碳化作用［J］. 硅酸盐学报, 1984, 12（3）：287 - 295.

[6]　 T. Fullmann, H. Polmann, G. Walenta, et al. Analytical methods［J］. Int. Cem. Rev. 2001：41 - 43.

[7]　JR. H. Bogue. Calculation of compounds in Portland cement, Ind. Eng［J］. Chem. Anal. Ed. 1929：192 - 197.

[8]　JH. G Midgley, D. Rosaman, K. E., Fletcher. X - ray diffraction examination of Portland cement clinker［C］. Proceedings of the Fourth International Symposium on the Chemistry of Cement, vol. 2, U. S. Government Printing Office, Washington, 1962：69 - 74.

[9]　F. Guirado. S. Gall. S. Chinch6n, Quantitative Rietveld analysis of aluminous cement clinker phases［J］. Cem. Concr. Res. , 2000, （30）：1023 - 1029.

[10]　L. P. Aldridge Accuracy and precision of phase analysis in Portland cement by Bogue, microscopic and X - ray diffractionmethods［J］. Cem. Concr. Res. , 1982, （12）：381 - 398.

[11]　L. Redler. Quantitative X - ray dif&action analysis of high aluminacements［J］. Cem. Concr. Res. , 1991, （21）：873 - 884.

[12]　D. L. Bish, S. A. Howard. Quantitative phase analysis using the Rietveld method［J］. J. Appl. Crystallogr. 1988, （21）：86 - 91.

[13]　G. MertensP. Madau, D. Durinck'et al. Quantitative mineralogical analysis of hydraulic limes by X - ray diffraction［J］. Cement and Concrete Research, 2007（37）：1524 - 1530.

[14]　Pavia S´Toomey B. Influence of the aggregate quality on the physical properties of natural feebly - hydraulic limemortars［J］. Mater. Struct. , 2008, 41（3）：559 - 569.

[15]　Lanas J, Perez Bemal J L'Bello M A, et al. Mechanical properties of natural hydraulic lime - based mortars［J］. Cem. Concr. Res. , 2004, 34（12）：2191 - 2201.

[16]　Adel El - Turki, Richard J. Ball, Margaret A. Carter´et al. Effect of dewatering on the strength of lime and cement mortars［J］. J. Am. Ceram. Soc. , 2010, 93（7）：2074 - 2081.

[17]　Eriksson M, Friedrich M, Vorschulze C. Variations in the rheology and penetrability of cement - based grouts - an experimental study［J］. Cem Concr Res 2004, 34：1111 - 9.

[18]　Femandez - Altable V, Casanova 1. Influence of mixing sequence and superplasticiser dosage on the theological response of cement

pastes at different temperatures [J]. Cem Concr Res 2006, 36: 1222 – 30.

[19] Bras A, Henriques F. The influence of the mixing procedures on the optimization of fresh groutproperties [J]. RILEM Mater Struct, 2009; 42: 1423 – 32.

[20] Lanas J, alvarez – Galindo JI. Masonry repair lime – based mortarsifactors affecting the mechanical behavior [J]. Cem Concr Res, 2003, 33 (ll): 1867 – 76.

[21] Esbert RM, Montoto M, Ordaz J. La piedra como material de construccion: durabilidad [J]. deterioro y conservacion. Mater Constr, 1991, 41: 61 – 71.

[22] Moorehead DR. Cementation by the carbonation of hydratedlime [J]. Cem Concr Res. 1986, 16 (5): 700 – 8.

[23] Dheilly RM, Tudo J, Sebaibi Y, Queneudec M. Influence of storage conditions on the carbonation of powdered Ca (OH) 2 [J]. Constr Build Mater, 2002, 16: 155 – 61.

[24] Martmez Ramirez S, Sanchez Cortes S, Garcia Ramos JY, Domingo C Fortes C, Blanco Varela MT. Micro – Raman spectroscopy applied to depth profiles of carbonates formed in lime mortar [J]. Cem Concr Res, 2003, 33: 2063 – 2068.

[25] Shih SM, Ho CS, Song YS, Lin JP. Kinetics of the reaction of Ca $(0H)_2$ with CO_2 at low temperature [J]. Ind Eng Chem Res, 1999, 38: 1316 – 22.

[26] de Buergo Ballester MA, Goiizalez Limon T. Restauracion de edificios monumentales, Monografias del Ministerio de Obras Publicas [J]. Transportesy Medio Ambiente, Madrid; 1994.

[27] Cowper AD. Lime and lime mortars [C]. Donhead editor. Reprinted from Building Research Establishment Ltd., 1998.

[28] Mirza J, et al. Basic theological and mechanical properties of high – volume fly ash grouts [J]. Constr Build Mater, 2002, 16: 353 – 63.

[29] Ana Bras, Femando M. A. Henriques, M. T. Cidade. Effect of environmental temperature and fly ash addition in hydraulic lime grout behaviour [J]. Construction and Building Materials, 2010 (24): 1511 – 1517.

[30] Sonebi M. Rheological properties of grouts with viscosity modifying agents as diutan gum and welan gum incorporating pulverised flyash [J]. Cem Concr Res, 2006, 36: 1609 – 18.

[31] L. Ventola, M. Vendrell, P. Giraldez, et al. Traditional organic additives improve lime mortars: New old materials for restoration and building natural stone fabrics [J]. Construction and Building Materials, 2011 (25): 3313 – 3318.

[32] G. Merten, P. Madaus. Quantitative study of Portland cement hydration by X – ray [J]. Cement and Concrete Research, 2007, 37: 1524 – 1530.

[33] Elizabeth Vintzileou, Androniki Miltiadou – Fezansb. Mechanical properties of three – leaf stone masonry grouted with ternary or hydraulic lime – based grouts [J]. Engineering Structures, 2008, (30): 2265 – 2276.

[34] P. Maravelaki – Kalaitzaki, A. Bakolas. Hydraulic lime mortars for the restoration of historic masonry in Crete [J]. Cement and Concrete Research, 2005, (35): 1577 – 1586.

[35] Vasco Fassina, Monica Favaro. Evaluation of compatibility and durability of a hydraulic lime – based plaster applied on brick wall masonry of historical buildings affected by rising damp phenomena [J]. Journal of Cultural Heritage, 2002, (3): 45 – 51.

[36] K. Callebaut, J. Elsen. Nineteenth century hydraulic restoration mortars in the Saint Michael's Church (Leuven, Belgium) Natural hydraulic lime or cement? [J]. Cement and Concrete Research, 2001, (31): 397 – 403.

[37] 同 [3].

[38] 甘肃省博物馆文物工作队. 秦安的大地湾 405 号新石器时代房屋遗址 [J]. 文物, 1983, (11): 15 – 21.

[39] 李最雄. 我国古代建筑史上的奇迹 [J]. 考古, 1985 (8): 743 – 747.

[40] 陈庚龄, 马清林. 潮湿环境下壁画地仗修复材料与技术 [J]. 2005, (4): 51 – 56.

[41] 马清林, 陈庚龄, 卢燕玲. 潮湿环境下壁画地仗加固材料研究 [J]. 2005, (5): 66 – 70.

[42] 周霄, 胡源等. 水硬性石灰在花山岩画加固保护中的应用研究 [J]. 文物保护与考古科学, 2011, 23 (2): 1 – 7.

[43] 李黎, 赵林毅, 王金华, 等. 我国古代建筑中两种传统硅酸盐材料的物理力学特性研究 [J]. 2011, 30 (10): 2120 – 2127.

[44] 赵林毅. 应用于岩土质文物保护加固的两种传统材料的改性研究 [D]. 兰州大学, 2012.

[45] 王金华, 周霄等. 花山岩画保护与水硬性石灰的应用研究 [N]. 中国文物报, 2011, (004).

[46] 李博, 宋燕, 马清林, 梅建军. 中国传统灰土灰浆强度增强方法研究 [J]. 中国文物科学研究, 2012, (3): 92 – 95.

[47] A. Moropoulou, A. Bakolas, S. Anagnostopoulou. Composite materials in ancient structures [J]. Cement&Concrete Composites, 2005, (27): 295 – 300.

[48] 胡继高. "白灰面" 究竟是用什么做成的 [J]. 文物, 1955 (7): 120 – 125.

[49] 赵全嘏. 新石器时代及商代人类住地的白灰面 [J]. 考古通讯, 1956 (5): 55 – 58.

［50］ 杨鸿勋．仰韶文化居住建筑发展问题的探讨［J］．考古学报，1975（1）：39－72.

［51］ 仇士华．人工烧制石灰始于何时［J］．考古与文物，1980（3）：126－128.

［52］ 缥纪生，李秀英，等．中国古代胶凝材料初探［J］．硅酸盐学报，1981，9（2）：234－240.

［53］ Davey N. A history of building materials［M］. London：Phoenix House，1961.

［54］ Adams JE, Kneller WA. Thermal analysis of medieval mortars from Gothic cathedrals of France［C］. In：Marinos P, Koukis Q editors. Proceedings engineering geology of ancient works, monuments and historical sites. Rotterdam：Balkema, 1988.

［55］ 袁润章．胶凝材料学（第二版）［M］．武汉：武汉理工大学出版社．2005.

［56］ 沈卫国，周明凯，吴少鹏．胶凝材料的过去现在和将来［J］．建筑砌块，2004，（1）：11－14.

［57］ 刘均竹．灰土［M］．北京：建筑工程出版社，1958.

［58］ 冯伟旂．中国古建筑灰土技术的演变［J］．古建园林技术．2008，（1）：9－10.

［59］ 同［57］．

［60］ 同［58］．

［61］ 郅彬．灰土强度影响因素研究及灰土挤密桩桩周土体应力有限元分析［D］．西安建筑科技大学，2002.

［62］ 杨志强，郭见扬．石灰处理土的物理力学性质及其微观机理［J］．岩土力学，1991，12（3）：11－231.

［63］ 任宏涛．2：8灰土无侧限抗压强度、抗折与劈裂抗拉强度研究及灰土垫层质量评价方法探析［D］．西安建筑科技大学，2010.

［64］ 刘有科．灰土强度影响因素及其本构关系的研究［D］．西安建筑科技大学，2004.

［65］ 韩晓雷．甄俊田，等．灰土配合比的鉴别方法的试验研究［J］．岩土工程界，2007，10（5）：27－29.

［66］ 王蓉，弓欢学等．水泥改性灰土影响研究［J］．广西大学学报（自然科学版），2006，31（4）：331－335.

［67］ 王蓉．水泥灰土强度影响因素及其力学损伤模型初探与灰土挤密桩复合地基承载力的概率分析［D］．西安建筑科技大学，2005.

［68］ 曹黎娟，赵均海，等．基于统一强度理论的灰土挤密桩应力分析［J］．岩土力学，2006，27（10）：1986－1990.

［69］ 米海珍，朱浩稳，王昊．三轴试验下二八灰土强度变化规律的分析［J］．兰州理工大学学报．2009，34（4）：117－120.

［70］ 董玉文，张伯平．黄土灰土的击实性与抗剪性试验研究［J］．西北水资源与水工程，2001，12（1）：62－64.

［71］ 松尾新一郎，孙明漳，梁清彦译．土质加固方法手册［M］．北京：中国铁道出版社．1983.

［72］ 黄新，周国钧．水泥加固土硬化机理初探［J］．岩土工程学报，1994，16（1）：62－68.

［73］ 梁乃兴．石灰加固土原理的研究［J］．西安公路学院学报，1984，2（4）：115－142.

［74］ 张登良．石灰加固士的研究［J］．西安公路学院学报，1984，2（4）：1－11.

［75］ 侯日华．磨细生石灰—粉煤灰加固土的研究［J］．西安公路学院学报，1987，5（1）：170－191.

［76］ 张汉俊．灰土在建筑中的应用及其固化机理分析［J］．邮电设计技术，1995，（4）：33－35.

［77］ 梅淑贞．灰土材料的硬化机理及其性能研究［J］．水利学报，1982，5：47－53.

［78］ 姜仁安，郭梅．水泥类复合固结土中固化剂的固化机理分析［J］．辽宁省交通高等专科学校学报，2007，9（4）：17－18.

［79］ Marco Merlini, Gilberto Artioli, Tiziano Cerulli. Tricalcium aluminate hydration in additivated systems. A crystallographic study by SR－XRD［J］. Cement and Concrete Research, 2008, 38：477－486.

［80］ Paul Stutzman. Scanning electron microscopy imaging of hydraulic cementmicrostructure［J］. Cement & Concrete Composites, 2004, 26：957－966.

［81］ I. G. Richardson. The nature of C－S－H in hardenedcements［J］. Cement and Concrete Research, 1999（29）：1131－1147.

［82］ 陆采飞，李最雄等．PS材料加固土遗址的微观机理分析［D］．2008古遗址保护国际学术讨论会暨国际岩石力学学会区域研讨会论文集，2008：767－774.

［83］ Siavash Ghabezloo. Micromechanics analysis of thermal expansion and thermal pressurization of a hardened cementpaste［J］. Cement and Concrete Research, 2011（41）：520－532.

［84］ 何小芳，张亚爽等．水泥水化产物的热分析研究进展［J］．硅酸盐通报，2012，31（5）：1170－1174.

［85］ Mohammad Y. A. Mollah, Mehmet Kesmez. An X－ray diffraction（XRD）and Fourier transform infrared spectroscopic（FT－IR）investigation of the long－term effect on the solidification ystabilization（SyS）of arsenic（V）in Portland cement type－V［J］. Science of the Total Environment, 2004（325）：255－262.

［86］ Elke Knapen, Ozlem Cizer, Koenraad Van Balen, Dionys Van Gemert. Effect of free water removal from early－age hydrated cement pastes on thermal analysis. Construction and Building Materials, 2009,（23）3431－3438.

［87］ Yang shuzhen, Song hantang, Xie rong. XRD study of hydration rate of cement. Journal of Instrumental Analysis, 1996, 15（5）：73－76.

文物保护有机高分子材料抗菌性研究

——以高句丽五盔坟 5 号墓为例

中国文化遗产研究院文物保护工程所　葛琴雅

摘　要：有机高分子材料从 20 世纪 50 年代起应用于文物保护。在国内，通常认为它们抗菌性较强，近年一些项目似乎显示高分子材料也会遭受生物腐蚀，乃至引发文物的生物病害。本课题通过调查，确定常用的文物保护材料没有绝对抗菌的；总结了目前材料生物老化的研究成果及相应的检测技术，认为这些技术尚不足以揭示生物老化的本质；结合宏基因组、材料生物降解规律及墓室生态信息，认为 20 世纪 70～80 年代用于五盔坟 5 号墓保护壁画的 B01－6丙烯酸清漆是致害菌生长的营养源，为未来的材料生物老化研究提供了新的技术思路。

关键词：高分子材料　文物保护　生物老化　宏基因组

Studies on Biodeterioration of Polymers used in Conservation: Illustrated with the Example of *Koguryo Wukui Tomb No. 5*

Ge Qinya

Abstract：Polymers have been extensively applied for conservation of cultural heritages since 1950s in China and have been considered as anti－microbial materials. However, a number of cases showed that polymers might be attacked by microbes and hence cause further damage to cultural heritages. Based on researches of this study, there are no types of polymers frequently used in conservation absolutely resistant against microbes. The current status on occurrence, characteristics and detecting methods for biodeterioration of polymer materials used in the cultural heritage conservation were summarized. As a case study, murals in *Koguryo Wukui Tomb No. 5* were conserved and consolidated with B01－6, one commercial acrylic varnish during the late 1970s and early 1980s. It was hypothesized that B01－6 promoted the microbial growth on murals through ecological information and metagenomic analysis, which are new and promising techniques recommended for detecting biodeterioration of polymers.

Key words: polymer, conservation of cultural heritage, biodeterioration, metagenomic analysis

世界文化遗产"吉林集安高句丽王城、王陵及贵族墓葬"的五盔坟 5 号墓，遭受菌害面积达到 44%，壁画外观被严重破坏，保存受到威胁。2009～2013 年，在中国文化遗产研究院基本科研业务费课题"高句丽墓室壁画微生物的检测研究"和国家文物局"高句丽墓葬壁画抢救性保护修复前期实验"的资助下，项目组完成了五盔坟 5 号墓主要致害微生物的检测和确定，抑菌剂的筛选及菌斑清除工艺研究，寻找到了菌害的治理方法。

然而，壁画的菌害治理非一劳永逸，尤其在菌害原因不明，致害根源未除的情况下，壁画再次被感染的机率更高。菌害的"防"重于"治"，每一次菌害的擦除都必将给壁画带来永久性伤害，故必须深入寻找菌害的爆发原因，以巩固治理效果，做到长期预防。

20 世纪 70～80 年代，保护人员曾经使用 B01－6 丙烯酸清漆加固封护五盔坟 5 号墓壁画，数十年的检验证明，其有效减少了高湿环境下壁画颜料的流失。但我们在工作中发现，这次菌害呈现出与 B01－6 的相关性——菌斑主要分布在 B01－6 与颜料并存的区域。

由此，我们开始关注 B01－6 与菌害的关系。迄今，国内文物保护研究中探讨高分子有机材料抗菌性的寥寥无几，普遍都很乐观。然而，我们前期实验显示，同为丙烯酸材料的三甲树脂会滋生微生物。国外的一些研究则指出，假诺卡氏菌属的一些种能够以多种醚、醇、苯类为单一碳源和能源，可以降解常用于文物保护的 PEG，而五盔坟 5 号墓的主要病害菌正是假诺卡氏菌。

因此，课题组梳理、总结已有的关于生物侵蚀高分子材料的资料，结合现代生物技术，判断五盔坟 5 号墓菌害与老化保护材料的关系，建立同类问题分析方法，为五盔坟 5 号墓菌害的长期治理以及文物保护材料筛选方法的完善奠定基础。

1　文献综述

1.1　文物保护常用有机材料的抗菌研究

为了改善文物的脆弱状态、延长它们的保存寿命，文物保护工作者从 20 世纪 50 年代起，就尝试将有机材料应用于文物保护，方式主要有三种：

①　作为粘接剂粘接碎裂文物。

②　作为加固剂增加酥软、糟朽文物强度。

③　作为封护剂被敷文物表面，在一定程度上隔离环境不利因素与文物。

目前，研究和应用最多的材料类型为环氧树脂、丙烯酸以及有机硅，而有机硅因兼具"有机基团"和"无机结构"，集有机物特性与无机物功能于一身，体现出突出的耐候性、透水性、透气性等[1]，在石质、土遗址文物保护方面倍受关注。另外一些材料，如聚乙烯醇、聚乙二醇、聚醋酸乙烯酯、酮树脂、聚乙烯醇缩丁醛等[2]，针对不同环境、不同材质的文物，也有广泛的应用。

文物保护行业对材料的要求很高，以至在实践上，许多工作人员认为尚没有一种材料能够完全符合要求[3]。尽管如此，目前国内对文物保护材料的要求几乎仅限于物理化学性能方面，例如材料本身耐热、光、氧老化性，不造成文物颜色、透明度、光洁度、折射率等光学变化，不会与文物发生化学反应，与文物热膨胀系数相当，具有一定的水蒸气透过率等。然而，对于材料可能遭受的生物侵害缺乏关注，或是简单、乐观地认为微生物无法利用合成材料（尤其是高分子材料）。

实际上，微生物是自然界有机物的主要分解者，即使有机类抑菌剂也最终会被其降解，遑论有机保护材料能抗菌。

生物对材料的破坏作用，主要是由细菌、真菌等微生物引起的生物断裂（biofragmentation）和同化作用[4]（assimilation，即生物把营养元素消化、吸收、组合成自身物质的过程），其与光、氧等物化老化作用一样，无时不在进行，改变和损害材料的结构功能。因为多数生物作用实际是胞外酶催化非生物作用，故产物也与后者相同，一道进入同化阶段——这是生物降解的最大特点，使之成为自然界中唯一一种能使有机材料消失无痕的降解方式[5,6]（图1）。微生物繁殖迅速、变异快，总能进化产生利用某种材料的能力。因此，理论上，如果时间足够长，所有的材料都会被彻底降解吸收。

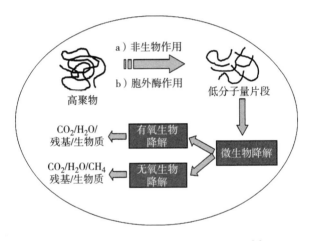

图1　有机高分子材料的生物降解过程[7]

大分子在生物、非生物因素作用下解聚化，成为低聚物、二聚物或单体；可以穿过细胞膜的低分子量片段被吸收进细胞，提供能量或成为生物体的组成部分。这个过程不论氧气是否存在都可以进行，分别由需氧或厌氧菌主导，它们代谢终产物的差异是后者会产生 CH_4 或 H_2S。

目前，该类研究有两个截然不同的方向。一是出于环境保护等目的，研究材料如何被尽快生物降解（biodegradation）；二是出于延长材料寿命的目的，研究如何尽量减缓生物腐蚀（biodeterioration）。

在欧美，几乎从有机材料用于文物保护之时，便开始讨论它们可能遭遇的生物腐蚀问题。例如，Rosciszewski 指出微生物分泌的有机酸可以溶解有机硅[8]，Koestler 等认为基于有机硅的石头加固剂抵抗微生物侵袭的能力很差，甚至会促进真菌的繁殖[9]，Leznicka 等的实验证明，一旦遭遇菌害，有机硅的疏水性会明显降低甚至完全丧失[10]。

Cappitelli 等总结了截至 2003 年欧美用于文物保护的一些常用的有机高分子材料的生物病害研究成果，包括醇酸树脂、丙烯酸树脂、丙烯酸乙烯酯、纤维素衍生物、环氧树脂、酮树脂、聚乙烯树脂、全氟聚醚、聚氨酯、聚醋酸乙烯酯、聚酰亚胺、硅氧烷衍生物及有机硅树脂等材料的

65 种产品（见表 1），表明许多材料都会被生物降解利用，尤其醇酸、聚氨酯、聚乙烯、聚醋酸乙烯酯类[11]。

对于 Paraloid B72 的抗菌性，Cappitelli 引用的几个研究得出了不同的结论[12~16]，表 1 中其他标注为√的产品的抗菌能力也不可确定，这是因为：① 引用的实验，除了 1 篇与绿藻相关外，均只考虑了真菌，完全忽视了细菌对保护材料的作用，而研究显示，至少对于一些合成材料，如聚乙烯蜡（PE wax），细菌比真菌能够降解的分子量范围更大[17]。② 大部分实验只测试了 10 余种真菌，真实文物环境中的微生物种群更为多样化。③ 虽然一些实验将样块埋藏在土壤里，使其有机会接触更多的微生物，但不同环境下的微生物群落构成不同，故不能代表实际情况。④ 这些早期的实验，受当时生物技术的限制，使用的检测手段难以揭示较细微的微生物生长状况。

表 1　　　　　　　　　　　　　　一些常用文物保护材料的抗菌实验结果

产品	类型	生产公司	抗菌
A2/1028	Alkyd resin	Croda Resins	×
Acrylic	Acrylic resin	Kalon	√
Acryloid F – 10	Acrylic resin	Rohm and Haas	×
AYAA	Polyvinyl resin	Union Carbide	√
AYAC	Polyvinyl resin	Union Carbide	×
AYAF	Polyvinyl resin	Union Carbide	△
AYAT	Polyvinyl resin	Union Carbide	△
Beva 371	Ketone resin	Lascaux Restauro	√
Calaton CA	Soluble nylon	Imperial Chemical Industries	△
Conservare H	Silicone – based resin	ProSoCo	△
Conservare H40	Silicone – based resin	ProSoCo	×
Conservare OH	Silicone – based resin	ProSoCo	△
Crodakyd 444w	Alkyd resin	Croda Resins	×
Crodakyd 826w	Alkyd resin	Croda Resins	×
Crodakyd 850w	Alkyd resin	Croda Resins	×
Emulsion A	Poly（vinyl acetate）resin	Vinamul	△
Emulsion B	Poly（vinyl acetate）resin	Vinamul	△
Emulsion C	Poly（vinyl acetate）resin	Vinamul	△
Emulsion D	Poly（vinyl acetate）resin	Vinamul	△
Emulsion E	Poly（vinyl acetate）resin	Vinamul	△
Emulsion F	Acrylic resin	Vinamul	√
Emulsion G	Acrylic – styrene resin	Vinamul	√

产品	类型	生产公司	抗菌
EP 2101	Epoxy resin	?	√
Epidian 5	Epoxy resin	?（Polish product）	×
Fomblin Y Met	Perfluoropolyether	?	√
Imron 192S	Polyimide	Dupont	×
Klucel E	Cellulose erivative	?	×
Klucel G	Cellulose derivate	Lascaux Restauro	△
Lascaux 360 HV	Acrylic resin	Lascaux Restauro	△
Long oil alkyd	Alkyd resin	Kalon	×
Mowilith 20	Poly（vinyl acetate）resin	?	×
Mowiol 4 – 98	Poly（vinyl acetate）resin	?	×
Mowital B – 20 – H	Polyvinyl resin	American Hoeschst	△
Mowilith DM 5	Acrylic – vinyl acetate resin	Hoeschst	×
Mowilith DMC2	Copolymer of vinyl acetate and maleic acid dibutyl ester	Hoeschst	×
Paraloid B72	Acrylic resin	Rohm and Haas	√△
Plastyrol s99x	Alkyd – styrene resin	Croda Resins	×
Plastyrol t35w	Alkyd – toluene resin	Croda Resins	×
Plexisol P – 550	Acrylic resin	Lascaux Restauro	△
Plextol B – 500	Acrylic resin	Lascaux Restauro	△
Primal AC33	Acrylic resin	Rohm and Haas	√
PVA	Poly（vinyl acetate）resin	Spectrum Oil Colours	△
resin E0057	Acrylic – siliconic resin	Raccanello, Padua	△
resin solution 11309	Silicone resin	Rhne – Poulenc	√
Rhoplex AC – 234	Acrylic resin	Rohm and Haas	√
Silicone 1048	Silicone – based resin	General Electric	△
Silirain 50	Silane resin	?	×
Sobral 1241 ML 70	Alkyd resin	Scott Bader	×
Styrene acrylic	Styrene acrylic resin	Kalon	√
Synolac 28w	Alkyd resin	Cray Valley	×
Synolac 60w	Alkyd resin	Cray Valley	×
Tegosivin HL100	Siloxane derivative	Goldschmidt	×
Tegovakon V	Silicone – based resin	Goldschmidt	√
Texicryl 13 – 031	Acrylic resin	Scott Bader	√

续表1

产品	类型	生产公司	抗菌
Thixotropic alkyd	Alkyd resin	Kalon	×
Tylose MH300	Cellulose derivative	Hoeschst	△
Vilkyd 211	Alkyd resin	Spectrum Oil Colours	×
Vilkyd 270	Alkyd resin	Spectrum Oil Colours	×
Vinavil K 40	Poly（vinyl acetate）resin	Societa Rhodiatoce	△
Vinavil K 50	Poly（vinyl acetate）resin	Societa`Rhodiatoce	△
Vinavil K 60	Poly（vinyl acetate）resin	Societa`Rhodiatoce	△
Vinavil K 70	Poly（vinyl acetate）resin	Societa`Rhodiatoce	△
Vinavil K 90	Poly（vinyl acetate）resin	Societa`Rhodiatoce	△
Wacker 290L	Siloxane derivative	Wacker?	△
XC 41	Epoxy resin	Ciba－Geigy	△

×：染菌情况严重；△：染菌，但不是很严重；√：有一定的抗菌能力。

　　虽然 Cappitelli 认为丙烯酸类材料最不易被微生物利用，来自牙医学的研究却表明施用于口腔的丙烯酸类材料会被微生物老化降解[18]，Sutherland 等证实白腐真菌黄孢原毛平革菌（Phanerochaete chrysosporium）可以降解两种超吸水交联丙烯酸多聚材料（Super－absorbent cross－linked acrylic polymer）[19]。顾继东则指出，包括丙烯酸在内的许多文物加固材料，没有哪一种是完全抗菌的[20]。

　　文物保护常用材料聚乙二醇（PEG）也属于生物可降解材料。不同分子量的 PEG 在不同的环境下有着不同的生物降解途径，最终，分子量高达 58000g/mol 的 PEG 都可以被分解利用[21]。

　　整理已有研究，可以对高分子有机材料的生物降解得出以下结论。

　　（1）关于材料

　　① 所有的天然有机物，都会被生物降解。合成材料生物降解的难易程度与分子量、分子结构、制剂类型相关。通常，分子量越小（可以穿过细胞膜），分子结构越接近天然分子，越容易被降解。

　　② 芳香族聚酯比脂肪族聚酯更抗微生物。因为高分子材料的生物降解过程，往往从分子边缘开始，通常步骤是链烷经过生物酶的氧化，形成羧化链烷，最后在 β－氧化作用下降解。

　　③ 一些材料本身可能并不容易被微生物利用，但是材料在聚合、固化过程中产生的小分子聚合体、乙醇、乙酸等有机物，以及产品中的增塑剂、硬化剂等添加剂、工业杂质，或者采用的溶剂等，都可能诱发和促进微生物生长。

　　④ 聚合物的分子量（聚合程度）、物理形态、结晶度，乃至空间结构、取代基团等微小的差异都可能显著影响材料的生物降解性。因此，不同的产品，即使属于同种类型的聚合物，抗菌能力不尽相同。不可根据产品属于某种类型的材料，就简单判断其是否容易遭受菌害。

　　（2）关于环境

　　不同的环境条件下，材料的生物降解性可能明显不同。其中，湿度的影响最大——尤其是亚热带、热带的潮湿环境下，所有类型的材料表面都容易产生生物膜。另外，封闭空间也会是一种诱导因素。

（3）关于生物

① 微生物之间相互提供营养，可能使一些不直接利用材料的种群在材料表面获得生存机会。多种群共生比单一种群生长体现出优势，比如一些种群可能帮助降解材料的种群吸收其产生的有毒代谢物。

② 文物或保护材料上的微生物优势种群，会随着时间的推移而改变，这可能是由文物或保护材料能够提供的主要营养物质的消耗情况决定的。

③ 材料上的微生物，即使没有直接以材料为营养，也可能因为分泌的胞外有机酸等代谢物加速材料老化，导致材料膜完整性、亲/疏水性等物化性质的改变。

④ 微生物既可在保护材料表面生长，也可通过菌丝的延伸穿过保护层而进入内部，在此过程中可能造成材料及文物的剥落。

⑤ 不同的菌对材料的破坏机理不一样，一些文物本体上常见的微生物未必对保护材料产生严重破坏。

⑥ 抑菌剂并不能显著改善保护材料遭受菌害的问题[22]。

1.2　检测方法

高分子材料的生物降解，可以通过物化和生物两方面的技术加以检测（见表2）。前者与材料的非生物老化检测方法无差异，如电化学阻抗谱、凝胶色谱、气/液相色谱—质谱联用、原子力显微镜、核磁共振、红外光谱、拉曼光谱等；后者使用光学显微镜、扫描电镜、透射电镜进行形貌观察，或者通过测试生化需氧量（Biochemical Oxygen Demand，BOD）、CO_2—溶解性有机碳（Dissolved Organic Carbon，DOC）等生物代谢消耗、产生的物质来分析微生物在材料上的生长状况，近年还有对"基质辅助激光解吸电离飞行时间质谱"（MALDI - TOF - MS）的应用。

上述方法都有优缺点，其选择取决于材料的属性（溶解性、分子结构、物化参数等），如针对不溶于水的聚合物，应检测 BOD 和 CO_2，而不能是 DOC。

环境条件以及实验菌群会极大地影响检测结果。因为这种变数，高分子材料的生物降解测试目前还属于非常特殊的研究领域，只在有限范围内实现了标准化。比如关于 BOD、DOC，美国材料与试验协会（American Society for Testing and Materials，ASTM）、经济合作与发展组织（Organization for Economic Co - operation and Development，OECD）、国际标准化组织（International Organization for Standardization，ISO）等提供了标准测试方法[23]，对于环境条件、菌群类型、实验方法等有明确详细的建议。即使这些有限的标准也难用于文物保护行业，因为：① 它们是为了开发或评估对环境友好的生物可降解材料，设置的环境或菌群取自河水、海水、城市污水及污泥、堆肥等，与文物环境明显不同。② 它们即使考虑到了自然界 90% 以上微生物无法人工培养，不同环境下微生物群落结构不同，而直接用取自环境的样品接种实验；对于表面不可大量取样的文物，也几乎不可行。何况其中一些实验仅仅采用几株实验室纯培养物，故文物保护行业还需自行建立能够系统评价市面商业产品的生物降解性是否适用于某文物的指导标准。

由上还可知，目前材料的生物降解检测偏重于测试材料，而对于各种生物技术的应用明显不足。在使用的生物技术里面，形貌观察的方法，也只能说明材料表面是否附着生物——这并不等同于生物老化或降解。因此，虽然同化作用是生物降解的最大特色，现用的多数方法却不能证明之，更不足以揭示其过程，尚需将各类新型生物技术加以优化应用。

表2 聚合物生物降解分析技术

方法	多聚物形态	接种情况以及降解测试标准	评价
称重法	膜或物理结构完整	接种土壤、污水的杂菌，或者实验室纯培养物	技术稳定，能很好地分离起降解作用的微生物；可重复性强。但不能区分生物和非生物降解产物
呼吸运动计量法	膜、粉末、液体等几乎所有形态	测试有氧条件下耗 O_2 或产生 CO_2；无氧条件下产生 CH_4 情况	普适于多数材料；需特殊仪器；当发酵是降解主要机制时，该方法的测量结果偏低
表面水解法	膜或片状	通常为有氧条件。使用纯酶实验。测试释放的氢离子	需要微生物降解样品的先验信息，以及特定酶的靶点测试
EIS	抗水膜或涂层	待测材料需附着在导电材料上。测试电导率	材料必须本身不透水，可被迅速降解。该法不能区分测试过程中的进一步降解
放射性标记	所有类型的材料	海水、泥土、污水、堆肥等	样品需要 ^{14}C 标记
GPC/SEC	聚合物溶液（实际上大多数聚合物可溶于不同溶剂，如 PEG、PVP、Ecoflex、Ecovi 等）	淡水、盐水，测试 CO_2 平衡、DOC	需要提取，不适于环境样品
GC，GC/MS	Ecoflex、PHB、黄原胶、多糖、vicel 等，要求小分子，分子量分布窄	土壤析出液、堆肥；前者测试 CO_2 平衡	受分子量限制
HPLC，LC/MS	PEG，PVP 等，要求小分子，分子量分布窄	淡水、盐水，测试 CO_2 平衡、DOC	受分子量限制
MALDI – TOF	具有较高分子量的 PEG、PVP、Ecoflex、Ecovio 分子，合成多聚物	淡水、盐水，测试 CO_2 平衡，DOC	需要进行参数优化
AFM	粒子附着或分散于介质		表面分析
TEM	薄且抗真空，电子可透射	地表水、海水、活性污泥	表面分析
NMR	粉状固体或液体样品		
SEM	喷金固体样品	细菌降解，表面区域	表面分析
FT – IR	PE – Wax、PHB、黄原胶、多糖、Avicel，固体或液体样品		指纹技术

1.3 宏基因组学研究

1.3.1 环境微生物多样性研究方法

自然环境中的微生物几乎不可能孤立存在，而是身为群落中的一员发挥作用，这是微生物多样性研究兴起的原因。

微生物多样性研究包括分类多样性（Taxonomic diversity）、功能多样性（Functional diversity）、遗传多样性（Genetic diversity）以及系统发育多样性（Phylogenetic diversity）等。其中，系统发育多样性是采用分子技术手段，根据系统发育的理论，对微生物所包含的遗传信息进行同源性分析所得出的微生物的多样性。

获得微生物遗传信息多样性的方法主要包括末端限制性片段长度多态性分析（T－RFLP）、变性梯度凝胶电泳（DGGE）、16SrDNA 克隆文库分析和荧光原位杂交（FISH）等。其中，16SrDNA 克隆文库分析，在确定微生物的系统发育关系，不断建立新的序列探针识别未知菌，以及在微生物多样性及其生态学研究中发挥了重要作用[24]。但以上方法主要基于传统 Sanger 测序方法来开展，测序通量低，且只能检测环境中部分高丰度菌株的微生物信息，无法一次性全面获得整个环境中的微生物的多样性以及功能基因信息。

近年来，随着新一代的高通量测序技术（包括 Roche 454、Illumina GA 和 AB SOLiD）的出现，以及基因组学在各个领域的渗入，基于高通量测序的宏基因组学（Metagenomics）应运而生。该方法不依赖于传统克隆培养的技术，以整个微生物群落的遗传物质为对象直接进行测序分析，即可获得整个环境微生物的物种组成，遗传信息组成以及功能多样性信息。从而推动了不可培养微生物群落的结构和功能基因组学研究的迅速发展，促使人们不断深入了解整个微生物群落的结构、功能、进化以及群落间，群落与环境间的相互作用关系，使人们摆脱了物种界限，克服了传统微生物培养方式的缺陷，扩大了微生物资源的利用，为微生物生态学研究注入新的动力，成为微生物生态学研究新的亮点。

1.3.2 宏基因组测序技术原理

（1）细菌 16SrDNA 多样性测序

16SrDNA 是细菌分类学研究中最常用的"分子钟"，其序列包含 9 个可变区（Variable region）和 10 个保守区（Constant region）。可变区因细菌而异，且变异程度与细菌的系统发育密切相关。通过提取环境样品的 DNA，并扩增其中 16SrDNA 基因 1 段或几段区域，使用第二代高通量测序平台 Roche GS 454 FLX＋进行测序，检测 16SrDNA 的序列变异和丰度，可以对环境样本物种分类及丰度、种群结构、系统进化、群落比较等方面信息进行分析。

（2）宏基因组测序

调查通过对环境样品中的全基因组 DNA 进行高通量测序，获得单个样品的饱和数据量，进行微生物群落结构多样性、微生物群体基因组成及功能、特定环境相关的代谢通路等分析，从而进一步发掘和研究具有应用价值的基因及环境中微生物群落内部、微生物与环境间的相互关系。

1.3.3 基于宏基因组测序技术的微生物多样性研究

与高通量测序技术相结合的宏基因组学研究，是将环境中全部微生物看作一个整体作为研究对象，规避了传统方法中绝大部分微生物不能培养的缺陷，又无须文库构建，没有克隆误差，直接对特定环境中所有的微生物群体基因组进行序列测定，以分析微生物群体的基因组成及功能，解读微生物群体的多样性和丰度，探求微生物与环境及宿主之间的关系，发掘和研究新的具有特定功能的基因[25]。它不仅揭示了群落中各种微生物的分类信息，更包含了所有微生物的基因信息。

应用宏基因组研究微生物多样性约自 2008 年后屡见报道，例如海洋、沙漠土壤、湿地土壤、作物根际、极端环境、活性污泥、人肠道、饮用水、室内空气等领域，但目前在文物保护中尚无应用。

2010 年，Mason 等通过对墨西哥湾漏油污染海水样本进行宏基因组测序研究，发现链烷降解相关基因丰度较高，与降解芳香族化合物相关的基因丰度较低，例如编码降解甲苯、乙苯和 PAH 相关的基因。同时还发现污染的海水微生物多样性更低，海洋螺菌目（Oceanospirillales）细菌明显富集[26]。

2012 年，Guazzaroni 等采用宏基因组分析研究西班牙奥维耶多一个化工厂附近，被芳香族化合物污染的土壤环境微生物群落，发现 428 个开放阅读框可以注释到参与芳香烃降解的厌氧代谢途径中的基因[27]。

2013 年，研究人员通过宏基因组测序评估了活性污泥中生物降解基因（BDGs）和苯酚降解基因（PDGs）的丰度和多样性。其中，细胞色素 P450 和酚单加氧酶 PMO 基因分别是 BDGs 和 PDGs 亚组中丰度最高的基因。检测到 87 个属的细菌具有降解有机污染物的潜力，它们大多属于变形菌门，拟杆菌门和放线菌门。分枝杆菌属于放线菌门被认为是最丰富的属（23.4%），说明该方法可以用于监测活性污泥对有机污染物的生物降解能力和评价其对废水的处理效率[28]。

宏基因组学方法在肠道微生物群落研究中的应用，大大推进了人类对肠道微生物组多样性和功能方面的认识。2010 年，Qin 等通过对 124 份来自不同国家的人肠道粪便样本进行宏基因组深度测序，构建了第一个人肠道微生物参考基因集，找到了 330 万个非冗余的基因，构建的基因集大约是人类基因的 150 倍之多，包含了大量常见的肠道微生物基因，说明人体肠道微生物对维持人类健康发挥着重大作用，并在肠道中保持着动态的平衡，而这种平衡因某些因素被打破而致使肠道菌群发生紊乱时，人体可能就会患上各种疾病[29]。2012 年，Qin 等采用高通量测序技术通过宏基因组关联分析的（Metagenome－Wide Association Study，MGWAS）方法对中国人的肠道微生物进宏基因组关联分析，共鉴定出大约 60000 个 II 型糖尿病相关的分子标记。这些分子标记主要与参与糖转移、支链氨基酸（BCAA）转移、膜代谢、外源物质降解和代谢、硫酸盐还原的功能相关[30]。

宏基因组测序技术的应用还包括对饮用水氯消毒的微生物研究，研究发现微生物群落结构显著受到氯消毒的影响，抗性微生物和微生物的抗性基因都得到浓缩，其中变形菌（Proteobacteria）是优势抗性微生物[31]。

室内空气质量影响着人体的健康，Tringe 等通过对人口稠密的室内空气中的微生物多样性进行研究，发现空气中的微生物主要是细菌，包括潜在的致病菌。经过与附近环境中的微生物相比较发现，室内空气中的微生物并不是随着外部环境变化的，主要是与室内相关。另外，室内微生物富集的特殊功能主要是抗干燥和氧化[32]。

2　方法与技术路线

2.1　文保有机材料抗菌性调研

查阅国内外文献，收集导致高分子有机材料降解的微生物信息，尤其是它们导致材料主要化学键断裂的功能基因。

2.2　五盔坟5号墓菌害原因分析

（1）基于分子生物学及生物信息学的研究

① 宏基因组测序。

② 寻找基因组中可能与 B01 - 6 主要化学键断裂相关的功能基因，或者与自养相关的调节基因。统计并比较两类基因的数量。

（2）基于微生物学的研究

① 根据宏基因组测序揭示的微生物种群结构、生理特性等设计培养基，分离培养五盔坟5号墓主要致病微生物。

② 开展主要致病微生物生理生化实验，判断其营养类型（自养、异养、兼性自养/异养）。

2.3　试验材料生物老化检测方法

本研究技术路线见图2。

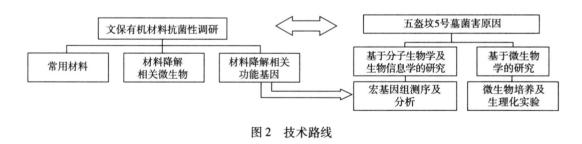

图2　技术路线

3　五盔坟5号墓菌害与 B01 - 6 丙烯酸清漆

3.1　情况描述

根据集安文物管理部门的档案记录[33]以及相关人员[34]口述，保护人员曾在1977、1981年两次使用 B01 - 6 丙烯酸清漆加固封护五盔坟5号墓壁画。

课题组在现场工作时观察到，白色菌膜主要覆盖在（绿、红）颜料 + B01 - 6 的区域。擦除菌斑，也可以看到菌斑并非直接生长于颜料，而是在保护材料上方（关于菌害对颜料的偏好性，课题组之前的研究已有探讨，在此只探索 B01 - 6 在菌害中的作用）[35]。

3.2 关系推断

3.2.1 提供生长场所

五盔坟 5 号墓感染的微生物生长缓慢，以至 2011 年仍可分辨出 2010 年取样的位置[36]。该墓凝结水严重，尤其到夏天壁面会淌过大量水珠。如果保护材料仍然有效，其疏水性以及光滑的表面会使微生物难以附着生长，但是保护材料老化以后，出现裂痕或者残破，就给微生物的附着提供了场所。

一旦微生物在材料上附着、繁殖，就逐渐富集生成菌膜，它们的代谢产物会加速材料老化，生成污垢沉淀。

3.2.2 提供营养

由文献调研可知，有机材料在高湿环境容易滋生微生物。根据本课题组之前的研究，微生物可以侵染、利用丙烯酸材料[37]。因此，B01-6 很可能是其表面微生物的营养源。

虽然现在市面还零星有 B01-6 丙烯酸清漆出售，但是时隔 30 余年，不同厂家、不同批次产品成分难保一致，何况即使是分子立体空间结构的差异都可导致生物老化性的很大不同。故研究组认为，使用现在材料做模拟实验不具可比性，只能就现场情况推断材料与菌害的关系。

（1）生物的营养类型及能量代谢特征

微生物生长必需六类营养要素：碳源、氮源、能源、生长因子、无机元素和水（见表3）。根据所需碳源的性质，微生物可分成自养型与异养型。根据能源类型，又可分成化能营养型与光能营养型。根据其生长时能量代谢过程中供氢体性质的不同，还可分成有机营养型无机营养型。综合起来，通常将微生物依照营养类型划分为光能无机营养型（光能自养）、光能有机营养型（光能异养）、化能无机营养型（化能自养）、化能有机营养型（化能异养）等四类（见表4）[38]。

表3　　　　　　　　　　　　　　微生物生长所需营养条件

营养要素	功能	微生物	
		异养	自养
碳源	提供生物生长所需碳元素（碳架），对部分生物提供能量	糖、醇、有机酸等	CO_2、碳酸盐等
氮源	提供生物生长所需氮元素（组成氨基酸）	蛋白质或其降解物、有机或无机氮化物、氮	硝酸盐、铵盐、氨等无机氮化物、氮
能源	提供生命活动的最初能量	与碳源同	氧化无机物或利用日光能
生长因子	生物生长代谢所必需，但不能用简单的碳源或氮源自行合成的有机物（在生化反应中作辅酶或辅基）	部分需要维生素等	不需要
无机元素	提供除碳、氮以外生命所需元素（细胞内分子成分、生理调节物质——维持渗透压、酶的激活剂等）	无机盐	无机盐

续表 3

营养要素	功能	微生物	
		异养	自养
水分	溶剂，维持生物大分子结构，参与某些生化反应等	水	水

表 4　　　　　　　　　　　　　　　微生物营养类型

营养类型	能源	氢供体	基本碳源	实例
光能无机营养型（光能自养）	光	无机物	CO_2	蓝细菌
光能有机营养型（光能异养）	光	有机物	CO_2 及简单有机物	紫色无硫细菌
化能无机营养型（化能自养）	NH_4^+、NO_2^-、S 等无机物	无机物	CO_2	硝化细菌、硫化细菌、铁细菌
化能有机营养型（化能异养）	有机物	有机物	有机物	绝大多数细菌和全部真核微生物

三羧酸循环（Tricarboxylic Acid Cycle，TCA，也叫柠檬酸循环 Citric Acid Cycle）和磷酸戊糖代谢（Pentose Phosphate Pathway，PPP，也叫磷酸己糖旁路 Hexose Monophosphate Pathway）是化能异养微生物重要的能量代谢途径。TCA 在绝大多数异养微生物的氧化性（呼吸）代谢中起着关键性作用，对于一切分解代谢和合成代谢中占有枢纽地位。PPP 为核苷酸和核酸的生物合成提供原料戊糖—核酸，产生大量 $NADPH_2$ 形式的还原剂，不仅为合成脂肪酸、固醇等重要细胞物质所需，而且可通过呼吸链产生大量能量。

自养细菌生命活动的最重要反应是把 CO_2 先还原成 $[CH_2O]$ 水平的简单有机物，然后再进一步合成复杂的细胞成分。卡尔文循环（Calvin – Benson – Bassham，CBB）是此过程的主要途径。

（2）五盔坟 5 号墓白色菌斑主要种群营养类型分析

五盔坟 5 号墓菌害主要由细菌造成[39]，细菌的营养类型可能是自养也可能是异养（见表 4）。因此，附着在 B01 – 6 表面的菌群与 B01 – 6 的关系有三种可能：

① 菌群主要为自养型——只需要吸收无机盐。在这种情况下，老化的 B01 – 6 主要给它们的栖息生长提供了场所。

② 菌群主要为异养型——需要外界提供有机物才能生存。那么，B01 – 6 不仅提供栖息场所，更是菌害的营养源。因为五盔坟 5 号墓壁画没有地仗层，颜料为矿物质，所以壁画本体中的有机物只有稀薄的胶结材料，不足以满足大面积的菌斑生长，何况多数覆盖在保护材料下。B01 – 6 则是墓室最主要的有机物。

③ 壁画上的细菌为兼性自养——正常利用有机物，但在没有有机物的环境下，也可以靠无机物生活。由于化能自养是个大量消耗能量和还原力的过程，故在环境条件允许时此类细菌会优先选择异养

方式。在此情况下，B01-6的角色更接近上述第二种。

五盔坟5号墓为半地下封土石室墓，由较长的廊道与外界相通，自然光不能进入，内部长年黑暗，只依靠放置在墓室底部的灯提供有限的光。在照明灯周围有光合生物生长，但是壁画表面大面积的白色菌斑并未呈现出与光照相应的分布状态，故可以直接排除菌群主要为专性光合自养型的可能。

造成五盔坟5号菌害的主要种群是假诺卡氏菌（*Pseudonocardia* sp.），在历年所有白斑样品中均检测到，且占优势比例，而其他种群皆不稳定，只在部分样品中出现[29,31]。说明假诺卡氏菌可以在五盔坟5号墓较为独立地生长——虽然与其他菌群在一起可提高其生存效率。因此，分析假诺卡氏菌获取营养的方式，可以解释B01-6与菌害之间的关系。

假诺卡氏菌属内的多数种为异养需氧型[40]。参照 *P. dioxanivorans* Strain CB1190（实验证明该菌能代谢1,4-二氧己环，兼具自养能力）的研究[41]，分析五盔坟5号墓假诺卡氏菌基因，结果显示其有TCA循环所需的全部酶基因（见表5，图3）以及绝大部分PPP途径所需酶基因（见表6，图4，暂未找到的1个基因，可能是高通量测序或基因同源性问题），说明其具异养代谢机制。同时也检测到该菌具卡尔文循环所需的绝大部分酶（见表7，图5），说明其很可能具固定CO_2（直接利用空气中的CO_2）的自养能力。这种兼性营养方式对于较恶劣环境下的微生物尤其重要，比如法国拉斯科洞穴岩画最早感染的 *Bracteacoccus minor* 兼具光能自养和化能异养功能，在洞穴因之关闭、保持黑暗后很长一段时间，仍然能够繁殖[42]。

综上，五盔坟5号墓壁画表面微生物主要由异养菌组成，或兼具自养能力。它们能够大量繁殖、富集成膜，一个重要原因是B01-6提供了营养。

表5　　　　　　　　五盔坟5号墓假诺卡氏菌编码TCA循环所需酶基因检测结果

基因数	丰度	描述
6	5.63E-05	citrate synthase
3	7.10E-05	aconitate hydratase
7	7.84E-05	isocitrate dehydrogenase
10	0.000126	2-oxoglutarate dehydrogenase E1 component
6	5.06E-05	dihydrolipoamide dehydrogenase
5	9.02E-05	2-oxoglutarate dehydrogenase E2 component
10	0.000297	2-oxoglutarate ferredoxin oxidoreductase subunit alpha
6	0.000125	2-oxoglutarate ferredoxin oxidoreductase subunit beta
4	0.00021	succinyl-CoA synthetase alpha subunit
3	0.000271	succinyl-CoA synthetase beta subunit
11	0.000142	succinate dehydrogenase flavoprotein subunit
8	0.000248	succinate dehydrogenase iron-sulfur subunit
2	4.76E-05	succinate dehydrogenase cytochrome b556 subunit
4	2.51E-06	fumarate reductase flavoprotein subunit

续表 5

基因数	丰度	描述
2	1.68E-06	fumarate reductase iron-sulfur subunit
3	1.06E-05	fumarate hydratase, class I
1	4.95E-05	fumarate hydratase, class II
1	5.66E-05	malate dehydrogenase
2	1.48E-05	malate dehydrogenase（quinone）

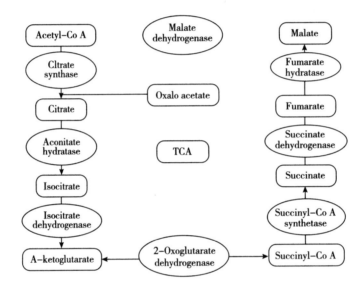

方框：TCA 中代谢产物；椭圆框：查找到的相关基因

图3　五盔坟5号墓假诺卡氏菌TCA循环

表6　　　　　　　　五盔坟5号墓假诺卡氏菌编码 PPP 途径所需酶基因检测结果

基因数	丰度	描述
6	8.51E-05	glucose-6-phosphate 1-dehydrogenase
2	1.92E-05	6-phosphogluconolactonase
8	0.000163	6-phosphogluconate dehydrogenase
0	0.00E+00	ribulose-phosphate 3-epimerase
2	1.87E-06	transketolase
4	9.42E-05	transaldolase
3	2.85E-06	glucose-6-phosphate isomerase

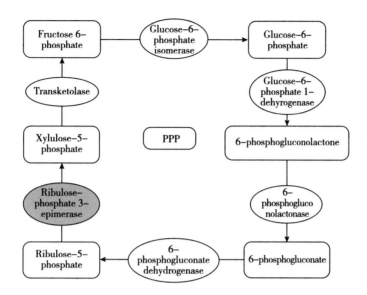

方框：CBB 中代谢产物；椭圆框：查找到的相关基因；灰底椭圆框：暂未找到的基因

图 4　五盔坟 5 号墓假诺卡氏菌 PPP 循环

表 7　　　　　　　　五盔坟 5 号墓假诺卡氏菌编码 CBB 循环所需酶基因检测结果

基因数	丰度	描述	简称
1	1.48E − 06	Phosphoribulokinase	cbbP
0	0.00E + 00	RubisCO large subunit	cbbL
0	0.00E + 00	RubisCO small subunit	cbbS
4	4.09E − 05	Phosphoglycerate kinase	cbbK
5	0.000134	Glyceraldehyde − 3 − phosphate dehydrogenase	cbbG
2	0.000111	Fructose − 1, 6 − ∕sedoheptulose − 1, 7 − bisphosphate aldolase	cbbA
1	2.46E − 05	Fructose − 1, 6 − ∕sedoheptulose − 1, 7 − bisphosphatase	cbbF
2	1.87E − 06	Transketolase	cbbT
0	0.00E + 00	ribose 5 − phosphate isomerase	cbbE

3.2.3　机理推测

高分子材料生物老化最主要的方式是在微生物胞外酶催化作用下，从分子边缘开始。B01 − 6 丙烯酸清漆，是甲基丙烯酸酯—甲基丙烯酰胺共聚树脂中加入氨基树脂，聚氨酯漆溶解于有机溶剂中，并加入增塑剂调制而成。丙烯酸材料被一些学者认为属于比较抗生物降解的材料。相较于其他常用丙烯酸材料的分子式，B01 − 6 特殊之处是支链含有酰胺基 RCONH − （见表 8）。由于位于分子边缘，该基团最容易被破坏，且多数材料的生物降解皆始于酯键、酰胺键水解的表面腐蚀[43]。用水和排笔可较容易刷洗干净五盔坟 5 号墓的菌斑[44]，而膜基本完整，说明目前菌群确实主要作用于保护材料表面，未过多侵害其主链。

表8　　几种丙烯酸树脂的热力学性质和成膜外观

样品名称	化学组成	单体比例（w/w）	成膜外观	老化薄膜外观
B72		MA/EMA 30/70	无色透明	无色透明
B67		IBMA 100%	无色透明	略带黄色透明膜
三甲树脂		BMA/EMA/MAA 55/40/5	无色透明	微黄色透明膜
B01-6		MA/Methacrylamide 详细比例未知	无色透明，双组分	微黄透明

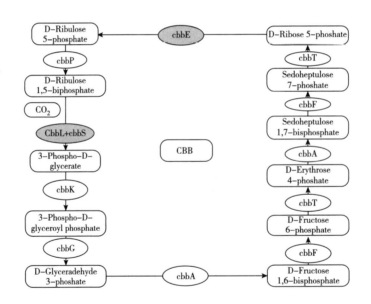

方框：CBB 中代谢产物；椭圆框：查找到的相关基因；灰底椭圆框：暂未找到的基因

图5　五盔坟5号墓假诺卡氏菌 CBB 循环

　　氮源是构成蛋白质、核酸、维生素等的生命元素，与氮循环相关的生化反应机制在生物体中广泛存在，比如形成、催化切断 C－N 的腈代谢酶类，跟产生生长素、生物素，营养代谢、降解有毒的氰化合物以及氨基酸、蛋白质的翻译后修饰等功能密切相关，对于微生物极其重要[45]。其中，酰胺酶广泛分布在细菌、真菌、植物、动物等各类生物中[46]，使细菌通过水解酰胺而固定碳或氮。五盔坟5号墓菌害种群自然也不乏降解酰胺基的能力。

　　宏基因组分析显示，五盔坟5号墓壁画白斑中微生物含较多的酰胺酶基因（568个，其中131个有完整的起始和终止密码子，215 个的物种注释无法到属）。酰胺酶基因丰度在前三位的分别是假诺卡氏菌（Pseudonocardia）、慢生根瘤菌（Bradyrhizobium）和红假单胞菌（Rhodopseudomonas）（见表9）。

表9   五盔坟5号墓壁画白斑微生物酰胺酶基因信息统计

酶	总数	完整基因总数	细菌属名	基因数	丰度
Amidase	568	131	Pseudonocardia	17	0.00031449
			Bradyrhizobium	82	9.41E－05
			Rhodopseudomonas	34	6.78E－05
			Ramlibacter	8	1.43E－05
			Caulobacter	11	1.38E－05
			Sphingomonas	10	1.08E－05
			Mesorhizobium	10	9.04E－06
			Sphaerobacter	9	7.94E－06
			Roseomonas	2	7.89E－06
			Polymorphum	2	7.04E－06
			Others genus	168	1.22E－04
			Undfine genus	215	0.00026451

五盔坟5号墓的假诺卡氏菌可能直接利用空气中 CO_2 作为碳源，弥补环境中有机碳的不足——这也很可能是五盔坟5号墓比4号墓菌害严重的原因（前者对游客开放，室内 CO_2 浓度更高），但是根据 nif 基因分析结果，该菌不具固氮能力（不能直接利用分子氮，而必须吸收环境里的含氮化合物作为氮源，见表10）。因此，B01－6 最先或最主要的角色应该是假诺卡氏菌的氮源提供者。伴随材料的老化（包括物化作用），逐渐产生细胞可以吸收的短链，补充环境中的有机碳，则更加有利于假诺卡氏菌及其他菌群的生长。

表10   五盔坟4号、5号墓中的固氮菌

基因	属名	基因数	丰度
nifD	Undifined	1	8.28E－07
nifH	Bradyrhizobium	4	2.78E－06
	Methylobacterium	1	1.88E－06
	Rhodopseudomonas	1	5.55E－07
	Rhodobacter	1	1.30E－07
	Undifined	4	2.89E－06
nifK	Undifined	1	9.27E－07

* nif 尤其 nifH 基因为固氮微生物所共有[47,48]。

酰胺酶有四种代谢途径（图6），在五盔坟5号墓环境下，跟 B01－6 降解相关的主要反应类型应是第一种。

酰胺基若被降解产生 NH_3，溶于水的氨形成 $NH_4{}^+$，会经由硝化作用转换成生物普遍可以吸收利用的 $NO_3{}^-$，包含两步：① $NH_4{}^+$ 被亚硝酸细菌转化成 $NO_2{}^-$；② $NO_2{}^-$ 被硝酸细菌转化成 $NO_3{}^-$。

宏基因组检测显示，五盔坟 5 号墓白斑中含有多种上述细菌，可以完成硝化作用（见表 11，图 7）。

表 11　　　　　　　　　　　　　五盔坟 5 号墓部分硝化作用相关菌

类型	属	基因丰度
氨氧化菌	亚硝化单胞菌属（Nitrosomonas）	214
	亚硝化螺菌属（Nitrosospira）	3451
	亚硝化球菌属（Nitrosococcus）	359
	亚硝化弧菌属（Nitrosovibrio）	2
亚硝酸盐氧化菌	硝化杆菌属（Nitrobacter）	6921
	硝化球菌属（Nitrococcus）	108
	硝化螺菌属（Nitrospira）	7794

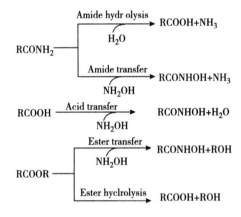

图 6　酰胺酶催化的四种反应[49]

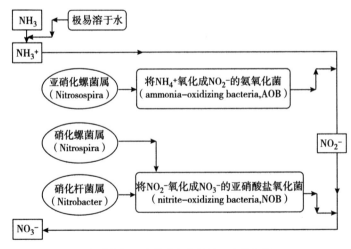

仅列出表 11 中基因丰度 1000 以上的细菌

图 7　五盔坟 5 号墓里的硝化作用示例

相较于环境及其他高句丽墓室，五盔坟 5 号墓 NO_3^- 较多（2010、2013 年的高句丽水样离子色谱检测结果见表 12、13）。由于样品中的 [Cl^-] 与 [SO_4^{2-}] 都比较正常，故可以排除凝结水受空气或墓室外土壤影响，NO_3^- 主要产生于墓室内部。

表 12　　　　　　　　　　　高句丽水样无机阴离子浓度（2010 年）　　　　　　　单位：mg/L

样品名称	Cl^-	NO_3^-	SO_4^{2-}
雨水	0.23	1.36	4.21
麻线 1 号 104 - 120 - 2	0.05	1.04	0.48
三室墓 104 - 40	0.36	10.66	1.99
五盔坟 4 号 104 - 31（白斑区）	0.36	8.69	2.60
五盔坟 4 号 104 - 30（无白斑区）	0.64	30.28	79.63
五盔坟 5 号 105 - 1（白斑区）	0.703	107.50	6.361
五盔坟 5 号 105 - 2（无白斑区）	0.403	55.76	3.122

表 13　　　　　　　　　　　高句丽水样无机阴离子浓度（2013 年）　　　　　　　单位：mg/L

样品名称	Cl^-	NO_3^-	SO_4^{2-}
五盔坟 4 号（白斑区）	0.15	1.10	0.37
五盔坟 4 号（无白斑区）	0.14	1.43	1.46
五盔坟 5 号（白斑区）	0.63	89.50	3.63
五盔坟 5 号（无白斑区）	0.48	88.88	10.12

五盔坟 5 号墓的石材为花岗岩，壁画颜料主要为石绿、朱砂和铁黄，均不含氮元素。虽然在墓室有慢生根瘤菌等固氮菌，但在没有植物的情况下，它们自生固氮的能力极低，甚至检测不出固氮活性[50]。因此，大量的 N 元素似乎只应来自 B01 - 6。可作为对照的是，麻线 1 号和三室墓壁画表面封护材料主要为三甲树脂（不含 N，见表 8），而它们的 [NO_3^-] 都比较正常。

同样用 B01 - 6 封护壁画的五盔坟 4 号墓，凝结水中 [NO_3^-] 含量不稳定，偏大的数值也不及 5 号墓。除了 N 元素很可能与保护材料相关外，还说明微生物在 NO_3^- 的形成过程中起了主要作用。该墓的菌斑远少于 5 号墓，氨化作用（脱氨作用，微生物分解有机氮化物产生氨的过程）发生面积较小，并且硝化作用需不同类群的微生物共同参与，细菌总量少，则缺失环节的可能性增大——如此，即使有 NH_3，也不会产生 NO_3^-（自然条件下，生物硝化作用是 NH_4^+ 被氧化为 NO_3^- 最主要方式——化学硝化作用要求的条件苛刻，生成硝酸根量极少）。

本院研究人员成倩在其项目报告中提到，因为水的流动性，在 2010 年采集的水样（见表 12）同一墓室里的离子浓度——尤其白斑区与非白斑区的数据不具可比性，故不对比分析同墓室凝结水样。

3.2.4　可以开展的验证实验

根据墓室菌害现状，参考文献综述，并借助宏基因组测序分析，可以确定 B01 - 6 滋生微生物，但对于其机制的推断，还需更多证据来支持。

从生物角度可以开展两类实验：① 分离培养出五盔坟 5 号墓以假诺卡氏菌为首的主要致病菌，研究它们的酰胺降解能力。② 通过系列分子生物学实验——克隆测得的酰胺酶基因，构建表达载体，转化表达，检测代谢产物的酰胺降解能力等。

第一类实验的难度在于目前自然界绝大多数的微生物无法人工培养，对于这些微生物需要不断摸索设计培养基、培养温度等。高句丽墓菌群可能喜好寡养、低温环境，这导致菌群生长缓慢，无疑增加实验时间。第二类实验不需要培养出原始菌，只需从样品中拷贝目标基因，转化到模式菌株中，对目标基因进行功能分析，但其难度在于微生物的基因表达往往是一个操纵子上若干基因的共同作用，将单个基因剥离转入新宿主，是否能够得到预期产物具不确定性。

课题组从 2011 年至今一直努力分离五盔坟 5 号墓主要致病菌，在 GYM 培养基、无铁燕麦粉培养基、酵母淀粉培养基、无铁腐殖酸培养基、反硝化培养基、几丁质—水琼脂培养基、PDA 培养基、改良高氏 1 号培养基（无铁）、龙山矿石粉末培养基、土壤浸出液培养基等十余种培养配方的基础上，尽量模仿墓室环境，比如按照凝结水中各主要离子浓度配制营养液，添加颜料及 B01-6 碎片，设计新配方。

目前，共分离培养出五盔坟 5 号墓样品 DNA 中检测到的主要致病种群有八种，其中细菌三种——金黄杆菌（Chryseobacterium sp.）、鞘氨醇单胞菌（Sphingomonas sp.）和拟无枝酸菌（Amycolatopsis sp.）；真菌四种——枝顶孢霉（Acremonium camptosporum）、地丝菌属（Geomyces）、微小被孢霉（Mortierella exigua）和丝孢酵母（Trichosporon moniliiforme）。但遗憾的是，还未能分离出最主要的致病菌假诺卡氏菌，因而无法进一步开展验证实验。但是，前述的若干宏基因组检测结果，揭示了假诺卡氏菌的一些特征，如可以固定 CO_2，必需含氮化合物等，为修正、改善培养条件提供了重要信息。

3.3 小结

由于无法得到当年加固五盔坟 5 号墓的 B01-6 产品，并且文物环境及群落结构难以在实验室复制，故欲推测菌害与保护材料的关系，只能依靠现状加以分析判定。

宏基因组检测提供了五盔坟 5 号墓主要致病种群营养代谢特征、降解材料能力及相关酶基因等重要的线索。由此开展分析，得到 B01-6 为五盔坟 5 号墓壁画病害菌群提供营养的结论。同时，基于材料生物降解规律，墓室菌群结构，以及凝结水中 $[NO_3^-]$ 偏高等信息，猜测目前菌害的致病机理主要是降解吸收 B01-6 的酰胺基。

要进一步证实、研究机理，需分离培养出五盔坟 5 号墓的假诺卡氏菌，或通过克隆相关基因、转化表达，研究代谢产物以及降解材料相关基团的能力。

4 结论与展望

高分子有机材料的生物老化是普遍现象，在高湿环境下应谨慎使用，例如 20 世纪 70~80 年代，为保护高句丽五盔坟 5 号墓壁画，施加的 B01-6 丙烯酸清漆，经本研究证实，是导致当前菌害的主要原因。

　　然而，有机材料的生物老化性尚未引起我国文物保护界的普遍重视。在筛选材料的老化实验里，多只考虑光、氧等物理、化学因素，缺乏生物老化检测方法与标准。

　　材料的生物降解，是物化与生物因素共同作用的结果，单纯的物化方法难以揭示材料上生物的生长情况，而单纯揭示生物在材料上的富集，也不足以证明材料发生了生物降解。完整的材料生物老化检测，应当同时包括定性、定量的生物、物化技术，从生物的富集、材料变化两个角度同时加以证明。

　　由于微生物具可传染性，不仅会促进材料老化，还可能进一步引发文物病害。应当通过相关研究，加强我国文物保护人员关于有机材料生物老化性的认识，补充和完善材料筛选、效果评价实验。

[1] 刘斌. 石质文物保护用有机硅材料的制备及应用研究. 兰州理工大学, 2011.

[2] 周双林. 文物保护用有机高分子材料及要求. 四川文物, 2003, (3): 94-96.

[3] 同[2].

[4] Eubeler JP, Zok S, Bernhard M, et al. Environmental biodegradation of synthetic polymers I. Test methodologies and procedures. Trend Anal Chem, 2009, 28 (9): 1057-1072.

[5] Gu JD. Microbiological deterioration and degradation of synthetic polymeric materials: recent research advances. Int. Biodeterior. Biodegrad, 2003, 52 (2): 69-91.

[6] Luckachan GE, Pillai CKS. Biodegradable polymers – a review on recent trends and emerging perspectives. J Polym Environ, 2011, 19 (3): 637-676.

[7] 同[6].

[8] Rosciszewski P. Application of Silicones. WNT, Warsaw, 1964. 110.

[9] Koestler RJ, Santoro ED. Assessment of the Susceptibility to Biodeterioration of Selected Polymers and Resins: Final Report Submitted to the Getty Conservation Institute, 1988.

[10] Leznicka S, Kuroczkin J, Krumbein WE, et al. Studies on the growth of selected fungal strains on limestones impregnated with silicone resins (Steinfestiger H and Elastosil E-41). Int. biodeterior, 1991, 28 (1): 91-111.

[11] Cappitelli F, Zanardini E, Sorlini C. The biodeterioration of synthetic resins used in conservation. Macromol Biosci, 2004, 4 (4): 399-406.

[12] 同[9].

[13] Nugari MP, Priori GF. Resistance of acrylic polymers (Paraloid B72, Primal AC33) to microorganisms——First part. In: 5th International Congress on Deterioration and Conservation, Lausanne, 1985.

[14] Salvadori O, Nugari MP. The effect of microbial growth on synthetic polymers used on works of art. In: Biodeterioration7, Amsterdam: Elsevier, 1988.

[15] Heyn C, Petersen K, Krumbein WE. Investigations on the microbial degradation of synthetic polymers used in the conservation and restoration of art objects. In: Biodeterioration and Biodegradation 9. Rugby: Inst. Chem. , 1995.

[16] Abdel-Kareem O. Microbiological testing of polymers and resins used in conservation of linen textiles. In: 15th World Conference on Nondestructive Testing, Associazione Italiana Prove non Distruttive. Rome: 2000.

[17] Kawai F, Watanabe M, Shibata M, et al. Comparative study on biodegradability of polyethylene wax by bacteria and fungi. Polym De-

grad Stabil, 2004, 86 (1): 105 - 114.

[18] Bettencourt AF, Neves CB, de Almeida MS, et al. Biodegradation of acrylic based resins: A review. Dent Mater J, 2010, 26 (5): 171 - 180.

[19] Sutherland GRJ, Haselbach J, Aust SD. Biodegradation of crosslinked acrylic polymers by a white - rot fungus. Environ Sci Pollut R, 1997, 4 (1): 16 - 20.

[20] 同 [5].

[21] Eubeler JP, Bernhard M, Knepper TP. Environmental biodegradation of synthetic polymers II. Biodegradation of different polymer groups. Trend Anal Chem, 2010, 29 (1): 84 - 100.

[22] 同 [5].

[23] 同 [4].

[24] Nogales B, Moore ERB, Llobet - Brossa E, et al. Combined use of 16S ribosomal DNA and 16S rRNA to study the bacterial community of polychlorinated biphenyl - polluted soil. Appl Environ Microbiol, 2001, 67 (4): 1874 - 1884.

[25] Zengler K, Palsson BO. A road map for the development of community systems (CoSy) biology. Nat Rev Microbiol, 2012, 10 (5): 366 - 372.

[26] Mason OU, Hazen TC, Borglin S, et al. Metagenome, metatranscriptome and single - cell sequencing reveal microbial response to Deepwater Horizon oil spill. ISME J, 2012, 6 (9): 1715 - 1727.

[27] Guazzaroni ME, Herbst FA, Lores I, et al. Metaproteogenomic insights beyond bacterial response to naphthalene exposure and bio - stimulation. ISME J, 2013, 7 (1): 122 - 136.

[28] Fang H, Cai L, Yu Y, et al. Metagenomic analysis reveals the prevalence of biodegradation genes for organic pollutants in activated sludge. Bioresour Technol, 2013, 129: 209 - 218.

[29] Qin J, Li R, Raes J, et al. A human gut microbial gene catalogue established by metagenomic sequencing. Nature, 2010, 464 (7285): 59 - 65.

[30] Qin J, Li Y, Cai Z, et al. A metagenome - wide association study of gut microbiota in type 2 diabetes. Nature, 2012, 490 (7418): 55 - 60.

[31] Shi P, Jia S, Zhang X X, et al. Metagenomic insights into chlorination effects on microbial antibiotic resistance in drinking water. Water Res, 2013, 47 (1): 111 - 120.

[32] Tringe SG, Zhang T, Liu X, et al. The airborne metagenome in an indoor urban environment. PloS one, 2008, 3 (4): e1862.

[33] 耿铁华. 高句丽古墓壁画研究. 吉林大学出版社, 2008: 92.

[34] 集安市博物馆周荣顺馆员.

[35] 中国文化遗产研究院, 吉林省文物局, 集安市文物局. 文物保护科技专辑 III——高句丽墓葬壁画原址保护前期调查与研究. 文物出版社, 2014: 420 - 462.

[36] 同 [35].

[37] 同 [35].

[38] 周德庆. 微生物学教程. 高等教育出版社, 1993: 99 - 108.

[39] 中国文化遗产研究院, 吉林省文物局, 集安市文物局. 文物保护科技专辑 III——高句丽墓葬壁画原址保护前期调查与研究. 北京: 文物出版社, 2014: 204 - 265.

[40] Buchanan RE. 伯杰细菌鉴定手册 (第八版). 北京: 科学出版社, 1984.

[41] Sales CM, Mahendra S, Grostern A, et al. Genome sequence of the 1, 4 - dioxane - degrading Pseudonocardia dioxanivorans strain CB1190. J Bacteriol, 2011, 193 (17): 4549 - 4550.

[42] Ciferri O. Microbial degradation of paintings. Appl Environ Microbiol, 1999, 65 (3): 879 - 885.

[43] 同 [4].

[44] 同 [35].

[45] Piotrowski M, Schönfelder S, Weiler EW. The Arabidopsis thaliana isogene NIT4 and its orthologs in tobacco encode β - cyano - L - alanine hydratase/nitrilase. J Biol Chem, 2001, 276 (4): 2616 - 2621.

[46] Sharma M, Sharma N N, Bhalla T C. Amidases: versatile enzymes in nature. EnvironSciTechnol, 2009, 8 (4): 343 - 366.

[47] Simonet P, Grosjean MC, Misra AK, et al. Frankia genus - specific characterization by polymerase chain reaction. Appl Environ Microbiol, 1991, 57 (11): 3278 - 3286.

[48] 王前, 陈海魁, 王俊丽. 固氮基因的分子进化分析. 江西农业大学学报. 2013, 35 (3): 597 - 602.

[49] 同 [46].

[50] 黄维南. 根瘤菌的自生固氮作用. 亚热带植物通讯. 1983, 1: 10 - 22.

南京太平天国历史博物馆藏吴煦档案
材料工艺分析和保护修复研究[*]

中国文化遗产研究院文物保护修复所　王　珊　张亦弛

湖北美术学院　　　　　　　　　　　　王　珏

摘　要：南京太平天国历史博物馆藏的一级文物吴煦档案是清代政客吴煦（1809~1872 年）与幕僚之间的公私信函和资料，其数量达上万件，时间跨度为乾隆二十三年（1758 年）至同治六年（1867 年），是研究太平天国农民运动、小刀会起义、捻军起义及第二次鸦片战争的重要原始资料，也是研究我国清代中晚期造纸、印刷科技水平发展变化的一个珍贵的标本库，具有重要的实物考据作用和极高的史料价值。为合理地保护修复该批重要历史文献，修复人员对其部分公文、古籍和信札开展纸、墨、印、颜料、信札彩笺加工工艺研究，对其中珍贵的"薛涛笺"文物开展分析研究。制定文物修复用纸的各项技术参数和质量标准，探讨彩笺修复方法，研究分析吴煦档案保存环境和病害现状，制定保护修复目标和技术路线，为保护修复实施提供参考。

关键词：吴煦档案　材料　工艺　修复用纸　彩笺

Study on the Materials and Paper – making Process of Wu Xu Archives in Nanjing Historical Museum of Taiping Heavenly Kingdom and Their Conservation and Restoration Method

Wang Shan, Zhang Yichi, Wang Jue

Abstract： Wu Xu Archives, the national level paper cultural relics collection in Nanjing Historical Museum of Taiping Heavenly Kingdom, are the politician Wu Xu's（1809 ~ 1872）correspondences between staff and some other materials collected by him, with the total number reaching around tens of thousands of

* 本项研究得到了南京市博物总馆顾苏宁研究员、李玮副研究员、韩芳老师的大力支持，中国制浆造纸研究院王菊华高级工程师给予了指导，中国人民大学张美芳教授在实验过程中给予了支持。

pieces, spanning from the 23rd year of the Chien – lung Emperor (1758) to the 6th year of Emperor Tong – zhi (1867), and therefore the cultural relics are some important source materials for the study of the Taiping Rebellion, the Small Sword Society Uprising, the Nian Army Uprising and the Second Opium War. Wu Xu Archives also contain many cultural relics that can fully reflect the papermaking and printing technology development and changes in the late Qing dynasty, and thus have a high physical textual value. To reasonably protect and restore those important historical documents, the restoration staff have examined the fiber type and proportion, analyzed the paper – making process, components of the ink, seal and paints of their letter paper, ancient books, and correspondences, paper processing of the colored stationeries, studied the "Xue Tao Stationery" found in Wuxu Archives and carried out a restoration experiment conforming to the related literature records. and establish the technical specifications and quality requirements for the selection and production of the restoration paper based on the detailed investigation information of Wu Xu Archives. The paper also discusses restoration methods of the colored stationeries, and analyzes the preservation environment of Wu Xu archives, disease status and mechanism, works out the restoration targets and the restoration technical route.

Key words: Wu Xu archives, material, craftwork, paper for restoration, colored stationery

1　前　言

南京太平天国历史博物馆藏的吴煦档案主要是清代政客吴煦（1809～1872 年）与幕僚之间的公私信函和资料。吴煦，浙江钱塘（今杭州市）人，历经清道光、咸丰、同治三朝，曾勾结外国侵略势力镇压太平天国，后被革职返乡，病死家中。吴煦在任职期间，十分注意对公务档案和私函的收集和保存，引疾归里时，带回全部档案。他去世后，其档案藏于家中。1949 年后，吴煦后人因不识档案的重要，将其中一部分当作废纸卖给造纸厂，今已不复存在。其中大部分于 1953 年在杭州出售时，被浙江省文物保管委员会发现加以收购，后送文化部。1959 年，文化部指令将全部吴煦档案十一大箱，拨运南京太平天国历史博物馆进行全面整理。1978 年，中国革命历史博物馆又向太平天国历史博物馆送了两大箱与吴煦有关的档案资料。经整理，这批档案史料多达 10 万余件，是 1949 年后有关太平天国史料数量最多、最重要的发现，其中有大量奏折照会、名人函牍、记事探报、海关厘金、军饷账册等，涉及清政府和太平天国的政治、经济、军事、外交等。

吴煦档案中保存了从吴煦早年随父兄游幕浙江到任职江苏荆溪、震泽、金坛、嘉定等县知县，从在军中办理文案到署理苏松太道并监督江海关、署理江苏布政使，从成立"会防公所"到组建"洋枪队"各个时期的大量第一手资料。大部分内容是吴煦参与镇压太平天国各个时期收集的上谕、奏折、禀报、往来书信、情报、探报、外交公文照会底稿、厘金和军饷账册、报销底册、科举试题、记事等等，还有为数众多的吴煦游幕浙江及为官江苏时收集的江南地区有关经济资料。这些档案为研究太平天国农民运动、小刀会起义、捻军起义及第二次鸦片战争等提供了重要的原始资料，是 18、19 世纪中国社会具有鲜明时代特色的真实写照，也为我们了解同一历史时期的江南社会政治、经济情况提供了第一手档案，是一大宗无须辨伪的史料，具有很重要的实物考据作用和极高的史料价值，是国家的宝贵财富，引起了我国学者们的高度关注。

在这批档案被送往文化部期间，静吾、仲丁同志编有《吴煦档案中的太平天国史料》一书，21.3

万字，内容包括：太平天国文书（6件）、有关小刀会文件（12件）、清政府和国际侵略者的关系（14件）、有关洋枪队的文件（26项）、外人书信（19封）、会防局译报选辑（205则）。1958年由北京三联书店出版，这是披露吴煦档案的第一部资料书。

1959年，文化部指令将吴煦档案拨运南京太平天国历史博物馆进行整理。整理工作由著名的太平天国历史专家罗尔纲先生主持。罗先生仔细翻阅了全部档案，定出编辑纲目和编选凡例，1962年编成《吴煦档案目录，附类目索引及重要问题目录索引》。

1964年，南京太平天国历史博物馆王淑慎、李武纬、罗文起等同志编出《吴煦档案选编》初稿，受"文革"影响未能发表。"文革"结束后，李武纬等同志在初稿基础上继续补选汇编，编成《吴煦档案选编》7辑，204万字（图1、2）。内容按问题性质分类：太平天国资料、会党活动及农民抗漕斗争资料、中外交涉及资本主义列强侵华资料、清政府财政经济资料。于1982、1983年由江苏人民出版社陆续出版。

图1 《吴煦档案选编》

图2 《吴煦档案选编》

图3 托裱装订成册的吴煦档案

图4 托裱装订成册的吴煦档案

吴煦档案数量浩繁、内容庞杂，其中部分档案曾在20世纪80年代被托裱保护，装订成册606本（图3、4），已被整理出版的两套8册的书籍为国内外近代史学者使用和参考提供了重要的第一手素材。目前仍有档案残件43包，以及当年随档案移交而来的线装书籍、部分清方名人函札、参考史料等约650余册，共计数万件未进行保护修复和科学分类、整理、编辑出版。

为保护修复好这批珍贵的历史资料，使其更好地发挥作用，我们通过文献查阅、实物考察、分析检测相结合的方式对吴煦档案的用纸材料、造纸工艺、性能、保存环境、主要病害进行了调研。根据调研结果制定了吴煦档案修复用纸的各项技术指标，简要分析了吴煦档案产生病害的机理，并对病害的治理提出多项意见和建议。

吴煦档案虽然数量大，种类庞杂，但我们在调研中发现档案的用纸按功能用途主要可以被分成三类。第一类为书写奏折、禀达、支放书、领条等公文的纸张，包括封条和函套之类的包装材料用纸。这类文物较零散，纸张多为生白色，偶有染色纸张，较少做其他艺术加工处理。第二类为古籍用纸，古籍封面封底和书页纸张厚薄不同，原料或也不同。第三类为往来信函所用的彩笺，这一部分文物规格较统一，数量较多，约有 6 万通，均为艺术加工纸。从造纸工艺上看，吴煦档案大部分纸张为手工纸，极少量的纸张为机制纸。

2　对吴煦档案材料、工艺及保护修复研究的意义

我国档案、古籍等纸质文物藏量丰富，尤其是明清档案和古籍被大量收藏于档案馆、图书馆和博物馆等机构。另一方面，中国是造纸术的故乡，手工造纸技术曾经辉煌，很多手工纸都可以用于修复档案和古籍。修复人员在修复纸质文物时常常发现对修复用纸的选择困难重重。这主要由两个原因造成：① 手工造纸质量良莠不齐，修复人员难以挑选合适的修复用纸；② 手工纸供需脱节，修复人员过去对修复用纸的选择主要依靠经验，没有量化的技术标准，而手工纸生产者又不知道纸质文物修复用纸的具体要求。

纸质文物修复用纸的选择是修好文物的关键，修复用纸应与文物的原料，厚度、强度等理化性能相仿，才能保证修复质量。21 世纪以来，纸质文物收藏机构开始逐渐关注修复用纸的研究和选用，上海博物馆、南京博物院等藏有较多珍贵纸质文物的机构均开展了一些相关研究，取得了一定的成果，但有些研究开展的范围较小，且多处于初试阶段，缺乏相对的持续性和扩展性。

将修复用纸的技术标准纳入图书、档案修复技术标准体系，并与有实力的手工造纸厂家联合，生产文物修复用纸，这是近年来业界在修复用纸研发上的大胆尝试。2001 年，国家图书馆颁布 GB/T 21712 - 2008《古籍修复技术规范与质量标准》，其中规定补纸颜色、质地、厚度及帘纹与书叶相仿，边缘必须有毛茬，补纸与书叶连处控制在 2.0mm 以下；书叶补纸要与书叶质地、厚薄及颜色相近；溜口用纸厚度为 0.02 ~ 0.04mm 的薄皮纸，裁成 1 ~ 1.5cm 宽的长条用于修补书口，溜口时不可使用含有木浆成分的纸，以避免书口出现波浪形状。宁波天一阁博物馆从 1997 年起与浙江奉化手工艺人袁恒通合作，将棠云竹纸改造成适用于古籍修复的优质竹纸，国家图书馆、上海图书馆、南京图书馆等也逐渐选择棠云纸作为修复用纸。贵州丹寨手工造纸艺人王兴武从 2008 年起，在中央美院、荣宝斋教授岳黔山的指导下，为国家图书馆、上海复旦大学古籍部、江西图书馆古籍保护中心等机构生产古籍图书修复用纸"迎春苗纸"，该纸质量符合修复要求，如 pH 值为 7.8。2012 年，江西铅山生产的连四纸经国家图书馆检测试用后，被选为国家图书馆古籍善本修复用纸。日本，是目前海外收藏中国古籍数量最多的国家，对于古籍修复用纸也有着严谨和规范的标准。

除修复用纸以外，我国还馆藏大量古代艺术加工纸作为宫廷用纸、佛经用纸、书信和咏诗用纸。彩笺也是艺术加工纸的一种，它往往集染色、研光、套色印刷、饾版印刷、砑花等加工技术于一身。

各个时期的彩笺几乎均能体现和代表当时纸张加工技术、印刷技术、造纸技术的最高水准，是这三大技术的集大成者。不仅如此，彩笺还往往集诗、书、画、印于一体，浓缩我国传统绘画艺术的精髓，具有极高的文化、艺术价值，是我国文化艺术宝库中的一朵奇葩。由于对这些纸张的加工材料和方法疏于了解，修复人员在对劣化的艺术加工纸质文物进行修复时往往束手无策，多年以来，相关的保护修复研究仍非常有限。

本研究立足于保持文物原真性和最小干预等原则，运用现代分析检测技术，在对吴煦档案、古籍和彩笺材料工艺进行分析研究的基础上，开展吴煦档案修复用纸的技术标准研究。针对吴煦档案修复数量庞大，文物类型多，原料较为统一的特点，对于文物修复用纸的补配亦拟采取定制生产的模式。按功能划分的方式，将所需的公文、古籍、彩笺修复用纸分为文物本体修补用纸，功能辅助修复用纸（溜口、托裱加固用纸）两类，并进一步细化了档案用纸的技术数据，制定修复用纸的各项质量标准，以为后续定点生产提供技术参数。同时，开展彩笺预加固黏结剂、清洗方法、修复用纸加工技术的研究。开展吴煦档案保存环境、病害调查、病害机理分析等，这些成果将应用于吴煦档案和清末档案、古籍的保护修复工作，对于今后保护修复大批量的纸质文物以及修复艺术加工纸方面都有重要的实际意义。

3　研究背景

3.1　我国清代造纸概况

手工造纸到清代已有近 2000 年的历史，清代造纸在宋元明的基础上进入总结性发展阶段，在造纸原料、技术、设备、加工，以及纸的产地、质量、产量和用途等方面都达到历史最高水平，并出现了前所未有的造纸技术专著。清代造纸的工艺技术，如染色、印花、砑光等也高度发达。

如同宋元明一样，清代造纸仍以皮纸和竹纸为主。"竹纸，以山竹为主要原料；皮纸，以桑、楮、桦、檀等树皮为主要原料"[1]。清前期造纸业虽已遍及南北各地，但仍主要集中在南方的福建、江西、安徽、浙江、四川、湖南、广西等省。福建仍为清代的主要产纸区，由于闽江流域竹林密布，福建仍以造竹纸为主，竹纸又称"扣纸"。建阳自宋元以来一直是全国的重要刻书中心，竹纸被广泛用于印书和抄书。浙江也是古老的造纸区。清代，浙江许多州县都有造纸业，富阳县水质宜于造纸，所产各种竹纸、草纸、皮纸，名目甚多，其中竹纸质量为最优。安徽也是古老造纸区，主要生产绘画用宣纸，造纸原料为檀树皮和稻草秆。北方造纸业以山东、河南、河北、山西居多，山东、河南多产桑皮纸、楮皮纸，也以麦秸制草纸。山西多产白麻纸。清代北方造纸业不如南方发达，产纸地区不少，但所产多为下等纸。

清代的加工纸如染色纸、印花纸等，通常由专门纸坊从事。清前期，陕西、苏州、福州等地都有这种从事再加工的纸坊。"乾隆五十八年，苏州有染纸作坊 33 家，从业人员 800 余人，专为纸商加工各种色纸，纸坊之间又有分工，如表笺色纸坊、大色纸坊。嘉道间，陕南山区纸厂众多，产各种纸，有的需染色，'染色之纸须背运出山，于纸房内将整合之纸大小裁齐，上蒸笼干蒸后，以胶矾水托湿晾干刷色'。《闽产录异》记，'福州有纸坊三四十所，以扣纸染花笺，研蜡则成蜡笺'"[2]。

清代纸张是重要的商品，一般低档、日常用纸，常常就近销售。随着运输业的发展，福建的纸大量销往江苏、湖广、北京等地。专用于印书的"建阳扣"纸，明清时全部被江南商人所垄断，禁不外用。浙江余杭产竹纸，"自江以南皆赖用之，民藉以为利"[3]。安徽池州府各县产纸，康熙《石埭县志》记载，"居人贩鬻杉、纸，轻去其乡，远者达京师，近者适吴会"[4]。

在清代前期，我国古代造纸技术已发展至历史巅峰。随着封建统治阶级的日益腐朽以及帝国主义的不断侵略，我国的造纸业从清代后期逐渐衰落，手工纸受到西方机制纸的严重挑战。清末开始从西方引进技术与设备，组织本国的机制纸生产。因此，"清末是我国手工纸与机制纸并存时期，仍以手工纸为大宗"[5]。

3.2　吴煦档案的科技史价值

从时间维度上看，吴煦档案材料的制成主要在清代中晚期这一手工纸业从盛至衰的历史阶段，此时距西方发明长网造纸机已半世纪有余，西方开始使用化学木浆制造技术[6]，并用机器造纸代替手工造纸。吴煦档案因多为官方用纸，所用纸张质量上乘，除大量是竹、皮等材料的传统手工纸以外，也出现了较少量的机制纸，而且档案中既有手抄（绘）本、传统木刻本，也有石印本。

从形态上看，吴煦档案中除普通公文用纸以外，还有很多加工纸，主要体现在书写信札所用的色笺、花笺、画笺，颜色多达十余种，纹饰制作包括明清以来出现的饾版套印、研花、拱花、研光工艺。出现了失传已久的几种古代名纸：仿薛涛笺、水波纹纸、红色硬黄纸。

由此可见，吴煦档案是较能全面体现我国清代中晚期造纸印刷科技水平发展变化的一个珍贵的缩影和标本库。

4　吴煦档案公文和古籍纸、墨、印、颜料研究

4.1　材料和工艺调研

鉴于吴煦档案数量巨大，价值珍贵，我们以太平天国历史博物馆提供的档案《咸丰五年海运漕米业案内文稿》（图 5、6）和部分古籍为主要研究对象，对其中的纸张进行了规格、白度（或色度）、厚度、定量、帘纹的测量，纤维种类和配比检测，纸张填涂料观察和成分分析以及部分文物病害情况的记录，其中纤维检测方法以 GB/T 4688 - 2002 为准，纸张填涂料观察分析利用 SEM - EDAX 开展。档案《咸丰五年海运漕米业案内文稿》具有一定的典型性和代表性：① 内容重要，咸丰时期正是我国由河运漕粮发展成海运漕粮的关键转型期，"这一运输形式的变迁对中国社会的发展产生了深远的影响"[7]；② 文物类型齐全：包括奏折、禀达、信函、支放书、领条、便条、账册、封套等；③ 病害种类集中，80% 以上的纸质文物病害在该包档案中有所体现。古籍不同的部位用纸亦有差异，纤维检测以《太上感应篇注合抄》为重点调查对象。

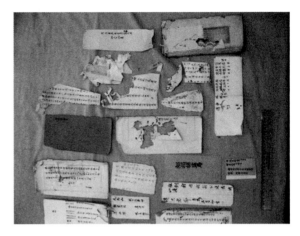

图 5　档案《咸丰五年海运漕米业案内文稿》　　　　图 6　部分档案

4.1.1　公文纸张纤维种类、填涂料、色纸颜料、帘纹、白度、厚度、定量等基础信息

针对《咸丰五年海运漕米业案内文稿》的纸张纤维种类、填涂料、色纸颜料、帘纹、白度、厚度、定量等基本信息进行调查整理（见表 1、2）。

表 1　　　　　　　　　　《咸丰五年海运漕米业案内文稿》公文纸张信息表

文物编号	文物名称	白度（%）	帘纹（道/cm）	纤维种类	厚度（mm）	定量（g/m²）	备注
WDCJWST010001	奏事禀（同治元年上海船捐局申解本年二月……）	55	7～8（帘线间距1cm）	竹	0.08	17	
		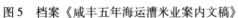 奏事折叠形式　　帘纹及帘线间距　　竹纤维 10×					
	底稿一乙（筹补船捐钱捌佰叁仟玖佰……）嘉定县	55	10	竹	0.075	14	
		文物整体					

文物编号	文物名称	白度（%）	帘纹（道/cm）	纤维种类	厚度（mm）	定量（g/m²）	备注
WDCJWST010002	信稿残页（……标干总李于锡等三月十……）	50	11～12	竹	0.061	16	规格：短边 17.4cm，长边 30cm，宽 24.2cm。纸页为生白纸，没有漂白，但有老化发黄情况
WDCJWST010003	封套（白纸，同治元年江苏巡抚部院行营营务处）	70	10	皮	0.09		规格：25.5cm×18.5cm。白纸为一层，黄纸为两层
	封套（黄纸）	35	7～8	竹＋草	0.11		
WDCJGF060002	封套（署理江苏分巡苏松太兵备道吴）	30		竹＋草	0.274		规格：29.2cm×14cm，重量 14g，中残。该件封套大面积皱褶、霉点、多处虫蛀，右侧中间破损、残缺严重
WXC1027－1	封套（钦命二品顶戴江南分巡苏松太兵备道兼署江苏布政使司吴）	30		竹	0.237		规格：32cm×15.5cm，重量 14g。封套大面积黄斑、污迹霉点、多处皱褶

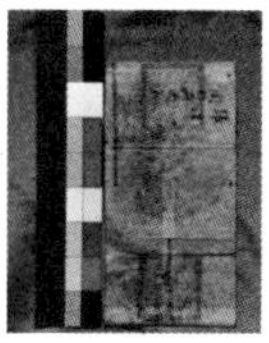

WDCJWST010002:
文物正面　　帘纹及帘线间距

WDCJWST010003:
文物正面　　生料法制竹浆　　纸面形态：纸面施胶

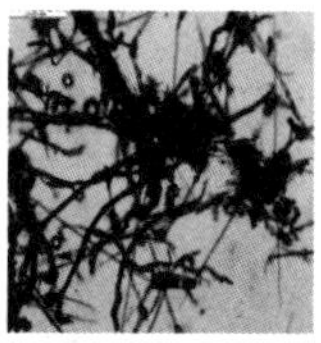

WDCJGF060002:
文物整体　　显微照 60×

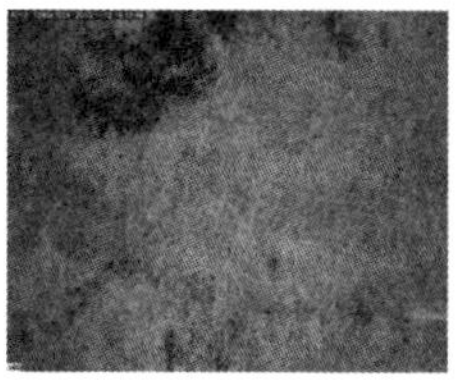

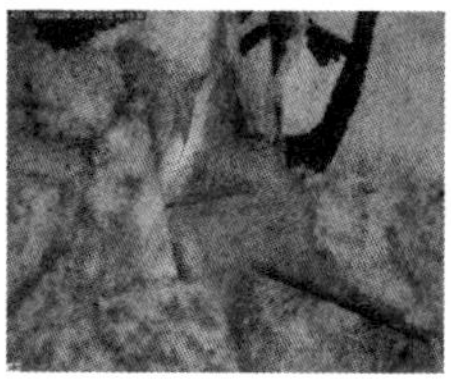

WXC1027－1:
文物整体　　显微照 60×　　纸面形态：浆内施胶

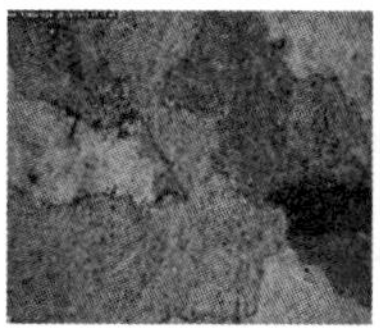

续表 1

文物编号	文物名称	白度（%）	帘纹（道/cm）	纤维种类	厚度（mm）	定量（g/m²）	备注
WDCJWST0001	残件（同治六年年四月补用道候补知府申送防护厂所二船领哨勇口粮）	35		竹	0.066		规格：25cm×11.6cm，重量 3.2g，残件。中间大面积虫蛀、污渍，边缘粉化、脆化、虫屎蝇粪残留表面
WDCJWST010004	折	45	11～12（帘线宽窄不一）	竹	0.09		规格：44cm×25.5cm
	支放书（同治元年七月）	50	12～13	竹	0.033		
WDCJWST010005	支放书	40	8～9（帘线间距1cm）	竹	0.055	17	规格：短边23.6cm，长边24cm，宽23.5cm

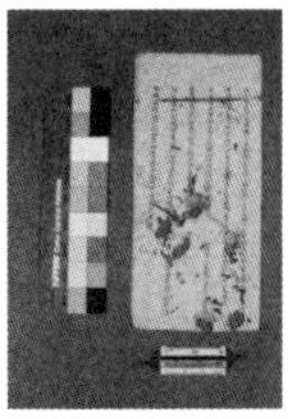

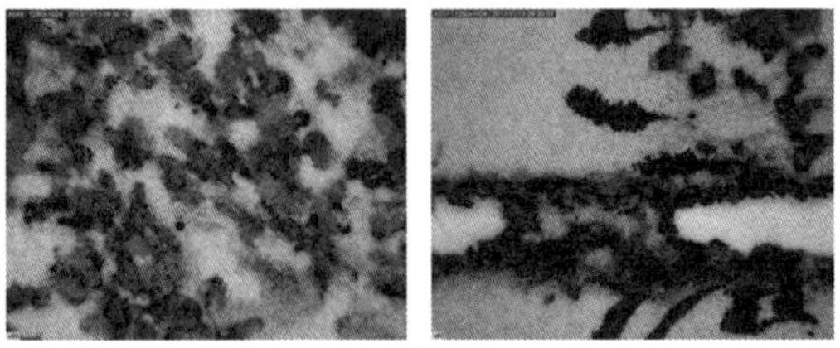

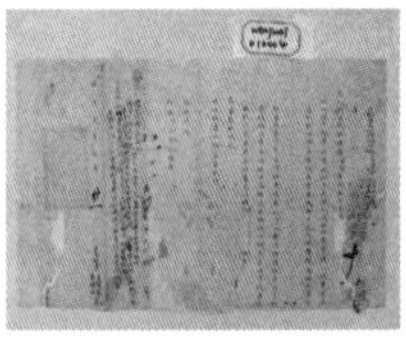

文物整体　　　　　显微照 60×

折 + 支放书　　　折帘纹（不均）　　　支放书帘纹

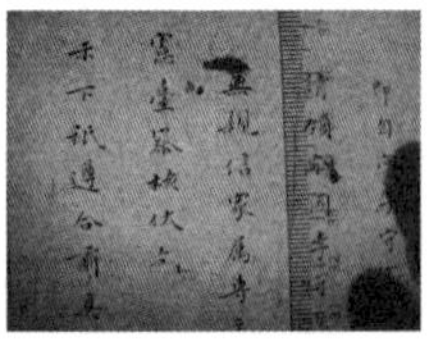

文物正面　　　　竹纤维 10×

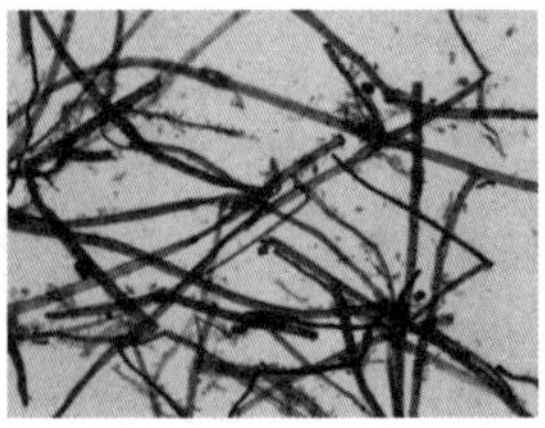

续表1

文物编号	文物名称	白度（%）	帘纹（道/cm）	纤维种类	厚度（mm）	定量（g/m²）	备注
WDCJWS 350009	5张便笺，1件小护封套			竹	0.065，0.065，0.063，0.066，0.065		重量11.5g，中残。有蛀洞、小残损、少许污渍。小信封、护封条断裂及残缺，表面有污渍及水迹黄斑
		文物正面			纤维和虫洞显微照片60×		
WDCJWS 350001	公文封套（咸丰六年十月初七日候补府正堂吴）	35		竹	0.483		规格：纵37.5cm，横17.5cm，重量9.7g，重残。虫蛀严重，封套下部残缺，表面大量虫屎、蝇粪残留
		文物正面			显微照60×		
WDCJWS 350008	经折装奏折（同治元年四月候补知府李庆琛申请随带防护船厂砲船二只等呈文谕）	正面：40 背面：35		竹	0.035		规格：24.5cm×11.5cm，重量24.9g，中残。蛀洞多，虫屎蝇粪残留，部分边缘粉化
		文物正面			纤维和虫洞显微照片60×		

文物编号	文物名称	白度（%）	帘纹（道/cm）	纤维种类	厚度（mm）	定量（g/m²）	备注
WDCJWS T010006	奏折（同治元年五月十六日）请给千总等拾船五月半月分十五天员升勇丁人等口粮油烛等项银两由	40	8（帘线间距 1~1.2cm）	竹+皮	0.057	14.45	文物长83.5cm，宽25cm；长边被裁切过，短边为自然边
WDCJWS T010008	记账便条	35（黄）50（白）	8~9（帘线宽窄不均，间距约0.5~2cm）	竹+草	0.084（黄色）；0.091（白色）	20	造纸材料中有废纸；文物背面刷涂了颜料；文物通长67.2cm，黄色纸长44.2cm，宽18cm；白色纸较黄色纸更好，抄造均匀
WDCJWS T010009	仿手工机制纸（TH–SAUNDERS 1860）	70	8（帘线间距2.65cm）	麻	0.145	118	纸紧度大；规格：32cm×40cm。水印文字：TH–SAUNDERS 1860；图案：狮形；纸张润墨性差

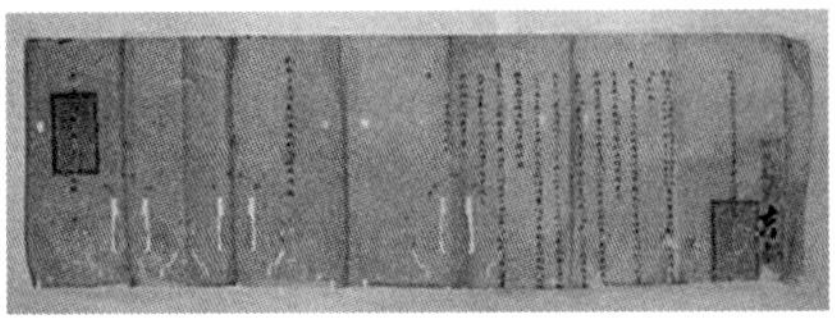

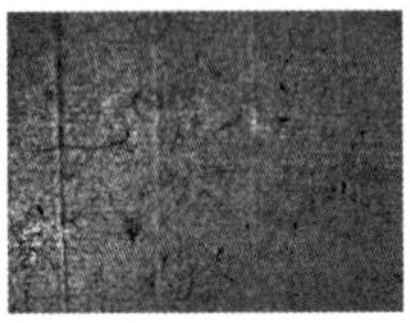

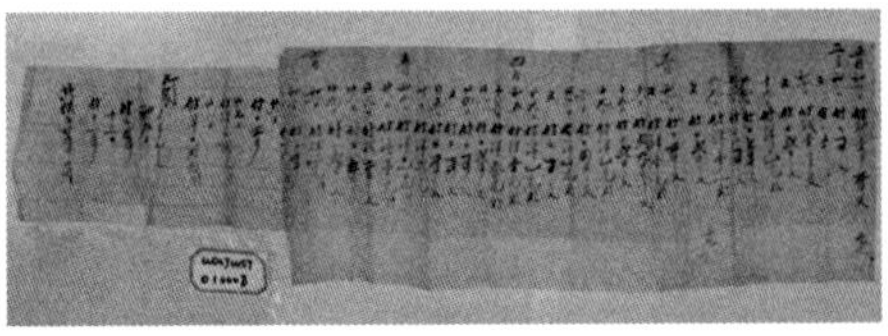

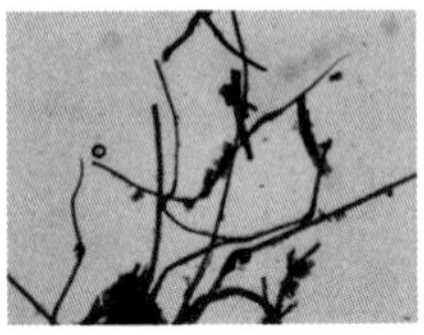

文物正面　　　纸张表面

文物正面　　　竹纤维10×

文物整体　　　水印　　　水印

续表 1

文物编号	文物名称	白度（%）	帘纹（道/cm）	纤维种类	厚度（mm）	定量（g/m²）	备注
WDCJWS 350005	钤有"大东门军需局"朱印便条	65		竹	0.079	15	规格：27.3cm × 7.6cm，重量 1.7g，重残。残破糟朽
		 文物整体　　纤维和虫洞显微照片 60×					
WDCJWS 350007	手写便笺文稿	60		竹	0.038	77	规格：26cm × 21.5cm，重量 4.3g，重残。该残件碎裂成两片，上部粉化，糟朽折皱
		 文物整体 纤维和虫洞显微照片 60×					
WDCJWS 350010	文书（同治元年二月十五日办理江南团练总局关防印记）	50		竹	0.055		重残。糟朽、霉污
		 文物整体　　纤维和虫洞显微照片 60×					
WDCJWS T0002	札谕（咸丰拾壹年十二月雀匠赶造船只配齐军火札谕）	60		竹	0.051	19	规格：28.3cm × 32cm，重残。该残件中间部分残缺，四周边缘破损，部分有絮化，中下部有蛀洞
		 文物整体　　纸张表面和虫洞纤维照片 60×					

表2 部分纸张表面填涂料信息表

文物名称	外观描述	纸张填涂料分析
手抄条（思归计可否仰求，五月日呈）	有字、纸硬厚、染橘红色	Hg、S、Al、Si、K 元素含量高，纸上或涂有朱砂、明矾和高岭土 含少量 Ca、Mg 元素，纸上或有滑石粉、石膏或石灰

Element	Wt%	At%
NaK	05.11	10.40
MgK	02.12	04.07
AlK	14.17	24.54
SiK	04.25	07.07
HgM	38.49	08.97
S K	08.41	12.26
K K	23.61	28.22
CaK	03.84	04.48

文物名称	外观描述	纸张填涂料分析
手稿（销事案准）	有印章，碎渣，油墨印	纸面填涂痕迹较少，含有少量 Ca、Si，或有石灰和少量高岭土

Element	Wt%	At%
SiK	00.40	00.19
CaK	00.64	00.21

文物名称	外观描述	纸张填涂料分析
手稿（带托标干总李于锡……）	有蓝色边栏，有字，残破	纸面 Al，Si 含量高，含有少量 Fe，纸上或有纯度不高的高岭土 含 Ca、K、Mg 元素，纸上或有滑石粉、石膏或石灰

Element	Wt%	At%
AlK	14.95	20.62
SiK	25.26	33.47
K K	05.33	05.08
CaK	17.32	16.08
FeK	37.14	24.75

文物名称	外观描述	纸张填涂料分析
手稿一张（致上海王……）	残，有字	纸面 Al，S，K 含量较高，纸面或涂有明矾 含少量 Ca、Na，纸上或有石灰、石膏、芒硝等

续表2

文物名称及编号	外观描述	纸张填涂料分析
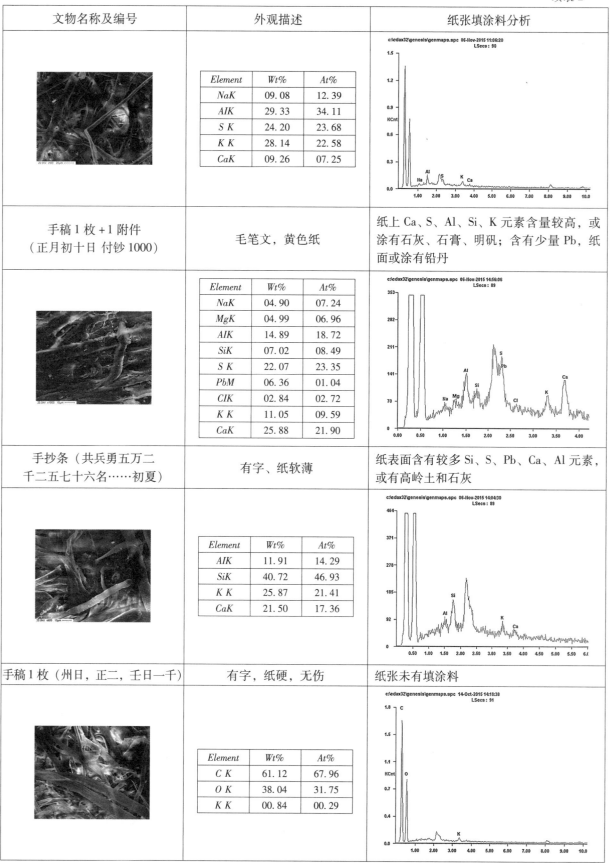		

（第一行图像区）

Element	Wt%	At%
NaK	09.08	12.39
AlK	29.33	34.11
S K	24.20	23.68
K K	28.14	22.58
CaK	09.26	07.25

手稿1枚+1附件 （正月初十日 付钞1000）	毛笔文，黄色纸	纸上 Ca、S、Al、Si、K 元素含量较高，或涂有石灰、石膏、明矾；含有少量 Pb，纸面或涂有铅丹

Element	Wt%	At%
NaK	04.90	07.24
MgK	04.99	06.96
AlK	14.89	18.72
SiK	07.02	08.49
S K	22.07	23.35
PbM	06.36	01.04
ClK	02.84	02.72
K K	11.05	09.59
CaK	25.88	21.90

手抄条（共兵勇五万二千二五七十六名……初夏）	有字、纸软薄	纸表面含有较多 Si、S、Pb、Ca、Al 元素，或有高岭土和石灰

Element	Wt%	At%
AlK	11.91	14.29
SiK	40.72	46.93
K K	25.87	21.41
CaK	21.50	17.36

手稿1枚（州日，正二，壬日一千）	有字，纸硬，无伤	纸张未有填涂料

Element	Wt%	At%
C K	61.12	67.96
O K	38.04	31.75
K K	00.84	00.29

对于吴煦档案《咸丰五年海运漕米业案内文稿》中奏折、便条、支放书等公文纸张的调查显示如下。

4.1.1.1 纤维信息

① 公文用纸纤维以竹为主，部分便条纸纤维为竹草混合，少数奏折纸张使用竹皮混料纸或皮纸。② 便携式显微镜下观察纸张表面光滑，抄造均匀，偶有纤维束裸露，纤维交结较紧。③ 纤维测量仪侧面光观察：纸面形态既含浆内施胶，也有纸面施胶。④ 纤维测量仪透射光观察：文物造纸制浆方式包括熟料法和生料法，部分文物竹纤维杂细胞含量少，颜色呈蓝色，较柔软，说明木素脱得较干净，采用熟料法制浆；也有文物纤维杂细胞含量大，采用生料法制浆。⑤ 档案中有一张机制纸，有均匀帘纹，纸张表面均匀平滑，紧度大，纸厚，纸中有文字和图案水印，文字为 TH - SAUNDERS 1860，图案为狮形。纤维检测材质为麻。⑥ 封套纸为双层或三层纸，外层一张白纸，内层为 1~2 层黄色纸张。纤维分析外层纸为皮纸，内层纸为竹草混料纸。根据外观观察和帘纹测量数据，白纸纸质薄软，黄纸纸质松散。

4.1.1.2 填涂料和色纸颜料信息

根据电镜能谱观察分析结果显示，部分纸张尤其是色纸，表面加有填涂料，由于 Si、Ca、Mg 元素含量较高，初步推断或为高岭土、石灰、滑石粉等物质，个别纸张 Hg、Pb、Al 元素含量高，可能涂有明矾、朱砂、铅丹，也有未经加填的纸张。

4.1.1.3 帘纹、白度、厚度、定量等信息和病害微观观察

① 公文用纸纸张帘纹约在 7~12 根/cm，应为细竹条编制的竹帘所抄造，或为长江流域所产。② 除封套外，其他公文纸张细薄，厚度约为 0.03~0.09mm，纸张定量较低。③ 除机制纸外，手工纸白度约在 30~65 度，多为生白色，未染色，但有老化发黄现象。④ 文物纸张多遭虫蛀。

4.1.2 古籍纸张纤维种类、帘纹、白度、厚度、定量等基础信息

我们针对部分古籍纸张的纤维种类、帘纹、白度、厚度、定量等基本信息进行调查整理（见表3），其中对古籍《太上感应篇注合抄》开展了详细的纤维测试（见表4）。

表3   吴煦档案部分古籍纸张信息表

文物编号及名称	规格	厚度（mm）	纤维种类	色度	完残记录	形状内容	照片
WXG436《钦定户部则例》	纵 24.4cm，横 15.5cm，重量 72g	0.138封面	竹	L = 68.3，a = 4.7，b = 20.2	重残。该件文献整体泛旧、污渍、霉点、皱褶。整册右侧背面由于虫蛀造成大面积缺损，左侧背面虫蛀严重	该古籍现存二册，版框 22.3cm × 15.5cm，每半页九行，左右双边，单黑鱼尾，白口，四眼线装	
				纤维及虫洞显微照 60×			

纤维及虫洞显微照 60×

续表 3

文物编号及名称	规格	厚度（mm）	纤维种类	色度	完残记录	形状内容	照片
WXG457《阳宅大成》	纵 24.2cm，横 15.7cm，重量 49g	0.138 封面	竹		中残。该件文献整体泛旧，上部残缺严重。整体污渍、黄斑和霉点。部分虫蛀	该古籍现存四册，版框 18.1cm × 13.5cm，每半页十行，左右双边，单黑鱼尾，白口，四眼线装	
					显微照 60×		
WDCJWS030086《花名册》	纵 24.6cm，横 15.8 cm，重量 24g		竹	L=71.0，a=6.3，b=21.0	重残。该件文献大面积破损、虫蛀。整册有黄斑、污渍、褶皱多处。文献下部断裂	现存一册，四眼线装。封面有朱文印章一枚（已破损、皱褶）	
					破损处显微照 60×		
WXG385《太上感应篇注合钞》	纵 24.3cm，横 15.4 cm，重量 169g	0.146 封面，0.098 内页	100%竹	L=55.1，a=5.9，b=20.2	重残。该件文献左侧大面积破损、皱褶，整册文献部分污迹、黄斑	现存二册，版框18.6cm×12.1cm，四周双边，单黑鱼尾，白口，四眼线装	
					纤维及虫洞显微照 60×		

续表3

文物编号及名称	规格	厚度（mm）	纤维种类	色度	完残记录	形状内容	照片
WXG385《太上感应注合钞序言》（同治五年 1866年）	纵24.3cm，横15.4cm，定量13 g/m²	0.065（书页）0.09（封皮）	竹+草	白度：60%（书页）；40%（封皮）	造纸材料中有废纸；文物中度破损，有虫蛀，霉菌	帘纹：15或12根/cm（帘线间距2cm）	
	雕版印刷：书中"而"字书写形式不同						
WDCJWS070030《花名册》	纵32cm，横35.6cm，重量212g	0.057	竹	L=79.3，a=1.7，b=12.0	重残。该件文献大面积蛀洞、残缺、部分皱褶、黄斑	左右双边，单黑鱼尾，白口，四眼线装，现存一册	
	纤维显微照60×						
WXG418《钦定敬阐正学韵文》	纵31.2cm，横18.4 cm，重量21g	0.071封面，0.034内页	竹	L=64.8，a=6.1，b=42.2	重残。该件文献左上角和左下角残缺、皱褶并破损，整册有部分污迹、黄斑和霉点	现存六册，版框25cm×16.8cm，四周双边，单黑鱼尾，白口，四眼线装	
	纤维及虫洞显微照60×						

文物编号及名称	规格	厚度（mm）	纤维种类	色度	完残记录	形状内容	照片
WXG425《全唐诗抄》	纵24.9cm，横16cm，重量186g	0.139封面，0.105内页	竹	L=51.7，a=18.5，b=36.9	微残。该件文献有部分虫蛀点并缺损，整册泛旧	现存四册，版框15.8cm×11.4cm，每半页十一行，左右双边，单黑鱼尾，白口，四眼线装	
					封皮织物及虫洞显微照片60×		
WXC1024-74《勇营官升衔名勇丁花各年貌籍贯清册由》（账册）	纵32cm，横22.5cm，重量36g	0.092	竹	L=76.8，a=4.5，b=20.3	重残。该件文献大面积蛀洞、残缺	账册现存一册。封面书"勇营官升衔名勇丁花名年貌籍贯清册由"，下方钤朱印一枚（约两寸见方）	
					纤维及虫洞显微照60×		
WDCJW-ST0003《讣文残页》	纵24cm，横13.4cm，重量0.3g	0.075	竹	L=77.4，a=3.4，b=21.8	微残。该残页四周边缘有破损，有蛀洞少许，表面有污渍	该残页为刻印文稿。四周边缘有破损，有蛀洞少许，表面有污渍	
					纤维及虫洞显微照60×		

续表 3

文物编号及名称	规格	厚度（mm）	纤维种类	色度	完残记录	形状内容	照片
WDCJWS 350006《添募托辕小队头起德勇四百名》花名底册簿	纵 25.5cm，横 20cm，重量 63.2g	0.13	竹	L=69.4，a=4.3，b=19.7	中残。虫洞和破损		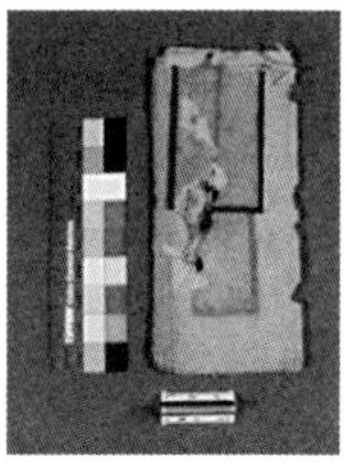

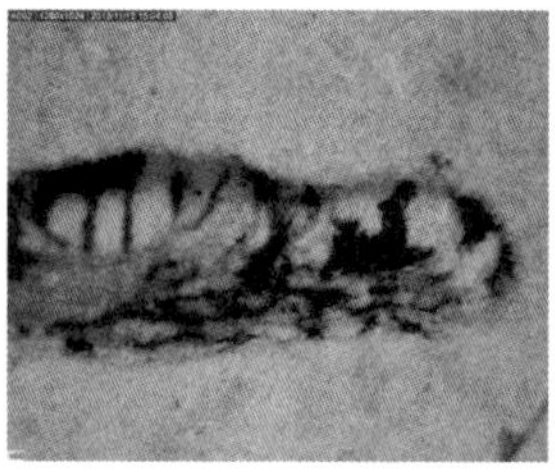

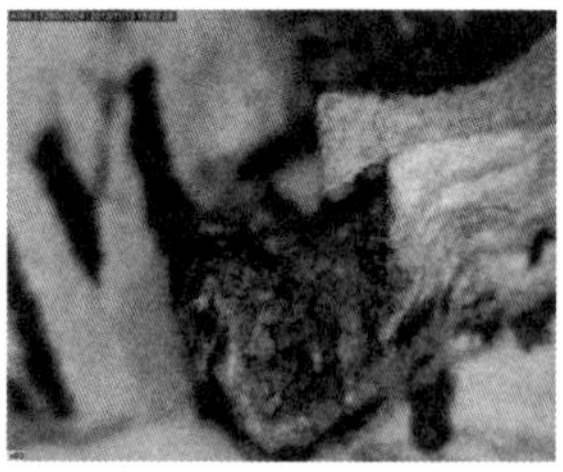

纤维和虫洞显微照片 60×

| WXCJWS 030074《勇营官升衔名勇丁花各年貌籍贯清册由》（账册） | 纵 32cm，横 22.5cm，重量 36g | 0.074 | 竹 | L=71.12，a=3.39，b=18.28 | 重残。该件文献大面积蛀洞、残缺 | 四眼线装，现存一册。封面书有"……勇营官升衔名勇丁花名年貌籍贯清册由"，下方钤朱印一枚（约两寸见方） | 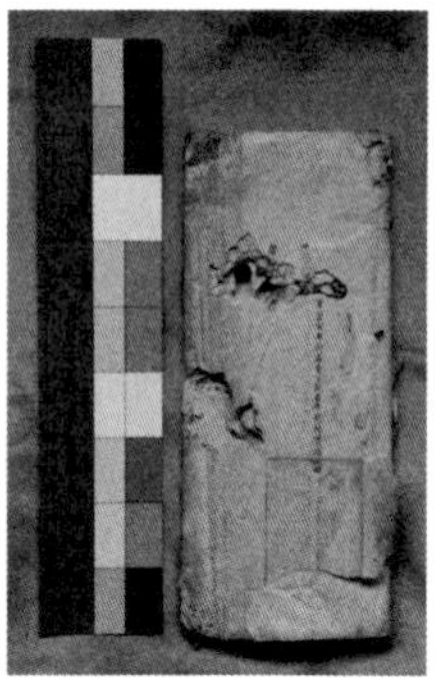 |

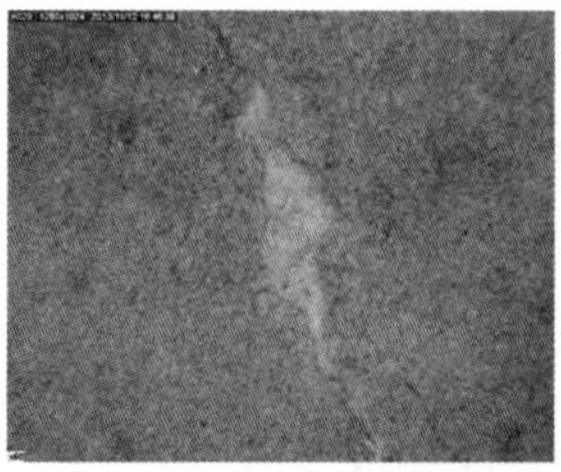

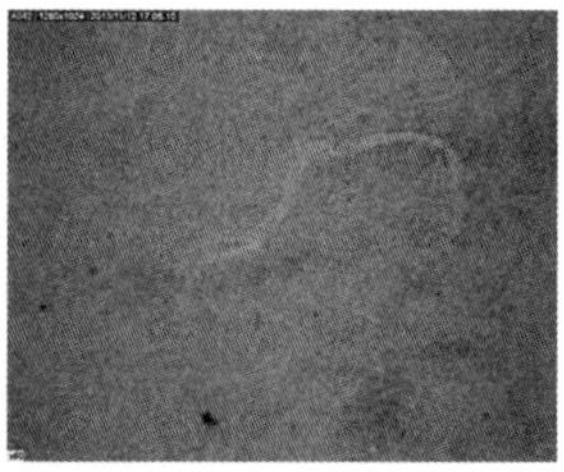

纤维和虫洞显微照片 60×

表4　　　　　　　　　　　　　　　　古籍《太上感应篇注合抄》纤维配比信息表

序号	文物编号及取样部位	纤维照片		纤维配比（%）
1	WXG385 书籍封皮（混合二层）《太上感应篇注合抄》	竹纤维 4×	竹纤维导管 20×	竹100
2	WXG385 古籍《太上感应篇注合抄》签条	竹纤维 10×	竹纤维杂细胞 20×	竹100
3	WXG385 古籍封皮（白：封皮第二层）太上感应篇注合抄	竹纤维 10×	竹纤维导管 10×	竹100
4	WXG385 古籍封皮（黑：表面封皮）太上感应篇注合抄	竹纤维 20×	竹纤维导管 10×	竹100
5	WXG385 书页取样1 古籍：太上感应	竹纤维 10×	竹纤维杂细胞 20×	竹100
6	WXG385 书页取样2 古籍：太上感应篇注合抄	竹草混合纤维 20×	锯齿细胞 20×	稻草6 竹94

续表 4

序号	文物编号及取样部位	纤维照片		纤维配比（%）
7	WXG385 书页取样 3 古籍：太上感应	竹纤维 10×	竹纤维杂细胞 10×	竹 100
8	WXG385 后护页	竹草混合纤维 20×	锯齿细胞 20×	稻草 30 竹 70
9	WXG385 下封皮	竹纤维 20×	竹纤维杂细胞 20×	竹 100
10	WXG385 下封皮	竹纤维 10×	竹纤维杂细胞 20×	竹 100
11	WXG385 装订线	蚕丝降解严重 20×	蚕丝 40×	丝 100

　　上述两表的调查结果显示，吴煦档案中的古籍用纸多为竹纸，少量为竹草混合原料，个别造纸材料中还出现有废纸痕迹。纤维测量仪下观察，竹浆颜色均为蓝色，竹纤维柔软，杂细胞不多，推断制浆方式多为熟料法。古籍装订线多为丝线，但降解严重。便携式显微镜下观察纸张表面光滑，抄造均匀，纸张被虫蛀现象普遍。另外，古籍封面和内叶纸张有别，前者较后者厚度大，封面有经过托绢处理。色度数据显示封面多经染色。据肉眼观察，部分古籍书页字迹由雕版印刷而成。除虫蛀外，多数

文物还存在残缺、霉菌、污渍等病害，病害程度严重。

4.1.3　墨、印泥成分分析

中国传统的人工墨主要包括松烟墨和油烟墨，二者的制作材料不同，书写和绘画效果相异，工艺发展体系也互相交叉，彼消此涨。前者一般用松木烧出烟灰做原料。自东汉出现真正意义上的松烟墨以后直至元代，人们使用的绝大多数都是松烟墨。宋代松烟墨制作达到顶峰。松烟墨多用于书法，在纸上效果偏冷，黝黑无光。油烟墨多以不饱和脂肪如动植物油、矿物油为燃料制成，最早出现于南北朝时期，从明代开始逐渐兴盛并随后在制作技法和使用上慢慢超过松烟墨成为主流。明代中期以后，徽州成为全国制墨业中心（图7～10），在明清时代发展到高峰。油烟墨多用于绘画，在纸上偏暖且略有光泽。

随着制墨工艺的发展，出现了五彩缤纷的颜色墨。颜色墨是用朱砂、石青、石绿、赭石、石黄等矿物质颜料加胶制成。朱砂墨在古代使用较为广泛，是古人绘画或圈点批文时用的朱红色墨。一般而言，朱砂墨比同等体积的黑色墨分量重，好的朱砂墨里所含朱砂比例较高，朱砂含量越高，质量相对越好。东汉以后，随着炼丹术的发展，人工合成 HgS 出现，古时称人造的 HgS 为银朱或紫粉霜，以与天然朱砂区别。

印泥的发展已有2000多年的历史，朱色印泥早在南北朝时期已经开始通用。朱色并非印泥唯一的颜色，古今有青、黄、白、黑等诸色印泥，但唯朱色为通用之色。据研究，"朱砂入印泥的直接来源是商周至秦汉的'丹书'传统"[8]。丹书即以朱砂书写的材料，一般用来书写极为重要的文书材料。我国古代文献和考古发掘的较多实例证实了我国古代的丹书传统。由于印信在古代社会也是十分重要的，因而用朱砂的红色进行郑重的标示则也顺理成章，如此朱砂印泥就直接继承了丹书的传统。同时，朱砂之色为"正色"，这是我国古代色彩观念的产物，加之朱砂自身色泽艳丽、永不褪色、容易获取的特性也使朱砂成为古代印泥的首选成分。直到20世纪80年代，美国、日本等国相继研制出原子印章和原子印油，即一种可以连续多次钤盖、方便携带的新型印章印油，才逐渐替代老式印章和朱砂印泥，但朱砂印泥仍然是文人书画不可或缺的文房之宝。

图7　上海徽歙曹素功墨厂收藏的古墨之一
（上海朵云轩孔妮延提供）

图8　上海徽歙曹素功墨厂收藏的古墨之二
（上海朵云轩孔妮延提供）

图9 捶墨（"轻胶十万杵"）——上海徽歙曹素功墨厂
（上海朵云轩孔妮延提供）

图10 称墨——上海徽歙曹素功墨厂
（上海朵云轩孔妮延提供）

　　我们利用激光拉曼对《咸丰五年海运漕米业案内文稿》中部分文稿的正文字迹黑墨、正文字迹朱墨和印章朱墨的成分进行了定性分析（见表5）。

表5　　　　　　　　　　　　　　　部分纸张墨迹、印泥成分分析表

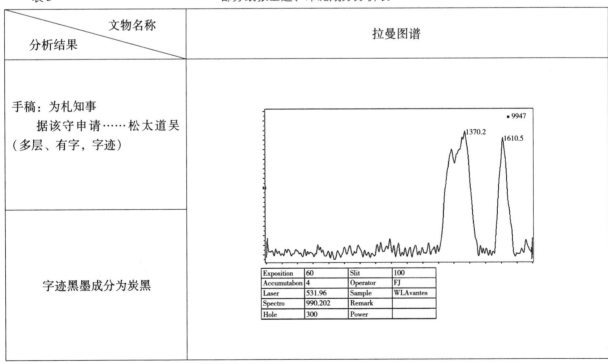

文物名称 / 分析结果	拉曼图谱
手稿：为札知事 　据该守申请……松太道吴 （多层、有字，字迹）	
字迹黑墨成分为炭黑	

续表 5

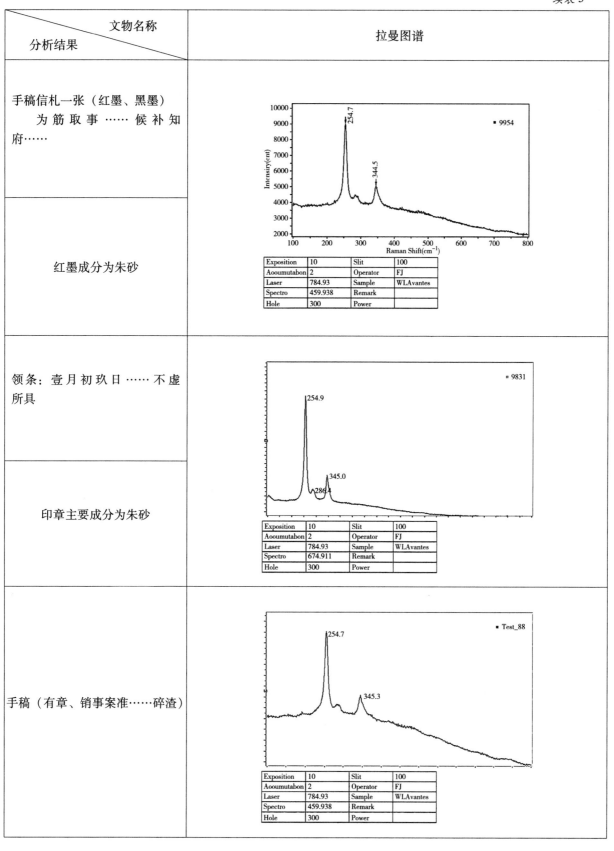

文物名称 分析结果	拉曼图谱
手稿信札一张（红墨、黑墨） 　为 筋 取 事 …… 候 补 知 府……	
红墨成分为朱砂	
领条：壹月初玖日…… 不 虚 所具	
印章主要成分为朱砂	
手稿（有章、销事案准……碎渣）	

分析结果显示：字迹黑墨主要成分炭黑（C），字迹朱墨和印章朱墨的主要成分为朱砂或银朱（HgS）。

测试时由于文物取样量非常小，而且纸面上的墨迹较为分散，难以用电镜能谱等手段观察分析样品墨的粒度、结构特征等参数，以考察制墨工艺的优劣。

4.2 纸张性能测试

4.2.1 纸张含水率检测

含水率是纸张的一个重要指标，单根纤维内的水分影响纤维的强度、柔韧性和纸页成形特性。纸页的水分影响纸页的定量、强度、耐久性、尺寸稳定性等性质。水分含量不同，纸张强度也不同，纸张强度会在某一水分含量达到最大值。水分低于该值，纸张发脆，强度下降；水分高于该值时，由于纤维的润胀作用又破坏纤维之间的氢键结合，强度也会下降。

运用便携式高周波纸张水分仪（DRK112A）对文物纸张进行游离水水分的检测，详细情况见以下文物水分检测表。研究表明，纸张含水率以7%左右时最为理想，纸张的强度和韧性最好。

影响纸质文物含水率的外在主要因素有温度和相对湿度，一般而言，文物保存环境的温度应控制在18℃~20℃，相对湿度应控制在55%±5%。为了保持文物的最佳含水率，要对文物保存环境的温湿度进行控制。

该批文物检测数据在7.9%~10.6%之间（见表6），高于纸张最佳含水率。当纸张含水率过高时，会使纸张纤维因吸收空气中的水分而膨胀伸长，亦容易滋生霉菌，对文物的保存不利。

表6　　　　　　　　　　　　　　　文物水分检测表

序号	文物名称及编号	含水率平均值（%）
1	领条：咸丰拾壹年拾壹月（整）3，9833	9.2
2	在局监生照九名归捕案130515，13，9877	8.8
3	函套：咸丰 十月初七日移行，候补府正堂130515，6-2，9866	8.1
4	人事任用名单（营务处云南昭通镇…）130516，17，0005	7.9
5	手稿：…锦标所带之船，系属另…卑府斌等谨禀130516，13，9977	9.5
6	进口：张万森枣初泊出口130516，10，9966	10.6
7	手稿：补用同意直隶州署松江府130516，2，9929	9.9
8	版印稿：肯追李棠阶力正考官载…右翼绵宜去钦此。130516，3，9939	10.1

4.2.2 写印色料的溶解性检测

对《咸丰五年海运漕米业案内文稿》中部分公文的字迹、边栏界行、印章和色纸进行写印色料水溶液溶解性的检测。方法是用纯净水将棉签润湿，吸取多余水分后，用棉签在纸质文物的写印色料上轻擦，观察是否掉色。检测结果显示，该批文物中字和边栏的黑色墨迹普遍没有出现写印色料掉色的现象，但是色纸和印章颜色有掉色或轻微掉色现象，在之后的文物修复过程中，对于这部分文物要加固写印色料，详细情况见表7写印色料的溶解性调查表。

表7　　　　　　　　　　　　　　　　写印材料的溶解性调查表

文物名称及编号	检测部位	写印材料的溶解性调查
WXG385 古籍《太上感应篇注合抄》签条	边栏黑色墨迹	不掉色
WDCJWST010001，4 封皮	蓝黑色纸	轻微掉色
WDCJWST010001，8，3592 上封皮签条	黄色纸	掉色
手稿信札（为筋取事…候补知府…）130516，6，9954	字黑色墨迹	不掉色
手稿信札（为筋取事…候补知府…）130516，6，9954	红色印章	轻微掉色
手抄条（思归计可否仰求，五月日呈）15，9999，0001	橘红色纸	不掉色
手稿（销事案准）130516，18，0011，0008	字黑色墨迹	不掉色
手稿一张（致上海王…）1，130516，9926，9924－25，9928	万年红纸？	轻微掉色
手稿（带托标干总李于锡…）19，130516，0012－0013	深蓝色边栏	不掉色

4.2.3　纸张 pH 值检测

纸张酸化是造成纸张耐久性降低、颜色发黄的最重要因素。从微观上看，酸的存在会催化纤维素大分子之间的糖苷键加速水解，从而破坏纤维素链的结构。纸的酸化在宏观上表现在机械强度的下降以及颜色的逐渐发黄。通常，纸张纤维素分子的天然平均聚合度约为 10000 左右。有研究证明，当纤维素的聚合度降到 700 以下时，纸张的机械性能就会急剧下降；当纤维素聚合度降至 200 以下时，纸张会完全脆化；如果完全水解为葡萄糖，纸张则会粉化。

一般而言，传统手工纸由于造纸原料、工艺、书写材料等因素使得其酸性不会比近现代的纸张酸性高，但由于大气中的酸性气体，粉尘中吸附的含酸根离子，霉菌分泌的有机酸等都可能导致文物纸张的酸化。因对纸质文物进行酸度检测，有可能对文物造成二次损害，出现水渍，故选取了《咸丰五年海运漕米业案内文稿》中八件公文用纸和古籍用纸文物进行 pH 值检测，详见表 8 pH 值检测数据表。检测结果显示，该批文物普遍呈略酸性，而且大多数 pH 值接近 6.1（即快速变质的临界值），需对文物进行脱酸处理，并且要确保文物保存在洁净、温湿度适宜且稳定的环境中。

表8　　　　　　　　　　　　　　　　pH 值检测数据表

序号	文物编号	检测仪器	pH 值
1	WDCJWST10008 记账便条	CLEAN PH30 酸碱度测试计	5.33
2	WDCJWST010004 支放书		6.22
3	WDCJWST010001－6 底稿		6.20
4	WDCJWST010001－5 底稿		6.15
5	WDCJWST010001－3 禀（同治之年上海船捐局申解本年二月…）		6.10
6	WDCJWST10006 奏折		6.19
7	WXG385－18 古籍封皮		6.10
8	WXG385－21 书页取样		6.54

4.3 竹纸发展简史

竹纸在造纸技术发展史上是一个创举，因为它突破之前植物韧皮部造纸的传统，开始利用整个植物茎秆造纸。9~10 世纪时竹纸已初露头角，但真正发展是从北宋开始，这一时期的文献对竹纸有明确丰富的记载，最早的竹纸实物也是北宋时期的，并且还出现了竹料和其他原料混合制浆的实物[9]。到明朝中期，熟料与生料竹纸的生产技术更加完善，成纸色白而质韧，质量和产量都有较大提高。明清时期竹纸生产逐步居于手工纸的主导地位[10]。中国传统手工竹纸的主要原料有毛竹（又叫楠竹）、慈竹、黄竹、淡竹（又叫白夹竹）、水竹，这些竹类主要产于南方，如四川、江西、湖南、福建、浙江等[11]。

4.4 明清档案和古籍等纸质文物修复用纸研究综述

近年来，为了更好地保存和修复我国大量的明清档案和古籍，文物保护人员和纸史研究者们系统和深入地研究了它们的造纸材料和工艺特征。

上海复旦大学造纸史学者陈刚在《档案与古籍修复用竹纸的现状与问题》中对于我国档案、古籍用纸作了阐述，并就目前国内的主要竹纸产地生产的修复用纸情况进行了逐一介绍，为我们选择和定制文物修复用纸提供了重要参考。他认为明清时期竹纸曾广泛用于书写与印刷方面，因而现在以竹纸为载体的古籍、档案的修复工作重要而繁重。早期的竹纸由于原料的差异，质量无法与皮纸相比较，颜色发黄发灰，不耐虫蛀，容易老化。从明代开始，竹纸的质地和耐老化性能均有提高。宋应星《天工开物》中记录了采用石灰腌浸、蒸煮等手段除去木质素、果胶等杂质，纯化纤维，即所谓熟料纸。竹纸的发明和改良，为社会提供了一种廉价的书写、印刷材料。从古代现存的纸质文物来看，明清时期，竹纸占有很大比重，尤其是书籍以及大量的档案文献，很多都用竹纸。竹纸与皮纸相比，由于纤维较短、纤维素含量低，在强度、耐久性方面都要稍逊一筹。而竹纸文物数量多，很多保存状态较差，保护和修复任务很繁重。竹纸的修复配补，一般以采用同类竹纸效果较好。福建、浙江、江西地区是我国明清以来竹纸的最主要产区。在古籍、档案中常使用连史纸、贡川纸和毛边纸。连史纸属熟料纸，即原料经蒸煮、天然漂白，常用于书法、印刷、拓印等。毛边纸属于生料纸，即竹料一般只经水浸与石灰腌浸处理，而不加以蒸煮、漂白，用于印刷、日常书写等，以前产量很大。当前，国内手工竹纸产量低，种类少，质量下降。国家图书馆、国家档案馆、上海朵云轩和天一阁博物馆等机构根据文物修复的需要，在福建连城姑田镇、江西铅山鹅湖乡、浙江奉化堂岙等地购买或定制修复用纸[12]。

中国人民大学张美芳在《历史档案及古籍修复用手工纸的选择》中公布了中国第一历史档案馆馆藏清朝档案随机抽样的调查统计情况，抽取了 703 件档案，共 45997 页。调查结果显示：清朝各个时期，竹纸成为该时期制作历史档案的主要载体（图 11）。该文还分析了我国现阶段常用修复用纸的使用情况，基于适用性，从造纸原料、工艺等提出修复用手工纸需要满足一些基本条件。鉴于目前手工纸种类减少和质量的下降，修复用手工纸的选择和使用遇到困境，定制和认证修复用手工纸可避免其选择时的盲目性[13]。

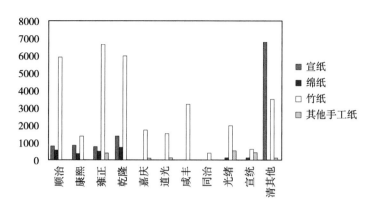

图11　清朝档案所用不同手工纸比例图

国家图书馆张平、田周玲在《古籍修复用纸谈》中将修复用纸按照用途及要求分为四类。一类为修补用纸，用于填补古籍缺失部分。由于补纸位于古籍纸张表面，因此要求补纸从造纸原料、生产工艺、厚度、色度及帘纹都要最大程度接近古籍纸张。另一类为加固连接用纸，即修复时用来加强古籍纸张强度或连接断裂处的修复用纸。这类纸张更多强调纸张的物理性能，如纸张的厚度和柔软度，以及挺度、撕裂度、耐折度等指标。第三类为吸水撤潮用纸，即修复时用于吸附和转移古籍纸张中水分的纸张。对此类纸张的要求则偏重其吸水性能，要求其能迅速吸附书叶中的水分且自身不出现变形，以保证书叶干燥后平整。第四类是书皮用纸，主要针对那些书衣丢失需要添加书衣的古籍。书皮纸需要有良好的耐磨性，颜色也要求古朴端庄，以彰显古籍文化内涵。同时，该文还介绍了国家古籍保护中心定制古籍修复用纸的工作：以现存古籍纸张为依据，参照有关史料，制定出所需古纸的种类、名称、规格尺寸、酸碱度值、质量技术标准等多项科学检测指标，在古代造纸原产地选择生产厂家，采用传统工艺生产修复用纸。目前，国家古籍保护中心已按标准定制生产出首批修复用纸并下发，其中既有超薄麻纸、皮纸，也有优质竹纸和宣纸，它们与古籍用纸的规格纸张相同或相近，非常适宜修复古籍。国家图书馆修复人员还使用定量小于 $5g/m^2$ 的马尼拉麻纸修复严重酸化的竹纸书页，使修复后的书页厚度明显降低。经检测，各项指标符合质量要求[14]。

福建省图书馆方挺、林风结合福建省图书馆藏古籍实例，对古籍用纸中常见的竹纸品种，尤其是连史纸类、贡川纸类和毛边纸类的造纸工艺、纸质特征等进行了较详细的探讨[15]。

天一阁博物馆马灯翠、王金玉对于天一阁博物馆常用的三种古籍修复用纸贵州苦竹纸、贵州毛竹纸、浙江宁波奉化棠云村袁氏造纸厂的竹纸进行了性能比较，实验表明贵州苦竹纸的机械强度与耐久性能表现较优，奉化竹纸较轻薄[16]。

南京博物院郑冬青、张金萍、何子晨等人在《古代纸质文物修复用纸的研究》中对国内外纸质文物保护修复技术进行了简要介绍，对于古纸修复用纸研究开展了新尝试。首先对纸质文物进行成分、外观和结构等方面的分析，以便了解纸张所用纤维原料、填料、纸张色度、厚度、加工工艺等，然后利用专用造纸机采用与文物相似的成分、工艺进行自主造纸，并用于古纸的修复。但也指出，该种方法理论上较为科学，但短期内全面普及的可能性极小，面对大量待修复文物的修复用纸问题仍是杯水车薪，尚需开拓其他快捷和可行的途径[17]。

综上所述，我国明清时期档案和古籍用纸经过实物调查统计显示主要是竹纸。根据文物修复用材需选择与原文物近似材料的原则，目前这些档案和古籍修复用纸的取得有两种途径。一是以古纸为样本，根据修复用纸实际用途的不同，制定质量要求技术指标，选择传统造纸厂家进行定制生产。此种方法较实用可行，适用于待修文物数量较大的情况。二是对文物本体进行充分检测分析获得各项技术指标后，利用实验室的专用造纸机进行有针对性的造纸，再用于修复。该方法成本高，速度慢，难以在短时期内普及，但精确度高，适用于特别珍贵的少量文物。目前，我国福建连城姑田按照传统工艺生产的连史纸、江西铅山生产的毛边纸、福建长汀和宁化生产的玉扣纸、浙江奉化堂岙生产的修复用纸等被国家图书馆、国家档案馆、天一阁博物馆、上海朵云轩等机构用于纸质文物修复。

4.5　吴煦档案公文和古籍修复材料的筛选

经过对吴煦档案公文、古籍纸张的调查以及对明清档案和古籍用纸的文献研究发现，吴煦档案公文和古籍纸张以竹或竹皮、竹草混合原料为主，符合我国有关学者对于明清档案、古籍用纸原料的文献和实物调研结果。针对吴煦档案修复数量庞大，文物类型多，原料较为统一的特点，修复用纸的补配亦可采取上述定制生产的模式。我们拟按功能划分的方式，将所需的公文、古籍修复用纸分为修补用纸，溜口和托裱加固用纸，以及古籍封面用纸三类，进一步细化档案用纸的技术数据，制定修复用纸的各项质量标准，为后续定点生产提供技术参数。

5　吴煦档案彩笺加工工艺研究

5.1　调查研究

我们对南京太平天国历史博物馆提供的吴煦档案中 1000 余通彩笺进行了调查，对其中的水波纹纸和疑似硬黄纸的纤维种类和规格尺寸等信息进行了测量和检测（见表9），对吴煦档案部分名人彩笺纸张基本信息进行了调查（见表10）。

表9　　　　　　　　　　　　　　　吴煦档案中的几种特殊艺术加工纸

文物编号	性质	纤维种类	规格（cm）	厚度（mm）	边栏界行	照片	外观
960－47－48	水波纹纸		12×23				

续表9

文物编号	性质	纤维种类	规格（cm）	厚度（mm）	边栏界行	照片	外观
960-273-274	水波纹纸						
960-275	水波纹纸						
960-295-297	疑似硬黄纸	竹	12.5×23.5				颜色与普通硬黄纸不同
960-535	疑似硬黄纸	竹	12.5×23.5				
960-183-184	笺纸（色笺、画笺）和套格纸						

对于吴煦档案中的几种特殊艺术加工纸的调查显示：吴煦档案中有仿制薛涛笺、水波纹纸、画笺和疑似硬黄纸。仿制薛涛笺颜色有碧色、红色和红碧相间三种，纸张纤维以竹纤维为主。部分薛涛笺纸面上饰有云母粉，大部分有边栏界行，行格 6~8 格。"松竹斋"为北京荣宝斋的前身，始建于清朝康熙十一年（1672 年），部分薛涛笺或由清代松竹斋监制。水波纹纸有碧色、绛红和赭石黄三种色相，工艺为纸面敷色。疑似硬黄纸表面或经涂蜡研光处理，纸张纤维材料主要为竹。吴煦档案除有经过染色的色笺、刻印有花纹的花笺，还有刻印有图画的画笺。

表 10　　　　　　　　　　　　　　　　　吴煦档案部分名人彩笺调查信息表

文物名称	颜色	尺寸（cm）	帘纹（根/cm）	厚度（mm）	色度	定量（g/m²）	纤维种类	外观	刻坊名	病害
瑞徵致昌岐函一叶（初四日）	赭石黄（正反面）	15.8×18.2	8	0.0916	L 68.19，66.95；a 9.49，9.83；b 37.13，35.51	41.73	竹	刻有纹样（农夫骑牛），无边栏界行。据墨迹和手感，表面无蜡	有容堂	纸表面有墨渍反洇，有虫蛀洞，残缺
					正面　　　　背面　　　　纸张表面显微照 60×					
盛宣怀致宫保岐函二叶之一（五月二十七日）	绛红（正反面）	13.1×24.4	7	0.082	L 51.97，2.02；a 52.69，53.08；b 2.06，1.05	43.8	竹+草	有边栏（红线），无界行。据墨迹和手感，表面无蜡	无	水渍，褪色，墨点
					文物整体　　　　　纸张表面显微照 60×					

续表 10

文物名称	颜色	尺寸（cm）	帘纹（根／cm）	厚度（mm）	色度	定量（g/m²）	纤维种类	外观	刻坊名	病害
李鸿章致昌岐函三叶之一（七月初九日）	赭石黄（正反面）	12.3×22.9	7（不均匀）	0.0658	L 51.24，51.10；a 15.63，15.72；b 17.24，16.45	29.1	竹	有边栏（无色，压痕），无界行，边栏间距：1.8cm。纸上表面比下表面略光滑，据墨迹和手感，表面无蜡	无	残缺

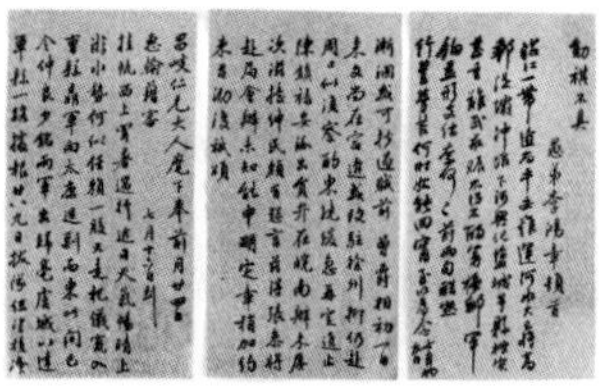

文物整体　　　第三页正面、背面　　　纤维束 60×

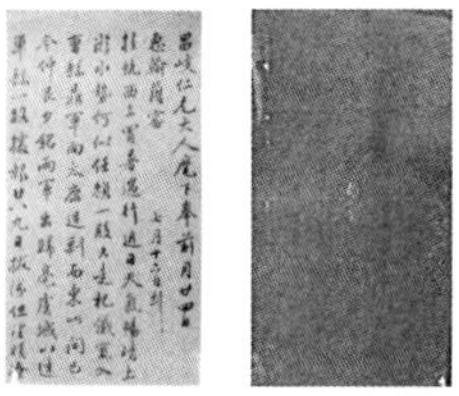

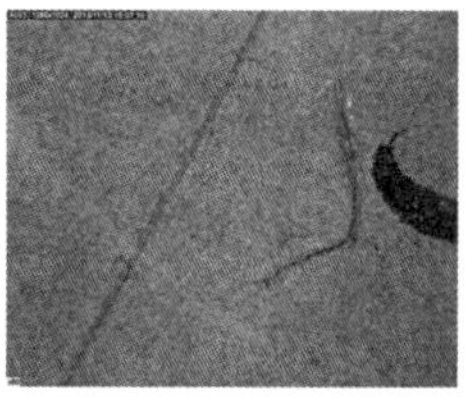

文物名称	颜色	尺寸（cm）	帘纹（根／cm）	厚度（mm）	色度	定量（g/m²）	纤维种类	外观	刻坊名	病害
唐训方致中堂夫子钧座函二叶之一（同治二年九月初九一十四日）	李令留任……　赭石黄（正反面）	12.3×23	8	0.0676	L 70.18，71.50；a 4.62，5.98；b 24.86，25.99	24.74	皮纸＋竹纸	有边栏（淡墨线），无界行，叶内有花纹红色刻痕，左下题名：晚香含月淡。据墨迹和手感，表面无蜡	无	污渍

正面　　　帘纹纸张表面显微照 60×

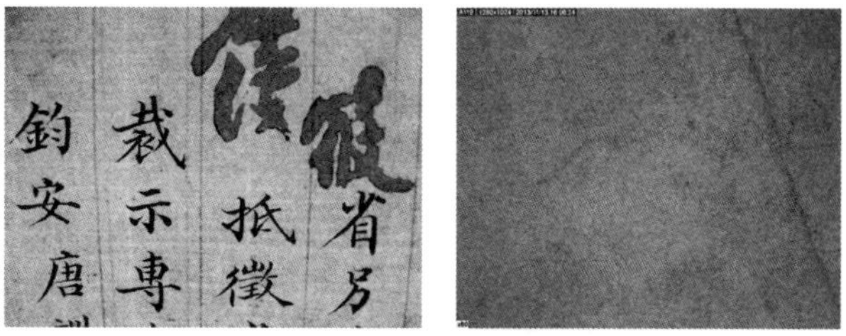

续表 10

文物名称	颜色	尺寸（cm）	帘纹（根/cm）	厚度（mm）	色度	定量（g/m²）	纤维种类	外观	刻坊名	病害
唐训方致中堂夫子钧座函二叶之一（同治二年九月初九—十四日）	中堂夫子钧座…… 深赭石（正反面）	12.3×23	8	0.077	L 51.74，49.51；a 12.04，13.11；b 18.96，16.75	28.28	皮纸+竹纸	有边栏（淡墨线），无界行，叶内有花纹红色刻痕，左下题名：晚香含月淡。据墨迹和手感，表面无蜡	无	污渍

正面　　　纸张表面显微照 60×

| 柱禀函（三叶之一） | 茄皮紫DIC-C132 19-1 | 内叶：22.8×16 背纸：23×17.1 | 8 | 0.0788 | L 65.23，a 7.17，b 17.87 | | | 无边栏界行，叶内有印上的人物故事画，画痕颜色为青黄色，题为：野船恰受两三人 | 丽贺制 | 褪色，红色污渍 |

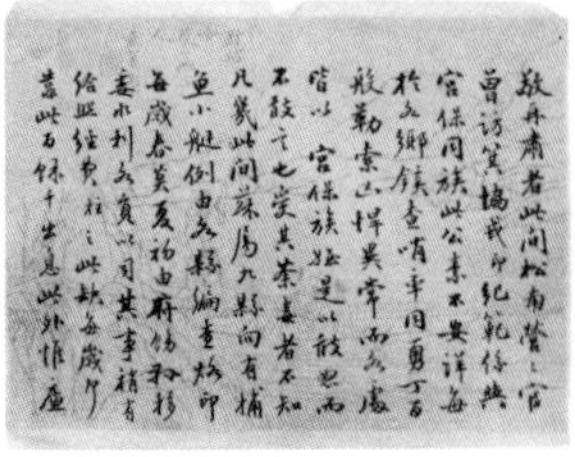

正面　　　青色画痕显微照 60×　　　纤维显微照 60×

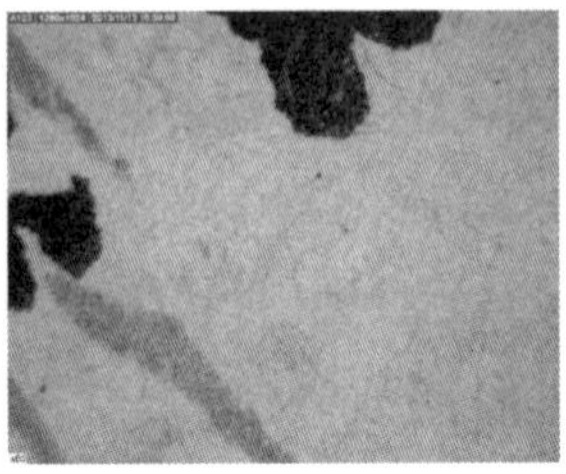

文物名称	颜色		尺寸（cm）	帘纹（根/cm）	厚度（mm）	色度	定量（g/m²）	纤维种类	外观	刻坊名	病害
柱禀函（三叶之一）	绀青DIC-C271	19-2	内叶：22.7×16.1 背纸：23×17.4	8	0.088	L 60.78，a 3.18，b3.64			无边栏界行，叶内有印上的人物故事画，画痕颜色为青黄色，题为：野船恰受两三人	丽贺制	褪色，红色污渍

正面

文物名称	颜色		尺寸（cm）	帘纹（根/cm）	厚度（mm）	色度	定量（g/m²）	纤维种类	外观	刻坊名	病害
柱禀函（三叶之一）	咖啡棕DIC-C271	19-3	内叶：22.6×16.1 背纸：23×17.1	8	0.077	L 70.39，a 6.61，b 29.85			无边栏界行，叶内有山水画，画笔触为红色，题名为：青山空问人	丽贺制	褪色，红色污渍

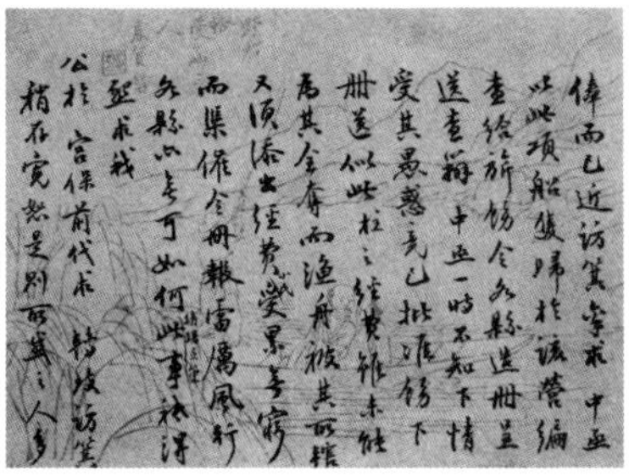

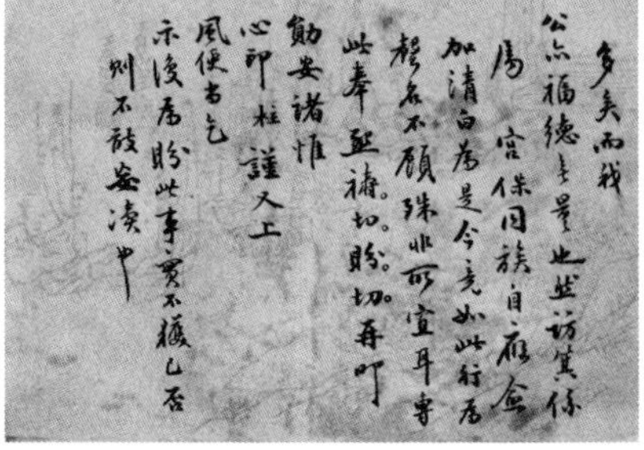

正面

对于吴煦档案部分名人彩笺的调查显示：彩笺纸张较薄（平均厚度为 0.07~0.09cm，定量 24~44g/m²）；纤维为竹或竹皮混合。从显微照片看，纸面光滑，纸筋较少，纸张多呈赭石黄色、碧色、绛红色，容易褪色，从纸张正反面颜色一致推测，纸张染纸工艺为浸染或拉染。纸张帘纹粗度居中（7~8 根/cm），偶有帘纹不均匀现象，或以粗竹条编制的抄纸器抄纸。彩笺尺寸约在 12cm×24cm 之间。彩笺病害多褪色、虫蛀、残缺、污渍等。

5.2 彩笺发展简史

彩笺是我国古代文人雅士用于书信往来、诗词唱和的纸张，其尺幅不大，却往往作染色、研光、印刻等艺术处理，于字里行间之外彰显着写信者的文化修养和审美情趣。无论是涂染颜料粉箔的色笺，抑或是刻印花纹图案的花笺，还是套印书画墨迹的画笺。各个时期的彩笺几乎均能体现和代表当时纸张加工技术、印刷技术、造纸技术的最高水准，是这三大技术的集大成者。不仅如此，彩笺还往往集诗、书、画、印于一体，浓缩我国传统绘画艺术的精髓，具有较高的文化、艺术价值。历史上的名彩笺有很多：薛涛笺、云蓝纸、谢公笺、砑花纸、水纹纸等，对于其中凝聚的巧妙构思与精湛工艺的探究是我们保护、修复和传承此类纸质文物的必要前提。

5.2.1 魏晋南北朝时期彩笺染色工艺的萌芽

关于彩笺的最早记载是南朝梁徐陵（507~583 年）《玉台新咏》："三台妙迹，龙伸蠖屈之书；五色华笺，河北胶东之纸。"[18] 魏晋南北朝时期已能生产五色纸，《初学记》卷二一[19]、《太平御览》卷六〇五："（桓）玄（369~404 年）诏命平准作青、赤、缥、绿、桃花纸，使极精，令速作之。"晋人陆翙《石虎邺中记》："石虎诏书以五色纸，着凤雏口中。"[20] 五色纸应该是由植物颜料红花、苏木、蓼蓝、菘蓝、木蓝、马蓝、青蓝、紫草染出的原色纸或间色纸；染纸方法以纸面刷染或染槽中浸染两种方式为主。

5.2.2 隋唐时期彩笺艺术加工工艺的初步发展

隋唐五代时期，科举制度的创立实施和佛教道教的兴盛繁荣，催生了雕版印刷术的产生并由此大力促进了造纸技术的发展。造纸原料从麻纤维扩大到楮树、桑树、瑞香科树木、木芙蓉等木本植物韧皮纤维。纸张的艺术加工途径增多。染纸出现浆内染色的方式（如五色斑纹纸）或滴染法（如流沙笺），色笺表面涂蜡砑光（如硬黄纸），在色笺上刷饰金、银箔（或粉）。历史上著名的彩笺云蓝纸、薛涛笺、砑花纸、水纹纸等也在这一时期出现。苏易简《文房四谱》卷四《纸谱》提及唐人段成式在九江造云蓝纸[21]。唐代成都诗妓薛涛为写诗而专门设计加工出小幅色笺。盛行于明清时期的砑花纸在隋唐五代时已被发明，其工艺是将刻有阳刻图案的硬木印模用强力压在纸面上，从而在纸面上形成凹凸立体的图案效果。砑花实为明清彩笺拱花制作工艺的滥觞。水纹纸或花帘纸，即在抄纸器上用丝线、马尾线、金属等材料编织出各种图案或花纹，抄纸时纤维多的部位纸面阴暗，少的地方纸面明亮，因而在纸面上呈现出图案或花纹。唐宋时期的著名彩笺目前皆已无实物遗存。

5.2.3 宋元彩笺加工工艺臻于成熟

宋元时期文化教育事业的发展以及雕版印刷术的普及应用，极大促进了造纸技术的发展。造纸原料较隋唐五代大为扩展，竹纸、稻麦草纸的兴起是造纸技术的巨大革新，皮纸成为书画印刷的主要用纸。纸张的艺术加工工艺承上启下，并有所创新，主要方式包括：染色、加蜡、添粉、以泥金（银）绘制图案，或兼而有之。这一时期出现的著名彩笺包括谢公笺、砑花蜡笺、水纹纸、仿薛涛笺，其中谢公笺一说为谢景初所制，俗称"鸾笺"或"蛮笺"，颜色包括深红、粉红、杏红、明黄、浅青、深绿、浅绿、铜绿等。元代彩色粉笺、蜡笺、黄笺、花笺、罗纹笺皆出绍兴，白箓笺、观音笺、清江笺，皆出江西[22]。宋元时代还出现了论述纸的制造技术，包括纸张艺术加工工艺的专门著作。北宋苏易简（958~996年）《文房四谱》中对十色笺、薛涛笺均有记载，是重要的造纸技术史料。元代费著《蜀笺谱》对薛涛笺、谢景初十色笺介绍较详细。

5.2.4 明清彩笺艺术加工工艺的极盛至衰

明清在造纸技术、原料、加工方面都集历史之大成。历史上著名的彩笺在这一时期继续被生产甚至仿制，而且还研制出新型彩笺。

隋唐时期的薛涛笺为生纸色笺，明代仿制薛涛笺出现新发展。科学家方以智（1611~1671年）在《物理小识》（1643年）卷八中云："薛涛笺则矾潢云母粉者。"[23]随着明代中国版画艺术的发展，"拱花"、"饾版"技术，使彩笺有了极高的观赏性，各种山水人物、花鸟鱼虫、天文象纬、服饰华章等图案陆续出现，杂彩纷呈。明天启年间由吴发祥刻印的《萝轩变古笺谱》采用饾版、拱花技术等多种印制方法，堪称我国古代拱花木刻彩笺谱之首，现为上海博物馆收藏。崇祯年间胡正言辑印的《十竹斋笺谱》汇印近三百幅笺纸纹饰，代表笺纸印刷技术的巅峰水平。

清初的彩笺艺术遥接明末余绪。李渔、翁方纲、潘祖荫、吴大澂、俞樾等文人自印彩笺风行，他们多用金石、古玩、法书等图案，金石书笺流派尽一时风雅之盛。道光、咸丰以后，苏浙沪的各种纸店出现很多以画家画作为图案的笺纸，如任伯年、虚谷、吴昌硕等人的作品常被印制于笺纸之上。戊戌变法后，上海商务印书馆、机器造纸局等，曾用机制笺纸，大量生产。至此，传统的手工笺纸逐渐走向衰退[24]。

彩笺的最后高峰是在民国初期。民初画坛领袖姚茫父、陈师曾等都曾参与彩笺的制作。其后，名画家张大千、齐白石、陈半丁等均涉足笺纸，笺纸图样多集诗、书、画、印于一体，格调高华。其时刻印高手众多，纷纷选用优良宣纸，采用精湛的木版水印技术，光印制笺谱的店铺，在京城就有20余家。荣宝斋于其中脱颖而出，与上海的朵云轩雄峙于大江南北。

20世纪30年代，彩笺的颓败之势日益显现，旧有店铺大多不再印制，技艺高深的技师相继故去。1933年，对版画情有独钟的鲁迅委托郑振铎在京城寻找能够印制精美诗笺的地方，在北京荣宝斋的配合下完成《北平笺谱》的印制，使这一民族遗产得以留世。荣宝斋也因此又积聚了木版水印的技术力量。"革命现代性以雷霆万钧之势革故鼎新，小而轻的彩笺自不例外，消失在历史的云烟中了"[25]。

5.3 明清彩笺和吴煦档案彩笺的主要加工技术

我国明清时期关于艺术加工纸及相关技术的记录散见于明代屠隆《考槃馀事》、宋诩《竹屿山房杂部》、高濂《遵生八笺》、王佐《新增格古要论》、清代叶德辉《书林清话》等文献中。现代的相关研究主要集中于潘吉星、陈大川、钱存训、王菊华、刘仁庆、王诗文等科技史家和造纸史家的纸史专著和论文中。对彩笺作相对系统研究的是上海图书馆梁颖，其笺纸专著《说笺》对古代制笺的染色、套印、拱花与砑光工艺进行了梳理和探讨[26]。

吴煦档案彩笺的主要加工技术包括染色、套印、拱花、砑光等。

5.3.1 染色

纸张的颜色是其重要的外观指标，染色是用染料或颜料将素色原纸染成某种色纸的一种加工纸方法。纸张的染色工艺一般可分为浆内施色和表面染色，主要是为增加纸的视觉美感，东晋开始用黄檗汁染色的黄纸和清代用铅丹（主要成分是 Pb_3O_4）染成的"万年红"纸还具有避蛀功能。我国古代纤维染色多使用枝条、树皮、花、块根（茎）、果实中提取的天然植物色素，如用蓝草（茶蓝或菘蓝、蓼蓝、马蓝、吴蓝、苋蓝）染蓝，用红花、茜草、苏木染红，用黄檗、黄栌、栀子、槐染黄，用紫草（或称茈草、紫丹、地血）染紫，用五倍子、胡桃、栗子、橡碗等染黑。最初是把花、叶、根茎等搓成浆状物，以后逐渐采用温水浸渍的方法提取植物染料，用草木灰水等碱性溶液提纯，用明矾等媒染剂固色；也使用一些矿物天然颜料，如用朱砂染红纸，用石膏或白土等染白纸等。造纸史家王菊华将唐代色笺的染制方法归纳为浸染法、拖染法、刷色法、撒压花瓣法、洒粘金箔粉与云母粉法等，还有在水面形成表面张力后洒以颜色，用生纸蒙水面吸色染出云状纹的方法[27]，主要是对成纸着色，也有将染料溶液直接掺入纸浆内，使纸浆着色，然后抄出有色纸。

吴煦档案中的信札大多经过染色处理，共涉及约10种色相，图12~15其中部分色笺。水波纹纸的颜料或被撒染而成（图16、17）。有些色笺仅正面染色，背面未施色，如名人信函散页17-6正面染色，背面未施色（图18、19），或为单面刷色，部分色笺正反面均染色。或由浸染或拖染工艺染色而成，如名人尺牍墨迹4——胡家玉10（图20、21）。

图12 吴煦档案色笺　　　　　图13 吴煦档案水波纹纸

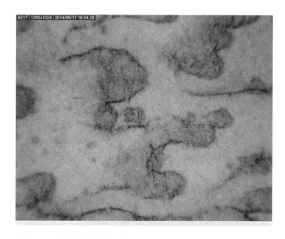

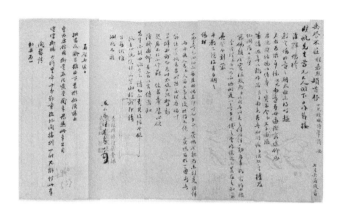

图 14　吴煦档案色笺　　　　　　　　　　　　　图 15　吴煦档案色笺

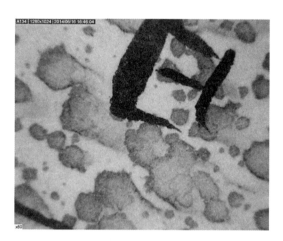

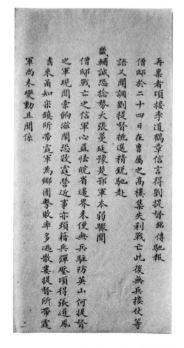

图 16　吴煦档案水波纹纸（蓝色）显微照 60×　　　图 17　吴煦档案水波纹纸（红色）显微照 60×

图 18　名人信函散页 17-6 正面和反面

图 19 名人信函散页 17-6 正面和反面显微照 60×

图 20 胡家玉尺牍墨迹 10 正面和反面

图 21 胡家玉尺牍墨迹 10 正面和反面显微照 60×

5.3.2　套色印刷、饾版印刷和木版水印

套色印刷的颜色在两种或两种以上，主要分单版复色印刷和多版复色印刷。单版复色印刷包括一版多色和一版多次，前者在同一版片的不同位置上刷上不同颜色，一次印在同一页上，后者在同一版片上刷上不同颜色，依次印在同一页上。多版复色印刷较单版印刷更为复杂，包括多版套印和明末出现的饾版套印，前者主要针对文字，对不同颜色的文字各雕一版，分色、分版套印在同一页上（图22）；后者针对图画，把画面不同的颜色部分，分别雕成一块块的小版，依次逐色套印（图23）。木版水印与饾版套印原理相同，但在制版方面更为精细，除按不同颜色分别雕版以外，同一色相深浅不一的部分也被分别雕成小版，按从浅到深的顺序依次套印，以体现绘画作品颜色的深浅层次变化（图24）。

图22　苏州桃花坞博物馆套色印刷工艺

图23　扬州广陵书社饾版印刷

图24　上海朵云轩木版水印工艺

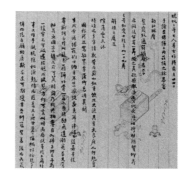

图25　吴煦档案彩笺单版双色套印

图26　吴煦档案彩笺饾版印刷

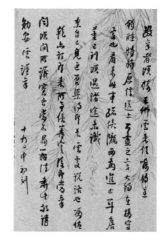

图27　吴煦档案彩笺单版单色

饾版套印技术对彩笺制作的影响最大，因为饾版作品的集大成者《萝轩变古笺谱》和《十竹斋笺谱》取得了样板的地位，使饾版水平高下成为衡量彩笺品质的一项重要标准。

吴煦档案彩笺中既有套色印刷，也有饾版印刷（图25~27）。

5.3.3 拱花和砑花

拱花是凹凸无色的花纹图案，它的实现要通过印刷技术。钱存训先生在《中国雕版印刷技术杂谈》中介绍拱花的制作方法。拱版有两种方法。一种是"平压法"，用一块版片雕刻凹形花纹，用纸平铺其上，施加压力，在纸面上显现凸出的花纹。另一种是"双夹法"，用两板分别雕刻阴阳花纹，印时以纸夹在两板之间，板合起后，即在纸面压出凸出的花纹[28]（图28）。比如在《十竹斋笺谱》的博古图中，线描和拱花技术相结合，器物立体的纹饰略高于纸面，也有只用拱花而不施色彩的例子，如"无华"中的海棠、石榴、芙蓉、兰叶等和"宝素"中的弦板笙箫、书画轴册等，仅用纹版在纸面上砑印而已。砑花也是凹凸无色的花纹图案，但与拱花相反，它是通过磨砑直接将雕版上的图案强压在纸面上，形成"暗花"。还有一种形成暗花的工艺，即前文中提到的"水纹纸"或"花帘纸"工艺，通过对纸帘进行加工，使抄造的纸张带有"暗花"，该工艺流行于唐宋时期以及清代的"票号"用纸。

目前，在南京太平天国历史博物馆提供的1000余通彩笺中有一部分是由砑花工艺加工而成（图29），但其中未见拱花和花帘纸彩笺。

5.3.4 砑光

砑光是用卵形、元宝形或弧形的石块（或玉石）、螺壳等碾压或摩擦纸张表面，将纸张凹凸不平之处磨平，从而使纸张密实光亮，耐磨耐潮。被砑光的纸可为生白纸，也可为加工纸。砑光后的纸为半熟纸或熟纸，书写绘画时不走墨晕染。吴煦档案中有些彩笺经过砑光处理（图30）。

图28　上海朵云轩印
《萝轩变古笺谱》拱花

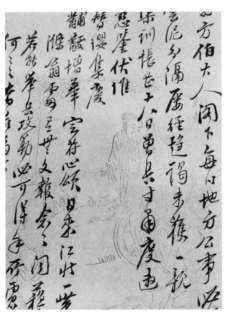

图29　吴煦档案彩笺砑花

图30　吴煦档案砑光彩笺

5.4　吴煦档案珍贵古纸薛涛笺研究

5.4.1　吴煦档案中薛涛笺的调研

吴煦档案中收藏有二十余通信札均书写在"薛涛笺"上，见表11。

表11　　　　　　　　　　吴煦档案中的珍贵古纸清代薛涛笺信息表

编号	尺寸（cm）	平均厚度（mm）	边栏界行	外观	照片
960－20	12.1×22.8	0.064	有边框：10cm×17.6cm；界行：7格，1.5cm/格	有"松竹"二字。经托裱	
960－21	12.1×22.8	0.017	有边框：10cm×17.6cm；界行：7格，1.5cm/格	有"松竹"二字	
960－22	12.1×22.8	0.017	有边框：10cm×17.6cm；界行：7格，1.5cm/格	有"松竹"二字	
960－60	15×24.4	0.011	无边框；界行：8格，1.8cm/格	有"薛涛笺纸桃花色"、"松竹斋"题字，有梅花图案	
960－61	15×24.3		无边框；界行：8格，1.9cm/格	有"松竹"二字	

续表 11

编号	尺寸 （cm）	平均厚度 （mm）	边栏界行	外观	照片
960 - 112 - 113	12.4 × 23.5	0.006	无边栏；界行： 8 格，1.6cm/格	有博物图案， 纸上有云母 片，颜色有 浓淡变化	
960 - 114 - 115	12.3 × 23.4	0.015	无边栏；界行： 8 格，1.6cm/格	有博物图案， 纸上有云母 片，颜色有 浓淡变化	
960 - 128 - 129	10.5 × 23.9	0.157	界行：8 格， 1.6cm/格	有云母片， 无图案，颜 色斑驳	
960 - 130	12.1 × 22.8	0.141	界行：6 格， 1.5、1.6cm/格		
961 - 76	12.2 × 23.1	0.112			

编号	尺寸 （cm）	平均厚度 （mm）	边栏界行	外观	照片
961－144－145		0.056， 0.054， 0.055， 0.030	有边框界行； 界行：8 格， 1.3cm/格	有云母片， 页边缘有花， 拱花，颜色 渐变	
967－340	14.5×23.4	0.104	有边框界行； 边框尺寸： 17 cm×18 cm		
967－521	12.7×23.2	0.067	界行：8 格， 1.7cm/格		
967－526－527	12.9×23		边框尺寸： 9cm×17.7cm； 界行：8 格， 1.5cm/格		
胡家玉函札 2 枚薛涛笺	12.1×23.4	0.067	无边框；界行： 8 格，1.5cm/格		

"薛涛笺"是我国失传已久的古代名纸，在我国造纸史和纸张艺术加工史上都有很高的地位，不仅享誉千年，还名扬四海。由于年代久远，又无实物可考，对于薛涛笺的研究，目前仅限于对历史文献的考辨，这二十余枚珍贵的清代仿制"薛涛笺"的出现不仅进一步坐实南京吴煦档案具有较高的科技史价值，也为分析还原"薛涛笺"这一宝贵的历史文化遗产提供了重要的历史线索和实物参考。

5.4.2 吴煦档案中薛涛笺的分析

我们对太平天国历史博物馆提供的 2 枚薛涛笺——胡家玉 15、胡家玉 16 的纸张情况开展了以下的调查分析。

（1）外观观察分析

胡家玉 15 纸面呈淡绿色（图 31），因正、反面颜色相似（图 32），加之用显微镜侧面光观察颜色未浮在纸表面上且有渗透感（图 33），正面印有分隔线和图案（图 34），初步推断可能使用了水溶性染料浸染和木版印刷的方式加工。纸面细平，纸重约 45g，迎光无法观察到帘纹（图 35）。笺纸纵长 23.4cm，横宽 12.1cm，无边框但有界行，共 8 格，每格间隔约 1.5cm，左下方竖排印有"薛涛笺"三个字。

胡家玉 16 外观（图 36、37）与胡家玉 15 的接近，规格、边栏界行、款识"薛涛笺"情况也与胡家玉 15 相同，根据纸上的颜色和图案纹样推断或使用了同样的染色和印刷方式（图 38），但胡家玉 16 在光线照射下可见少许帘纹，帘纹模糊或因纸张表面轻涂有料，也可能是因纸张经过捶打导致。纤维结合紧密，纸背面表层有轻度涂布的痕迹（图 39），并可见纤维束（图 40）。整体上看，纸张结构较为松软。

（2）纤维形态与配比分析

根据纤维形态分析，吴煦档案中两枚薛涛笺的纤维 100% 是竹浆，可能为毛竹，浆料木素脱除得较干净，无黄色纤维，杂细胞和杂质也较少，胡家玉 16 竹纤维中出现有网孔薄壁细胞，属于熟料法工艺，浆中还有少许胶（图 41~44）。

（3）纸张填涂料分析

对于两枚薛涛笺纸张正、反两面填涂料进行了 SEM-EDS 观察和分析，结果发现纤维之间都填充有一些矿物性小颗粒，Si、Ca、Al、K 含量较高，也有少量 Mg，初步推断造纸过程中加有填涂料高岭土、碳酸钙、滑石粉或明矾（图 45~48）。

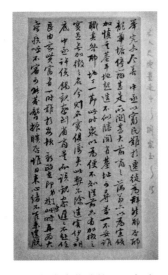 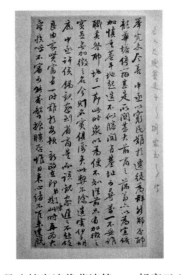

图 31　吴煦档案清代薛涛笺——胡家玉 15 正面　　图 32　吴煦档案清代薛涛笺——胡家玉 15 背面

（4）小结

根据对吴煦档案薛涛笺的外观、纤维和填涂料分析看出，清代仿薛涛笺使用的纸张并不高档，属于普通纸张，笺纸左下角印制的"薛涛笺"文字应该属于商业运作，目的是为了促进营销。为了提高纸张的平滑度、白度、不透明度和均匀度，改善吸墨性和固色性，纸面可能经过填涂加工或被施以胶矾。

图 33　吴煦档案清代薛涛笺——
胡家玉背面颜色有渗透感 10×

图 34　吴煦档案清代薛涛笺——
胡家玉正面木版印刷图案 10×

图 35　吴煦档案清代薛涛笺——
胡家玉 15 迎光无法看见帘纹

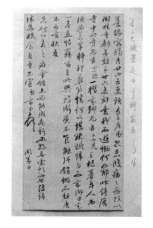

图 36　吴煦档案清代薛涛笺——
胡家玉 16 正面

图 37　吴煦档案清代薛涛笺——
胡家玉 16 背面

图 38　吴煦档案清代薛涛笺——
胡家玉 16 木版印刷痕迹

图 39　吴煦档案清代薛涛笺——
胡家玉 16 背面轻微涂布 10 ×

图 40　吴煦档案清代薛涛笺——
胡家玉 16 背面纤维束 10 ×

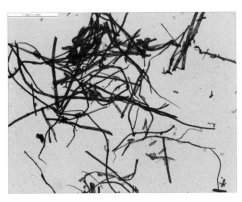

图 41　吴煦档案清代薛涛笺——
胡家玉 15 竹纤维 10 ×

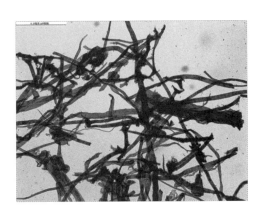

图 42　吴煦档案清代薛涛笺——
胡家玉 15 导管 20 ×

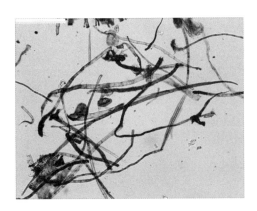

图 43　吴煦档案清代薛涛笺——
胡家玉 16 竹纤维 20 ×

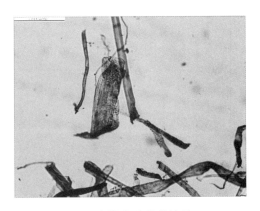

图 44　吴煦档案清代薛涛笺——
胡家玉 16 导管和网孔薄壁细胞 20 ×

Element	Wt%	At%
MgK	07. 3	09. 7
AlK	12. 6	15. 3
SiK	12. 9	15. 0
S K	21. 8	22. 2
ClK	05. 6	05. 1
K K	16. 7	13. 9
CaK	22. 8	18. 5

图 45　吴煦档案清代薛涛笺胡家玉 15 有字一面

Element	Wt%	At%
MgK	06. 08	07. 61
AlK	20. 77	23. 46
S K	40. 28	43. 70
K K	12. 61	09. 83
CaK	20. 26	15. 40

图 46　吴煦档案清代薛涛笺胡家玉 15 无字一面

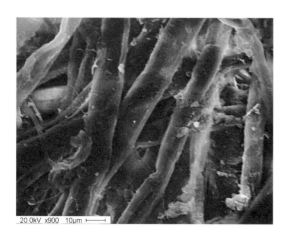

Element	Wt%	At%
MgK	12. 11	15. 64
AlK	17. 67	20. 56
SiK	25. 18	28. 13
K K	20. 89	16. 77
CaK	24. 15	18. 91

图 47　吴煦档案清代薛涛笺胡家玉 16 有字一面

Element	Wt%	At%
MgK	12.03	15.95
AIK	14.10	16.84
SiK	19.67	22.56
CIK	05.25	04.77
K K	25.90	21.34
CaK	23.05	18.53

图48　吴煦档案清代薛涛笺胡家玉16无字一面

5.5　彩笺修复研究综述

我国馆藏大量古代艺术加工纸作为宫廷用纸、佛经用纸、书信和咏诗用纸。由于对这些纸张的加工材料和方法疏于了解，修复人员在对劣化的艺术加工纸质文物进行修复时往往束手无策，相关的保护修复研究也较有限。对艺术加工纸开展复原实验研究不仅是研究传统造纸工艺的一项重要手段，也是对彩笺等艺术加工纸类文物保护修复研究的一种有意义的途径。

5.5.1　再现研究

安徽巢湖掇英斋非物质文化遗产传承人刘靖在专家的指导下对传统加工纸技艺进行研究与恢复。经过反复试验，目前已复活传统的"粉蜡笺"、"泥金笺"、"金银印花笺"、"羊脑笺"等传统加工纸，并与中国科技大学张秉伦、樊嘉禄等人合作，复原明代"造金银印花笺"的制作技艺[29]。

近年来，台湾同行在艺术加工纸再现上也有较多成果。台湾广兴纸寮黄焕彰成功仿制楮皮仿宋罗纹纸、金银笺、植物染楮皮纸和矿物染楮皮纸等。台湾手工造纸工艺研究专家王国财利用文献记载以及通过对日本、菲律宾流沙纸加工技术的考察，经过3年研制，于2013年5月取得再现流沙纸的突破性进展。王国财研究流沙染（marbling）、糊染（paste dying）、涂布（coating）等工艺，研究颜料的保存性、耐光性[30]等，再现金沙尘纸、仿宋罗纹、冷金宣、绢泽纸、蝉衣宣、金宣、桑斑雁皮、金（银）色罗纹、冷金罗纹、磁青纸、羊脑笺等。

对于古代加工纸的复原研究有助于我们进一步认识和了解彩笺的材料、制作工艺，从而为彩笺文物的保护修复提供重要参考。

5.5.2　彩笺修复研究

四川成都杜甫草堂博物馆姚斌在《传统装裱方法在＜孙桐生信札＞修复中的运用》一文中记录了彩笺修复的过程，对于修复补纸的制作、清洗接笔的处理、固色去污的方法、揭托命纸的要点和夹宣画心的复原进行了详细探讨，是少数记述彩笺修复的论文之一[31]。故宫博物院郭文林、张小巍、张旭光对明代正统皇帝颁布的蜡笺纸质圣旨的修复进行了研究，通过对其历史与使用情况的回顾，对此类破损文物的材质和工艺的分析检测，仿制蜡笺纸的构造及成分组成制备修复用纸，并根据圣旨的层次结构对其破损处进行有针对性的修补，以及对补配处开展颜色、质感的仿原件处理，对艺术加工纸类文物的修复材料和修复方法作了宝贵的探索[32,33]。颐和园管理处高晓茗对仁寿殿内悬挂的清代粉蜡笺书画的修复进行探讨，回顾粉蜡笺制作的传统工艺，总结修复对象的材质特征，开展修复用黏合剂的筛选实验以及修复前预加固实验，记录文物修复的具体操作，为修复粉蜡笺类的纸质文物提供了思路和参考[34,35]。中国第一历史档案馆刘小敏在《几种特殊纸张档案的修裱技法》一文中，对于经过染色、研光等工序处理的黄榜纸文物、蜡笺纸文物，以及清代外交档案中的机制纸文物等容易出现的病变和解决方法分别进行了详细探讨，具有较强的现实意义[36]。

5.6 讨论结果

根据对吴煦档案彩笺的调研结果和对彩笺等艺术加工纸类文物的修复研究看出：鉴于彩笺类加工纸质文物工艺和材料的复杂性，对其修复需针对具体文物的纤维属性和加工特性配置相应的修补用纸。对于施加粉、蜡、云母片等的文物，需对文物进行预加固处理，处理时需筛选适当的修复黏合剂，避免伤害文物原有的加工材料和手段。彩笺的色彩是其重要的外形特征之一，大部分彩笺经调查发现容易褪色，污渍较多，因此采用何种清洗方式也是修复彩笺时应考虑的关键要素。比如对于木版水印的红格纸书、蓝格纸书，则不可用水或其他溶剂淋洗去污，否则文献会脱墨烘染。另外，吴煦档案中有较多数量的彩笺使用了研花等加工方式，因此修复时在压平环节应利用合适的方式或技术参数，以免破坏彩笺图案的凹凸立体效果。对于吴煦档案中出现的"薛涛笺"之类的珍贵古纸，可结合文献尝试开展再现试验，这对我们认识彩笺的加工制作和保护修复具有参考意义。

6 吴煦档案保存环境

6.1 宏观环境

南京属北亚热带季风气候，四季分明，冬夏长而春秋短。雨水充沛，光能资源充足，年平均温度16.1℃，湿度78%，日照百分率43%。夏季七、八月份为温度最高的月份，平均气温29℃，最高气温可达38℃，湿度最高90%；冬季一、十二月份为温度最低月份，平均温度3.5℃，最低气温达零下8℃，湿度冬季最低时为50%～70%。年平均降雨117天，降雨量1106.5mm。无霜期长，年平均239d。每年六月下旬到七月中旬为梅雨季节，对纸质文物的长久保存影响很大。同时，由于季风的影响、夏季阴雨和烈日的交替，文物库房室内的空气波动较大，吴煦档案大部分时间都处在不利的气象环境中，加之瞻园地处秦淮河闹市区，周边交通车辆来往频繁，汽车尾气等大气污染物也加速了吴煦档案纸张的酸化（图49）。

6.2 小环境和微环境

6.2.1 历史微环境

据调查了解，20世纪90年代初期，南京太平天国历史博物馆将剩余保存较差的文物进行了整体（无分类整理）除氧封存，1995年和1996年发现封存使用的塑料胶膜老化破损，导致文物劣化程度日益加重。博物馆随即揭除塑料胶膜，并将文物进行了简单分解和分类，分别存放于档案盒和档案袋中。

图 49 南京太平天国历史博物馆方位图

6.2.2 温湿度调查

文物库房位于瞻园园区偏北区域，为1998年新建局部三层混凝土框架仿古建筑。长期以来，受库房面积狭小、结构不合理、设施不健全等客观条件限制（图50），收藏吴煦档案的文献库房未能做到恒温恒湿。目前只采取空调加抽湿机的方式（出于安全考虑夜间机组不运行）控制库房温湿环境，无法做到微环境精确调节，并且很多文物只能被临时存放在简易塑料箱中（图51）。

图 50 保存吴煦档案的库房

图 51 存放在塑料箱中的部分吴煦档案

我们对库房2013年6月8日~6月30日期间白天的温湿度进行了记录。检测数据显示：库房的温湿度数据变化略大，检测到相对湿度的最大差值为18%，温度的最大差值为6℃（见表12）。由于纸质文物库房温度应保持在18℃~20℃，相对湿度应控制在55%±5%。该库房有时温度略高，达到28℃。而且由于温湿度控制设备夜间机组不运行，库房昼夜温差、湿度差较大，对文物的保存非常不利，应尽量保持恒温恒湿。

表 12		文物库房温湿度检测表
日期（月－日）	温度（℃）	相对湿度（％）
06－08	22	62
06－09	23	58
06－10	25	63
06－11	24	60
06－12	25	57
06－13	27	59
06－14	26	65
06－15	25	68
06－16	25	60
06－17	25	62
06－18	26	62
06－19	27	55
06－20	28	56
06－21	28	55
06－22	24	50
06－23	26	55
06－24	25	55
06－25	27	55
06－26	24	50
06－27	24	50
06－28	25	56
06－29	28	61
06－30	26	60

6.2.3　照度检测

我们对保存吴煦档案的库房照度进行了监测，照度数据详见表13照度数据表。根据纸质文物的保存环境中光照度≤50勒克斯（Lux）的要求，该库房在开灯环境中的照度值大于文物保存标准要求，这对文物的保存不利。

表 13					照度数据表	
测量地	测量时间	仪器	测量状态	测量点数	数值	最大/最小值
太平天国历史博物馆文献库房	2014－04－24	Testo 540	开灯测量	4个	数值1～92Lux	最大值125Lux 最小值 45 Lux
					数值4～111 Lux	
					数值3～109 Lux	
					数值4～113 Lux	
			关灯测量	4个	四个点值均为0Lux	均为0Lux

6.3 环境对吴煦档案的影响

因此，吴煦档案受高温潮湿、生物病害、光照度等因素的影响较为显著。① 高温潮湿，南京夏季的高温和夏、秋季丰沛的降水，会加速档案纸张的老化，降低纸张强度，并滋生霉菌。② 生物危害，苏南地区常年气候湿润，适宜虫蚁、霉菌等病害的滋生，直接威胁到文物本体的安全。虽然定期进行灭杀防治，但很难根除，具有一定隐患。③ 超过安全标准的光照容易催化纤维素与空气中的 O_2 发生反应，从而发生纤维素降解，纸张强度降低，同时也容易使纸张内可能存在的木质素的氧化反应更为活跃，生成易黄易脆的氧化木质素。

7　吴煦档案主要病害

7.1　病害现状

馆藏的史料文献及吴煦档案经过一百多年的存放，部分残卷和书籍已经发生了严重损坏，并且近年来病害情况越来越严重。其中吴煦档案和一批封套损坏极为严重，据估算约有 3 万余份虫蛀、霉变现象严重，部分档案原件粘连在一起，约 155 套随档案的线装书籍也处于损毁的边缘。据初步调查和统计，几乎所有文物都有污渍和生物病害（虫蛀、虫卵、蝇屎等），褶皱和粘连的文物达 95% 以上，霉变文物占 90% 以上，残缺、变色文物达 50% 以上，少部分文物糟朽、絮化，亟须进行抢救性保护修复。

图 52　文物的残缺、糟朽、絮化

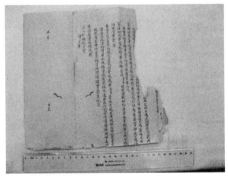
图 53　文物的残缺

图 54　文物的残缺、糟朽

图 55　文物的残缺、糟朽

7.1.1　残缺、糟朽、絮化

在流传和保管过程中，由于人为或纸张老化等原因，纸张残破缺损现象十分严重。有些文物的纸面已经完全破碎糟朽甚至絮化，需要对其进行完整修复（图52～55）。

7.1.2　皱褶、折痕、变形

由于文物数量庞大，流传曲折，很多文物因受到挤压而产生皱褶、折痕甚至发生变形（图56～59）。

图 56　文物的皱褶、变形

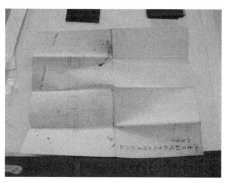

图 57　文物的折痕

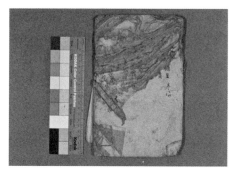

图 58　文物的皱褶、变形

图 59　文物的皱褶、变形

7.1.3　水渍、污渍

很多文物在流传和长期存放过程中受到水浸润或其他物质的污染（图60～64）。

图 60　文物上的污渍

图 61　文物上的污渍

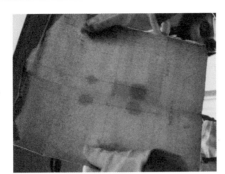

图 62 文物上的油渍

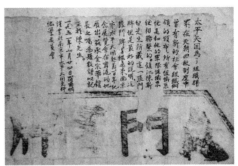

图 63 文物上的泥土

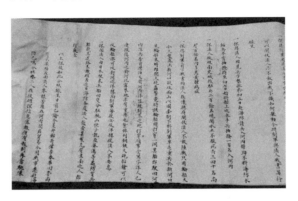

图 64 文物上的防虫药物污染

7.1.4 断线、书脊开裂

吴煦档案中部分线装书的装订线、纸捻受到破坏，导致有些书脊开裂（图 65 ~ 67）。

图 65 文物的断线

图 66 书脊开裂

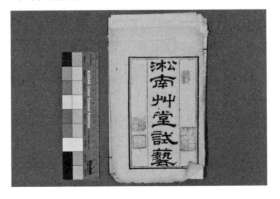

图 67 文物的断线和书脊开裂

7.1.5　微生物病害

南京地区处于南方，春夏季节雨量充分、气候湿润，因此库房中霉变现象十分严重（图 68、69）。

图 68　文物上的霉菌

图 69　文物上的霉菌

7.1.6　动物损害（虫蛀、动物分泌物）

纸质文物被虫蛀后形成一条条沟壑而变得脆弱不堪，还有大量文物遭到动物排泄物的污染（图 70 ~ 72）。有专家认为，竹纸更易被虫蛀，竹纸纤维中的糖量丰富，这也是吴煦档案虫蛀严重的原因之一。

图 70　文物上的蛀痕和虫屎

图 71　文物上的蛀痕

图 72　文物上的蛀痕

7.1.7 炭化、变色

部分纸张存在炭化、发黄现象，有些一触即碎，面临被损毁的危险（图73、74）。

图73 文物的变色　　　　　　　　图74 文物一触即碎

7.1.8 粘连

档案、古籍经过长期存放和积压，纸张之间变得十分紧密，难以分开，形成"纸砖"、"书砖"（图75、76）。

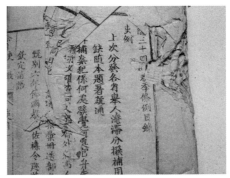

图75 粘连的档案　　　　　　　　图76 粘连的书籍

7.1.9 断裂

部分档案、年画、封套等长期折叠，折叠处发生断裂（图77～79）。

图77 断裂的档案　　　　　　　　图78 断裂的年画

图79　断裂的封套

7.1.10　写印色料脱落

部分年画画面颜料不断剥落（图80）。

图80　画面剥落

7.2　污染物调查

7.2.1　污染物分析

由于纸张由植物纤维制成，吸附能力较强，因而在纸张上形成的污渍原因和种类很多。① 大气颗粒物造成的尘污、泥土和污垢沉积。如果所处环境相对湿度较高（65%以上），空气中水分的入侵造成尘污进一步渗入纸张内部，形成水渍，从而改变纸张白度、色度和结构。② 昆虫残留物或分泌物。③ 烟熏痕迹。④ 油渍、油墨。⑤ 有机污染物。在库房内，由于建筑装饰材料挥发或杀虫剂、防霉剂挥发出的有机挥发物被纸张吸附，当杀虫、消毒结束后，纸张解吸不可能完全，纸上还会有一定的残留量。从成分上看，文物上的堆积物可分为两类：① 有机物质如蜡、树脂、油、油脂、胶、微生物分泌的有机酸等；② 无机物质如可溶性盐、不可溶性盐、金属腐蚀残留物等。

吴煦档案中的主要污染物有油渍、昆虫粪便、墨渍、污渍、微生物分泌物、水渍、烟熏、动物足迹（图81~88）。这些污染物不仅遮挡文献字迹、影响文物外观，大多数还会促进纸张纤维降解，降低纸张机械强度，使文物易于脆裂。

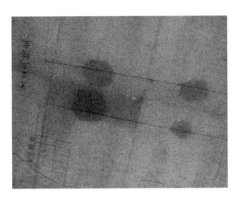

图81　油渍

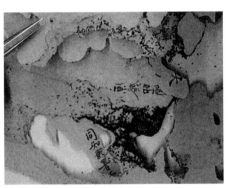

图82　昆虫粪便

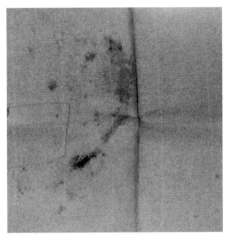

图83　墨渍

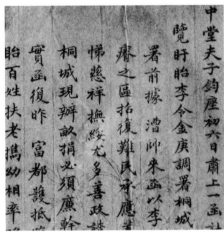

图84　污渍

图85　微生物分泌物

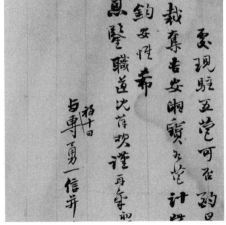

图86　水渍

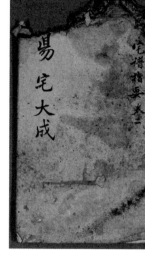

图 87　烟熏　　　　　　　　　图 88　动物足迹

7.2.2　污染物处理建议

对于堆积在文物表层的污染物如动物足迹、灰尘等，一般可使用软毛刷将之轻轻刷除，或者利用刮刀等机械清洁的方式将之小心剔除。然而，很多污染物如油污使用这种方式难以奏效。有些污染物发生化学变化并产生了有害物质，如微生物分泌物。以下方法可以为我们处理这种污染物提供参考。

微生物分泌物中含有黑、灰、褐等有机色素，用水或有机溶剂难以溶解去除。以前人们常采用强氧化剂如高锰酸钾、双氧水等氧化漂白的方式进行，使污斑色素的发色团被破坏，并变为无色，达到去污的目的。但此种方式容易破坏纸张纤维，对于含木素较多的纸张去污，如果采用高锰酸钾溶液，容易使纸色变黑，难以复原，而且容易对酸性墨水字迹造成严重褪色。因而，不建议使用强氧化剂清洗文物。对于轻度霉斑，可将污染文献置于清水中浸泡 1h 后，再用热水冲洗，即可清除霉斑。若仍有污迹，可使用皂类或洗涤剂（非离子型表面活性剂）稀释溶液浸泡霉斑处，或使用碱性蛋白酶、木瓜蛋白酶及溶菌霉等生物酶复配的溶液去除。

泥垢水渍也有有机色素，会损坏纸张纤维，因此可用手术刀等轻轻剔除较厚的泥土，用排笔毛刷等刷扫浮尘后，再进行水洗。对于泥垢水渍严重者，可用 1% ~2% 的纯碱溶液清洗，清洗后用清水洗净文物上的残存碱液，以防止碱对文物纸张的腐蚀。检测碱溶液是否被洗净，可用酸碱指示剂酚酞进行测试。对于轻微水渍，可用毛笔蘸沸水滑湿水渍处，再将污迹周围用凉水喷湿，将喷湿后的纸张夹在吸水纸中间撤潮，经过压平晾干，水渍即会消失。

油渍包括动物油、矿物油、植物油等斑迹，含大量烷烃，可用乙二胺四乙酸（EDTA）、十二烷基硫酸钠（K12）、乙醇、丙酮、甲基化酒精等溶剂清除。在使用有机溶剂以前要事先开展斑点实验，以确保文物字迹不会被有机溶剂溶解而扩散或褪掉。若无即可使用该种溶剂去除油渍。若有脱墨现象，则应选择其他有机溶剂进行尝试，或者用淀粉上浆的方式在油渍附近进行字迹的预加固处理，之后再除污。清除油渍时可将文物下面垫张吸水纸，用棉团蘸溶剂轻轻擦拭油渍处，待油渍溶解后则可被吸水纸吸附。如果一次处理效果不理想，还可在油渍背面用同样的方法实施二次除污。擦拭时需及时更换棉团和吸水纸，以提高去污效果。若油渍去除后，文物上残留水印痕迹，可待溶剂挥发后，用清水冲洗，水迹即会消除。

有研究表明，烟熏成分多以芳香族化合物为主，混有少量无机元素，碳的量较多，硫多以 HS⁻ 形式存在，并混有二氧化硫和硫酸盐。纸质文物受到烟熏后，除外观受到很大破坏，通常由于游离水的大量蒸发而变得脆弱。清洗时可用 60℃ 的热水淋洗，对于烟熏严重者，也可使用 1% ~ 2% 的纯碱溶液，清洗后用清水洗净文物上的残存碱液即可。

对于昆虫粪便，可先用棉花球去掉虫屎，然后用棉花球蘸些醋或酒精，在虫屎处擦拭几下，接着用净水洗净醋或酒精，再喷上水，下面垫上吸水纸，压上重物，待晾干后，撤去吸水纸即可。

7.3 生物病害分析与建议

7.3.1 生物病害分析

纸张属于有机质文物，很容易受到微生物的霉腐侵蚀。据研究，纸张上分离到的霉菌多达 105 属、266 种。这些微生物作用的结果，轻者影响文物外观，重者则使文物面目全非，甚至破坏殆尽。生物病害是吴煦档案较为严重的病害种类，为此我们对于吴煦档案的用纸开展了生物学特性研究，以下是具体实验情况。

7.3.1.1 采样

① 选择 21 个纸样随机采样。

② 采样工具：选用无菌纸袋及无菌棉棒作为采样工具。

③ 采样方法：采样时，开启消毒信封，用消毒棉签在霉变档案上轻轻擦拭后，迅速插入消毒信封中。将所采菌样编号，记录菌样颜色、纸张质地、霉变程度等。

7.3.1.2 实验室内分离与纯化方法

① 培养基：制作马铃薯葡萄糖琼脂（PDA）培养基。

② 以无菌操作将采样的消毒棉签接种于培养基平板上和斜面上，同时观察，恒温（28℃）培养，3 ~ 5d 后观察菌落生长情况，画线分离，不断培养，直至得到纯种。

7.3.1.3 分类鉴定

宏观特征的观察和记录。① 生长速度；② 菌落的颜色：表面的颜色及其变化，菌落反面的颜色；③ 菌落的表面：平坦或有皱纹，有无同心环或辐射状沟纹；④ 菌落的质地：絮状、绳状、颗粒状或粉末状等类型。⑤ 菌落的边缘：边缘是否整齐。⑥ 渗出液：菌落表面有无液滴，量多少及其色调。依据上述菌落特征进行菌种鉴定。

在显微镜下观察和记录微观特征。用直接挑取培养物的方法制成临时载玻片标本，然后于显微镜下详细观察以下特征。① 菌丝特征。② 产孢结构的特征：帚状枝、顶囊、瓶梗及其他类型的产孢结构的大小、形状等。③ 孢子特征：无性孢子，如分生孢子、孢囊孢子、芽孢子、厚垣孢子等；有性孢子为卵孢子、接合孢子、子囊孢子等。测量其大小，观察其形态、颜色、表面特征（如纹饰或突起等）。孢子有无分隔及着生的情况等。④ 孢囊梗和分生孢子梗的特征：大小、颜色、形状、表面特征等。⑤ 其他特征，如孢子囊、子囊壳、子囊等的颜色、形状、大小、结构等。根据上述记录，参考有关专业资料，进行分析、比较研究，鉴定菌种。

7.3.1.4　鉴定结果与分析

经鉴定，纸质文物上生长的霉菌主要黄曲霉、黑曲霉、杂色曲霉、青霉、球毛壳霉；木霉、葡萄状穗霉、交链孢霉和黑根霉（见表14，图89～96）。

上述菌种具有以下特点：① 曲霉、青霉、毛壳霉、木霉等为主要菌种。这些菌种不仅生长速度快，有的还能分泌色素（培养基中有玫瑰色、暗黄色等色素），有的菌落表面有液滴。② 分离到的多数菌种为土壤、空气、工业材料上常见的腐生菌。据资料报道，青霉、曲霉属种类几乎在一切类型的基质上生长，在湿热条件下能引起纸张、皮革等多种材料严重生霉变质；黑曲霉、球毛壳、木霉、葡萄状穗霉等种类具有多种活性强大的酶系，能分解纸张中的纤维素，产生多种有机酸，引起材料酸性增加，加速其老化。③ 有资料报道黄曲霉等种类会产生毒素。交链孢霉和有些镰刀菌为重要的真菌致敏原，可引起人体支气管炎、过敏性肺炎、皮肤过敏等疾病。

表14　　　　　　　　　吴煦档案部分文物生物病害检测分析表

序号	名称	编号	菌种	数量及特征
1	《钦定户部则例》（反）	WXG436	黄曲霉　杂色曲霉	＋，有霉斑
2	《钦定户部则例》（正）	WXG436	木霉	＋，有霉斑
3	《阳城大宅》古籍	WXG457	黑根霉	＋，有霉斑
4	《太上感应篇注合钞》	WXG385	木霉	＋，有霉斑
5	《花名册》	WXC1013－30	青霉	＋，无霉斑，但经培养长出霉菌
6	《钦命二品》封套	WXC1027－1		
7	《花名册》	WXC1024－86	黑根霉	＋，有霉斑
8	《钦定敬阐正学韵文》古籍（正）	WXG418	球毛壳霉	＋，有霉斑
9	《全唐诗抄》	WXG425	杂色曲霉	有少量霉斑
10	《勇营宦升街名勇丁花名》账册	WXC1024－74		
11	《署理江苏分巡》封套	WXC1027－2	交链孢霉	＋，有霉斑
12		WDCJWST 02001		
13		WDCJWST 02002	木霉	有霉斑
14		WDCJWST 02003		
15	《咸丰六年十月初七日候补府正堂吴》	WDCJWS 350001		
16	文书公据（28张）	WDCJWS 350004		
17	便条	WDCJWS 350005		
18	《添募托辕小队头起德勇四百名□□□□花名底册簿》	WDCJWS 350006	黑曲霉	＋，有霉斑
19	手写便笺文稿	WDCJWS 350007		

续表 14

序号	名称	编号	菌种	数量及特征
20	《同治元年四月候补知府李庆琛申请随带防护船厂砲船二只等呈文谕》经折装摺文	WDCJWS 350008		
21	各色便条便笺（共5张），小护封套一件	WDCJWS 350009		
22	《同治元年二月十五日办理江南团练总局关防印记》残破文书	WDCJWS 350010		
23	《咸丰拾壹年十二月雀匠赶造船只配齐军火札谕》（虫皮）	WDCJWSCT 02003	档案窃蠹	有虫洞
24	《花名册》（虫蛀）	WXC1013－30	烟草甲	有虫迹
25	《钦定户部则例》（虫蛀、碎屑）	WXG436	毛衣鱼黑皮蠹	有虫皮和虫洞

＊　＋表示霉菌数量，在霉菌培养过程中只有一个霉菌菌落。

图 89　虫蛀和长霉　　　　　图 90　霉菌

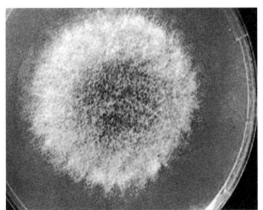

图 91　青霉　　　　　图 92　毛霉

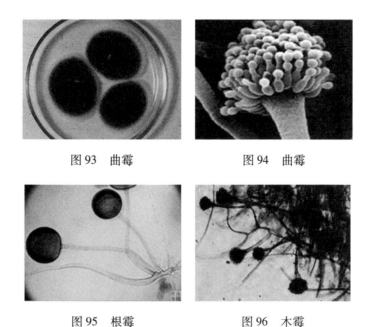

图 93　曲霉　　　　　　　图 94　曲霉

图 95　根霉　　　　　　　图 96　木霉

7.3.2　生物病害治理建议

① 对霉变文物进行及时消毒处理。

② 加强受损纸质文物抢救整理过程中的霉菌预防。包括抢救整理间环境控制、修裱过程中霉菌预防、日常保管工作中预防纸张文物的霉变。

③ 定期进行霉菌的监测：包括室内空气中霉菌污染程度监测，载体材料霉变现象监测。

④ 增强工作人员的卫生安全意识，加强个人卫生防护，整理文物时要戴口罩、手套，穿工作服，并定时清洗更换。加强抢救整理间环境的消毒工作。

8　保护修复目标和路线

8.1　保护修复技术指标

在保护修复过程中严格遵循《中华人民共和国文物保护法》和《博物馆藏品管理办法》的有关规定，采取传统工艺与现代科技相结合的方法。

经过修复后的文物较为完整，霉菌和蛀虫活体被消杀，破损、蛀洞之处得到补全加固，污渍、水渍基本被去除，白度、色度在可接受的范围以内，皱褶、折痕被处理平整，酸化变色文物经过脱酸处理，保护修复后的文物可为陈列、研究发挥作用。

保护修复档案按《馆藏纸质文物保护修复档案记录规范》（WW/T0027—2010）编写，资料记录工作真实、详细、完整。

改善库房保管环境，运用多种调控手段对库房环境实施有效的"稳定、洁净"调控，全面提升南京太平天国历史博物馆对于吴煦档案的预防性收藏保护能力。

8.2 修复技术路线（图97）

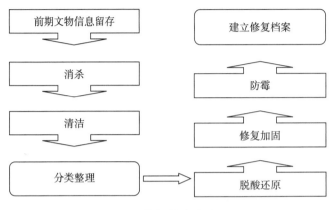

图97 修复技术路线图

8.3 修复操作步骤

8.3.1 前期文物信息留存

在对吴煦档案实施修复之前，需做好以下的前期信息留存工作：

① 对吴煦档案的保存现状及残损情况全方位拍照，配合文字记录；

② 开展吴煦档案本体信息调研和病害分析（包括纸张材料、写印材料、纸张理化性能、表面污染物、生物病害分析等）；

③ 吴煦档案保存环境的监测（温、湿度，光照度，有害气体等）。

8.3.2 消毒杀虫

在对吴煦档案的病害调查中，发现其虫蛀、霉变严重，应采取消毒杀虫的方法阻止它们对纸张进一步侵蚀。

消杀是指通过物理或化学方法杀灭纸质文物上微生物、害虫等。常用的物理法有低温冷冻、微波、缺氧、辐射等。化学法可通过熏蒸、擦拭和喷雾等方法抑制霉菌新陈代谢，破坏其生理功能，达到文物消毒灭菌的目的。

鉴于吴煦档案数量巨大，生物病害严重，为彻底杀虫灭菌（包括虫卵），建议采用环氧乙烷熏蒸方式，消杀后的文物应在杀虫机构放几周，待充分释放残留的环氧乙烷后，再将档案放置在具备良好通风、卫生条件的库房中。

8.3.3 清洁

清洁包括除尘去污和清洗。清洗是用物理方法或化学试剂清除纸质文物上有害污染物。在清洗之前，要调查文物上的污渍种类，找到最适宜的解决方法，从而最大限度的保护文物的安全。

（1）除尘去污

吴煦档案上普遍有较多灰尘、泥斑、蜡斑、蝇屎等，可以选取软毛刷、小型除尘器、吸耳球、软面团、粉末橡皮、手术刀等工具对污斑轻轻地刷、吸、吹、粘、擦、刮等，操作方式应灵活，一种方法不理想，可与其他方法搭配使用。

（2）水洗

用去离子水进一步洗去档案表面未除去的灰尘与污渍。在清洗之前先检验文物的写印色料是否褪色、扩散，若褪色可选用1%明胶对字迹、颜料加固。污渍轻微的用喷壶在污渍周围喷些凉水，用滤纸吸除水分并将画心压平阴干。污渍严重的将画心放入洗画槽内，用温度40℃～50℃的纯净水浸渍15～30min，使污渍溶解到水中，然后用常温纯净水冲去已溶解的污渍。

（3）溶液清洗

清除各种污迹的清洗剂包括酒精、丙酮、甲苯等。对于难以用水祛除的污染物，可用皂类或洗涤剂（非离子型表面活性剂）稀释溶液浸泡祛除。对于污斑，可将被污染文献置于清水中浸泡1h，然后再用热水冲洗清除，如果清洗效果仍不佳，可采用由碱性蛋白酶、木瓜蛋白酶及溶菌霉等生物酶复配的溶液，操作时根据具体情况选定。

8.3.4　分类整理

目前，虽然太平天国历史博物馆对于吴煦档案的分类整理和部分文献的出版已做了大量工作，但由于档案数量巨大，内容庞杂，仍有大量文物尚未被妥善分类及保管。在文物信息记录完毕后，还需请文献研究专家、太平天国历史学家对文物信息进行解读和科学分类。对于保存现状较差的文物，需由专业修复人员协助专家展开文物。文物可选择喷湿打开的方法，在进行喷湿展开之前要观察文物写印材料是否掉色，若掉色，可先选择淡胶水进行固色，而后再将文物喷湿打开。

8.3.5　脱酸还原

脱酸还原是为了将文物上不溶于水的酸性物质中和，并且在纸张纤维上留下碱性沉淀物，阻止以后的酸化病害，同时一定程度地提高文物的强度和白度。

目前，中国代理的美国PTLP公司的BookKeeper纸质文物脱酸保护液在我国部分机构得到应用，方便快捷，效果较好。脱酸过程为氧化镁与空气中的水分相结合生成氢氧化镁，成为碱保留成分。该工艺适用于吴煦档案的所有文物类型，包括散页、古籍、信函、字画等。

8.3.6　修复与加固

修补是保护修复工作中的重要环节，也是保护脆弱纸张，延长其寿命所采取的有效措施的组成部分。对于具有破损、糟朽、断裂、有蛀洞等病害的吴煦档案，应根据实际情况采取保护措施。对于单面文字的纸张，采取传统托裱技术补破加固。糟朽、絮化的纸页也可用裱补法修补。对于古籍，需经仔细拆分后逐页保护，最后装订成册。粘连成纸砖的文物如果是单纯由水湿引起的，采用简易湿揭法处理，如果是黏性物质引起的粘连，可以用热蒸汽穿透法揭补。对于双面有文字的纸张可用透明度高的棉纸修补，尽量避开字迹或少盖字迹。对于彩笺，对其造纸材料和加工工艺进行调查，寻找近似的修复用纸进行补残，然后再根据文物的加工工艺，如染色、洒金、涂云母、涂蜡等，对补纸进行相应的处理。

文物在修复时力求保持原状，残缺部分的处理必须有充分的科学依据，不主观臆断。修复前制订周密的计划、方案，必要时请相关专家予以认可，不草率行事。修复时所使用的各种材料尽可能与原件协调一致，不产生副作用，且具有可逆性。

8.3.7 防霉

霉菌的滋生与环境关系密切。南京夏季炎热，常年气候湿润，而且作为以山水园林为主体的瞻园，园内草木较多，水池瀑布的存在更增加了库房周围的空气湿度，有利于霉菌的滋生。因此，对杀虫消毒后的吴煦档案还应用防霉剂进行预防处理。

对于已经消杀过的吴煦档案，课题组建议采用国内多家博物馆使用的 NMF - 1 气相防霉防虫剂，按 15 包/m³ 药量均匀投放入书柜中，以有效杀灭衣鱼、烟草甲及各种粉蠹，并有效抑杀桔青霉、根霉、毛霉、芽枝霉等霉菌。

8.3.8 建立修复档案

在档案保护修复过程中，要对每个步骤进行详细记录和拍照，包括修复时间、部位、使用的材料、技术方法、保护修复人员、保护修复效果等。保护修复档案将根据《馆藏纸质文物保护修复档案记录规范》（WW/T0025 - 2010）要求进行编写。

8.4 修复用纸定制的技术指标和要求

吴煦档案的修复难点之一是数量巨大，因此如果任意从市场上采购现成的纸作为修复用纸，可能会产生与文物本体对接时的很多不适。根据调查发现，吴煦档案同种类型、功能的文物，在用纸方面又呈现一定的规律性或相似性，这是课题组考虑为吴煦档案定制修复用纸的前提。

根据对吴煦档案公文、古籍、彩笺用纸的较详细调查，课题组拟将修复用纸分为：① 文物本体修补用纸；② 功能辅助修复用纸（溜口纸、托裱加固用纸），并制定了以下技术指标（见表 15～17）和要求。

8.4.1 文物本体修补用纸

表 15 　　　　　公文用纸补纸技术指标

种类	白度（%）	帘纹（道/cm）	纤维配比	厚度（mm）	定量（g/m²）	填涂料
奏折用纸 1	50 ~ 55	11 ~ 12	竹 100%	0.06 ~ 0.08	16 ~ 17	少量石灰或高岭土
奏折用纸 2	40 ~ 45	8 ~ 9	竹 80% + 皮 20%	0.05 ~ 0.06	16 ~ 17	少量石灰或高岭土
手稿用纸	60 ~ 65	9 ~ 10	竹 100%	0.05 ~ 0.06	20 ~ 25	少量石灰或高岭土
封套	30 ~ 35	7 ~ 8	竹 80% + 草 20%	0.24 ~ 0.27	50	少量石灰或高岭土

表 16 　　　　　古籍补纸技术指标

种类	厚度（mm）	纤维配比（%）	色度
封面	0.135	竹 100	L = 70
内页	0.05 ~ 0.10	竹 100	L = 60 ~ 75

表17　　　　　　　　　　　　　　　　　彩笺补纸技术指标

帘纹间距（cm）	帘纹（道/cm）	厚度（mm）	色度	定量	纤维（％）	加工状况
1.5～1.7	7～8	0.06～0.09	L = 50～70	25～30	竹100	无
1.5～1.7	7～8	0.06～0.09	L = 50～70	40～50	竹70＋草30	浆内施淀粉胶

8.4.2　功能辅助修复用纸

古籍溜口纸：多用皮纸，材料为楮皮、三桠皮、雁皮均可，厚薄约0.05～0.10mm。

托裱加固用纸：使用竹纸，厚度较书叶或档案略厚即可。

8.4.3　关于补纸的其他要求

使用时还要根据文物实际情况选择适当的配纸，并注意帘纹与文物本体的要一致。

8.5　提升预防性保护能力

为更好地保存这批珍贵的文物，还应注重日常的保管方法。根据南京太平天国历史博物馆的实际情况，建议采用下面几种方法对吴煦档案进行保管。

（1）恒温恒湿设备

档案存放库房的大环境主要依靠中央空调、除湿机等大功率电器设备调控，尽量将库房温度控制在14℃～24℃左右，相对湿度控制在55％±5％之间，昼夜波动幅度温度不超过±2℃，相对湿度不超过±5％。小环境和微环境方面，部分档案可采取密封储存和投放调湿剂等方式将温湿度控制在合适范围内。

（2）照明环境

鉴于吴煦档案存放的库房有窗户，可以使用具有紫外线过滤功能的玻璃，或者防紫外线窗帘，避免自然光对档案直射。库房中严格控制灯光照明，光源尽量采用不含紫外线的冷光源，光照度小于50lux。

（3）保存方式

经保护修复后的文物不能折叠或与其他文物堆积，需平摊放入囊匣中保存在保管柜中，并投入防虫防霉药剂。囊匣建议用无酸纸材料制作，可减小文物发生酸化的可能性。

环保型"四防"耐久收藏盒是具有环保型防火、防虫、防霉、防酸四项功能的字画、档案收藏盒，使用时操作方法简单，成本较低。太平天国历史博物馆目前已购置了一些"四防"盒放置经过托裱的吴煦档案，但还有大部分档案仍存放在普通的档案盒和袋中，可根据实际情况添置"四防"盒，用于档案的日常保存。

文物柜架可用传统的经过高温防虫、防霉除酸、定型处理的樟木制作，也可购置能保持恒温、恒湿、防止有害气体进入的珍贵文物典藏设备，但成本稍高一些。

9　结　论

通过本课题"南京太平天国历史博物馆藏吴煦档案材料工艺分析和保护修复研究"，对吴煦档案公文和古籍的纸、墨、印、颜料成分、纸张性能的分析，对彩笺主要加工技术的调查和薛涛笺的实验性研究，对其保存环境、病害调查和机理研究，以及保护修复目标路线和修复用纸技术指标的制定，可以得到以下结论。

① 吴煦档案中的古籍用纸多为竹纸，少量为竹草混合原料，个别造纸材料中还出现有废纸痕迹。根据纤维形态推断制浆方式多为熟料法。古籍装订线多为丝线，但降解严重。便携式显微镜下观察纸张表面光滑，抄造均匀，纸张被虫蛀现象普遍。另外，古籍封面和内叶纸张有别，前者较后者厚度大，有封面经过托绢处理，色度数据显示封面多经染色。据肉眼观察，部分古籍书页字迹由雕版印刷而成。

② 吴煦档案中的公文用纸纤维以竹为主，部分便条纸纤维为竹草混合，少数奏折纸张使用竹皮混料纸或皮纸；纸张帘纹约在 7～12 根/cm，应为细竹条编制的竹帘所抄造，或为长江流域所产。除封套外，其他公文纸张细薄，厚度约为 0.03～0.09mm 之间，纸张定量较低；纸张表面光滑，抄造均匀，偶有纤维束裸露，纤维交结较紧。纸面形态既含浆内施胶，也有纸面施胶。根据纤维形态推断文物造纸制浆方式包括熟料法和生料法。除机制纸外，手工纸白度约在 30～65 度之间，多为生白色，未染色，但有老化发黄现象。档案中有一张建筑绘图用的机制纸，有均匀帘纹，纸张表面均匀平滑，紧度大，纸厚，纸中有文字和图案水印，文字为 TH‐SAUNDERS 1860，图案为狮形，材料为麻。封套纸多为双层或 3 层纸，外层一张白纸，内层为 1～2 层黄色纸张，纤维分析外层纸为皮纸，纸质薄软，内层纸为竹草混料纸，纸质松散。

③ 吴煦档案部分纸张尤其是色纸，表面加有填涂料，由于 Si、Ca、Mg 元素含量较高，初步推断或为高岭土、石灰、滑石粉等物质。个别纸张 Hg、Pb、Al 元素含量高，可能涂有明矾、朱砂、铅丹，也有未经加填的纸张。

④ 针对吴煦档案修复数量庞大、文物类型多、原料较为统一的特点，吴煦档案修复用纸的补配可采取定制生产的模式。课题组按功能划分的方式，将所需的公文、古籍、彩笺修复用纸分为文物本体修补用纸，功能辅助修复用纸（溜口、托裱加固用纸）两类，进一步细化了档案用纸的技术数据，制定了修复用纸的各项质量标准，以为后续定点生产提供技术参数。

⑤ 吴煦档案部分文稿的正文字迹黑墨、正文字迹朱墨和印章朱墨的成分分别为：炭黑（C）、朱砂或银朱（HgS）。

⑥ 关于吴煦档案公文和古籍用纸的性能分析，纸张含水量在 7.9%～10.6%，高于纸张最佳含水率，会使纸张纤维因吸收空气中的水分而膨胀伸长，也容易滋生霉菌，不利于文物的保存。写印色料的溶解性检测分析表明，该批文物中字和边栏的黑色墨迹普遍没有出现写印色料掉色的现象，但是色纸和印章颜色有掉色或轻微掉色现象。在之后的文物修复过程中，对于这部分文物要加固写印色料。该批文物普遍呈略酸性，而且大多数 pH 值接近 6.1（即快速变质的临界值），需对文物进行脱酸处理，并且要确保文物保存在洁净、温湿度适宜且稳定的环境中。

⑦ 吴煦档案中有仿制薛涛笺、水波纹纸、画笺和疑似硬黄纸。

仿制薛涛笺颜色有碧色、红色和红碧相间三种。纸张纤维以竹纤维为主，部分薛涛笺纸面上饰有云母粉，大部分有边栏界行，行格 6～8 格。清代仿薛涛笺使用的纸张并不高档，属于普通纸张，笺纸左下角印制的"薛涛笺"文字应该属于商业运作，目的是为了促进营销。为了提高纸张的平滑度、白度、不透明度和均匀度，改善吸墨性和固色性，纸面可能经过填涂加工或被施以胶矾。"松竹斋"为北京荣宝斋的前身，始建于清朝康熙十一年（1672 年），部分薛涛笺或由清代松竹斋监制。

水波纹纸有碧色、绛红和赭石黄三种色相，工艺为纸面敷色。疑似硬黄纸表面或经涂蜡砑光处理，纸张纤维材料主要为竹。吴煦档案除有经过染色的色笺、刻印有花纹的花笺，还有刻印有图画的画笺。

吴煦档案彩笺文物加工工艺包括染色、套色印刷、饾版印刷、砑花和砑光等。其中，大多数彩笺经过染色处理，共涉及约10种色相，有些色笺仅正面染色，背面未施色，或为单面刷色。部分色笺正反面均染色，或由浸染或拖染工艺染色而成。

⑧ 彩笺纸张较薄（平均厚度为 $0.07 \sim 0.09$ cm，定量 $24g/m^2 \sim 44g/m^2$），纤维为竹或竹皮混合。从显微照片看，纸面光滑，纸筋较少。纸张多呈赭石黄色、碧色、绛红色，容易褪色。从纸张正反面颜色一致推测，纸张染纸工艺为浸染或拖染。纸张帘纹粗度居中（ $7 \sim 8$ 根/cm），偶有帘纹不均匀现象，或以粗竹条编制的抄纸器抄纸。彩笺尺寸约在 12 cm $\times 24$ cm 之间。

⑨ 对于吴煦档案保存环境进行了调查。吴煦档案受高温潮湿、生物病害、光照度等因素的影响较为显著，容易滋生霉菌，加速档案纸张的老化，降低纸张强度。

⑩ 对吴煦档案主要病害进行了调查。几乎所有文物都有污渍和生物病害（虫蛀、虫卵、蝇屎等），褶皱和粘连的文物达95%以上，霉变文物占90%以上，残缺、变色文物达50%以上，少部分文物糟朽、絮化，亟须进行抢救性保护修复。

⑪ 根据对吴煦档案污染物的调查发现，档案中的主要污染物有油渍、昆虫粪便、墨渍、污渍、微生物分泌物、水渍、烟熏、动物足迹。

⑫ 根据微生物检测分析，吴煦档案纸质文物上生长有霉菌，主要黄曲霉、黑曲霉、杂色曲霉、青霉、球毛壳霉、木霉、葡萄状穗霉、交链孢霉和黑根霉。

⑬ 制定了保护修复目标。经过修复后的文物较为完整，霉菌和蛀虫活体被消杀，破损、蛀洞之处得到补全加固，污渍、水渍基本被去除，白度、色度在可接受的范围以内，皱褶、折痕被处理平整，酸化变色文物经过脱酸处理，保护修复后的文物可为陈列、研究发挥作用。对于保护修复工作做好备案记录。改善文物保存环境。

⑭ 对于改善保存环境提出了建议。保持恒温恒湿环境，改善照明环境，改善保管措施。

[1]　徐建青. 清代的造纸业 [J]. 中国史研究, 1997 (03): 135 – 144.

[2]　同 [1].

[3]　嘉庆余杭县志 [Z]. 卷三八引旧志.

[4]　周体元. 石埭县志 [Z]. 康熙十四年刻本.

[5]　潘吉星. 中国造纸史 [M]. 上海: 上海人民出版社, 2009.

[6]　姚斌. 传统装裱方法在《孙桐生信札》修复中的运用 [J]. 鸭绿江 (下半月版), 2014 (11): 42 – 39.

[7]　倪玉平. 漕粮海运与清代运输业的变迁 [J]. 江苏社会科学, 2002 (01): 125 – 130.

[8]　肖世孟. 朱砂入印泥考 [J]. 湖北美术学院学报, 2014 (03): 14 – 16.

[9]　同 [5].

[10]　王菊华. 中国古代造纸工程技术史 [M]. 太原: 山西教育出版社, 2006 (02): 183.

[11]　王青, 李一册, 孙颖. 档案用手工纸造纸原料现状研究 [J]. 兰台世界, 2013 (02): 15 – 16.

[12]　陈刚. 档案与古籍修复用竹纸的现状与问题 [J]. 档案学研究, 2012 (01): 80 – 84.

[13]　张美芳. 历史档案及古籍修复用手工纸的选择 [J]. 档案学通讯, 2014 (02): 75 – 80.

[14]　张平, 田周玲. 古籍修复用纸谈 [J]. 文物保护与考古科学, 2012 (02): 106 – 112.

[15]　方挺, 林凤. 古籍用纸中常见的竹纸片谈 [J]. 福建图书馆理论与实践, 2014 (01): 55 – 58.

[16]　马灯翠, 王金玉. 三种常用古籍修复用竹纸性能的比较 [J]. 纸和造纸, 2013 (06): 38 – 40.

[17]　郑冬青. 古代纸质文物修复用纸的研究 [J]. 中国造纸, 2013 (07): 71 – 73.

[18]　徐陵. 玉台新咏 [M]. 1955 (06): 8.

[19]　徐坚. 初学记卷二十一纸第七 [M]. 1962 (01): 517.

[20]　李昉. 太平御览 [M]. 1960 (02): 2724.

[21]　苏易简. 文房四谱卷四纸谱 [M]. 长春: 时代文艺出版社, 2008 (07): 87.

[22]　徐进. 咫尺小景 意味无穷——《笺纸标本》赏析 [J]. 东方收藏, 2013 (03): 116 – 117.

[23]　方以智. 物理小识卷之八金石类 [M], 1936: 12.

[24]　胡建军. 文人笺纸 [J]. 检察风云, 2012 (17): 86 – 89.

[25]　张伯存. 知堂自制笺 [J]. 书屋, 2014 (03): 80 – 83.

[26]　梁颖. 说笺 [M]. 上海: 上海科学技术文献出版社, 2012: 85.

[27]　王菊华. 中国古代造纸工程技术史 [M]. 太原: 山西教育出版社, 2006 (02): 183.

[28]　钱存训. 中国科学技术史第五卷第一分册纸和印刷 [M]. 上海: 科学出版社、上海古籍出版社, 1990 (07): 253.

[29]　田君. 笺上情怀——传统加工纸传承人刘靖访谈 [J]. 装饰, 2007 (08): 26 – 29.

[30]　Kuo – Tsai Wang, Eugene I – Chen Wang, Yuan – shing Perng, Light – fast Performance of Coated Handmade Papers [J]. Taiwan Journal of Forest Science 23 (2): 155 – 164, 2008.

[31]　同 [6].

[32]　郭文林, 张小巍, 张旭光. 清宫蜡笺纸的研究与复制 [J]. 故宫博物院院刊, 2004 (06): 145 – 152.

[33]　张旭光. 张掖市博物馆藏明代正统皇帝圣旨的修复——兼谈蜡笺纸类文物的修复 [J]. 武汉文博, 2013 (02): 33 – 36.

[34]　高晓茗. 颐和园殿堂纸质书画类文物粉笺、蜡笺的材料选用及修复 [C]. 新世纪博物馆的实践与思考——第二部分: 学术会议提交论文选录, 2009: 500 – 506.

[35]　高晓茗. 颐和园殿堂纸质书画类文物粉笺、蜡笺的材料选用及修复 [C]. 新世纪博物馆的实践与思考——北京博物馆学会第五届学术会议, 2007: 261 – 267.

[36]　刘小敏. 几种特殊纸张档案的修裱技法 [J]. 档案学通讯, 2000 (02): 67 – 70.

山东定陶王墓地（王陵）M2汉墓黄肠题凑脱水保护环境控制实验研究

中国文化遗产研究院文物保护修复所　成 倩　沈大娲　马清林
北京科技大学　　　　　　　　　　　罗 敏

摘　要： 2010年10月，山东省定陶县灵圣湖发现定陶王墓地（王陵）M2汉墓。这是目前我国已发掘的"黄肠题凑"形制墓葬中规模最大的一座。椁室边长为23m，总高度为6m。根据水文地质勘查结果，国家文物局批复确定了汉墓的"原址原位"保护方向。但是，如此大型的黄肠题凑木构建筑原址保护，目前在我国文化遗产保护领域仍处于空白，并无成熟的技术可以借鉴。因此，本课题针对定陶汉墓出土黄肠题凑保护需求，探索大型出土饱水木构建筑在环境控制条件下，进行原址脱水加固的技术和工艺。本研究主要通过实验室模拟脱水加固过程中的墓室环境，探明环境温度和相对湿度等指标变化对黄肠题凑脱水过程中木材的影响，找到适宜的环境指标变化梯度和周期，为定陶黄肠题凑原址脱水实施阶段的环境控制提供重要的科学依据。

关键词： 饱水木材　脱水保护　环境控制　墓葬　汉代

Study in Conservation and Environmental Control of the Waterlogged Wooden Tomb of the Han Dynasty in Dingtao, Shandong Province

Cheng Qian, Shen Dawa, Ma Qinglin, Luo Min

Abstract： In October 2010, a tomb site of the Han dynasty, was discovered from the Dingtao county of the Shandong Province. At present, this tomb is the largest unearthed tomb with "Huangchangticou" wooden timber structure in China. The wooden frame is in shape of cube. The side length is 23 meters and the height is 6 meters. According to the results of hydrogeological explorations around the tomb site, State Administration of Cultural Heritage (SACH) permitted that the conservation project follows "Preservation of the waterlogged wooden structure in situ". However, for preserving such large – scale of waterlogged wooden architecture, conservation scientists still lack of mature experiences and techniques to conservation scientists. Therefore, this study will focus on the waterlogged wooden tomb site in Dingtao county of Shandong province which is 2000 years ago. The research project will imitate dehydration of the waterlogged wood block samples in controlled environment. During the dehydration experiments, we will try to figure out the suitable level and period of controlled environment for the waterlogged wood. This will be valuable reference information to control the tomb environment against fast water evaporation which might occurs cracks and distortions.

Key words: waterlogged wood, environmental control, conservation, tomb, han dynasty

1 概况

山东省定陶县定陶王墓地（王陵）M2 汉墓（以下简称"定陶汉墓"）属于第七批全国重点文物保护单位，地点位于定陶县马集镇大李家村西北约 2000m 处。该遗址自 2010 年 10 月山东省文物考古研究所、菏泽市文物管理处、定陶县文管处联合组队，对该墓葬进行抢救性发掘。

墓地距黄河 60km，南距黄河古道不到 80km。长时间的黄河淤积致使该墓葬封土被黄河冲击淤埋深达 11m，现地下水距地表下常年维持在 2m 左右。因此，封土淤埋深、地下水位很浅，都给后续的考古和保护工作带来不小阻力。目前，汉墓遗址处于深水坑中，黄肠题凑椁室木材整体是饱水状态，但不断出现糟朽的现象。墓室出土后，由定陶县文物局修建临时性的钢架结构遮阳棚，并在黄肠题凑外表面覆盖临时性保护层。由于出土发掘已有 3 年多时间，期间工作人员不断进出墓室，反复抽取墓室积水，导致墓室环境剧烈波动，加剧木材腐蚀糟朽的进程。

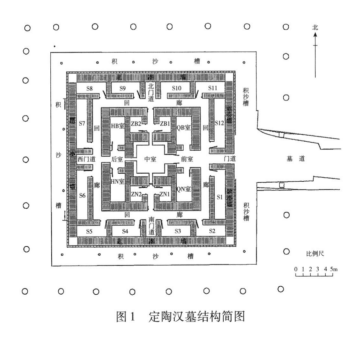

图 1　定陶汉墓结构简图

根据考古发掘迹象表明，墓圹可能系整体夯筑形成。墓葬平面整体呈"甲"字形（图 1），墓圹近方形，南北长 28.46m、东西宽 27.84m，墓葬东部有斜坡状墓道。墓室位于墓圹的中心，大致呈方形，长 22.64m、宽 22.48m。木椁周围砌砖墙，墙外与墓圹之间堆细沙。整个椁室为一座大型"黄肠题凑"木构建筑。木椁顶部共有五层枋木封盖，厚 1.7m。椁室位于墓圹积沙槽内，主室内发现漆棺一具。椁室底部也垒砌枋木，厚约 1.6m，层数不清。体量较大的枋木长 8m，截面为 0.4×0.4m²，体积约 1.28m³。墓室内高 2m。整个墓室在水位之下，底部有厚约 0.2m 的淤泥。最外围的"题凑"墙厚 1.15m，此墓建造所用木材约 2200m³。木椁顶部用两层砖封护，许多砖上有刻画或书写的文字，带有朱书、刻画文字汉砖 23000 多块。由于该地区地下水位较高，墓室长期埋藏在水下，墓室的木料保存基本完整。

由于被盗等原因，墓葬中出土的随葬品等遗物较少，除去一些墓葬建筑的构件外，仅发现丝袍和竹笥。

2　病害调查与现状分析

2.1　病害调查

根据前期对汉墓黄肠题凑木材的持续调查记录，由于当地工作人员与外来人员的不断进出，墓室内积水高度反复变化，导致原本密封的墓室环境平衡状态不断被打破，原本饱水的木材不断适应新的保存环境。导致题凑下部反复浸泡，上部失水，呈现松软、开裂和结晶盐析出等病害现象（见表 1）。

表 1　　　　　　　　　　　　定陶汉墓黄肠题凑木材病害情况表

病害类型	病害说明
饱水状况	定陶汉墓黄肠题凑木材出土时处于饱水状态，含水率约为 110%~190%
裂隙	墓葬内部题凑墙体距离底板 1m 以上至顶板之间区域，由于水分挥发过快，表面树脂附着层已经出现大面积开裂（图 2a）
变色	汉墓题凑墙呈现不规则黑色区域分布（图 2b）
糟朽	全部构件发生不同程度糟朽，尤其是木材的端头糟朽最为严重。题凑墙体整体下半部较上半部糟朽严重（图 2c）
动物损害	多处发现蜘蛛密集结网、蚯蚓繁殖等大量动物活动痕迹（图 2d）
微生物损害	题凑墙体局部出现白色团状物质（图 2f）
盐类病害	个别墓室题凑墙上部出现白色针状结晶盐（图 2e）

2.2　检测分析

针对定陶汉墓黄肠题凑保存现状，项目组对木材、墓室积水、结晶盐等进行了取样，并围绕树种、化学组成、含水量、无机盐组分等问题，利用现代科学分析手段分别进行了检测分析。

黄肠题凑的木材经过中国林业科学院木材工业研究所的树种鉴定后，初步判断木材分布规律为墓室外顶部枋木为软木松、墓室内部盗洞部位顶板为硬木松、题凑墙木材为柏木。柏木和硬松木属于针叶林。

题凑墙病害严重程度呈无规律分布，题凑木的两端普遍比木材纵向糟朽严重。利用木材针测仪检测发现，木材纵向糟朽深度一般有 2~10mm 不等，然而题凑的端头糟朽深度高达 10cm。表层糟朽区域木材的绝对含水率为 170%~190%，内部致密层的含水率为 117%。外顶部枋木由于保水措施不足，

a. 题凑墙上部龟裂起翘严重

b. 题凑墙体变色发黑

c. 题凑墙端头木材糟朽严重

d. 蚯蚓存留

e. 题凑墙上部水分挥发后析出白色结晶盐

f. 题凑墙微生物滋生严重

图2 墓室内黄肠题凑木材保存及病害局部图片

含水率下降为40%。

题凑墙体上部已出现大面积的白色针状结晶盐，取样进行实验室检测，通过 X 衍射和显微激光拉曼光谱分析结果显示，结晶盐为二水硫酸钙（$CaSO_4 \cdot 2H_2O$）和碳酸钙（$CaCO_3$）混合。利用 X 荧光元素图像分析，取样木材样块在干燥后，发现木材表面也聚集了含有 Ca 元素和 S 元素的白色结晶盐，经显微激光拉曼光谱分析为二水硫酸钙（图3）。

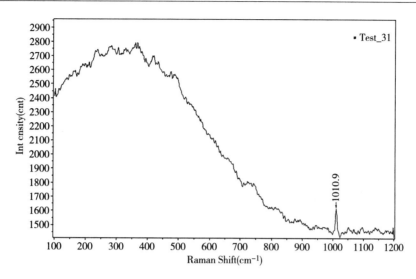

图 3　拉曼光谱分析木材结晶盐为 $CaSO_4 \cdot 2H_2O$，波数为 $1010cm^{-1}$ 处显示特征峰

2.3　墓室保存环境

木质类文物能够在大量含水的环境中保存下来，表明他们已与所处的饱水、缺氧、稳定的环境相适应并达成平衡。然而，当它们被发掘出，暴露于光照、氧气和温湿度波动的环境中时，平衡被打破，腐变迅速展开。我们收集的气象数据（图 4）和自 2014 年元月开始检测墓室内、外的环境数据均显示，汉墓的保存环境波动非常剧烈。2014 年 2 月 11 日当天的监测数据（图 5）可以看出，有约 10 个小时外顶部木材温度低于零度。

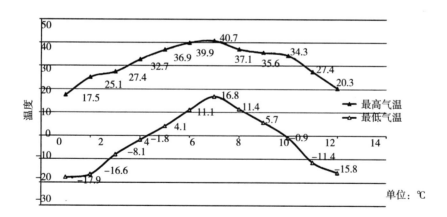

图 4　1981～2010 年定陶县各月、年的极端气温

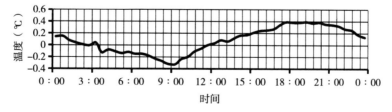

图 5　2014 年 2 月 11 日外顶木材温度变化图

冬季外顶部木材做保温处理，但监测温度长时间降为 0℃以下，对饱水木材的破坏性非常强

通过分析水、可溶盐、微生物、环境等因素，认为定陶汉墓黄肠题凑具有体量大、结构复杂、腐朽不均匀、易受环境影响和高度动态变化等特点。定陶汉墓腐朽的根本原因是积水存在和流动直接或间接导致木材的结构组织破坏，从而加速古老木材的破损速度。鉴于题凑墙体已出现糟朽加剧、干燥开裂的情况，因此开展定陶汉墓的补水、治水、控水是定陶汉墓黄肠题凑保护最为紧迫和核心的问题。

目前，根据实际情况，定陶汉墓现场已经建立了自动控制喷淋系统，是"补水"的措施。根据国家文物局批复整体保护方案，计划开展汉墓地下防渗排水和地下保护设施的建设，是为"治水"。在此基础上，建设黄肠题凑的密封棚，并在环境控制下逐步缓慢进行木材加固脱水，是为"控水"。本研究即为控水过程进行模拟实验和经验积累，为后期实施科学"控水"过程提供指导借鉴。

3　文献调研

3.1　实地调查

本课题陆续调研了国内大型木构及"黄肠题凑"汉墓的保存现状，介绍了遗址木构的考古背景、保护历史、保存现状、保存环境、经验与教训等方面，对定陶汉墓保护的问题进行启示参考。

3.1.1　安徽六安双墩一号汉墓黄肠题凑

安徽六安双墩一号汉墓于 2006 年 3 月～2007 年 1 月由安徽省考古研究所抢救性发掘。墓室为"黄肠题凑"结构，双墩重棺，附有车马坑、陪葬墓、陪葬坑和陵园等。被盗严重，从随葬青铜器和封泥判断，可能为第一代六安王刘庆之墓。黄肠题凑保存完整，长 9.1m，宽 7m，高 2.5m，用栎木超过 200m³。该墓葬的发掘被评为"2006 年十大考古发现"[1]。出土初期木材较为致密紧实，但目前保存状况不佳。

① 墓室原址保留，黄肠题凑顶部覆盖塑料布，底部浸泡在死水中。露出水面部分已经自然干燥，题头沿木射线方向开裂严重，有大型真菌生长。水下部分情况不明。水面浑浊，可见大量藻类。

② 部分顶板木已经移至文物库房，经过自然干燥，变形开裂严重，部分腐朽变质。

③ 遗址现场的临时大棚起到一定的防水保护作用，但由于基础与墓葬距离过近，可能导致边坡失稳。另外，保护棚内缺乏环境控制措施。

考古发掘时，环境的急遽变化会打破文物原本的保存环境的平衡，新平衡的建立往往导致文物的快速劣化。据介绍，在空气中暴露 1h，伴随着滋滋声，内棺盖板上的漆皮快速起翘开裂。发掘刘安汉墓时，仅将梓宫、木俑和盖板等可移动文物密封异地存放，几乎未对黄肠题凑采取任何保护措施。历经 6 年，黄肠题凑已严重开裂、变形、变色，虽然近期用加固材料处理，仍然难挽颓势，而移送至实验室的木俑一直保持密封饱水状态，经过最近的化学加固实验处理，强度已增至可用双手直接提取（保护之前松软如蛋糕）。这说明保护木材首先应当维持其饱水状态，并在达到纤维饱和点之前尽早介入，利用适宜的保护材料置换水分并增加木材强度。

3.1.2　江苏扬州汉广陵王墓博物馆

汉广陵王刘胥及王后的两具黄肠题凑于 1979 年 6 月～1982 年 5 月由南京博物院发掘于高邮市天山

乡神居山。1982 年 7 月拆卸搬迁至现博物馆广场。1992 年在博物馆兴建完成后搬迁至馆内复原。

广陵王黄肠题凑通长 16.65m，宽 14.28m，高 4.5m，面积 237m²。除梓宫采用梓木外，均采用金丝楠木，共 540m³。内、外原涂黄色植物颜料。该墓设计巧妙之处在于题凑墙层层嵌砌，共 7 层，题凑上方压边枋，枋木与题凑用燕尾榫、银锭形榫相互扣牢[2]。

黄肠题凑出土后及时搬迁至汉广陵王墓博物馆建设场地附近，露天自然干燥，而未采取额外的保护加固措施。由于楠木材质致密不易变形开裂，目前保存状况比较稳定，属于气干材状态，但出现整体干缩，以致题凑之间启口的榫卯结合程度远差于刚出土时"刀片难以插入"的状态。

汉广陵王墓博物馆黄肠题凑整体构造清晰，特别是墓室与底板之间的关系、墓室转角部位的隐蔽构造也得以显现，可以为推测定陶汉墓隐蔽部位结构构造提供重要参考。

博物馆未施加环境监测和控制措施，属于自然通风状态。目前未见明显的微生物滋生情况，但存在白蚁病害。为防止地下水重返，题凑搭建在约 0.5m 高的砖砌平台上，底部空气流通。

3.1.3　浙江萧山跨湖桥遗址博物馆

跨湖桥独木舟制造于 8000 年前的新石器时代，现存长 5.6m、宽 0.5m、深 0.2m、厚 0.02m 的船板。2001 年由浙江省文物考古研究所联合杭州萧山博物馆共同发掘，后保存在展厅内透明玻璃房中。负责其保护工作的湖北省博物馆陈中行研究员详细介绍了原址脱水加固定型的过程及方法。

独木舟自出土后一直喷淋丙二醇，直到 2003 年发现丙二醇会溶解木材有效成分，并对纤维素产生溶胀作用，会导致木构件加速劣化。另外，独木舟在海相沉积淤泥内埋藏近 8000 年，渗透了大量盐分，如不能彻底清洗，会对独木舟脱水和颜色造成重要影响。通过每月多次更换水槽中纯净水，一年后木材色泽从黑褐色转为浅棕色[3]。

在博物馆内部，专门设置透明玻璃房安置独木舟，并通过空调和抽湿设备使玻璃房达到温度 20℃～24℃，相对湿度 70%～75% 的稳定环境。目前看来，这些措施对于独木舟的脱水及保存起到了有效作用。另外，脱水加固复合液以及电化学成桩加固法等的使用均是大型原址饱水木质文物保护领域的创新，可以为定陶汉墓原址保护提供颇有价值的借鉴和启示。

3.1.4　长沙西汉渔阳墓与风篷岭一号西汉墓"黄肠题凑"

长沙望城坡西汉渔阳墓于 1993 年 2 月～7 月由原长沙市文物工作队主持发掘。墓圹为"甲"字形岩坑、坑口长 15.98m、宽 13.3m，坑深 10m。出土的"黄肠题凑"东墙题凑 127 根，南墙题凑 136 根，北墙题凑 143 根，西墙题凑 48 根，封门题凑 47 根，合计 601 根。出土时，题凑保存完好，木材经鉴定为楠木。渔阳墓是长沙地区已发现的 5 座西汉题凑墓中结构保存情况最好的一座[4]。

据长沙市文物考古研究所考古科介绍，望城坡西汉渔阳墓由于建在石质山顶之上，为岩坑型墓葬，虽然"黄肠题凑"出土时呈饱水状态，但墓室中并未见大量积水。墓葬发掘完毕后，长沙市文物考古研究所用填沙的方法将墓室掩埋，并对墓坑外围做防水处理，在墓坑上方加盖简易保护大厅，四面留窗通风。待"黄肠题凑"缓慢阴干后，依次编号取出，另存放于附近的简易库房；而土遗址坑壁在"黄肠题凑"取出后，利用撑板和撑杆支撑，在撑板与墓室坑壁之间填疏松的沙土作为隔离层，作为保护土遗址的主要措施。

存放"黄肠题凑"的库房条件较为简陋，木材与该墓中共出的大量木炭存放在一起。木材已完全干燥，材质坚硬，部分呈现出较好的外观，部分题凑木端面开裂严重，少部分整体开裂严重。目前，墓坑上方的简易保护大厅和简易库房均未进行环境监测与控制工作。木材保存状况已基本稳定，未见到微生物滋生情况。

现场考察后可以看出，长沙市文物考古研究所对"黄肠题凑"出土时保存较好的望城坡西汉渔阳墓做了细致的保护工作：保护大厅和外围防水有效地防止了雨水渗透；利用撑板和撑杆支撑使得土遗址保存状态相对稳定；"黄肠题凑"在出土后及时填沙阴干，得以维持木材形貌。虽然，该墓地与定陶汉墓出土情况及埋藏环境存在较大差异，但他们的工作经验值得借鉴思考。

及时有效地控制木材干燥速度能够在一定程度上维持木材形稳性。长沙望城坡西汉渔阳"黄肠题凑"出土后并未使用加固材料，但及时填沙掩埋有效降低了木材干燥速度从而避免木材开裂，且填沙在重力作用下对木材产生的压力有效避免大型木材变形。虽然，此法并不适合墓室充满地下水的定陶汉墓，但为今后的保护提供了一种思路，即日后木材脱水过程应采取有效措施降低木材脱水速度，避免木材开裂。

通过对上述几处大型墓葬出土木构的保护，对定陶汉墓原址保护带来以下几点启示与思考：

（1）抓紧汉墓开挖不久的有利保护时机，积极采取临时抢救性保护措施

目前，采取的整体保护方案是为汉墓的长治久安提供稳定的外部生存环境。后续开展汉墓保护密封大棚的设计工作，为黄肠题凑提供相对稳定的存放环境，防止其快速脱水变形，同时为后期大范围保护施工提供保障。

（2）开展小范围加固保护实验

首先，在定陶汉墓墓道口两侧墙壁开始外表面小范围喷淋不同浓度的加固材料，并及时观察、记录和对比。在实验室开展材料筛选试验后，可尝试采用多种分子量多种浓度的加固脱水剂模拟脱水。

（3）建立环境监测系统

保存环境决定木材的脱水、加固定型，以及长期保存。当其稳定时，木材的脱水速度可被控制，安全性大大提高。定陶汉墓目前还置于半露天环境，又临近冬季，应尽快建立环境监测系统，尤其密切关注即将到来的冬、春季的墓内、外环境变化及对木材的影响。

（4）任务的长期性

除六安遗址外，上述案例均开展了 6～10 年的保护工作，有的还在进行之中。因为出土饱水木构件保护的核心在于控制或延缓木材的变化速度，"欲速则不达"，脱水速度愈快效果愈不理想，所以必须充分认识这项工作的长期性和艰巨性，做好持久战的心理准备。

（5）任务的复杂性

"黄肠题凑"木材腐朽程度复杂，单一的保护方法并不能满足其保护需要。望城坡西汉渔阳墓"黄肠题凑"部分木材保存现状较好，但依然有大量木材严重开裂，这与其选材有关。"黄肠题凑"使用木材为心材，存在幼龄木区，幼龄木细胞壁薄、纤维短、密度低、含水率高，更易腐朽。其横向与纵向干缩率差别大，在干燥过程中更易开裂，所以望城坡西汉渔阳墓许多题凑木中心区域开裂严重。其次，由于墓室顶板、底板、题凑木选用木材树种也不尽相同，使得木材保存情况也有所不同。因此，同样的保护方法，最终木材脱水效果大相径庭。定陶汉墓"黄肠题凑"保存情况同样较为复杂，在后续的工作中，针对不同保存状况的木材，制定适宜的脱水方法则至关重要。

3.2　文献查阅

3.2.1　饱水木质文物脱水方法与材料

现代木材学将木材干燥过程中出现的尺寸和体积大小变化，以及木材发生开裂、卷曲、变形的原因归结于木材吸附水的失去。当木材含水率在纤维含水率饱和点以下时，自由水蒸发完毕，吸附水散失时，木材尺寸发生变化[5]。

从水的相图（图6）可以看到，理论上可采取四种方式直接从木材中移除水分，从而克服在干燥过程中由于水的表面张力导致的木材变形。① 选用可溶于水且表面张力小于水的液体来置换出木材中的液态水，例如乙醇、丙酮、乙醚等有机溶剂[6]。② 将水由液态转变为气态后移除，如恒温恒湿气法干燥、微波干燥。③ 将水由液态先转变为固态，再升华为气态后移除，如冷冻干燥，真空冷冻干燥。④ 将水由液态转变为超临界流体后再以气态移除，但是水的超临界温度和压力分别是647K（374℃）和220.5 bar。

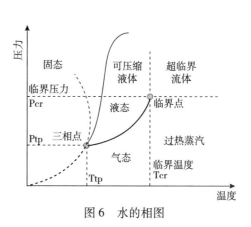

图6　水的相图

因此实际上并不能将木质文物中的水直接转变为超临界流体，但是CO_2的超临界条件为304K（31℃）和73.8bar。通常所说的超临界流体干燥法实际上是选择一种既溶于水、又溶于超临界CO_2的物质（例如甲醇），以便预先置换掉木材中的水。然后，在超临界条件下再用CO_2置换出木材中的甲醇，以达到脱水的目的[7]。

对于含水率在70%～180%的饱水木质文物而言，仅移除水分的方式是可行的，脱水后的木材能够保持稳定[8]。但是，对于腐朽严重的饱水木质文物而言，则需要通过浸泡或喷淋等方式将合适的材料浸透木质文物，填充其细胞腔及腐朽的孔洞，待加固后再进行脱水。目前常用的有四类材料：

① 水溶性材料。通过浸泡、喷淋、电解等不同的方式将该材料的水溶液渗透进木材以填充细胞腔，例如硅土类材料（明矾［$AlK(SO_4)_2 \cdot 12H_2O$］、水玻璃［Na_2SiO_3］）[9]；各类分子量PEG（聚乙二醇）[10]；糖类[11,12]（如蔗糖、乳糖醇、海藻糖、甘露醇）；水溶性丙烯酸树脂[13]（甲基丙烯酸甲酯、丙烯酸丁酯、甲基丙烯酸羟乙酯）；水解羽毛角蛋白[14,15]；纤维素醚类改性材料[16,17]等。

② 非水溶性材料[18,19]。首先用乙醇、丙酮、乙醚等有机溶剂置换出木材中的水分，再将木材浸泡到加固材料的有机溶液中使之渗透填充细胞腔，如松香、蜂蜡、达马树脂、乳香胶以及高级烷醇（如十六烷醇、十八烷醇）等。

③ 与水发生反应的材料。例如 TEOS 法[20,21]。使用四乙氧基硅烷［$(C_2H_5O)_4Si$］的丙酮水溶液，这种溶液在渗入木器的孔隙后，随着丙酮的挥发，四乙氧基硅烷发生水解，其生成的乙醇便随着水分一起脱出，而 SiO_2 则留在木材的孔隙里，起到填充加固的作用。

④ 可发生聚合反应的材料[22]。将低分子量的聚合物或单体溶液渗透到木材中后，通过引发剂、热辐射或光辐射等手段引发聚合反应，使之聚合填充于木材中。如需要过氧化苯甲酰作为聚合引发剂的

低聚物有机硅树脂；需要放射性 Co$_6$O 作为辐射来聚合的材料——甲基丙烯酸 2 - 羟乙基酯和甲基丙烯酸甲酯单体。需要热聚合的材料，如乙二醇、乙二醛、Lyofix DML（三聚氰胺甲醛树脂溶液）、Kauramin 树脂（密胺树脂）等。

上述材料大多在渗入木材组织后，少量会与细胞壁基质残留成分发生化学键和作用，其余部分均以物理填充的形式分布在细胞腔以及细胞间隙内，填充性的材料由于只是单一的填充，没有和文物介质发生交接，所以容易受到环境中温、湿度变化的影响[23]。其中，乙二醇、乙二醛、Kauramin 树脂（密胺树脂）已被证实不仅能够填充木材细胞腔，还能够与细胞壁上的羟基反应，然后共聚成一个大的交联聚合物网络，以提高木材的稳定性和强度[24]。

此外，随着微生物学的发展，细菌纤维素被应用于腐朽文物的保护[25]。细菌纤维素在植物纤维间可以起到空间搭桥作用，并能很好地与植物纤维结合，利用微生物代谢产生的细菌纤维素，修复已断裂的纤维素，补充损失的纤维素[26]，已有研究者尝试将细菌纤维素用于饱水木质文物的加固[27]。

大型饱水木质文物要求的脱水材料应该易于现场施工、可适用于多种保存状况的木材、低毒甚至无毒。相较而言，PEG 法、乳糖醇法、甘露醇法、高级烷醇法、乙二醛法和 Kauramin 法等几种方法。在加固脱水过程中不需要大型仪器设备，只需采用浸泡或喷涂的方式，并在常温下就可以进行，因此它们在大型饱水木质文物脱水保护中有应用的可能。关于这几种方法的性能比较见表 2，可以看出 PEG 更具有适用面广、无毒、便于施工的特点。

表 2　　　　　　　　　　　　几种加固脱水方法的性能比较

性能比较	PEG 法	乳糖醇法	甘露醇法	高级烷醇法	乙二醛法	Kauramin 法
加固方法	填充	填充	填充	填充	聚合	聚合
渗透方法	浸泡/喷涂	浸泡/喷涂	浸泡/喷涂	浸泡	浸泡	浸泡
渗透性能	小分子量好，大分子量不好	较好	较好	较好	好	好
加固过程	有时需要加热	不需加热	不需加热	需有机溶剂	可以加热	需有机溶剂
处理后木材外观	发暗、发黑	自然	自然	自然	自然	稍微变浅
处理后木材重量	加重	加重	加重	变轻	加重	变轻
处理后抵抗微生物腐蚀性	差	/	/	/	好	好
抗吸湿性	小分子量差，大分子量好	一般	好	好	好	好
可逆性	可逆	可逆	可逆	可逆	不可逆	不可逆
毒性	无毒	无毒	无毒	无毒	低毒	低毒
应用于大型木质文物的实例	有	无	无	无	有	有

回顾饱水木质文物保护方法相关研究后发现，环境控制技术在饱水文物保护领域已有应用，存在恒温恒湿气法干燥、微波干燥、冷冻干燥、真空冷冻干燥等不同的环境控制干燥手段，以减小干燥过程中水的表面张力，从而避免木材开裂、变形。通过各类环境控制手段已实现对木材合理干燥在现代木材领域已应用多年。研究内容涉及环境控制流体力学原理、环境控制指标、环境控制设备、技术工艺等方面。在文物保护领域，由于该类方法对仪器设备要求较高，目前应用并不广泛。研究者更加关注此类方法应用于饱水木质文物脱水保护的可行性及保护效果，未见有研究者对具体环境控制指标、保护工艺、不同控制指标对文物造成的影响等基础性研究予以关注。本课题主题是环境控制的过程对出土木材脱水加固的影响。因此，在一定程度上填补了国内出土木材保护领域的空白。

3.2.2　大型饱水木质文物的脱水保护国内外研究情况

3.2.2.1　国外研究情况

（1）瑞典 17 世纪战船 Vasa 号[28,29]

Vasa 号战船于 1959 年提取发掘并着手保护。船体为全长 60.96m、宽 11.68m 的木船，被视为当时世界上最大的战船。对于考古学家来说，Vasa 号是个前所未有的挑战。为了保护古船，减少人为破坏，在整个发掘过程当中，Vasa 号一直保湿，防止干裂。保护专家采用聚乙二醇（PEG）水溶液喷涂船体，整个喷涂过程持续了 17 年，缓慢干燥长达 11 年。Vasa 博物馆的主厅温度一直保持在 18℃～20℃，相对湿度控制在 55%。目前，博物馆的工作人员在不断地监控船体变化。在对使用了 PEG 脱水后的 Vasa 号检测后发现，还原态的硫铁化合物的氧化过程会造成 PEG 材料无规则的解裂。因此，若饱水木材存在硫铁化合物时，脱水前应先脱硫。

（2）德国海上博物馆的 Bremen 小船的保护[30]

德国保护专家 Hoffmann 研究认为，通过两步法可以改善 PEG 加固脱水饱水木质文物存在的问题，即使用小分子量 PEG 应用于轻度腐朽木材，稳定且渗透性好，但处理后的木材吸湿性强；对于高度腐朽的木材使用大分子量 PEG，较稳定且抗吸湿性较好，但是在局部轻度腐朽的木材区域渗透性差。其具体的方法是：第一步，使用小分子量 PEG 浸泡木材，当达到理想渗透量后，进行下一步；第二步，使用大分子量 PEG 浸泡木材。在第二步中 PEG 的起始浓度应和第一步最终浓度相同，达到理想渗透量后结束浸泡。使用两步法加固脱水后的木材，既能保证较好的渗透效果，木材表面也只有在湿度大于 86% 时才会出现吸潮现象，他成功地将此方法应用于德国海上博物馆的 Bremen 小船的脱水。

（3）Mary Rose 号沉船的保护[31]

1967 年，考古人员用大型框提法提起 Mary Rose 号沉船，并保存在相对湿度控制在 95% 的船坞之中。1994 年开始，对 Mary Rose 号的保护开始分三个步骤实施。第一阶段是利用低分子 PEG 溶液进行初步渗透加固。始于 2004 年的第二阶段，改用了高分子 PEG 溶液进一步喷涂。到 2010 年，全部加固工作才结束。第三阶段，PEG 处理结束之后，缓慢干燥船体。

（4）丹麦 11 世纪 Skuldelev 古船的保护[32]

Skuldelev Ships 是指发现于丹麦奥斯基勒的五艘维京时期古船。沉没时间在 11 世纪。考古发掘自 1962 年起，考古人员使用围堰的方式排干了打捞区域的水，然后转入湿地发掘。整个工作一直持续到 1969 年。主要由橡木和松木制成的战船和货船，最大长近 30m、宽 3.8m，最小长

11m、宽2.5m。Skuldelev古船的加固处理由丹麦国家博物馆著名的饱水木船保护专家克理斯汀森操作。在利用PEG溶液加固这五艘古船时，总结出了著名的"三段加固论"。他根据船体不同部位的腐蚀情况以及PEG能否渗透的程度，用大头针测试的方法把其分成了三类：① 内核非常软，可被PEG完全渗透，一般需要两年时间缓慢渗透完成；② 大部分仍然保存较好，内核比较坚固。先用25%的PEG溶液渗透，然后再用50%的PEG，整个渗透要持续12个月。这种方法仅使PEG渗透到被腐蚀木材的外表面，而未能渗入其内部。③ 主干和船尾都保存得较好，均有相当坚硬的内核，很难渗透处理。经过大量实验，克理斯汀森找到了一种处理这类样品的新方法，即将木材中的水分先用3-丁醇置换出来。然后，利用被乙醇稀释过的PEG4000溶液进行渗透加固，大概需要1年时间，实际应用效果也证实了这种方法的可行性。目前，用PEG加固处理过的船体均保存在哥本哈根附近的奥斯基勒维京时代古船博物馆内。

3.2.2.2 国内研究情况

1978年起，湖北省博物馆陈中行[33]尝试将乙二醛法应用于饱水竹、木、漆器的加固定型保护，并将该法应用于曾侯乙墓和包山楚墓彩漆主棺的保护。

陈中行[34,35]还采用PEG与尿素、二甲基脲复合液的方法应用于大型饱水木质文物的加固脱水。具体的方法是：首先，将木材浸泡于纯净水中以去除器物中可溶性杂质，然后将其放入PEG复合液中（7%尿素 + 21%二甲基脲 + 10% PEG4000），并逐渐递增PEG溶液浓度至40%，直至木材中PEG复合液饱和。尿素和二甲基脲可以与PEG、纤维素分子进行醇醛反应，产生交联作用，阻止了纤维素分子的收缩，同时也防止了PEG在木材表面返潮现象。此方法成功用于杭州萧山独木舟、成都商业街船棺的脱水。

1979年，上海博物馆吴福宝等[36]对上海浦东川杨河工地出土的一艘古代木船采取先使用正丁醇和亚麻仁油混合物对船体进行加固，再利用为期16d的冷冻期自然条件冷冻干燥，脱水十年后船体出现较多裂缝，但无翘裂及损害原形的扭曲现象产生。

浙江博物馆[37]对浙江余姚河姆渡遗址出土的木质干栏建筑，采用以浓度10% ~ 20%的分子量为400~4000的聚乙二醇作为尺寸稳定剂，采用自然干燥——冷冻干燥二步法工艺，在自然冰冻期内使木构件脱水，使河姆渡干栏式建筑木构件的弦向平均抗收缩率达到81%以上，平均收缩率在8%以下，成功地解决了河姆渡遗址出土的严重降解的大型饱水木质文物的脱水定型问题，处理后的器物，形态稳定纹理自然。

2005年，袁晓春[38]选用浓度为12.5%的PEG4000水溶液，混合0.4%硼砂及0.3%平平加水溶液，采用喷淋的方法对山东蓬莱古登州港出土三艘古代木质沉船进行脱水保护。保护过程中他们发现，PEG在冬季低温条件下会在木材表面发生结膜现象，不利于试剂渗透；而在夏季高温条件下，木材易发生白色霉变。此项保护工作目前还在进行之中。

通过以上文献回顾可以看到，近几十年随着水下考古的兴起，以及一些大型古墓葬的考古发掘，世界范围内出土众多古船、古代葬具、建筑等大型饱水木质文物。相较于小型可移动饱水木质文物而言，大型饱水木质文物的脱水难度更大，其脱水方法的研究正在成为文物保护领域的研究热点。这些保护实例显示，真正能够应用于大型饱水木构件文物脱水保护的方法极为有限。在国外主要采用PEG加固预处理而后进行温湿度控制的方法。在国内还存在使用正丁醇和亚麻仁油混合物或PEG加固预处理后再结合冷冻干燥法、乙二醛加固脱水法以及 PEG + 尿素 + 二甲基脲复合液加固脱水法。PEG 材料因具有环境友好性，适合原址使用，在国内、外应用最为广泛，与温湿度控制法结合起来，很好地解决了单独使用温湿度控制法仅适用于木材含水率低于 180% 的饱水木质文物。因此在国外应用广泛，国外出土古沉船均使用此类方法。但是，由于大型饱水木材体积大、树种多、木材降解差异大，使用小分子量 PEG 应用于轻度降解的木材，最稳定且渗透性好，但处理后的木材吸湿性强。而对于高度降解的木材使用大分子量 PEG，较稳定且抗吸湿性较好，但是在局部轻度降解的木材区域渗透性差，这一局限，PEG 两步法能够较好解决，而且使用两步法加固脱水后的木材能保证较好的渗透效果，木材表面只有在湿度大于 86% 时才会出现吸潮现象。

4　实验目的

4.1　实验目的

以山东定陶汉墓出土黄肠题凑为实验样本，检测分析其保存现状，通过对比室内自然干燥和环境温湿度控制这两种饱水木材脱水方式，从而对比研究适用于大型木构筑物定陶汉墓的脱水保护方式，并且监测环境控制的脱水过程中木材的变化特征。

4.2　技术路线（图7）

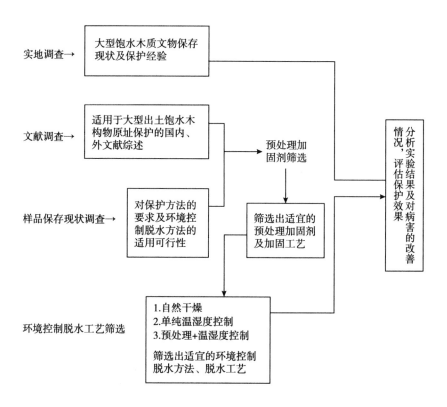

图 7　技术路线图

5　黄肠题凑木材的科学分析

5.1　样品前期制备

实验样品来自山东定陶汉墓黄肠题凑墓室中 S – 1 小室墓道中遗留下的一批用于砌筑墙体的题凑木条，长 1.15m。初步估计可能为建墓者遗留下的多余木料。这为后续研究提供很珍贵的实验样本。对样品的锯解过程中发现，每根题凑木由三根尺寸相同的长木条，由两处榫卯垂直串接而成，两面相对的木条表面留有墨书文字。因此实验样品挑选榫卯已经脱开，表面未见文字的题凑木条作为实验样品。样品挑选后，使用浸泡饱水的脱脂棉覆盖缠绕，再用黑色塑料薄膜包裹密封后尽快运至实验室，存放于避光处，用于后续各项实验。

5.2　分析过程

单一指标并不能全面反映饱水木质文物保存现状，实验分别以木材物理性质、力学强度、微观形貌及化学成分作为考量指标，并与现代柏木各项指标比较，考量山东定陶王墓地出土黄肠题凑保存现状，为保护方案的研究提供基础。

需要说明的是，实际上，黄肠题凑墙面木材的腐蚀程度普遍较试验样块更为严重，但是我们无法从墙体直接抽提木材，只能采用散落在 S – 1 墓室的零碎题凑木条开展实验。因此，实验过程及结果仅仅是为整体保护提供一定借鉴和经验积累。

实验样品为墓室中取回的一根题凑木。样品分为两部分，一部分为使用生长锥沿题凑木材横向钻取两根直径 5mm、长度 40mm 的木材样品，每隔 4mm 切割，分别用于测量不同深度木材含水率。一根用于观察不同深度木材微观形貌及检测化学性质，以考量木材由外至内木材腐朽变化情况，剩余的题凑木用于木材物理性质、力学性能测试。

力学强度：将试材运回实验室后使用生长锥钻取后续实验所需样品后即分割锯解。其中一部分立即制样，并测试湿材力学性能，另一部分气干至含水率为 12%，用于其物理性质及干材力学性能测试。

① 参照国家标准 GB/T 1929 – 2009《木材物理力学试件锯解及试样截取方法》制取试样；

② 试件测定参照国标 GB/T1927 ~ 1943 – 2009《木材物理力学性质试验方法》要求进行试验测定的物理性质，包括木材含水率、气干密度、干缩系数。鉴于试验样本的珍贵性及题凑木顺纹方向不受力的特点，力学性能检测内容包括木材抗弯强度、抗弯弹性模量、横纹全部抗压（弦向和径向）以及顺纹全部剪切强度（径面和弦面），各项力学性能均在美国产 INSTRON 5582 木材万能力学试验机上测定，由于试验样本的珍贵性，有效样本数均控制在 9 个。

③ 生长锥钻取样品含水率的测试则参照国家标准 GB/T 1931 – 2009《木材含水率测定方法》干燥称量计算得出。

微观形貌：将生长锥钻取切割的样品及新鲜柏木，使用吉列白金系列刀片徒手切割制得木材横向及径向切片，将切得各切片贴于样品台，喷金后，使用扫描电子显微镜观察不同深度样品木材细胞形貌。扫描电子显微镜选用日立公司 S－3600N 型扫描电子电镜（SEM），加速电压 15Kv 或 20Kv；EDAX 公司 Genesis2000XMS 型 X 射线能谱仪（EDS），工作电压 15Kv 或 20Kv。

化学性质：将生长锥制切片后剩余样品及新鲜柏木置于 105℃烘箱中，烘干后研磨，用于红外光谱分析。红外光谱仪为 Nicolet670（FT－IR），采用 KBr 压片方法测试。

5.3　监测结果及分析

5.3.1　木材物理性质

根据试验结果，计算出山东定陶王墓地（王陵）M2 汉墓出土题凑木各项物理性质指标均值和变异统计数据（见表 3），并与现代新鲜柏木各项物理性质指标[39]（见表 4）对比后发现：题凑木的含水率为 117.9%。按照 Hoffmean[40] 依据木材含水率对古代饱水木材腐朽程度的分类，其含水率低于 180% 应为轻微腐朽。Christensen[41] 的研究表明，饱水木质文物的腐朽从外向内逐渐发生，当其含水率低于 185% 时，腐朽只发生在木材浅表面。生长锥钻取样品绝对含水率结果（图 8）显示：木材表面 0～8mm 处含水率最高超过 180%，8～12mm 处含水率逐渐降低，12mm 之后含水率趋于稳定介于 124%～136% 之间，表明木材腐朽最严重区域位于木材表面 0～8mm 处。

表 3　　　　　　　　山东定陶王墓地（王陵）M2 汉墓题凑木各项物理性质指标

项目		平均值	标准差	变异系数
气干密度（g/cm³）		0.626	0.031	4.903
含水率（%）		117.900	/	/
干缩性 （含水率至 12.0%）	径向干缩系数（%）	0.141	0.042	29.535
	弦向干缩系数（%）	0.196	0.061	30.940
	体积干缩系数（%）	0.358	0.088	24.590

表 4　　　　　　　　　　　　　　新鲜柏木的物理性质

项目		平均值	标准差	变异系数
气干密度（g/cm³）		0.600	0.031	4.903
干缩性 （含水率至 12.0%）	径向干缩系数（%）	0.127	0.042	29.535
	弦向干缩系数（%）	0.180	0.061	30.940
	体积干缩系数（%）	0.320	0.088	24.590

题凑木的气干密度为 0.626g/cm³，按照《木材材性分级规定》[42] 属中等，略大于现代新鲜柏木，应与题凑木特殊的选材特点有关。为了追求黄色效果，题凑木使用淡黄色柏木心材，相较边材而言，心材的密度较大、孔隙率较小。

题凑木的体积干缩率为 0.358%，按照《木材材性分级规定》[43]，其收缩率为最小等级。与新鲜木材相比，其弦、径向及体积干缩系数分别增加 11.0%、8.9% 及 11.8%。一般情况下，木材干缩率与其密度负相关，虽然题凑木密度高于新鲜木材，且为尺寸稳定性较边材更好的心材，但干缩系数反

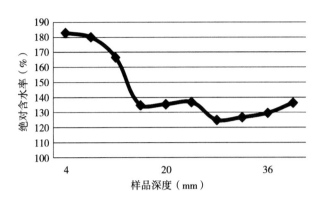

图 8　木材由外至内含水率的变化情况

而升高，应与木材的腐朽有关。木材学将木材的含水分为自由水、吸着水和化合水三种。收缩的原因主要归结为吸附水的减少，在木材失水初期自由水散失的过程中，木材尺寸基本不会发生变化，收缩的起点为吸附水散失时，即木材含水率在纤维饱和点以下开始出现收缩[44]。与新鲜木材不同，考古出土的饱水木材由于半纤维素及纤维素降解，细胞壁失去原有强度，甚至出现腐朽的孔洞，细胞中的自由水对细胞壁起到支撑作用，即使是在自由水散失阶段木材也可能出现收缩[45]。因此，尽管题凑木为轻微腐朽，且密度还较新鲜柏木大，但收缩率明显增加。题凑木差异干缩系数为 1.42，接近新鲜柏木 1.39 变化不大，也表明其腐朽主要发生在木材浅表面。

5.3.2　木材力学性质

木材力学性质是度量木材抵抗外力的能力，尤其当其作为建筑结构用材，力学性质为主要材性指标。根据试验结果，计算整理出题凑木湿材和干材各项力学性质（见表 5，图 9、10）并与新鲜柏木各项力学性质[46]对比后发现：

表 5　　山东定陶王墓地（王陵）M2 汉墓"黄肠题凑"柏木以及新鲜柏木的力学性质

项目		平均值	标准差	变异系数
潮湿试样 （含水率 117.9%）	抗弯强度（MPa）	61.459	5.296	8.618
	抗弯弹性模量（GPa）	7.604	1.042	13.707
	横纹全部抗压（径向）（MPa）	4.287	0.411	9.578
	横纹全部抗压（弦向）（MPa）	4.276	0.439	10.256
	顺纹抗剪强度（径面）（MPa）	6.837	0.521	7.623
	顺纹抗剪强度（弦面）（MPa）	7.106	0.840	11.764
气干试样 （含水率 12.0%）	抗弯强度（MPa）	89.083	6.889	7.733
	抗弯弹性模量（GPa）	8.514	0.873	10.249
	横纹全部抗压（径向）（MPa）	8.613	1.063	12.346
	横纹全部抗压（弦向）（MPa）	8.068	0.685	8.494
	顺纹抗剪强度（径面）（MPa）	8.527	0.891	10.454
	顺纹抗剪强度（弦面）（MPa）	9.685	1.265	13.063

续表5

项目		平均值	标准差	变异系数
新鲜柏木（含水率12%）	抗弯强度（MPa）	110.309		10.8
	抗弯弹性模量（GPa）	10.446		9.9
	横纹全部抗压（径向）（MPa）	8.787		14.6
	横纹全部抗压（弦向）（MPa）	7.452		14.1
	顺纹抗剪强度（径面）（MPa）	10.255		12.8
	顺纹抗剪强度（弦面）（MPa）	11.857		18.7

与新鲜柏木相比，题凑木湿材的各项力学性质显著降低：横纹全部抗压（径向）降低最明显，降低51.2%；其次依次为抗弯强度、横纹全部抗压（弦向）、顺纹抗剪强度（弦面）、顺纹抗剪强度（径面），分别降低44.3%、42.6%、40.1%及33.3%；抗弯弹性模量降低最少，降低27.2%。

当题凑木气干至含水率为12%时，各项力学性质明显提高：横纹全部抗压（径向）提高最为明显，提高100.9%；其次依次为横纹全部抗压（弦向）、抗弯强度、顺纹抗剪强度（弦面）、顺纹抗剪强度（径面），分别提高88.7%、45.0%、36.3%、24.7%；抗弯弹性模量提高最少，提高12.0%。但与新鲜柏木仍存在差异：抗弯强度、抗弯弹性模量、横纹全部抗压（径向）、顺纹抗剪强度（径面）、顺纹抗剪强度（弦面）仍低于新鲜柏木，分别为新鲜柏木85.76%、81.50%、98.02%、83.14%、81.68%，横纹全部抗压（弦向）略高于新鲜柏木，为新鲜柏木的108.27%。

按照《木材材性分级规定》[47]，依木材抗弯强度分级，题凑木湿材及干材均属低等，这与柏木本身抗弯强度不高（按照《木材材性分级规定》属中等）有关。墓室结构中，题凑墙不仅起分割空间的作用，而且是墓室主要的承重构件，但每根题凑木主要承受顶板及叠垒其上方题凑木重力施加于接触面垂直于木材生长方向的压力，木材顺纹方向并不受力，抗弯强度的降低对其力学稳定性影响不大，最需考量的木材力学性质为"横纹抗压全部强度"。试验结果表明，与新鲜柏木相比，题凑木湿材横纹全部抗压强度下降超过50%；气干后的题凑木与新鲜柏木相比，横纹全部抗压（径向）仅下降0.20%，

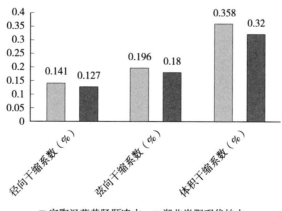

图9　定陶汉墓黄肠题凑木与湖北崇阳现代柏木物理性能（干缩性）对比

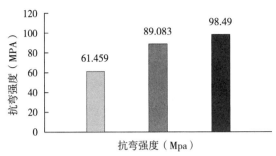

定陶汉墓黄肠题凑木潮湿试样（含水率117.9%）
定陶汉墓黄肠题凑木气干试样（含水率12%）
湖北崇阳现代柏木

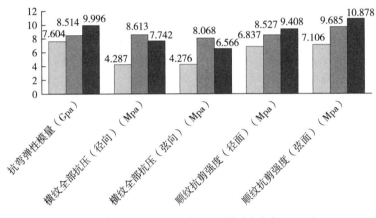

定陶汉墓黄肠题凑木潮湿试样（含水率117.9%）
定陶汉墓黄肠题凑木气干试样（含水率12%）
湖北崇阳现代柏木

力学性能指标：抗弯强度、抗弯弹性模量、横纹全部抗压（径向）、横纹全部抗压（弦向）、顺纹抗剪强度（径面）、顺纹抗剪强度（弦面）

图 10　定陶汉墓黄肠题凑木潮湿试样、气干试样及湖北崇阳现代柏木试样力学性能对比

横纹全部抗压（弦向）增加 0.83%，表明高含水率极不利于题凑墙的力学稳定性，合理干燥后"黄肠题凑"能够维持其原有力学稳定性。结合题凑木物理性质来看，由于腐朽造成木材半纤维素及纤维素降解，细胞壁失去原有强度，木材干缩率增加。在干燥过程中，题凑木可能出现大量裂隙或裂缝，而题凑木顺纹抗剪强度降幅接近 20%，应避免裂缝对木构件受剪切力的危害。

5.3.3　微观形貌

扫描电镜检测结果（见表 6）显示，随着样品深度的不同其木材细胞形貌也有所不同。

木材表面 0~8mm 深度处木材细胞可见大量腐朽的孔洞，细胞壁收缩变形明显，管胞之间有明显的剥离现象，细胞壁结构相对完整，仅极少区域细胞壁 S2 层有腐朽形成的孔洞。管胞径向照片可以看到明显的腐朽残破区域，细胞壁上大量纹孔结构已经完全破坏，已丧失原有结构而因腐朽成为孔洞，细胞腔中亦可见生长的菌丝。

木材表面 8~40mm 深度处木材细胞腔形状较圆润，细胞壁也可见显著变形，管胞间也存在剥离现象，但未见细胞壁 S2 层有腐朽形成的孔洞。木材管胞径向照片显示，管胞结构整齐，细胞壁上的纹孔结构相对完整，仅少数纹孔因纹孔膜腐朽形成的孔洞。

表6　　　　　　　　　　　　　　　　　不同深度木材样品微观形貌

取样深度	木材微观形貌	
	横向	径向
0～8mm		
8～40mm		

5.3.4　化学成分

利用傅里叶变换红外光谱分析汉墓柏木随着腐蚀深度的不同，有机物的组成变化，并且与新鲜柏木进行对比，见图11。

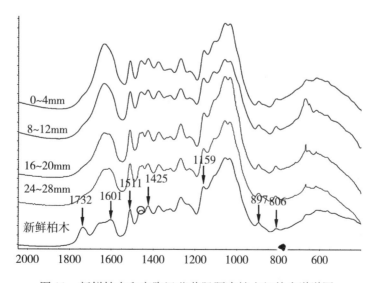

图11　新鲜柏木和定陶汉墓黄肠题凑柏木红外光谱谱图

比较新鲜柏木与定陶汉墓柏木样品的红外光谱谱图，定陶汉墓柏木样品红外光谱谱图与新鲜柏木存在差异，且不同取样深度样品红外光谱谱图也存在差异，对比已有文献中关于细胞壁聚合物傅里叶变换红外光谱特征峰（见表7）后发现：

表7 木材细胞壁聚合物傅里叶变换红外光谱特征峰及其归属[48]

波数（cm^{-1}）Wavenumber		谱峰归属 Band assignment	
木质素	1510	苯环伸缩振动	Aromatic skeletal vibration
Lignin	1423	苯环伸缩振动	Aromatic skeletal vibration
木聚糖	1730	C＝O 伸缩振动	C＝O stretch
Xylan	1600	C＝O 伸缩振动	C＝O stretch
葡甘露聚糖 Glucomannan	805	甘露糖骨架振动	In－phase ringstretching mannose residue
纤维素	895	C－H 变形	C－H deformation
Cellulose	1160	C－O－C 非对称伸缩振动	Antisymmetric C－O－C bridge stretching

1730cm^{-1}附近为半纤维素中木聚糖的特征峰，新鲜柏木木材该峰出现在 1732cm^{-1}，峰较为明显。而定陶汉墓柏木各深度木材样品在1730cm^{-1}附近均无峰，说明其木材中半纤维素中的木聚糖已不存在或含量很低，在红外光谱的分辨率下无法显示；1600cm^{-1}附近是半纤维素中木聚糖的特征峰，新鲜柏木木材该峰出现在1601cm^{-1}，峰较为明显。而定陶汉墓柏木 0～12mm 深度样品在1600cm^{-1}附近均无峰，16mm 深度之后在1601cm^{-1}处虽不明显但有峰，说明定陶汉墓柏木 0～12mm 深度样品木材中半纤维素中的木聚糖已不存在或含量很低，而16mm 深度之后还有少量存在；此外，805cm^{-1}附近为半纤维素中葡甘露聚糖的特征峰，新鲜柏木木材该峰出现在806cm^{-1}，峰较为明显，而定陶汉墓柏木各深度木材样品在806cm^{-1}峰也较为明显，说明其木材中半纤维素中的葡甘露聚糖并未完全水解。以上结果表明定陶汉墓出土木材细胞壁中的半纤维素并未完全水解，其中深度为 0～12mm 水解较严重。

波数895cm^{-1}和1160cm^{-1}附近为纤维素的特征峰，新鲜柏木其峰分别出现在897cm^{-1}、1659cm^{-1}处，定陶汉墓柏木各深度木材样品在897cm^{-1}、1659cm^{-1}处峰均较明显，表明其木材中仍存在纤维素。

1423cm^{-1}、1510cm^{-1}附近为木质素的特征峰，新鲜柏木木材其峰分别出现在1425cm^{-1}、1511cm^{-1}处，定陶汉墓柏木各深度木材样品在1425cm^{-1}、1511cm^{-1}处峰均较明显，表明其木材中仍存在木质素。

通过对比分析后发现，定陶柏木的纤维素和木质素的形态保留较好，在深度为 0～12mm 的木材半纤维素的木聚糖的水解流失比较严重，葡甘聚露糖水解情况稍好。

5.4 木材腐蚀讨论

本节针对木材保存现状，以及对温湿度控制木材脱水方法的要求及可能出现的问题进行深入讨论。

实验结果表明，用于实验的定陶汉墓木材样块的核心区腐朽并不十分严重，绝对含水率为117.9%。已有研究表明，当木材含水率低于180%时，能够采用仅需去除木材中水分的方法来脱水。此外，其定陶汉墓木材的气干密度甚至略高于现代柏木，气干后的题凑木与新鲜柏木相比，其木材主要受力横纹全部抗压（径向）仅下降 0.20%，而横纹全部抗压（弦向）增加 0.83%。上述数据均表明，定陶汉墓木材具备仅应用温湿度控制就能达到脱水目的的条件，干燥后，"黄肠题凑"能够维持其原有的力学稳定性。

定陶汉墓木材腐朽程度由外至内存在较大差异。腐朽最严重的区域主要集中在木材表面 0～8mm 区域。该层木材含水率已超过 180%，构成木材细胞主要的填充物半纤维素、纤维素都已全部或部分水解，木材细胞破碎严重，可见大量空洞，细胞壁形貌发生了变化，S2 层与 S1 层剥离明显，少量区域还可见 S2 层由于腐朽呈现的孔洞，木材细胞力学强度已大大降低，仅采用去除木材水分的方法脱水该层木材细胞可能会出现坍塌，木材存在开裂、起皮、脱落的风险。该区域木材需要加固再进行脱水干燥。这一点在后续的 B 组（未处理的环境控制脱水）实验过程中得到验证。虽然恒温恒湿的实验条件已将木材脱水速率由自然干燥条件下降低了 2/3，但实验样品还是在相对湿度为 95% 的条件下木材表面就已出现裂隙。因此，必须选取适宜的加固材料对木材进行预处理之后，在恒温恒湿环境中控制脱水干燥。而从文物保护的最小干预原则来看，如何既能避免木材表面出现裂隙又能避免化学材料的过多的引入需要综合考虑。

此外，定陶汉墓木材体积收缩率大于新鲜柏木，且仍存在明显的干缩差异，也增加了其脱水干燥过程中出现木材开裂等的风险；而其干材各向抗剪强度相较新鲜柏木降低近 20%，加之题凑木相互叠压，一旦木材在干燥过程中出现裂隙，木材极有可能沿裂缝方向出现木材断裂的风险。因此干燥过程中应注意控制木材干缩，尽量避免木材裂缝而对木构件受剪的危害。

6　木材腐蚀程度划分

6.1　实验准备

木材阻力仪需利用电动机驱动，以恒定速度将钻针刺入木材内部，通过微机系统记录探针在木材中产生的阻力参数，并通过计算显示出阻力曲线。可用于木材密度估算和内部的腐朽判定。在其测定过程中，仅在木材中留下孔径为 1.5～3mm 的钻孔，且阻力仪检测值与木材物理力学性能具有一定关联性，因此该方法在近年来受到大型木质文物保护工作者的关注。廖春晖等[49]用应力波与木材阻力仪结合的方法，检测出明十三陵修复工程中涉及的部分承重类木构件存在腐朽、裂纹等缺陷。黄荣凤等[50]通过对故宫武英殿维修工程中拆卸的落叶松旧木构件的相关试验，分析不同腐朽等级木材的气干密度、抗弯强度和顺纹抗压强度与木材阻力仪检测值之间的相关联系。李华等[51]通过对圆明园正觉寺及茂陵取得的古代木材与同树种的现代木材用阻力仪检测结果的比较，分析探讨木材含水率、年代、树种、早晚材对阻力值的影响。已有研究表明，木材含水率对木材阻力仪检测结果有一定影响，而众多考古发掘的大型木质文物为饱水状态，目前未见有学者将其用于此类文物。

本研究通过比较山东定陶王墓地（王陵）M2 汉墓出土"黄肠题凑"柏木在饱水及气干状态下阻力值的变化情况，并将实验结果与木材含水率、细胞形貌及化学成分进行比较，探讨木材阻力仪是否在大型饱水木质文物保存现状调查工作中具有应用前景。

6.2　实验材料及仪器

实验标本为原散落于山东定陶王墓地（王陵）M2 汉墓墓室中的一根"黄肠题凑"。首先，使用浸水脱脂棉将其覆盖后，再用塑料布包裹，以防止样品迅速脱水，然后立即运回实验室。选择木材保存现状相对均匀的区域进行切割，实验室编号为 DT–1A，用于后续实验。在 DT–1A 上使用生长锥沿木材径面钻取两根直径 5mm、长度 4cm 的木材样品用于对比试验，样品实验室编号分别为 DT–1AZQ01、DT–1AZQ02。此外，还选取产自山东的新鲜柏木作为对比样品。

木材阻力仪：德国 Rinntech 公司生产 Resistograph 4453 木材阻力仪，探针直径 1.5mm。

6.3　木材阻力值测量

在样品 DT–1A 径面标出检测点，迅速使用木材阻力仪测量各检测点阻力值。探针有效探测深度为 45mm，共 10 个检测点，每个检测点相距 3cm。称量样品 DT–1A 重量后，待自然干燥至重量恒定后，放入温度为 105℃烘箱中继续烘干，直至重量恒定，计算得出 DT–1A 含水率为 162%。

再将干燥后的 DT–1A 利用恒温恒湿箱将其木材含水率调整为 15%，再次测定其阻力值。探针有效探测深度 45mm，共 10 个检测点，每个检测点相距 3cm，每个检测点距干燥前检测点 1.5cm。

样品对比实验：将 DT–1AZQ01、DT–1AZQ02 分别每隔 4mm 切割为 10 段，通过检测样品含水率、形貌及化学成分，分析从表面到内部不同深度的木材腐朽变化情况。DT–1AZQ01 参照 GT/T 1931–2009 测量计算样品含水率。测完含水率之后将其研磨烘干，然后采用溴化钾压片法用于傅立叶红外光谱的测试。DT–1AZQ02 则采用徒手切片法制取木材切片，将切片采用乙醇梯度法逐步脱水后，贴于样品台上喷金，再用扫描电子显微镜进行观察。

将新鲜柏木标本研磨烘干，采用溴化钾压片法用于傅立叶红外光谱的测试。

6.4　结果与讨论

6.4.1　木材阻力平均值与木材含水率

已有研究表明，木材阻力仪所测得的阻力值平均值与木材的密度及多项力学性能有极显著的线性关系，因此阻力平均值是能够评价木材腐朽程度的重要参数。利用 SPSS 软件绘制 DT–1A 在不同含水率时阻力平均值的分布直方图与其正态函数拟合曲线（图 12、13）后发现：当 DT–1A 含水率为 15%

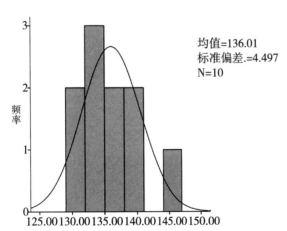

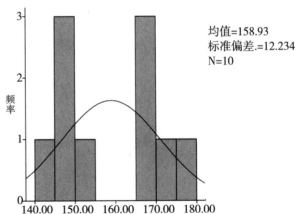

图 12　DT–1A 含水率为 15% 时阻力平均值分布直方图与其正态函数拟合曲线

图 13　DT–1A 含水率 162% 时阻力平均值分布直方图与其正态函数拟合曲线

时，阻力平均值的分布接近正态分布，均值为 136.1。当 DT－1A 含水率为 162% 时，阻力平均值的分布不服从正态分布，均值为 158.93。这表明高含水率对于木材阻力平均值的影响显著，从数据均值来看，含水率的升高引起阻力平均值增加，且使得阻力值平均的分布不服从与正态分布，其检测结果已不具备统计学意义。由于实验条件有限，本次实验检测点较少，饱水条件下阻力平均值是否具有意义，还需进一步研究。

6.4.2　木材阻力曲线与木材腐朽深度

Frank Rinn[52,53] 对不同树种的木材在干燥状态下使用阻力仪检测的结果表明，根据阻力曲线的不同与其明显的下降趋势，以及曲线波动幅度，可以初步确定腐朽位置及腐朽等级。图 14 所示为将 DT－1A 干燥前后检测点的木材阻力值数据归一化后，绘制出的其含水率为 15% 和 162% 时木材阻力曲线，横坐标表示探针探测深度，纵坐标为阻力值。

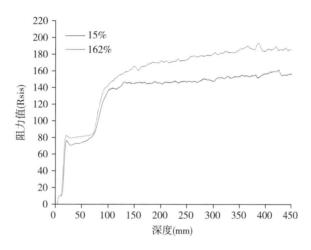

图 14　DT－1A 不同含水率阻力值变化曲线

当 DT－1A 木材含水率为 15% 时：在横坐标 0~2mm 处，阻力值从 0 快速增至 75，应为探针最初钻入木材表面；横坐标 2~7mm 处，阻力值变化较小，一直在 75 上下波动；横坐标 7~12.5mm 处，阻力值再次快速增加至 145；横坐标 12.5~45mm 处，阻力值变化再次趋于平缓，缓慢增至 157。因此，初步判断木材从外至内：在 0~2mm 处阻力值最小，表明该区域腐朽最为严重；2~7mm 处阻力值仍维持在较小范围，木材腐朽较为严重；7~12.5mm 处阻力值开始增加，木材腐朽进入过渡区域；12.5~45mm 处阻力值最大且变化微小，木材保存情况较稳定，为低腐朽区。

当 DT－1A 木材含水率为 162% 时：在横坐标 0~2mm 处，阻力值从 0 快速增至 82；横坐标 2~7mm 处，阻力值变化较小，一直在 82 上下波动；横坐标 7~12.5mm 处，阻力值再次快速增加至 164；横坐标 12.5~45mm 处，阻力值变化再次趋于平缓，缓慢增至 184。与 DT－1A 含水率为 15% 时相比较，虽然在木材各深度处阻力值均有增加，但阻力值曲线变化的趋势并未发生改变，仍能明显地区分出腐朽最为严重的区域为 0~2mm 处；腐朽较为严重的区域为 2~7mm 处；过渡区为 7~12.5mm 处；低腐朽区为 12.5~45mm 处。

木材含水率是饱水木质文物腐朽程度较准确的评价指标，David W Gratta[54] 发现当饱水木材含水率低于 185% 时，木材仅表面腐朽。DT－1A 含水率为 162%，腐朽应仅发生在木材表面。由 DT－

1AZQ01 所测从外至内木材含水率的变化情况（图 15）表明：在木材表面 0～8mm 处，含水率最高超过 180%，木材腐朽情况最为严重；在 8～12mm 处，含水率逐渐降低，为过渡区；在 12mm 之后，含水率趋于稳定，介于 124%～136% 之间，为低腐朽区。以含水率的划分腐蚀程度的结果与木材阻力曲线所区分出的腐蚀规律结果基本吻合。

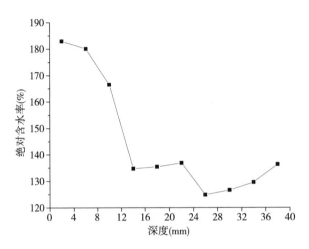

图 15　DT－1AZQ01 木材含水率变化情况

7　模拟实验

根据课题及原址保护工程的需要，我们要研究出保证黄肠题凑木材大小尺寸维持长久稳定，并保持其质感及色调的最佳保护方案。我们将整个实验分为两个相对独立的内容：第一，筛选出适用于定陶黄肠题凑木材腐蚀情况的加固材料和工艺。第二，在材料工艺筛选成果基础上，对木材样块进行保护加固处理，利用恒温恒湿箱模拟环境控制过程，对已经加固后木材进行模拟脱水实验。

由于时间所限，筛选出适用于定陶黄肠题凑木材的加固剂和加固工艺，之后用于木样块的加固处理和脱水实验，其周期远超出课题计划的两年时间。因此，此项实验研究结果将会另文刊出发表。下文将讨论无加固剂的两种实验条件下的脱水干燥处理结果的对比。

7.1　环境控制木材脱水模拟实验

在缺乏可借鉴研究案例的情况下，全面的模拟实验是充分了解文物样品在不同保存环境中、采取不同保护方法后会发生何种变化的最直接的方式，才可有效地评价保护效果，改进保护方法，制定出适宜的保护指标、细化保护工艺。因此，本实验希望借助对比自然干燥、单纯温湿度控制及预处理后温湿度控制条件下样品脱水情况，进而对环境控制指标与参数进行细化。实验由以下三组平行实验组成：

A 组：室内环境条件下，未处理样品自然干燥实验；

B 组：环境控制条件下，未处理样品脱水实验；

C 组：环境控制条件下，利用加固剂筛选实验结果，采用 PEG 两步法处理样品脱水实验。

其中 C 组实验，目前样品处于 PEG 浸泡置换阶段，预计 2017 年 05 月完成环境控制脱水实验。

7.1.1　实验目的

① 实验测算样品开裂临界含水率；

② 估算出每个湿度（温度）变化梯度样品干燥过程达到平衡所需时间；

③ 监测保存环境相对湿度达 55% 时，木材含水率以及木材含水率达 12%（木材脱水终点）时，保存环境温湿度指标控制范围；

④ 评价 PEG 渗透加固结合环境控制脱水方法效果。

7.1.2　样品制备

将两根题凑木分别从中部切割，所得 4 组木材取其中 2 组分别记为 A、B、C，其中 A、B、C 再分别切断题凑榫卯将每组木材自然分为 3 块，共制得 A 组（A1、A2、A3）、B 组（B1、B2、B3）、C 组（C1、C2、C3）共计 9 个实验样品。测量记录每个样品初始重量、尺寸，拍照记录样品各面形貌。A1 和 B1 直接用于后续实验；A 组中 A2、A3 及 B 组的 B2、B3 样品使用保鲜膜将径面包裹用于后续实验；C 组（C1、C2、C3）样品使用 PEG 渗透加固，根据前期实验结果确定两步法：10% PEG400→25% PEG400→25% PEG4000→40% PEG4000 最适宜黄肠题凑腐蚀木材。目前样品在 50℃ 加热条件下，浸泡处理已进入最后一个环节，拟于 2015 年 12 月完成 200 天的 PEG 处理，并继续完成环境梯度控制下的脱水阶段和跟踪监测。

7.1.3　实验内容与步骤

（1）木材干燥

① 未处理样品室内环境自然干燥实验（A 组）：

3 件实验样品 A1、A2、A3 由一根题凑木拆解后制得，样品横断面一端为切割面，保存状态较好（记为甲端面），一端为题凑木原始端面腐朽较为严重（记为乙端面）。纸巾吸干样品表面水分后记录样品原始质量、形貌及尺寸。因题凑墙为叠置方式建造，仅木材端面暴露空气中，实际干燥过程中仅有端面为水分挥发面。为模拟题凑墙体木材脱水过程，A2、A3 使用保鲜膜包裹径面仅露出端面，A1 作为对比不做密封处理（图 16），分别置于托盘中，放于室内避光处（图 17）待其自然干燥脱水。实验初期每日监测所有样品质量，并拍摄所有样品横断面及 A1 一个径面照片，每周测量样品各面尺寸。待样品质量下降速度趋缓后，各监测项目均改为每周一次。

图 16　A 组样品制备情况　　　　　图 17　样品干燥方式

② 未处理样品环境控制干燥实验（B组）：

3件实验样品B1、B2、B3由一根题凑木拆解后制得。样品横断面一端为切割面，保存状态较好（记为甲端面）。一端为题凑木原始端面，腐朽较为严重（记为乙端面）。纸巾吸干样品表面水分后记录样品原始质量、形貌及尺寸。因题凑墙为叠置方式建造，仅木材端面暴露空气中，实际干燥过程中仅有端面为水分挥发面。为模拟题凑木脱水过程，B2、B3使用保鲜膜包裹径面仅露出端面，B1作为对比不做处理（图18），分别置于托盘放置于恒温恒湿箱中缓慢干燥（图19）。干燥条件为：温度15℃，起始湿度设为95%，待木材缓慢干燥至重量恒定后湿度降至90%继续缓慢干燥，并以5%梯度逐渐将湿度降至50%。重量每日早晚各监测一次，外貌描述每日一次，拍照每日一次，尺寸每周监测一次，含水率后期换算。在每个温湿度条件下样品重量达到恒定时所有监测内容增加一次。当样品外貌发生改变出现开裂时所有监测内容增加一次。

图18　B组样品制备情况　　　　图19　B组样品干燥方式

③ PEG渗透样品环境控制条件下干燥实验（C组）：

将C组样品放置于恒温恒湿箱中缓慢干燥，干燥条件为：温度15℃，起始湿度设为100%，待木材缓慢干燥至重量恒定后湿度降至95%继续缓慢干燥，如此以5%梯度逐渐将湿度降至50%。干燥过程中样品重量每日早晚各监测一次，外貌描述每日一次，拍照每日一次，尺寸每周监测一次，含水率后期换算。在每个温湿度条件下样品重量达到恒定时所有监测内容增加一次。当样品外貌发生改变出现开裂时所有监测内容增加一次。

（2）绝干实验

将上步实验后A、B组样品分别置于干燥箱中，温度设为103℃烘干6h后，每隔2h称重并记录，质量恒重时即为木材绝干质量。称重时，应先将样品放于放有干燥硅胶的干燥皿中，待样品降至室温后再测量。

7.1.4　实验结果计算

（1）样品绝对含水率

以A组样品实验结果换算，公式为 $W_{ab}\% = \dfrac{G_a - G_b}{G_d} \times 100\%$。$G_a$ 为木材起始重量，G_b 为木材绝干

质量。

（2）开裂临界点的木材含水率

以 B 组样品实验结果换算，公式为 $W_c\% = \dfrac{G_a}{G_c} \times \dfrac{W_{ab}\%}{W_{ab}\% + 1} \times 100\%$。$G_c$ 为木材开始开裂时的重量。

（3）各个湿度阶段木材含水率

以 B 组样品实验结果换算，公式为 $W_d\% = \dfrac{G_a}{G_d} \times \dfrac{W_{ab}\%}{W_{ab}\% + 1} \times 100\%$。$G_d$ 为各温湿度条件下木材重量。

（4）木材各向收缩率

木材各向收缩率 $= \dfrac{l_a - l_b}{l_a} \times 100\%$。$l_a$ 为木材各向起始尺寸，l_b 为木材各向干燥时尺寸。

7.1.5　数据分析

① 未处理样品的自然环境与控制环境下样品脱水效果对比，包括样品干燥过程达到平衡所需时间及含水率的变化、木材收缩率、形貌变化、木材开裂临界点含水率的变化。

② 环境控制下，PEG 加固后样品与未加固样品脱水效果对比，包括每个湿度（温度）变化梯度样品干燥过程达到平衡所需时间及含水率的变化、木材收缩率、形貌变化。

③ 环境控制下，PEG 加固后小体积样品与大体积样品脱水效果对比，包括每个湿度（温度）变化梯度样品干燥过程达到平衡所需时间含水率的变化、木材收缩率、形貌变化。

7.2　环境控制木材脱水模拟实验结果与讨论

7.2.1　室内自然干燥未处理样品（A 组）

（1）木材含水率

经过 518d 自然干燥（保存环境温湿度条件见图 20）A 组样品质量趋于恒定，再经过 105℃ 条件下烘干 27d（样品 A2 干燥后木材颜色变浅发现表面书写文字因此并未再烘干）。计算得出：起始时 A1 绝对含水率为 134.9%，A3 绝对含水率为 130.4%。在室温条件下干燥平衡时 A1 绝对含水率为 10.82%，A3 绝对含水率 23.83%。A3 由于木材径面包裹有保鲜膜水分蒸发面较少，达到平衡时含水

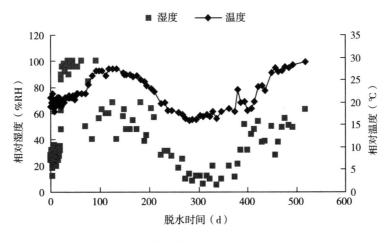

图 20　A 组（室内自然干燥）样品保存环境温湿度变化情况

率高于各面均暴露在环境中的 A1，该结果对于今后现场工作具有重要的参考价值，由于山东定陶汉墓黄肠题凑建筑结构特殊的叠压方式决定其木材在干燥过程中仅有较小的蒸发面暴露于环境中，因此考古现场木材干燥终点含水率可能会高于实验室所测得的数值。

（2）质量变化

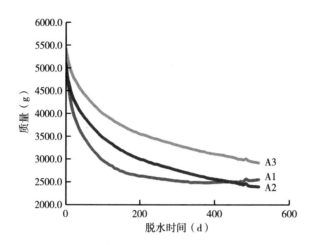

图 21　A 组（室内自然干燥）样品脱水 518d 质量变化曲线

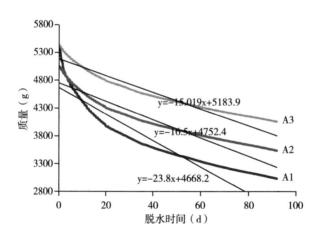

图 22　A 组（室内自然干燥）样品最初 90d 质量变化曲线

经过 518d 室内自然条件避光干燥（图 21），3 件样品质量均显著减少，约脱水 460d 后样品质量开始上下波动，显示其在室温条件下已接近平衡到达脱水终点。样品质量变化曲线显示，在最初 30d 质量下降最快。对各曲线（图 22）拟合计算其趋势线斜率后发现，样品质量在 90d 之后变化趋缓，该阶段 A2、A3 质量变化趋势线斜率分别为 16.5、15.0 较为接近，A1 质量变化趋势线斜率 23.8，分别为 A2、A3 质量变化趋势线斜率 1.44 及 1.58 倍。表明 A1 质量减少速率较 A2、A3 大，脱水速度最快，应与 A2、A3 径面包裹保鲜膜木材水分挥发面减少有关。计算各样品暴露于空气中的面积并与其脱水速率对比后发现，虽然 A1 水分挥发面积分别为 A2、A3 的 10.79 和 10.56 倍，但其水分挥发速率仅为 A2、A3 的 1.44 及 1.58 倍。木材细胞中的水分主要依靠毛细管张力差及水蒸气浓度差的作用沿着木材细胞腔、纹孔、纹孔膜上的小孔以及为毛细管由内向外移动并挥发，尤其自由水主要通过大毛细管系统包括细胞腔和纹孔向外迁移。细胞腔通道是水分在木材中移动的最主要通道，A2、A3 虽然径面被包裹，但细胞中含量最高的自由水仍可沿着细胞腔管道向外迁移从暴露于空气中的端面挥发。A 组目前实验结果表明，在自然条件下，当木材因径面未暴露于空气中水分挥发面积减小时，木材脱水速率降低，但降低速率与所减少的挥发面积并不成倍数关系。对于黄肠题凑而言，虽然其最主要木构题凑墙采用将木材叠压的方式，仅木材端面暴露于空气中，造成其水分挥发面急剧减小，由于沿细胞管腔为水分挥发的最主要通道，因此其叠压形式对脱水速率影响并不太大。在自然脱水至 260d 左右 A1 样品质量下降趋势明显小于 A2、A3，说明在脱水进行至后半程时，挥发面积对于木材脱水速率的影响趋于显著。

（3）外观变化

样品脱水 2d 外观开始发生变化，形貌变化描述见表 8。从样品形貌变化来看，在木材脱水初期差别不大，均在最初一周内即出现木材开裂现象。脱水 30d，可明显观察出样品形貌变化差异，A1 表面裂隙比 A2、A3 多且宽，A2、A3 表面盐析更多。这种差异在脱水 90d 后明显，但其差异仅局限于裂隙数量、宽度稍有不同，与 3 件样品脱水速率差异基本一致，即虽有差异但并不巨大。90d 后，样品形貌无显著变化。

各样品最初出现裂隙的时间不同，这首先与木材本身含水率、保存现状有关，其次三件样品仅 A1 为全部面为蒸发面，从干燥过程中样品质量的变化情况可知，A1 水分挥发速率高于 A2、A3。A1 在脱水第 2d 木材表面出现开裂换算此时其绝对含水率为 116.4%，A3 在脱水第 5d 木材表面出现开裂换算此时其绝对含水率为 114.8%。该结果表明，由于样品蒸发面积的不同导致其脱水速率存在差异，导致木材开裂出现的时间节点不同，但该时间节点时木材含水率均接近 115%。

表 8　　　　　　　　　　　A 组样品脱水过程中形貌变化

脱水时间 （d）	形貌变化		
	A1	A2	A3
0	原始形貌	原始形貌	原始形貌
1	无明显变化	无明显变化	无明显变化
2	径面及两端面边沿开始出现裂纹，出现木屑脱落现象	甲面端面边沿开始出现裂纹，出现木屑脱落现象	甲面端面边沿开始出现裂纹出现木屑脱落现象
4	变化不显著	乙面端面开始出现裂纹	变化不显著
5	变化不显著	变化不显著	乙面端面开始出现裂纹
7	端面出现少量盐析	端面出现少量盐析	端面出现少量盐析
30	各面可见大量裂纹	端面裂纹相对较少	端面裂纹相对较少
60	端面可见贯穿性裂纹	变化不显著	变化不显著
90	裂纹增宽	裂纹较 A1 少，乙端面盐析明显	裂纹较 A1 少，乙端面盐析明显

（4）尺寸变化

木材脱水312d后，测量其各向尺寸并与脱水前对比计算其各向收缩率（见表9）后发现，样品各向均不同程度收缩，且弦向收缩率均大于径向收缩率。其中，A1弦向较长边收缩率及径向收缩率较A2、A3大，但短边尤其腐朽严重的一端A1收缩率较小，而各样品体积收缩率较接近。相同脱水时间节点，A2、A3弦向收缩率较A1有所降低，但并非全部监测部位都如此，在木材腐朽严重的一端则呈现出收缩率增高的现象；A2、A3径向收缩率较A1有所降低，而体积收缩率无规律，可见木材水分挥发面积的减少所造成的木材脱水速率的降低对木材收缩率影响并不大。脱水518d到达终点时，各样品收缩程度增加，但与前期各样品收缩率的特点一致。

表9　　　　　　　　　　　　　　A组样品木材各向收缩率

脱水时间	样品号	弦向收缩率				径向收缩率	体积收缩率
		甲端面		乙端面			
		长边	短边	长边	短边		
312d	A1	1.94%	1.56%	1.71%	2.41%	0.08%	3.85%
	A2	0.58%	2.31%	0.97%	4.29%	0.06%	4.06%
	A3	0.81%	0.79%	0.64%	5.33%	0.02%	3.79%
518d	A1	4.04%	3.25%	3.36%	2.93%	0.08%	7.50%
	A2	2.96%	4.42%	1.42%	6.11%	−0.01%	7.49%
	A3	1.87%	2.94%	2.10%	7.18%	0.33%	5.21%

表10　　　　　　　　　　　　A组木材随时间变化的含水率值

序号	天数（d）	A1含水率（%）	A3含水率（%）
1	起始（饱水状态）	136.2	132.2
2	30（木材开裂）	64.9	99
3	62	44.8	83.9
4	92	32.4	73.5
5	316	9.6	40.0
6	518	11.4	24.8

根据上表10显示，A1和A3的饱水含水率非常接近，高于130%。这个反映出木材腐蚀程度不是很高。未包裹密封膜的A1比包裹的A3失水速度要快速一倍。在316d时候，A1已经达到气干材的含水率，但518d时，A3的含水率仍然有24.8%，说明仍需要更长久的时间才能达到气干材12%的含水率。

A1在30d时发生开裂，说明此木材特点是在含水率65%左右既达到临界纤维饱和点。自由水挥发殆尽，结合水将继续挥发。

7.2.2　未处理样品环境控制干燥实验（B组）

（1）质量变化

从样品质量变化情况来看（图 23），经过 520d 脱水，保存环境相对湿度从 95% 降至 60%。由于设备故障 482d 起温度由 15℃ 调至 20℃（图 24），3 件样品质量均显著减少，B1 减少 49.7%、B2 减少 35.0%、B3 减少 42.7%。

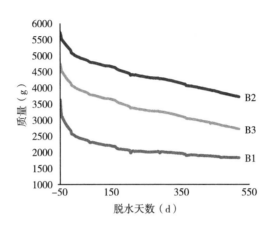

图 23　B 组（恒温恒湿空白干燥）样品脱水 520d 后质量变化曲线

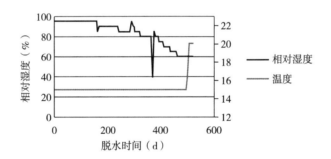

图 24　B 组保存环境温湿度变化情况

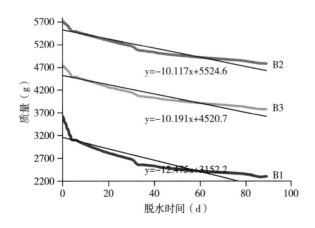

图 25　B 组（恒温恒湿空白干燥）样品最初 90d 质量变化曲线

　　与 A 组相比，在最初 90d，B 组样品质量变化趋势线斜率为 10.1～12.5 之间（图 25），显著小于 A 组质量变化趋势线斜率，表明该条件下木材干燥过程趋于平缓，干燥速率显著降低。3 件样品质量变化趋势线斜率趋于一致，采用保鲜膜包裹径面的样品 B1 质量变化趋势线斜率较 B2、B3 分别增加 23.3%及 22.4%。而 A 组样品，未采用保鲜膜包裹的样品 A1 由于蒸发面积较大，质量变化趋势线斜率分别为 A2、A3 质量变化趋势线斜率 1.44 及 1.58 倍，远大于其他两个样品，这表明，恒温恒湿的干燥条件对样品干燥速率有较好的控制作用，即使样品蒸发面积较大也可有效地控制干燥过程，使其趋于平缓，从而降低木材由于干燥趋势过快所产生应力造成木材开裂的风险。

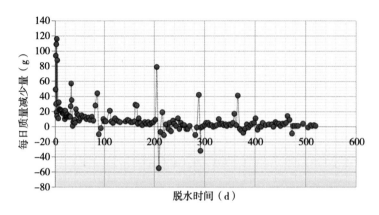

图 26　B1 每日失水量

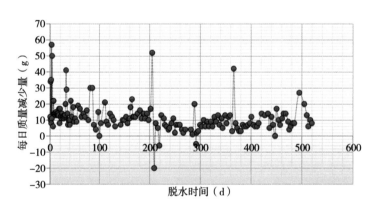

图 27　B2 每日失水量

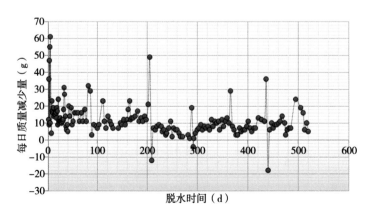

图 28　B3 每日失水量

　　而从样品每日质量减少量变化情况（图26～28）来看，3件样品在实验最初4d日质量减少量最大，之后日质量减少量逐渐减少，于80d左右质量减少量趋于平稳，日质量减少量不足1g。3件样品每日质量减少量存在一定差异，B1在实验最初80d，质量减少量大于B2、B3，应该是由于样品表面未包裹保鲜膜，实验初期水分挥发面积较大快速失水造成。在80d后质量减少量少于B2、B3，可能是由于在实验初期B1木材中大部分的自由水已挥发，而B2、B3木材中还未挥发的自由水较多，所以实验后期反而日质量减少量高于B1。整个脱水过程中，每次当将保存环境湿度按照实验计划下降一个梯度时，样品每日质量减少量大幅增加。至4d后样品每日质量减少量基本趋于平稳，而且在每个梯度区间，3件样品虽每日质量减少量变化趋势一致但每日质量减少量存在差异。当保存环境湿度大幅降低时，B1每日质量减少量大于B2、B3，趋于平稳后B1每日质量减少量小于B2、B3。此外，三件样品每日质量减少量多次出现跳跃式变化，为所使用的恒温恒湿箱出现故障所致，失水量在仪器故障期间大幅增加，而在维修好后由于保存环境湿度上升还会出现样品吸水增重现象。

　　表11显示，B组木材放置于恒温恒湿箱内温度15℃保持不变，相对湿度由95%～60%下降过程中，木材重量和含水率的变化。需要说明的是，由于在520d恒温恒湿环境干燥脱水后，B2发现"墨书痕迹"，因此，作为重要文物保留下来，未参与后续的绝干处理和相关数据分析。

表11　　　　　　　　　　　　　　B组随环境湿度梯度下降的木材含水率值

阶段	天数	B1		B3	
		重量（kg）	含水率（%）	重量（kg）	含水率（%）
饱水状态	/	1595.2	127.31	1861.1	154.47
木材开裂	30	2674	67.63	4147	122.83
饱水～95%（与湿度95%平衡）	160	2168	35.91	3603	93.60
95%～90%	83	2013	26.19	3311	77.91
90%～85%	81	1985	24.44	3190	71.40
85%～80%	68	1907	19.55	3011	61.79
80%～75%	20	1891	18.54	2967	59.42
75%～70%	24	1878	17.73	2888	55.18
70%～65%	25	1851	16.04	2855	53.40
65%～60%	59	1824	14.34	2717	45.99
天数共计	520	/	/	/	/
体积收缩率	/	6.22	5.70%		

　　环境控制实验带来的木材脱水过程的认识如下：

　　① 样块与环境达到平衡的理解：实验之前的认识是，在温度恒定条件下，与环境某一节点湿度达到平衡时，木材的重量也会保持稳定。实际上，木材失水是一个持续的过程，木材样块在最初阶段由饱水状态至与95%湿度环境刚刚达成平衡使用了大约35d，由最初的170g/d减到1.5g/d，即每日失重比例由4.7%减为0.05%；在35～160d的过程中，仍然以每天微量的失水而继续发生，属于"相对平

衡"阶段。因此，没有理想状态下的绝对平衡点，木材在微小波动的环境中仍会不断失水。但是，控制失水速度可以通过控制环境指标的方式达到。

② 在 B 组脱水实验过程中，不断摸索尝试。在最初保存环境湿度为 95% 这一阶段，我们跟踪了 160d（5 个多月时间），最终确定木材的平衡状态。后期多次尝试后发现当下调湿度梯度时，以 5% 作为每个梯度下调幅度更为稳妥。

③ 梯度内时长对比：表 11 可以看出，经过环境控制，包裹木材比非包裹木材的含水率下降幅度缓慢。在木材由饱水到与 95% 的环境达成平衡的初期阶段，时间较长大约为 160d。在后期 80% ~60% 阶段，木材与每一个梯度达成平衡的时间逐渐变短，速度变快，平均 25d 即可与湿度达到平衡状态。

④ 梯度内失水量对比：在脱水初期，木材与 95% 达成平衡，B1 的含水率由 127.3% 降至 35.91%，B3 由 154.47% 降至 93.6%。这说明，即使含水木材与 95% 如此高湿环境达成平衡，其失水量及失水速度也是各阶段中最大的。因此，木材在从饱水状态至与高湿环境 95% 平衡的这一过程也是最为重要、变化最明显的阶段。

⑤ 木材与设置环境相对湿度 60%（实际测量值为 50%）达成平衡时，裸露材 B1 的含水率达 14.34%，基本接近气干材 12% 的含水率水平。但是纵向包裹密封膜 B3 的含水率仍为 45.99%。B1 在 30d 左右发生开裂现象，含水率为 67.63%。这与 A1 木材含水率为 65% 时开裂结果非常相近。反映出此木材特点是纤维饱和点约位于 65% ~70% 之间。低于此界限，木材的自由水挥发完全，细胞组织中的结合水开始挥发，导致细胞坍塌变形出现。

⑥ 保存环境的稳定性对于脱水速率、脱水效果影响至关重要。

（2）外观变化

样品在 520d 的实验期，形貌变化描述见表 12。B1、B2 最先开始出现裂纹，均在最初一周内即出现木材开裂现象。脱水 30d，B3 才出现轻微的裂纹，脱水 40d 后样品开裂程度基本不变。样品均在脱水第 10d 出现明显的盐析现象。脱水 40d 样品开始出现霉菌生长的现象。恒温恒湿设备多次出现故障，导致湿度陡然降低，木材多次急速脱水出现开裂，例如 205d 可见各样品开裂极为严重，但设备维修好后木材吸水开裂现象又能得到缓解，所以最终在脱水 520d 时木材开裂情况相对较轻。

表 12   B 组样品脱水过程中形貌变化

脱水时间（d）	形貌变化		
	B1	B2	B3
0	原始形貌	原始形貌	原始形貌
3	无明显变化	无明显变化	无明显变化
4	乙端面开始出现裂纹	乙端面开始出现裂纹	无明显变化
10	乙端面出现盐析现象	乙端面出现盐析现象	乙端面出现盐析现象
20	变化不显著	变化不显著	无明显变化
30	端面裂纹略有增加	端面裂纹略有增加	乙端面可见细微裂纹

续表 12

脱水时间（d）	形貌变化		
	B1	B2	B3
40	端面出现霉菌，裂纹呈放射线增加	端面出现霉菌，乙端面裂纹呈放射线增加	端面出现霉菌，乙端面裂纹略有增加
80	裂纹略有增加	裂纹略有增加	变化不显著
120	裂纹增加量不显著，霉菌大量生长	裂纹增加量不显著，霉菌大量生长	裂纹增加量不显著，霉菌大量生长
160	变化不显著	变化不显著	变化不显著
190	变化不显著	变化不显著	变化不显著
205	各面大面积开裂	端面大面积开裂	端面大面积开裂
520	端面有裂纹	端面有裂纹	端面有裂纹

（3）尺寸变化

木材脱水 160d 后，测量其各向尺寸并与脱水前对比计算其各向收缩率（见表 13）后发现，样品均不同程度收缩，但 B1、B2、B3 间未见任何规律性。

表 13　　　　　　　　　　　　　　　　　B 组样品木材各向收缩率

脱水时间	样品号	弦向收缩率				径向收缩率	体积收缩率（梯形体）
		甲端面		乙端面			
		长边	短边	长边	短边		
160d	B1	0.48%	0.44%	0.55%	0.91%	0.02%	1.16%
	B2	0.07%	0.13%	−0.04%	0.47%	0.00%	0.32%
	B3	3.32%	3.63%	0.44%	0.46%	0.49%	3.62%
520d	B1	2.55%	3.11%	3.47%	3.62%	0.07%	6.22%
	B2	0.81%	1.24%	0.64%	1.59%	0.01%	2.14%
	B3	4.99%	2.97%	1.39%	2.27%	0.51%	5.70%

7.2.3　环境控制木材脱水可能出现的问题及对策

对比 A、B 组实验结果后发现，通过控制保存环境温湿度的方法能够有效地降低木材脱水速率，并使其脱水进程趋于平缓。由于 C 组脱水过程非常缓慢，实验尚未完成，目前无法比较在样品相同含水率情况下三组木材形貌的差别，也无法对其保护效果进行评估。实验过程中暴露出控制保存环境温湿度脱水干燥的方法仍然存在如下问题。

（1）木材开裂问题无法彻底解决

B 组初步实验结果表明，三件样品中两件在脱水进行 10d 即出现轻微裂纹，一件在脱水 40d 时出现轻微裂纹，实验进行至 160d，一件样品端面已开裂较为严重。目前，B 组干燥条件为相对湿度

90%，随着之后湿度的降低样品的开裂程度很有可能还会加重。可见，仅通过控制环境的方法无法彻底解决木材开裂的问题，这一结果也表明必须在此之前有必要对样品进行加固预处理。

（2）样品出现盐析现象

虽然通过控制保存环境温湿度的方法，能够有效地降低木材脱水速率，但并不能阻止这一过程中盐分在木材表面析出，而且恒温恒湿环境中干燥的样品盐析现象，并未见略轻于自然条件下干燥的样品。因此，无论是采取何种保护方法，均需在脱盐后进行。

（3）霉菌生长问题

B 组在脱水进行过程中，由于恒温恒湿箱内设有循环通风，未见木材微生物生长。至 40d 时，由于恒温恒湿箱设备故障一周，3 件样品端面均开始出现白色丝状霉菌菌丝，而且随着脱水时间的增长霉菌生长更为明显。样品长期处于高湿环境中，霉菌的防止和抑制问题需要另外立题进行研究讨论。

经分子生物学检测，主要是由青霉菌和曲霉组成（见表 14）。

表 14　　　　　　　　　　　样品 3 真核生物检测结果汇总

总克隆数	属	备注	克隆数	百分比
32	*Penicillium*	青霉属	19	59.38%
	Aspergillus	曲霉属	12	37.50%
	Phialophora	瓶霉属	1	3.13%

（4）恒温恒湿监测及控制设备的稳定性

B 组恒温恒湿箱腔室不足 $2m^3$，但加湿设备及控温设备尚且多次出现故障，可见环境控制难度较高，将其应用于大型木构物对仪器稳定性有较高要求。此外，长期处于高湿环境中，温湿度监测设备已出现锈蚀停工情况，进而影响温湿度控制效果，因此对温湿度监测设备要求也较高。

在实验过程中多次出现的样品质量突变，脱水速率突然增高表明，仅靠控制温湿度的方法控制木材脱水，木材出现风险的可能性较大，因此必须对样品进行一定的预处理并结合环境控制方式开展木材的脱水保护。

8　结　论

① 实验表明，山东定陶汉墓黄肠题凑木材的自然干燥方式仍然存在诸多不足之处。首先，自然干燥周期比较漫长，57cm×13cm×6.6cm 长的木条尚且需要 517d 才完全与自然环境达到平衡，说明在环境较为波动状态下，木材中水分也是缓慢挥发的过程。自然干燥法造成木材径向和弦向严重开裂和干缩率变化。实际黄肠题凑墙体相比实验采用的木样块腐蚀更严重且不均匀。木材的大幅度的开裂、变形引发整体结构的不稳定。因此，自然干燥并不是理想的汉墓黄肠题凑保护方式。

② 山东定陶汉墓黄肠题凑的保存现状表明其具有应用环境控制脱水的条件，脱水后木材能够维持其力学稳定性。由于木材腐朽由外至内逐渐发生，木材表面 0~8mm 处腐朽严重，腐朽呈现出显著的不均匀性。B 组的模拟实验中，即使在 90% 相对湿度条件下，木材也开始出现开裂现象。因此，环境

控制脱水前需要使用加固剂对端头糟朽木进行预处理，从而控制形貌的相对稳定。木材干燥过程中应尽量避免木材出现开裂情况，以免由于木材强度的降低，造成木构件扭曲、榫卯结构断裂、整体木结构形变等危害。

③ 与自然干燥方式相比，环境控制技术能够有效地降低饱水木质文物干燥过程中脱水速率，并使得脱水趋势趋于平缓。由于木材本身的不均匀的腐朽特点以及差异干缩，单纯使用环境控制技术进行大型饱水木质文物的脱水，虽对木材开裂有一定抑制作用，但效果并不十分显著。木材纤维饱和点为65%~70%，远高于新鲜木材30%的纤维饱和点。

此外，环境控制技术并不能解决木材干燥过程中的盐析问题，这需要已经安装到位的"自动控制喷淋系统"经过长期的淋洗溶解大部分木材中的可溶盐。木材干燥过程中会出现霉菌生长问题，需要在后续实验中予以解决。环境控制技术对恒温恒湿控制设备及检测设备有较高要求。因此，单独使用该技术具有一定风险，有必要在环境控制脱水前，对脱水木材进行加固处理和水分置换。

④ 虽然 C 组实验尚未完全结束，但我们预计通过 PEG 两步法预处理木材配合环境控制的脱水方式，不仅对黄肠题凑腐蚀层进行加固，并且有效控制水分的挥发速度，能够达到比较理想的保护效果。

⑤ 围绕黄肠题凑本体保护，我院项目组设计了地上地下保护设施，并且在地上保护设施用房之内建设黄肠题凑保护密封棚，用于后期保护处理以及长期保存建立恒温恒湿空间。因此，在此课题研究过程中，结合"定陶汉墓原址保护工程"需要，编制了"山东定陶王墓地（王陵）M2 汉墓密封保护棚环境控制系统设计方案"，作为"山东定陶汉墓原址保护工程——黄肠题凑的临时性保护和前期研究方案设计"项目的内容之一，统一上报国家文物局，并于 2014 年 9 月获批复。

饱水木材保护是一项长期的研究工作，为了保持木材的形貌发生最低程度的变化，从微观角度，需要使木纤维中的自由水以非常缓慢的速度蒸发释放，同时要保证木材的结合水有一定量的存在。这一特点使得木材脱水保护是一项漫长而精细的工作，并且木材保护具有非常独特性，其他遗址地出土饱水木质文物由于木材属性、埋藏环境、腐蚀程度各异，其保护经验往往不适用于此处。此外，很多实验研究工作可以为现场保护提供重要参考借鉴，但是现场保护研究是更为重要的步骤，以补充室内研究的不足。后续工作仍然需要以课题研究结果为基础，继续在现场实验研究中探索找出更加适宜更为符合汉墓特点的保护技术。

[1] 汪景辉，杨立新．安徽六安双墩一号汉墓．见：国家文物局主编．2006 中国重要考古发现．文物出版社，2007：107 - 112.

[2] 梁白泉．高邮天山一号汉墓发掘侧记．文博通讯．1980 年，P86 - 89.

[3] 陈中行．杭州萧山跨湖桥遗址独木舟原址脱水加固定型保护．见：杭州市萧山跨湖桥遗址博物馆编．跨湖桥文化国际学术研讨会论文集．文物出版社，2012：232 - 243.

[4] 长沙市文物考古研究所，望城县文物管理局．湖南望城风篷岭汉墓发掘简报．文物．2007，12：21 - 41.

[5] 樊娟．饱水木器脱水定形方法类比．文物保护与考古科学，1993，5（1）：40 - 44.

[6] 李琳．合成材料在脆弱漆木器保护修复中的应用．北方文物，1994（3）：98 - 99.

[7] Stéphanie A. Cretté, Liisa M.. Conservation of waterlogged archaeological corks using supercritical CO_2 and treatment monitoring using structured - light 3D scanning. J. of Supercritical Fluids, 2013（79）：299 - 313.

[8] 李玲．考古出土木质文物变定的产生、回复及其永久性固定．中国文物科学研究，2009（2）：53 - 55.

[9] 王晓琪．古代木器的保护研究（博士论文）．中国科技大学，2005.

[10] 姜进展．木材在 PEG 法处理过程中收缩原因的研究．文物保护与考古科学，1995，7（2）：57 - 61.

[11] Setuo Imazu. Conservation of waterlogged wood using sugar Alcohol. In Scientific research and conservation of waterlogged wood excavated at the Shijosite. Nara：Bulletin of the Archaeological institute of Kashihara, 1999：131 - 147.

[12] Andras Morgos. Comparing conservation methods for waterlogged wood using sucrose, mannitol and there mixture. In Scientific research and conservation of waterlogged wood excavated at the Shijosite. Nara：Bulletin of the Archaeological institute of Kashihara, 1999：158 - 175.

[13] 陈家昌，郑元锁．水溶性丙烯酸树脂在出土饱水漆木器脱水定型中的应用研究．文物保护与考古科学，2005，17（3）：28 - 34.

[14] Rie Endo, Kaeko Kamei, Ikuho Iida, et al. Dimensional stability of waterlogged wood treated with hydrolyzed feather keratin. Journal of Archaeological Science, 2008（35）：1240 - 1246.

[15] Rie Endo, Kaeko Kamei, Ikuho Iida, et al. Physical and mechanical properties of waterlogged wood treated with hydrolyzed feather keratin. Journal of Archaeological Science, 2010（37）：1311 - 1316.

[16] Giacomo Cipriani, Antonella Salvini, Piero Baglioni. Cellulose as a renewable resource for the synthesis of wood consolidants. Journal of Applied Polymer Science, 2010（118）：2939 - 2950.

[17] Mikkel Christensen, Hartmut Kutzke, Finn Knut Hansen. New materials used for the consolidation of archaeological wood - past attempts, present struggles, and future requirements. Journal of Cultural Heritage, 2012（13S）：S183 - S190.

[18] 王晓琪．古代木器的保护研究．中国科技大学，2005.

[19] 韦荃．高级醇加固饱水木器的可逆性实验．文物保护与考古科学，2007，19（1）：33 - 35.

[20] D. W. Grattan. A practical comparative study of several treatments for waterlogged wood. Studies in Conservation, 1982（27）：124 - 136.

[21] Kirsten Jespersen. TEOS 在饱水木材脱水应用中的情况．文物保护与考古科学，1995，7（1）：61 - 63.

[22] Grattan, David W. Treatment of waterlogged wood. In：Wet site archaeology. West Caldwell：The Telford Press Caldwell, New Jersey, 1988：237 - 255.

[23] 魏象，肖觉民．漆木器脱水处理的新方法及其工艺的探索——关于高压降压膨胀法的实验报告．文物保护技术（1981 ~ 1991）．中国科学出版社，2010：374 - 379.

[24]　Rowell, Roger M. Chemical modification of cell wall polymers as potential treatments of archaeological wood. In: Barbour, R. James. Archaeological wood: properties, chemistry, and preservation. Washington, DC: American Chemical Society, 1990: 422 – 431.

[25]　Shunqing Wu, Meiying Li, Beisong Fang. Reinforcement of vulnerable historic silk fabrics with bacterial cellulose film and its light aging behavior. Carbohydrate Polymers, 2012, 88 (2): 496 – 501.

[26]　Kojima Y, Tonouchi N, Tsuchida T, et al. The Characterization of Acetic Acid Bacteria Efficiently Producing Bacterial Cellulose from Sucrose: The Proposal of Acetobacter xylinum subsp. nonacetoxidans subsp. Nov. Bioscience, Biotechnology, and Biochemistry, 1988, 62 (1): 185 – 187.

[27]　周松峦，卫扬波，李直藏，等. 细菌纤维素对木质文物修复的初步探索. 文物保护与考古科学，2008，20（3）：55 – 57.

[28]　Rodorico Giorgi, David Chelazzi, Piero Baglioni. Nanoparticles of calcium hydroxide for wood conservation. The deacidifiction of the Vasa warship. Langmuir, 2005, 21: 10743 – 10748.

[29]　Glastrup J, Shashoua Y, Egsgaard H, et al. Degradation of PEG in the Warship Vasa. Macromol. Symp, 2006 (238): 22 – 29.

[30]　佩·霍夫曼，马菁毓译. 饱水橡木木材的 PEG 脱水法——对含有不同降解程度的木材设计实施 PEG 两步法. 文物科技研究，2004（2）：188 – 200.

[31]　Jensen, P., Schnell, U. The implications of using low molecular weight PEG for impregnation of waterlogged archaeological wood prior to freeze drying. In: Hoffmann, P., Strtkvern, K., Spriggs, J. A., Gregory, D. (Eds.), Proceedings of the Ninth ICOM Group on Wet Organic Archaeological Materials Conference, Copenhagen. mu¨llerDitzen Drukerei AG, Bremerhaven 319 – 331.

[32]　Moren. R. E, Centerwall. E. R. The use of polyglycols in the stabilizing and preserving of wood, Meddelanden Fran Lunds Universities Historiske Museum (June 1960): 176 – 196.

[33]　陈中行，程丽臻，李澜. 乙二醛脱水加固定型曾侯乙墓和包山楚墓彩漆主棺. 文博，2009，6：463 – 467.

[34]　陈中行. 杭州萧山跨湖桥遗址独木舟原址脱水加固定型保护. 见：跨湖桥博物馆. 跨湖桥文化国际学术研讨会论文集. 文物出版社，2012：232 – 243.

[35]　李澜，程丽臻，陈中行. 遗址中饱水木构件原址保护脱水技术研究. 中国文物科学研究，2010，1：49 – 52.

[36]　吴福宝，张岚. 川杨河大型古墓船室外冷冻脱水处理. 文物保护与考古科学，1990，2（2）：13 – 21.

[37]　浙江省博物馆. 河姆渡饱水木质文物的室外冷冻脱水研究. 中国文化遗产，2004，3：60.

[38]　袁晓春. 蓬莱三艘古船前期保护及元朝古船保护技术. 见：中国文物保护技术协会. 中国文物保护技术协会第五次学术年会论文集. 科学出版社，2008：149 – 158.

[39]　中国林业科学院木材工业研究所. 中国主要树种的木材物理力学性质. 中国林业出版社，1982：6 – 7.

[40]　Hoffmanm, P. On the stabilization of waterlogged oak wood with PEG – molecular size versus degree of degradation In: Proceedings of the 2nd ICOM Waterlogged Wood Working

[41]　Christensen, B. Brorson. The conservation of waterlogged wood in the National Museum of Denmark. Denmark: Nationalmuseet, 1970: 99.

[42]　中国林业科学院木材工业研究所. 中国主要树种的木材物理力学性质. 中国林业出版社，1982：106.

[43]　同［42］.

[44]　成俊卿. 木材学. 中国林业出版社，1985：437.

[45]　李玲. 考古出土木质文物变定的产生、回复及其永久性固定. 中国文物科学研究，2009（2）：53 – 55.

[46]　中国林业科学院木材工业研究所. 中国主要树种的木材物理力学性质. 中国林业出版社，1982：6 – 7.

[47]　中国林业科学院木材工业研究所. 中国主要树种的木材物理力学性质. 中国林业出版社，1982：106.

[48]　张双燕. 化学成分对木材细胞壁力学性能影响的研究. 中国林业科学研究院，2011：24.

[49]　廖春晖，张厚江，王喜平，等. 明十三陵裕陵修缮工程中的木构件无损检测. 北京林业大学学报，2014，36（1）：132 – 137.

[50]　黄荣凤，王晓欢，刘秀英，等. 古建筑木材内部腐朽状况阻力仪检测结果的定量分析. 北京林业大学学报，2007，29（6）：167 – 171.

[51]　李华，陈勇平，黎冬青，等. 古建筑木构件阻力仪检测中影响阻力值的因素探讨. 木材加工机械，2011，2：19 – 21.

[52]　Frank Rinn, Catalog of relative density profiles of trees, poles, and timber derived from resistograph micro – drilings. In: Procedings of the 9th International Symposium on NondestructiveTesting of Wood, 1993: 61 – 67.

[53]　Frank Rinn. Resistographic inspection of construction timber, poles and trees. Pacific Timber Engineering Conference, 1994 (2): 468 – 478.

[54]　David W Grattan. Treatment of waterlogged wood wet site archaeology barbara A. Purdy The Telford Press Caldwell, New Jersey, 1988: 237 – 255.

山东定陶汉墓（M2）黄肠题凑外围
遗存保护与展示研究

中国文化遗产研究院文物保护工程所　　王乐乐　马清林

北京化工大学　　　　　　　　　　　　徐树强　王菊琳

摘　要： 山东灵圣湖定陶王墓地（王陵）M2汉墓（以下简称M2汉墓）是我国目前已发现的黄肠题凑墓葬中规模最大、结构独特、保存最完整的一座西汉墓葬，具有很高的考古学研究和展示价值，同时其保护研究和长期稳定性维护亦具有很强的挑战性。定陶汉墓（M2）独特的墓葬形制结构不仅为汉代葬俗研究增添了翔实资料，也对此类墓葬保护工作提出了新要求。本课题开展的黄肠题凑外围遗存（夯土区、积沙槽与封护砖等）的考古学及保护研究，进一步阐明了该墓葬的文物考古价值，梳理既往黄肠题凑墓葬保护成果，提出了定陶汉墓（M2）黄肠题凑外围遗存保护的具体要求，开展了材料筛选实验、加固技术和现场试验，提出了黄肠题凑外围遗存加固保护方案和设计展示思路以及沙沟与封护砖的局部展示方案，达到对该遗存的有效保护与充分展示。该成果对今后同类型墓葬的保护与展示可起到示范作用。

关键词： 定陶王墓地　黄肠题凑　大型土遗址　保护展示研究

A Study on Preservation and exhibition of the Peripheral soil size of Huangchangticou tomb（M2）of Dingtao in Shandong

Wang Lele, Ma Qinglin, Xu Shuqiang, Wang Julin

Abstract： The M2 tomb of the king of Dingtao in Shandong province, up to today's excavations, is the largest and best-preserved one with unique structure among Huangchangticou tombs（a superior level of imperial coffin chamber walled with cypress woods）during the Western Han Dynasty period. It is highly valuable for archaeological studies and exhibition. The volume of the remains of the tomb's peripheral soil site is large, which results in a remarkable challenge for its overall preservation and long-term stability maintenance in situ. The unique structure of M2 tomb not only provides detailed information for the study of burial customs in Han Dynasty, but also put forward new requirements for such burial protection work.

The study of the archaeology and conservation of the peripheral remains of the Huangchangticou, further clarify the archaeological value of the tomb. Cardingprevious positive result of Huangchangticou protection, specific requirements for the protection of the peripheral remains of the Huangchangticou was proposed. Materials selection, reinforcement technique and field test were conducted. Protection scheme and exhibition design of the peripheral remains of the Huangchangticou were proposed to achieve effective protection and full display of the remains. The successful experience and practice will serve as a model for the protection and exhibition of other same type mausoleum like M2 tomb.

Key words: tomb of the king of dingtao, huangchangticou tomb, large scale earthen archaeological site, conservation and exhibition

1 研究背景

1.1 黄肠题凑墓葬周边土遗址保护研究现状

黄肠题凑是一种在陵墓椁室四周用柏木枋堆垒成的框形结构。"以柏木黄心致累棺外，故曰黄肠；木头皆向内，故曰题凑"[1]。"黄肠"是指堆垒在棺椁外的柏木。"题凑"是指木头头部向内堆放的墓葬结构。这种设施最早见于陕西凤翔秦景公墓（即秦公一号大墓）。到西汉时，题凑之制已趋成熟，与玉衣、梓宫、便房、外藏椁同属汉代帝王陵墓中的重要组成部分。东汉时期黄肠木为黄肠石代替，随着多室砖墓的流行，黄肠题凑的葬制退出历史舞台。

迄今考古发现的汉代黄肠题凑墓近 20 座，分布于北京、河北、江苏、安徽、湖南等地。河北石家庄小沿村西汉早期长（张?）耳墓时代最早，北京大葆台西汉墓中题凑用黄肠木料竟达 15880 根。近年来大型黄肠题凑墓屡有发现，安徽六安双墩一号汉墓（墓主人推测为六安王刘庆）、江苏盱眙大云山汉墓、山东定陶灵圣湖汉墓均入选全国十大考古发现（依次为 2006 年、2011 年、2012 年），可谓汉代墓葬考古的重大收获，也是展示汉代丧葬制度与物质文化的重要材料。

这些墓葬墓室上方，均有巨大的夯筑封土，但多数已经破坏。以往对此类墓葬的发掘或清理，关注的焦点在于黄肠题凑的椁室以及随葬品，对墓室之上的遗构缺乏必要的工作。定县八角廊中山王刘修墓，封土原高 16m，后来被人为破坏挖平，1973 年清理时发现封土夯筑，直径 90cm。该墓室上方铺盖黄沙和陶片（从附近窑场搜集来的，有砖瓦残片及陶片）一层，起到防潮保护的作用[2]。北京大葆台广阳王刘建夫妇墓有巨大夯筑封土，外有厚积沙 0.5 ~ 1.5m[3]。盱眙县大云山汉墓为西汉中期江都王刘非夫妇合葬墓，墓上夯筑封土，墓坑两侧有几十个石柱础（边长 0.4m)[4]。北京大学考古文博学院教授赵化成指出，大云山汉墓"墓圹旁地面上的柱础问题"。这种现象并非首次发现，如曹操高陵的墓圹旁边也有类似遗迹，但性质不明。大云山汉墓的柱础显然是埋在封土下的，应和陵墓修筑过程有关，因为大墓的修筑时间很长，修墓过程中也需要搭建临时性的建筑。目前包括曹操高陵在内，这个问题没有很好解决，通过大云山汉墓的发掘[5]，可能对其他同类遗迹的解释有所启示。定陶灵圣湖M2 发掘，首次完整揭示出墓室上方临时建筑的柱网结构以及墓上封土的构造方式，对于全面认识、准确复原此类黄肠题凑墓具有重大学术意义[6]。

黄肠题凑类大墓，由于其体量巨大，结构复杂，内涵丰富，具有较好的展示性，因此不少此类墓葬都原址保护，建立了遗址博物馆。北京大葆台汉墓博物馆可谓保护和展示效果良好的例子。但也有失败的教训，如安徽六安双墩一号汉墓因保护规划制定滞后，资金投入不足，导致墓葬的原址保护一度成为烂尾工程。凤翔秦公一号大墓遗址博物馆曾是中国首座由农民参与创办的遗址博物馆，由于只是进行保护性的恢复展示，展览方式单一，缺乏互动，村民投资无法收回，后收归国有，成立宝鸡先秦陵园博物馆。因此，制定科学合理、切实可行的文物保护规划具有至关重要的意义。

既往此类汉墓的文物保护工作，主要集中于黄肠题凑本体的保护，对其周边遗构的保护无先例可循。

1.2 定陶 M2 汉墓基本信息

定陶灵圣湖定陶王墓地（王陵）M2 汉墓大型黄肠题凑墓是国内已经发掘的此类墓葬中规模最大、规格最高、结构独特、保存最完整、最具代表意义的一座，具有重要的科学研究、保护和展示价值（图1）。墓上封土高出现地表7.8m，因未全面揭露，封土总体形制与结构还不清楚。发掘区内的封土为集束棍夯的夯土，分为核心封土和外围封土两部分，核心封土下夯筑厚约0.5～1.5m的灰膏泥，其下为积沙，积沙下为墓圹。墓圹四周3～3.5m外有排列有序的柱洞（直径半米左右），墓圹上的积沙上也有许多柱洞。墓圹与椁室之间为宽2.2～2.8m的积沙槽，槽内设有横向和纵向的木柱，形成框架结构。以上这些柱洞和木柱，构成了一个跨度约36m的柱洞群，可能是构建椁室时搭建的临时建筑，椁室完成后拆除。该墓葬为研究汉代"黄肠题凑"的形制、结构提供了实物资料，同时对研究汉代葬制、埋葬习俗具有重要的科学价值和历史价值。

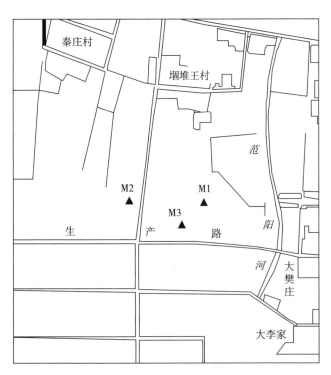

图1　山东定陶王墓地（王陵）墓葬分布示意图

1.3 M2 汉墓墓圹与夯土区保存情况

2012年底，受山东省文物局的委托和领导，中国文化遗产研究院牵头开展"山东定陶王墓地（王陵）M2汉墓原址保护工程方案"编制，经多次专家会议论证和修改，根据国家文物局批复中关于中"将柱洞、封护砖墙、积沙槽作为墓葬本体的有机组成部分进行整体保护"的要求，规划保护区域的夯土是以黄肠题凑为中心 50m×50m 的范围。其中夯土平面面积约 1875m²，夯土体积约 20000m³。墓圹边坡高陡度大，墓圹立面面积约 700m²。

1.3.1 夯土区平面及其保存状况

目前考古工作探明，M2汉墓墓葬封土为多层台基式覆斗形封土。现地表封土边长约 90m，地表 4.5m 以下封土边长为 122m，汉代地表（10.7m）封土边长约 200m。封土深度在墓坑口周围略深，向外逐渐变浅。墓底基坑东西长约 84m、南北宽约 70m（不包括墓葬下方），夯土深度约 12.3m，外围夯土深度约 10.7~11.3m。封土夯层清晰，每层厚度不均，厚约 0.1~0.2m，主要是用平头夯具夯筑而成，夯窝为圆形，平底，直径 5~8cm，亦见使用集束棍夯的夯筑方式。墓葬整体呈"甲"字形，墓圹近方形，南北长 28.46m、东西宽 27.84m，墓圹四周边缘分布有一周柱洞，排列有序，柱洞距墓圹边缘 3~3.5m 不等，直径约 0.5m、深约 2m，两柱洞间距 3~5.3m（图2）。

M2汉墓自2010年考古发掘至今，墓圹处于墓葬的临时性保护棚内，夯土区完全处于露天环境下，受到了环境因素如温湿度变化（冻融）、降雨等影响。在 M2汉墓夯土区取样过程中发现部分夯土区域已出现土体开裂、表面风化剥落、深度酥松（20cm）等病害，造成遗址缺损和保存信息缺失。

图2　M2汉墓整体外貌

1.3.2 积沙槽及其保存状况

墓圹与椁室之间为积沙槽（图3），宽 2.2~2.8m，用细沙封填，深达墓坑底部。目前已清理了积沙槽中的部分积沙，约有 1.5m 左右的墓圹壁面揭露出来，为防止揭露部分失水干裂和冻融垮塌，发掘时采用塑料薄膜和棉毡覆盖保护，保护效果较好。2014年1月11日至27日，山东省文物考古研究所对积沙沟局部进行发掘，完成了《定陶县灵圣湖汉墓西北角积沙槽清理工作汇报》。

积沙槽在墓葬营建时主要用于防止盗掘，实际上积沙槽对于墓圹周壁起到了很好地稳定维护作用，其保存状况良好。

1.3.3 墓圹壁面及其保存状况

通过对 M2汉墓西北角积沙的清理发现，墓圹底部至上部均使用木板贴护，外侧夯筑。墓圹壁木

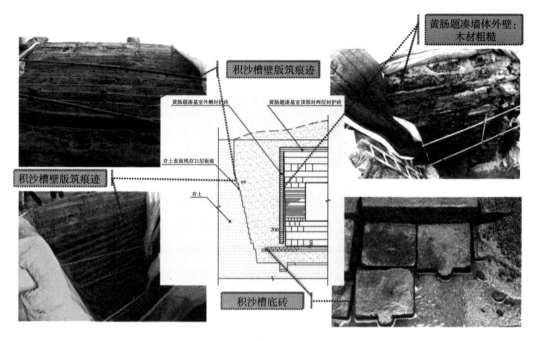

图3 积沙槽及壁板信息

质板痕清晰规整,墓坑口下 1.76m 为直壁,共贴附 6 层厚约 4cm 的木板。中下部为内收 15 层宽 8~10cm 的台阶。墓圹壁面支护板之间由铁质构件连接与加固。最下层为宽约 1.2m 的夯土二层台。该二层台距墓圹口深约 6.4m。由于年代久远,这些木板已经腐朽殆尽,仅留下了部分尚未剥离的木材腐烂痕迹。考察已显露出的墓圹壁面边坡,可以看到古人在夯筑营造墓圹壁面时,为维护其稳定性,使墓圹壁面中下部 4.6m 部分呈现陡阶梯形,而仅让上部 1.76m 段呈垂直状,同时采用木板支护墓圹壁面四周。加之构筑时使用积沙充填,很好地维护了墓圹壁面的稳定性。

1.3.4 墓道及其保存状况

M2 汉墓为斜坡式墓道,东向,方向 87 度,长约 20 余 m,墓道南北两侧各有宽约 1m 的二层台。从暴露出的墓门边缘可见,黄肠题凑周围包裹青砖,皆单砖错缝平铺,自上而下共 47 层高约 4.92m。最下层坐落在厚 20cm 的积沙上。青砖大部分墨书、朱书、刻划有文字或符号,但断裂粉毁严重,随时有坍塌的危险。2015 年 3~8 月,山东省考古研究所在工程开挖的南北长 149m、东西宽 110m 范围内进行考古勘探工作发现,东墓道底约 2.2m(基本和积沙槽内下二层台同样深度)处发现砖铺遗存,该遗存分布于墓道下方偏北,自墓坑壁东 12m,向东延伸约 16m、距地表深 11m。砖铺方位东西长约 16m、南北宽约 2.5m。

1.4 M2 汉墓墓圹与夯土区病害及评估

M2 汉墓墓圹与夯土区存在的主要病害有裂隙(缝)、风化剥落、酥碱掏蚀、生物病害,其中墓圹壁面的风化剥落、酥碱掏蚀及夯土区的裂隙(缝)病害较为严重。

(1)风化剥落

风化剥落主要存在于墓圹壁面,墓圹壁面已揭露区域表面风化严重。

（2）裂隙

墓圹及夯土区壁面多处存在裂隙病害，墓圹壁面裂隙病害局部密集交叉出现。墓圹壁面的裂缝分为水平裂缝和竖直裂缝。水平裂缝是由于土体不均匀干缩或土体局部基础下沉使土体受到拉力而形成的裂缝。竖直裂缝的影响因素很多，如土体受到震动、昼夜温差变化较大等都会在土遗址上形成大小不一的竖直裂缝。

（3）酥碱掏蚀

酥碱掏蚀病害主要存在于墓圹区域。这类病害是在水的作用下，土体内部的盐分在墓圹壁面富集，由于盐分结晶、溶解后体积的变化，在膨胀、收缩的反复作用下，土体结构不断疏松，最终引起墓圹区域破坏，在外营力（如风、重力等）的作用下，土体壁面不断掏蚀凹进，形成各种深浅程度不一的凹坑、凹槽。

（4）生物病害

夯土区的主要生物病害类型为植物病害，墓圹区域主要为微生物病害，局部有微生物引起的坑洞。

（5）现状评估

M2汉墓墓圹和夯土区本体病害较为严重，尤其是墓圹区域的裂隙、生物病害和酥碱掏蚀病害。此类病害长期发展，将会对墓圹造成严重破坏。在目前状态下，墓圹总体处于稳定状态，不存在大规模坍塌的危险，局部小型坍塌区域需加固保护。

2　墓圹与夯土保护材料和保护技术筛选研究

2.1　研究内容

针对M2汉墓墓圹与夯土区的主要风化剥落、开裂、生物病害，在实验室开展加固材料与加固工艺筛选实验，选出加固效果较好的加固材料与工艺，然后应用于现场施工，以检验加固效果。

2.2　M2汉墓土遗址保护技术思路

一般情况下，影响土遗址稳定性的主要因素是它外部的赋存环境，如温湿度、风、水、盐等[7~11]。国内有一部分遗址因大面积裸露展示已造成土遗址深度风化。同时，大面积使用防风化加固材料与技术也造成了土遗址构成的不可恢复性改变。这些是目前土遗址保护与展示存在的主要问题。

针对土遗址保护问题与难点，在M2汉墓保护方案编制时，我们制定了以下保护技术思路：

① 在维持M2汉墓完整性与充分展示前提下，为黄肠题凑外围遗存营造相对独立和稳定的保存环境。主要通过地下部分的保护设施建设实现待保护区与地下水环境隔离，同时通过地上保护设施（博物馆）建设给土遗址和黄肠题凑分别营造适宜的保护与保存环境；

② 以覆盖维护方式保护土遗址大部分平面区域（约占保护范围的95%~98%）。主要通过覆盖形成概念性保护展示模式，防止土遗址长期裸露在大气环境中逐渐风化（如光照、空气扰动、相对湿度波动等）；

③ 选择适宜的材料和技术，以支撑维护方式保护土遗址大部分立面区域。主要以机械或物理方式从工程技术设施方面维护大部分土遗址立面的长期稳定性；

④ 积极开展加固材料筛选和加固技术研发，开展拟展示区域的土遗址立面和平面保护试验；

⑤ 通过保护技术工程的实施，实现小范围或局部土遗址的有效保护与展示。主要通过保护材料与技术的实施，强化待展示区域土体的稳定性和强度，实现原位的初始形态展示。

根据 M2 汉墓夯土区保护的主要工作内容和任务，拟定了以下技术路线（图4）。

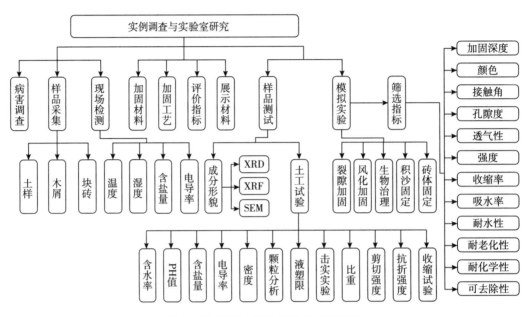

图 4 M2 汉墓土遗址保护技术路线图

2.3 M2 汉墓夯土区土体基本性质测试

2.3.1 土体性质现场调查及取样

为了解 M2 汉墓夯土区及墓圹区土体所处的环境条件及基本物性参数，在 M2 汉墓现场选取了测试点（墓顶东北角、北侧墓圹壁、西侧夯土断面、北侧挖掘面）。测试温度、湿度、电导率及含盐量，测试结果见表1、2。

表 1   M2 汉墓墓顶东北角沙与木材的环境检测数据

区域	种类	温度（℃）	湿度（%）	电导率（ms/cm）	含盐量（g/L）
1 区	沙	19.2, 20.7, 18.5	25.7, 13.7, 30.1	12.01, 6.42, 5.35	0.31, 0.19, 0.17
	木	21.8, 22, 21.5	20.2, 32.1, 24.6	9.25, 8.71, 11.28	0.27, 0.26, 0.34
2 区	沙	19.1, 18.6, 18.6	13.7, 19.2, 11.8	0.42, 0.67, 4.5	0, 0, 0.16
	木	22.1, 22.6, 22.4	13.8, 26.4, 24.9	2.45, 3.23, 2.28	0.07, 0.09, 0.06
3 区	沙	21.8, 20.5, 19.9	50.9, 57.1, 61.1	2.08, 5.87, 13.36	0.25, 0.17, 0.38
	木	20.7, 20.1, 20.7	41.3, 38.9, 30.6	9.7, 15.67, 14.28	0.28, 0.47, 0.4

* 每项测试指标均取三组测试数据的平均值。

表 2　　　　　　　　　　　　　　　　M2 汉墓土体的环境检测数据

位置	区域	种类	温度（℃）	湿度（%）	电导率（ms/cm）	含盐量（g/L）
北侧墓圹壁	底部	土	17.1，16.4，16	8.9，8.4，9.5	0.44，0.84，0.66	0，0.02，0.01
	中部	板痕	17.7，17.3，16.7	48.9，48.1，54.5	1，1，1	0.66，0.68，0.66
	上部	板痕	18.3，17.5，17.3	53.7，56.8，61.7	1，1，0.85	0.94，0.85，0.9
西侧夯土断面	底部	土	21.9，22.9，21	42，45.7，42.4	19.27，8.65，19.49	0.57，0.7，0.61
	中部	土	24.1，23.9，23.8	13.9，13.7，12.7	5.58，9.12，8.5	0.25，0.28，0.27
	上部	土	22.9，23.3，24.1	10.2，6.1，8.3	0.7，1.94，0.69	0.02，0.06，0.01
北侧挖掘面	中部	土	24.2，24.1，23.8	56.3，53，49.1	13.82，13.5，11.4	0.41，0.41，0.36
		生土	23.6，23.1，23	23.9，22.8，24.7	4.95，4.4，4.46	0.16，0.14，0.14

＊　每项测试指标均取三组测试数据的平均值。

由表 1、2 数据看出，墓顶东北角沙和木材不同测区的数据存在差别，1 区和 3 区的温湿度高于 2 区，其含盐量与电导率也相应较高。不同测区沙与木材的含盐量均随湿度增加而增加，湿度与含盐量存在正相关关系。湿度、含盐量与电导率的不同可能是导致不同部位土体病害程度不同的原因[12,13]。在此区域三个测试点，木头的温湿度、电导率及含盐量要高于沙的。在北侧墓圹壁，底部土体的湿度、含盐量与电导率最低，随着高度增加，板痕处土体的湿度、含盐量与电导率均呈增加趋势，这可能与湿度分布、盐分迁移有关。西侧夯土断面呈现出相反趋势，随着高度增加，土层湿度、含盐量与电导率呈减小趋势。北侧挖掘面土层含盐量与电导率也较高，与在此处观察到的泛白现象一致。M2 汉墓土体含盐量同样随湿度的增加而增加。通过对比分析当地生土与 M2 汉墓土体各指标数据，发现 M2 汉墓土体及木头部分的湿度与含盐量一般大于生土的，可以断定盐是造成土体病害的主要原因之一。

为弄清 M2 汉墓遗址土体的物理、化学、力学性能关系，在夯土区钻探采集原状土样和用不锈钢环刀（61.8mm×20mm）采集原状土样，其中西侧与北侧钻探点的钻探最大深度为 8m，其余钻探点的钻探最大深度均为 2m。

2.3.2　土体性质实验室检测

（1）样品处理

首先分析土样强度，其中钻探土样用于抗折强度分析，环刀土样用于剪切强度分析。在所采集的 M2 汉墓钻探原状土样中，部分土样因含水率很大呈泥状而无法用于抗折强度分析。对可用于抗折强度分析的土样适当打磨处理，环刀原状土样直接用于剪切强度分析。取强度分析后部分残余土样测试土体含水率，取部分土样放入 105℃的鼓风干燥箱内烘干 24h 后用于其他指标的测试分析。

（2）测试方法及分析仪器

土体含水率、含盐量、pH 值、密度、比重、界限含水率、颗粒分析、强度等指标测试均依照国家标准 GB/T50123－1999[14]。

采用 Rigaku D/max 2200 型衍射仪，射线源为 CuKα1，2θ 角的步进速度为 0.02，扫描范围为 5°～75°，用物相标准 PDF 卡片对比分析。

采用 PHS－3C 型 pH 值计测试土样的 pH 值。

电导率测试：称取烘干土样至洗净干燥烧杯中，加入适量蒸馏水（水土比 5 ∶ 1），充分溶解后离心或静置，取上层清液置于小烧杯中，采用 DDS－11A 型电导率仪测量上层清液电导率。

采用 WDW－300 型微机电子万能试验机测试土样进行抗折强度，其最大载荷为 200KN，夹具头移动速度为 0.7mm/min。采用 YAW7506 型试验机测试土样的剪切强度，实验采用直接剪切方式。

采用 Labram Aramis 型拉曼分析仪，波长为 532nm。

采用 S－4300 型扫描电子显微镜测试土样微观形貌，工作电压为 5kev。

（3）M2 汉墓土体组成分析

M2 汉墓夯土区各取样位置土体的 XRD 谱图大致相同。土体主要成分为石英、钠长石、绿泥石、云母与碳酸钙。测试结果与《山东定陶王墓地 M2 汉墓水文地质及工程地质勘查报告》大致相同，该报告指出土体中还含有少量的蒙脱石及伊利石[15]。

由土体的 SEM－EDX 分析测试结果，可推测土体中主要矿物成分可能为：① 云母 $[KAl_2（AlSi_3O_{10}）（OH）_2]$ ② 绿泥石（$Y_3[Z_4O_{10}]（OH）_2·Y_3（OH）_6$，式中 Y 主要代表 Mg^{2+}、Fe^{2+} 和 Fe^{3+}）③ 方解石（$CaCO_3$）。这与 XRD 测试结果相近。

为了检测土体中是否含有其他微量黏土矿物，将采集的 M2 汉墓夯土区土体过 4mm 的筛子，去除草皮、树根备用。参考黏土矿物的分离提纯方法[16]，分别采用六偏磷酸钠与碳酸钠溶液浸泡法分离土体中的黏土矿物。

① 六偏磷酸钠浸泡法

取过 4mm 筛的土样若干放置于烧杯内，用 6% 的六偏磷酸钠溶液浸泡 24h 静置，取悬浮液，离心后取离心管内沉淀物。

② 碳酸钠浸泡法

取过 4mm 筛子的土样若干放于烧杯中，用 1% 的碳酸钠溶液浸泡，煮沸 15min，自然冷却静置 24h 后吸取中间悬浮液，离心后取离心管内沉淀物。

采用两种方法均在离心管内得到少量沉淀物，对其做 XRD 测试发现，二者的 XRD 谱图基本一致，主要成分仍然为前述检测出的几种物质。说明 M2 汉墓夯土区土体的主要组成为石英、钠长石、绿泥石、云母与碳酸钙。

（4）含水率、pH 值、含盐量及电导率测试

测试从 M2 汉墓夯土区西侧与北侧采集的不同钻探深度土样的含水率、pH 值、含盐量及电导率，测试结果见表 3。

由表 3 中的数据看出，夯土区西侧与北侧不同深度的土体含水率变化趋势相似。钻探深度不超过 6m 的土体试样含水率差别不大，钻探深度 7m、8m 的土体试样含水率显著增加达到 20% 以上，这可能与下层土接近地下水相关。土体 pH 值、含盐量及电导率没有明显的规律，土体 pH 值均大于 7，土体呈弱碱性。各土体试样的含盐量与电导率都较小，土遗址夯土区受盐害的作用较小。

表3　　　　　　　　　　　钻探土样含水率、pH 值、含盐量及电导率数据

编号	取土深度（m）	含水率（%）	pH 值	含盐量（%）	电导率（μS/cm）
N－1	0.7～0.84	17.63	7.57	0.015	0.5
N－2	1.93～2.00	11.43	8.58	0.013	0.78
N－3	2.95～3.00	11.25	7.66	0.033	0.7
N－4	3.76～3.89	11.71	8.46	0.021	0.73
N－5	4.76～4.92	11.20	8.20	0.03	0.73
N－6	5.84～6.00	11.10	8.19	0.017	0.74
N－7	6.85～7.00	20.10	7.88	0.014	0.74
N－8	7.82～8.00	21.23	8.12	0.02	0.86
W－1	0.45～0.55	12.18	7.68	0.029	0.81
W－2	1.98～2.02	11.3	7.64	0.018	0.79
W－3	2.92～2.98	11.8	7.67	0.028	0.63
W－4	3.89～4.00	12.4	8.03	0.018	0.82
W－5	4.76～4.84	11.6	7.57	0.041	0.86
W－6	5.98～6.03	12.2	8.31	0.015	0.82
W－7	6.70～6.75	20.4	8.04	0.054	0.76
W－8	7.45～7.55	21.5	8.72	0.008	0.86

＊　N－北侧钻探点，W－西侧钻探点。

（5）可溶盐组分分析

对实验过程中得到的可溶性盐结晶采用 XRD 分析，可知主要成分为氯化钠与石膏。经拉曼光谱分析，试样中存在石膏（$CaSO_4 \cdot 2H_2O$），氯化钠在拉曼谱图中未出现谱峰。可溶性盐的 SEM－EDX 测试分析结果，分别检测到富 Na、Cl 与富 S、O 与 Ca 的单元。通过对富硫单元 Mapping 分析，发现 S 与 Ca 元素分布情况基本一致（图5）。

综合上述分析结果，土体中可溶性盐主要为氯化钠与石膏，由于土体中含盐量很低，这些盐类对遗址土体不会造成很大危害。

图5　可溶性盐的扫描电镜元素面分布（EDX Mapping）分析

（6）密度、比重、界限含水率及颗粒分析

M2 汉墓夯土区土体的密度、比重、界限含水率见表4。由塑性指数看出，M2 汉墓夯土区土体为粉质黏土，其中黏粒含量较多，沙含量较低。

表4　　　　　　　　　　　　　汉墓夯土区土体基本土工性质数据

样品	密度（g/cm³）	比重	液限	塑限	塑性指数
M2 汉墓夯土	2.65	2.70	24.7	16.4	8.3

图6 为 M2 汉墓夯土区土体的颗粒分析图，土体粒径主要分布在 0.075mm 以下，土体粒级较细。

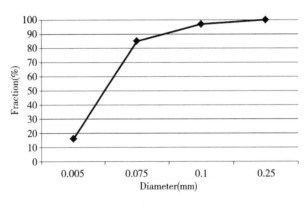

图6　土体粒级分布图

（7）击实试验

根据土工试验中击实试验的操作标准，取过 4mm 筛的风干土样若干，分别按照 12.4%、14.4%、16.4%、18.4% 与 20.4% 的含水率，采用直径 61.8mm、高 20mm 的环刀与土样击实器对土样击实成型（见表5）。其中存在如下关系：

$$\rho_d = \frac{\rho_0}{1 + 0.01\omega_i}$$

式中，ρ_d 为试样干密度，ρ_0 为试样湿密度，ω_i 为试样含水率。

表5　　　　　　　　　　　　　击实试验相关数据

试样编号	含水率（%）	试样质量（g）	湿密度（g）	干密度（g/cm³）
1	12.4	100.51	1.67	1.49
2	14.4	107.75	1.80	1.57
3	16.4	109.12	1.82	1.56
4	18.4	119.13	1.99	1.65
5	20.4	118.16	1.97	1.61

以含水率为横坐标干密度为纵坐标作图。含水率为 18.4% 时试样存在最大干密度，此条件下试样密实度最高。

（8）强度分析

表6为M2汉墓北侧与西侧夯土区土体的抗折强度数据。由此看出，M2汉墓夯土区土体整体抗折强度较小，夯土区北侧与西侧土体强度随深度均呈无规律变化。在取土深度5~6m时，强度出现较大幅度的增长；深度在1~4m时，北侧夯土区土体的强度略高于西侧的；而深度在6~8m时，西侧夯土区土体强度略高于北侧的，这可能与土遗址建造时采用的夯制材料与夯制的密实程度有关。同时较高的含水率对应较低的抗折强度。

表6　　　　　　　　　　　　　　　　　钻探土样抗折强度

编号	取样位置	取土深度（m）	抗折强度（MPa）
N-1	距西墓圹壁5.5m，距北墓圹壁6.5m	1	0.077
N-2		2	0.031
N-3		3	0.073
N-4		4	0.061
N-5		5	0.26
N-6		6	0.135
N-7		7	0.031
N-8		8	0.025
W-1	距西墓圹壁5.5m，距北墓圹壁6m	1	0.031
W-2		2	0.053
W-3		3	0.025
W-4		4	0.022
W-5		5	0.135
W-6		6	0.146
W-7		7	0.115
W-8		8	0.035
S1-1	距西墓圹壁5.5m，距南墓圹壁6.5	1	0.059
S1-2		2	0.065
S2-1	距东墓圹壁5m，距南墓圹壁7.5m	1	0.024
S2-2		2	0.085

＊　N-北侧钻探点，W-西侧钻探点，S-南侧钻探点。

表7为M2汉墓夯土区原状土体天然直剪强度。由表7数据看出，不同夯土区域、不同深度、不同取样方式土体的剪切强度存在差别。对于北侧夯土区的土体，西北角土体的内摩擦角显著大于东北角土体，但其黏聚力小于东北角土体。对于南侧夯土区的土体，东南角土体的内摩擦角大于西南角土体，其黏聚力小于西南角土体。说明在墓圹壁同一侧的土体性质存在差别，土体间的胶结情况也存在较大差别[17]，这一现象的可能解释为土遗址在夯筑时墓圹壁同一侧不同部位的夯筑材料及夯筑工艺可能存

在差异。对于北侧夯土区同一取土点的夯土试样，随着土体深度的增加其黏聚力显著增加，内摩擦角变化不大，说明随着深度的增加土体间的胶结情况发生变化。对于所有夯土试样，当采用垂直取样方式时试样的内摩擦角与黏聚力高于采用水平取样方式时的，这说明取样方式影响试样的剪切强度，也间接反映了土遗址夯筑时可能采用竖直由下向上层的夯筑工艺。

表 7 土样的天然直剪强度

编号	位置描述	取土深度（m）	取样方式	剪切强度（MPa）	
				内摩擦角（°）	黏聚力（kPa）
N-1	距东墓圹壁5m，距北墓圹7.5m	0.6	垂直	30	63
N-2		0.3	水平	30.3	48
N-3	距西墓圹壁6m，距北墓圹壁6.5m	0.5	垂直	34	58
N-4		0.45	水平	33	33
S-1	距东墓圹壁5m，距南墓圹壁7.5m	0.3	垂直	35	43
S-2		0.3	水平	31.3	38
S-3	距西墓圹壁6m，距南墓圹壁6.5m	0.3	垂直	33.3	48
S-4		0.3	水平	29.3	56

* N-北侧，S-南侧，取样方式中"垂直"表示环刀为竖直方向，"水平"表示环刀为水平方向。

2.3.3 小结

山东定陶王墓地（王陵）M2汉墓夯土区土体的主要成分由石英、钠长石、绿泥石、云母与碳酸钙组成，为粉质黏土，其中黏粒含量较多，沙含量较低。土体粒径主要分布在0.075mm以下。

M2汉墓夯土区土体特别是较深土体的含水率较大，要求在夯土区加固保护时应选择耐水性能较好地材料。可溶性盐主要为氯化钠与石膏，含盐量较低，对夯土区土体的危害较小。土体呈现弱碱性，加固保护时可以考虑采用石灰类材料。

M2汉墓夯土区土体抗折强度整体较低，可能与土体较高的含水率有关。不同夯土区域土体的抗折、剪切强度存在差异，可能由不同的夯筑材料、夯筑工艺造成。加固保护时宜采用竖直由下向上的夯筑工艺以增加夯土区土体的剪切强度。

2.4 土体含水率及养护条件对PS加固效果的影响

在M2汉墓病害调查中发现，汉墓存在的主要病害形式包括表面风化剥落、裂隙与生物病害。通过查阅相关文献，现今已有很多性能优异的材料应用于土遗址加固，主要包括无机材料、有机材料、无机有机杂化材料。无机材料高模数硅酸钾（PS）溶液被广泛用于加固西北干旱地区土遗址并取得了良好的加固效果，经加固后土遗址的强度提高，抗风蚀、雨蚀能力增强[18]。周环等对比分析了PS与有机硅、硅酸乙酯等材料应用于潮湿土遗址的加固效果，得出PS在潮湿环境下加固效果不佳，而有机硅与硅酸乙酯复合加固效果最佳[19]。杨隽永等采用正硅酸乙酯（TEOS）加固印山越国王陵墓坑边坡，加固后边坡的强度提高，吸水率降低，耐盐侵蚀及耐冻融性能大大提高[20]。王有为通过实验得出长链烷基、烷氧基硅氧烷小分子和主要成分为含有乙氧基团的聚硅酸乙酯混合物对潮湿环境土遗址有较好的加固保护效果[21]。李小洁等将 TEOS 应用于金沙土遗址加固保护，同样取得了良好的加固效果[22]。楼卫等在对潮湿环境下的萧山跨湖桥遗址土体加固保护过程中得出，经环氧树脂加固后土体紧实度与强度均增加，耐水性大大提高，土壤外观颜色基本没有变化，保持了遗址原貌[23]。曾余瑶等采用糯米灰浆加固土体，使得土体的黏结强度、耐水崩解性大幅度提高[24]。高分子量有机材料 B－72[25]对土、石质建筑能起到良好的加固效果。同时，鉴于石灰材料优异的加固性能[26,27]，大面积砌补加固时考虑采用石灰及其改性材料夯实加固。

对于土遗址裂隙的加固也已有较多成果可以借鉴，李最雄等研发了以 PS 为基础外加其他成分的适合于西北干旱地区的灌浆材料，在西北地区土遗址的裂隙灌浆中起到了很好的效果[28,29]。糯米灰浆材料被应用于墙体裂隙加固，取得了较好的加固效果，研究者对其进行了较多的研究[30,31]。近几年，天然水硬性石灰由于其优异的性能被广泛用于岩土质文物保护中，其与岩土文物基体良好的相容性使其成为性能优异的灌浆材料[32]。

M2 汉墓夯土体及所处环境湿度相对较高，大量报道指出 PS 应用于潮湿环境土遗址加固效果不佳，也有报道对 PS 对潮湿环境土遗址加固潜力做了探讨。王彦兵等取良渚土遗址现场采集的土样，在实验室中制备出初始含水量为 13%、17%、19%、21% 和 25% 不等的五种试样进行 PS 渗透加固。经过对试样的固结试验、直剪试验，综合实验结果得出 PS 对潮湿环境下高饱和遗址土具有加固效果，含水量在 19%～21% 时加固效果最好，其中压缩系数平均提高 74%，底部剪切强度平均提高 47%，PS 渗透样中部黏聚力平均提高 118%[33]。而 21% 与 25% 含水率满足张秉坚[34]等提出的潮湿环境的界定，说明 PS 对潮湿环境土遗址有加固效果。针对 PS 可否应用于潮湿环境土遗址或积沙加固这一问题，本节主要从 PS 加固不同含水率试样及在不同环境湿度条件下试样的保存状态进行阐述。

本部分实验所用材料为定陶 M2 汉墓夯土与积沙，夯土具体土工性质见 2.3.2 节，土体使用前经打磨处理以达到适宜制备试样的粒径范围（＜4mm）。液体加固材料采用浓度为 24% 的高模数硅酸钾（PS）溶液，夯土加固实验中将其稀释到浓度为 5% 的溶液使用，积沙加固采用 24% 的 PS 原液。

2.4.1　实验方法

（1）土体加固

对土体的加固包括：PS 加固风干（干燥）土样后在不同湿度条件下保存状态研究，PS 加固不同含水率（潮湿）土样可行性研究。

实验前制备若干含水率为 14% 的土样，制备方法参照第 2 章。对于前者，将制备的 14% 含水率土样自然风干，采用 5% 的 PS 溶液以滴管滴渗的方式加固自然风干土样，直至 PS 溶液完全润湿土样的反面时停止加固，将加固后的土样放入温度为 30℃，相对湿度分别为 35%、45%、67%、75%、85% 匀 93% 的养护条件中。

对于后者，先准确称取 14% 含水率土样的质量，并根据土样含水率公式：

$$\omega_0 = \left(\frac{m_0}{m_d} - 1\right) \times 100$$

式中，m_d—干土质量（g）；

　　　m_0—湿土质量（g）。

计算试样含水率达到 16%、18%、20%、22% 与 25% 时需要向土样加入水的质量，准确称取上述定量的水采用滴管逐渐地滴加到土样中，得到 16%、18%、20%、22% 与 25% 含水率的土样后立即用 PS 溶液进行滴渗加固，记录加固过程中使用 PS 用量及加固现象，将加固后的土样放置于温度为 30℃，相对湿度为 85% 的养护条件中。

（2）积沙加固

实验前需制备积沙试样，制备方法同上。采用 24% PS 溶液滴渗加固风干积沙试样，加固完成后分别放置于 35%、45%、67%、75% 与 85% 相对湿度养护条件中。

2.4.2　评价指标

采用数码相机对实验过程中制备的各类试样及试样在后续处理与养护过程中的状态进行拍照，通过对比不同时间拍摄的照片记录试样状态的变化情况。

2.4.3　实验结果

（1）PS 加固风干土样在不同湿度条件下保存状态研究

各试样经过不同养护时间后，湿度越低 PS 加固试样干燥越快，经过 1d 养护后发生了较明显的变色，3d 后 75% 及以下湿度条件下加固试样出现了较明显的泛白现象。随着湿度的增加这种现象在逐渐减弱，85% 与 95% 湿度条件下时试样未产生泛白现象，并且试样颜色变化很小，试样发生一个缓慢的干燥过程。养护至 12d 后，93% 湿度条件下试样出现了大面积的霉斑，85% 湿度条件下试样仍未出现任何病害，后续只对 85% 湿度条件下进行跟踪观察。85% 湿度条件下试样养护 114d 后，试样在此湿度条件下可稳定存在。若采用 PS 加固土体，建议将环境湿度设定在 85% 左右很小范围内波动。

（2）PS 加固不同含水率（潮湿）土样可行性研究

实验发现，各含水率试样均可顺利地渗透 PS 溶液，渗透过程中的现象及数据见表 8。各含水率试样渗透完全所需 PS 用量差别不大，但 16% 含水率试样所需渗透时间较长。

表 8　　　　　　　　　　　　　渗透加固数据记录

含水率（%）	PS 用量（ml）	渗透时间（min）
16	5	30
18	4	15
20	4	15
22	5	20
25	4	20

经 PS 加固后，在 85% 的湿度条件下各含水率试样随着养护时间的延长而逐渐干燥，试样整体干燥速度较慢，4d 后试样仍有一定湿度。16%、18% 与 20% 试样固结速度稍快，22% 与 25% 含水率试样固结速度缓慢，需经历较长时间才能使试样形成强度。此外，从各试样养护 94d 后的状态看出，85% 湿度条件可使试样较稳定地存在而不出现泛白或霉斑现象。若后续采用 PS 加固遗址土体，建议对潮湿土体先做干燥处理，以便于 PS 加固土体快速形成强度，但养护条件宜维持在 85% 相对湿度条件下。

（3）积沙加固

加固积沙试样在各环境湿度下均能快速地固结，经过1d后各试样基本固结而形成强度，在后续的养护中未出现泛白或霉斑现象。

2.5　M2汉墓墓圹及夯土区加固材料实验室筛选

2.5.1　土体表面风化剥落加固材料筛选

（1）加固材料基本性能测试

表面风化剥落加固采用液体加固剂表面渗透与加固剂/土体复合物砌补的方式。液体加固剂包括：质量分数为0.5%的高模数硅酸钾（PS）、改性正硅酸乙酯（TEOS）与2%B-72丙酮溶液（B-72）。砌补加固方式采用的加固剂包括：土体（C）、糯米浆（SR）、生石灰（CaO）与天然水硬性石灰（NHL）等。

对用于风化剥落加固的三种液体材料PS、改性TEOS与B-72，进行基本性能测试，结果见表9。

表9　　　　　　　　　　　　　　　　　　　三种加固材料的基本性能

参数 ＼ 试样	PS	改性 TEOS	B-72
固含量	29.76%	3.85%	1.05%
pH 值	11.36	7.68	7.43
密度	1.14	0.91	0.86
外观颜色	无色透明	无色透明	无色透明
气味	无味	刺激性	刺激性

* 表中PS为原液，浓度为24%，实验中需将其稀释成5%浓度的溶液，改性TEOS与B-72均可直接使用。

（2）加固方法与样品制备

取一定量的M2汉墓夯土区土体，打碎并研磨，过孔径4mm的筛子。将过筛的土样放入鼓风干燥箱中在105℃风干24h后备用。以液体加固剂表面渗透加固、加固剂与土体混合夯制两种加固方法测评加固效果。

① 表面渗透加固

取一定量的风干土样，按照16.4%的含水率将过4mm筛子土样与水均匀混合。为提高制备试样的平行度，每次称取相同质量的混合物，并击实相同的次数。采用土样击实器与三瓣膜制备圆柱状试样（80mm×39.1mm），采用土样击实器与环刀制备圆饼状试样（61.8mm×20mm）。室温环境下自然风干36h后备用。分别采用5%PS溶液、改性TEOS、2%B-72溶液以滴渗方法加固试样，实验中直至加固剂完全润湿试样反面时停止实验。实验共分两次加固，第一次加固完成后，自然风干24h，按照第一次加固方法进行第二次加固，完成加固的试样在实验室环境条件下自然风干3d。记录加固过程中的现象，并测试试样加固前后色差值、接触角、收缩膨胀性、透气性、渗透系数、耐水崩解性、耐盐性、耐冻融性、强度等指标。

② 加固剂与土体混合夯实加固

按照一定配比称取加固材料与过 4mm 筛子土样（见表 10）。制样过程中先将土体与相应固体加固剂混合均匀，再向上述混合物中添加液体加固剂拌和均匀，其余制备操作按上 a 中制备空白试样。将部分试样放入温度 20℃、相对湿度 70% 的恒温恒湿箱中养护，将部分试样在温度 20℃、相对湿度 25% 条件下养护。测试试样加固前、后性能指标。

表 10　　　　　　　　　　　　　制备试样所需物料配比　　　　　　　　　　　　单位：g

物料\试样	PS	改性 TEOS	B-72	C	SR	CaO	NHL
PS + C	128	/	/	800	/	/	/
改性 TEOS + C	/	128	/	800	/	/	/
B-72 + C	/	/	128	800	/	/	/
SR + CaO + C	/	/	/	560	255	240	/
SR + NHL + C	/	/	/	560	226	/	240
PS + NHL + C	216	/	/	560	/	/	240
NHL + C	/	/	/	/	/	/	/

（3）测试仪器与方法

采用 JZ-300 型便携式色差仪测试加固剂加固前后样品表面的 L^*、a^*、b^* 值并记录。

根据《玻璃表面疏水污染物检测：接触角测量法》（GB/T24368-2009），评定加固前后接触角的变化。采用 JGW-360A 型接触角测试仪测试试样接触角。

采用游标卡尺测量试样加固前后尺寸，进行收缩膨胀率计算。

根据《建筑材料水蒸气透过性能试验方法》（GB/T 17146-1997）评定试样加固前后透气性的变化。

依据森林土壤渗滤率的测定标准 LY T 1218-199 测试加固前后土样的渗透系数变化。

将加固前后的试样放入高出试件上表面 30mm 盛水容器中，定期检查试样有无开裂、剥落等现象以评估试样的耐水崩解性。将加固前后的试样放入 5% NaCl 与 Na_2SO_4 的混合溶液中，并且每两周更换一次溶液，溶液置于塑料容器中，温度保持为 23℃±2℃，砂浆试样间留有空间，密封容器以减少蒸发，定期观察试样情况。

测试加固前后试样耐冻融性能。实验中先将试样用水浸泡使其饱和，然后在冷冻期间将试样放入 -20℃ 的冷冻器中 4h，在溶化阶段将其放入室温水中 4h，实验期间观察并记录试样破坏时间及破坏状态。

采用 WDW-300 型微机电子万能试验机测试圆柱状试样抗压强度。采用 YAW7506 型微机控制电液伺服压剪试验机测试土样的剪切强度，实验采用直接剪切方式。

（4）加固效果评估

① 基本信息

由表 11 数据可知，当采用上述三种加固剂以滴渗方法加固土样时，第一遍渗透加固时 PS 渗透速度最慢，TEOS 渗透速度较快，但完全渗透试样所需加固剂的用量 PS 最少，其次为 TEOS，B－72 用量很大。第二次渗透加固时，三种加固剂渗透速度均有所减慢，但 TEOS 和 B－72 减小的不是很大，所需的三种加固剂的用量减小不大。采用三种加固剂加固前后土样的密度变化均很小，加固前后土样的收缩率很小，可以忽略。

表 11　　　　　　　　　　土样渗透加固过程现象及数据

参数 ＼ 试样	空白	PS	TEOS	B－72
风干试样密度（g/cm³）	1.75	1.76	1.78	1.76
第一遍加固时间及现象		70min，10ml 后渗透慢	24min，一直渗透很快	47min，渗透较快
第一遍加固用量（ml）		12	16	28
第二遍加固时间及现象		100min，6ml 后渗透很慢	27min	57min
第二遍加固用量（ml）		10	14	24
第二遍加固试样密度（g/cm³）	1.75	1.76	1.77	1.75
第二遍加固收缩率（％）	0.26	0.09	0.09	0.07

② 土样加固前后色差值、透气性、渗透系数及接触角测试（见表 12）

表 12　　　　　　　　　　加固前后试样的相关指标变化

参数 ＼ 试样	色差值	接触角（水）	接触角（加固剂）	透气性（g·cm⁻²·d⁻¹）	渗透系数（cm/s）
空白	0	0	0	0.0057	4.02×10^{-4}
DS－PS	2.47	0	0	0.0054	2.13×10^{-5}
DS－TEOS	10.89	96.2	0	0.0052	未渗水
DS－B－72	11.22	48	0	0.0050	1.27×10^{-5}
H－PS	9.21	0	0	0.011	9.52×10^{-5}
H－TEOS	2.83	149	0	0.009	未渗水
H－B－72	1.58	81.24	0	0.013	4.53×10^{-5}
H－SR＋CaO	9.25	42	/	0.010	8.23×10^{-5}
H－SR＋NHL	2.07	78	/	0.011	1.48×10^{-4}
H－PS＋NHL	2.52	0	/	0.016	1.67×10^{-5}
H－NHL	0.87	0	/	0.011	8.52×10^{-5}

＊　表中 DS－渗透加固，H－混合夯制，/－无此项。

采用滴渗方法对土样加固时，经 PS 加固后土样颜色变化最小，经 TEOS 与 B－72 加固后颜色变化较大。PS 加固土样局部出现泛白现象。加固前后土样相对于水的接触角测试结果表明，PS 加固后土样依然有很好的润湿性能，正硅酸乙酯与 B－72 加固后润湿性能变差，防水效果提高。加固前后土样相对于各自加固材料的接触角均为0，表明加固后土样的可再加固性比较好。经滴渗加固后土样的透气性变化不大，说明三种加固材料维持了土样一定的透气性。加固后试样渗透系数均减小，原因是加固剂填充了土样的部分孔隙。

采用土体与加固材料混合夯实加固时，经PS加固后土样颜色变化较大，而采用TEOS与B－72加固试样颜色变化减小。采用糯米石灰类材料加固后，除糯米浆生石灰加固，其余试样颜色变化较小。此时经PS加固的土样相对于水的接触角依然为0，说明PS材料的憎水性能较差。经TEOS与B－72加固后的土样接触角较滴渗加固时增大，说明混合夯制加固方法提高了土样的憎水性。经糯米石灰类加固材料加固后土样的透气性增加约2倍，渗透性略有降低。

③ 土样加固前后力学强度分析

由表13中强度数据看出，当采用PS、TEOS与B－72对土样加固时，采用滴渗加固方法使得试样的强度增加。采用夯制加固方法试样的强度小于空白试样，所以此种加固方法不可行。

表13　　　　　　　　　　　　　不同加固方式土样的抗压强度　　　　　　　　　　单位：MPa

实验组	加固材料及养护方式		7d	14d	28d
空白	无		0.28		
滴渗加固	PS		0.55		
	TEOS		0.36		
	B－72		0.527		
夯制加固	PS		0.111		
	TEOS		0.124		
	B－72		0.158		
	SR＋CaO	干养护	0.197	0.275	0.373
		湿养护	0.098	0.176	0.207
	SR＋NHL	干养护	0.172	0.214	0.427
		湿养护	0.205	0.243	0.295
	PS＋NHL	干养护	0.156	0.186	0.277
		湿养护	0.184	0.275	0.405
		水养护	/	/	0.483
	NHL	干养护	0.135	0.176	0.265
		湿养护	0.167	0.232	0.402

当采用糯米石灰类加固材料夯制加固时，为了探讨试样养护条件对其强度的影响，测试试样在25%RH与70%RH养护条件下不同养护龄期的抗压强度。试样强度随着养护时间的增长而增大。糯米浆与生石灰加固试样干养护条件下的强度普遍高于湿养护条件下的强度，采用天然水硬性石灰加固试样湿养护条件下强度高于干养护条件的。说明干养护条件有利于糯米浆与生石灰加固土材料强度的发展，而湿养护条件对天然水硬性石灰加固土材料强度发展有利。

由表 14 数据看出，经不同方法加固后土样的内摩擦角普遍增大，说明加固使得土体间的内在摩擦力增大。土样经加固后黏聚力发生了较大变化，原因为加固材料改变了土样的内部黏结情况。

表 14　　　　　　　　　　　　　　试样加固前后的剪切强度

试样 指标	剪切强度	
	内摩擦角（°）	黏聚力（kPa）
空白	34	342
PS	50	443
TEOS	52	72
B – 72	30.3	377
SR + CaO	39	168
SR + NHL	38	77
PS + NHL	41.3	120
NHL	40.8	241.8

④ 土样加固前后耐水崩解实验

采用滴渗方法加固的土样破坏发生时间较慢，而采用混合夯制方法加固的土样破坏发生的时间均较快。滴渗加固土样刚放入盛水容器中时，空白试样即发生松散坍塌，而经加固的试样未出现明显变化。2min 后经 PS 加固的试样也发生松散脱落。5min 后经 B – 72 加固的试样松散坍塌，并且空白样及经 PS 加固的试样破坏程度加深，经 TEOS 加固的试样未发生明显变化。最终，经 TEOS 加固的试样在浸泡 40min 后才在底部出现松散现象。TEOS 加固后的土样耐水性较好，但体现出滴渗加固的不完全性。

对采用糯米浆石灰类加固材料加固的土样进行耐水崩解实验。试样在经历 40 个循环周期后均未发生大的破坏，未出现粉化、开裂、剥落、起泡等现象，说明加固试样具有很强的耐水崩解性。

⑤ 土样加固前后耐盐实验

与试样耐水崩解实验相似，空白试样及经 PS、TEOS 与 B – 72 加固后的试样在放入盐溶液中发生散裂破坏，故只对采用糯米浆石灰类加固材料加固后的试样进行耐盐实验。试样经浸泡 40d 后未发生大的破坏，但在某些试样的底部出现微小裂缝，上部有盐析现象。经糯米浆与生石灰加固的试样保存最为完好，未出现裂缝。

⑥ 土样加固前后耐冻融实验

由于空白试样及经 PS、TEOS、B – 72 加固的试样放入水中会发生破坏，所以未进行耐冻融实验。实验从 2014 年 10 月 12 日开始。糯米浆石灰类加固试样冻融实验发现，试样在不同冻融周期发生破坏，实验现象记录于表 15。通过表中数据，发现试样发生破坏的前后排序为：

SR + CaO > NHL > PS + NHL > SR + NHL

表 15　　　　　　　　　　　　　　　　加固土样冻融实验过程中现象

试样名称	实验现象
SR + CaO	10 月 14 日塌落取出
SR + NHL	10 月 18 日塌落取出
PS + NHL	10 月 15 日表面层状脱落，10 月 18 日塌落取出
NHL	10 月 14 日出现裂缝，10 月 15 裂缝更大，表层有脱落，10 月 16 塌落取出

（5）小结

综合以上实验结果，在加固材料及加固方法初步选定中，对大面积土遗址的砌补加固可以采用糯米浆石灰类加固材料，这类加固材料具有较高的强度，较好的耐水崩解性、耐盐性、耐冻融性。对需要进行展示的部分土遗址及墓圹壁面可采用改性正硅酸乙酯进行喷洒加固，使其强度提高并具有较好的防水性能，增强遗址本体的稳定性。

2.5.2　M2 汉墓裂隙病害灌浆材料筛选

2.5.2.1　灌浆料制备材料及制备方法

（1）灌浆材料

裂隙加固采用灌浆方式。灌浆主体材料包括：高模数硅酸钾（PS）、糯米浆（SR）、生石灰（CaO）、熟石灰（CH）、矿粉（M）、硅藻土（D）、天然水硬性石灰（NHL）与土体（C），另外还包括一些添加助剂如膨胀剂、增稠剂与改性剂。

（2）制备原则

在配制相应灌浆料的过程中发现，当土体颗粒粒度大于 0.15mm 时，采用糯米浆与石灰、PS 配制灌浆料时，浆液部分与土体不能很好地相融，出现分层现象（大的土颗粒在下部，上部浆液流动度较好）；采用天然水硬性石灰配制灌浆料时则能很好地融合成为一体。当土体颗粒粒度小于 0.15mm 时，所有灌浆料都能与土体相融。

各类灌浆材料制备过程中均遵循：固体部分先混合均匀，然后再向固体部分加入一定配比的液体部分。此过程采用 JJ - 5 型水泥砂浆搅拌机不断搅拌以保证灌浆液的均匀性。

（3）灌浆料结石体性能研究

为初步筛选灌浆材料，制备了若干种灌浆料并测试其结石体[35]的相关性能，所用材料种类与配比见表 16。

表 16　　　　　　　　　　　　　　　　制备灌浆料所需物料配比　　　　　　　　　　　　　单位：g

物料＼试样	C	PS	SR	CH	NHL	M	Water
PS + C 0.6	245	147	/	/	/	/	/
PS + C 0.7	245	171.5	/	/	/	/	/
PS + NHL + C	245	159	/	/	105	/	/
SR + CH	/	/	210	150	/	/	/

物料　　　试样	C	PS	SR	CH	NHL	M	Water
SR + CH + C	245	/	525	105	/	/	/
SR + CH + M	/	/	240	150	/	10	/
SR + NHL + C	245	/	490	/	105	/	/
NHL	/	/	/	/	150	/	120
NHL + C	245	/	/	/	105	/	175
NHL + M + C	/	/	/	/	315	35	152
NHL + D + C					315	35	192. 5

* C – 土体，PS – 高模数硅酸钾，NHL – 天然水硬性石灰，SR – 糯米浆，CH – 熟石灰，M – 矿粉。

将制备的灌浆材料注入 160mm × 40mm × 40mm 的水泥试模中，在温度 20℃，相对湿度 70% 的条件下养护。待试样硬化成型后脱模并测试相关性能指标。

（4）灌浆性能研究

裂隙灌浆加固，要求灌浆材料具有较好的黏结性能。设计了以下实验方案测试灌浆料的黏结性能：制作长方体遗址土体试样，在其中间部位压断，模拟构造出"缝隙"，然后采用注射器将配制好的灌浆料填充于缝隙之间，待固结后测试黏结强度。

为了研究灌浆料各组分配比及土体粒级对灌浆料性能的影响，制备了若干组灌浆料加以对比研究，所采用材料及配比见表 17。

表 17　　　　　　　　　　　　制备灌浆料所需物料配比　　　　　　　　　　　单位：g

物料试样	C	PS	SR	CH	NHL	Water
SR + CH + C（d < 0. 15mm）	245	/	525	105	/	/
NHL + C（d < 0. 15mm）0. 45	245	/	/	/	105	157. 5
NHL + C（d < 0. 15mm）0. 5	245	/	/	/	105	175
NHL + C（0. 15 < d < 0. 4mm）0. 5	245	/	/	/	105	175
PS + C（d < 0. 15mm）0. 6	350	210	/	/	/	/

2.5.2.2　测试仪器及方法

按照标准 GB/T8077 – 2000 测试灌浆料的流动度。

采用 JGW – 360A 型接触角测试仪测试灌浆料接触角。

采用游标卡尺测试灌浆料结石体不同养护时间三轴向尺寸与体积，计算结石体收缩率。

将制备的适量体积新鲜灌浆液填灌入烧杯中，测填灌面高度 h_1 并记录下来，然后密封盖严，置放 24h 后测量其离析水水面高度 h_2。离析水的高度除以原填灌浆液高度即为泌水率，计算公式如下：

$$泌水率（\%）=（h_2/h_1）\times 100\%$$

灌浆料黏结强度无标准可循，参考抗折黏结强度测试标准（GB5024·3）[36]进行。

采用 WDW - 300 型微机电子万能试验机测试灌浆料结石体抗折强度与灌浆料抗折黏结强度。

2.5.2.3 测试结果分析

（1）灌浆料结石体性能研究

① 灌浆料结石体收缩率

试样养护过程中发现，采用天然水硬性石灰为主体制备的灌浆材料固结速度较快，一般为 2~3d，而采用 PS、糯米浆为主体制备的灌浆材料固结速度较慢，一般为 5~6d。同时，发现各试样出现不同程度的收缩。

从表18中，不同养护时间试块的线收缩率与体收缩率看出，以糯米浆为主体的灌浆料试样的收缩较大，以天然水硬性石灰为主体的灌浆料试样的收缩性最小，以 PS 为主体的灌浆料的试样收缩性适中，但其从浆液形式固结为结石体的过程收缩性很大。

表18　各灌浆料结石体收缩率

脱模天数　　　试样名称	3d		28d	
	线收缩率（%）	体收缩率（%）	线收缩率（%）	体收缩率（%）
PS + C 0.6	1.20	6.90	1.30	7.12
PS + C 0.7	2.31	13.54	2.56	15.23
PS + NHL + C	0.66	1.51	0.82	1.76
SR + CH	2.81	9.58	4.04	13.76
SR + CH + C	8.41	19.818	10.77	25.32
SR + CH + M	6.78	16.798	8.71	21.54
SR + NHL + C	8.98	21.338	11.066	25.33
NHL	0.25	1.66	0.40	1.92
NHL + C	1.17	1.54	1.27	1.74
NHL + M + C	1.02	0.78	1.28	1.02
NHL + D + C	0.46	1.71	0.71	2.03

② 灌浆料结石体强度

表19为灌浆料结石体抗折强度测试结果。表中数据显示灌浆料结石体的强度大小顺序为：糯米浆基灌浆料 > 天然水硬性石灰基灌浆料 > PS 基灌浆料。

表19　　　　　　　　　　　　　　　　　　灌浆料结石体强度测试结果

指标 试样名称	抗折强度（MPa）
NHL ＋C	0.284
NHL＋D＋C	0.291
NHL＋M＋C	0.175
NHL	0.251
SR＋NHL＋C	0.137
SR＋CH	0.310
SR＋CH＋M	0.200
SR＋CH＋C	0.171
PS＋NHL＋C	0.105
0.6 PS＋C	0.049
0.7 PS＋C	0.044

③ 灌浆料结石体耐冻融性测试

实验从2014年10月24日开始，得到实验结果见表20。由表中试样的开始破坏时间及最终破坏时间得出，糯米浆基灌浆材料的耐冻融性最好。耐冻融性由大到小具体排序为：

SR＋CH＋C＞SR＋NHL＋C＞SR＋CH＞SR＋M＋CH＞NHL＋C＞NHL＋PS＋C＞NHL＋M＋C＞NHL＞0.6 PS＞0.7 PS。

表20　　　　　　　　　　　　　　　　　　灌浆料结石体冻融实验过程中现象

试样名称	实验现象
SR＋CH	7d后脱落，15d后严重脱落，20d后酥断取出
SR＋M＋CH	9d后开裂，15d后酥断取出
SR＋CH＋C	9d后片状脱落，15d后变小，20d后酥断取出
SR＋NHL＋C	1d后出现起皮现象，6d后严重变小，7d后变更小，10d后变小，20d后酥断取出
0.6 PS	试样放入水后立即碎裂
0.7 PS	
NHL	1d后碎裂取出
NHL＋C	1d后出现剥落现象，2d后严重剥落，4d后碎裂取出
NHL＋M＋C	1d后出现剥落现象，2d后严重剥落，碎裂取出
NHL＋PS＋C	2d后严重剥落，3d后碎裂取出

（2）灌浆料灌浆性能研究

① 抗折黏结强度测试

此部分实验针对灌浆料各组分配比及土体粒级对灌浆料性能的影响开展分析，各灌浆料抗折黏结强度见表21。

表 21　　　　　　　　　　　　灌浆料抗折黏结强度测试结果

试样名称	黏结强度（MPa）
SR + CH + C（d < 0.15mm）	0.426
NHL + C（d < 0.15mm）0.45	0.112
NHL + C（d < 0.15mm）0.5	0.036
NHL + C（0.15 < d < 0.4mm）0.5	0.133
PS + C（d < 0.15mm）	0.02

表中数据显示，黏结强度大小顺序：糯米浆基灌浆料 > 天然水硬性石灰基灌浆料 > PS 基灌浆料。PS 基灌浆料的黏结强度相对于其他两种小很多。同时土体粒级及加入的水量对天然水硬性石灰类灌浆料的黏结强度产生影响，低水灰比及粗粒级土有利于灌浆料强度的提高。

2.5.2.4　糯米浆基灌浆料改性实验研究

根据前述对糯米浆基灌浆料的实验研究结果可知其固结收缩性较大，收缩导致土体间产生空隙不利于土遗址裂隙灌浆加固，所以本部分实验针对糯米浆基灌浆料改性开展实验研究。改性方法：采用生石灰（CaO）替代熟石灰 [Ca（OH）$_2$]；采用改性材料膨胀剂、增稠剂与改性剂，具体的组分配比见表22。

表 22　　　　　　　　　　制备灌浆料所需各组分配比　　　　　　　　　　单位：g

组分／试样	C	SR	CH	CaO	膨胀剂	增稠剂	改性剂
SR + CH	350	480	150	/	/	/	/
SR + CaO	350	375	/	150	/	/	/
SR + CH + A	350	446	129	/	15	1.5	4.5

＊　C－遗址土，SR－糯米浆，CH－熟石灰，CaO－生石灰。

各灌浆料的基本性质参数见表23。

表 23　　　　　　　　灌浆料的流动度、接触角、泌水率与收缩率

指标／试样	流动度（mm）			接触角（°）		泌水率（%）	收缩率（%）	
	初始	30min	60min	玻璃	土样		线收缩率	体收缩率
SR + CH	159.2	191.8	188.6	53	92	5.67	6.5	28.80
SR + CH + A	214.6	242.6	250.6	69	98	0.67	2.06	13.74
SR + CaO	198	219.8	217.1	72	114	8.06	6.06	24.00

作为裂隙灌浆材料，流动度好更易于灌浆料充分地填充裂隙，提高灌浆加固效果。由表23中数据看出，向 SR + CH 灌浆料中添加助剂后，在减少了糯米浆用量的同时增加了浆料的流动度，流动度的增加量一般在50mm。这个现象主要归因于添加助剂中改性剂能起到提高浆液流动度的作用。改性剂为颗粒极细的球状结构，其均匀分布于基体材料时，可有效减小相互接触的颗粒之间的运动阻力，从而使浆料更易于流动。采用 CaO 替代 CH 同样提高了灌浆料的流动度，但增加幅度小于添加助剂的。灌浆料流动度随时间变化情况见图7，从图中看出 SR + CH、SR + CaO 灌浆料的流动度呈现先增加后减小的趋势，掺有添加剂的 SR + CH + A 灌浆料流动度在60min内呈逐渐增加趋势，其值远大于前两者。

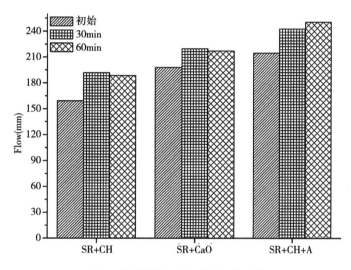

图7　灌浆料流动度随时间的变化

三种灌浆料相对于玻璃与土样的接触角中 SR + CaO 灌浆料的值最大（保水性最好），SR + CH + A 灌浆料对玻璃与土样的接触角相比于 SR + CH 都有一定程度的提高。高的接触角意味着浆料与极性表面低的亲和力（较差的润湿性能），这也将使浆料在流动过程中失更少的水。这对于灌浆料来说是有益的，因为高失水量可能导致浆液流动度减小，浆料阻塞灌浆通道，造成灌浆效果差或者无法完成灌浆等后果。

由表23中数值看出 SR + CaO 灌浆料的泌水率最大，其次为 SR + CH 灌浆料，添加助剂灌浆料 SR + CH + A 的泌水率大幅度地降低，泌水率下降率可达88.18%，大大提高了浆料的稳定性，使得浆料可以长期储存。

试样养护过程中发现，三种灌浆料固结速度不同，SR + CH 灌浆料需5～6d 固结，而引入助剂使得灌浆料2～3d 即可固结，同时 SR + CaO 灌浆料固结时间也为2～3d。由各灌浆料结石体的收缩率可见，SR + CH 灌浆料的收缩率最大，添加助剂很大程度上降低了结石体的收缩率，其收缩率降低率可达68.31%。同时 SR + CaO 灌浆料收缩率也很大。

表24为灌浆料结石体抗折强度、灌浆料黏结强度数据。由表24中数据看出添加助剂提高了 SR + CH 灌浆料结石体的抗折强度与灌浆料的黏结强度，二者提高的幅度都较大。SR + CaO 灌浆料结石体抗折强度增加，但灌浆料黏结强度降低。

表 24　　　　　　　　　　　灌浆料结石体抗折强度与灌浆料黏结强度　　　　　　　　单位：MPa

指标 试样	结石体抗折强度	黏结强度
SR + CH	0.213	0.495
SR + CaO	0.234	0.370
SR + CH + A	0.325	0.762

2.5.2.5　小结

综合考虑灌浆料固结速度、固结后收缩率、强度、耐水耐盐性及耐冻融性，初步选定改性糯米浆基及天然水硬性石灰基灌浆材料进行土遗址裂隙加固。两种灌浆料具有较好的流动度、保水性与黏结强度，有较好的稳定性。

2.6　M2 汉墓积沙加固材料实验室筛选

2.6.1　加固材料、加固方法与试样制备

对于积沙加固也有一些可以借鉴的成果，李最雄等采用高模数硅酸钾（PS）开展化学固沙研究，经加固后的沙体稳定性提高[37]，盛发和等应用硅溶胶（SS）加固沙体取得了较好的效果[38]。

分别采用 24% PS 溶液与 SS 溶液以滴渗的方法加固模拟砂样，渗透加固方法同前述 2.5.1 节中土样加固方法。

2.6.2　测试仪器与方法

试样加固前后的测试均依前述 2.5.1 节测试方法。

2.6.3　加固效果评估

（1）基本加固信息

由表 25 数据可知，两种液体加固材料的渗透速度都很快，可快速对沙体加固。加固前后沙样的收缩率很小，可以忽略。

表 25　　　　　　　　　　　　试样渗透加固过程现象及数据

试样 参数	空白	PS	SS
加固时间及现象	/	20min，一直渗透很快	24min，一直渗透很快
加固用量（ml）	/	16	15
试样收缩率（%）	0.12	0.02	0.03

（2）试样加固前后色差值、透气性及接触角测试

采用 SS 渗透加固试样颜色变化最小。PS 加固轻微地减弱了试样的亲水润湿性能，其他加固试样对水的接触角均为 0，加固未改变试样的亲水性。经 SR + CaO 加固后试样的透气性略有减小，而经 PS、SS 加固后的试样透气性增加，PS 加固试样增加幅度较大（见表 26）。

表 26　　　　　　　　　　　　　　加固前后试样的相关指标变化

参数\n试样	色差值	接触角（水）	接触角（加固剂）	透气性\n$(g \cdot cm^{-2} \cdot d^{-1})$
空白	0	0	/	0.017
PS	9.51	28	0	0.049
SS	1.49	0	0	0.02
SR + CaO	13.26	0	/	0.013

（3）试样加固前后耐水崩解性

参比试样放入水中即发生崩解塌落，经 PS 与 SS 加固后试样在水中浸泡 2h 后均出现了一些破坏，PS 加固试样表面产生细小裂纹，SS 加固试样底部出现松散塌落。试样在水中浸泡 15d 后，PS 加固试样裂纹显著扩展并出现起皮现象，SS 加固试样松散塌落程度增加，在后续的浸泡过程中各试样的破坏程度基本保持不变。

（4）试样加固前后力学强度分析

从表 27 中数据看出，试样经过不同加固剂加固后抗压强度显著提高，其中 PS 加固试样强度提高达 100% 以上。加固强度顺序为 PS > SS > SR + CaO。经 PS 加固的试样断裂时应力急剧下降（出现较大折点），经 SS 加固的试样断裂时应力下降较为缓慢，经 SR + CaO 加固试样则更慢。

表 27　　　　　　　　　　　　　　试样加固前后力学强度

参数\n试样	抗压强度（MPa）	剪切强度（MPa）	
		内摩擦角（°）	黏聚力（KPa）
空白	0.1	34	15
PS	1.170	34	35
SS	0.596	35	37
SR + CaO	0.413	32	92

试样经 PS、SS 加固后内摩擦角变化很小，表明试样内部颗粒间的摩擦情况基本不变。黏聚力都有一定程度的增加，表明试样加入 PS、SS 后增强了试样内部颗粒间的胶结力。试样经 SR + CaO 加固后内摩擦角略有下降，原因可能是试样中引入了 SR 与 CaO 改变了试样内部颗粒间的摩擦情况，但试样的黏聚力提高较大。

2.6.4　小结

根据实验室研究结果，液体加固材料 PS 与 SS 加固积沙试样具有较快的渗透速率，较高的强度与较好的耐水崩解性，且其施工性较好。SR + CaO 加固积沙试样各项性能均较好，但其施工性较差。初步选定 PS 与 SS 作为 M2 汉墓积沙加固材料。

2.7　M2 汉墓土遗址现场加固试验

2015 年 5 月 29 日至 5 月 31 日在 M2 汉墓现场进行加固小试。本次现场试验的主要区域和内容包括：M2 汉墓夯土区的平面与立面、墓圹壁、积沙槽局部加固以及裂隙灌浆加固实验研究。

2.7.1 加固材料与实验方法

2.7.1.1 加固材料

根据 M2 汉墓土遗址保护材料实验室筛选前期研究结果，选用 5% 高模数硅酸钾（PS）与改性正硅酸乙酯（TEOS）进行表面渗透加固；选用 CYKH-06 改性糯米浆 + 三七灰（生石灰）土进行夯实（平面与立面）加固，选用 STHL012 改性水硬性石灰 + 遗址土夯实加固（平面与立面）；选用 CYKH-06 改性糯米浆 + 熟石灰 + 遗址土灌浆料，以及 STHL011 改性水硬性石灰 + 遗址土灌浆料进行裂隙灌注加固；选用 24% 高模数硅酸钾（PS）与硅溶胶（SS）对积沙进行渗透加固（见表 28）。

表 28　　　　　　　　　　　加固材料种类及用途

加固材料种类	用途
高模数硅酸钾（PS）	表面渗透加固
改性正硅酸乙酯（TEOS）	
CYKH-06 改性糯米浆	表面与立面夯筑加固
STHL012 改性水硬性石灰	
CYKH-06 改性糯米浆	裂缝灌浆
STHL011 改性水硬性石灰	
高模数硅酸钾（PS）	积沙加固
硅溶胶（SS）	

2.7.1.2 实验方法与步骤

在选择试验区时，既具代表性又不会因加固可能的负面作用而造成较大影响的区域进行，以下各实验均遵循这一原则。

（1）M2 汉墓平面夯土区加固

① 加固区域布置

在 M2 汉墓平面夯土区域选择 5 处面积约为 0.5m×0.3m 的试验区，其中一处作为参比对照区域，两处为 PS 与改性 TEOS 渗透加固区域（土墩），另有两处为 CYKH-06 糯米浆夯筑区与 STHL012 型改性水硬性石灰夯筑区（凹槽）。在进行加固前扫除区域内石块、树根、草皮等杂物，把试验区表层因雨水冲刷而沉积的土去掉，露出夯土面，各区域间向下挖一定深度的隔离槽，以便后续取样回实验室进行加固前后土体性能测试。

② 实验数据记录

试验前分别测试 M2 汉墓环境温湿度，被加固土体含水率、含盐量等。加固过程中测试加固材料用量，加固剂渗透速率等。对每个区域加固前后进行拍照、采集并记录该区域土体加固前后的相关性质参数如色差值等。加固过程完成后，严格按照各加固材料的养护条件进行养护，养护过程中对加固后的各区域土体进行定期观察并记录过程中的现象。

③ 平面渗透加固

当采用 PS、改性 TEOS 渗透加固时，由于 M2 汉墓土体湿度较大，采用喷壶喷洒加固时两种加固材料渗透速率较慢。在每个试验区域内每隔一定距离钻一些孔洞，采用电热棒对土体进行干燥处理以便于加固材料渗透，将加固材料倒入孔洞使其扩散渗透，直至土体表面或者钻孔中残留大量加固材料时停止加固，加固后在遮雨的情况下自然风干 3d 后即可暴露于自然环境中。

④ 平面夯筑加固

采用夯筑方式加固时，需先在被加固土体区域开挖 50cm×50cm、深度为 30cm 的凹槽，然后将加固土材料填入此凹槽内用棍棒夯实。

当采用 CYKH-06 糯米浆夯筑时，在 50cm×50cm 区域内进行方形模型夯实。基本配料与拌和方式如下，原址土使用前过筛，粒径不大于 10mm，为干燥状态；石灰使用前熟化过筛，粒径不大于 5mm，不得含有过多水分；土、灰按质量比 7：3 混合均匀，翻混不得少于 3 遍，至颜色一致；将糯米浆均匀喷洒在拌匀的灰土中，翻拌均匀，保证水分含量 29% 左右（手攥成团，两指轻捏即碎为宜）；将混合物均匀摊铺到预制模型中（50cm×50cm），一次虚铺厚度为 20cm，夯实厚度约 15cm，分两次夯实，最后实际夯实厚度 30cm；夯筑完成后敷塑料薄膜养护 7d 后，在自然环境下养护。

采用 STHL012 型改性水硬性石灰夯实过程与最终的夯筑状态与 CYKH-06 糯米浆夯筑加固相似。夯筑完成后敷塑料薄膜养护 14d 后，在自然环境下养护。

（2）M2 汉墓立面夯土区加固

① 立面渗透加固

加固前对立面夯土体的处理方法与 M2 汉墓平面夯土区加固相同。铲除表面风化层，露出结实的夯土层。

采用 PS 与改性 TEOS 对立面渗透加固时，由于立面夯土较为干燥，采用喷壶喷洒加固材料加固土体，采取自上向下持续喷涂方式，使被加固立面至少有 5s 保持"看上去是湿的"的状态。

② 立面夯筑加固

采用 CYKH-06 改性糯米浆灰土或 STHL012 型改性水硬性石灰立面夯筑加固时，采用汉代"版筑"夯实法。在立面夯土区域开挖出 70cm×50cm×30cm 的夯筑区域，在夯筑前对开挖的凹槽进行拉毛处理以增加夯筑时材料与夯土体的界面结合力，夯筑过程中在夯实层外部加装外围挡板，在夯筑成型后，将围挡板拆除。

③ 具体实施方法

在土遗址两侧外加装围挡，预留出夯筑层，宽约 50cm。

将混合好的灰土按比例加入 CYKH-06 改性糯米浆后，或 STHL012 改性水硬性石灰土混合均匀后加入水，分别拌和均匀。

将拌和好的加固材料填入土体边坡与挡板之间，进行夯实施工，一次夯实厚度不得超过于 15cm，直至夯实到设计高度 30cm。

边坡夯实到顶面高度后，进行顶面夯实。

拆除围挡板后用塑料薄膜或苫布覆盖 7d，随后在自然环境下进行养护。

对立面加固土体做长期的跟踪观察，检验加固土体在 M2 汉墓所处环境下的稳定性与耐久性。

（3）M2 汉墓裂隙灌浆加固

① 灌浆方法

选取 M2 汉墓立面夯土区几处典型裂隙病害进行灌浆加固，试验前分别测试环境温湿度，土体含水率、含盐量等。灌浆前对裂隙拍照、测量裂隙长度与宽度方向上的尺寸并记录。采用水泥净浆搅拌机配制 CYKH – 06 改性糯米浆灰土灌浆料，以及 STHL011 改性水硬性石灰土灌浆料，并测试所配制灌浆料的流动度。采用弹簧注射器与输浆管向裂隙内打入灌浆材料。

② 灌浆具体实施步骤

配制 CYKH – 06 改性糯米浆灰土灌浆料灌浆料，以及 STHL011 型改性水硬性石灰土灌浆料。

封闭裂隙，土遗址的裂隙一般三面临空，所以注浆前首先需要对裂缝进行封闭处理，防止注浆时浆液外流，封闭裂隙可采用 CYKH – 06 改性糯米浆灰土及 STHL011 改性水硬性石灰土配制成的呈膏状的配合料。

若裂隙长度较小（一般小于 30cm），可采用单根输浆管注浆；若裂隙长度较大（一般大于 30cm），一般在封闭裂隙时沿裂缝按竖向间距 30 ~ 50cm 埋设注浆管，埋设时应尽可能将注浆管插至裂隙的最深部。

待裂隙封闭部分具有一定强度后开始注浆，采用注射器或者注浆泵将配制好的灌浆料浆液按自下而上的次序通过注浆管注入裂隙内。注浆时，当相邻的上方注浆管中出现浆液溢出时停止注浆，拔出注浆管。采用配制的膏状配合料堵塞注浆孔，再向上方的注浆管中注浆。最后对裂隙灌浆的部分进行作旧处理。

记录灌浆料的流动性、可施工性等，计算裂隙的有效体积，并记录灌浆过程中所用灌浆料的量。

对加固的裂隙进行定期观察并记录现象，并通过微观测试阐述灌浆料与裂隙界面的黏结情况。同时，配制的灌浆料要现配现用，以防灌浆料发生离析、泌水等。

（4）汉墓积沙加固

选取 M2 汉墓积沙槽两处 0.3m × 0.3m 面积的加固区域，分别作为高模数硅酸钾（PS）加固区及硅溶胶（SS）加固区。试验前清理该区域积沙上的杂物，使表面平整，试验前分别测试环境温湿度，土体含水率、含盐量等，对每个区域加固前后进行照相。由于积沙较疏松，加固材料较容易渗透，采用手动喷壶喷淋的方法进行加固即可。测试加固过程中加固材料用量，加固剂渗透速率等。对加固后的各区域积沙进行观察并记录现象，在遮雨的情况下自然风干 7d 后暴露于 M2 汉墓保护棚环境下。

2.7.2　评价指标与方法

本部分的评价指标与方法除了加固剂渗透速率、色差值以及跟踪观察在 M2 汉墓现场进行外，且与前述方法一致。其他评价指标均是由试样经现场养护 90d 后取回实验室进行性能测试得到，pH 值、含水率、吸水率、耐盐性、耐酸性、耐冻融性、强度与前述一致。此处介绍的评价方法如下。

（1）孔隙分布

采用 Autopore IV 9500 型压汞仪测试加固试样的孔隙分布，试样放入装满水银的压汞仪腔室内，逐渐增加施加于水银的压力，随着压力的增加水银将被压入试样孔隙内。水银压入孔隙时所需的压力与压入的孔隙孔径存在以下关系：

$$d = \frac{-4\gamma cos\varphi}{P}$$

式中，d 为孔隙直径，γ 为水银的表面张力，为水银与孔隙间的接触角，p 为水银压入孔隙所需的压力。γ 和的值分别设定为 0.485 N/m 与 130°。

（2）超声波速

用 ZBL–U520 型非金属超声波检测仪，采用对测法测试加固试样的超声波波速，测试加固试样的长度与换能器由发出端传输到接收端所需时间，所测长度除以时间为加固试样的超声波速。

（3）碳化深度

配制 0.5% 的酚酞乙醇溶液；将各加固试样在中间部位截断露出完整的横断面；在各试样横断面处滴加几滴配制好的酚酞溶液。静置一段时间后，试样横断面显红色的区域为未碳化部分，不显红色的区域为碳化部分。

2.7.3　数据记录与测试结果

2.7.3.1　现场加固实验数据记录

表 29 为在 M2 汉墓现场试验期间记录的环境数据。从表中数据看出，试验期间 M2 汉墓现场的湿度较大，平均值约为 47%，在后续实验室加固实验时要考虑加固材料的环境适用性。

表 29　　　　　　　　　　　　　　汉墓各区域的环境监测数据

测试地点及时间	温度（°C）	湿度（%）	光照（lux）	紫外（uW/cm^2）
（夯土区）5 月 29 日 10：50	30.5	49.1	558	119
（夯土区）5 月 29 日 17：05	31.5	44.5	818	26
（夯土区）5 月 30 日 08：50	26.4	60.3	790	139
（夯土区）5 月 30 日 11：10	31.8	44.2	1094	304
（夯土区）5 月 30 日 17：00	34	36.1	288	27
（保护棚内）5 月 30 日 09：35	32.3	47.2	230	0
（夯土区）5 月 31 日 08：40	28.4	58	903	200
（夯土区）5 月 31 日 13：45	35.1	36.2	706	164
（保护棚内）5 月 31 日 13：45	35.6	41.5	242	0

由表 30 看出，待加固区土体含水率较高，最高可达 67.2%，这对于加固材料的渗透不利，后续保护施工过程应注意此问题，土体含盐量不大。

表 30　　　　　　　　　　　各加固区域土体或积沙含水率与含盐量

加固方式＼指标	含水率（%）				含盐量（g/ml）
	0cm*	−10cm	−20cm	−30cm	
空白	39.8	49.7	46.6	45.3	0.15
PS	34.1	61.4	67.2	44	0.15
改性 TEOS	16.4	41.2	43.7	24.6	0.07

＊　表示与夯土地表平面的垂直距离

表 31 为采用液体加固材料加固夯土体与积沙过程中记录数据。由表中数据看出，改性正硅酸乙酯（TEOS）加固夯土的渗透速率较 PS 大很多，而 PS 和硅溶胶（SS）加固积沙的渗透速率相当并且速率均较大。

表 31   M2 汉墓渗透加固数据

指标 / 加固方式	加固材料	加固深度（cm）	加固剂用量（L）	加固完成时间	渗透速率（ml/s）
夯土平面渗透	PS	30	3.5	830min	0.07
	改性 TEOS	30	5	155min	0.54
夯土立面渗透	PS	/	3.5	/	/
	改性 TEOS	/	3	/	/
积沙渗透	PS	30	2.45	374s	6.55
	SS	30	2.57	428s	6.00

表 32 为 M2 汉墓夯土体夯筑加固过程记录所用材料的配比。夯筑体积相同时采用糯米浆夯筑所需原料总量大于采用改性水硬性石灰夯筑时所需原料总量。夯筑 0.075cm³ 体积二者主体加固材料用量（不包含水）相差 57kg。

表 32   M2 汉墓夯筑数据

指标 / 加固方式	加固材料	加固材料用量（kg）						夯筑体积（cm³）
		糯米浆	NHL2	熟石灰	遗址土	改性剂	水	
平面夯筑	CYKH－06 基	47	/	46	108	/	/	50×50×30
	STHL012 基	/	32	/	84	4	28	50×50×30

表 33 为现场制备裂缝灌浆料所需原料配比。表 34 记录了 M2 汉墓立面夯土上待加固裂缝的基本尺寸参数、灌浆料用量及浆料流动度。由表 34 中数据看出，M2 汉墓土遗址裂缝较窄、较浅，而裂缝越窄则越不利于浆料灌注，从两种灌浆料的流动度看出，采用糯米浆制备灌浆材料必须有较大的流动度才可完成灌浆，而采用改性天然水硬性石灰所需流动度较小，水硬性石灰更易于裂隙灌浆。

表 33   裂缝灌浆料配比（g）

灌浆材料	糯米浆	NHL	熟石灰	遗址土	膨胀剂	增稠剂	改性剂	水
CYKH－06	950	/	150	350	15	1.5	4.5	/
STHL012	/	490	/	210	/	/	/	600

表34　　　　　　　　　　　　　　　　　M2 汉墓裂缝灌浆数据

指标 加固方式	裂缝编号	灌浆材料	灌浆深度	裂缝宽度	裂缝长度	灌浆料用量	灌浆料 流动度
立面灌浆	缝1	CYKH－06	0.5～5.5mm	5mm	111cm	305ml	190mm
	缝2	STHL012	0.5～5.5mm	5mm	57cm	78.5ml	165mm

测试上述实验项目加固后土体、积沙及裂缝处土体色差值见表35。

表35　　　　　　　　　　　　　　　　　各区域加固前后色差值

加固方式 指标	平面渗透		立面渗透		积沙区		裂缝区	
	PS	改性 TEOS	PS	改性 TEOS	PS	SS（硅溶胶）	糯米浆	NHL2
色差值	5.59	7.41	5.82	5.09	11.81	5.91	4.64	2.10

由上表35中数据看出，各加固区域的色差值均较大。PS 加固积沙区色差值大于10，其余色差值均小于8。当采用 PS 与改性 TEOS 加固夯土时，对夯土颜色变化产生的影响相近，采用 SS 加固积沙对颜色变化产生影响较小，采用水硬性石灰配制灌浆料对裂隙灌浆加固产生的色差较小。

2.7.3.2　现场加固实验效果评估

2015 年 9 月 7 日至 9 月 9 日赴 M2 汉墓现场评估前述现场加固小试的效果，并对部分加固试样取样带回实验室做检测分析。取样过程中记录了 M2 汉墓的环境检测数据（见表36）。由表中数据看出，与现场加固实验时环境检测数据相似，M2 汉墓现场环境湿度较高，应作为加固过程需注意的问题。

表36　　　　　　　　　　　　　　　　　定陶汉墓现场环境检测

测试地点及时间	温度（℃）	湿度（%）	光照（lux）	紫外（uW/cm²）
（夯土区）9 月 7 日 16：20	29.6	38	860×100	165
（保护棚内）9 月 7 日 17：35	28.6	53	270	0
（夯土区）9 月 8 日 09：25	30	58	760×100	225
（夯土区）9 月 8 日 14：30	31.3	50.3	890×100	164
（保护棚内）9 月 8 日 14：45	31.5	48.7	560	0
（夯土区）9 月 8 日 17：40	27.7	58.5	110×100	25
（夯土区）9 月 9 日 08：10	27	60.6	302×100	30

① M2 汉墓平面夯土加固效果

经加固后的 M2 汉墓夯土、裂隙及积沙经过近 90d 的养护后呈现不同的状态。由于降雨的影响空白区夯土整体吸水严重，底部发生较严重塌落破坏。经 PS 加固后夯土上部分较为干燥保存较好，但下部分由于吸水过多而塌落，这是由于 PS 的渗透性较差造成。经改性 TEOS 加固后夯土整体处于干燥状态，未发生明显的破坏。综上可知，改性 TEOS 对土体的加固效果优于 PS。

CYKH - 06 与 STHL012 夯筑加固区域土体均保存良好，未因潮湿或雨水而出现缺损或破坏，这源于两种加固材料优良的耐水性能。

② M2 汉墓立面夯土加固效果

经过三个月后 PS 加固夯土被雨水侵蚀，较多土体流失并且造成了裂隙与冲沟现象，经改性 TEOS 加固后夯土表面平整如加固前，未出现破坏，表明改性 TEOS 加固效果较好。

采用 CYKH - 06 与 STHL012 同平面夯筑加固夯土一样，经过 90d 养护后夯筑加固土体保持完整状态，两种加固材料有较好的耐环境作用性能。

③ 裂隙加固效果

经改性 CYKH - 06 灌浆加固的裂隙外部出现了大量以裂隙为对称的开裂现象，这是由于灌浆料收缩造成的，而经改性 STHL012 灌浆加固的裂隙外部则未出现这一问题，其收缩性较小。观察裂隙内部情况可见，有的部位裂隙内部填充较密实，有的部位则浆料填充不满，这可能与裂隙太窄不利于深度灌浆有关，也可能是采用的弹簧注射器压力不够造成，在后面的灌浆实验中可采用具有更高压力的注浆泵加以改进。

④ 积沙加固效果

PS 与 SS 加固积沙经过 90d 养护后呈现不同的状态，其中经 SS 加固的未能成型与形成强度，此处积沙仍松散，分析其原因可能为 M2 汉墓现场湿度较大，SS 在高湿度条件下不能固化。PS 加固深度较大（测得约为 30cm），其中表面 5cm 厚度范围内积沙硬度很大，此厚度以下部分积沙强度略有降低，这也可能与上下部分积沙所处的湿度不同有关，湿度高不利于加固材料的固化与强度发展。从整体状态看，PS 可以达到有效固定积沙的目的。

⑤ 固区域养护 90d 后指标

对各加固区域做相关指标检测，主要包含含水率、含盐量、电导率与色差值，测试结果见表 37。

表 37　　　　　　　　　加固区域色差值、含水率、含盐量及电导率记录

加固类型	色差值			含水率（%）		含盐量（g/L）		电导率（ms/cm）	
	L^*	a^*	b^*	环境	本体	环境	本体	环境	本体
夯土区空白	50.6#	6.2	12.9	56.8	40.4	0.67	0.42	33.6	14.3
	45.8#	5.7	13	51.5	58.3	0.5	0.45	17.25	15.29
	41#	6.6	12.2	79.7	73.8	0.45	0.40	16.55	14.1
夯土平面 PS 渗透	56.4	6.6	15.6	62.7	17.2	0.47	0.22	16.3	7.43
	55.4	5.5	12.1	61.3	46.1	0.52	0.24	17.88	8.35
	55.8	6.6	11.8	63.5	61	0.41	0.42	14.84	14.35

续表 37

加固类型	色差值			含水率（%）		含盐量（g/L）		电导率（ms/cm）	
	L*	a*	b*	环境	本体	环境	本体	环境	本体
夯土平面 TEOS 渗透	51.1	5.7	12.3	59.4	/	0.56	0.1	27	4.1
	49	5.9	12.5	75.4		0.73		35.6	
	43.8	6.6	12.3	76.2		0.60		29.9	
夯土立面 PS 渗透	44.9	6.2	12.1	21.2¥		0.25		8.33	
	48.7	5.2	12.7						
	49.5	5.9	12.8						
夯土立面 TEOS 渗透	50.4	6.4	13.8	7.7		0.04		2.05	
	53.5	7.4	13.3						
	51.5	5.1	13.2						
夯土平面夯筑 CYKH－06	56.2	6.3	15.5	65.1	62.1	0.48	0.46	14.9	13.8
	53.8	6.6	15.2	66.4	54.5	0.55	0.41	19.75	17.6
	54.6	5.8	13.6	60.2	66.9	0.57	0.54	18.73	18.4
夯土平面夯筑 STHL012	47.7	6.7	14.5	64.8	18.6	0.56	0.06	15.3	2.0
	47	7.6	14.8	65.2	20.1	0.52	0.10	16.2	3.1
	46.2	7.4	15.2	61.4	17.9	0.49	0.05	17.6	2.4
夯土立面夯筑 CYKH－06	43.4	6.0	12.2	42.6		0.08		3.00	
	48.5	5.9	13.4	41.8		0.27		9.4	
	43.1	6.0	12	44.7		0.17		6.05	
夯土立面夯筑 STHL012	41.9	6.0	12.5	20.1		0.05		2.03	
	39.5	6.3	11.6	11.7		0.09		3.31	
	41.1	6.0	11.8	10.4		0.07		2.68	
积沙空白	55.1	6.2	16.5	4.4		0.28		8.5	
	52.6	7.0	16.6	5.2					
	55	8.0	18.0	5.2					
积沙 PS 加固	45	4.4	11.8	4.5		0		0.25	
	48.8	4.9	11.8	4.4				0.19	
	49.3	5.8	13.5	4.7				0.27	
积沙 SS 加固	56.5	5.9	15.2	4.4		0.01		0.32	
	54.6	7.7	18.5	4.5				0.21	
	52.7	6.1	16.7	5.2				0.27	

续表 37

加固类型	色差值			含水率（%）		含盐量（g/L）		电导率（ms/cm）	
	L*	a*	b*	环境	本体	环境	本体	环境	本体
夯土裂缝灌 CYKH–06	60.5	4.7	11.6	6.0		0.14		5.05	
	54.8	6.2	13.7						
	59.6	5.1	11.3						
夯土裂缝灌 STHL011	62.2	5.8	14.3	12		0.23		10.05	
	59.3	6.0	14.1						
	60.7	6.0	14.6						

　　* 对于夯土平面加固区域（PS、改性 TEOS、CYKH–06 与 STHL012），测试了加固本体与加固区域外围环境的相关指标，其他加固区域只测试本体相关指标。

　　由上表 37 数据可见，经 PS 渗透加固平面试样的本体含水率较空白区有所减小，经改性 TEOS 渗透加固的试样周围环境含水率增大，但本体含水率减小非常明显并呈现疏水状态。经 PS 与改性 TEOS 加固后试样本体的含盐量也有明显的减小，其中改性 TEOS 加固试样含盐量最小。试样电导率呈现相同的变化规律，其中改性 TEOS 加固后试样环境电导率却有所增加，这也是改性 TEOS 疏水作用的结果。夯土立面经过 PS 与改性 TEOS 加固后相关指标也相应地减小，改性 TEOS 加固试样减小量更多，说明改性 TEOS 对试样起到疏水除盐保护作用更明显。

　　采用 CYKH–06 与 STHL012 平面夯筑时，夯筑体周围环境湿度、含盐量与电导率均较高。采用 CYKH–06 夯筑体的本体湿度、含盐量、电导率指标也较高，采用 STHL012 夯筑体本体的湿度、含盐量、电导率有较大程度的降低。采用 CYKH–06 与 STHL012 平面夯筑时，CYKH–06 夯筑体的本体指标同样高于 STHL012 夯筑体的本体指标，STHL012 夯筑体的含盐量很低。说明 STHL012 夯筑体具有很好的耐盐性能。

　　积沙经 PS 与 SS 加固后本体湿度未发生大的变化，但含盐量与电导率有一定程度的减小，PS 与 SS 对试样的耐盐性能有一定的提高作用。

　　根据上表 37 中色度数据，计算各加固区域的平均色差值，记录于表 38。夯土区经 PS 渗透加固与 CYKH–06 平面夯筑加固后色差值较大，经改性 TEOS 渗透与 STHL012 平面夯筑加固后色差值较小，对颜色产生的影响较小。对于积沙加固、PS 加固产生较大的颜色变化，经 SS 加固后试样的色差值很小。

表 38　　　　　　　　　　　　　　加固区域色差值

指标＼加固区域	L*	a*	b*	色差值
夯土区空白	45.8	6.17	12.7	
夯土区 PS 加固	55.87	6.23	11.83	10.1

加固区域＼指标	L*	a*	b*	色差值
夯土区改性 TEOS 加固	47.97	6.07	12.37	2.19
夯土 CYKH – 06 夯筑	54.87	6.23	14.77	9.3
夯土 STHL012 夯筑	46.97	7.23	14.83	2.66
积沙空白	54.23	7.07	17.03	
积沙 PS 加固	47.7	5.03	12.37	8.28
积沙 SS 加固	54.6	6.57	16.8	0.66

2.7.3.3　实验室测试结果

对从 M2 汉墓现场加固实验取回的试样做实验室性能测试分析，主要测试结果如下。

（1）夯土加固试样

① 基本物理性能

夯土加固试样分为 PS、改性 TEOS、CYKH – 06 与 STHL012 加固试样，另外取空白区试样作为对照，测试它们的基本物理性能测试结果见表 39。

表 39　　　　　　　　　　　各夯土加固试样基本性能参数

试样＼指标	pH 值	含水率（%）	吸水率（%）
空白	8.5	33.8	试样碎裂
PS	9.58	17.34	试样碎裂
改性 TEOS	9.69	2.38	2.15
STHL012	11.29	8.09	16.26
CYKH – 06	12.75	16.33	20.99

由表 39 中数据看出，夯土经加固 pH 值均增加呈碱性，其中采用 CYKH – 06 与 STHL012 加固后，pH 值增加很大，这是由于引入石灰的原因。各加固试样的含水率较空白试样均有一定程度减小，在液体渗透加固与夯筑加固两种方法中改性 TEOS 与 STHL012 加固试样含水率最小，而现场实验效果评估中发现二者保存状况最为完好。空白试样与 PS 加固试样由于放入水中发生崩解碎裂无法测试其吸水率，改性 TEOS 加固试样吸水率很小为 2.15%，这主要是由于改性 TEOS 的憎水性，STHL012 加固试样吸水率小于 CYKH – 06 加固试样，吸水率越小则试样越不易受到水的影响。

② 强度

各加固试样的抗压强度与抗折强度均增加，强度提高最大的为改性 TEOS 与 STHL012 加固试样，这与它们的含水率低是呈正相关的，PS 与 CYKH – 06 加固试样含水率较高而它们的强度较低（见表 40）。

表40　　　　　　　　　　　　　现场加固实验土样力学性能

指标　　　　　　　　试样	抗折强度（MPa）	抗压强度（MPa）
空白	0.03	0.06
PS	/	0.11
TEOS	/	1.27
STHL012	1.49	1.72
SR06	0.06	0.10

*　/为由于取样条件限制，无法进行此项测试。

③ 碳化深度

对STHL012加固试样做碳化深度测试，试样的碳化深度为0.9cm，与现场实验夯筑的深度30cm相比试样经过90d后碳化深度很小，试样耐碳化能力较强。

④ 孔隙分布

对参比试样、改性TEOS与STHL012加固试样做孔隙分布测试，改性TEOS加固试样与参比试样相比，其主要孔隙直径在0.8μm处，未发生明显变化，说明改性TEOS加固未改变土体的孔隙结构。STHL012加固试样分为碳化部分与未碳化部分，未碳化部分的孔隙直径主要分布于0.02μm处，孔隙较小，这也是STHL012加固试样强度较高的一个原因，碳化部分的孔隙直径主要分布于0.8μm与0.08μm处，孔隙直径较未碳化部分有所增加，这是由于碳化作用引起试样内部微观结构发生变化。

⑤ 耐水崩解性

空白试样在水中浸泡5min后即崩解坍塌，PS加固试样水中浸泡5h后出现了较大程度的开裂，稳定性遭到极大破坏，30d后空白试样与PS加固试样已完全塌落，二者耐水崩解性不佳，改性TEOS、CYKH-06与STHL012加固试样经过30d水中浸泡后基本保持初始形态，耐水崩解性良好。

⑥ 耐盐性

由于空白试样、PS加固试样耐水崩解性差，它们的耐盐与耐冻融性也相应较差，故未对它们进行后续的耐盐及耐冻融实验。改性TEOS、CYKH-06与STHL012加固试样的耐盐实验过程中发现，CYKH-06加固试样在盐溶液的作用下4d后散裂破坏，改性TEOS加固试样经过20d浸泡后产生开裂，STHL012加固试样经过35d浸泡后在试样边缘处产生轻微开裂，此试样耐盐性最好。

⑦ 耐冻融循环

在对改性TEOS、CYKH-06与STHL012加固试样进行耐冻融循环之前，测试各试样的基本参数，如超声波速、硬度、视频显微结构等，对经过不同冻融循环周期的试样同样进行相应指标测试并照相记录试样的保存状态。CYKH－06加固试样经过4个冻融循环后碎裂，改性TEOS加固试样经过35个冻融循环后碎裂破坏，而STHL012加固试样经过35个冻融循环后仍保持完好状态。不同循环周期改性TEOS加固试样与CYKH－06加固试样的试样较冻融循环前变化不大。根据视频显微图像看出，STHL012加固试样经冻融循环后其中土粒处发生破裂现象，土粒为该试样中的脆弱环节，长时间的冻融循环可能造成试样破坏，试样其他大部分位置保持致密结构。冻融循环过程中，经过30个冻融循环后，试样超声波速与质量分别减小17.11%与4.69%，这是由于冻融循环造成了试样轻微破坏或内部疏松，试样质量轻微减小，超声波速在20～30循环之间几乎无变化，可见两种试样均具有较好的耐冻融性能。

3　M2汉墓土遗址展示研究

3.1　夯土平面区展示

根据M2保护技术思路，大部分的夯土遗址将采用覆土保护技术，这方面的技术已较为成熟。覆土保护流程步骤主要有表面清理、微生物防治、修复及加固、重要遗迹的保护隔离、回填等。

3.1.1　夯土区域表面清理消毒施工

遗址及各类遗迹表面有灰尘、苔藓、霉菌等污染物，影响观瞻，并可能对遗址及各类遗迹造成进一步损害，不利于后续临时性保护措施的实施，需先进行遗址本体的清理工作。根据不同材质的特点，分别采用不同的清洁材料和工艺。

（1）表面清理

首先，人工用软毛刷轻扫夯土表面的灰尘，并将灰尘转移至夯土区域外。再用弱力吸尘器吸除尘土。使用吸尘器时，吸头距离夯土表面一定高度，仅吸取表面灰尘。为避免吸尘机在遗址表面滚动留下痕迹，吸尘机不接触地面。对于局部残留的苔藓、霉菌等残留污垢痕迹，用牙科工具小心刮除，不对夯土表面土体原状造成破坏。

（2）消毒及杀菌、除藻处理

清理及修复后，对夯土表面进行全面的消毒及杀菌、除藻处理。所有夯土区域在清理完毕后都要用喷雾器喷洒防霉杀菌剂，潮湿区域和干燥区域分别选用不同配方的水溶性环保可降解防菌剂均匀喷洒。

3.1.2　夯土区域表面修复与加固

针对夯土区域表面土体存在裂缝、剥落及松动状况，根据其宽度、深度的不同分别采用灌浆填充和修补的方式进行处理，局部塌落的土体进行回填加固。修复材料可选取无机干粉复配糯米粉修复砂浆，将砂浆采用灌注挤入裂缝，对裂隙部位进行灌浆及修补。所有土壤裂缝灌注和填充中填充砂浆不外露，并与裂缝两侧夯土表面保持3～5mm的凹槽，后续再进行表面修复处理。

对宽度大于0.5cm的遗址裂隙的预加固方式为内部灌浆填充。采用同类修复砂浆用自重力或低压灌浆方式灌入裂缝，使裂隙愈合成为整体，增加整体强度。

3.1.3　临时性隔离和支护

为避免夯土表面直接承受回填材料及回填后地面施工的荷载，回填前必须对所有夯土侧面土体进行隔离与支护。所有重要区域在进行支护前均应做好隔离保护措施。

夯土表面用去离子水润湿的宣纸进行分层敷贴，起到有效隔离的作用，为确保后续工序的材料不会黏附到文物本体表面，宣纸人工分层错位湿贴 3~5 层，遇到表面凹凸不平处用湿宣纸搓成团状填平压实。宣纸湿贴施工完成后，分别用防霉杀菌剂和憎水材料对无纺布进行防霉杀菌和表面憎水处理，然后用处理后的无纺布包裹在夯土表面的宣纸外。

3.1.4 回填

回填过程均采用人工铺筑细沙方式进行。回填以细沙进行分层回填，每 30cm 高为一层，填沙后需经洒水和人工结合小型机械震动夯实至中沙密度。再在表面喷洒杀菌保护液，完全渗透湿润沙层。然后进行下一层的铺填（图 8）。

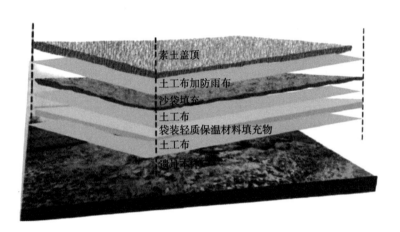

图 8　保护回填分析

3.2　积沙槽展示

为维持黄肠题凑周边部分夯土及柱洞遗迹的整体稳定性，在地下保护工程施工期间暂不对积沙槽进行考古清理。

在地下保护设施完成后，考古清理积沙。届时，积沙槽底部大部分区域将作为黄肠题凑保护设施的支柱部分，在立柱上设计铺设与墓圹壁面平行的混凝土挡板，使挡板与墓圹壁面间形成少部分空间，对墓圹壁面防护后，在此空间内回填细沙，更好的支护墓圹壁面，防止其坍塌、脱落与风化。

积沙槽在墓道口附近形成两个缺口（环形中断，左右对称），形成两个立面，在此部分需要展示积沙槽断面、封护砖样式、墓道口形态等。因此，只在墓道口附近区域做左、右对称局部展示积沙槽局部。

3.3　墓圹壁面展示

墓圹壁面大部分已采取支护并回填保护，只对墓道口附近小部分做左、右对称局部展示。

对需要展示的墓圹壁面也要先进行加固处理，此处包括表面防风化加固与壁面裂隙的加固。表面防风化加固采用的加固材料与技术与夯土区加固相近。对于墓圹壁面的支护采用支架、支护板等结构防护措施，避免回填及施工过程中的损坏。支架及支护板的作用主要是防止外力对壁面产生机械损伤，为避免冲击性力量的作用，在支架或支护板与墓圹壁面之间增加柔性缓冲材料。

　　围绕壁面底层做沙包垫层，高度约300mm。沙包垫层与墓圹壁面之间的空隙填充细沙找平，作为侧面支护板安装的底座。结合100 mm×100 mm 木方斜撑等结构防护措施，避免回填及施工过程中的损坏，再沿墓圹侧面支护板外侧错位堆放沙包。在支护板与无纺布层之间的空隙填充现场发泡聚氨酯泡沫，填满支护板与墓圹侧壁之间的空隙。

3.4　墓道展示

　　根据 M2 汉墓土遗址保护的基本思路，选取汉墓东侧墓门处墓圹壁（约 15m²）、积沙槽（约 30m³）及夯土区域（约 50m²）作为展示范围。其保护技术与材料同前述，展示区域与形式待考古发掘完成后确定。

3.5　M2 汉墓墓圹壁土体揭取试验研究

　　考古学中地层是指人类活动时代所形成的土层，其中包含了人类活动遗留的物品、遗迹及对原生土层扰动的迹象，又称文化层。通过对文化层的研究，可以了解当时人们的生活情况、习俗及生产力的发展水平，并为研究历史的发展提供了真实可靠的依据。所以，观察、记录和正确解释遗址的文化层结构、分布情况、包含的信息，就成为发掘古代遗址中的重要工作。以往能见到考古文化层实体的多为考古发掘专业人员，而更多社会观众只能通过绘制的剖面图及照片了解古代遗址文化层分布状况。为了更真实、更精确的记录，保留这一珍贵的信息资料，从 19 世纪人们就开始收集文化层剖面标本。最初使用带有锋利刀刃的铁框打进堆积土壤中，进行剖面揭取。此后，逐渐发展为高分子树脂固化土壤然后进行揭取。进入 20 世纪，德国、英国先后对土层剖面揭取使用的高分子树脂进行了改良。80 年代，日本奈良国立文化财研究所保护科学实验室开发了用于考古收集文化层剖面薄层标本的特质环氧树脂及聚氨基类树脂，后经多次改良，形成商品 NR－51 和 NS－10。这两种树脂分别适用于干性土质和潮湿性土质。近几年国内也开始引进国外的先进技术和经验，在北京琉璃河遗址、重庆中坝遗址、浙江良渚遗址和广东南越国宫署遗址等大遗址保护和展示中，应用了高分子聚氨酯树脂揭取文化层标本的技术。应用效果证明这一技术为更精确地记录保存、更好地研究及展示考古发掘资料提供了一种好的方法，在国内的大遗址保护中极具推广价值。

　　通过对国内、外土遗址揭取工艺的调研发现，这些方法多适用于土体背面的展示，而 M2 汉墓墓圹壁面由于具有木板板痕等特殊文化迹象，需正面展示。根据定陶汉墓墓圹壁遗迹现场勘测情况和展示要求，项目组分别采用木箱套取法和高分子树脂揭取法开展揭取展示试验研究，并通过实验室和现场局部前期研究进一步验证其展示效果。

　　根据揭取面的不同要求，选择两种揭取方法进行前期试验：① 木箱套取方法。此方法借鉴了壁画揭取技术，用于展示墓圹壁面表面，可以展示夯土墙正面现存的木屑、沙子等遗存，了解墓圹营造方法。② 高分子树脂粘接揭取方法。此方法通常用于展示地层（文化层）剖面，可以展示墓圹壁面背面的夯层、夯窝等夯筑信息。

3.5.1 土体性能分析

根据地勘资料，墓圹壁土体属于地层封土。土体主要为全新世文化期堆积体，由冲积、湖积及人工堆积而成，结构比较松散，力学性质一般。由于墓圹壁土体性质与实验室周边土体差异很大，因此项目组在墓地周边取地层粉质黏土与粉土互层的土样运回广州，开展揭取试验。地勘报告中，粉质黏土与粉土互层的质量密度为 1.96 g/cm³，天然含水率为 22.8%，土粒比重为 2.71，干密度为 1.60，塑限为 18.4%；封土的质量密度为 1.95 g/cm³，天然含水率为 20.2%，土粒比重为 2.71，干密度为 1.62，塑限为 18.7%。

对现场所取土样进行了一些基本理化性能测试，结果如表 41 所示。

表 41 取回土样的基本理化性质

样品测试项目	含水率（%）	电导率（μs/cm）	离子总浓度 TDS（mg/L）	酸碱度 pH	干密度（g/cm³）
测试值	12.43	234	117.1	9.37	1.74

3.5.2 不锈钢箱套取方法前期试验

不锈钢箱套取揭取土样块主要参考壁画揭取的步骤[39]，主要分为土体表面预加固、测量分区域、制作工具、揭取、修复与展示等工序。

3.5.2.1 土体预加固材料的性能要求

由于墓圹壁土体表面风化、碎屑化严重，内聚力强度不够，直接进行大面积揭取土体有解体危险。因此，在揭取前要对墓圹壁土体采用化学加固材料进行预加固处理。在需要加固的土遗址内部，由于内部土体松散不能支持自身，或受到外力作用时而难以保护自身的形状，所以采用预加固保护方法，通过加固剂替代矿物中由于风化损失的胶结物，以改善矿物组分的黏合性能，增加遗址土体的机械性能，提高土体强度。

按土体预加固材料的化学成分可将其分为无机材料、有机材料、复合材料三大类。无机材料主要是石灰水、氢氧化钡、硅酸盐以及氟硅酸盐类材料[40]。有机材料是指高分子聚合物或者低聚物，主要是有机硅、聚氨酯、丙烯酸、水性环氧以及树脂乳液类材料[41]。复合材料主要有机硅改性丙烯酸树脂、丙烯酸—有机硅—环氧树脂复合、硅溶胶—聚醋酸乙烯酯（PVAc）—聚乙烯醇缩丁醛（PVB）等复合材料[42]。这些材料作为土体加固剂时在色差、可逆性、渗透性、加固强度、耐水性、耐老化性、透气性、耐冻融等方面各有优缺点。项目组对现有的各种防风化材料的特点进行综合分析与对比，针对定陶汉墓墓圹土体性能，开展揭取前墓圹壁面土体预加固材料筛选试验、土体修复材料试验、模拟揭取试验以及现场局部揭取试验研究工作。

3.5.2.2 预加固材料的实验室筛选试验

材料试验的目的是根据土的特性选择更具有针对性的套取用壁面加固材料。

（1）样品制备

① 制备试验用土样

标准土样制备情况如下。取土：将所取土碾碎，过 20 目筛，剔除碎石，105℃烘至恒重。根据最优含水率计算土样加水量，然后将所需土样平铺于不吸水的框内，加水，并充分搅拌，使粉状土具有团聚能力，密封静置24h，使土样中的水分均匀分散。制备标准土样：将湿土倒入圆柱形标准模具内，抚平土样表面，以静压力将土压至一定高度，用推土器将土样推出，标准土样尺寸分别为 d = 39.1mm，h = 80mm（用于渗透试验、质量变化、抗压强度及耐冻融性的测试），及 d = 61.8mm，h = 20mm（用于色差测试、微观照片拍摄及耐水性试验）。养护：标准土样制备完成后，于常温常压下自然风干，使其缓慢且均匀地与周围环境达到平衡后备用。

② 加固材料

为筛选出适合于汉墓壁面的揭取预加固材料，本项目在试验中选取硅丙乳液、B－72、环氧树脂三种材料对比试验分析。

③ 标准土样加固实验室试验

为了有效应用于汉墓现场加固，项目组在实验室开展加固剂不同浓度试验研究。三种材料中环氧树脂和B－72加固材料的固黏度大，故常用浓度较小，分别采用3%、5%、7%不同浓度对土样进行加固。硅丙加固材料为乳液型，流动性好，固含量低，故常用浓度稍大，采用5%、10%、15%的浓度对土样加固。

先将土样块分为10组，其中一组作为空白样，其余3组每组按照相应的材料的不同浓度梯度滴注渗透加固。为了检测保护材料的渗透速度和用量，记录单位时间的渗透深度和完全渗透土样所需溶液的体积。最后将完全渗透的土样半封闭于塑料袋中，使溶剂慢慢挥发，材料逐渐固化。

（2）加固效果测试

为了研究各加固剂对土样的加固效果，实验室试验从渗透深度、质量变化、色差、抗压强度、耐水性、耐冻融等六项指标开展性能测试，同时拍摄了加固前后的土样微观照片，以对比研究不同保护材料以及不同浓度的加固效果。

① 渗透速度

渗透速度是指加固材料对土体的渗透高度与时间的关系。渗透速度与土样的孔隙度、加固材料的黏度有很大关系。一般来说，土样的孔隙越大，加固材料的黏度越小，渗透速度越快。在培养皿中放置吸水石，加入加固剂，使加固剂的液面与吸水石上表面相平，将土柱置于培养皿中的吸水石上，定时记录渗透深度，并在实验期间及时向培养皿中补充加固剂。记录渗透时间和渗透深度，结果见表42。

表42　　　　　　　　　　　加固剂的渗透深度

时间 t/h	渗透深度（h/mm）								
	硅丙 5%	硅丙 10%	硅丙 15%	环氧 3%	环氧 5%	环氧 7%	B－72 3%	B－72 5%	B－72 7%
0	0	0	0	0	0	0	0	0	0
0.5	15	12	7	10	8	7	9	7	5
1	26	20	15	19	15	13	18	13	9

续表 42

时间 t/h	渗透深度（h/mm）								
	硅丙 5%	硅丙 10%	硅丙 15%	环氧 3%	环氧 5%	环氧 7%	B－72 3%	B－72 5%	B－72 7%
1.5	35	31	22	28	23	20	26	19	15
2	47	40	28	37	31	27	35	24	20
3	54	46	34	46	37	33	40	29	23
4	61	51	40	54	43	39	44	31	23
6	65	54	46	61	49	44	47	36	23
8	69	57	52	65	52	49	50	36	23

由表 42 中数据可以得到，随着加固材料浓度的增加，其渗透速度逐渐降低，渗透深度也逐渐变小。加固前期的渗透速度较快，后期渗透速度减慢。三种加固材料中，硅丙加固材料的渗透速度最快，渗透深度最高，其次为环氧树脂加固材料。B－72 加固材料的渗透速度较慢，渗透深度较低。特别是在 B－72 浓度较大时，到试验后期 B－72 加固材料基本不渗透。

② 质量变化

土体自身承受的重量是有一定限度的，如果土体加固后比加固前重量增加很多，土体有可能出现裂缝，甚至塌陷。测加固剂处理后的土样的重量变化，计算出平均增重百分比，结果见表 43。

表 43　　　　　　　　　　　加固前后土柱的重量变化

加固材料	样品编号	加固前	加固后	差值	增重	平均增重
硅丙 5%	1#	159.77	162.99	3.22	2.02%	2.06%
	2#	159.92	163.23	3.31	2.07%	
	3#	159.30	162.62	3.32	2.08%	
硅丙 10%	4#	159.66	163.49	3.83	2.40%	2.41%
	5#	159.89	163.78	3.89	2.43%	
	6#	160.13	163.95	3.82	2.39%	
硅丙 15%	7#	159.67	164.08	4.41	2.76%	2.76%
	8#	159.84	164.29	4.45	2.78%	
	9#	159.79	164.17	4.38	2.74%	

续表43

加固材料	样品编号	加固前	加固后	差值	增重	平均增重
环氧 3%	10#	159.48	161.18	1.70	1.07%	1.03%
	11#	159.82	161.41	1.59	0.99%	
	12#	159.95	161.62	1.67	1.04%	
环氧 5%	13#	159.92	161.87	1.95	1.22%	1.21%
	14#	159.36	161.30	1.94	1.22%	
	15#	160.05	161.97	1.92	1.20%	
环氧 7%	16#	159.36	161.69	2.33	1.46%	1.47%
	17#	159.85	162.20	2.35	1.47%	
	18#	159.48	161.84	2.36	1.48%	
B-72 3%	19#	159.91	162.19	2.28	1.43%	1.41%
	20#	161.26	163.52	2.26	1.40%	
	21#	160.52	162.76	2.24	1.40%	
B-72 5%	22#	160.75	163.57	2.82	1.75%	1.75%
	23#	159.31	162.08	2.77	1.74%	
	24#	159.93	162.76	2.83	1.77%	
B-72 7%	25#	159.47	162.53	3.06	1.92%	1.91%
	26#	159.68	162.72	3.04	1.90%	
	27#	159.32	162.38	3.06	1.92%	

　　三种加固材料中，环氧树脂加固材料对土体的体重影响较小。硅丙加固材料对土样的重量变化影响较大，可能是因为使用浓度较高的缘故。随着加固剂浓度的增加，土柱的重量也随之增加，但总体而言，三种材料对土样增重的百分比不大，对土体承重负荷的影响较小。

　　③ 色差

　　各个样品的色差数据结果见表44（每个样品测三次然后平均）。

表44　　　　　　　　　　　土样加固前后各项色差数据变化值

编号	加固剂	加固前			加固后			ΔE
		L	A	B	L	A	B	
28#	硅丙5%	51.68	4.95	15.46	49.61	4.87	15.66	2.08

续表 44

编号	加固剂	加固前			加固后			ΔE
		L	A	B	L	A	B	
29#	硅丙 10%	51.49	4.86	15.94	49.23	4.69	15.86	2.27
30#	硅丙 15%	51.96	5.16	15.67	49.51	5.23	15.74	2.45
31#	环氧 3%	51.93	4.83	15.74	49.72	3.58	16.84	2.77
32#	环氧 5%	51.24	5.31	15.69	48.48	5.66	16.41	2.87
33#	环氧 7%	51.51	5.14	15.91	48.12	5.81	16.96	3.61
34#	B72：3%	51.71	5.88	15.25	49.37	5.87	17.62	3.33
35#	B72：5%	51.25	5.45	15.43	47.19	4.98	15.18	4.09
36#	B72：7%	52.09	4.55	15.62	46.56	3.63	14.68	5.68

表 44 中数据显示，随着加固剂浓度的增大，对土体颜色的改变也会增大。三种加固材料中，硅丙加固材料对土样的颜色改变影响最小，土体加固前后有轻微色差。而 B-72 加固材料对试样的颜色变化影响较大，土体加固前后有明显色差。环氧树脂加固材料介于两者之间，浓度较低时色差比较轻微，浓度较高时色差比较明显。

④ 抗压强度

由于待揭取土体表面孔隙较大，且有木屑，如果使用硅丙乳液会使其发生坍塌。在前面的试验中，发现当加固材料的使用浓度较高时，会在土样的表面结壳，渗透深度不够。因此，选取了浓度为 3% 和 5% 的环氧及 B-72 处理过的土样进行抗压试验，结果见表 45。

表 45　　　　　　　　　　　　　　　　抗压强度

加固材料	B-72：3%		B-72：5%		环氧：3%		环氧：5%		空白	
样品编号	37#	38#	39#	40#	41#	42#	43#	44#	45#	46#
样品直径/（mm）	38.5	38.5	38.5	38.5	38.5	38.5	38.5	38.5	38.5	38.5
破坏载荷/（kN）	2.86	2.78	2.6	2.41	2.58	2.65	2.48	3.16	2.49	2.14
抗压强度/（MPa）	2.4	2.5	2.1	2.2	2.0	1.8	2.1	2.7	2.1	1.8
平均抗压强度/（MPa）	2.45		2.15		1.9		2.4		1.95	

表 45 中数据显示，使用加固剂对土样均有一定的加固作用。使用环氧树脂加固材料加固后的土样的抗压强度随着浓度的增加而增加，但 B-72 加固材料加固后的土样抗压强度随着浓度的增加反而降低了。通过观察加固后的土样，可以发现 5% B-72 加固材料会在土样表面结壳，使得加固深度不够，

进而影响了土样的抗压强度。

⑤ 耐水试验

经试验观察发现，使用三种加固材料加固后的试样在水中都比较稳定，试验中没有出现开裂和崩塌现象。将加固后的样品在浸泡一个月后观察，发现样品继续保持完整，证明经这三种加固材料加固后的样品耐水性良好，而未加固处理的样块放入水中后，迅速出现浸泡水浑浊，并开始崩塌。

⑥ 耐冻融试验

设置试验相对湿度为 70%（山东定陶土遗址当地气象资料记录的全年相对湿度的平均值 70%），温度的下限为 -17.9℃（定陶的气温极端最低值 -17.9℃），上限为室温 25℃。设置 24h 为一个冻融循环周期。在试样底部放置托盘，以防止试样冻结在试验机内。

试验设备采用可程式温度循环试验机。10 次冻融循环试验结果如表 46 所示。

耐冻融试验表明环氧材料及 B-72 材料加固后的土样的耐冻融老化性能较好，而硅丙材料加固后的土样的耐冻融老化性能较差，且硅丙材料加固后的土样的耐冻融性能随着其浓度的增加而增加。

表 46　　　　　　　　　　　　各种加固剂加固土样的耐冻融试验结果

	循环次数	硅丙5%	硅丙10%	硅丙15%	环氧3%	环氧5%	环氧7%	B-72:3%	B-72:5%	B-72:7%
冻融循环	第5次	无变化	无变化	无变化	无变化	无变化	无变化	无变化	无变化	无变化
	第6次	出现裂纹	无变化	无变化	无变化	无变化	无变化	无变化	无变化	无变化
	第7次	出现裂隙	出现裂纹	无变化	无变化	无变化	无变化	无变化	无变化	无变化
	第8次	沿裂隙脱落，后从中间断开	出现裂隙	出现裂纹	无变化	无变化	无变化	无变化	无变化	无变化
	第9次	—	沿裂隙脱落，后从中间断开	出现裂隙	无变化	无变化	无变化	无变化	无变化	无变化
	第10次	—	—	沿裂隙脱落，后从中间断开	无变化	无变化	无变化	无变化	无变化	无变化
	样品完残情况	—	—	—	完整	完整	完整	完整	完整	完整

⑦ 微观照片

为了更好地了解试样加固的效果，我们拍摄了微观照片（图9）。

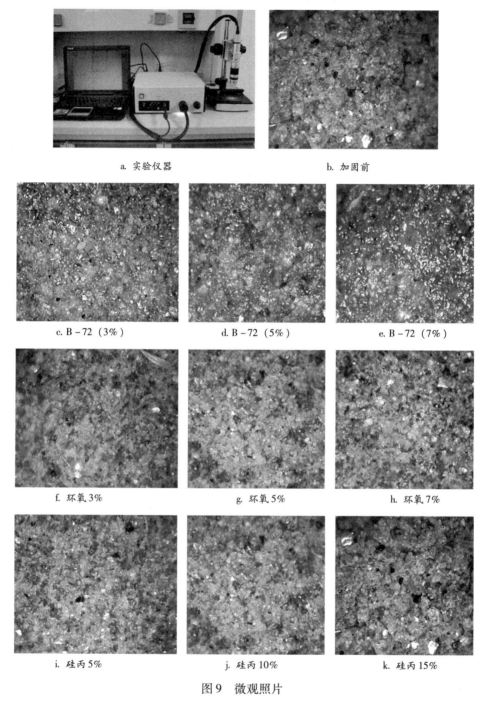

a. 实验仪器　　　　　　　　　　　　b. 加固前

c. B－72（3%）　　　　　　d. B－72（5%）　　　　　　e. B－72（7%）

f. 环氧 3%　　　　　　　　g. 环氧 5%　　　　　　　　h. 环氧 7%

i. 硅丙 5%　　　　　　　　j. 硅丙 10%　　　　　　　　k. 硅丙 15%

图 9　微观照片

从微观照片可见原状土土体结构比较松散，黏土矿物颗粒间有原生矿物的几何堆积，没有牢固的连接。与原状样相比，试样加固后，其中的颗粒被胶结在一起，疏松的结构明显得到了加强，使土体的分散性大大降低，使大幅度提高土体的强度和水稳性。可以看出，当 B－72 的浓度较大时，会在土样表面成膜。

3.5.2.3　小结

大量的实验室试验结果显示，三种加固材料在质量变化及耐水性方面都具有较好的效果。其中，硅丙乳液在渗透速度及渗透深度具有优异的性能，不会引起土样颜色的明显变化，但硅丙乳液是水性溶剂，使用在立面墙体是会造成冲刷破坏。环氧树脂材料具有适中的渗透速度及渗透深度，不会引起土样颜色的明显变化，可以提高土样的抗压强度，在耐冻融方面的性能良好。B－72加固材料浓度较低时具有较好的抗压强度，渗透速度及渗透深度，耐冻融性较好，但其色差较大。加固材料的各项性能表如表47所示。

表47　　　　　　　　　　　　　　　　加固材料各项性能汇总表

材料名称	硅丙5%	硅丙10%	硅丙15%	环氧3%	环氧5%	环氧7%	B－72：3%	B－72：5%	B－72：7%
渗透速度	快	快	快	适中	适中	适中	适中	慢	慢
渗透深度	大	大	大	中	中	中	中	小	小
质量变化	都较小，影响不大								
色差	小	小	小	小	小	中	中	大	大
抗压强度	小	中	大	中	大	大	大	中	小
耐水性	均较好								
耐冻融	一般	一般	一般	较好	较好	较好	较好	较好	较好

试验中发现汉墓待揭取的土体比较松散，如果采用硅丙乳液进行加固，由于其为水溶性加固剂，会对立面遗址表面产生水的冲刷破坏作用，无法原貌加固遗址表面。综合考虑各项测试结果，如果使用B－72，则应用较低的浓度3%；如果使用环氧，则可以使用5%，这样才能达到较好的加固效果。

3.5.3　不锈钢箱套取工艺

3.5.3.1　模拟夯土墙面揭取试验

实验室套取试验计划套取60cm×40cm×3cm的样块，为此，实验室制作了88cm×78cm×16cm的木框来制作套取用土块。为了使试验用土块与汉墓现场土况尽可能地接近，按照汉墓现场的勘报告中的密度来计算所需土样量及所需水量。夯制过程：按照计算结果称量土样及水；使土样与水混合均匀；将土样加入到木框中，初步抚平，木板压制成型；重复三次后，局部修整。套取用土块制作完成后于通风处晾干备用。

3.5.3.2　揭取过程及效果

（1）预加固

揭取前的加固都必须是临时性的，即各种措施都必须具有可逆性。首先，用湿毛巾清除土体表面浮土、其他杂质类物质，然后用修补材料填充抹平表面的裂缝与遗迹薄弱区。然后，采用试验筛选出的合适加固材料进行土体表面滴注加固。最好在裂缝与遗迹薄弱区域先贴一层纸，再贴一层布以保护土体表面，以免揭取中受到意外损失。

（2）测量区域

确定揭取范围，用小刀等工具整理待揭取表面，分块画线，为制造揭取工具、修复用的底托、安装支架、壁板等工作需要，并做一些标记。测绘土体分块编号、分块尺寸图及各墙面的关系尺寸图。

测量工作要求准确程度较高，以备修复或展示时准确拼接，不影响复原效果。

（3）制作工具

由于此项工作的特殊性，只能有针对性地自行设计和制造所用工具，主要工具有前壁板，揭取器和切割刀锯等。

① 前壁板

每块被揭取遗址土体，揭取前都必须在土体前置一块前壁板，以备承托揭取后的土体，包装时作为包装箱的底托。它的形状、尺寸都与揭取土块一致，故每块前壁板的尺寸都不一定一致。用 3cm 左右厚的干燥板材，背面钉小方木带。

② 揭取台

为保证揭取的土体安全脱离遗址墙面，在土体前安放一个自重较大的木制揭取台。一端装有合页大轴，与前壁板底部临时连在一起。揭取后的土块即慢慢地平贴在前壁板上，再通过揭取台的合页转动，将被揭取的土体及前壁板都平稳地放在揭取台上。

③ 截土刀

用手工操作割切土体背面泥层。

④ 揭取与包装

在揭取前需要在土块前安装揭取台及前壁板，然后开缝按照预定（一般自上而下，自外向内）顺序逐块进行揭取。揭取时连同内部未渗透加固的土坯一起切割，因而厚度较厚，揭下后再剔除松动土坯以减轻运输重量。揭下的遗址土体及时运到安全地点进行包装。包装时利用前壁板作为包装箱的底板，四边加挡板，顶部加十字格空心盖板，内用锯末包垫牢，外用穿带螺栓绑牢。

⑤ 修复

揭取后的土样块，经过修复加固才能按照原状安装在博物馆内展示。修复工作必须考虑到安装的便利与陈列参观时的安全。

背面泥层减薄：揭取后的土块，由于操作时有保障，将原有未加固泥层一起切割下来，修复时打开包装箱先将背面基本铲平，并剔除残碎土坯，然后边喷适量净水，边用铲轻轻地将背面土层逐渐铲至加固层厚度或预定所需厚度。

背面补平加固：土体减薄后，为了安装与陈列参观时的安全，采取背面补平加固措施。可以参考壁画揭取加固中贴布加固、补泥加固等做法。

粘木框：木框是加固被展示土体的承托体，借助它将被展示的土体挂在墙上展示。可选用国内质轻且强度高的加固支撑材料。

修复：将以上经背面加固后的土块，在修复台上反转使被展示正面向上，清除揭取时临时加固的纸和布。然后剔除遗迹薄弱区的临时补泥，对土体中表面的裂缝进行修复，并将表面遗迹进行加固封护等保护修复处理。尽量保证展示面与揭取之前颜色差别不大，形貌基本一致，揭取后的展示面能充分展示墓圹壁信息。揭取后的现场遗址立面也进行相关修复，修复之后的效果不能影响汉墓的本体展示。

3.5.4　高分子树脂揭取前期试验

在原有土遗址揭取试验研究基础上，同时考虑到材料与土体的兼容性、材料使用的环保性和经济性，本次试验主要选取性能优异的环氧树脂、聚氨酯类树脂等材料对土体进行揭取试验。

（1）揭取材料

水性聚氨酯类树脂 NA－8，聚氨酯类树脂 PU303，水性丙烯酸改性环氧树脂 FR619，水性环氧树脂 GE－95。

（2）揭取材料理化性能

从表 48 可以看出，所选材料固化时间较短，有一定抗拉强度，其性能满足揭取试验的要求。

表 48　　　　　　　　　　　　　　　　揭取材料理化性质

	黏度 （MPa·s）	固化时间 （h）	抗拉强度 （MPa）	表干时间 （h）	耐水性
揭取材料 1	6000	12	≥2.5	2	好
揭取材料 2	5600	15	≥1.5	4	好
揭取材料 3	4500	14	≥2.0	5	好
揭取材料 4	7000	9	≥2.5	3	好

（3）揭取工艺

① 整理揭取文化层剖面

首先确定揭取范围，用小铲子、刀类工具把揭取剖面尽可能地整理平整，但要确保不伤到土层中包含的遗物，如陶片、瓦片等。

② 第一次涂刷树脂

在揭取剖面整理平整后，用毛刷在截取剖面上涂刷薄薄一层揭取材料。

③ 贴纱布

刷完树脂后，为了增加强度易于揭取，在树脂未干时贴上纱布，轻轻地拍压纱布使它与文化层剖面细微的凹凸紧密的粘接在一起。

④ 第二次涂刷树脂

纱布贴好后，在纱布上再刷一层同样的树脂，以增加强度。

⑤ 揭取

固化所需时间受环境温度的影响。待树脂完全干燥、固化后，用手拉住文化层剖面上端纱布慢慢向下揭取。揭取时要注意文化层中包含的遗物（如木屑、贝壳、陶瓷片、瓦砾等），因为这些遗物向外的部分被牢固的粘在纱布上，揭取时遗迹会与土层一起被揭下来。

（4）揭取的文化层剖面的处理工艺

① 水洗

揭取下来的文化层剖面，用水清洗掉多余的土壤，水洗后自然阴干。

② 表面处理

湿润状态下文化层的层次与土质非常容易识别，所以揭取下来的文化层剖面薄层标本阴干后，需在上面喷涂一层异氰酸盐类合成树脂，使文化层剖面呈现湿润感，同时对表面土壤及土层中附着的陶瓷片、贝壳等遗迹也起到加固作用。如果有脱落遗迹需要复位，此时可以进行加固修复工作。处理完的剖面标本厚度大致在 3～5mm。

③ 制作展示板

为了更好地保存与展示，将文化层剖面薄层标本贴在木板上。揭取下来的土层背面凹凸不平，可修整，或使用环氧树脂并加入填充材料，使其平整后粘接在木板上。最后将其置于适宜的展示环境中展示。

3.5.5　揭取效果及结果分析

（1）材料固化时间

在室外同等环境和揭取工艺条件下，使用 4 种揭取材料揭取四块试样，实验记录具体见表 49。试验过程中，揭取试样一固化时间最短，试样三固化时间最长，使用揭取试样一所用时间最短。

表 49　　　　　　　　　　　　　　　揭取试验记录

试样名称	揭取面积（cm²）	材料及用量（g）	黏结固化时间（h）	所揭取土的质量（g）
试样一	20×20	揭取材料1 50	4	300
试样二	20×20	揭取材料2 50	6	250
试样三	20×20	揭取材料3 50	8	300
试样四	20×20	揭取材料4 50	5	300

（2）揭取土体质量

从试验结果看出，揭取试样二揭取土体质量较少，揭取试样一、三和四揭取土体质量相差不大。

（3）耐干湿测试

试验仪器设备：可程式温度循环试验机、AMPUT 457B 电子天平、佳能 600D 数码相机。

试验步骤

① 将每个揭取试样单独置于小托盘上，放入温湿度控制室，试样水平和垂直间隔不小于 10cm，试样初始含水率应为取样时的天然含水率。

② 调节温湿度控制室，将控制室内温度设为一恒定值，相对湿度控制在一定范围内变化，参照土遗址所处当地的气象资料，温湿度设定为全年气温平均值 17.5℃，相对湿度的上下极限值分别取全年的最大 100% 与最小值 30%。

③ 设置 12h 为一个干湿循环周期，循环次数最低不应小于 80 次。

④ 每一个循环试验周期完成后，将试样取出（不包括托盘），观察并记录样品的表面结构变化，然后重新放入控制室进行下一个周期的干湿循环试验。重复上述步骤，共进行 80 个循环。

试验结果：由表 50 可以看出，材料 1 和材料 4 揭取的试样进行了 80 个循环后无明显变化，材料 2 和材料 3 的耐干湿循环效果相对较差。

表 50　　　　　　　　　　　　　　　试样的耐冻融性试验结果

试样名称	试样的耐干湿变化
材料 1 试样	80 个循环无变化
材料 2 试样	40 个循环后出现表层开裂
材料 3 试样	60 个循环后出现表层开裂
材料 4 试样	80 个循环无变化

（4）耐紫外老化性

仪器设备：UV340 紫外老化仪。

测定方法：将试样置于距离两个 300W 的紫外线碳弧灯正下方 30cm 位置的紫外老化试验仪中，采用紫外光不间断辐照方式测试，连续辐射从开始照射至试验结束。土样表面空间温度 50℃±1℃，恒温照射 720h 后，观察试样外观形貌变化，称量。

试验结果：从表 51 的对比可以看出，材料 1 耐紫外老化性能最好，材料 4 的耐老化性能较好。

表 51　　　　　　　　　　　　　试样耐紫外老化试验后对比

试样名称	原质量（g）	老化后外观变化	老化后质量（g）	质量变化率（%）
材料 1 揭取试样	321.6	无明显变化	314.6	2.2
材料 2 揭取试样	264.3	掉落颗粒	246.3	6.8
材料 3 揭取试样	298.3	掉落颗粒	278.6	6.6
材料 4 揭取试样	314.6	颗粒松散	310.6	1.3

4 种揭取材料性能对比见表 52。综合考虑，建议使用揭取材料 1 和揭取材料 4 作为定陶汉墓现场揭取试验材料。

表 52　　　　　　　　　　　　　揭取材料的试验性能对比

测量指标	固化时间	揭取土体质量	耐干湿	耐紫外老化性
材料 1	好	较大	好	好
材料 2	较好	较小	差	差
材料 3	较差	较大	较差	差
材料 4	较好	较大	好	较好

（5）揭取效果分析

采用日本聚氨酯树脂类高分子材料进行模拟墓圹壁面土体背面展示揭取时，材料固化时间可控性好，简单易行，容易操作。经表面清理修复后可更精确地记录保存及展示考古发掘面，文化层剖面薄层背面信息展示效果较理想。采用箱体套取法正面展示揭取时，由于墓圹壁土体表面风化、碎屑化严重，内聚力强度较低，直接进行大面积揭取土体有解体危险，采用一些加固材料进行预加固处理后可提高土体与碎屑强度，但揭取下来的土体在进行脱除原预加固材料后，难以恢复原貌。加固材料渗入松散土体内部，进行可逆处理时操作难度大。选择合适的预加固材料是关键点，也是难点。

由于定陶王墓地（王陵）M2 汉墓环境潮湿，墓圹壁面夯土性质与揭取前期研究的试验条件相差较大，高分子揭取材料背面展示可开展现场局部试验以进一步验证揭取材料和工艺的适用性。木箱套取正面揭取展示法尚需继续开展相关试验室模拟揭取试验研究，并在模拟试验的基础上进一步开展现场局部试验，分析研究预加固材料与松散土体以及碎木屑之间的结合机理，深入研究预加固材料可逆去除的处理技术，完善松散土体修复工艺，以恢复重新展示墓圹壁土体、木碎屑表面原貌。

4　结论

① 保护方式与技术确定：根据前期研究工作和 M2 汉墓土遗址保护实际情况，项目组认为应以覆盖维护方式保护土遗址大部分平面区域（约占保护范围的 95%~98%）。在覆盖层之上形成概念性保护展示模式，防止土遗址长期裸露在大气环境中逐渐风化（如光照、空气扰动、相对湿度波动等），通过保护技术的工程实施，实现小范围或局部土遗址的有效保护与展示。同时，选择适宜的材料和技术，以支撑维护方式（主要以机械或物理方式）从工程技术设施方面保护土遗址大部分立面区域，维护其长期稳定性。

② 夯土组成与性能：研究工作表明，M2 汉墓墓圹及夯土的主要病害有风化剥落、酥碱掏蚀与裂隙。夯土区土体的主要成分由石英、钠长石、绿泥石、云母与碳酸钙组成，为粉质黏土，其中黏粒含量较多，沙含量较低，土体粒径主要分布在 0.075mm 以下。土体中可溶性盐和微溶性盐主要为氯化钠与石膏，含盐量较低，对夯土的危害较小。M2 汉墓所处环境湿度较大，土体含水率较大，在加固保护时应选择耐水性能较好地材料。土体呈现弱碱性，可选择采用石灰等碱性加固保护材料。

③ 夯土区加固实验：通过加固材料实验室筛选和汉墓现场加固试验结果，发现 PS 滴渗加固与改性糯米灰浆夯筑加固夯土取得的加固效果不佳，主要原因是 M2 汉墓夯土湿度较高，不利于 PS 的渗透加固与改性糯米灰浆的强度发展。采用改性 TEOS 滴渗加固与改性水硬性石灰夯筑加固效果良好，改性 TEOS 渗透速率较快，加固后的夯土强度、耐水崩解性、耐盐性与耐冻融性能得到大幅度提高，其稳定性提高。采用改性糯米浆与改性水硬性石灰制备的灌浆材料加固夯土裂隙的效果较好，提高了夯土体的稳定性。

④ 积沙加固实验：实验表明，PS 与硅溶胶均能快速地加固积沙。PS 加固积沙加固深度较大，加固后积沙呈固定的形状，可达到固定积沙的作用。由于 M2 汉墓现场积沙湿度较大，硅溶胶未能固化，加固后积沙仍比较松散易于流动，没固定效果不理想。

⑤ 展示设计与设想：对拟选展示区域的土遗址立面（墓圹壁面、积沙槽局部、墓道口立面）和平面保护区（柱洞区域、墓道口平面），在使用加固材料保护之后展示。同时，为在博物馆陈列中展示部分土遗址立面形貌所使用的聚氨酯树脂类土体背面揭取实验，发现材料固化时间可控性好，简单易行，容易操作。揭取的土体剖面在清理修复后可更细致记录与展示考古发掘面信息，且展示效果较理想。采用箱体套取法正面揭取土体剖面时，由于墓圹壁土体表面风化和碎屑化严重，需采用加固材料进行预加固处理，揭取效果不甚理想。

总之，本课题很好完成了任务书的设计预期，取得了很好的实验结果。由于 M2 汉墓保护设施工程建设比原设计计划延迟，本课题所研发的保护技术尚未以一定规模在现场使用。目前，随着保护设施工程建设第一阶段的启动，为更好配合工程实施和及时解决现场保护问题，课题组拟定开展《山东定陶王墓地（王陵）M2 汉墓土遗址保护技术与土体变形监测技术研究》课题，以更好支撑土遗址立面（墓圹壁面、积沙槽局部、墓道口立面）和平面保护区（柱洞区域、墓道口平面）的保护与展示。

［1］　颜注引三国时魏人苏林说. 汉书·霍光传.

［2］　刘来成. 河北定县 40 号汉墓发掘简报. 文物, 1981, (8): 1 – 10.

［3］　北京市古墓发掘办公室. 大葆台西汉木椁墓发掘简报. 文物, 1977, (6): 23 – 29.

［4］　李则斌, 陈刚, 盛之翰. 江苏盱眙县大云山汉墓. 考古, 2012, (7): 53 – 59.

［5］　李则斌，陈刚．江苏盱眙大云山汉墓考古成果论证会纪要．文物，2012，（3）：87－96.

［6］　崔圣宽，蔡友振，李胜利，等．山东定陶县灵圣湖汉墓．考古，2012，（7）：60－67.

［7］　孙满利，王旭东，李最雄．土遗址保护初论．科学出社，2010：57－81.

［8］　孙满利，李最雄，王旭东，等．交河故城的主要病害．敦煌研究，2005，（5）：92－94.

［9］　Franzoni E, Gentilini C, Graziani G, Bandini S. Towards the assessment of the shear behaviour of masonry in on－site conditions：A study on dry and salt/water conditioned brick masonry triplets. Constr Build Mater 2014，（65）：405－416.

［10］　J. C. Morel, Q. B. Bui, E. Hamard. Weathering and durability of earthen material and structures. Modern Earth Buildings, 2012：282－303.

［11］　Ying GUO, Wei SHAN. Monitoring and Experiment on the Effect of Freeze－Thaw on Soil Cutting Slope Stability. Procedia Environmental Sciences, 2011，（10）：1115－1121.

［12］　蔺青涛，王旭东，郭青林，等．银川西夏陵3号陵、6号陵盐害现状初步分析．敦煌研究，2009，（6）：75－80.

［13］　包卫星，谢永利，杨晓华．天然盐渍土冻融循环时水盐迁移规律及强度变化试验研究．工程地质学报，2006，14，（3）：380－385.

［14］　中华人民共和国国家标准．土工试验方法标准 GB/T 50123－1999．中国计划出版社，2007.

［15］　山东定陶王墓地 M2 汉墓水文地质及工程地质勘察报告．中国地质大学（武汉）.

［16］　高霞，左银辉．黏土矿物分离及样品制备．新疆地质，2007，（2）：213－215.

［17］　李宝恒，李维昌，张炜．对土的强度参数 C、φ 值的认识和探讨．工程勘察，2009，（2）：13－16.

［18］　李最雄，王旭东，田琳．交河故城土建筑遗址的加固试验．敦煌研究，1997，（3）：171－181.

［19］　周环，张秉坚，陈港泉，等．潮湿环境下古代土遗址的原位保护加固研究．岩土力学，2008，29（4）：954－962.

［20］　杨隽永，万俐，陈步荣，等．印山越国王陵墓坑边坡化学加固试验研究．岩石力学与工程学报，2010，29（11）：2370－2376.

［21］　王有为，李国庆．潮湿环境下的土遗址加固保护材料筛选试验研究——以福建昙石山遗址为例．文物保护与考古科学，2014，26（1）：8－21.

［22］　李小洁，万涛，林金辉，肖维兵．金沙土遗址加固材料的制备及性能研究．材料科学与工程，2009，17（2）：215－220.

［23］　楼卫，吴健，杨隽永，等．潮湿环境下土遗址加固的实践与研究——以萧山跨湖桥遗址土体加固保护为例．杭州文博，2013，（1）：4－12.

［24］　曾余瑶，张秉坚，梁晓林．传统建筑泥灰类加固材料的性能研究与机理探讨．文物保护与考古科学，2008，20（2）：1－7.

［25］　周双林，原思训，杨宪伟，等．丙烯酸非水分散体等几种土遗址防风化加固剂的效果比较．文物保护与考古科学，2003，2（2）：40－48.

［26］　T. D Tran, Y. J Cui, A. M Tang, M Audiguier, R Cojean. Effects of limetreatment on the microstructure and hydraulic conductivity of Héricourt clay. Journal ofRock Mechanics and Geotechnical Engineering. 2014，6（5）：399－404.

［27］　南京市博物馆．南京报恩寺遗址地宫文物保护研究．文物出版社，2014.

［28］　孙满利，李最雄，王旭东，等．交河故城垛泥墙体裂隙注浆工艺研究．文物保护与考古科学，2013，25（1）：1－5.

［29］　孙满利，李最雄，王旭东，等．南竹加筋复合锚杆加固土遗址研究．岩石力学与工程学报，2008，27（2）：3381－3385.

［30］　崔瑾，贾京健，倪斌．改性灌浆材料在防治故宫古建筑墙体空鼓、返碱等病害中的应用．中国文物保护技术协会第七次学术年会论文集．科学出版社，2013：258－263.

［31］　杨富巍，张秉坚，曾余瑶，等．传统糯米灰浆科学原理及其现代应用的探索性研究．故宫博物院院刊，2008，（5）：105－114.

［32］　王金华，周宵，胡源，等．花山岩画保护与水硬性石灰的应用研究．中国文物报，2011－11－26（4）.

［33］　王彦兵，王思敬，李黎，等．PS 对潮湿环境土遗址加固潜力探讨．桂林理工大学学报，2012，32（4）：537－542.

［34］　张秉坚，周环，王旭东．潮湿环境的定量判别初探——以杭州良渚土遗址为例．敦煌研究，2010（6）：104－108.

［35］　李黎，赵林毅，李最雄．中国古建筑中几种石灰类材料的物理力学特性研究．2014，26（3）：74－84.

［36］　中华人民共和国国家标准．耐火泥浆第4部分：常温抗折黏结强度试验方法 GB/T 22459.4－2008.

［37］　李最雄，西浦忠辉．PS 加固风化砂岩石雕的进一步研究．敦煌研究，1988，3：28－40.

［38］　盛发和，徐峰廖，绍锋．砖石结构古建筑渗浆加固的研究报告．敦煌研究，2000，1：158－168.

［39］　黄克忠，马清林．中国文物保护与修复技术．科学出版社，2009.

［40］　周环．潮湿环境土遗址的加固保护研究．浙江大学，2008.

［41］　周双林，原思训，杨宪伟，等．丙烯酸非水分散体等几种土遗址防风化加固剂的效果比较．文物保护与考古科学，2003，15（2）：40－48.

［42］　陈利君．硅溶胶/硅丙复合土遗址加固剂的合成与应用．西安建筑科技大学，2012.

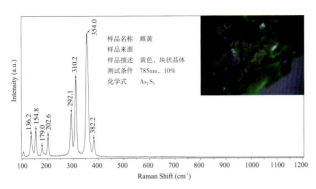

彩版一 雌黄拉曼光谱图（1-1）

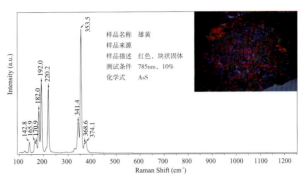

彩版二 雄黄拉曼光谱图（1-2）

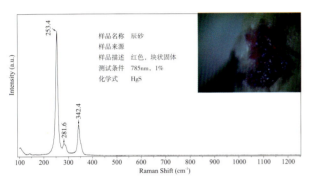

彩版三 辰砂拉曼光谱图（1-3）

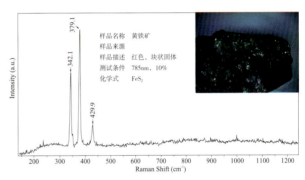

彩版四 黄铁矿拉曼光谱图（1-4）

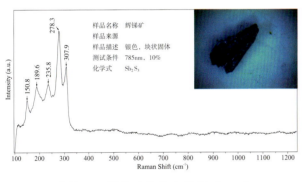

彩版五 辉锑矿拉曼光谱图（1-5）

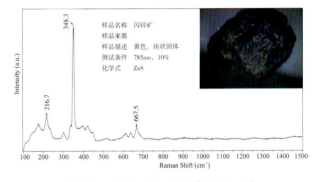

彩版六 闪锌矿拉曼光谱图（1-6）

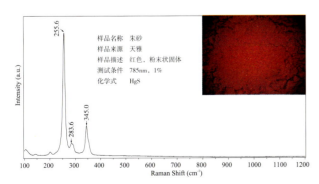

彩版七 朱砂拉曼光谱图（1-7）

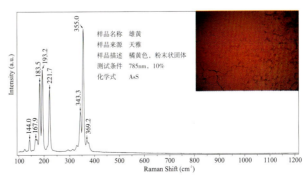

彩版八 雄黄拉曼光谱图（1-8）

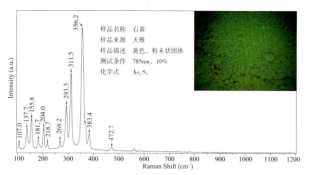

彩版九　石黄拉曼光谱图（1-9）

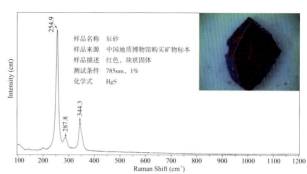

彩版一〇　辰砂拉曼光谱图（1-10）

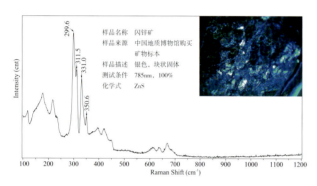

彩版一一　闪锌矿拉曼光谱图（1-11）

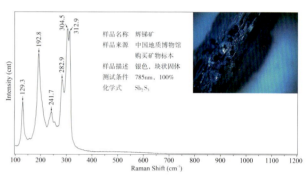

彩版一二　辉锑矿拉曼光谱图（1-12）

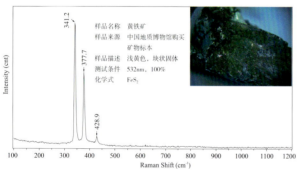

彩版一三　黄铁矿拉曼光谱图（1-13）

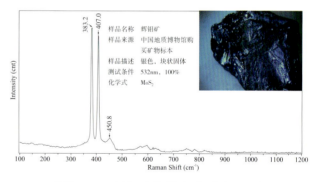

彩版一四　辉钼矿拉曼光谱图（1-14）

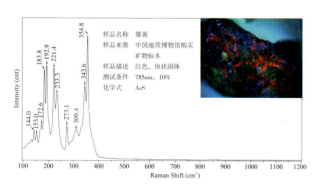

彩版一五　雄黄拉曼光谱图（1-15）

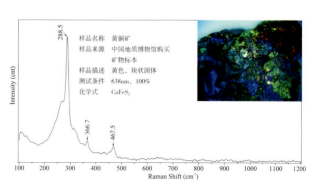

彩版一六　黄铜矿拉曼光谱图（1-16）

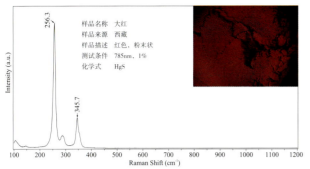

彩版一七　大红拉曼光谱图（1-17）

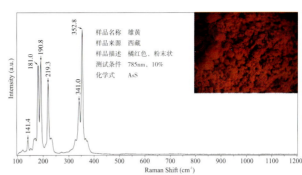

彩版一八　雄黄拉曼光谱图（1-18）

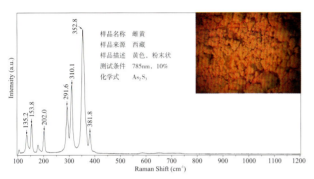

彩版一九　雌黄拉曼光谱图（1-19）

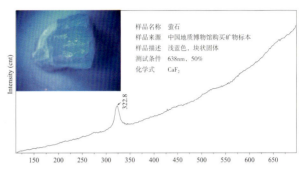

彩版二〇　萤石拉曼光谱图（2-1）

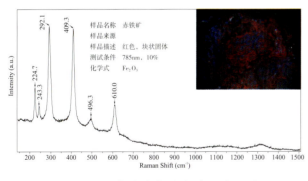

彩版二一　赤铁矿拉曼光谱图（3-1）

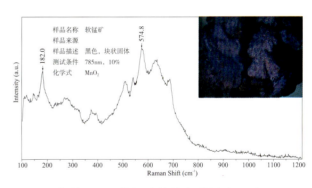

彩版二二　软锰矿拉曼光谱图（3-2）

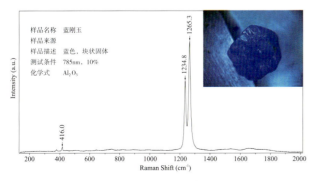

彩版二三　蓝刚玉曼光谱图（3-3）

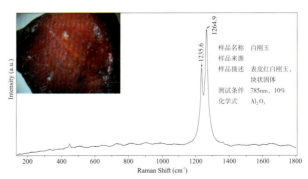

彩版二四　白刚玉拉曼光谱图（3-4）

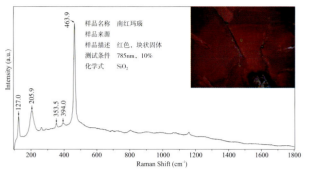

彩版二五　南红玛瑙拉曼光谱图（3-5）

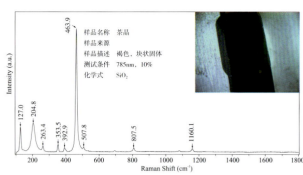

彩版二六　茶晶拉曼光谱图（3-6）

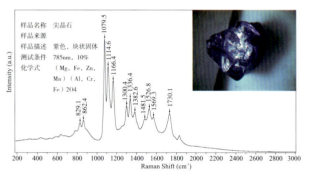

彩版二七　尖晶石拉曼光谱图（3-7）

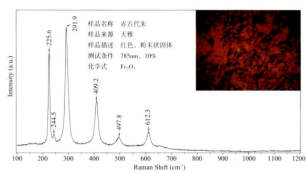

彩版二八　赤古代朱拉曼光谱图（3-8）

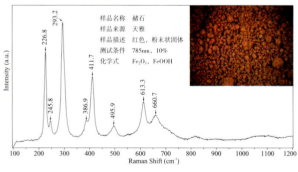

彩版二九　赭石拉曼光谱图（3-9）

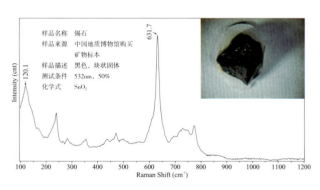

彩版三〇　锡石拉曼光谱图（3-10）

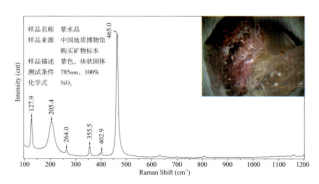

彩版三一　紫水晶拉曼光谱图（3-11）

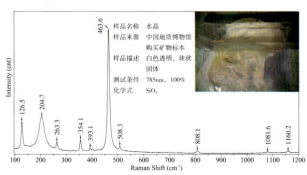

彩版三二　水晶拉曼光谱图（3-12）

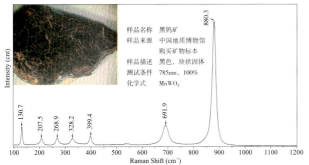

样品名称 黑钨矿
样品来源 中国地质博物馆
购买矿物标本
样品描述 黑色，块状固体
测试条件 785nm，100%
化学式 MnWO$_4$

彩版三三 黑钨矿拉曼光谱图（3-13）

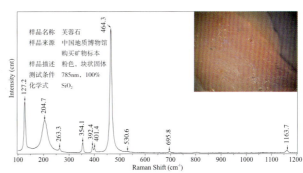

样品名称 芙蓉石
样品来源 中国地质博物馆
购买矿物标本
样品描述 粉色，块状固体
测试条件 785nm，100%
化学式 SiO$_2$

彩版三四 芙蓉石拉曼光谱图（3-14）

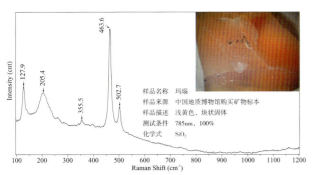

样品名称 玛瑙
样品来源 中国地质博物馆购买矿物标本
样品描述 浅黄色，块状固体
测试条件 785nm，100%
化学式 SiO$_2$

彩版三五 玛瑙拉曼光谱图（3-15）

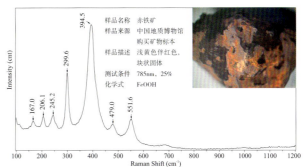

样品名称 赤铁矿
样品来源 中国地质博物馆
购买矿物标本
样品描述 浅黄色伴红色，
块状固体
测试条件 785nm，25%
化学式 FeOOH

彩版三六 赤铁矿拉曼光谱图（3-16）

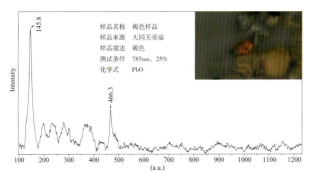

样品名称 褐色样品
样品来源 大同关帝庙
样品描述 褐色
测试条件 785nm，25%
化学式 PbO

彩版三七 褐色样品拉曼光谱图（3-17）

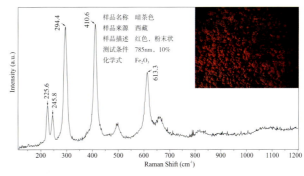

样品名称 暗茶色
样品来源 西藏
样品描述 红色，粉末状
测试条件 785nm，10%
化学式 Fe$_2$O$_3$

彩版三八 暗茶色样品拉曼光谱图（3-18）

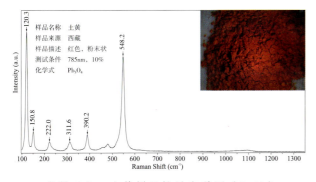

样品名称 土黄
样品来源 西藏
样品描述 红色，粉末状
测试条件 785nm，10%
化学式 Pb$_3$O$_4$

彩版三九 土黄样品拉曼光谱图（3-19）

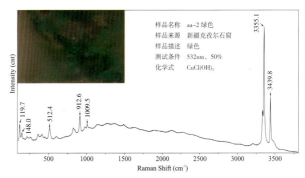

样品名称 aa-2绿色
样品来源 新疆克孜尔石窟
样品描述 绿色
测试条件 532nm，50%
化学式 CuCl(OH)$_3$

彩版四〇 aa-2绿色样品拉曼光谱图（3-20）

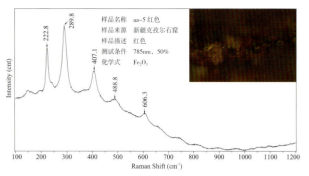

彩版四一　aa-5 红色样品拉曼光谱图（3-21）

样品名称　aa-5 红色
样品来源　新疆克孜尔石窟
样品描述　红色
测试条件　785nm，50%
化学式　Fe_2O_3

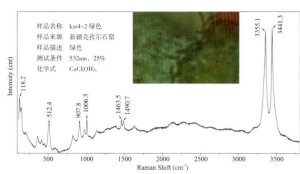

彩版四二　kzr4-2 绿色样品拉曼光谱图（3-22）

样品名称　kzr4-2 绿色
样品来源　新疆克孜尔石窟
样品描述　绿色
测试条件　532nm，25%
化学式　$CuCl(OH)_3$

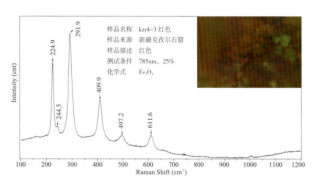

彩版四三　kzr4-3 红色样品拉曼光谱图（3-23）

样品名称　kzr4-3 红色
样品来源　新疆克孜尔石窟
样品描述　红色
测试条件　785nm，25%
化学式　Fe_2O_3

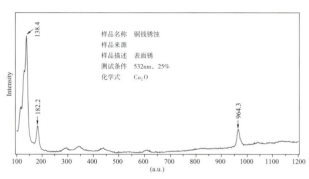

彩版四四　铜钱锈蚀拉曼光谱图（3-24）

样品名称　铜钱锈蚀
样品来源
样品描述　表面锈
测试条件　532nm，25%
化学式　Cu_2O

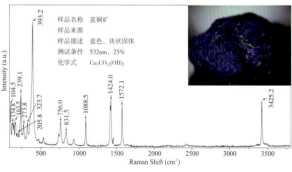

彩版四五　蓝铜矿拉曼光谱图（4-1）

样品名称　蓝铜矿
样品来源
样品描述　蓝色，块状固体
测试条件　532nm，25%
化学式　$Cu_3CO_{12}(OH)_2$

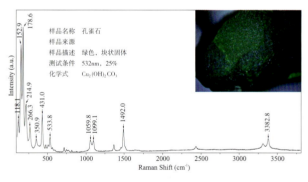

彩版四六　孔雀石拉曼光谱图（4-2）

样品名称　孔雀石
样品来源
样品描述　绿色，块状固体
测试条件　532nm，25%
化学式　$Cu_2(OH)_2CO_3$

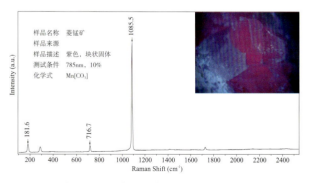

彩版四七　菱锰矿拉曼光谱图（4-3）

样品名称　菱锰矿
样品来源
样品描述　紫色，块状固体
测试条件　785nm，10%
化学式　$Mn[CO_3]$

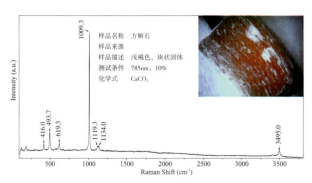

彩版四八　方解石拉曼光谱图（4-4）

样品名称　方解石
样品来源
样品描述　浅褐色，块状固体
测试条件　785nm，10%
化学式　$CaCO_3$

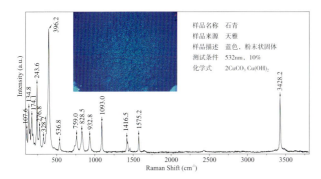

彩版四九　石青拉曼光谱图（4-5）

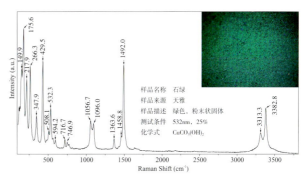

彩版五〇　石绿拉曼光谱图（4-6）

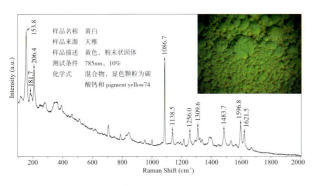

彩版五一　黄白拉曼光谱图（4-7）

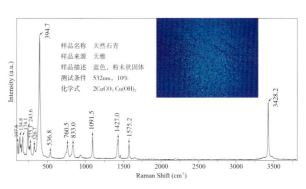

彩版五二　天然石青拉曼光谱图（4-8）

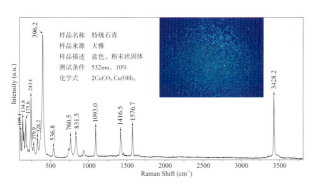

彩版五三　特级石青拉曼光谱图（4-9）

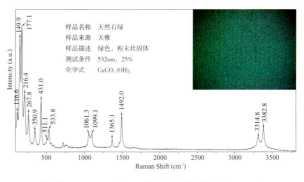

彩版五四　天然石绿拉曼光谱图（4-10）

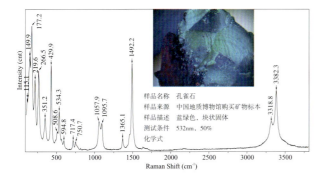

彩版五五　孔雀石拉曼光谱图（4-11）

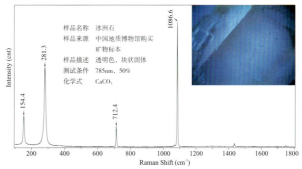

彩版五六　冰洲石拉曼光谱图（4-12）

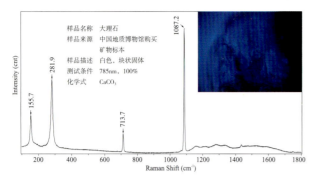

彩版五七　大理石拉曼光谱图（4-13）

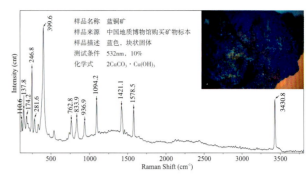

彩版五八　蓝铜矿拉曼光谱图（4-14）

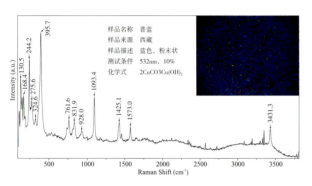

彩版五九　普蓝拉曼光谱图（4-15）

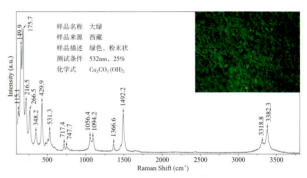

彩版六〇　大绿拉曼光谱图（4-16）

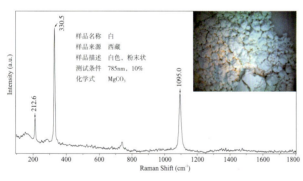

彩版六一　白色拉曼光谱图（4-17）

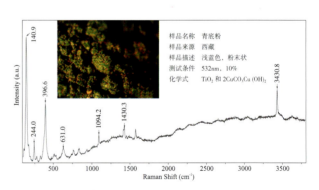

彩版六二　青底粉拉曼光谱图（4-18）

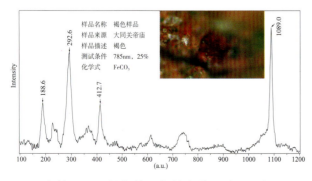

彩版六三　褐色样品拉曼光谱图（4-19）

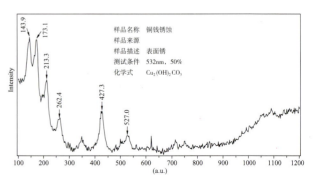

彩版六四　铜钱锈蚀拉曼光谱图（4-20）

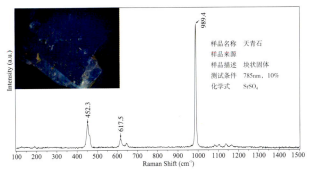

彩版六五　天青石拉曼光谱图（5-1）

样品名称　天青石
样品来源
样品描述　块状固体
测试条件　785nm，10%
化学式　　SrSO₄

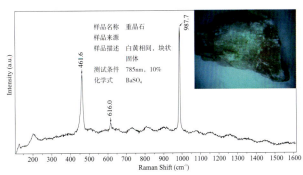

彩版六六　重晶石拉曼光谱图（5-2）

样品名称　重晶石
样品来源
样品描述　白黄相间，块状固体
测试条件　785nm，10%
化学式　　BaSO₄

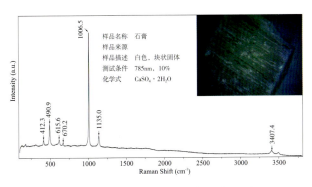

彩版六七　石膏拉曼光谱图（5-3）

样品名称　石膏
样品来源
样品描述　白色，块状固体
测试条件　785nm，10%
化学式　　CaSO₄·2H₂O

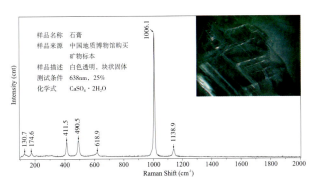

彩版六八　石膏拉曼光谱图（5-4）

样品名称　石膏
样品来源　中国地质博物馆购买矿物标本
样品描述　白色透明，块状固体
测试条件　638nm，25%
化学式　　CaSO₄·2H₂O

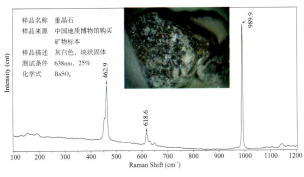

彩版六九　重晶石拉曼光谱图（5-5）

样品名称　重晶石
样品来源　中国地质博物馆购买矿物标本
样品描述　灰白色，块状固体
测试条件　638nm，25%
化学式　　BaSO₄

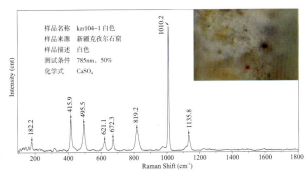

彩版七〇　kzr104-1 白色拉曼光谱图（5-6）

样品名称　kzr104-1 白色
样品来源　新疆克孜尔石窟
样品描述　白色
测试条件　785nm，50%
化学式　　CaSO₄

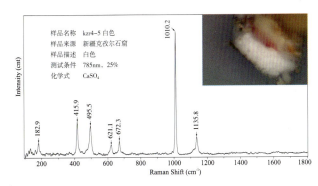

彩版七一　kzr4-5 白色拉曼光谱图（5-7）

样品名称　kzr4-5 白色
样品来源　新疆克孜尔石窟
样品描述　白色
测试条件　785nm，25%
化学式　　CaSO₄

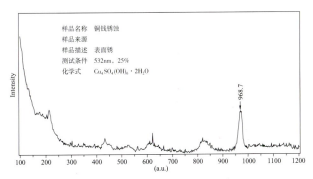

彩版七二　铜钱锈蚀拉曼光谱图（5-8）

样品名称　铜钱锈蚀
样品来源
样品描述　表面锈
测试条件　532nm，25%
化学式　　Cu₄SO₄(OH)₆·2H₂O

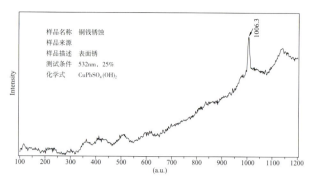

彩版七三 铜钱锈蚀拉曼光谱图（5-9）

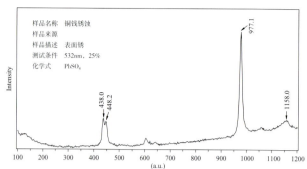

彩版七四 铜钱锈蚀拉曼光谱图（5-10）

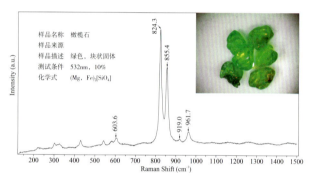

彩版七五 橄榄石拉曼光谱图（6-1）

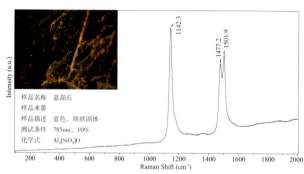

彩版七六 蓝晶石拉曼光谱图（6-2）

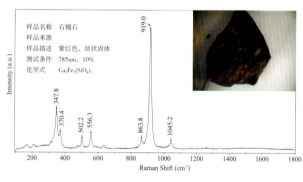

彩版七七 石榴石拉曼光谱图（6-3）

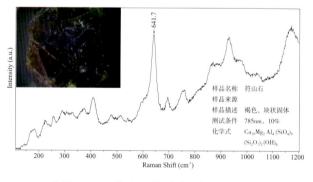

彩版七八 符山石拉曼光谱图（6-4）

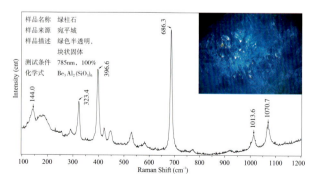

彩版七九 绿柱石拉曼光谱图（6-5）

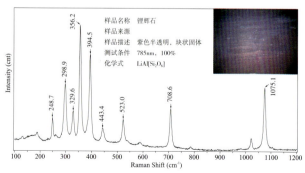

彩版八〇 锂辉石拉曼光谱图（6-6）

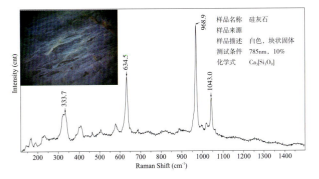

样品名称 硅灰石
样品来源
样品描述 白色，块状固体
测试条件 785nm，10%
化学式 Ca₃[Si₃O₉]

彩版八一 硅灰石拉曼光谱图（6-7）

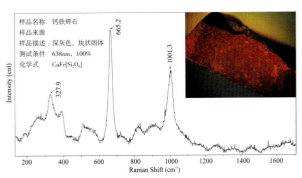

样品名称 钙铁辉石
样品来源
样品描述 深灰色，块状固体
测试条件 638nm，100%
化学式 CaFe[Si₂O₆]

彩版八二 钙铁辉石拉曼光谱图（6-8）

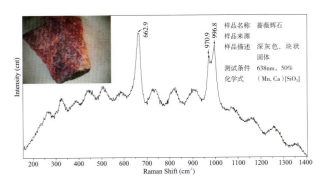

样品名称 蔷薇辉石
样品来源
样品描述 深灰色，块状固体
测试条件 638nm，50%
化学式 （Mn，Ca）[SiO₃]

彩版八三 蔷薇辉石拉曼光谱图（6-9）

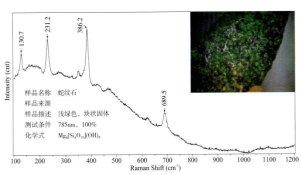

样品名称 蛇纹石
样品来源
样品描述 浅绿色，块状固体
测试条件 785nm，100%
化学式 Mg₆[Si₄O₁₀](OH)₈

彩版八四 蛇纹石拉曼光谱图（6-10）

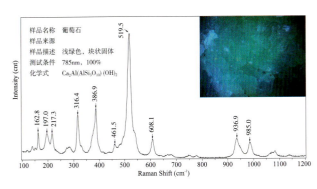

样品名称 葡萄石
样品来源
样品描述 浅绿色，块状固体
测试条件 785nm，100%
化学式 Ca₂Al(AlSi₃O₁₀)(OH)₂

彩版八五 葡萄石拉曼光谱图（6-11）

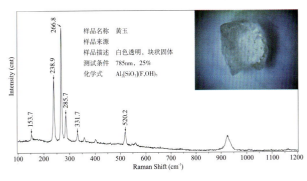

样品名称 黄玉
样品来源
样品描述 白色透明，块状固体
测试条件 785nm，25%
化学式 Al₂[SiO₄](F,OH)₂

彩版八六 黄玉拉曼光谱图（6-12）

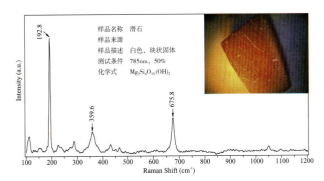

样品名称 滑石
样品来源
样品描述 白色，块状固体
测试条件 785nm，50%
化学式 Mg₃Si₄O₁₀(OH)₂

彩版八七 滑石拉曼光谱图（6-13）

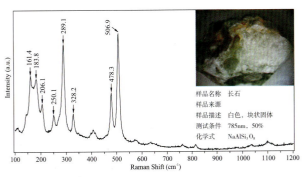

样品名称 长石
样品来源
样品描述 白色，块状固体
测试条件 785nm，50%
化学式 NaAlSi₃O₈

彩版八八 长石拉曼光谱图（6-14）

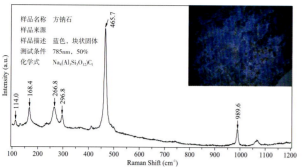

彩版八九　方钠石拉曼光谱图（6-15）

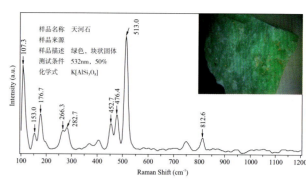

彩版九〇　天河石拉曼光谱图（6-16）

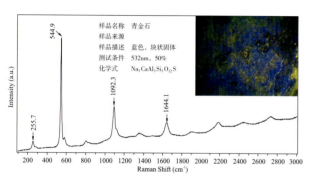

彩版九一　青金石拉曼光谱图（6-17）

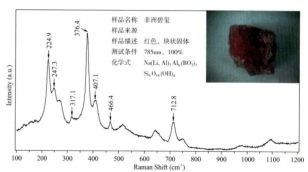

彩版九二　非洲碧玺拉曼光谱图（6-18）

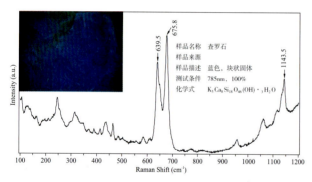

彩版九三　查罗石拉曼光谱图（6-19）

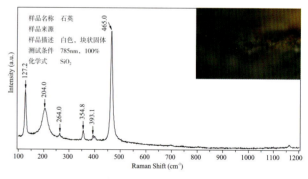

彩版九四　石英拉曼光谱图（6-20）

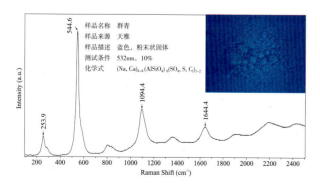

彩版九五　群青拉曼光谱图（6-21）

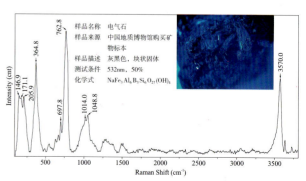

彩版九六　电气石拉曼光谱图（6-22）

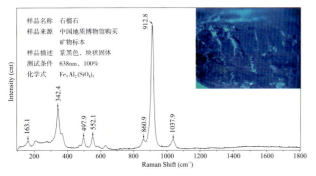

彩版九七　石榴石拉曼光谱图（6-23）

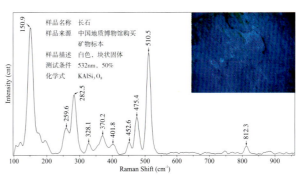

彩版九八　长石拉曼光谱图（6-24）

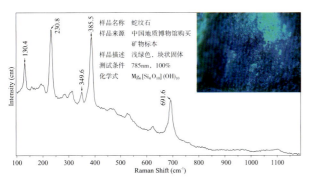

彩版九九　蛇纹石拉曼光谱图（6-25）

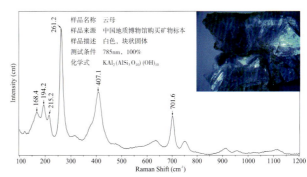

彩版一〇〇　云母拉曼光谱图（6-26）

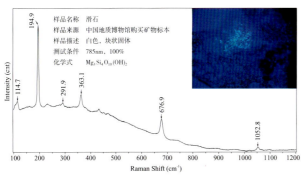

彩版一〇一　滑石拉曼光谱图（6-27）

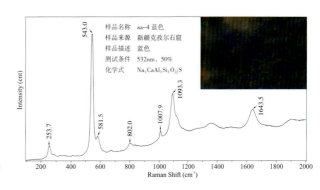

彩版一〇二　aa-4蓝色样品拉曼光谱图（6-28）

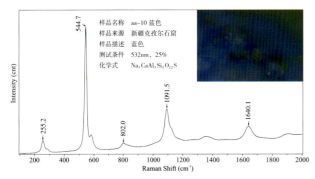

彩版一〇三　aa-10蓝色样品拉曼光谱图（6-29）

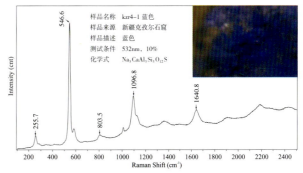

彩版一〇四　kzr4-1蓝色样品拉曼光谱图（6-30）

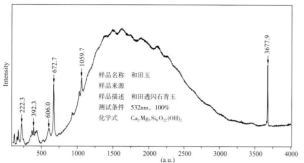

彩版一〇五　和田透闪石青玉拉曼光谱图（6-31）

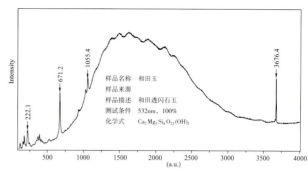

彩版一〇六　和田透闪石玉拉曼光谱图（6-32）

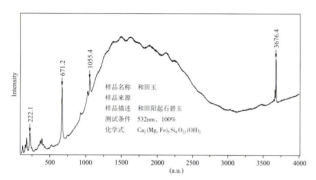

彩版一〇七　和田阳起石碧玉拉曼光谱图（6-33）

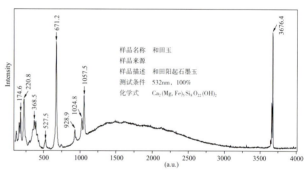

彩版一〇八　和田阳起石墨玉拉曼光谱图（6-34）

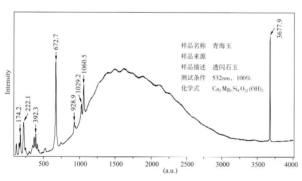

彩版一〇九　青海透闪石玉拉曼光谱图（6-35）

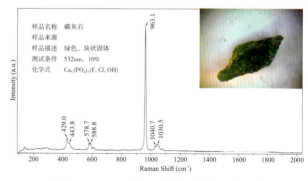

彩版一一〇　磷灰石拉曼光谱图（7-1）

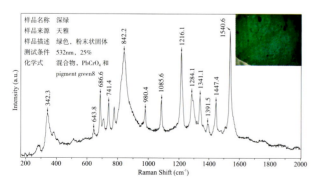

彩版一一一　深绿颜料拉曼光谱图（8-1）

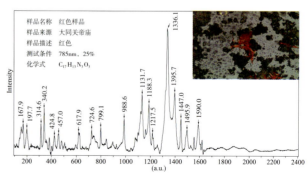

彩版一一二　红色样品拉曼光谱图（8-2）

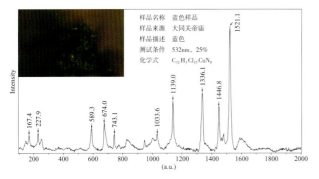

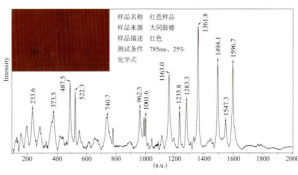

彩版一一三　蓝色样品拉曼光谱图（8-3）　　　　彩版一一四　红色样品拉曼光谱图（8-4）

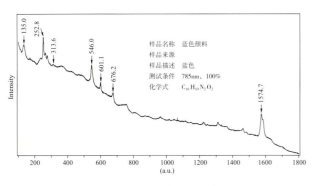

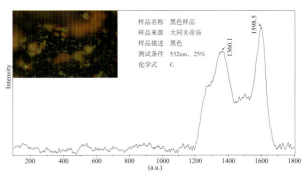

彩版一一五　蓝色颜料拉曼光谱图（8-5）　　　　彩版一一六　黑色样品拉曼光谱图（8-6）

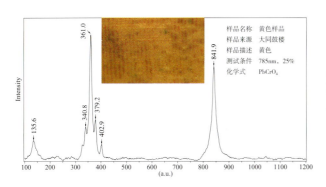

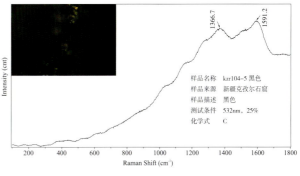

彩版一一七　黄色样品拉曼光谱图（8-7）　　　　彩版一一八　kzr104-5 黑色样品拉曼光谱图（8-8）

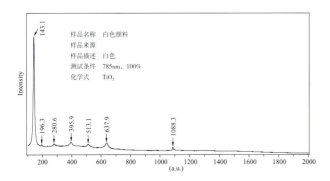

彩版一一九　白色颜料拉曼光谱图（8-9）

后　记

　　2017 年，我院根据《关于进一步完善中央财政科研项目资金管理等政策的若干意见》（中办发〔2016〕50 号）和《中央级公益性科研院所基本科研业务费专项资金管理办法》（财教〔2016〕268 号）等文件精神要求，结合自身实际，修订颁布了《中国文化遗产研究院基本科研业务费项目管理办法（试行）》，加大对研究成果的出版资助力度。为保障成果出版质量，我院组建《中央级公益性科研院所基本科研业务费专项成果丛书》编委会，包括文物保护科技、文物保护工程与规划、社会科学三个审编小组，在尊重项目立题与作者原意的前提下，按照统一的编辑要求进行修订审校工作。

　　感谢审稿专家为此付出的辛苦与努力，特别感谢文物出版社给予的大力支持与帮助，同时感谢我院科研与综合业务处的精心组织。

　　由于时间仓促，加之作者能力局限，不足之处在所难免，敬请各位学者、专家批评指正。

编　者

2017 年 12 月 5 日